Beiträge zur Denkmalkunde 16

Kloster Gerbstedt

STUCK DES HOCHMITTELALTERS

Landesamt für Denkmalpflege und Archäologie Sachsen-Anhalt
LANDESMUSEUM FÜR VORGESCHICHTE

Veröffentlichung des Landesamtes für
Denkmalpflege und Archäologie Sachsen-Anhalt

Richard-Wagner-Straße 9, 06114 Halle (Saale)
Poststelle@lda.stk.sachsen-anhalt.de
www.lda-lsa.de

Herausgeber Landeskonservatorin Elisabeth Rüber-Schütte,
Susanne Kimmig-Völkner
Redaktion Uwe Steinecke, Susanne Kimmig-Völkner
Lektorat Tomoko Emmerling, Alfred Reichenberger,
Corinna Scherf
Design Marion Burbulla, Berlin
Titelbild Josep Soldevilla Gonzáles
Satz Brigitte Parsche
Druck Grafisches Centrum Cuno, Calbe (Saale)
Vetrieb Verlag Beier & Beran, Langenweißbach

ISBN 978-3-948618-33-9

© by Landesamt für Denkmalpflege und Archäologie
Sachsen-Anhalt – Landesmuseum für Vorgeschichte
Halle (Saale), 2022

Das Werk einschließlich aller seiner Teile ist urheberrechtlich geschützt. Jede Verwertung außerhalb der engen Grenzen des Urheberrechtsgesetzes ist ohne Zustimmung des Landesamtes für Denkmalpflege und Archäologie unzulässig. Dies gilt insbesondere für die Vervielfältigungen, Übersetzungen, Mikroverfilmungen sowie die Einspeicherung und Verarbeitung in elektronischen Systemen.

Mit großzügiger Unterstützung der
Ernst von Siemens Kunststiftung

Inhalt

Band I

9 GRUSSWORT
Martin Hoernes

11 VORWORT
*Harald Meller und
Elisabeth Rüber-Schütte*

13 STUCK AUS GERBSTEDT –
EINE EINLEITUNG
*Susanne Kimmig-Völkner und
Elisabeth Rüber-Schütte*

17 DIE AUFFINDUNG VON STUCK-
FRAGMENTEN AM PLATZ DER
KLOSTERKIRCHE VON GERBSTEDT
Susanne Kimmig-Völkner

29 KLOSTER GERBSTEDT – DIE ERGEB-
NISSE DER NOTBERGUNG 1996/97
Olaf Kürbis

47 DER FRAUENKONVENT ZU GERB-
STEDT UND SEIN HERRSCHAFTLICH-
MONASTISCHES UMFELD IM
HOHEN MITTELALTER
Friedrich W. Schütte

103 KLOSTER GERBSTEDT IM
SPÄTEN MITTELALTER
Gerrit Deutschländer

119 DAS KLOSTER GERBSTEDT
IN DER NEUZEIT
Andreas Stahl

147 BAUFORSCHUNG ZUR EHEMALIGEN
KLOSTERKIRCHE ST. JOHANNIS
DER TÄUFER IN GERBSTEDT
Dirk Höhne

165 INSCHRIFT UND GRAFFITO –
ZWEI FRAGMENTE AUS
EPIGRAPHISCHER SICHT
Friedrich Röhrer-Ertl

173 HOCHMITTELALTERLICHER STUCK IN
SACHSEN-ANHALT – ERKENNTNISSE
AUS DER RESTAURIERUNG
AUSGEWÄHLTER BEISPIELE
Torsten Arnold

195 ERGEBNISSE DER MATERIAL-
TECHNISCHEN UNTERSUCHUNG DER
HOCHMITTELALTERLICHEN STUCK-
FRAGMENTE AUS GERBSTEDT.
MATERIAL, AUFBEREITUNG UND
VERARBEITUNG
Roland Lenz

207 BESTIMMUNG STUCKANHAFTENDER
GESTEINSFRAGMENTE AN HOCH-
MITTELALTERLICHER STUCK-
PLASTIK AUS DER EHEMALIGEN
KLOSTERKIRCHE GERBSTEDT
Matthias Zötzl

213	RESTAURATORISCHE UNTERSUCHUNGEN UND MASSNAHMEN AN STUCKFRAGMENTEN AUS DER UNTERGEGANGENEN KLOSTERKIRCHE VON GERBSTEDT *Corinna Scherf*	297	DATIERUNG, IKONOGRAPHIE UND RÄUMLICHE VERORTUNG DER FRAGMENTE AUS DER KLOSTERKIRCHE ZU GERBSTEDT *Susanne Kimmig-Völkner*
249	HOCHMITTELALTERLICHER STUCK – KONTEXTE ODER SONDERWEGE? *Elisabeth Rüber-Schütte*	353	STUCK IN GERBSTEDT – ERGEBNISSE UND AUSBLICK *Susanne Kimmig-Völkner und Elisabeth Rüber-Schütte*
277	BASILISK ODER DRACHE? »FABELWESEN« DES GERBSTEDTER FIGURENSCHMUCKES *Susanne Kimmig-Völkner und Alfred Reichenberger*		Band II
		357	KATALOG DER STUCKFRAGMENTE VON GERBSTEDT *Susanne Kimmig-Völkner, Elisabeth Rüber-Schütte und Corinna Scherf*

Grußwort

*Dr. Martin Hoernes, Generalsekretär
der Ernst von Siemens Kunststiftung*

Selten korreliert ein Förderprojekt der Ernst von Siemens Kunststiftung (EvSK) derart passgenau mit der eigenen wissenschaftlichen Vita wie die Erschließung des bedeutenden Fundkomplexes von Stuckfragmenten aus der ehemaligen Klosterkirche St. Johann Baptist zu Gerbstedt. Als Postdoktorand in Bamberg vor gut 20 Jahren habe ich mich im Rahmen eines Forschungsprojektes und einer begleitenden Tagung mit hoch- und spätmittelalterlichem Stuck beschäftigt. Ein Förderantrag, der sich der Erschließung eines Bestands von fast 800 vor Mitte des 12. Jahrhunderts entstandenen Stuckfragmenten widmet, weckte also höchstes Interesse. Die 1986 und 1996/97 ausgegrabenen Fragmente gelangten zunächst großteils in den Sammlungsbestand des Landesamtes für Archäologie Sachsen-Anhalt und wurden in den vergangenen Jahren für eine Teilpräsentation in der neuen Dauerausstellung zum Mittelalter des Landesmuseums für Vorgeschichte in Halle (Saale) restauriert, katalogisiert und erforscht.

Dabei entstand ein vollständiger Bestandskatalog des Fundkomplexes – ein wichtiger Förderschwerpunkt der EvSK: Bestandskataloge bilden häufig die Grundlage wissenschaftlicher Museumsarbeit, aber leider stellen die Träger meist weder die nötige »manpower« noch die Mittel für eine angemessene Publikation der Forschungsergebnisse bereit, die nicht nur dem eigenen Haus, sondern der gesamten Wissenschaftscommunity nützen. Ohne Bestandskataloge lassen sich keine zielgerichteten Neuerwerbungen angehen, fehlen wichtige Informationen für geplante Ausstellungen und fehlt die immer wieder geforderte Transparenz der Museumsbestände.

Zahlreiche Artikel von wissenschaftlichen Kollegen, die sich seit langem mit dem »exotischen« Werkstoff Gipsstuck beschäftigen, ergänzen die ausführliche Dokumentation. Sie behandeln die komplizierte Fund- und Präsentationsgeschichte der Stuckfragmente, den Frauenkonvent zu Gerbstedt – historisch und aus Sicht der Bauforschung, die geborgenen Inschriftenfragmente, eine mögliche Ikonographie der fragmentiert überlieferten Ausstattung und die Ergebnisse der restauratorischen Untersuchung und Konservierung.

Die Fragen an den Werkstoff Stuck oder besser Hochbrandgips sind immer noch die gleichen: Wie wurde er ver- und bearbeitet, wie stehen die bekannten Denkmäler miteinander in Beziehung, wie lassen sie sich datieren und wie stehen die Stuckreliefs und -plastiken in Bezug zu den anderen Kunstgattungen ihrer Zeit? Jede neue Forschungsarbeit erschließt neue Informationen und eröffnet neue Fragestellungen.

Dem Team um die Herausgeberin Elisabeth Rüber-Schütte und Susanne Kimmig-Völkner, der Restauratorin Corinna Scherf, sowie den Autorinnen und Autoren danke ich herzlich für den gelungenen Band. Dem Landesarchäologen und Direktor des Landesmuseums für Vorgeschichte Harald Meller danke ich herzlich über die immer wieder ermöglichte gelungene und sehenswerte Kombination von Forschung und Museumspräsentation in Halle.

Vorwort

*Prof. Dr. Harald Meller, Direktor und Landesarchäologe und
Dr. Elisabeth Rüber-Schütte, Landeskonservatorin*

Die Erforschung von Stuck steht seit vielen Jahren im Fokus der Forschung am Landesamt für Denkmalpflege und Archäologie Sachsen-Anhalt (LDA). Die geplante (und mittlerweile erfolgte) Integration zahlreicher der nahezu 800 Fragmente aus der ehemaligen Klosterkirche in Gerbstedt in die Dauerausstellung des Landesmuseums für Vorgeschichte in Halle war daher willkommener Anlass, einen vollständigen wissenschaftlichen Bestandskatalog aller erhaltener Stücke zu erarbeiten und in einem zweiten Teilband eine wissenschaftliche Einordnung dieses bedeutenden Komplexes vorzunehmen. Mit der vorliegenden Publikation sind nunmehr die Ergebnisse der Öffentlichkeit zugänglich. Hand in Hand ging damit die Restaurierung und Konservierung der bei verschiedenen archäologischen Notuntersuchungen geborgenen Stücke.

Das Projekt ist eine idealtypische Gemeinschaftsarbeit der verschiedenen Arbeitsbereiche des LDA, denn es wäre nicht zu einem erfolgreichen Abschluss zu führen gewesen, wenn sich nicht Wissenschaftler aus ganz unterschiedlichen Disziplinen zusammengefunden hätten.

Als besonderer Glücksfall stellte sich dabei heraus, dass in Sachsen-Anhalt nicht nur die Bau- und Kunstdenkmalpflege und die Bodendenkmalpflege sowie das Landesmuseum für Vorgeschichte in einem gemeinsamen Landesamt für Denkmalpflege und Archäologie zusammengefasst sind, sondern seit Kurzem auch eine Abteilung für Landesgeschichte am LDA angesiedelt ist. Diese Konstellation ermöglichte eine überaus fruchtbare Zusammenarbeit an einer klassischen Schnittstelle zwischen Archäologie, Kunstgeschichte, Landesgeschichte, Materialkunde und Restaurierung, um anschließend in eine museale Präsentation zu münden. Darüber hinaus ist es der Projektleitung gelungen, zahlreiche auswärtige Kolleginnen und Kollegen zu gewinnen, die durch ihre Fachkompetenz wichtige weitere Aspekte, wie materialkundliche Untersuchungen oder die Erforschung des historischen und baugeschichtlichen Umfeldes, beisteuerten, um ein umfassendes Bild der ehemaligen Klosterkirche und ihres Skulpturenschmuckes entwerfen zu können. Insbesondere gilt unser Dank auch den auswärtigen Beratern, die im Rahmen eines Workshops mit ihrem kompetenten fachlichen Rat das Vorhaben tatkräftig unterstützten.

Gewiss müssen angesichts der schwierigen archäologischen Befundlage, der Tatsache, dass die Klosterkirche nicht mehr existiert, und des fragmentarischen Erhaltungszustandes der ehemaligen Stuckausstattung Fragen offenbleiben. Gleichwohl liegt mit dieser Publikation die Aufarbeitung eines bedeutenden Fundkomplexes mittelalterlicher Stuckplastik vor, die als Grundlage dienen kann, diese wichtige und oftmals wenig beachtete Quellengattung nicht nur in Sachsen-Anhalt, sondern auch weit darüber hinaus besser zu verstehen und vielleicht als Anregung zu dienen, auch anderwärts die insgesamt noch relativ spärliche Forschungssituation zu verbessern.

Unser Dank gilt allen an diesem Forschungsprojekt Beteiligten, allen voran Dr. Susanne Kimmig-Völkner und Corinna Scherf, denen es gelungen ist, das ehrgeizige Vorhaben in kürzester Zeit zu einem erfolgreichen Abschluss zu bringen. Danken möchten wir aber auch allen anderen Beteiligten, vor allem den Autorinnen und Autoren für ihre Beiträge, insbesondere aber auch Brigitte Parsche und Uwe Steinecke für die redaktionelle Betreuung sowie Andrea Hörentrup und Josep Soldevilla Gonzáles für die Fotografien der Funde.

Das Vorhaben wäre nicht umsetzbar gewesen ohne die großzügige finanzielle Unterstützung der Ernst von Siemens Kunststiftung und deren Generalsekretär Dr. Martin Hoernes, der selbst ein ausgewiesener Fachmann beim Thema Stuck ist. Dafür sei nochmals ein ganz besonderer Dank ausgesprochen.

Stuck aus Gerbstedt – eine Einleitung

Susanne Kimmig-Völkner und Elisabeth Rüber-Schütte

In der Sammlung des Landesamtes für Denkmalpflege und Archäologie Sachsen-Anhalt befindet sich mit ca. 800 Fragmenten einer der bedeutendsten Funde hochmittelalterlicher Stuckplastik in Mittel- und Westeuropa. Die Stücke wurden 1986 und 1996/97 ausgegraben und gelangten in den Sammlungsbestand des Landesamtes für Archäologie Sachsen-Anhalt. Bereits 2006 führte Roland Lenz im Auftrag der Bau- und Kunstdenkmalpflege des Landesamtes für Denkmalpflege und Archäologie Sachsen-Anhalt (LDA) eine restauratorische Bestandserfassung durch und benannte dabei für nahezu jedes Fragment Spezifika zur Werktechnik. In Vorbereitung für die Fertigstellung der Dauerausstellung im Landesmuseum für Vorgeschichte in Halle (Saale) konnte 2020 im Rahmen eines zweijährigen interdisziplinären Projektes mit der wissenschaftlichen Bearbeitung des herausragenden Fundkomplexes aus der niedergegangenen Klosterkirche St. Johann Baptist zu Gerbstedt und seines Kontextes begonnen werden. Bei dem in der Abteilung Bau- und Kunstdenkmalpflege angesiedelten Projekt wurden die Stuckfragmente restauriert, katalogisiert und wissenschaftlich bearbeitet. Für die neue Dauerausstellung des Landesmuseums, die am 4. November 2021 eröffnet wurde, wurden 107 Fragmente ausgewählt. Die vorliegende Publikation beinhaltet einen vollständigen Bestandskatalog, der um zahlreiche wissenschaftliche Artikel ergänzt wird. Die großzügige Zuwendung der Ernst von Siemens Kunststiftung ermöglichte die umfassende Restaurierung des Fundkomplexes und die Publikation des wissenschaftlichen Bestandskatalogs aller Stuckfragmente.

Erfassung, Forschung und Konservierung von mittelalterlichen Zeugnissen aus Hochbrandgips sind bereits seit vielen Jahren ein Thema in der Bau- und Kunstdenkmalpflege des LDA. Von herausragender Bedeutung und wegweisend für die Stuckforschung waren die Untersuchungen und Konservierungsmaßnahmen an den Chorschranken der Halberstädter Liebfrauenkirche unter Federführung von Konrad Riemann, dem Leiter der Restaurierungswerkstatt des damaligen Instituts für Denkmalpflege, in den Jahren 1959–64 und 1975–78[1] sowie die grundlegenden materialtechnischen und restaurierungswissenschaftlichen Studien am Heiligen Grab von Gernrode, die Roland Möller in den Jahren 1994–95 und 1998–2000 geleitet hat und die vom damaligen Landesamt für Denkmalpflege Sachsen-Anhalt um bauforscherische und kunsthistorische Analysen ergänzt wurden.[2] Im Rahmen seiner Lehrtätigkeit an der Hochschule für Bildende Künste Dresden, Fachrichtung Wandmalerei und Architekturfarbigkeit, initiierte Roland Möller mehrere Semesterarbeiten zu Hochbrandgips und zum Heiligen Grab. Einige seiner Schülerinnen und Schüler waren später als freiberuflich tätige Restauratoren in den vom Landesamt für Denkmalpflege Sachsen-Anhalt seit 2000 veranlassten und fachlich begleiteten Erfassungs- und Konservierungsprojekten zur hochmittelalterlichen Stuckplastik tätig. Dazu gehören Untersuchungen und Maßnahmen an der Stucktumba aus der Stiftskirche in Walbeck an der Aller,[3] an den Chorschranken der Liebfrauenkirche in Halberstadt,[4] am Stuckestrich in der Klosterkirche von Ilsenburg und an der sogenannten Confessio in der Quedlinburger Stiftskirche.[5]

Die Arbeiten wurden jeweils um bauforscherische und kunsthistorische Untersuchungsergebnisse von Mitarbeiterinnen und Mitarbeitern des Landesamtes sowie um materialtechnische Analysen unterschiedlicher Institutionen ergänzt. Darüber hinaus wurde 2002 mit anfänglicher Unterstützung des Landesamtes die Herstellung von Hochbrandgips im technischen Denkmal Ziegelei Hundisburg aufgenommen. Das Material kann seitdem über die Konservierung von Kunstwerken hinaus bei Bau- und Reparaturmaßnahmen fach- und materialgerecht eingesetzt werden.[6] In jüngster Zeit konnten Stuckfunde aus der Dorfkirche zu Eilenstedt untersucht und in einem wissenschaftlichen Bestandskatalog publiziert werden.[7]

Die vorliegende Publikation widmet sich der systematischen Untersuchung der Gerbstedter Stuckplastik nach restauratorischen, kunsthistorischen und materialtechnischen Gesichtspunkten. Bisher fehlten eine nach heutigen wissenschaftlichen Maßstäben aufbereitete Geschichte des Klosters Gerbstedt und Untersuchungen zur Stellung des Konvents in der Kulturlandschaft des Harzes. Zahlreiche Fachwissenschaftler, sowohl Mitarbeiter des Landesdenkmalamtes als auch Kollegen anderer Institutionen oder Freiberufler, konnten für die Untersuchung verschiedener Fragestellungen gewonnen werden. Sie gemeinsam leisteten eine umfassende Aufarbeitung der Forschungsdesiderate zur Stuckplastik aus Gerbstedt.

Auf Grundlage der restauratorischen Erfassung von 2006 wurde eine vertiefende werktechnische Untersuchung und eine zusammenfassende Auswertung durch die Diplomrestauratorin Corinna Scherf vorgenommen. Gemeinsam mit Susanne Kimmig-Völkner erstellte sie den Bestandskatalog. Die Ergebnisse dieser Arbeiten bilden eine Grundlage, um Vergleiche des Gerbstedter Stucks mit Stuckfragmenten aus der Stiftskirche St. Servatii in Quedlinburg und der Klosterkirche Clus auf ein wissenschaftliches Fundament zu heben, damit eventuell weitere Zusammenhänge zwischen den einzelnen Stuckbeständen im Harzraum identifiziert werden können. Außer der Bestimmung des möglichen Standortes und der Rekonstruktion der materiellen und ideellen Grundlagen der Stuckarbeiten sollten sie auch kulturhistorisch kontextualisiert werden. Überdies wurde Fragen nach der Gestalt des Kirchengebäudes nachgegangen. Die Fragmente, die aufgrund ihrer Installation in der Dauerausstellung im Landesmuseum bzw. ihrer Zugehörigkeit zur Skulpturensammlung und Museum für Byzantinische Kunst, Berlin schwer zugänglich sind, wurden mittels Lichtschnittscanner und Photogrammetrie erfasst. Die daraus errechneten 3D-Modelle ermöglichen weitere Forschungen am virtuellen Objekt und ersetzen analoge Zeichnungen. Dateien der Modelle im PDF-Format befinden sich nach Katalognummer sortiert auf der dem Katalog beigegebenen DVD.

Die 2006 erstellte Datenbank wurde mit den Daten der Stuckfunde aus Gerbstedt, Eilenstedt und Zeitz in das Amtliche Informationssystem Denkmalpflege und Archive (AIDA) migriert und mit neu gewonnenen Informationen vervollständigt. Damit ist eine Datenbank zu hochmittelalterlichem Stuck aus Sachsen-Anhalt begonnen worden, die sukzessive mit Informationen zu allen bekannten Beständen des Materials in Sachsen-Anhalt ergänzt werden soll.

Der Startschuss für das ambitionierte Projekt fiel, als die »Corona-Pandemie« bereits alle Bereiche des täglichen Lebens stark einschränkte. Diese Einschränkungen betrafen auch die Arbeiten der am Gerbstedt-Projekt beteiligten Forscher und Forscherinnen. So konnten Archive und Bibliotheken nur begrenzt genutzt werden, Dienstreisen für das vergleichende Studium beispielsweise der Fragmente in Berlin und Clus oder von anderen wichtigen Objekten aus Stuck nicht oder nur sehr beschränkt stattfinden. Dennoch gelang es den Beteiligten, umfassende neue Erkenntnisse zum Thema zu gewinnen. Auch konnten in Vorbereitung der Publikation zwei Workshops am LDA organisiert werden. In diesen wurden Zwischenergebnisse vorgestellt und diskutiert. Ein Expertengespräch mit Kunsthistorikern anderer Einrichtungen bot eine breite Diskussionsbasis für die bis dahin erarbeiteten Arbeitsthesen. Neben den Projektbeteiligten des LDA und der Diplomrestauratorin Corinna Scherf partizipierten: Klaus Gereon Beuckers (Kiel), Michael Brandt (Hildesheim), Beate Braun-Niehr (Berlin), Jürg Goll (Müstair/Schweiz), Klaus Niehr (Osnabrück) und Harald Wolter-von dem Knesebeck (Bonn).

Die Ergebnisse der äußerst fruchtbaren, interdisziplinären Zusammenarbeit werden in der vorliegenden Publikation präsentiert.

ANMERKUNGEN

1 Institut für Denkmalpflege 1969, S. 198 f. (Konrad Riemann); Ministerium für Kultur/Verband Bildender Künstler der DDR 1980, S. 100–103 Kat.-Nr. 36; Riemann1986, S. 353–380.

2 Krause/Voß 2007.

3 Lenz u. a. 2007, S. 119–150.

4 Arnold u. a. 2008, S. 72–91.

5 Rüber-Schütte 2017, S. 111–131.

6 Steinbrecher 1994a, S. 127–133; ders. 1994b; ders. 2006.

7 Rüber-Schütte 2018.

LITERATUR

ARNOLD U. A. 2008
Arnold, Daniela/Arnold, Torsten/Fischer, Stefanie/Rüber-Schütte, Elisabeth: Die Restaurierung der romanischen Chorschranken in der Liebfrauenkirche zu Halberstadt. Ein Zwischenbericht, in: Denkmalpflege in Sachsen-Anhalt 1+2/2008

INSTITUT FÜR DENKMALPFLEGE 1969
Institut für Denkmalpflege (Hrsg.): Denkmale der Geschichte und Kultur. Ihre Erhaltung und Pflege in der deutschen Demokratischen Republik, Berlin 1969

KRAUSE/VOSS 2007
Krause, Hans-Joachim/Voß, Gotthard (Hrsg.): Das Heilige Grab in Gernrode. Bestandsdokumentation und Bestandsforschung (= Beiträge zur Denkmalkunde in Sachsen-Anhalt 3), Berlin 2007

LENZ U. A. 2007
Lenz, Roland/Möller, Roland/Schmidt, Thomas/Unger, Gabriele: Die Erhaltung der Stucktumba in Walbeck bei Helmstedt als DBU-Projekt 2001–2003, in: Heinecke, Berthold/Ingelmann, Klaus (Hrsg.): Tausend Jahre Kirche in Walbeck, Petersberg 2007

MINISTERIUM FÜR KULTUR/
VERBAND BILDENDER KÜNSTLER DER DDR 1980
Ministerium für Kultur/Verband Bildender Künstler der DDR (Hrsg.): Restaurierte Kunstwerke in der Deutschen Demokratischen Republik. Ausstellung im Alten Museum, Staatl. Museen zu Berlin, Berlin 1980

RIEMANN 1986
Riemann, Konrad: Untersuchungen zur Technik und Farbigkeit mittelalterlicher Malerei und Stuckplastik. Mit Beiträgen von Hans-Joachim Krause, in: Denkmale in Sachsen und Anhalt. Ihre Erhaltung und Pflege in den Bezirken Halle und Magdeburg, erarb. im Institut für Denkmalpflege, Arbeitsstelle Halle, Weimar² 1986

RÜBER-SCHÜTTE 2017
Rüber-Schütte, Elisabeth: Anmerkungen zur Confessio der Quedlinburger Stiftskirche und ihren ottonischen Stuckarbeiten, in: Freund, Stephan/Labusiak, Thomas (Hrsg.): Das dritte Stift. Forschungen zum Quedlinburger Frauenstift (= Essener Forschungen zum Frauenstift 14), Essen 2017, S. 111–131

RÜBER-SCHÜTTE 2018
Rüber-Schütte, Elisabeth (Hrsg.): Romanische Stuckplastik aus der Dorfkirche in Eilenstedt (= Kleine Hefte zur Denkmalpflege 13), Halle (Saale) 2018

STEINBRECHER 1994a
Steinbrecher, Manfred: Historische Gipsmörtel und Gipsestriche, in: Denkmalpflege in Sachsen-Anhalt 2/1994, S. 127–133

STEINBRECHER 1994b
Steinbrecher, Manfred: Zu den Untersuchungsergebnissen der Anfang des 19. Jahrhunderts verlorengegangenen Gipsmörteltechnologie und den Ergebnissen seiner Wiederanwendung, Mühlhausen 1994

STEINBRECHER 2006
Steinbrecher, Manfred: Historischer Gipsmörtel in Mitteldeutschland, Stuttgart 2006

ABBILDUNGSHINWEIS

S. 2 Kopf eines Mannes Kat.-Nr. 1
S. 7 Kopf eines Bärtigen Kat.-Nr. 5
S. 8 Drachenkörper Kat.-Nr. 80
S. 10 Palmettenfries Kat.-Nr. 103
S. 14 Szene mit einer Architektur Kat.-Nr. 47

Die Auffindung von Stuckfragmenten am Platz der Klosterkirche von Gerbstedt

Susanne Kimmig-Völkner

FUNDGESCHICHTE

»Beim Bau des Schulhauses im Jahre 1869 fand man den Fußboden der Krypta 2 Fuß tief unter dem Kirchenfußboden, bedeckt mit einer großen Anzahl Gipsstücken wie Arabesken, Tierfiguren, einem Teil einer menschlichen Figur, Fuß und Lanze auf ein geschupptes Tier setzend [...]«.[1] So beschrieb der Chronist Fritz Buttenberg Anfang des 20. Jahrhunderts die Fundumstände der Gipsreliefs, die im 19. Jahrhundert im Bereich der 1650 eingestürzten Klosterkirche in Gerbstedt zutage kamen.[2] Der Bereich, in dem die Stuckfragmente im Boden lagerten, befindet sich heute größtenteils unter dem Schulgebäude.[3] Dennoch kam bei Bauarbeiten im 20. Jahrhundert nochmals eine größere Anzahl davon zum Vorschein. Bei Ausschachtungsarbeiten im Schulkeller in den 1980er Jahren wurden 54 Fragmente geborgen und schließlich konnten 1996 im Zuge einer baubegleitenden Notbergung[4] unter dem heutigen Schulplatz mehrere hundert gestaltete Stuckfragmente gesichert werden. Sie zeigen verschiedenste, für die hochmittelalterliche Plastik typische Motive. Das Formenspektrum reicht von Figuren von Menschen in mindestens drei Maßstäben über Tierfigürchen und kleine Rahmungen bis hin zu ehemals üppigen Friesen, die einst sicherlich größere Bildfelder oder Bögen im Kircheninnern umrahmten. Das weist auf eine umfangreiche figürliche und ornamentale Stuckausstattung des gesamten Raumes hin.

DIE FUNDE DES 19. JAHRHUNDERTS

Heute kennen wir zehn der Fragmente, die im 19. Jahrhundert in der Osthälfte des niedergegangenen Kirchenbaus gefunden worden sind. Zunächst befanden sie sich im Besitz des Gerbstedter Bürgermeisters und Chronisten Karl Berger.[5] Ein Köpfchen (Kat.-Nr. 3) gab er bereits in den 1870er Jahren an den Altertumsverein in Eisleben, wo es heute Teil der regionalgeschichtlichen Sammlung ist (Abb. 1).[6] Das Inventar des Vereins vermerkt unter Nr. 655, dass das Köpfchen »unter dem Schutt der nun ausgeräumten Klosterkirche in Gerbstedt unter einem Leichenstein von 1536« gefunden worden sei. Zwar fehlt hier die Angabe eines Datums, da aber die nächste Jahresangabe im fortlaufend aufgenommenen Katalog 1874 nennt, muss Berger das Köpfchen vorher an den Altertumsverein abgegeben haben. 1922 ließ die Landesanstalt für Vorgeschichte in Halle[7] einen Abguss eines »romanischen Köpfchens aus Stein« aus dem Kloster Gerbstedt anfertigen, von dem heute noch eine Karteikarte im Zettelkatalog des Landesamtes für Denkmalpflege und Archäologie Sachsen-Anhalt (LDA) (HK 22:293) zeugt, auf der eine in den Werkstätten der Landesanstalt hergestellte Nachbildung eines Originals im Museum in Eisleben vermerkt ist.[8]

Neun der Stuckfragmente schenkten Bergers Erben 1888 dem Provinzialmuseum in Halle,[9] diese gelangten schließlich in die Sammlung des Kaiser-Friedrich-Museums zu Berlin (Abb. 2). 1915 hatte Theodor Demmler, damals Assistent der Abteilung »Bildwerke der christlichen Epochen« am Kaiser-Friedrich-Museum in

[1 linke Seite] Köpfchen aus der regionalgeschichtlichen Sammlung der Lutherstadt Eisleben. Es gleicht vom Typus her demjenigen, das sich heute in Berlin befindet.

[2] Eintrag in den Katalog des Provinzialmuseums. Nach dem Verkauf an das Kaiser-Friedrich-Museum wurde der Eintrag gestrichen.

Berlin, dem Provinzialmuseum in Halle einen Besuch abgestattet. Er gehörte zu den Mitarbeitern der königlichen Museen in Berlin, die durch gezielte Recherchereisen potentielle Objekte für das von Wilhelm von Bode geplante Deutsche Museum[10] finden sollten.[11] Ein Ergebnis der Visite Demmlers in Halle war eine Liste von Objekten, die das Provinzialmuseum an ihn sandte.[12] Diese beinhaltete romanische Kapitelle, Taufsteine, einen Schnitzaltar aus Eisdorf, Kleinplastiken und eben die neun Fragmente aus Gerbstedt.

Von den Vereinbarungen zwischen Hans Hahne, dem Direktor des Provinzialmuseums, und Wilhelm von Bode, dem Generaldirektor der Königlichen Museen zu Berlin, geben einige Archivalien Auskunft. Am 5. Mai 1915 brachte Theodor Demmler ein Schreiben auf den Weg nach Halle, das eine erste Auswahl der für einen Ankauf infrage kommenden Objekte enthielt. Unter Punkt vier ist hier von einem »Pappkarton mit ornamentalen Fragmenten aus Stuck, romanisch aus Gerbstedt bei Mansfeld« die Rede.[13] Infolge der ersten Absprachen wandte sich Hans Hahne im Anschluss an Kurt von Wilmowsky, den Landeshauptmann der Provinz Sachsen, um die Erlaubnis für den Verkauf der Kunstwerke nach Berlin zu erwirken.[14] Wilmowsky erklärte sich im Juli mit dem Vorhaben einverstanden und beauftragte Hahne damit, die Verhandlungen mit Wilhelm von Bode aufzunehmen.[15] Dazu gehörte auch eine mündliche Besprechung, die Hahne am 12. August mit Demmler über die Gegenstände abhielt. Dabei sagte Hahne dem Berliner Museum die Überlassung der Gerbstedter Stuckfragmente unter Vorbehalt zu und bot zusätzliche Taufsteine und Bauskulpturen zur Übernahme an. Insgesamt veranschlagte Hahne für das gesamte Konvolut eine »Entschädigungssumme« von 15 000 Mark, worauf man sich in Berlin entschloss, im Gegenzug 13 000 Mark zu bieten.[16] Einem Schreiben vom 22. August 1915 legte Bode eine Liste der Gegenstände mit der Taxierung der einzelnen Positionen bei. Hier kam er auf eine Gesamtsumme von 11 300 Mark, wovon 500 auf die neun Stuckfragmente aus Gerbstedt entfielen.[17] Anfang Oktober gab es ein weiteres Treffen in Halle und erst am 14.10.1915 schickte Hahne die Mitteilung über die Genehmigung der Abgabe der Gegenstände des Provinzialmuseums an das Deutsche Museum zu Berlin an Bode und es wurden 13 800 Mark dafür bezahlt.[18] Bereits am 12. Oktober hatten die beiden Parteien ebenfalls vereinbart, dass das Provinzialmuseum wiederum den Königlichen Museen in Berlin

[3] Fotografie mit der im Kaiser-Friedrich-Museum erfolgten Montierung der Stuckfragmente von 1915/16

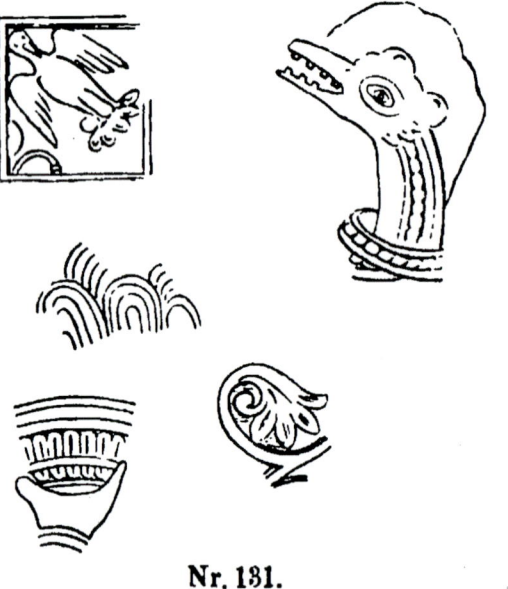

[4] Abbildung der Stuckfragmente aus dem Schutt der Klosterkirche im Denkmalinventar von 1895

Exponate vom selben Wert abkaufen sollte. Es wurden »Tierreste aus den Travertinen des Ilmtals« und eine »Nachbildung des besterhaltenen Seeruderbootes« aus Nydam (Schleswig-Holstein) für 11 320 Mark angekauft. Die Differenz zum Betrag, den die Berliner bezahlt hatten, wurde mit den Transportkosten aufgerechnet und für einen Rest von 606,77 Mark sollten kleinere Erwerbungen gemacht werden.[19] Zwar haben beide Institutionen sich formal gegenseitig Stücke abgekauft, tatsächlich kann aber von einem Exponatetausch gesprochen werden, der der Profilierung beider Sammlungen diente.

Am 25.10.1915 wurden die Objekte schließlich in Halle abgeholt,[20] am 30. Oktober in Berlin eingeliefert[21] und in einem Schreiben vom 27.11.1915 wurde ihre Übernahme in die Abteilung der Bildwerke christlichen Zeitalters bestätigt.[22] Im Dezember 1915 erhielt die Kasse des Provinzialmuseums 13 800 Mark von den königlichen Museen.[23] Die Abrechnung erfolgte, wie ein Brief Hahnes an Wilmowsky zeigt, erst 1918. Merkwürdigerweise schrieb Hahne hier von einer Summe in Höhe von 13 000 Mark, also 800 Mark weniger als die Anweisung aus Berlin betrug.[24] Eine letzte Nachricht zum Verbleib der Stuckfragmente stammte von Theodor Demmler, der eine Fotografie der Montage der Stuckfragmente an Hans Hahne schickte.[25] In dieser Anordnung sind sie viele Jahre geblieben (Abb. 3).

Der Chronist Buttenberg schrieb zwar von »einer großen Anzahl« von Stuckfragmenten, aber bereits im Denkmalinventar von 1895 lassen sich nur noch die neun Fragmente, die in den Besitz Karl Bergers gelangt waren, nachweisen (Abb. 4). Neben diesen befanden sich im Schutt auch ein Grabstein aus dem 16. Jahrhundert sowie ein romanisches Kapitell.²⁶ Bei den Stuckfragmenten handelt es sich um Einzelmotive, die bis auf eine Ausnahme der Beschreibung Buttenbergs entsprechen. Die Motive stehen exemplarisch für jene, die im gesamten Fundkomplex vorkommen. Dabei handelt es sich z. B. um Ornamente wie eine Rosette und Teile von Akanthus- und Palmettendekoren. Es finden sich eine Hand, die einen Gegenstand – wohl ein Gefäß – hält, ein kleiner Kopf eines bartlosen Mannes, Erdschollen mit Füßen, der Körper eines Tieres, ein Vogel in einer Raute und ein Drachenkopf. Nicht nachweisbar ist der von Buttenberg wörtlich erwähnte »Teil einer Figur, die Fuß und Lanze auf ein geschupptes Tier«²⁷ setzt. Wahrscheinlich wurden also im 19. Jahrhundert weitere Fragmente aus der Schuttschicht im Bereich des ehemaligen Chores geborgen. Davon zeugt – neben den Formulierungen bei Buttenberg – das oben erwähnte Köpfchen in der regionalgeschichtlichen Sammlung in Eisleben. Bisher konnten jedoch keine weiteren Fragmente, die vielleicht im 19. Jahrhundert aus dem Schutt der Kirche geborgen worden sind, ausfindig gemacht werden.

IM SCHULKELLER

Von einem »Sensationellen Fund im Schulkeller« berichteten die Mitteldeutschen Neuesten Nachrichten am 9. Dezember 1972. Damals wurden bei Ausschachtungsarbeiten im Keller der polytechnischen Oberschule zwar keine Stuckfragmente, jedoch zwei hochmittelalterliche Bestattungen gefunden. Zuerst kam, mit der Oberkante 0,25 m unter der Oberfläche liegend, ein Sandsteinsarkophag mit Kopfnische und gewölbter Deckplatte zum Vorschein. Der Tote lag west-östlich ausgerichtet in gestreckter Rückenlage darin.²⁸ Im Verlauf der Arbeiten wurde unmittelbar nördlich des Sarkophags, ca. 0,30 m unter dem Kellerboden, ein zweites Skelett aufgedeckt. Es lag ein wenig westlich von der zuerst gefundenen Bestattung und der Oberkörper lag außerhalb des Kellers, weshalb der Tote lediglich bis zum Becken geborgen werden konnte.²⁹ Berthold Schmidt und Waldemar Nitzschke gingen aufgrund der gefundenen Säulenbasen im Westen des ehemaligen Kirchenbaus davon aus, dass die Bestattungen im Bereich der Vierung oder des Chores der Klosterkirche lagen.³⁰ Die jüngsten in diesem Band von Dirk Höhne vorgelegten Untersuchungen zur Baugeschichte bestätigen diese Annahme jedoch nicht.

Die gewölbte Deckplatte des Sarkophags aus Gerbstedt war bereits vor der Fundaufnahme durch Schmidt stark zerstört worden und existiert heute nicht mehr.³¹ Die Gestalt der Deckplatte lässt sich heute also nicht mehr mit Sicherheit rekonstruieren. Auch der übrige Sarkophag war »in viele Stücke zersprungen und morsch«.³² Er wurde jedoch aufbewahrt und befindet sich heute in der Ausstellung des Museums der Stadt Gerbstedt. Sarkophage mit Kopfnischen stammen hauptsächlich aus dem 10. bis 13. Jahrhundert.³³ In ihnen wurden hochrangige Kleriker und potente Adlige beigesetzt.³⁴ In der Harzregion sind vor allem die Steinsärge der Königin Mathilde (gest. 968) in Quedlinburg, St. Servatius, und von Bischof Bernhard von Halberstadt (gest. 968) im Dom ebenda bekannt.³⁵ Diese beiden – wohl aus derselben Werkstatt stammenden Stücke – zeichnen sich vor allem durch die beeindruckenden Deckplatten in Form längsgeschnittener Zylinder und der darauf befindlichen Inschriften aus. Nach der Dokumentation durch Schmidt handelte es sich bei der Gerbstedter Deckplatte um eine wesentlich weniger massive und vor allem gänzlich anders geformte Sarkophagabdeckung (Abb. 5).³⁶ Seit der Auffindung wird die Bestattung als die des Klostergründers Ricdag (gest. 985 oder 986)³⁷ angesprochen. Urkundliche Nachrichten berichten, dass sowohl Ricdag als auch sein Sohn Karl im Kloster Gerbstedt bestattet worden seien.³⁸ Obwohl der Sarkophag auf die Bestattung einer hochrangigen Persönlichkeit hinweist, muss die Identifizierung des Toten mit dem Klostergründer im Bereich der Spekulation bleiben.

Diese Bestattungen befanden sich dem Grabungsbericht zufolge 0,25–0,40 m unter Kellerbodenniveau.³⁹ 1986 wurden in vergleichbarer Tiefe 54 hochmittelalterliche Stuckfragmente gefunden, als »zur Betonierung des Kellerbodens [...] Lehmerde ausgehoben« wurde. Die etwa vier Quadratmeter große Fundstelle befand sich etwa 6 m östlich der 1972 gefundenen Bestattungen.⁴⁰ Aufgrund der fehlenden Befunddokumentation kann heute lediglich anhand der Lage der Bestattungen die ursprüngliche Position der Stuckfragmente bestimmt werden. Diese wurden vom damaligen Hausmeister der Schule gemeinsam mit Schülern ausgegraben und von Ortspfleger Walter Stein gesichert. Die heute noch sichtbaren Bleistiftzahlen auf den Rückseiten der Stuckfragmente stammen wohl von dieser ersten Aufnahme. Sie entsprechen der Nummerierung an den als Anlage dem Fundbericht beigefügten Fotos in den Ortsakten. Dort findet sich auch eine Datierung der Fragmente ins 12. Jahrhundert und im Fundbericht von Schmidt kommen weitere Erläuterungen, auch zu den Funden des 19. Jahrhunderts, hinzu. Schmidt verweist hier auch darauf, dass die Fragmente nach ihrer Auffindung 1869 »vorsätzlich im Kellerboden vergraben«

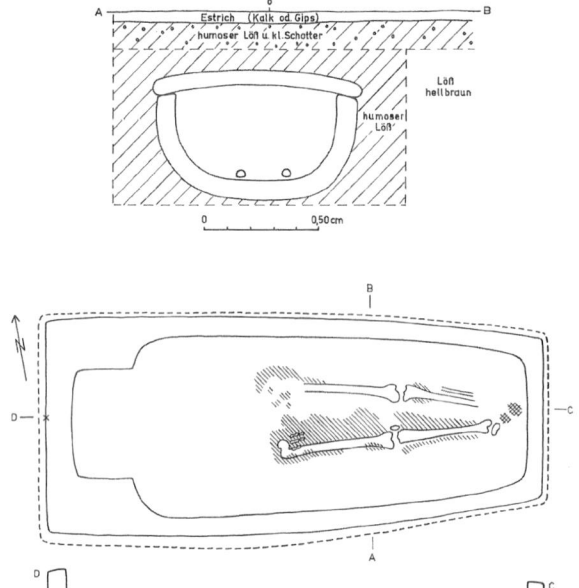

[5] Lage des Sarkophags und des Skelettes im Heizungskeller der polytechnischen Oberschule sowie die Rekonstruktion des Sarkophags aus der Klosterkirche nach B. Schmidt aus dem Jahr 1982

worden seien. Das schließt er aus Aufzeichnungen der Chronisten Buttenberg und Berger.[41] Die derzeit bekannten Aufzeichnungen ermöglichen eine Verifizierung des Schlusses von Schmidt jedoch nicht.[42]

Im September 1988 übergab Stein die Stuckfragmente an das Landesmuseum für Vorgeschichte in Halle, womit sie die HK-Nummern 88:2649a–z1 erhielten.[43] Die Fundliste umfasst bereits Beschreibungen der Motive wie »Unterteil einer menschlichen Figur mit Gewand mit Bordüren« oder »Fuß« oder »Hinterteil eines Tieres«. Andere Bezeichnungen sind weniger spezifisch wie »2 Spitzovale« oder »Längsstreifen, z. T. abgeplatzt«. Die Bezeichnungen für die Fragmente, die wir heute als Drachen identifizieren, als »2 plastische Bögen mit Perlstab« (Kat.-Nr. 87) oder »Ornament (Perlstab) und Gewandreste« (Kat.-Nr. 81) zeigen, dass sich der Motivschatz für die Beteiligten damals nicht unbedingt erschloss.

KLEINE SENSATION FÜR DIE STUCKFORSCHUNG: DIE AUSGRABUNG 1996/1997

Im Jahr 1996 wurden die Straßen im Bereich des ehemaligen Klosterareals grundhaft ausgebaut. Dabei wurden baubegleitend archäologische Untersuchungen im Baustellenbereich auf dem Schulplatz und der Schulstraße vorgenommen. Im Laufe der Arbeiten kamen in einem kleinen Bereich der Baustelle zahlreiche Stuckfragmente zutage. Aufgrund der beengten Verhältnisse und der Tiefe des ausgehobenen Schnittes gestaltete sich die Dokumentation der Befunde schwierig. So auch die der Stuckfragmente, die vor allem direkt von der Baggerschaufel und aus dem zum Abtransport bereits auf einen Lastwagen geschütteten Abraum geborgen wurden.[44] Trotz dieser für solche Notbergungen nicht ungewöhnlichen ungünstigen Situation konnten auch kleinere Stuckfragmente mit Gestaltung geborgen werden, die nach dem Zusammensetzen mit passenden, größeren Teilen die Deutung erst möglich machten.[45] Mit dem Fund dieser großen Zahl an Fragmenten wurde erst deutlich, dass die Klosterkirche in größerem Ausmaß mit Stuckierungen ausgestattet gewesen war (Abb. 6).

Direkt im Anschluss an die Einlieferung an das LDA wurden die Fragmente sortiert und die repräsentativsten Stücke gereinigt und konserviert sowie teilweise zusammengesetzt und geklebt. Neben der Bestandserhaltung galt diese erste Maßnahme dem Ziel, dass die Fragmente für die Landesausstellung in Sachsen-Anhalt, die 1998 im Kraftwerk Vockerode stattfand, vorbereitet wurden.[46] Zur Ausstellung der Funde in Vockerode kam es nicht, aber im selben Jahr fanden sie ihren Weg in die Ausstellung »Gefährdet – geborgen – gerettet: archäologische Ausgrabungen in Sachsen-Anhalt von 1991 bis 1997«, und die Neufunde wurden im zugehörigen Katalog erstmals vom Ausgräber Olaf Kürbis publiziert.[47] Im Jahr 2006 konnte schließlich im Auftrag der Abteilung Bau- und Kunstdenkmalpflege des LDA eine erste restauratorische Erfassung durch Roland Lenz erfolgen. Die 1996/1997 gefundenen Fragmente wurden inventarisiert und der gesamte Fundkomplex aus Gerbstedt wurde in einer Datenbank aufgenommen und vorläufig kategorisiert.

REZEPTION UND FORSCHUNGSGESCHICHTE DER STUCKFRAGMENTE

HEIMATFORSCHUNG

In seiner 1878 erschienenen *Chronik von Gerbstädt* berichtet Karl Berger bereits von der Auffindung von einer »Parthie Bruchstücke in Gyps« bei Ausschachtungsarbeiten für den Bau der neuen Schule im Jahr 1868. Er beschreibt hier die Situation der Auffindung im Chorbereich, wonach die Fragmente in einer Schuttschicht unter einem »neuen Fußboden« und auf dem Boden einer »Kapelle unter dem hohen Chor« gefunden worden waren. Berger, durch den die zehn Fragmente

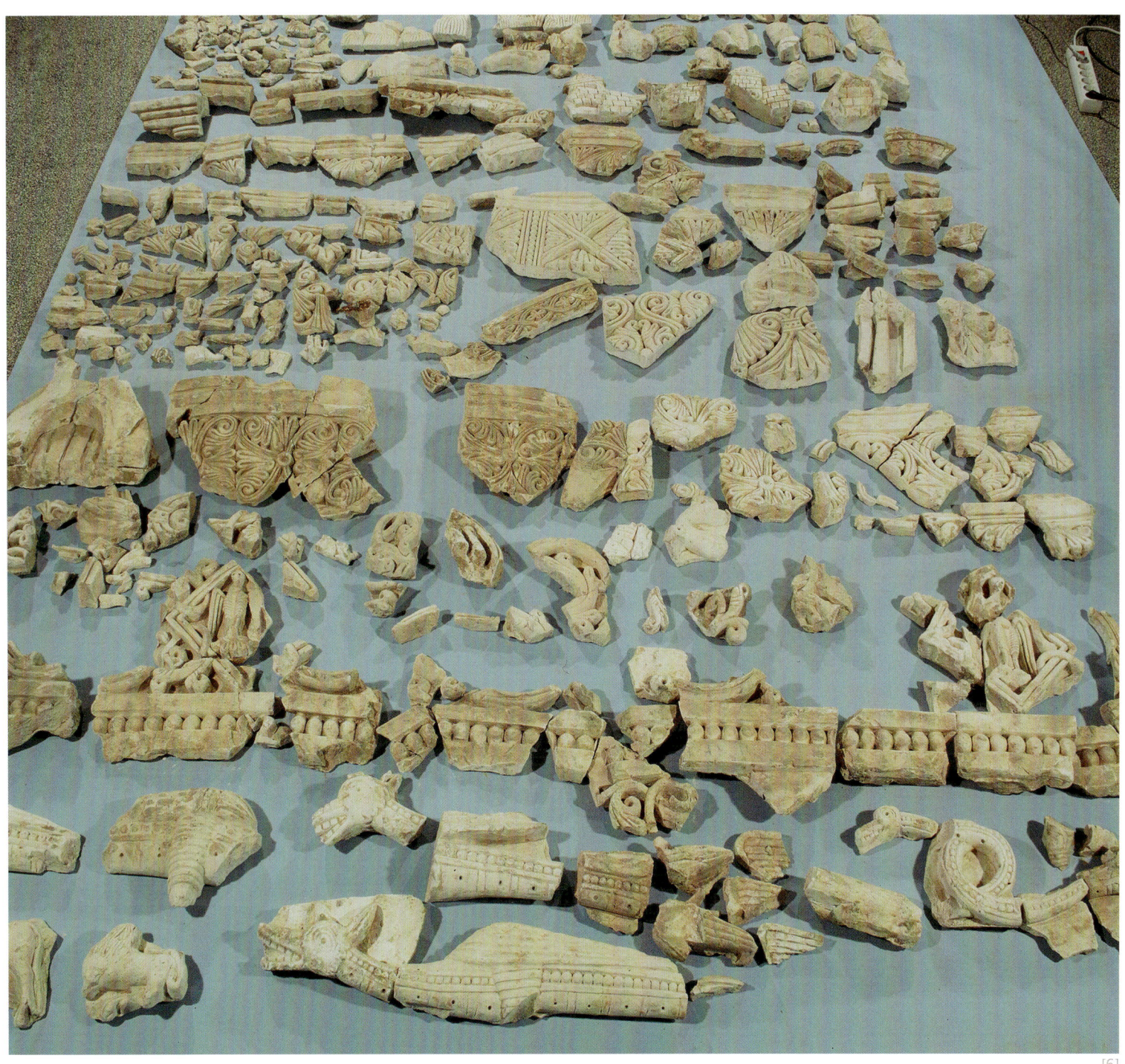

[6] Auslage der Funde 1998 zur Ausstellung und Restaurierung

in Berlin und Eisleben auf uns gekommen sind, vermutet, dass die Stuckausstattung der Klosterkirche den Unruhen des Bauernkriegs zum Opfer gefallen sei.[48] Buttenberg übernimmt in seiner *Geschichte Gerbstedts* und seinem Artikel zum Kloster Gerbstedt die Beschreibung Bergers und datiert die Stuckplastik in die Zeit um 1168.[49] Werner Koch und Walter Stein – letzterer hatte die Fragmente aus dem Schulkeller nach deren Auffindung gesichert und später an das Landesmuseum übergeben – wendeten 1987 ihre Aufmerksamkeit den Stuckfiguren zu. In wenigen knappen Sätzen berichten sie von der Auffindung während der Bauarbeiten im Schulkeller durch Hausmeister Neuss und eine Schülergruppe und weisen auf die im Bodemuseum vorhandenen Stücke und frühere Publikationen hin. Sie identifizieren – wie auch im Fundbericht[50] – einige Motive und stellen einen Vergleich zur Skulptur der Westwand des Heiligen Grabes in Gernrode an.[51]

KUNSTHISTORISCHE FORSCHUNG

Im Denkmalinventar von 1895 finden die Fragmente, die zu der Zeit bereits im Provinzialmuseum aufbewahrt wurden, ebenfalls Erwähnung und fünf von Ihnen werden stark vereinfacht abgebildet. Die Autoren

[7] Fragment von Stuckierungen mit Drachen in Kapitellform, Stiftskirche St. Servatius, Quedlinburg, heute im Bestand des Schlossmuseums Quedlinburg Inv.-Nr. Q-BZ93

[7]

sehen darin »romanische Stuckreste«, die sie stilistisch teilweise mit Stuck aus der Confessio in Quedlinburg vergleichen und für die sie sich eine Anbringung vergleichbar mit »den Stuckarbeiten in der Stiftskirche zu Gernrode« vorstellen können.[52]

Durch den Verkauf der neun Fragmente an das Berliner Museum waren diese zumindest im Bewusstsein der frühen Forschung zu Stuck des Mittelalters im 20. Jahrhundert. Immerhin erwähnt Friedrich Berndt in seiner Stuckplastik im frühmittelalterlichen Sachsen die Fragmente aus Gerbstedt als direkten Vergleich zu Fragmenten aus der Stiftskirche St. Servatius zu Quedlinburg, die er in die Zeit zwischen 1070 und 1129 datiert (Abb. 7).[53] Auf Berndt geht Waldemar Grzimek in seinem Standardwerk zu deutscher Stuckplastik nicht ein. Er erkennt jedoch ebenfalls Ähnlichkeiten zu den Quedlinburger Fragmenten, genauso wie zur Emporenbrüstung aus dem Kloster Gröningen. Aufgrund des Detailreichtums und des Naturalismus, den er in den Gerbstedter Fragmenten erkennt, entscheidet er sich für eine Spätdatierung um 1180.[54]

Erst seit den 1990er Jahren wendet sich die Aufmerksamkeit vor dem Hintergrund spezifischer Fragestellungen zur Stuckplastik auch wieder den Gerbstedter Fragmenten zu. Elisabeth Rüber-Schütte stellt im Zusammenhang mit der Stucklandschaft im Harz die Fragmente in diesen Kontext und stellt die Frage nach einer direkten Vergleichbarkeit. Sie sieht die Gerbstedter Skulpturen als Reste eines umfangreichen Bildprogramms in der Gerbstedter Klosterkirche. Sie nimmt erneut die Vergleiche zu den Fragmenten aus der Quedlinburger Stiftskirche St. Servatius auf und sieht als erste in den beiden Stuckfiguren aus der Klosterkirche in Clus[55] bei Bad Gandersheim eine direkte stilistische Parallele zu den Gerbstedter Arbeiten.[56] Ausführlich widmet Tobias Kunz sich, auf den Ergebnissen Rüber-Schüttes aufbauend, den Gerbstedter Stuckfragmenten im kritischen Bestandskatalog der Skulpturensammlung und des Museums für byzantinische Kunst zu Berlin. Er versucht eine Kontextualisierung der Stücke und folgt dabei im Wesentlichen der Einschätzung von Rüber-Schütte, wobei er den stilistischen Vergleich zu den Cluser Figuren deutlicher hervorhebt. Durch die von den Staatlichen Kunstsammlungen zu Berlin durchgeführten restauratorischen Untersuchungen kann Kunz erstmalig auch Informationen zur Werktechnik bieten.[57] Im Zuge des Ausbaus der Dauerausstellung des Landesmuseums für Vorgeschichte rückten die Gerbstedter Stuckfragmente 2019 erneut in den Fokus des Interesses, da eine repräsentative Auswahl der wichtigsten Stücke zur dauerhaften Präsentation (eröffnet im November 2021) getroffen wurde.

ANMERKUNGEN

1 Buttenberg 1920, S. 23.

2 Zum Kirchengebäude s. den Beitrag von Dirk Höhne in diesem Band. Zu Eckdaten des Einsturzes s. auch den Beitrag von Andreas Stahl in diesem Band.

3 Vgl. den Beitrag von Dirk Höhne in diesem Band.

4 Zur Ausgrabung s. den Beitrag von Olaf Kürbis in diesem Band.

5 Von Karl Berger stammt auch die Chronik von Gerbstedt von 1878.

6 Inv.-Nr. V:1017 (alt: 655). Die Verfasserin dankt Daniela Messerschmidt, Sammlungsleiterin der regionalgeschichtlichen Sammlungen der Lutherstadt Eisleben für die Recherche und das zur Verfügungstellen des Fragmentes zur Dokumentation und Analyse.

7 In Landesanstalt für Vorgeschichte wurde das Provinzialmuseum in Halle 1921 umbenannt. Das Provinzialmuseum ist heute das Landesmuseum für Vorgeschichte in Halle. Vgl. dazu: Matthias 1984; Zich 2016, S. 21–35.

8 Der Abguss in der Sammlung des LDA ist derzeit verschollen.

9 LDA Sachsen-Anhalt, Fundstellen- und Planarchiv, Kataloge des Provinzialmuseums, Katalog A I, geschichtliche Gegenstände, Nr. 265; LDA Sachsen-Anhalt, Fundstellen- und Planarchiv, Kataloge des Provinzialmuseums, Verzeichnis der historischen Sammlung, Mansfelder Seekreis.

10 Hierzu Kammel 1996, S. 155–175 und Waetzoldt 1996, S. 12.

11 Staatliche Museen zu Berlin – Zentralarchiv (SMB-ZA), I/SKS 81, F 730, fol. 24v, Aktennotiz von Demmler über das Schreiben an das Provinzialmuseum; zur Erwerbungspolitik Wilhelm von Bodes und den damit verbundenen Reisen seiner Mitarbeiter s. Kammel 1996.

12 SMB-ZA, I/SKS 81, F 730, fol. 24. LDA Sachsen-Anhalt, Hausarchiv, 600b 5a, 1., Wilhelm von Bode an Hans Hahne, Brief vom 22.08.1915.

13 SMB-ZA, I/SKS 81, F 730, fol. 24. LDA Sachsen-Anhalt, Hausarchiv, 600b 5a, 5., Theodor Demmler an das Provinzialmuseum in Halle, Brief vom 05.05.1915.

14 LDA Sachsen-Anhalt, Hausarchiv, 600b, 5a, 4., Hans Hahne an Kurt von Wilmowsky, Brief vom 02.07.1915. Auch dieses Schreiben enthält eine Liste der fraglichen Gegenstände mit Angaben zur Provenienz.

15 LDA Sachsen-Anhalt, Hausarchiv, 600b, 5a, 3., Kurt von Wilmowsky an Hans Hahne, Brief vom 09.07.1915.

16 SMB-ZA, I/SKS 81, F 730, fol. 24v; Wilhelm von Bode erwähnt den Besuch Demmlers in seinem Brief an Hans Hahne. LDA Sachsen-Anhalt, Hausarchiv, 600b 5a, 1., Wilhelm von Bode an Hans Hahne, 22.08.1915.

17 Ebd.

18 SMB-ZA, I/SKS 81, F. 1337, fol. 38r, Hans Hahne an Wilhelm von Bode, Brief vom 20.10.1915 und Wilhelm von Bode, Brief vom 23.10.1915 zur Anlieferung der »Steinskulpturen aus dem Provinzialmuseum«.

19 LDA Sachsen-Anhalt, Hausarchiv, 600b, 5a, 5., Hahns Hahne an den Landeshauptmann der Provinz Sachsen, Brief vom 28.11.1917. Hier geht es um die Übernahme einer Anzahl von Gegenständen aus dem Kaiser-Friedrich-Museum basierend auf einer Vereinbarung vom 12.10.1915. Ob eine entsprechende Verrechnung je stattfand, lässt sich nach derzeitigem Kenntnisstand nicht nachvollziehen. 1939 wurde in der Sonderausstellung »Waffen der Germanen« ein Modell des Bootes von Nydam ausgestellt. Ob es mit der 1917 erworbenen Nachbildung identisch ist, kann derzeit nicht geklärt werden.

20 SMB-ZA, I/SKS 81, F. 1337, fol. 40r, 41.

21 SMB-ZA, I/SKS 81, F. 1406, fol. 42; die neun Stuckfragmente aus Gerbstedt erhielten die Inventarnummern AE 405–413.

22 LDA Sachsen-Anhalt, Hausarchiv, 607e, 2., Übernahmebestätigung durch das Kaiser-Friedrich-Museum vom 27.11.1915.

23 SMB-ZA, I/SKS 81, F. 1406, fol. 44, Hans Hahne an die Kasse der königlichen Museen in Berlin vom 11.12.1915 mit Vermerk der Übermittlung des Betrages per Wertbrief.

24 LDA Sachsen-Anhalt, Hausarchiv, 600b 5a, 2., Hans Hahne an Kurt von Wilmowsky, Brief vom 17.04.1918.

25 LDA Sachsen-Anhalt, Hausarchiv, 607e: Theodor Demmler an Hans Hahne, Brief vom 10.05.1916, mit einer Fotografie der Installation der Gerbstedter Fragmente auf einem Brett.

26 Brinkmann/Grössler 1895, S. 230.

27 Buttenberg 1929, S. 23.

28 LDA Sachsen-Anhalt, Ortsakten, ID-1874/9/47/1, fol. 100, 104, 106. Während der Zeitungsbericht von einem kräftigen Mann von ca. 1,80 m Körpergröße spricht, werden die Knochen (HK 72:239) im Fundbericht als jene eines »Erwachsenen« beschrieben. Die Beine und die Fingerknochen der rechten Hand konnten noch in situ dokumentiert werden, Oberkörper und Kopf waren aber bei der Auffindung durch Bauarbeiter bereits zerstört worden. Daher ist es fraglich, dass Haare und Schädelteile von der Fundstelle zum Toten im Sarkophag gehören. Schmidt geht von einem »maturen Mann von beachtlicher Körpergröße« aus. Vgl. Schmidt/Nitzschke 1982, S. 191.

29 LDA Sachsen-Anhalt, Ortsakten, ID-1874/9/47/1, fol. 100, 105, 108. Auch hier wird der Bestattete als männlich kategorisiert. Die Knochen (HK 73:240) wurden nicht untersucht.

30 LDA Sachsen-Anhalt, Ortsakten, ID-1874/9/47/1, fol. 243. Vgl. auch Schmidt/Nitzschke 1982, S. 191.

31 Schmidt/Nitzschke 1982, S. 191. Schmidt ging davon aus, dass die Deckplatte bereits bei den Bauarbeiten des 19. Jh. zerstört worden ist.

32 LDA Sachsen-Anhalt, Ortsakten, ID-1874/9/47/1, fol. 104.

33 Zur Datierung von Bestattungen mit Kopfnischen bei hochrangigen Klerikern und Adligen vgl. Sanke 2012, S. 164f.

34 S. zu Sarkophagen mit Kopfnischen einen kurzen Überblick bei Mundhenk 1983, S. 48f.; zum Personenkreis, für den Sarkophagbestattungen angelegt worden sind: Later 2012, S. 244–248; Sanke 2012, S. 127.

35 S. Schubert 2001.

36 LDA Sachsen-Anhalt, Ortsakten, ID-1874/9/47/1, fol. 107.

37 S. zur Person des Ricdag den Beitrag von Friedrich W. Schütte in diesem Band mit ausführlichen Erläuterungen zur Rezeptionsgeschichte der »Figur«.

38 Krühne 1888, S. 3, Nr. 1; Pätzold 1997, S. 181, Anm. 16; vgl. schließlich umfassend den Beitrag von Schütte in diesem Band.

39 LDA Sachsen-Anhalt, Ortsakten, ID-1874/9/47/1, fol. 104.

40 Ebd., fol. 229.

41 Ebd., fol. 229v.

42 Im Ortsaktenarchiv des LDA liegt eine umfangreiche Materialsammlung des Heimatpflegers Walter Stein vor, worin sich auch Abschriften der Manuskripte Bergers befinden.

43 LDA Sachsen-Anhalt, Ortsakten, ID-1874/9/47/1, fol. 243–245. Die Zählung wurde jeweils von a–z, a1–z1 und a2–d2 durchnummeriert.

44 Zur Grabung und den Befunden zur Klosterkirche s. den Beitrag von Olaf Kürbis in diesem Band.

45 S. dazu auch den Beitrag der Verfasserin zur Ikonographie des Ensembles in diesem Band.

46 LDA Sachsen-Anhalt, Werkblatt Nr. 1631, Restaurierung romanischen Gipsstucks, bis Ende 1997. Zur Ausstellung: Brüggemeier 1998.

47 Kürbis 1998, S. 211 f.; ders. 2001, S. 272 f.

48 Berger 1878, S. 60.

49 Buttenberg 1929, S. 23.

50 S. o.

51 Koch/Stein 1987, S. 42–45 mit mehreren Abbildungen.

52 Brinkmann/Grössler 1895, S. 230 f. Abb. 131.

53 Berndt 1932, S. 26 f.

54 Grzimek 1972, S. 57 Nr. 54 f.

55 Vgl. auch den Beitrag der Verfasserin in diesem Band mit Abbildungen.

56 Rüber-Schütte 2006a, S. 99; dies. 2006b, S. 339–346; dies. 2006c. Zuletzt Rüber-Schütte 2018 S. 180.

57 Kunz 2014, S. 24–27.

LITERATUR

BERGER 1878
Berger, Karl: Chronik von Gerbstädt, enthaltend historische Nachrichten vom Ursprunge bis auf die neueste Zeit: nebst einem Situationsplane der Stadt Gerbstädt, Gerbstedt 1878

BERNDT 1932
Berndt, Friedrich: Stuckplastik im frühmittelalterlichen Sachsen, Hannover 1932

BRINKMANN/GRÖSSLER 1895
Brinkmann, Adolf/Grössler, Hermann (bearb.): Beschreibende Darstellung der älteren Bau- und Kunstdenkmäler des Mansfelder Seekreises (= Beschreibende Darstellung der älteren Bau- und Kunstdenkmäler der Provinz Sachsen und angrenzender Gebiete 19), Halle (Saale) 1895

BRÜGGEMEIER 1998
Brüggemeier, Franz-Josef (Hrsg.): Mittendrin – Sachsen-Anhalt in der Geschichte: Katalog zur Ausstellung im stillgelegten Kraftwerk Vockerode, 15. Mai bis 13. September 1998, Dessau 1998

BUTTENBERG 1920
Buttenberg, Fritz: Das Kloster zu Gerbstedt, Magdeburg 1920

BUTTENBERG 1929
Buttenberg, Fritz: Geschichte des Orts Gerbstedt und seiner ehemaligen Flur, Gerbstedt 1929

GRZIMEK 1972
Grzimek, Waldemar: Deutsche Stuckplastik. 800–1300, München 1972

KAMMEL 1996
Kammel, Frank Matthias: Kreuzgang, Krypta und Altäre. Wilhelm von Bodes Erwerbungen monumentaler Kunstwerke und seine Präsentationsvorstellungen für das Deutsche Museum, in: Jahrbuch der Berliner Museen 38, 1996, S. 155–175

KOCH/STEIN 1987
Koch, Werner/Stein, Walter: Historisches vom Kloster Gerbstedt – eine Nachbetrachtung zur 1000 Jahrfeier der Stadt Gerbstedt, in: Mansfelder Heimatblätter. Kreise Eisleben und Hettstedt 7, 1987, S. 42–45

KRÜHNE 1888
Urkundenbuch der Klöster der Grafschaft Mansfeld (= Geschichtsquellen der Provinz Sachsen und angrenzender Gebiete 20), bearb. von Max Krühne, Halle 1888

KUNZ 2014
Kunz, Tobias: Stuckfragmente aus der Klosterkirche Gerbstedt bei Mansfeld, in: Kunz, Tobias (Bearb.): Bildwerke nördlich der Alpen 1050 bis 1380. Kritischer Bestandskatalog, Petersberg 2014, S. 24–27

KÜRBIS 1998
Kürbis, Olaf: Gerbstedt – das älteste Hauskloster der Wettiner, in: Fröhlich, Siegfried (Hrsg.): Gefährdet, geborgen, gerettet: archäologische Ausgrabungen in Sachsen-Anhalt von 1991 bis 1997: Begleitband zur Sonderausstellung 1998 im Landesmuseum für Vorgeschichte Halle (Saale), Halle (Saale) 1998, S. 211 f.

KÜRBIS 2001
Kürbis, Olaf: Der Meister mit der schartigen Kelle, in: Meller, Harald (Hrsg.): Schönheit, Macht und Tod: 120 Funde aus 120 Jahren Landesmuseum für Vorgeschichte Halle. Begleitband zur Sonderausstellung 2001/2002, Halle (Saale) 2001, S. 272 f.

LATER 2012
Later, Christian: Heilig nach Plan? Sarkophagbestattungen des 7.–10. Jahrhunderts in Süddeutschland, in: Krohn, Niklot/Ristow, Sebastian (Hrsg.): Wechsel der Religionen – Religionen des Wechsels. Tagungsbeiträge der Arbeitsgemeinschaft Spätantike und Frühmittelalter. 5. Religion im archäologischen Befund (Nürnberg, 27.–28. Mai 2010) (= Studien zur Spätantike und Frühmittelalter 4), Hamburg 2012, S. 223–266

MATTHIAS 1984
Matthias, Waldemar: Die Geschichte der Sammlungen. Provinzialmuseum – Landesanstalt – Landesmuseum, in: Jahresschrift für Mitteldeutsche Vorgeschichte 67, 1984, S. 169–179

MUNDHENK 1983
Mundhenk, Johannes: Die Geschichte der Externsteine in Schwerpunkten – eingeordnet in einen historischen Gesamtabriss (= Lippische Studien 8), Lemgo 1983

PÄTZOLD 1997
Pätzold, Stefan: Die frühen Wettiner. Adelsfamilie und Hausüberlieferung bis 1221 (= Geschichte und Politik in Sachsen 6), Köln/Weimar/Wien 1997

RÜBER-SCHÜTTE 2006a
Rüber-Schütte, Elisabeth: Zum mittelalterlichen Stuck in Sachsen-Anhalt. Fragen der Bestandserfassung, Erforschung und Erhaltung, in: Exner, Matthias (Hrsg.): Stuck des frühen und hohen Mittelalters. Geschichte, Technologie, Konservierung (= ICOMOS. Hefte des deutschen Nationalkomitees 19), München 2006, S. 96–105

RÜBER-SCHÜTTE 2006b
Rüber-Schütte, Elisabeth: Les Stucs de Saxe-Anhalt, recherches nouvelles, in: Sapin, Christian (Hrsg.) : Stucs et décors de la fin de l'antiquité au Moyen Âge (V^e–XIIe siècles). Actes du colloque international tenu à Poitiers du 16 au 19 Septembre 2004 (= Bibliothèque de l'antiquité tardive 19), Turnhout 2006, S. 339–346

RÜBER-SCHÜTTE 2006c
Rüber-Schütte, Elisabeth: Das Bistum Halberstadt. Ein Zentrum mittelalterlicher Stuckarbeiten, in: Siebrecht, Albrecht: Geschichte und Kultur des Bistums Halberstadt 804–1648. Symposium anlässlich 1200 Jahre Bistumsgründung vom 24. bis 28. März 2004, Halberstadt 2006, S. 333–346

RÜBER-SCHÜTTE 2018
Rüber-Schütte, Elisabeth: Die Eilenstedter Stuckfunde im Kontext mittelalterlicher Stuckplastik auf dem Gebiet des heutigen Sachsen-Anhalt, in: Rüber-Schütte, Elisabeth (Hrsg.): Romanische Stuckplastik aus der Dorfkirche in Eilenstedt (= Kleine Hefte zur Denkmalpflege 13), Halle (Saale) 2018, S. 179–192

SANKE 2012
Sanke, Markus: Die Gräber geistlicher Eliten Europas von der Spätantike bis zur Neuzeit. Archäologische Studien zur materiellen Reflexion von Jenseitsvorstellungen und ihrem Wandel, Textband, in: Zeitschrift für Archäologie des Mittelalters, Beiheft 25, 2012

SCHMIDT/NITZSCHKE 1982
Schmidt, Berthold/Nitzschke, Waldemar: Ausgrabungen und Untersuchungen in Grafenburgen und Klöstern, in: Ausgrabungen und Funde. Archäologische Berichte und Informationen 27.4, Berlin 1982, S. 190–196

SCHUBERT 2001
Schubert, Ernst: Zwei ottonische Sarkophage, in: Lieb, Stefanie (Hrsg.): Form und Stil: Festschrift für Günther Binding zum 65. Geburtstag, Darmstadt 2001, S. 83–86

WAETZOLD 1996
Waetzoldt, Stephan: Wilhelm von Bode und die innere Struktur der Preußischen Museen zu Berlin, in: Jahrbuch der Berliner Museen 38, 1996, S. 7–14

ZICH 2016
Zich, Bernd: Vorgeschichte, in: Brülls, Holger: Moderne und Monumentalität: Das Landesmuseum für Vorgeschichte in Halle von Wilhelm Kreis und seine expressionistischen Wandbilder, Halle (Saale) 2016, S. 15–40

ABBILDUNGSNACHWEIS

LDA Sachsen-Anhalt: 1 (Andrea Hörentrup); 2 (Ortsaktenarchiv); 6 (Bildarchiv)

Skulpturensammlung und Museum für Byzantinische Kunst der Staatlichen Museen zu Berlin – Preußischer Kulturbesitz, Fotograf Dr. Tobias Kunz: 3

Aus: Brinkmann/Grössler 1895, S. 231 Nr. 131: 4

Aus: Schmidt/Nitzschke 1982, S. 192; Abb. 1: 5

Corinna Scherf, Halle (Saale): 7

Kloster Gerbstedt – Die Ergebnisse der Notbergung 1996/97

Olaf Kürbis

UMFELD

Am Nordrand der Mansfelder Mulde liegt die kleine Stadt Gerbstedt, deren Umgebung sich als wenig strukturierte Hochfläche darstellt. Die fruchtbaren Lößböden eignen sich trotz geringer Niederschlagsmengen für eine ertragreiche Landwirtschaft.

An den Stellen im Umfeld der Stadt, an denen in der Vergangenheit Wasser verfügbar war, konzentrieren sich ur- und frühgeschichtliche Siedlungen und mittelalterliche Wüstungen. Allerdings ist die heutige Situation stark vom neuzeitlichen Bergbau auf Kupferschiefer und der damit im Zusammenhang stehenden Anlage von Wasserlösestollen geprägt. Noch im Mittelalter

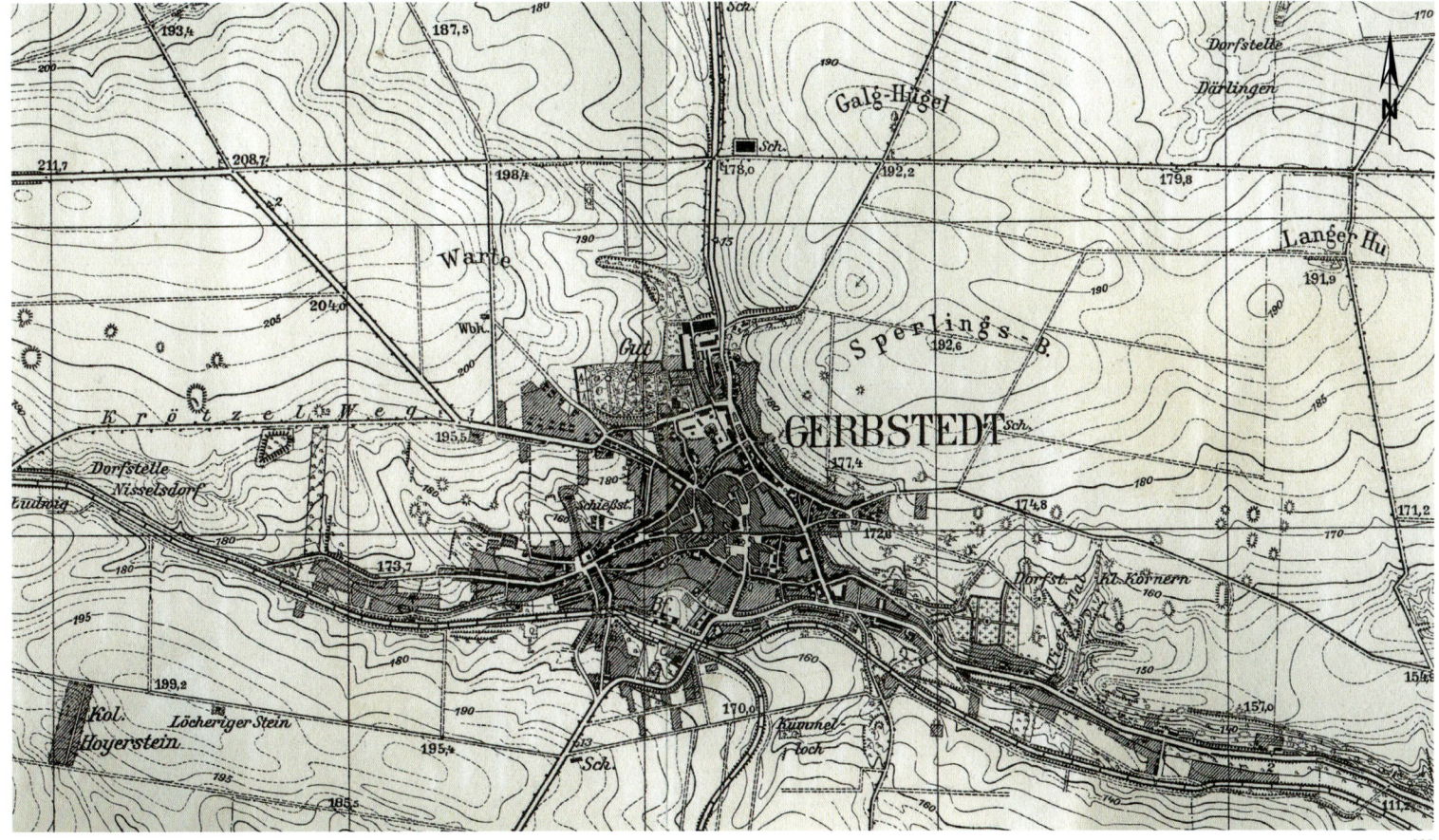

[1] Die topografische Lage der Stadt Gebstedt einschließlich der Wüstungen Derlingen und Misselsdorf

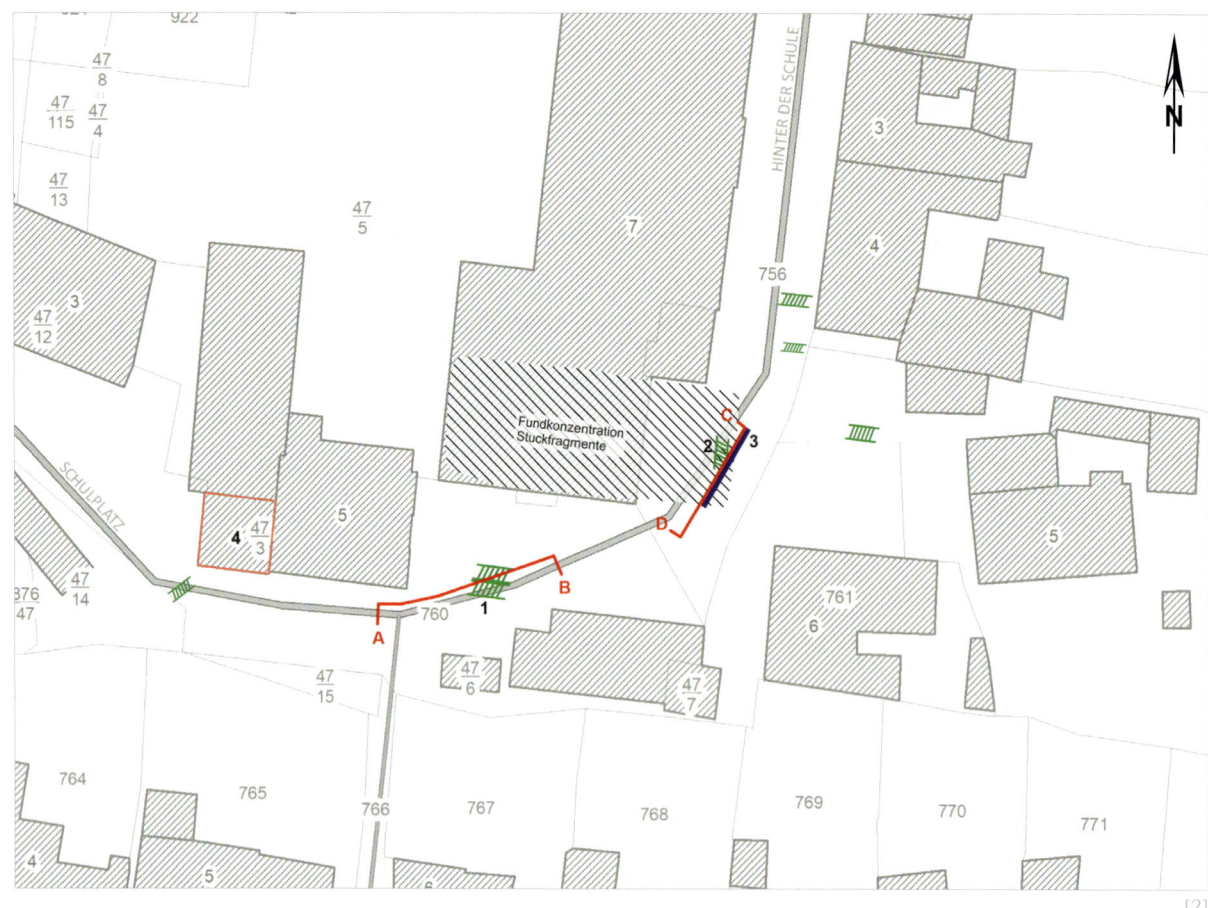

[2] Situationsplan mit dem Schulplatz und der Schulstraße in der Stadt Gerbstedt. Die Profilaufnahme 1996/97 entsprach etwa der im Straßenverlauf eingezeichneten Achse. AB: Profil von Süden (vgl. Abb. 5); CD: Profil von Westen (vgl. Abb. 8); Grün: Mauerreste; 1: doppelter Mauerverlauf; 2: Mauerverlauf?; 3: Befunde mit Stuckfragmenten; 4: Glockenturm

besiedelte Ortslagen wie Derlingen nordöstlich von Gerbstedt oder Misselsdorf westlich der Ortslage weisen heute keine erkennbaren Quellen und Fließgewässer mehr auf, wenn auch die topografische Situation deren einstiges Vorhandensein erkennen lässt.[1] Die wasserarmen Hochflächen dazwischen blieben offensichtlich zu allen Zeiten siedlungsfrei, wie erst jüngst die archäologische Baubegleitung von umfangreichen Tiefbauarbeiten zur Errichtung eines Windparks zwischen Gerbstedt und der Wüstung Derlingen gezeigt hat (Abb. 1).

An der Stelle des Ortskerns von Gerbstedt ist das Gelände stärker strukturiert. Der mittelalterliche Stadtkern liegt auf einem deutlich erkennbaren, nach Südosten gerichteten Sporn. Dieser wird im Süden und Südosten vom Lohbach umflossen, heute ein dürftiges Rinnsal. Im Osten wird der Sporn durch einen Einschnitt begrenzt, dessen Sohle durch den heutigen Verlauf der Freien Straße nachgezeichnet wird. Eine weniger markante Senke begrenzt das alte Stadtgebiet im Westen. Durch nachmittelalterliche Bebauung lässt sich diese im heutigen Stadtbild weniger gut erkennen. Lediglich nach Nordwesten steigt das Gelände kontinuierlich an, bis es die Hochfläche zwischen Hettstedt, Sandersleben und Gerbstedt erreicht.

Im Untergrund des Stadtgebietes steht Zechsteinkalk an, der durch eine mächtige Lößschicht überdeckt wird. Der Löß eignete sich zu allen Zeiten hervorragend als Baumaterial u. a. für Massivlehmwände, die sog. Wellerwände. Durch den unterirdischen Abbau von Lehm entstanden Hohlräume, die sich als Keller nutzen ließen. In der gesamten Altstadt von Gerbstedt gab und gibt es eine Vielzahl solcher Lößkeller.

Das Areal des Klosters Gerbstedt liegt auf der »Spitze« des beschriebenen Lößsporns, die Klosterkirche selbst stand an dessen südlichem Rand. Die Lage oberhalb der Talsohle des Lohbaches führte mit Sicherheit dazu, dass die Klosterkirche als beeindruckende architektonische Dominante wahrgenommen wurde.

FUNDUMSTÄNDE

Die oben beschriebenen geologischen Standortbedingungen hatten in der Gerbstedter Altstadt wiederholt zu Problemen geführt. Lößkeller, die bis unter den öffentlichen Straßenraum und unter den Marktplatz reichten, hatten dazu geführt, dass altersschwache Wasser- und Abwasserleitungen im Stadtgebiet undicht wurden. Unkontrolliert austretendes Wasser ver-

[3] Blick in den geöffneten Leitungsgraben von Westen während der laufenden Tiefbauarbeiten. Im Profil ist das einzige ungestörte Kammergrab zu erkennen, das bei den Baggerarbeiten angeschnitten wurde.

schärfte die Situation weiter, da es einerseits den weitgehend trockenen Löß aufweichte und instabil machte und andererseits feinklastisches Sediment ausgewaschen und verlagert wurde. Dadurch entstanden neue Hohlräume, die zu Senkungen und Tagesbrüchen führten. Zeitweise bestand sogar Gefahr für die Standsicherheit des Rathauses. Die Lösung für die zunehmenden Probleme war der grundhafte Ausbau der Straßen und Plätze der Stadt im Zusammenhang mit der Neuverlegung aller Leitungen. Im Oktober des Jahres 1996 wurden die Baumaßnahmen für den grundhaften Ausbau des Schulplatzes und der Schulstraße begonnen. Beide Straßen liegen im ehemaligen Klosterareal (Abb. 2). Der Tiefbau startete im Westen an der Einmündung des Schulplatzes in die Kloppanstraße und wurde in östliche Richtung fortgesetzt. Nach einer Winterpause erfolgte die Wiederaufnahme der Arbeiten Anfang April 1997, wobei nun die sich anschließende in nördliche Richtung verlaufende Schulstraße bearbeitet wurde.

Ausgehend von dem, was man zu diesem Zeitpunkt über die Klosterkirche und deren Standort wusste, war zu erwarten, dass der Leitungsgraben von der Kloppanstraße kommend auf die ehemalige Westfront der Klosterkirche zulief. Nach einem leichten Schwenk nach Süden würde der Graben unmittelbar an der Südwestecke der Kirche vorbeiführen, um dann einige Meter südlich dicht parallel zum Kirchenstandort zu verlaufen. Nach einem weiteren leichten Schwenk nach Norden würde der Kirchenstandort wieder erreicht werden und dann am Übergang von Schulplatz zu Schulstraße die Kirche komplett schneiden. Der weitere Verlauf der Leitung in der Schulstraße lag nördlich des Kirchenstandortes. Hier waren weitere Gebäudereste zu erwarten, u. a. der Klausur. Die späteren Baubegleitungen haben dann die vor dem Beginn angestellten Vermutungen weitgehend bestätigt (s. u.).

Gebaut wurde wegen der beengten Straßensituation in Abschnitten. Nachdem der vorhandene Straßenbelag aufgenommen war, wurde ein Teilabschnitt des Leitungsgrabens für die Abwasserleitung ausgehoben. Die Länge der Abschnitte war von der örtlichen Situation und den vorgesehen Standorten für Schachtbauwerke abhängig (Abb. 3). Nach Verlegung der Abwasser- und weiterer Leitungen erfolgte die Verfüllung des Grabens und der nächste Abschnitt wurde geöffnet. Diese Vorgehensweise führte zu einem unregelmäßigen Baufortschritt, der wegen unvorhergesehener Unterbrechungen (z. B. unbekannte Altleitungen) kaum planbar war.

Da es sich bei der zu verlegenden Abwasserleitung um eine Freispiegelleitung handelte, erreichte der Leitungsgraben – ausgehend von der topografischen Situation – maximale Tiefen von über 3,5 m im Abschnitt südlich und östlich des heutigen Glockenturms. Am nördlichen Ende der Baustrecke in der Schulstraße war der Graben nur noch ca. 1,6 m tief. Da trotz der teilweise enormen Tiefe des Grabens bauseitig ohne Verbau gearbeitet wurde, war es möglich, ein fast vollständiges Profil des Leitungsgrabens zeichnerisch zu dokumentieren, in Teilabschnitten konnten sogar die Profile beider Seiten dokumentiert werden.[2]

Da für die Baumaßnahme keine absoluten Höhen verfügbar waren, wurde die Oberkante der Stufe am Eingang zum Glockenturm als Höhe 100 m angenommen. Alle folgenden Höhenangaben beziehen sich auf diese fiktive Höhe.

Der Trassenabschnitt, in dem romanische Stuckfragmente entdeckt wurden, beschränkte sich auf einen relativ kurzen Abschnitt im Bereich des früheren Kirchenschiffs/der früheren Vierung. Der Stuck lag regellos in einer Auffüllschicht über dem ältesten Estrichfußboden (s. u.). Die Fundstücke wurden während der laufenden Tiefbauarbeiten sowohl unmittelbar vor der Baggerschaufel als auch aus dem auf einem LKW verladenen Aushub herausgesammelt. Unter diesen Umständen war es nicht möglich, jedes Stuckfragment, das sich im Erdaushub befand, zu finden und zu bergen. Der Erdaushub wurde zur Auffüllung eines abschüssigen Geländes auf ein Gewerbegrundstück am Rande der Ortslage Helmsdorf gefahren. Es ist davon auszugehen, dass dort, im heute nicht mehr zugänglichen Auffüllmaterial, weitere Stuckreste liegen.

URSPRÜNGLICHE TOPOGRAFIE UND DEREN VERÄNDERUNG

Die siedlungsgünstige Lage des markanten Sporns und die Nähe zum Fließgewässer Lohgraben hatten zur Folge, dass bereits in vormittelalterlicher Zeit Menschen das spätere Altstadt- und Klosterareal nutzten. Bei Tiefbauarbeiten in Gerbstedt sind wiederholt entsprechende Befunde und Funde zum Vorschein gekommen. Deshalb war es nicht verwunderlich, dass auch bei den Tiefbauarbeiten am Schulplatz und in der Schulstraße urgeschichtliche Befunde dokumentiert werden konnten. In diesem Zusammenhang ist es bemerkenswert, dass über weite Strecken im Profil die originale Humusschicht verfolgt werden konnte. Ausgehend von dieser Schicht waren diverse Grubenverfärbungen im anstehenden Löß zu erkennen.

Die Humusschicht war in unterschiedlicher Mächtigkeit erhalten. Im Bereich des Schulplatzes westlich des ehemaligen Standortes der Klosterkirche war der ungestörte Humushorizont bis zu einer Stärke von 0,6 m nachweisbar. Die Unterkante lag 18 m westlich des Glockenturms bei 97,9 m bezogen auf die Schwelle des Turmes (s. o.) und sank bis 96,6 m unmittelbar südlich des Turms, um dann 6 m nach Osten hin wieder leicht bis auf 97 m anzusteigen.

In dem Bereich, wo der Leitungsgraben den Kirchenstandort geschnitten hatte, waren ebenfalls Reste des ursprünglichen Humushorizontes von bis zu 0,4 m Mächtigkeit erhalten. Hier lag seine Unterkante bei 97,6 m. In der Schulstraße nördlich des Kirchenstandortes war die Humusschicht partiell bis zu 1 m stark. Die Unterkante lag da, wo sie erfasst werden konnte, fast horizontal bei 98 m.

Geht man davon aus, dass vor dem Bau der Klosterkirche unmittelbar westlich und südlich der Kirche wegen der dortigen leichten Hanglage und der damit höheren Erosionsanfälligkeit eine nur 0,6 m mächtige Humusschicht vorhanden war, dann lag dort die Oberfläche westlich der Kirche bei ca. 98,5 m und bei ca. 97,2 – 97,6 m unmittelbar südlich der Kirche. Im Gegensatz dazu muss die Oberfläche im Areal nördlich der Kirche bei ca. 99,2 m gelegen haben. Die hier bis zu einem Meter mächtige Humusschicht hängt sicherlich damit zusammen, dass bei einer fast ebenen Oberfläche kaum erosive Abtragungen stattgefunden haben. Geht man von einem mittleren Wert der Humusmächtigkeit im Bereich der Kirche von 0,8 m aus, so muss die ursprüngliche Oberfläche im östlichen Teil des Kirchenschiffs vor dessen Bau bei ca. 98,4 m gelegen haben.

Fasst man die vorausgegangenen Überlegungen zusammen, so ist davon auszugehen, dass das Bauareal vor Errichtung der Klosterkirche nicht eben war, was angesichts der Lage nahe der Hangkante nicht verwunderlich ist. Es ist von einem Höhenunterschied zwischen den Arealen unmittelbar südwestlich und nordöstlich der Kirche von knapp 2 m auszugehen, eventuell – geht man vom Gelände unmittelbar nördlich des Kirchenschiffes aus – sogar noch mehr.

Unabhängig davon fällt das Gelände südlich des Kirchenstandortes ohnehin schnell relativ steil zum Lohbach ab und auch nach Osten fällt das Gelände.

Geht man weiterhin davon aus, dass man die Kirche vom Klostergelände aus weitgehend ohne Höhenunterschied betreten wollte, so waren Auffüllungen zur Geländeregulierung im Süden und Osten erforderlich (s. u.). Bestätigt wird diese Hypothese durch den Profilaufbau unmittelbar südlich des ehemaligen Kirchenstandortes im Straßenverlauf des Schulplatzes. Unmittelbar südlich des heutigen Glockenturms, dem ehemaligen Standort der Türme der Klosterkirche, wurde die Oberkante der originalen Humusschicht bei 97,1 m angetroffen. Darüber lag ein ca. 2,5 m mächtiges Schichtpaket aus Auffüllschichten. Hinzuzurechnen

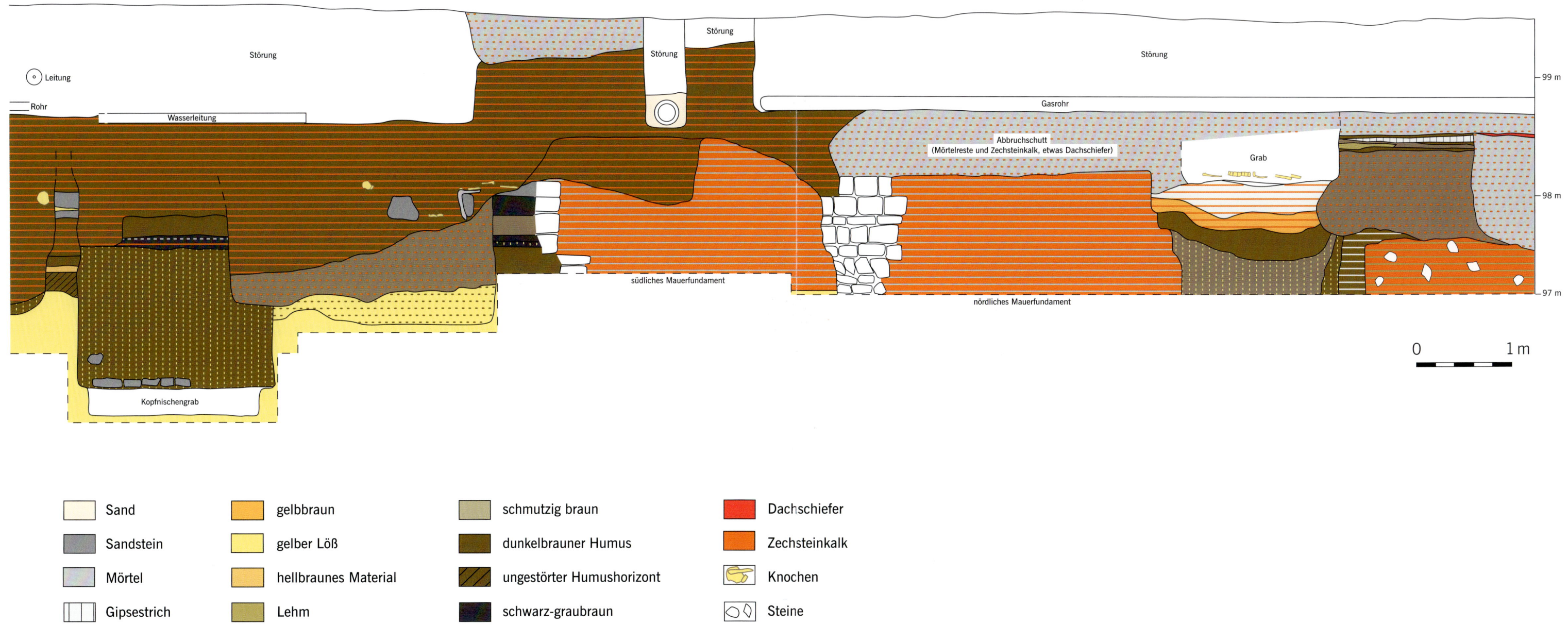

Tafel 1

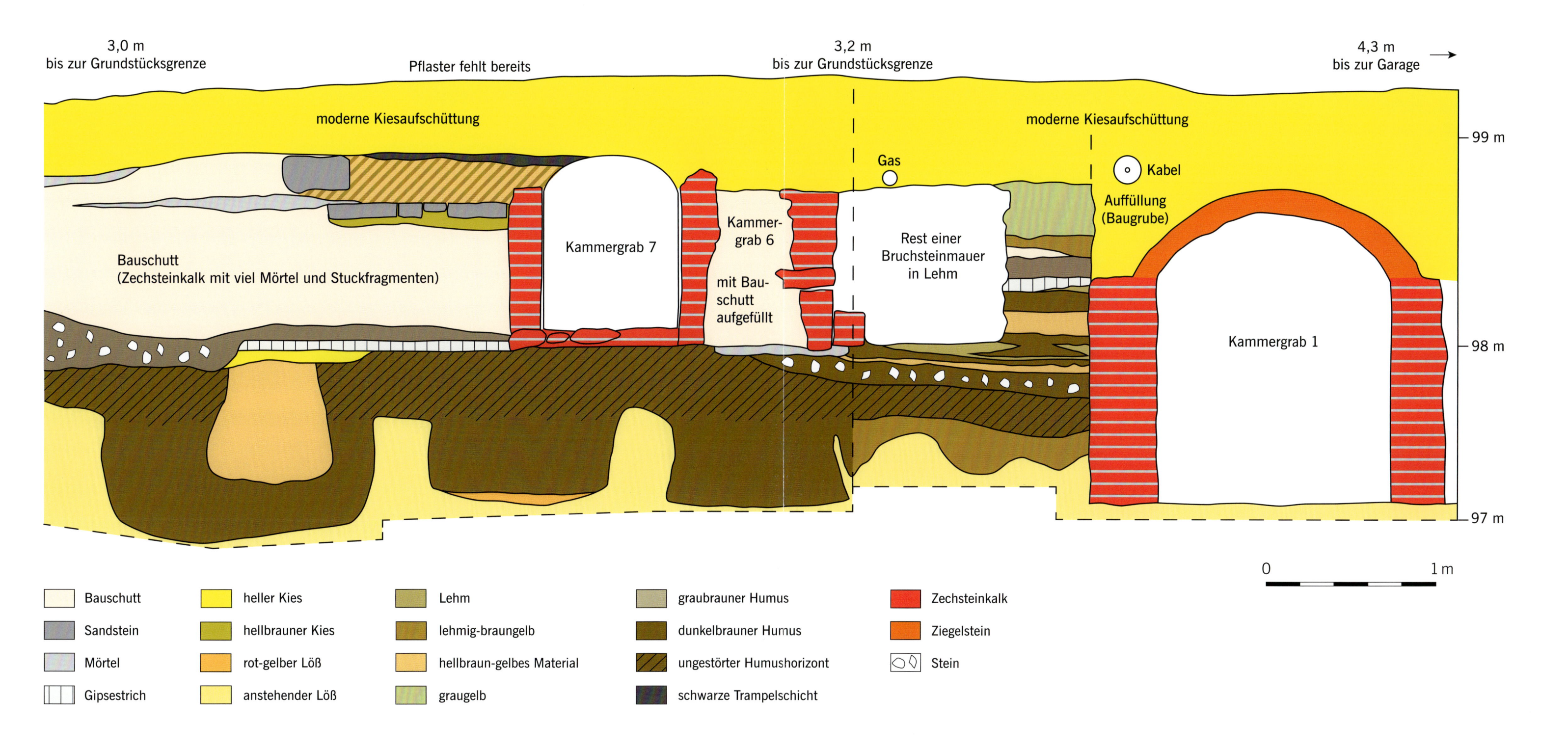

KLOSTER GERBSTEDT – DIE ERGEBNISSE DER NOTBERGUNG 1996/97

| 3,0 m bis zur Grundstücksgrenze | Pflaster fehlt bereits | 3,2 m bis zur Grundstücksgrenze | 4,3 m bis zur Garage |

moderne Kiesaufschüttung

moderne Kiesaufschüttung

Gas

Kabel

Auffüllung (Baugrube)

Bauschutt (Zechsteinkalk mit viel Mörtel und Stuckfragmenten)

Kammergrab 7

Kammergrab 6 mit Bauschutt aufgefüllt

Rest einer Bruchsteinmauer in Lehm

Kammergrab 1

99 m
98 m
97 m

0 — 1 m

- Bauschutt
- Sandstein
- Mörtel
- Gipsestrich
- heller Kies
- hellbrauner Kies
- rot-gelber Löß
- anstehender Löß
- Lehm
- lehmig-braungelb
- hellbraun-gelbes Material
- graugelb
- graubrauner Humus
- dunkelbrauner Humus
- ungestörter Humushorizont
- schwarze Trampelschicht
- Zechsteinkalk
- Ziegelstein
- Stein

Tafel 2

ist das moderne Straßenpflaster, das zum Zeitpunkt der Profilaufnahme schon entfernt war. D. h., die rezente Oberfläche lag bei knapp 100 m.

Das Schichtpaket war an dieser Stelle relativ einheitlich, was für eine schnelle Auffüllung spricht. Im unteren Teil fanden sich unmittelbar über der alten Humusschicht einige dünne Straten aus ebenfalls humosem dunkelbraunem Material, das aber bereits Zechsteinkalkstücke, Süßwasserkalk und Mörtel enthielt und deshalb bereits einer mittelalterlichen Bauphase zuzurechnen ist. Abgeschlossen wurden diese Schichten durch eine schmutzigbraune Schicht von 0,1 bis 0,15 m Stärke, die den Eindruck eines ehemaligen Oberflächenhorizontes machte (bei ca. 97,4 m). Es folgte eine ca. 0,8 m starke Schicht aus lockerem, schmutzigbraunem humosem Löß, die relativ viele Zechsteinkalkstücke enthielt, auch größere Brocken, außerdem viele Mörtelreste und Süßwasserkalke. Die darüberliegende schwarzgraue humose Schicht enthielt ebenfalls Zechsteinkalk, aber auch Kupferschieferstücke. Das Vorkommen von Kupferschiefer ist erfahrungsgemäß häufig ein Indiz für eine nachmittelalterliche Datierung. Er fehlt in den darunterliegenden Schichten. Der obere Teil des Profils war durch einen alten Gasleitungsgraben gestört (Grabensohle bei ca. 98,7 m).

Im weiteren Verlauf des Profils nach Osten, also unmittelbar südlich des Kirchenschiffes, fächerten sich die anfangs relativ einheitlichen Auffüllschichten weiter auf, was aber an den grundsätzlichen Beobachtungen nichts änderte. Die nun unterscheidbaren Schichten enthielten auch hier Zechsteinkalkstücke, Mörtel und nun verstärkt Hohlziegelbruchstücke.

Bemerkenswert ist eine nur etwa auf 3 m Länge verfolgbare Schicht von maximal 0,2 m Stärke (Unterkante bei 97,7 m), die aus hellen Sandsteinbruchstücken bestand. Hierbei handelt es sich wohl um abgelagerten Steinmetzabfall. Die Lage korrespondiert etwa mit dem vermuteten Oberflächenhorizont südlich der ehemaligen Türme (s. o.).

Eine Anzahl von Eingrabungen und Grubenbefunden geht von höheren Niveaus aus, wurde also in die bereits bestehenden Auffüllschichten eingetieft. Da fast ausnahmslos Funde fehlen, die eine genauere Datierung ermöglichen, können diese Befunde nur allgemein als mittelalterlich bis neuzeitlich eingestuft werden.

URGESCHICHTLICHE BEFUNDE

Die schon erwähnten urgeschichtlichen Siedlungsbefunde ließen sich trotz eines geringen Fundaufkom-

[4] Das südliche Profil des Leitungsgrabens dicht westlich des heutigen Glockenturms von Nordwesten. Gut erkennbar ist der hellbraune Löß an der Basis, in den in der späten Bronze-/frühen Eisenzeit Gruben eingetieft wurden. Die darüberliegenden Auffüllschichten von fast 2 m Mächtigkeit sind bereits teilweise abgetragen.

mens relativ einfach identifizieren. Allen gemeinsam war, dass sie nur dort beobachtet werden konnten, wo noch Reste des ungestörten Humushorizontes vorhanden waren. Die Befunde waren ab der Unterkante dieses Horizontes zu erkennen und in den anstehenden hellbraunen Löß eingetieft (Abb. 4). Die Füllungen bestanden überwiegend aus dunkelbraunem humosem Material. Einige Gruben zeigten im Profil eine typische Kegelstumpfform, andere waren senkrecht eingetieft worden. Die Sohlen waren überwiegend eben oder nur leicht zu den Seiten hin ansteigend. Aus den Profilen konnten nur wenige Funde geborgen werden. Sofern diese datierbar waren, handelte es sich um Keramikreste der späten Bronze- bis frühen Eisenzeit. In all diesen Befunden fehlten jüngere Funde, wie Ziegelfragmente, Mörtel u. ä., sodass eine Datierung in vormittelalterliche Zeit zweifelsfrei möglich ist.

Die Dichte der beobachteten urgeschichtlichen Befunde verweist auf eine intensive Siedlungstätigkeit. Im Nord- und Südprofil des Leitungsgrabens westlich des Kirchenstandortes waren auf 24 m Länge sechs Gruben angeschnitten, weitere Befunde im Bereich des Kirchenschiffs und nördlich davon. In letzterem Abschnitt konnten, da der Leitungsgraben nur noch ca. 1,8 m tief war, die Befunde teilweise auch im Planum auf der Sohle des Leitungsgrabens beobachtet werden.

Urgeschichtliche Befunde scheinen im Profil südlich des ehemaligen Kirchenstandortes zu fehlen. Das kann

[5] Blick in den Bereich der Vierung von Nordwesten. Unmittelbar auf dem Humushorizont mit darunterliegenden urgeschichtlichen Grubenbefunden hat sich der älteste nachweisbare Kirchenfußboden – ein Gipsestrich – erhalten. In der Auffüllschicht unmittelbar darüber wurden die Stuckfragmente gefunden.

[5]

durch die zufällige Lage des Leitungsgrabens bedingt sein, aber auch damit zusammenhängen, dass hier das Gelände bereits beginnt, nach Süden abzufallen.

Vergleicht man die topografische Situation mit den ergrabenen bzw. sondierten zeitgleichen Anlagen auf der Schalkenburg bei Quenstedt[3] und in Bösenburg[4], beide Landkreis Mansfeld-Südharz, so ist es nicht ausgeschlossen, dass auch in Gerbstedt in der späten Bronzezeit eine befestigte Höhensiedlung bestanden hat, allein der unmittelbare Nachweis eines Befestigungsgrabens steht noch aus.

BAUBEFUNDE – MAUERN UND FUSSBODENHORIZONTE

Eingegangen werden soll hier bei den zu beschreibenden Mauer- bzw. Fundamentbefunden lediglich auf solche Objekte, die eindeutig als solche erkennbar waren. Es kann nicht ausgeschlossen werden, dass weitere Befunde, die im Profil als Gruben erkennbar waren und Stein- und Mörtelreste enthielten, Fundamentausbruchgruben waren, aber als solche nicht eindeutig identifizierbar waren.

Ein erster deutlich erkennbarer Mauerzug wurde vom Leitungsgraben südlich der ehemaligen Turmanlage der Klosterkirche durchschnitten. Er verlief etwa in Südwest-Nordost-Richtung auf den westlichen Teil der Südseite des heutigen Glockenturms zu. Es handelt sich um ein Mauerwerk, dessen Schalen sorgfältig aus Zechsteinkalk in Gipsmörtel gesetzt waren. Zwischen den Schalen war Zechsteinkalk in Lagen ohne Mörtel gepackt worden. Die Gründungssohle der 1,05 m breiten Mauer lag bei 96,65 m im anstehenden Löß. Eine Baugrube zeichnete sich vermutlich an der Ostseite der Mauer im Bereich der alten Humusschicht ab. Die darüberliegenden Schichten einschließlich des vermuteten Begehungshorizontes bei 97,4 m liefen von beiden Seiten bis an die Mauer und sind deshalb als jünger anzusehen. Die Abbruchkante der Mauer stimmte mit der Unterkante der oberen Auffüllschichten, die auch Kupferschiefer enthielten, überein (bei 98,2 m). Das könnte dafür sprechen, dass die Mauer im Zusammenhang mit der Auffüllung dieser Schichten abgebrochen wurde. Über ihre Funktion sind keine Aussagen möglich. Da davon auszugehen ist, dass die Mauer relativ früh entstanden ist, könnte sie zu einer Vorbebauung gehört haben, aber auch die Abgrenzung eines Areals unmittelbar südlich der Klosterkirche ist vorstellbar.

Im weiteren Grabenverlauf wurde eine West-Ost-verlaufende Mauer angetroffen. Ausgehend vom Rekonstruktionsvorschlag des Kirchengrundrisses[5] muss es sich um die südliche Seitenschiffswand der Kirche handeln. Der Leitungsverlauf bedingte, dass die Mauer im spitzen Winkel geschnitten wurde, sodass leider keine gesicherten Angaben zur Breite der Mauer möglich sind (Tafel 1). Die Oberkante der erhaltenen Mauerreste lag wie bei der eben beschriebenen Mauer bei 98,2 m, was darauf hindeutet, dass beide zur gleichen Zeit abgebrochen wurden. Unterhalb der Abbruchkante waren von der äußeren Schale noch zwei 0,2 m hohe Lagen von sorgfältig gesetzten Zechsteinkalkquadern erkennbar. Darunter folgten drei weitere, weniger sorgfältig gesetzte Lagen von unterschiedlicher Höhe und dann nicht mehr ganz lagig gesetzte Steine. Die Fundamentsohle wurde nicht erreicht. Sie liegt unterhalb von 97 m. Die Füllung der Schalenmauer bestand aus Zechsteinkalk und Mörtel. Nur direkt über der Mauer lag Bauschutt, der mit Sicherheit im Zusammenhang mit dem Abbruch der Mauer entstanden ist. Er bestand aus vielen Mörtelresten vermischt mit Zechsteinkalkbruch und etwas Dachschiefer. Die Schuttschicht war in einer Mächtigkeit von 0,65 m erhalten, darüber folgte die Störung durch einen Gasleitungsgraben.

Die Funktion einer weiteren aus Zechsteinkalk und Mörtel errichteten Mauer, die unmittelbar südlich parallel zur eben beschriebenen Mauer verlief, konnte nicht geklärt werden. Sie war weniger tief gegründet und stand auf der Oberkante des anstehenden Lösses auf (bei ca. 97 m). Eventuell sind hier zwei Phasen der Kirchensüdwand zu fassen?

Weitgehend unklar müssen Mauerreste bleiben, die im Bereich des ehemaligen Kircheninneren angetroffen wurden. Auf Grund des Bauablaufs war nur eine grobe Einmessung möglich. Es machte den Eindruck, dass es sich eventuell sogar um zwei Mauern handeln könnte, die teilweise ausgebrochen waren.

Im Verlauf der Schulstraße wurden zwei Ost-West-verlaufende Mauern geschnitten, die nur etwa 2,3 m voneinander entfernt waren. Die südliche der beiden Mauern war stark gestört. Im Nordprofil hatte man bei der Verlegung einer Bleiwasserleitung in die Substanz eingegriffen und im Gegenprofil des Leitungsgrabens war nur noch die Ausbruchgrube der Mauer vorhanden. Aufgrund der erhaltenen Reste kann gesagt werden, dass die Mauer aus Zechsteinkalken, die in Gipsmörtel gesetzt waren, errichtet worden war. Sie war auf dem anstehenden Löß gegründet und hatte eine Breite von etwa 1,4 m.

Die weiter nördlich gelegene Mauer, ebenfalls aus Zechsteinkalken in Mörtel, war auch durch die Bleiwasserleitung im oberen Teil gestört und im Gegenprofil ausgebrochen. Die Breite betrug 1,8 m, die Gründungssohle wurde nicht erreicht. Es spricht einiges dafür, dass es sich bei diesem Mauerzug um die Nordwand des nördlichen Querhausarms handelt.

Im Profil des Leitungsgrabens gab es einige Hinweise auf Fußbodenhorizonte. Stratigrafisch am ältesten sind Reste eines Gipsestrichs, die an drei Stellen im Profil nachweisbar waren. Obwohl teils mehrere Meter voneinander entfernt, liegen alle in exakt derselben Höhe (98,05 m). An einer Stelle ist in der hier etwas dickeren Estrichschicht ein dünnes schwarzes humoses Band eingelagert. Bezogen auf den rekonstruierten Kirchengrundriss wären alle diese Estrichreste im Bereich des östlichen Teils des Mittelschiffs bzw. der Vierung zu verorten (Abb. 5). Der Estrich ist sehr dünn (5–8 cm). Er liegt ohne Unterbau unmittelbar auf dem originalen Humus auf. Die Humusschicht muss vor Anlage des Fußbodens teilweise abgegraben worden sein, da sie unter dem Estrich nur noch in einer Mächtigkeit von durchschnittlich 0,35 m anstand.

Wichtig ist die Beobachtung, dass sich über dem beschriebenen Gipsestrich eine schmutzig-graubraune Auffüllschicht von 0,7 bis 0,8 m Mächtigkeit befand.

Diese enthielt neben Zechsteinbruch, vor allem viele Mörtel- und Putzreste, aber auch eine Vielzahl an Stuckfragmenten(!) (Abb. 6).

Nur an einer Stelle und zwar in unmittelbarer Nähe der südlichen Kirchenschiffswand (südliches Seitenschiff) ist auf 1,4 m Länge ein nur 0,2 m starkes Schichtpaket aufgetaucht, das offensichtlich mehrere dicht aufeinanderfolgende dünne Fußbodenhorizonte darstellte (Tafel 1). Zwei bis drei dünnen graubraunen Begehungshorizonten, in die teilweise eine dünne Lehmschicht (Lehmestrich?) eingelagert war, folgte ein dünner Gipsestrich von ca. 6 cm Stärke. Darüber lag ein weiterer dünner dunkler Begehungshorizont. Unter den beschriebenen Schichten befand sich eine 0,9 m mächtige lehmig-humose Auffüllschicht mit Zechsteinkalkbruch und Mörtel und darunter Reste einer Mauer aus zum Teil recht großen Zechsteinkalken, die mit reichlich Lehm als Bindemittel verlegt waren. Diese Mauer lief offensichtlich in Nord-Süd-Richtung auf die Südwand der Kirche zu. Das Verhältnis beider Mauern zueinander konnte nicht ermittelt werden. Der Gipsestrich des beschriebenen Schichtpakets lag bei 98,6 m und damit 0,55 m höher als der oben beschriebene Estrich.

Wohl im Bereich der Vierung zwischen jüngeren Kammergräbern wurden an einer Stelle auf einer Länge von ca. einem Meter vier in einer Ebene in hellbraunem Kies verlegte Platten aus hellem Sandstein festgestellt (Tafel 2). Deren Oberkante lag bei 98,8 m und damit 0,75 m über dem oben beschriebenen ältesten Gipsestrich. Direkt unter diesen Platten befand sich die Schuttschicht mit den Stuckfragmenten. Die Platten müssen verlegt worden sein, bevor die Kammergräber

[6] Die Detailaufnahme zeigt den Rest eines Kammergrabes, das in die Auffüllschicht mit den Stuckfragmenten eingetieft wurde.

in diesem Bereich angelegt worden sind, denn die Gewölbekappe einer unmittelbar südlich anschließenden Grabkammer liegt 0,5 m über dem Plattenpflaster.

Ein jüngerer Fußbodenhorizont ist zwar im archäologischen Befund nicht erfasst worden, lässt sich aber erschließen. Im vermutlichen Bereich der Vierung wurden mehrere Kammergräber angetroffen, die bis auf eins alle bereits gestört waren. Geht man davon aus, dass das Fußbodenniveau bei Anlage dieser Gräber höher gelegen haben muss als die Gewölbekappen, ergibt sich ein Fußbodenniveau, das bei etwa 99,5 m gelegen haben muss. Das ist nur wenig unterhalb der rezenten Oberfläche vor Beginn der Tiefbauarbeiten.

Hinweise auf einen aus »rohen Zechsteinen« gepflasterten Kirchenfußboden, wie Fritz Buttenberg berichtet,[6] wurden an keiner Stelle gefunden. Dieser Fußboden soll »4 Fuß tiefer als der jetzige Schulplatz« gelegen haben. Das würde, geht man vom heutigen Oberflächenniveau aus, das sich in den letzten 100 Jahren kaum geändert haben dürfte, etwa mit den Resten eines jüngeren Fußbodens aus Sandsteinplatten bei 98,8 m korrespondieren (s. o.).

Wenn Buttenberg weiter berichtet, dass man 1869 beim Bau des Schulhauses »den Fußboden der Krypta 2 Fuß tief unter dem Kirchenfußboden« gefunden habe,[7] so liegt hier offensichtlich ein Irrtum vor. Nach der Rekonstruktion des Kirchengrundrisses wurde der Schulneubau im Bereich des Kirchenschiffes errichtet. Eine Krypta, so sie tatsächlich vorhanden war, wäre deutlich weiter östlich zu lokalisieren. Interessant ist aber, dass dieser von Buttenberg als Kryptafußboden angesprochene Fußboden »bedeckt mit einer großen Anzahl Gipsstücken wie Arabesken, Tierfiguren einem Teil einer menschlichen Figur, Fuß und Lanze auf ein geschupptes Tier setzend, ferner ein Stück Sandsteinsäule und einen Leichenstein einer 1536 gestorbenen Frau« war.[8] Es kann sich bei diesem Fußboden nur um den 1997 bei 98,05 m beobachteten ältesten Fußbodenhorizont handeln (s. o.) über dem die mit Stuckfragmenten durchsetzte Schuttschicht beobachtet wurde. Allerdings lag dieser mit 0,75 m Höhenunterschied tiefer unter dem angenommenen Niveau des Kirchenfußbodens als die bei Buttenberg genannten zwei Fuß.

GRÄBER

Wie zu erwarten, wurden im Umfeld der Klosterkirche und deren Innerem bei den Baggerarbeiten immer wieder Gräber bzw. deren Überreste angeschnitten. Nur in den wenigsten Fällen war wegen der speziellen Bedingungen der Baubegleitung die Möglichkeit gegeben, diese fachgerecht freizulegen und zu dokumentieren.

Bemerkenswert ist der Umstand, dass nördlich der Klosterkirche keine Hinweise auf Bestattungen entdeckt wurden. Bestattungen wurden westlich und südlich der Klosterkirche festgestellt. In allen Fällen, in denen eine genauere Beobachtung möglich war, handelte es sich um Gräber in gestreckter Rückenlage mit den Füßen im Osten. Beobachtet wurden Gräber nur etwa bis 10 m westlich der Klosterkirche. Die Skelette lagen alle in einem recht hohen Niveau (ca. 98,0–98,3 m) innerhalb von Auffüllschichten oberhalb des ursprünglichen Humushorizontes, weshalb davon auszugehen ist, dass sie eventuell erst in nachmittelalterliche Zeit zu datieren sind.

Im anschließenden Trassenverlauf unmittelbar südlich des Kirchenstandortes sind keine Gräber festgestellt worden. Allerdings sind weitere Gräber bei der Errichtung einer neuen Stützmauer ca. 10 m südlich der Kirche angetroffen worden. Hier »in der Nähe der Klosterkirche und an dem südlichen Abhang« wurden schon in der Vergangenheit zahlreiche Knochenfunde beobachtet, was Fritz Buttenberg dazu veranlasste, hier die Begräbnisstätte der Nonnen, den sog. Paradiesgarten, zu lokalisieren.[9]

Erwähnenswert ist ein Kopfnischengrab von beträchtlicher Tiefe, das – unter der Voraussetzung, dass es zu dieser Zeit bereits eine Kirche an dieser Stelle gab – unmittelbar südlich der Südwand des Kirchenschiffs gelegen haben muss (Abb. 7–9). Die rechteckige Grabgrube von 2,0 m Länge und etwa 0,7 m Breite war durch Auffüllschichten und den alten Humushorizont bis in den anstehenden Löß eingetieft worden. Sie hatte bei ihrer Anlage eine Tiefe von mindestens 2,4 m. Zum Zeitpunkt der Auffindung lag deren Sohle (bei 95,76 m) 4,2 m unter der rezenten Oberfläche. Knapp 0,3 m über der Sohle ging die rechteckige Grabgrube mit Absätzen auf allen Seiten in die anthropomorphe Form über, einer zu den Füßen hin schmaler werdenden Grube mit Kopfnische. Eine dünne dunkle Schicht in Höhe des Absatzes weist auf eine hölzerne Abdeckung hin, die auf dem unteren anthropomorphen Teil der Grube auflag. Zusätzlich war diese Abdeckung an der Nord- und Südseite der rechteckigen Grube mit einer Reihe von Zechsteinkalkplatten beschwert worden. Offensichtlich hatte man beim Ausheben und späteren Verfüllen der Grabgrube das Bodenmaterial bewusst getrennt. In den ungestörten unteren 1,7 m der Grabgrube zeichnete sich in der Füllung von oben nach unten eine Tendenz von dunkelgrauem humosem Material mit gelben Lößflecken zu gelbem Löß mit

Holzkohle

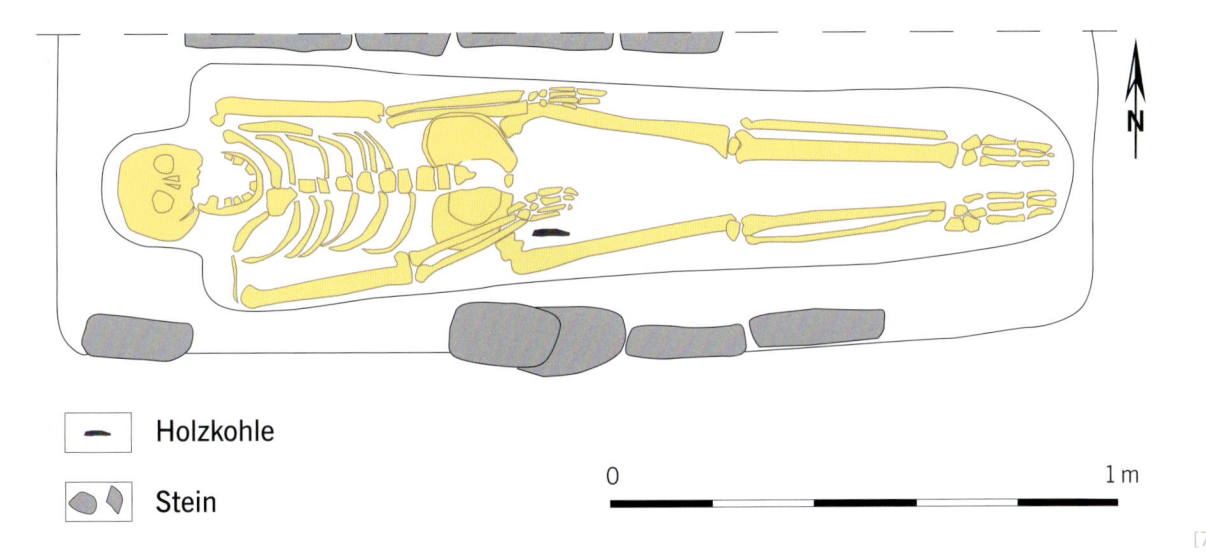

Stein

0   1 m

[7] Die Bestattung in einer anthropomorphen Grabgrube wurde unmittelbar südlich vor der südlichen Seitenschiffswand der Klosterkirche gefunden.

[8] Anthropomorphe Grabgrube südlich der Klosterkirche

[9] Bestattung in einer anthropomorphen Grabgrube südlich der Klosterkirche

[10] Ungestörtes großes Kammergrab unmittelbar nach der Auffindung

[11] In die westliche Giebelwand des großen Kammergrabes eingebaute Sandsteinplatte mit Eisengitter

dunklen Humusflecken deutlich ab. Über der hölzernen Abdeckung bestand die Grubenfüllung ausschließlich aus gelbem Löß.

Bei der Bestattung handelt es sich wohl um ein adultes weibliches Individuum. Auffällig ist ein epigenetisches Merkmal, das der Schädel aufweist. Das Os frontale weist eine Sutura metopica auf. Normalerweise verknöchert diese Naht zwischen den beiden Anteilen des Stirnbeins im Alter von sechs bis acht Jahren vollständig. Ist das nicht der Fall spricht man auch von einer Sutura frontalis persistens.[10] Das gleiche Merkmal zeigt der Schädel eines wohl ebenfalls weiblichen juvenilen bis adulten Individuums, der in der Nähe des beschriebenen Grabes geborgen wurde.

Unmittelbar nördlich der Kirchensüdwand, also innerhalb des Kirchenschiffs, wurde eine weitere Bestattung beobachtet. Diese war vergleichsweise gering eingetieft (Sohle bei 98,15 m). Von der Grabgrube war das Schichtpaket mit verschiedenen Laufhorizonten (s. o.) geschnitten worden. Es handelt sich sicher um eine vergleichsweise junge Bestattung.

Etwa im Bereich der Vierung sind mindestens acht Kammergräber[11] angeschnitten worden. Wegen ihrer geringen Tiefe und der Lage im Bereich älterer Leitungstrassen waren alle bis auf eins, das weiter unten näher beschrieben werden soll, bereits stark gestört. Die Gräber waren in die Schuttschicht mit den Stuckfragmenten eingetieft worden. Soweit noch vorhanden, waren die Wände der Kammern aus Bruchsteinen in Mörtel gesetzt worden, die Gewölbekappen waren in allen Fällen bereits entfernt worden. Auf den Sohlen der Kammern, fanden sich Mörtelschichten und je in einem Fall eine Lehmschicht bzw. Sandsteinplatten. Die Sohlen lagen in Höhen von 97,9 bis 98,25 m und damit etwa im Niveau des ältesten nachweisbaren Kirchenfußbodens. Reste von Bestattungen oder Särgen waren nicht mehr vorhanden, was für eine planmäßige Räumung der Gräber spricht. Ob es einen Zusammenhang mit einem Vorfall aus dem Jahre 1664 gibt, muss offen bleiben. Damals waren »von unbekannter Hand [...] in der Christnacht die Gräber geöffnet und nur Knochen darin gefunden« worden.[12]

Nur ein Kammergrab war unberührt. Lediglich der Bagger hatte beim Ausheben des Leitungsgrabens die westliche Giebelwand beschädigt (Abb. 10). Die Kammer war im Vergleich zu den anderen Gräbern verhältnismäßig groß und tief (Sohle bei 97,1 m). Sie hatte ein Innenmaß von 2,5 × 1,4 m. Die Wände waren bis zum Ansatz der Wölbung 1,3 m hoch, in der Mitte ergab sich im Inneren eine lichte Höhe von 1,7 m. Die 0,3–0,4 m starken Wände waren aus einem Mischmauerwerk aus Bruchsteinen und Ziegelsteinen in Mörtel errichtet worden. Die Wölbung bestand fast ausschließlich aus hochkant stehenden Ziegelsteinen, nur in der Südostecke lagen die Ziegelsteine flach. Vermutlich wurde dieser Teil zuletzt geschlossen. In der östlichen Giebelwand waren zwei größere Blöcke aus hellem Sandstein verbaut worden, im unteren Bereich der westlichen Giebelwand eine hochkant stehende helle Sandsteinplatte mit einer kleinen rechteckigen Öffnung, die mit einem Eisengitter verschlossen war (Abb. 11). Eine praktische Funktion dieser Öffnung zur Belüftung oder Flüssigkeitsableitung war nicht erkennbar, da die Platte unmittelbar gegen die Wandung der Baugrube gesetzt war und sich die Öffnung knapp 15 cm über der Sohle der Grabkammer befand. Man wird davon ausgehen können, dass hier eine Spolie beim Bau der Grabkammer verwendet wurde. Da die Kammer bis in den anstehenden Löß reichte, war deren Boden nicht mit einem anderen Material befestigt worden.

Im Inneren der Grabkammer fanden sich verschiedene Holzfragmente, die von Särgen stammten. Ein an der Südseite obenauf liegendes Brett kann zur Schalung des Gewölbes gehört haben, zumal an der Südostecke die Lage der Ziegelsteine in der Wölbung nahelegt, dass hier die letzten Steine eingebracht wurden und hier das letzte Brett der Schalung in der Kammer verblieb und nicht herausgezogen wurde.

Skelettreste waren nur in geringem Umfang erhalten. Sie stammten von zwei Individuen. Von einer grazilen erwachsenen Person waren fast ausschließlich Skelettreste der unteren Extremitäten erhalten. Nur wenige Knochenfragmente (Femur, Tibia) konnten einem Kind zugeordnet werden.

Angesichts der beiden nachgewiesenen Individuen und der Anzahl von 16 Sarggriffen wird man von zwei Särgen ausgehen können. Ein Sarg war schwarz mit rautenförmig aufgesetzten profilierten Leisten. Er war 2 m lang und hatte an jeder Längsseite drei eiserne Griffe. Etwa in der Mitte auf den Resten dieses Sargs lagen kurze Bretter quer zur Längsrichtung. Wenn es sich dabei um die Bretter der Schmalseite eines kürzeren Kindersarges handelte, wird man annehmen können, dass dieser auf dem Sarg der erwachsenen Person gestanden hat. Hinweise auf die Identität der Toten wurden nicht gefunden.

FAZIT

Beim grundhaften Ausbau des Schulplatzes und der Schulstraße in Gerbstedt konnten wichtige Informationen zur ehemaligen Klosterkirche gewonnen werden. Die bei der Anlage eines Leitungsgrabens angeschnittenen Mauerzüge lassen sich zum großen Teil zwanglos mit dem aus den historischen Quellen und baugeschichtlichen Überlegungen rekonstruierten Kirchengrundriss in Übereinstimmung bringen. Als ältester Fußbodenhorizont im Bereich des Kirchenschiffes ist ein Gipsestrich anzusehen, der nach Anlage eines Planums unmittelbar auf dem natürlichen Humus angelegt wurde. Geht man von den Überlegungen zur ursprünglichen Topografie des Areals vor der Errichtung der Kirche aus, so war es nach geringem Abgraben der Humusschicht im östlichen Teil des Kirchenschiffs möglich, von Westen in einer Ebene in die Kirche zu gelangen. Nach Norden muss zum anschließenden Ge-

[12] Eine Scherbe Pingsdorfer Machart aus der Auffüllschicht mit den Stuckfragmenten

[13] Eine Buntmetallhülse aus der Auffüllschicht mit den Stuckfragmenten

[14] Ein Bruchstück eines kleinen Sandsteinkapitells aus der Auffüllschicht mit den Stuckfragmenten

lände ein Höhenunterschied von über einem Meter bestanden haben.

In einer unmittelbar über dem ältesten Gipsestrich befindlichen Auffüllschicht im Bereich des östlichen Teils des Kirchenschiffes bzw. der angenommenen Vierung ist Bauschutt und, was hier von besonderer Bedeutung ist, romanischer Stuck enthalten. Hinweise, wo dieser Stuck angebracht war, konnten bei den archäologischen Dokumentationsarbeiten nicht gefunden werden. Der Bauschutt enthielt kaum größere, wiederverwendbare Steine, was für planmäßige Abbrucharbeiten spricht. Wenn man davon ausgeht, dass der Bauschutt nicht weit innerhalb der Kirche transportiert und an Ort und Stelle eingeebnet wurde, muss man von der Anbringung des Stucks im Bereich der Vierung oder deren Umkreis ausgehen.

Bleiben die Fragen nach dem Alter der Schuttschicht mit den Stuckresten, dem Grund ihrer Entstehung und damit nach dem Zeitpunkt der Entfernung des Stucks aus der Kirche. Das – abgesehen von den Stuckfragmenten – wenige Fundmaterial aus dieser Schicht – eine Scherbe Pingsdorfer Machart (Abb. 12), eine Buntmetallhülse (Abb. 13) und Spolien (Abb. 14) – hilft bei der Klärung der Frage, wann die Auffüllschicht entstanden ist, nicht weiter. Die Scherbe Pingsdorfer Machart weist zwar auf das hohe Mittelalter hin, kann aber aus anderem Fundzusammenhang verlagert worden sein. Allerdings spricht die stratigrafische Lage der Schuttschicht für eine Entstehung während einer »frühen« Umbauphase der Kirche, ohne diese näher datieren zu können. Unter der Schuttschicht liegt lediglich ein unmittelbar auf dem ungestörten Humushorizont aufgebrachter dünner Gipsestrich.

Wenige Reste eines Sandsteinpflasters, die unmittelbar über der Schicht mit dem Stuck lagen, könnten für einen Kirchenfußboden sprechen, der nach einer größeren Umbauphase und Anhebung des Fußbodenniveaus um 0,75 m entstanden ist. Dieser Fußboden (bei 98,8 m) scheint nach theoretischen Überlegungen mit dem von Buttenberg[13] genannten Kirchenfußboden übereinzustimmen. Von diesem Niveau aus bestand nur noch ein geringer Höhenunterschied zum Areal nördlich der Kirche, wo auch die Klausurgebäude gestanden haben werden. Im Zusammenhang mit diesem Umbau muss die Stuckornamentik, wo immer sie auch angebracht war, beseitigt worden sein.

Zu einem noch späteren Zeitpunkt muss das Bodenniveau mindestens um weitere 0,5 m angehoben worden sein. Von diesem letzten Niveau aus, das annähernd mit der heutigen Straßenoberfläche identisch gewesen sein wird, wurden mehrere Kammergräber aus angelegt, die ihrerseits die Auffüllschicht mit dem Stuck geschnitten haben.

Dass die Schuttschicht erst beim Einsturz der Kirche 1650 oder dem zuvor erfolgten Abbruch der Seitenschiffe entstanden ist,[14] erscheint ausgehend von der Stratigrafie nicht nachvollziehbar. Ob der von Buttenberg im Zusammenhang mit den Stuckfragmenten genannte Grabstein von 1536,[15] der eine »späte« Entstehung der Schuttschicht nahelegen würde, tatsächlich aus derselben Schicht stammt, kann nicht mehr geklärt werden.

ANMERKUNGEN

1 Neuß 1971, S. 54 ff., 222 ff.

2 Die Notbergungen wurden von Frau Henriette Fladung, Helmsdorf, unterstützt, der für ihren Einsatz zu danken ist.

3 Sosnowski 2014, S. 55–69.

4 Schmidt 1971, S. 34–37.

5 S. Beitrag von Dirk Höhne in diesem Band.

6 Buttenberg 1919, S. 22.

7 Ebd., S. 23.

8 Ebd., S. 23.

9 Ebd., S. 19.

10 Schollmeyer 1965, S. 245–249.

11 Als Kammergräber werden hier gemauerte unterirdische Grabanlagen bezeichnet, die nur zur einmaligen Nutzung dienten. In Grüften sind weitere Bestattungen möglich.

12 Buttenberg 1919, S. 23.

13 Ebd., S. 22.

14 Ebd., S. 25. Größler/Brinkmann 1895, S. 230, nennen für den Einsturz der Kirche das Jahr 1658.

15 Buttenberg 1919, S. 23.

LITERATUR

BUTTENBERG 1919
Buttenberg, Fritz: Das Kloster zu Gerbstedt, in: Zeitschrift des Harz-Vereins für Geschichte und Altertumskunde 52, 1919, S. 1–30

GRÖSSLER/BRINKMANN 1895
Größler, Hermann/Brinkmann, Adolf: Beschreibende Darstellung der älteren Bau- und Kunstdenkmäler des Mansfelder Seekreises (= Beschreibende Darstellung der älteren Bau- und Kunstdenkmäler der Provinz Sachsen und angrenzender Gebiete 19), Halle 1895

NEUSS 1971
Neuß, Erich: Wüstungskunde der Mansfelder Kreise (Seekreis und Gebirgskreis), Weimar 1971

SCHMIDT 1971
Schmidt, Bertold: Befestigung und frühgeschichtliche Siedlung in Bösenburg, Kr. Eisleben, in: Ausgrabungen und Funde 16, 1971, S. 34–37

SCHOLLMEYER 1965
Schollmeyer, W.: Die Sutura frontalis (metopica) als Erb- und Identifizierungsmerkmal, in: Deutsche Zeitschrift für die gesamte gerichtliche Medizin 56, 1965, S. 245–249

SOSNOWSKI 2014
Sosnowski, Sandra: Der polykulturelle Fundplatz Quenstedt, Flur »Schalkenburg«, Lkr. Mansfeld-Südharz. Neue Ergebnisse zu Besiedlungsstruktur und -abfolge, in: Archäologie in Sachsen-Anhalt 7, 2014, S. 55–69

ABBILDUNGSNACHWEIS

Ausschnitt aus Messtischblatt 4335 Hettstedt, Ausgabe 1904: 1

Konrad Kürbis, Erfurt: 12–14

LDA Sachsen-Anhalt: 2 (Dirk Höhne); 3–6, 8–11
(Olaf Kürbis); 7, Tafel 1–2: Umzeichnungen (Mario Wiegmann)

Der Frauenkonvent zu Gerbstedt und sein herrschaftlich-monastisches Umfeld im hohen Mittelalter

Friedrich W. Schütte

1. MARKGRAF RIKDAG, DER GRÜNDER DES FRAUENKONVENTES

In der Mitte des 12. Jahrhunderts entstand im östlichen Sachsen eine große, an der Reichsgeschichte und besonders an den sächsischen Verhältnissen ausgerichtete Chronik, deren Berichtszeitraum in der jetzigen Gestalt die Jahre von 741 bis 1139 umfasst. Der unbekannte und hilfsweise als Annalista Saxo bezeichnete Verfasser schöpfte aus zahlreichen Quellen, von denen einige in ihrem ursprünglichen Wortlaut zwar verloren, aber in ihren Ableitungen wie eben dieser Reichschronik noch erkennbar sind. Zum Jahre 985 notierte der Sächsische Annalist (Abb. 1): *Theodericus et Ricdagus marchiones preclari obierunt. Hic Ricdagus cum sorore sua nomine Eilsuit construxit et fundavit cenobium, quod Gerbizstidi dicitur. Ubi eadem soror illius sanctimonialibus prefuit, ibique sepultus est ipse cum filio suo Karolo et plurimis de eadem cognatione.* Während der erste Satz den noch erhaltenen Quedlinburger Jahrbüchern entlehnt wurde, die in den ersten Jahrzehnten des 11. Jahrhunderts zu Pergament gebracht wurden, stammen die folgenden Worte wohl aus den heute verlorenen Nienburger oder Berger Annalen.[1] Die

[1] Erwähnung Gerbstedts in der Reichschronik des Annalista Saxo

Parallelüberlieferung wird von der im 14. Jahrhundert in mittelniederdeutscher Sprache verfassten Magdeburger Schöppenchronik geboten, in der sich das verlorene Annalenwerk ebenfalls niederschlug: *des jares starf marggreve Riddach. he und sin suster Allwich stichteden dat closter to Gerbstede, und des sulven suster was dar ebbedische und is dar begraven.*[2]

Unsere Kenntnis von den Anfängen einer geistlichen Frauengemeinschaft in Gerbstedt beruht einzig auf diesen dürren Worten.[3] Über die Gründer des Monasteriums, ihre Familie und ihr Wirken ist letzten Endes ebenfalls nicht viel mehr bekannt. Aus dem Kreis der Quellen ist neben Herrscherurkunden, Nekrologien und den bereits erwähnten Quedlinburger Annalen vor allem das im Autograph auf uns gekommene Chronicon des 1018 gestorbenen Bischofs Thietmar von Merseburg einschlägig.[4] Wie lassen sich die dürftigen Befunde deuten und einordnen?[5]

Dem Osten des Reiches war ein als Marken bezeichneter Grenzsaum vorgelagert, der der Sicherung sowie herrschaftlichen Durchdringung diente und von Kaiser Otto I. nach dem 965 eingetretenen Tod des Markgrafen Gero neuorganisiert wurde. Die Begriffe *marcha* (*marchia*) und *marchio* begegnen uns zunächst ohne territorialen Bezug, sodass der Wirkungsbereich des Vorstehers einer Mark erschlossen werden muss.[6] Thietmar berichtet im Zusammenhang der Wirren nach dem 983 eingetretenen Tod Kaiser Ottos II., dass die Böhmen sich handstreichartig in den Besitz der Burg Meißen gebracht hätten, während der Markgraf Rikdag sich in Merseburg aufgehalten habe. Dabei sei Friedrich, der als Rikdags *amicus et satelles* bezeichnet wird, überspielt worden. Der Chronist bringt den aus den Ableitungen des verlorenen Annalenwerks bekannten Markgrafen Rikdag also mit der Burg Meißen in Verbindung.[7] Als seinen Nachfolger erwähnt er Ekkehard, der urkundlich zuerst 992 in einer Verfügung Ottos III. für das Quedlinburger Servatius-Stift als *marchio* bezeugt ist.[8] 1046 ist in den Diplomen erstmals von der *marcha Missenensis* (*Misnensis marchia*) die Rede.[9] Wann Rikdag zum Markgrafen erhoben wurde, ist unbekannt. Von 968 an werden für den südöstlichen Grenzsaum mit Gunther, Thietmar, Wigbert und Wigger mehrere Markgrafen genannt, und es scheint, dass Rikdag deren Amtsbezirke, die später als Mark Meißen bezeichnet werden, in einer Hand vereint hat.[10]

983 begegnet uns ein Graf namens Rikdag in zwei in Italien ausgestellten Verfügungen. In dem ersten Stück schenkte Kaiser Otto II. der Magdeburger Kirche die im Gau Daleminzi und in der Grafschaft des Grafen Rikdag gelegene *civitas Corin*. In der zweiten ebenfalls für Magdeburg ausgefertigten Verfügung geht es um die im Gau Chutizi und in der Grafschaft des Grafen Rikdag gelegene *villa* Prießnitz (Frohburg).[11] Am 5. Februar 985, also im Todesjahr des Markgrafen, schenkte König Otto III. seiner Tante, der Äbtissin Mathilde von St. Servatius zu Quedlinburg, den im Schwabengau sowie in der Grafschaft des Grafen Rikdag gelegenen Hof Walbeck.[12] Diese Gaue erstreckten sich etwa südlich der Döllnitz zwischen Elbe und Freiberger Mulde (Daleminzi), südlich von Weißer Elster und Parthe zwischen Saale und Mulde (Chutizi) sowie zwischen Bode und Wipper oder Schlenze (Schwabengau). Lage und Ausdehnung lassen sich nur durch die ihnen zugewiesenen Orte ermitteln. Die Pagi Daleminzi und Chutizi befanden sich in der Mark Meißen. Als Orte, an denen Rikdag Grafenrechte ausübte, werden *Corin* (Daleminzi), Prießnitz (Chutizi) und Walbeck (Schwabengau) genannt.[13] Weil nur einzelne Orte genannt werden, können die gräflichen Gewaltbereiche lediglich umrissen werden. Grundsätzlich müssen wir wohl von einer gewissen Streuung der Grafenrechte ausgehen. So werden im Schwabengau vor Rikdag in den Diplomen innerhalb von 44 Jahren mehrere Grafen genannt: Siegfried (934), in dessen Amtsbezirk Gröningen, Kroppenstedt und das heute wüste Ammendorf bei Gröningen lagen, Christian (937) mit Giersleben, der bereits erwähnte Markgraf Gero (941, 950) mit Egeln, Westeregeln, dem Hakel und dem heute wüsten Habendorf bei Hoym sowie der ebenfalls schon genannte Markgraf Thietmar (944, 978) mit Ritterode, Hedersleben bei Gatersleben, Rodersdorf, Wedderstedt und dem heute wüsten Benndorf bei Egeln.[14]

Am Rande sei darauf hingewiesen, dass wir hier einen größeren Verwandtenkreis fassen. Siegfried war Geros Bruder. Beide riefen geistliche Gemeinschaften ins Leben: Siegfried zu Gröningen, Gero, der 965 das Zeitliche segnete, zu Frose und zu Gernrode. Ihre Schwester Hidda war mit Christian vermählt. Deren Söhne Gero, der von 969 bis 976 als Erzbischof von Köln amtierte, und Markgraf Thietmar, der 979 gestorben sein soll, gründeten das Monasterium Thankmarsfelde/Nienburg. Thietmars Sohn Gero, der 1015 fiel, war unter anderem Graf im Schwaben- und im Hosgau. Zu diesem Umfeld gehörte vielleicht auch ein weiterer Graf Gero, auf den die fromme Gemeinschaft zu Alsleben zurückgeht und den Otto II. 979 hinrichten ließ.[15] Zudem wurde erwogen, ob Bischof Bernhard von Halberstadt (923–968) zu diesem Kreis zu zählen sei.[16]

Fraglich ist, wo wir die *civitas Corin* zu suchen haben. Thietmar von Merseburg berichtet, dass Otto II. der Merseburger Kirche 974 neben anderen Rechtstiteln *Chorin* geschenkt habe. 1018 hat der Bischof diesen von ihm als *curtis* bezeichneten Ort auf der Reise nach Rochlitz besucht und das Volk gefirmt. Gemeint ist höchstwahrscheinlich das heutige Kohren-Sahlis, das ebenso wie Rochlitz zur Merseburger Diözese gehörte. Kohren wird in der Überlieferung zwar nicht mit einem Gau verbunden, lag aber, wie die benachbarten Orte zeigen, im Pagus Chutizi oder in dem südlich davon gelegenen Pagus Plisni.[17] Während der Herausgeber der Urkunden Ottos II. sich einer Deutung enthielt, schlug Robert Holtzmann, der Editor der Chronik Thietmars von Merseburg, unter Hinweis auf einen älteren Titel vor, unter der 983 genannten *civitas Corin* vielmehr »Alt-Choren« zu verstehen. Das zwischen Döbeln und Nossen gelegene Choren wird zwar im hier interessierenden Zeitraum sonst nicht erwähnt, würde aber in der Tat zum Gau Daleminzi zu zählen sein.[18] Eine andere Erklärung stammt von Christian Lübke. Seiner Ansicht nach habe Otto II. dem Merseburger Hochstift das östlich von Altenburg gelegene Kohren geschenkt. Nach der Aufhebung Merseburgs und dem Wechsel des dortigen Oberhirten Gisilher auf den Magdeburger Erzstuhl sei Kohren an den Kaiser zurückgefallen. Otto habe den Ort dann der Magdeburger Bischofskirche übereignet, doch sei er bei der Wiedererrichtung Merseburgs 1004 erneut in den Besitz des dortigen Hochstifts gelangt, wie Thietmars Worte über seine 1018 unternommene Reise zeigen würden. Daraus folge, so Lübke, dass der Diktator des im Original überlieferten Diploms Ottos II. sich im Gau geirrt haben müsse.[19] In der Tat verzeichnete Wolfgang Heßler einige Fälle unterschiedlicher Gauzuweisungen. Lehrreich sind zwei im Original auf uns gekommene Verfügungen Heinrichs III. aus den Jahren 1050 und 1055. In dem erstgenannten Stück werden Egeln, Adersleben und Etgersleben in den Schwabengau lokalisiert. Tatsächlich lag Etgersleben aber im Nordthüringgau, wie die jüngere Urkunde zeigt.[20] In der Urkunde Ottos II. dürfte also das heutige Kohren-Salis gemeint sein, doch kann Rikdag unbeschadet davon natürlich auch im Gau Daleminzi Grafenrechte ausgeübt haben.

Zu den wichtigen Aufgaben der ostsächsischen Großen zählte die Sicherung der Marken gegenüber den Slaven. Wir finden Rikdag daher 983 neben anderen seiner Standesgenossen auf einem Feldzug gegen die slavischen Stämme zwischen Elbe und Oder, die sich in diesem Jahr gegen sächsische Oberherrschaft erhoben hatten. Bei dem in diesem Zusammenhang erwähnten *marchio Thiedricus* handelt es sich um Dietrich von Haldensleben, der der Nordmark vorstand und ebenso wie Rikdag 985 starb.[21] Rikdags Todesjahr wird übrigens durch die Fuldaer Totenannalen bestätigt.[22] Ob der Markgraf mit dem 973 erwähnten Magdeburger Vogt gleichzusetzen ist, wird von der Literatur unterschiedlich beantwortet. Diese Frage wird sich nicht klären lassen.[23] Der Graf der Urkunden sowie der von Thietmar und den Quedlinburger Annalen angeführte Graf und Markgraf sind hingegen selbstredend identisch. Auch Rikdags Nachfolger Ekkehard erscheint seit seiner urkundlichen Ersterwähnung als Markgraf 992 in den folgenden Jahren in den Diplomen auch noch als Graf.[24]

Rikdags Schwester Eilsvit wird nur von dem verlorenen Nienburger oder Berger Annalenwerk erwähnt. Sein Sohn Karl, der in den Jahrbüchern ebenfalls angeführt wird, soll nach Thietmar schuldlos sein gesamtes Lehen verloren haben und am 28. April 1014 gestorben sein. Das Tagesdatum findet sich auch im Lüneburger Totenbuch.[25] Allerdings verfügte Karl 992 wie zuvor sein Vater über Grafenrechte im Schwabengau. In diesem Jahr wiederholte Otto III. nämlich die bereits 985 erfolgte Schenkung des Hofes Walbeck an St. Servatius zu Quedlinburg. In dem jüngeren Stück ist zwar nicht mehr vom Schwabengau die Rede, doch heißt es, Walbeck liege in der Grafschaft des Grafen Karl.[26] Warum er 985 nicht zum Markgrafen erhoben wurde, wissen wir nicht.[27] In der Literatur wird vermutet, dass Rikdag nach dem im Dezember 983 eingetretenen Tod Kaiser Ottos II. nicht dessen gleichnamigen Sohn, sondern vielmehr Heinrich den Zänker, einen selbst nach der Königswürde strebenden Vetter des verstorbenen Kaisers, unterstützt habe. Der Zänker war mit Boleslav von Böhmen verbündet, dessen Männer die Burg Meißen in ihren Besitz gebracht haben. Zudem wird auf eine von Thietmar zusammengestellte Liste der sächsischen Großen weltlichen Standes verwiesen, die Otto III. anhingen. Weil Rikdag anders als Ekkehard in diesem Verzeichnis fehlt, soll Ekkehard als Dank für seine Treue nach Rikdags Tod die Markgrafenwürde erhalten haben.[28] An anderer Stelle des Schrifttums wird der Lehnsentzug, den Karl hinnehmen musste, mit den Konflikten Heinrichs II. (1002–1024) mit dem Polenherrscher Boleslaw Chrobry in Verbindung gebracht, weil Karl wie weitere Teile des sächsischen Adels dem Polen seine Gunst geschenkt hätte.[29] Das eine lässt sich jedoch ebensowenig erweisen wie das andere, und es ist natürlich nicht ausgeschlossen, dass Karl nach dem 985 eingetretenen Tod seines Vaters noch für einige Jahre als Markgraf geamtet hat. Überdies wird angenommen, Karl habe die Grafenrechte im Schwabengau vor dem 28. April 1010 verloren. An diesem Tag erscheint nämlich Gero, der Sohn des bereits erwähnten

FRIEDRICH W. SCHÜTTE

[2] Quedlinburg, Stiftskirche, Ansicht von Südwesten

Markgrafen Thietmar, als Graf im Schwaben- und im Hosgau. Dieser erstreckt sich etwa zwischen Wipper oder Schlenze, Saale und Unstrut. Zwingend ist diese Folgerung jedoch nicht, weil in unserer Region die Grafenrechte bis in die spätsalische Zeit hinein gestreut lagen. In der Urkunde Heinrichs II. aus dem Jahre 1010 ist von dem heutigen Groß-Schierstedt oder Klein-Schierstedt die Rede. Ob bereits Karl (und Rikdag) in diesen Orten Grafenrechte ausgeübt haben, ist unbekannt.[30]

Die lobende Erwähnung von Rikdags Tochter Gerburg in den Quedlinburger Jahrbüchern deutet darauf hin, dass sie Kanonisse im dortigen Servatius-Stift war (Abb. 2). Die geistliche Einkleidung einer Tochter zumal in der königlichen und daher vornehmen Gründung Quedlinburg entspricht dem Eigenverständnis des Adels: Gerburg war unter ihresgleichen sozusagen standesgemäß untergebracht und konnte für das Seelenheil ihrer Angehörigen beten.[31] In der Literatur wird gelegentlich unzutreffend behauptet, sie sei Äbtissin gewe-

sen. In Quedlinburg amtierte jedoch von 999 bis 1043 Adelheid, eine Tochter Ottos II., und wenn sie eine andere Gemeinschaft geleitet hätte, wäre das in den Quedlinburger Annalen gewiss notiert worden. Mit der im Lüneburger Nekrolog unter dem 20. Oktober verzeichneten *Gerberg abb* dürfte sie nicht identisch sein.[32] Thietmar berichtet noch von einer weiteren Tochter Rikdags, die mit dem Polenherzog Boleslaw Chrobry vermählt gewesen, doch dann zugunsten einer anderen Dame verstoßen worden sei. Es lassen sich mehrere Verbindungen dieser Art verzeichnen, bei denen es sich nach Lage der Dinge vornehmlich um Bündnisse zwischen den ostsächsischen und slavischen Großen gehandelt haben dürfte.[33]

Thietmar erwähnt einen Dedo (Dedi), den er als Rikdags agnatus bezeichnet und der ihm zudem von Kindheit an gedient haben soll. Dedo zählt zu den frühen Wettinern (Abb. 3a). Im Zusammenhang mit dem Handstreich der Böhmen gegen Meißen nach dem Tod Ottos II. wird als Rikdags *amicus et satelles* ein Fried-

Stammtafel der Wettiner

	Burkhard I. († 926), Hzg. von Schwaben				
	Burkhard II. ∞ Immedingerin				
I.	Burkhard, Gf. im Liesgau — Dietrich I.				
II.	Dedo I. († 1009) ∞ Thiedburga (Tochter Mgf. Dietrichs von der Nordmark)			Friedrich I. († 1017)	
III.	Dietrich II. († 1034) ∞ Mathilde (Tochter Mgf. Ekkehards I. von Meißen)			drei Töchter	
IV.	Friedrich († 1084), Bf. von Münster — Dedo II. († 1075), Mgf. der Ostmark, ∞ 1. Oda (Tochter Mgf. Thietmars II. von der Ostmark) ∞ 2. Adela von Löwen	Thiemo († nach ca. 1101) ∞ Ida (Tochter Ottos von Northeim)	Gero ∞ Bertha	Konrad ∞ Othil[hil]de (Schwester Dietrichs I. von Katlenburg)	Rikdag	Ida ∞ Spitihněw II. Hzg. von Böhmen

Generation V. a):

1. Dedo III. († 1069), [? Dedo]
2. Adelheid ∞ Ernst, Mgf. von Österreich; Agnes ∞ (?) Pfgf. Friedrich; Heinrich I. von Eilenburg († 1103), Mgf. der Ostmark u. von Meißen ∞ Gertrud von Braunschweig; Konrad

Dietrich ∞ Gerburg — Wilhelm ∞ Gepa — Günther († 1090), Bf. von Naumburg — Willa, Äbtissin von Gerbstedt — Thieburga, Pröpstin von Gernrode — Bertrada ∞ Berengar (Ludowinger)

V. b): Dedo IV. († 1124) ∞ Bertha von Groitzsch — Konrad von Wettin — Mathilde ∞ 1. Gero von Seeburg 2. Ludwig II. von Wippra

VI. Heinrich II. von Eilenburg († 1123), Mgf. von Meißen und der Ostmark ∞ Adelheid von Stade — Mathilde ∞ Rapoto von Abenberg

[3a] Stammtafel der Wettiner

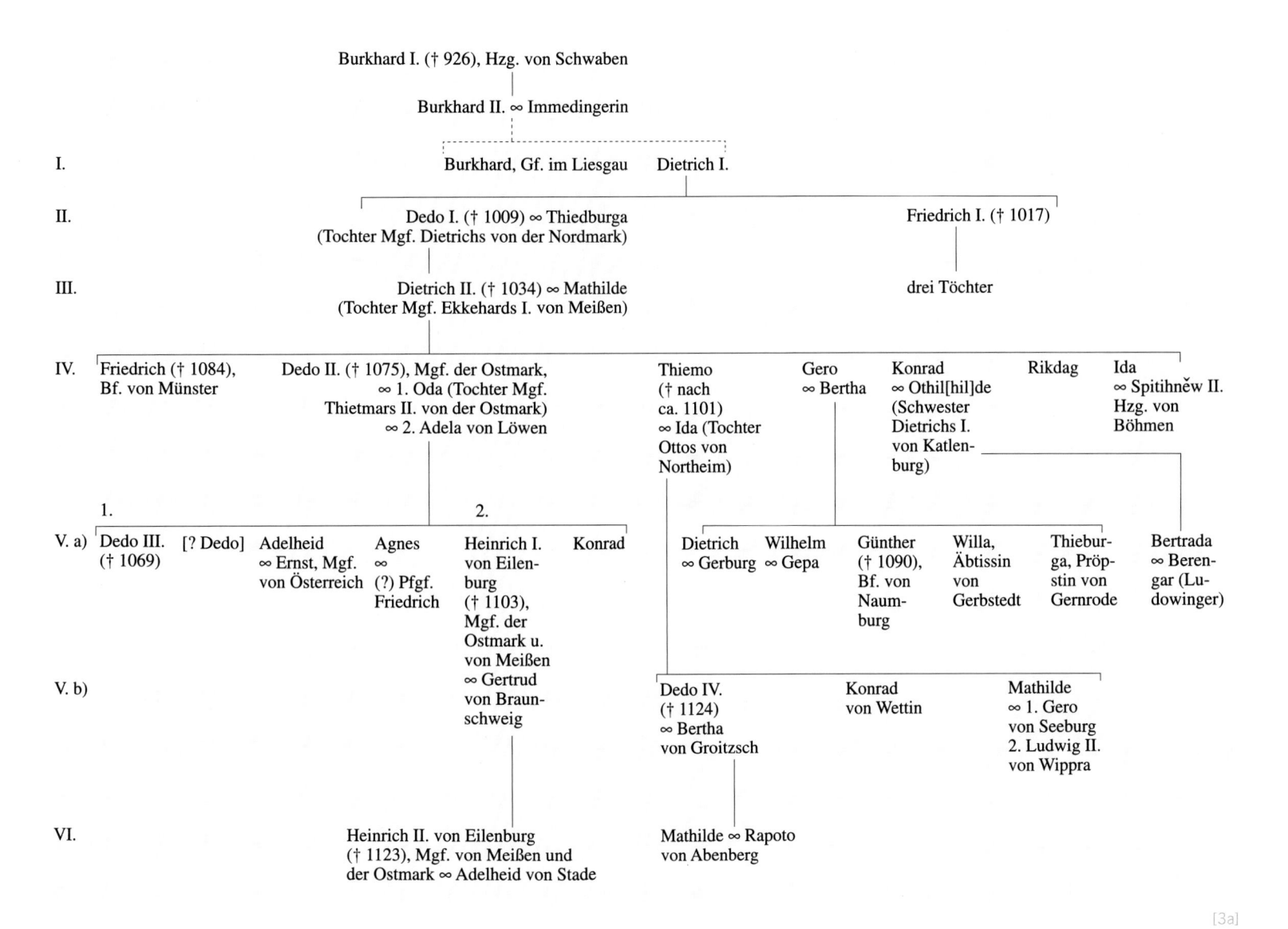

rich angeführt. Man identifiziert ihn mit dem von Thietmar an anderen Stellen ausdrücklich als Dedos Bruder bezeichneten Mann. Die Wendungen lassen vermuten, dass beide dem Markgrafen in irgendeiner Form untergeordnet waren.[34] Unklar ist indes, was für ein Verwandtschaftsverhältnis Thietmar mit *agnatus* umreißt. In der sogenannten Corveyer Überarbeitung der Chronik, die wohl im wesentlichen auf den Merseburger Bischof selbst zurückgeht, heißt es statt *agnatus* hingegen *cognatus*.[35] In strenger, dem römischen Recht angelehnter Auslegung beziehen sich die Nomina Agnatio und Cognatio auf die Abstammung in männlicher Linie und auf die Abstammung über die mütterliche Seite sowie über die Töchter. Das anders als *cognatus* ohnehin nur selten belegte Adjektiv *agnatus* benutzt Thietmar ausweislich des Registers der Ausgabe nur an der genannten Stelle, wohingegen *cognatus* sowohl im Autograph als auch in der Überarbeitung noch einmal bezeugt und wohl allgemein im Sinne von »Verwandtschaft« zu verstehen ist. Diese Deutung gilt auch für zahllose weitere Stellen.[36] Alle Überlegungen führen daher nicht weiter: Wir wissen nur, dass Rikdag auf eine nicht näher zu bestimmende Art mit Dedo (und Friedrich) verwandt war. Durch diese Verwandtschaft erklärt sich der Übergang Gerbstedts an die Wettiner.

Darüber hinaus ist in der Generation von Dedos Enkeln noch einmal der Name Rikdag bezeugt. Dieser Mann, ein Sohn Dietrichs II., der 1034 das Zeitliche gesegnet hat, wird nur in der Genealogia Wettinensis angeführt. Das mit Dietrich I., dem Vater Dedos und Friedrichs, einsetzende und 1216/1217 zu Pergament gebrachte Werk umfasst über acht Generationen die Genealogie der Wettiner. Es wurde nach Ansicht von Klaus Naß wohl auf dem Petersberg (Lauterberg) im Sinne einer Vorarbeit von dem Mann verfasst, der auch als Autor der Chronica Sereni Montis anzusehen ist. Diese Chronica berichtet von 1124 bis 1225 über das auf dem Petersberg gelegene wettinische Augustinerchorherrenstift.[37] Markgraf Rikdag, Eilsvit, Karl und Ger-

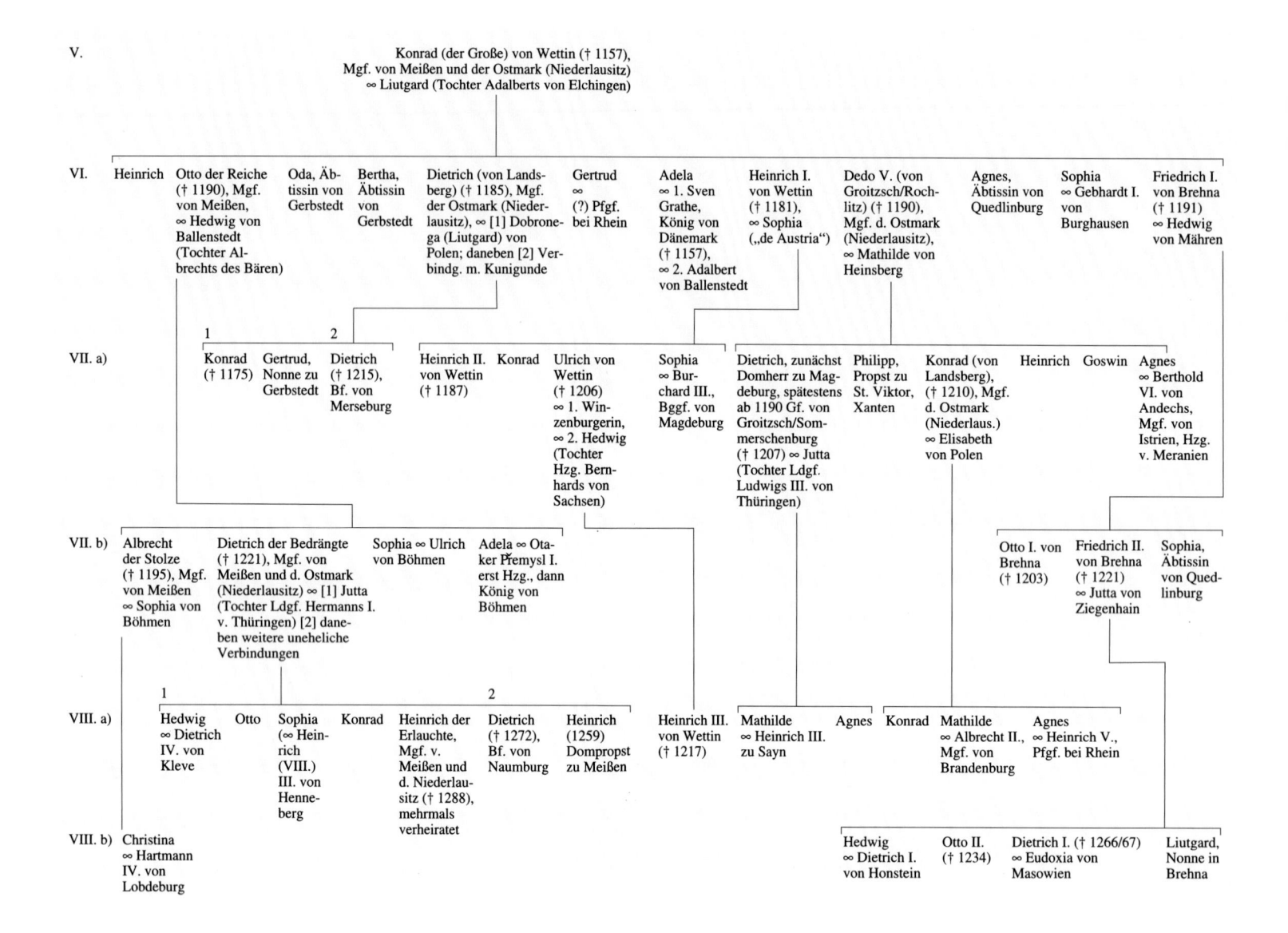

Stammtafel der Wettiner

V.				Konrad (der Große) von Wettin († 1157), Mgf. von Meißen und der Ostmark (Niederlausitz) ∞ Liutgard (Tochter Adalberts von Elchingen)									

| VI. | Heinrich Otto der Reiche († 1190), Mgf. von Meißen, ∞ Hedwig von Ballenstedt (Tochter Albrechts des Bären) | Oda, Äbtissin von Gerbstedt | Bertha, Äbtissin von Gerbstedt | Dietrich (von Landsberg) († 1185), Mgf. der Ostmark (Niederlausitz), ∞ [1] Dobronega (Liutgard) von Polen; daneben [2] Verbindg. m. Kunigunde | Gertrud ∞ (?) Pfgf. bei Rhein | Adela ∞ 1. Sven Grathe, König von Dänemark († 1157), ∞ 2. Adalbert von Ballenstedt | Heinrich I. von Wettin († 1181), ∞ Sophia („de Austria") | Dedo V. (von Groitzsch/Rochlitz) († 1190), Mgf. d. Ostmark (Niederlausitz), ∞ Mathilde von Heinsberg | Agnes, Äbtissin von Quedlinburg | Sophia ∞ Gebhardt I. von Burghausen | Friedrich I. von Brehna († 1191) ∞ Hedwig von Mähren |

VII. a)

1: Konrad († 1175), Gertrud Nonne zu Gerbstedt, Dietrich († 1215), Bf. von Merseburg

2: Heinrich II. von Wettin († 1187), Konrad, Ulrich von Wettin († 1206) ∞ 1. Winzenburgerin, ∞ 2. Hedwig (Tochter Hzg. Bernhards von Sachsen), Sophia ∞ Burchard III., Bggf. von Magdeburg

Dietrich, zunächst Domherr zu Magdeburg, spätestens ab 1190 Gf. von Groitzsch/Sommerschenburg († 1207) ∞ Jutta (Tochter Ldgf. Ludwigs III. von Thüringen), Philipp, Propst zu St. Viktor, Xanten, Konrad (von Landsberg) († 1210), Mgf. d. Ostmark (Niederlaus.) ∞ Elisabeth von Polen, Heinrich, Goswin, Agnes ∞ Berthold VI. von Andechs, Mgf. von Istrien, Hzg. v. Meranien

VII. b)

Albrecht der Stolze († 1195), Mgf. von Meißen ∞ Sophia von Böhmen; Dietrich der Bedrängte († 1221), Mgf. von Meißen und d. Ostmark (Niederlausitz) ∞ [1] Jutta (Tochter Ldgf. Hermanns I. v. Thüringen) [2] daneben weitere uneheliche Verbindungen; Sophia ∞ Ulrich von Böhmen; Adela ∞ Otaker Přemysl I. erst Hzg., dann König von Böhmen

Otto I. von Brehna († 1203), Friedrich II. von Brehna († 1221) ∞ Jutta von Ziegenhain, Sophia, Äbtissin von Quedlinburg

VIII. a)

1: Hedwig ∞ Dietrich IV. von Kleve, Otto, Sophia (∞ Heinrich (VIII.) III. von Henneberg), Konrad

2: Heinrich der Erlauchte, Mgf. v. Meißen und d. Niederlausitz († 1288), mehrmals verheiratet; Dietrich († 1272), Bf. von Naumburg; Heinrich (1259) Dompropst zu Meißen

Heinrich III. von Wettin († 1217), Mathilde ∞ Heinrich III. zu Sayn, Agnes, Konrad, Mathilde ∞ Albrecht II., Mgf. von Brandenburg, Agnes ∞ Heinrich V., Pfgf. bei Rhein

VIII. b)

Christina ∞ Hartmann IV. von Lobdeburg

Hedwig ∞ Dietrich I. von Honstein, Otto II. († 1234), Dietrich I. († 1266/67) ∞ Eudoxia von Masowien, Liutgard, Nonne in Brehna

---

burg werden in der Genealogia (und naturgemäß in der Chronica Sereni Montis) hingegen mit keinem Wort erwähnt. Man überlegte zwar, ob der Genealoge Thietmars Chronik gekannt haben könnte, doch falls dies der Fall gewesen sein sollte, dann hat er Rikdag und dessen Umfeld zweifelsohne fortgelassen, weil er die Wettiner nicht sicher an den Markgrafen anbinden konnte.[38]

Gleichwohl geriet Rikdag nicht ganz in Vergessenheit. Eine 1512 ausgestellte Urkunde der Gerbstedter Äbtissin Margarethe von Königsfeld, die nur in einem Druck des frühen 18. Jahrhunderts auf uns gekommen ist und deren Authentizität wohl noch geprüft werden muss, erwähnt jedenfalls einen *Rutagus marggrave zu Meyssen und in Orient etc.* als Gründer des Frauenkonventes. Die Gemeinschaft soll 1072 ins Leben gerufen worden sein, worauf noch zurückzukommen sein wird. Darüber hinaus werden abgesehen von einem großen genealogischen Entwurf, der auf die Wettiner zielt, teils auf freier Erfindung beruht und hier nicht erörtert werden muss, mit *Lutardis* Rikdags Gemahlin und mit *Eyla* seine Tochter genannt. Beide sollen in Gerbstedt eingetreten sein. Weitere Söhne sollen ein Bischof Otto von Münster, ein Patriarch Konrad von Aquileja, ein Bischof Heinrich von Bamberg sowie Markgraf *Tedo* von Meißen sein. Während man hinter *Tedo* den 1190 gestorbenen Markgrafen Dedo von der Ostmark sieht, sind die übrigen Männer fiktiv. Hinter *Eyla* kann man unschwer Eilsvit erkennen, und hinter *Lutardis* dürfte sich vielmehr die Gemahlin Konrads von Wettin verbergen, der 1157 starb. Diese Dame heißt in der Genealogia Wettinensis und in der Chronica Sereni Montis *Lucardis* und *Lukarda* (*Lucarda*), nach den Annales Magdeburgenses *Luthgart* und in einer im Original auf uns gekommenen Urkunde Konrads *Luichardis*.[39]

Die Urkunde der Äbtissin Margarethe zeigt, wie schnell genealogische Spekulationen ins Kraut schießen können. Andreas Hoppenrod, der seine Erdentage in Hettstedt begonnen und gegen 1575 beschlossen hat, wirkte dort als evangelischer Theologe. Neben anderen Werken verfasste er eine Oratio de Monasteriis Mansfeldensibus, in der er über zwölf einschlägige geistliche Einrichtungen handelt. An erster Stelle steht Gerbstedt, dessen Gründung durch den Meißner Markgrafen »Rittagus« er in das Jahr 985 setzt. Anschließend erwähnt er Rikdags Gemahlin »Luckardis« und seine einzige Tochter »Salus« (»vulgo Heyla dicta«). Wenn Hoppenrod im Folgenden einen Markgrafen Konrad zu Rikdags Bruder macht, der die Gerbstedter Kirche durch einen Bischof »Bucco« (also Burchard) von Halberstadt habe weihen lassen, wird klar, dass er nur Vorstellungen miteinander verknüpft.[40] Ärgerlich wird es jedoch, wenn derart phantasievolles Erzählen in die moderne Literatur eingeht und zum Baustein ganzer Lehrgebäude wird. Karl Schmid berief sich nämlich 1960 aus zweiter Hand auf Hoppenrod, den er nach seiner Vorlage irrig »Hoppenrad« nennt, bringt Gerburg, die er als Rikdags Tochter erkennt, sowie »Liutgart«, also Hoppenrods »Luckardis«, mit einer in einer Urkunde Ottos II. erwähnten *Gerbirin* und deren Tochter *Liutgart* in Zusammenhang und vermengt das Ganze irgendwie mit einem *Rîhtag Thietmar Thietrih Téte* lautenden Reichenauer Gedenkeintrag, weil in der kaiserlichen Verfügung von dem Besitz eines verstorbenen Thietmar sowie der Grafschaft eines Markgrafen selben Namens die Rede ist und überdies Dietrich (*Thietrih*) und Dedo (*Téte*) als Ahnen der Gosecker und Wettiner anzusehen seien.[41] In diesem Zusammenhang sei schließlich noch Otto Posse angeführt, der die verwandtschaftliche Verbindung Rikdags mit Dedo zur Glaubensfrage erhob. Posse machte den Markgrafen zum Sohn eines 945 bezeugten Folkmar, der gemeinsam mit seinem Bruder Rikbert von Otto dem Großen Besitz an der Fuhne erhalten hatte. Zu diesen Brüdern stellte er eine frei erfundene Schwester, die die Gemahlin eines 957 gestorbenen Dedi gewesen sein soll, von dem er über Dietrich I. die Wettiner ableitet. Überdies verleiht er Rikdags Tochter, die mit Boleslaw Chrobry vermählt war, den Namen Oda. Ruth Schölkopf ordnet Rikdag ohne genaue genealogische Verknüpfung in das Umfeld der von ihr so genannten Harzgrafen ein. Von einer Schwester Folkmars und Rikberts weiß sie nichts, und in Dedo sowie dessen Bruder Friedrich sieht sie vielmehr Nachkommen eines 982 umgekommenen Mannes namens Dedi.[42]

Nicht minder unsicher ist die Deutung des unter dem 6. November erfolgten Eintrages *Ricbrocg com* im Nekrolog von St. Michael zu Lüneburg. Der Name ist allem Anschein nach verderbt.[43] 1026 starb der Abt Rikdag von St. Michael, der zuvor dem Johannes-Kloster zu Magdeburg vorstand. In der Literatur wird wegen der Namensgleichheit mit dem Markgrafen vermutet, der Abt könne dessen Sohn oder Enkel sein, zumal da Karl zweifelsohne im Nekrolog von St. Michael verzeichnet sei. Das ist jedoch ganz hypothetisch, selbst wenn mit frühen Wettinern weitere Verwandte in das Totenbuch eingeschrieben sind.[44]

Trotz der skizzierten und zum Teil unlösbaren Fragen dürfte indes kein Zweifel daran herrschen, dass Rikdag spätestens in seinem Todesjahr 985 auf seinem Eigengut zu Gerbstedt eine geistliche Frauengemeinschaft eingerichtet hat – auch wenn nur die Nienburger Jahrbücher die Gründung auf den Markgrafen zurückführen. Ob der Ort zum Schwabengau oder zum Hosgau gehörte, ist in der Literatur umstritten. Falls Heßlers Ansicht zutreffen sollte, dann zählte das knapp nördlich der Schlenze gelegene Gerbstedt zunächst zum Hosgau und im Laufe des 11. Jahrhunderts zum Schwabengau.[45]

2. DIE OSTSÄCHSISCHE SAKRALLANDSCHAFT IM 9. UND 10. JAHRHUNDERT

Gerbstedt befand sich im Bistum Halberstadt (Abb. 4). Dessen Gründung ist nach lokaler Tradition mit Karl dem Großen und dem 827 gestorbenen Bischof Hildegrim von Châlons verbunden, der ein von Karl in Seligenstadt (Osterwieck) eingerichtetes *monasterium* schließlich nach Halberstadt verlegt haben soll, was von der jüngeren Forschung berechtigerweise zurückgewiesen wird und hier nicht diskutiert werden muss.[46] Für das 9. Jahrhundert lässt sich in der entstehenden Diözese – über die Ausbildung des Domkapitels ist nichts bekannt – mit St. Pusinna zu Wendhausen nur eine geistliche Kommunität sicher nachweisen. Die Frauengemeinschaft wurde wohl zwischen 825 und 830 von Gisla, der verwitweten Tochter eines sächsischen Großen namens Hessi, mit Unterstützung des Herforder Damenkonventes eingerichtet. Erste Vorsteherin war Gislas Tochter Bilihild. In der einschlägigen Vita Liutbirgae ist vom *habitus sanctimonialis*, einem *monasteriolum, virgines, sanctae mulieres* und *sorores* die Rede.[47] Viel Dunkel liegt über einem Männerkonvent zu Seligenstadt, der von Bischof Altfrid von Hildesheim (851–874) auf seinem Eigengut eingerichtet wurde und wohl noch im weiteren Verlauf des 9. Jahrhunderts eingegangen ist.[48] Auch die Anfänge des Männerklosters St. Felicitas zu Helmstedt lassen sich nur unscharf erkennen, doch liegen sie wohl noch im

[4] Karte der geistlichen Einrichtungen

9. Jahrhundert. Felicitas wurde bald von einem Liudgerus-Patrozinium überlagert. Die Gemeinschaft unterstand dem Abt von Werden und ist erstmals 952 urkundlich bezeugt.[49] Die Drübecker Frauengemeinschaft St. Maria und St. Vitus, bei der es sich um eine adelige Gründung handelt, wird in einer auf den Namen König Ludwigs des Jüngeren gefälschten Urkunde genannt. Das Stück gibt vor, aus dem Jahre 877 zu stam-

[5] Gröningen, Klosterkirche, Ansicht von Nordosten

men. Sicher belegt ist der Konvent indes erst 960 in einer Urkunde Ottos I., in der von einem *monasterium* und den dort lebenden *sanctimonialiales*(!) die Rede ist. Die Damen waren bemüht, die Vogtei in der Stifterfamilie zu halten. 1058 ging die inzwischen reichsunmittelbare Einrichtung in den Besitz der Halberstädter Bischöfe über. Wie es sich mit dem nur in dem Falsifikat erwähnten und angeblich Drübeck unterstellten Monasterium *Hohenburg* verhält, ist völlig unklar.[50] Allein 888 erscheint in einer Verfügung Arnolfs von Kärnten ein von Bischof Hildegrim II. von Halberstadt (853–886) gegründeter Frauenkonvent namens *Ridigippi*, dessen Lage unbekannt ist.[51]

936, im Todesjahr Königs Heinrichs I., setzte eine stattliche Zahl von Neugründungen ein, die im Folgenden (bis zum Ende des Jahrhunderts) kurz vorgestellt werden sollen, um die Gründung Gerbstedts ein wenig einordnen zu können. Den Anfang bildete das dem Heiligen Vitus geweihte Männerkloster Gröningen (Abb. 5), das von dem bereits genannten Grafen Siegfried auf seinem Eigengut ins Leben gerufen und Corvey unterstellt wurde. Die einschlägige Urkunde des Abtes Folkmar von Corvey stammt vom 26. Mai 936. Man geht davon aus, dass die Vogtei in den Händen der Gründerfamilie lag.[52] Am 13. September 936 stattete Otto, der Sohn und Nachfolger Heinrichs I., die von Heinrichs Witwe Mathilde auf liudolfingischem Eigengut begründete und auf ältere Pläne zurückgehende *congregatio sanctimonialium* zu Quedlinburg aus. Deren Leitung lag zunächst in den Händen Mathildes, dann mehr als einhundert Jahre in denen ottonischer und salischer Kaisertöchter. In den Quedlinburger Jahrbüchern heißt es anlässlich der Schleiernahme der späteren Äbtissin Adelheid, einer Tochter Ottos II., im Jahre 995, dass sie sich entschlossen habe, regelgemäß zu leben (*sub iugo regulari canonice degere*). In dieser reichsunmittelbaren Einrichtung, deren Vogtei dem Stiftergeschlecht vorbehalten sein sollte und der 936 die Frauengemeinschaft von Wendhausen unterstellt wurde, hat sich Servatius als Hauptpatron durchgesetzt. Auf dem Burgberg, der den Kanonissen zugewiesen wurde, wirkten bereits Kleriker, wie man der Verfügung Ottos I. entnehmen kann. In St. Servatius wurden Heinrich I. und Königin Mathilde beigesetzt.[53] In den folgenden Jahrzehnten wurden drei weitere Neugründungen, die aus dem Zusammenwirken Ottos I., Ottos II. und Ottos III. mit Königin Mathilde sowie der Äbtissin Mathilde, einer Tochter Ottos I., entstanden, dem Heiligen Servatius unterstellt: Zu Quedlinburg zwischen 961 und 964 der Männerkonvent St. Wigbertus und 986 die Frauengemeinschaft St. Maria auf dem Münzenberg sowie zu Walbeck 992 unter einem Andreas-Patrozinium eine weitere Frauengemeinschaft. In den Frauenkonventen sollte die Regula sancti Benedicti gelten, wie wir den Quedlinburger Annalen über St. Maria (*sub religione regulae sancti Benedicti*) und einer Urkunde Ottos III. für St. Andreas (*monasterium monacharum regulam sancti Benedicti observantium*) entnehmen.[54]

937 gründete Otto I. das Mauritius-Kloster zu Magdeburg. Kurz bevor St. Mauritius 968 zu einem Domstift umgewandelt wurde, bezogen die Mönche die südlich des Doms gelegene Neugründung St. Johannes der Täufer (Berge). In St. Mauritius wurden Ottos erste Gemahlin Edgith und der Kaiser selbst bestattet.[55] In Merseburg, wo 968 ebenfalls ein Domstift eingerichtet wurde, gab es bereits zuvor einen Männerkonvent, der von Otto I. in den Dienst des Heiligen Laurentius gestellt wurde.[56] In Walbeck an der Aller entstand unter dem 964 gestorbenen Grafen Liuthar, einem der Großväter Thietmars von Merseburg, auf Eigenbesitz ein Maria geweihtes Kanonikerstift. Liuthar wollte damit seine Beteiligung an einem Aufstand gegen Otto I. sühnen. Er selbst und weitere Angehörige fanden dort ihre letzte Ruhestätte. Thietmar, den späteren Bischof von Merseburg, und einen weiteren Verwandten sehen wir unter den Pröpsten.[57] Eine adelige Gründung auf eigenem Grund und Boden war auch die Männergemeinschaft zu Frose, die Markgraf Gero im Jahre 950 oder kurz zuvor ins Leben gerufen hat. Spätestens als Gero 961 nach dem Tod seiner Söhne ebenfalls auf Eigenbesitz in Gernrode ein *monasterium puellarum* einrichtete und Frose dem neuen Stift unterstellte, dürften die dort tätigen Männer durch *puellae* ersetzt worden sein. Ebenso wie St. Servatius erlangte Gernrode, dessen Konvent anfangs Geros verwitwete Schwiegertochter leitete, die Reichsunmittelbarkeit (Abb. 6). Für Frose ist 950 von einem Cyriacus-Patrozinium, 961 ergänzend von Maria und Petrus die Rede. Die Gottesmutter und der Apostelfürst werden in diesem Jahr auch in Gernrode genannt. Als Gero in Rom eine Armreliquie des Cyriacus erworben hatte, traten in Gernrode Maria und Petrus immer weiter zurück. Die Cyriacus-Kirche zu Gernrode birgt das Grab des Stifters.[58]

Markgraf Thietmar und Erzbischof Gero von Köln, die zum verwandtschaftlichen Umfeld des Markgrafen Gero zählen, richteten 970 in dem heute wüsten Thankmarsfelde bei Mägdesprung eine Männergemeinschaft ein, die wenige Jahre später nach Nienburg in der Erzdiözese Magdeburg verlegt wurde und 1166 in erzstiftischen Besitz überging. Die Vogtei sollte in der Familie der Stifter verbleiben.[59] Auf einen weiteren Gero, der vielleicht ebenfalls zu diesem Verwandtenkreis gehört und an dem Otto II. 979 die Todesstrafe vollziehen ließ, geht das auf Eigengut gegründete sowie Maria und Johannes dem Täufer gewidmete Monasterium Alsleben zurück. Die frommen Frauen (*sanctimoniales*), die anfangs unter der Leitung der Schwester des Hingerichteten standen, sollten regelgemäß in der Einrichtung leben (*regulariter in monasterio degere*), wie es in der kaiserlichen Bestätigungsurkunde heißt, und die Vogtei sollte in der Stifterfamilie verbleiben. Gero wurde in seiner Gründung beigesetzt. Bis zum Übergang an Magdeburg 1131 konnten die Damen ihre unmittelbare Zuordnung zum Königtum wahren.[60] 991 traf Otto III. über die von einem *nobilis vir* namens Brun und seiner Gemahlin Adilint gegründete sowie dem Schutz der Gottesmutter und des Heiligen Dionysius unterstellte Frauengemeinschaft zu Vitzenburg einige Verfügungen. In dem Diplom ist von einem *monasterium* und regelgemäß dort lebenden frommen Frauen (*sanctimoniales sub regula ibi degentes*) die Rede. Auch hier sollte die Vogtei der Stifterfamilie vorbehalten sein. Nach dem Übergang in den Besitz Wiprechts II. von Groitzsch zu Beginn des 12. Jahrhunderts wurde Vitzenburg zunächst in ein Männerkloster umgewandelt und dann nach Reinsdorf verlegt.[61]

Demgegenüber lassen sich im 10. Jahrhundert für das Bistum Halberstadt nur zwei bischöfliche Gründungen nachweisen. Bernhard von Halberstadt begründete auf seinem Eigengut zu Hadmersleben ein *monasterium sanctimonialium*, das anfangs von seiner Nichte Gundrada geleitet wurde. Die Bestätigungsurkunde Ottos II. stammt aus dem Jahre 961. In einem einschlägigen Diplom Ottos III., das 994 ergangen ist, ist von einem Petrus- und Stephanus-Patrozinium, in einer Urkunde Papst Eugens III. vom 26. Oktober 1145 erstmals von einem Petrus- und Paulus-Patrozinium die Rede. Von der ausdrücklichen Befolgung der Regula Benedicti hören wir aus dieser Verfügung Eugens III.[62] Bernhards Nachfolger Hildeward (968–996) rief in Stötterlingenburg ein *cenobium [...] virginum* ins Leben, wie es in den Quedlinburger Annalen heißt. Bischof Branthog (1023–1036) soll dann laut einer Urkunde des Bischofs Reinhard von Halberstadt (1107–1123), die ne-

[6] Gernrode, Stiftskirche, Heiliges Grab, westliche Innenwand

benbei auf ein Laurentius-Patrozinium schließen lässt, die Benediktregel eingeführt haben, deren Befolgung von Reinhard eingeschärft wurde.⁶³

Neuerdings scheint Christian Warnke zu bezweifeln, dass es in der zweiten Hälfte des 10. Jahrhunderts in Arneburg ein Benediktinerkloster St. Maria und St. Thomas Apostolus überhaupt gegeben habe.⁶⁴ Auch die Geschichte dreier Frauengemeinschaften, die sämtlich dem Heiligen Laurentius geweiht waren, wird von Warnke neu gedeutet. Während man bislang glaubte, die Monasterien zu Kalbe und Hillersleben seien im Zusammenhang des 983 ausgebrochenen Slavenaufstandes untergegangen und ein Laurentius-Konvent zu Magdeburg sei irgendwann erloschen, meint Warnke, dass *Calwo/Calva*, wie man bei Thietmar von Merseburg liest, vielmehr in Hillersleben zu suchen sowie eine Gründung der Grafen von Haldensleben sei und nach dem Slavensturm eine neue Gemeinschaft in Magdeburg sich niedergelassen habe.⁶⁵ Ein Teil der Forschung ist hingegen der Ansicht, dass die 1120 erstmals belegte Frauengemeinschaft (*sanctimonialium congregatio*) zu Schöningen als Ersatzgründung für das untergegangene Kalbe anzusprechen sei. Bischof Reinhard hat in dem genannten Jahr die Frauen durch Regularkanoniker ersetzt, denen er 1121 den Besitz der einstigen Fraueneinrichtung zu *Calvo* übereignet hat. Dieser gesamte Komplex bedarf noch einer kritischen Diskussion. Unter Papst Honorius II. (1124–1130) ist ein Laurentius-Patrozinium bezeugt.⁶⁶ Nur am Rande sei noch auf zwei Einrichtungen hingewiesen, die im Folgenden gelegentlich erwähnt werden: In der Erzdiözese Bremen wurde im 10. Jahrhundert ein Frauenkonvent in Heeslingen errichtet, der 1141 nach Zeven verlegt wurde, und Bischof Bernward von Hildesheim (993–1022) berief in seiner Diözese zu Steterburg eine Frauengemeinschaft.[67]

Die im 10. Jahrhundert einsetzende Ausbildung der zuvor umrissenen Sakrallandschaft dürfte eng mit dem Aufstieg des 919 begründeten liudolfingischen Königtums zusammenhängen. Unter den bis 911 herrschenden ostfränkischen Karolingern und Konrad I. (911–918), einem Franken, war zumal Ostsachsen eine königsferne Randlandschaft. Die Liudolfinger hingegen entstammten der Gegend um den Harz, hatten dort ihre umfangreichen Besitzungen und machten Quedlinburg und Magdeburg zu bevorzugten Aufenthaltsorten. Trotz mehrerer Herrschaftskrisen unter Otto I., Otto II. und Otto III., die aus innerfamiliärer Rivalität erwuchsen und mit auseinanderstrebenden Interessen des Adels verbunden waren, übte das liudolfingische Königtum auf die Magnaten dennoch eine große Strahlkraft aus und eröffnete ihnen neue Perspektiven: Königsnähe und Teilhabe an der Herrschaft, ruhmreiche Waffentaten im Kampf gegen Slaven und Ungarn, die 951 einsetzenden Italienzüge und Belohnung für treue Dienste dürften ihre Wirkung auf die Zeitgenossen nicht verfehlt haben. Bei den Slaven gemachte Beute und erhobene Tribute – bis 933 war Heinrich I. allerdings den Ungarn zinspflichtig –, der zunehmende Landesausbau sowie die Erschließung der Silberadern im Harz haben es, so steht zu vermuten, einem selbstbewussten Adel auch in wirtschaftlicher Hinsicht erlaubt, die Einrichtung frommer Kommunitäten in Angriff zu nehmen.[68]

Als Motiv für die Gründung eines Monasteriums nennen die Quellen stets Frömmigkeit und Sorge um das Seelenheil, und es gibt keinen Grund, diese Aussagen anzuzweifeln. Exemplarisch heißt es in der 936 ergangenen Urkunde Ottos I. für das Servatius-Stift zu Quedlinburg, dass die Gemeinschaft aus Liebe zu Gott und seinen Heiligen sowie für das *remedium animae* Ottos, seiner Eltern und Nachfolger ins Leben gerufen worden sei. Das Motiv leitet zur Funktion über: Die Sanktimonialen sollten für immer das Lob des Allmächtigen und seiner Heiligen sowie die Memoria Ottos und der Seinen pflegen. So und ähnlich liest man es in zahllosen einschlägigen Verfügungen. Ein sozusagen besonders hoher Wirkungsgrad konnte erreicht werden, wenn sich die im Memorialwesen institutionalisierten Fürbitten, die auf das Seelenheil der bereits Verstorbenen und noch Lebenden zielten und um karitative Tätigkeiten ergänzt wurden, an der Grablege des oder der Stifter konzentrierten. Davon legt ebenso exemplarisch die ältere Lebensbeschreibung der 968 gestorbenen Königin Mathilde, die in St. Servatius neben Heinrich I., ihrem Gemahl, ihre letzte Ruhestätte fand, ein beredtes Zeugnis ab. So soll Mathilde, die den Konvent bis zu ihrem Tod leitete, nicht nur an Heinrichs Jahrtag, sondern auch an der Oktav und am Dreißigsten gewissenhaft seiner Seele gedacht haben. Zudem habe sie jeden Sonnabend beachtet, weil Heinrich an diesem Wochentag gestorben sei. Das fromme Gedenken, so hören wir, sei von Armenfürsorge in Form von Speisungen, Bädern und Kleiderspenden begleitet worden. Insofern trug das Memorialwesen, in dem sich überdies ein dynastisches Eigenverständnis zu verdichten vermochte, auch gerade in Verbindung mit den sozial-karitativen Aspekten durchaus herrschaftsrepräsentierende Züge. Diese wurden dadurch unterstrichen, dass die Stifts- und Klostergründungen naturgemäß auf Eigengut erfolgten, die Vogtei in der Stifterfamilie liegen sollte, gerade Frauenkonvente von Angehörigen der Stifter gelenkt wurden und die geistlichen Einrichtungen natürlich auch Wirtschaftsbetriebe waren, die der Landeserschließung dienten. Insgesamt waren sie Zeugen des erreichten Ranges sowie der erreichten Geltung der Stifter und konnten deren Ansehen weiter steigern.[69]

Im Laufe des 10. Jahrhunderts wurden in Ostsachsen mehr Frauen- als Männerkonvente errichtet. Auf der Suche nach einer über die zuvor skizzierten Aspekte hinausführenden Erklärung dieses Sachverhaltes wies Karl Leyser darauf hin, dass adelige Damen nicht zuletzt angesichts des kriegerischen Charakters der Epoche längerlebig gewesen seien als ihre Gatten. Weil sich zudem in den Händen der Frauen oftmals beträchtlicher Besitz angesammelt habe, habe ihnen zumal ein Stift gewissermaßen einen geeigneten Rückzugsraum geboten, um vor Nachstellungen gleich welcher Art sicher zu sein. Ebenso seien die frommen Institute Verwahreinrichtungen für Mädchen und unverheiratete Frauen gewesen, die stets Übergriffe ihres männlichen Umfeldes hätten befürchten müssen.[70] Im 11. Jahrhundert hatte sich indes an den Lebensumständen der Dynasten nichts geändert, doch verzeichnen wir im östlichen Sachsen jetzt mehr Neugründungen für Männer als für Frauen.[71] Irene Crusius merkte an, dass Frauengemeinschaften mit offener Verfassung – also Kanonissenstifte – nicht zuletzt einer vielfältigen Ausbildung junger und adeliger Frauen dienten, die nach ihrer Zeit im Stift wieder in die Welt zurückkehrten. Diese Bildungs- und Erziehungsfunktion sei besonders wichtig für Sachsen gewesen, das erst im 9. Jahrhundert missioniert worden sei und noch einer »internen Christianisierung« bedürft hätte, die gewissermaßen über die Frauen in Haus und Familie gewirkt habe.[72] Die spätere Königin Mathilde soll nach der älteren Lebensbeschreibung in einer frommen Damengemeinschaft mit dem *literalis studium discipline* vertraut gemacht worden sein und im Witwenstand, den sie in ihrer Gründung Quedlinburg zubrachte, selbst gelesen haben. Daneben habe sie sich vorlesen lassen, das Gebet und den Psalmengesang sowie der Hände Arbeit gepflegt. Für Nordhausen, wo Mathilde einen Frauenkonvent eingerichtet hat, ist ausdrücklich eine *scola* bezeugt. Beim Stichwort Handarbeiten ist man zunächst geneigt, an Textilien bis hin zu Teppichen zu denken.[73] Ansonsten müssen sich die von Leyser und Crusius gebotenen Deutungen nicht ausschließen, und vielleicht war die Gründung von St. Servatius zu Quedlinburg für manch einen Stifter schlicht beispielgebend.

Was Gerbstedt anbetrifft, ist von einer Schule und einem literarischen Leben nichts bekannt.[74] Hinzuweisen ist aber auf einen Teppich, den der evangelische Theologe und Historiker Cyriacus Spangenberg, der 1528 in Nordhausen geboren wurde, lange Zeit im Mansfelder Land tätig war und 1604 in Straßburg starb, zum Jahre 1548 erwähnt. Spangenberg bietet eine kurze Beschreibung und gibt – so weit für ihn lesbar – den eingewirkten lateinischen Text wieder, der sich mit kleinen Abweichungen auch bei seinem Gehilfen Hoppenrod findet. Beide sehen in der genannten Bertha eine Tochter des 1157 gestorbenen Markgrafen Konrad von Wettin, die als Gerbstedter Äbtissin bezeugt ist, doch weist Spangenberg darauf hin, dass die Konventualinnen in ihr vielmehr die 1087 gestorbene Gemahlin Kaiser Heinrichs IV. erkennten.[75]

3. DER GERBSTEDTER FRAUENKONVENT IM HOHEN MITTELALTER

Der Wettiner Dedo, von dem oben bereits die Rede war, wurde 1009 von Markgraf Werner, einem Vetter Thietmars von Merseburg, getötet.[76] Dedos gleichnamiger Enkel, der Markgraf der Ostmark, verfügte 1046 im Schwabengau sowie 1046 und 1068 im Hosgau über Grafschaftsrechte. Als Gerbstedt benachbarte Orte im Schwabengau, in dem bereits Rikdags Sohn Karl Graf war, werden Wiederstedt, Hettstedt und Sandersleben genannt.[77] Daneben gab es in beiden Gauen zwischen 1046 und 1068 noch weitere Inhaber von Comitatsrechten. So ist im Schwabengau 1063 und 1064 Graf Adalbert, ein früher Askanier, bezeugt.[78] 1069 empörte Dedo II. sich gegen König Heinrich IV. wegen des Erbes des Markgrafen Otto von Weimar-Orlamünde, der 1067 söhnelos gestorben war. Dedo, der in zweiter Ehe mit Ottos Witwe Adela vermählt war, wurde von dem Askanier, Ottos Schwiegersohn, unterstützt, doch mussten beide sich noch im weiteren Verlauf des Jahres 1069 dem König unterwerfen. Sie wurden in Haft genommen, und man vermutet, dass Dedo, der für kurze Zeit der Markgrafschaft verlustig gegangen war, bei dieser Gelegenheit dauerhaft die Grafenrechte im Schwabengau und im Hosgau verloren habe. Wettiner sind dort als Grafen jedenfalls nicht mehr nachweisbar. Dedo starb 1075.[79] Um diese Zeit dürften Willa und Thieburga, Töchter seines Bruders Gero, als Äbtissin von Gerbstedt und Pröpstin von Gernrode gewirkt haben. Über die Damen ist sonst nichts bekannt.[80]

Dedo II. hatte einen weiteren Bruder namens Thiemo, dessen Sohn Konrad von Wettin seit 1123 als Markgraf von Meißen amtierte und 1157 starb.[81] Ein auf Konrads Namen gefertigtes urkundenähnliches Schriftstück, das sich als Original ausgibt, wurde von Walther Holtzmann 1933 endgültig als Fälschung enttarnt: Das Pergament, so Holtzmann, weise eine aus der Zeit etwa von 1180 bis 1220 stammende Buchschrift sowie ein zwar nur noch in Teilen erhaltenes, aber zweifelsohne unechtes Siegel auf. In inhaltlicher Hinsicht handele es sich indes um eine Fundatio, also um eine Gründungsgeschichte, die formale Anklänge an eine Urkunde aufweise. Das Werk sei ebenso wie ein weiteres auf Konrads Namen hergestelltes Falsifikat wohl in dem wettinischen Hausstift auf dem Petersberg gefertigt worden, dessen Geistlichkeit in der Tat enge Beziehungen zu Gerbstedt unterhielt. Das seit Holtzmann als »Reformatio« bezeichnete Schriftstück ist für die Geschichte Gerbstedts in den Jahrzehnten um 1100 von zentraler Bedeutung und muss daher ausführlich vorgestellt werden (Abb. 7). Vorab ist noch darauf hinzuweisen, dass die Reformatio den Eindruck erweckt, Gerbstedt sei eine Gründung der zweiten Hälfte des 11. Jahrhunderts. Rikdag und seine Angehörigen werden nämlich mit keinem Wort erwähnt. Gleichwohl gilt das Werk trotz der allenthalben fassbaren Absicht, den Konvent den Wettinern zu empfehlen, als im Wesentlichen glaubwürdig.[82] Ausgehend von der Reformatio soll im Folgenden die Entwicklung der Frauengemeinschaft erörtert werden.

3.1. DER ÜBERGANG DES FRAUENKONVENTES AN DEN BISCHOF VON MÜNSTER UND DIE ENTWICKLUNG BIS IN DEN ANFANG DES 12. JAHRHUNDERTS

In der Reformatio ist einleitend von einer Zusammenkunft der Brüder Friedrich, Dedo, Gero, Konrad und

[7] Die Reformatio

Thiemo, der ausdrücklich als Vater Konrads von Wettin erwähnt wird, sowie weiterer Verwandter die Rede. Dieser Verwandtschaftszusammenhang wird durch die Genealogia Wettinensis bestätigt, doch fehlt der aus der Genealogia bekannte Bruder Rikdag. Überdies soll Bischof Burchard von Halberstadt (1059–1088), der von Hoppenrod erwähnte Bukko, zugegen gewesen sein, der (als zuständiger Diözesanbischof) seinen Rat erteilt und die getroffenen Maßnahmen gebilligt haben soll.[83] Friedrich war zunächst Magdeburger Domkanoniker und Dompropst sowie Kanzler König Heinrichs IV. Nach der missglückten Erhebung zum Erzbischof von Magdeburg wurde er 1064 Bischof von Münster. In dieser Funktion wird er in der Reformatio angeführt. Friedrich starb 1084.[84] Während über Konrad sonst nichts bekannt zu sein scheint, wird Gero in einer Urkunde Heinrichs IV. aus dem Jahre 1088 erwähnt. Thiemo nahm wohl im selben Jahr an einer Quedlinburger Fürstenversammlung teil und hat um das Jahr 1100 noch gelebt. Gesichert sind allein die Todesjahre Friedrichs und Dedos (1075). Die Versammlung der wettinischen Brüder, von denen die Gerbstedter Verhältnisse neu geordnet wurden, muss also spätestens 1075 stattgefunden haben.[85]

Hinsichtlich der äußeren Verhältnisse entnehmen wir der Reformatio, dass Gerbstedt auf Empfehlung Friedrichs der Bischofskirche von Münster unterstellt worden sei, also von der Verfügungsgewalt der Wettiner in die Verfügungsgewalt der Münsteraner Oberhirten übergegangen sei. Die geistliche Jurisdiktionsgewalt des Bischofs von Halberstadt wird nicht eigens erwähnt und blieb natürlich unangetastet. Die Rechte des neuen Herren wurden jedoch eingeschränkt: Der Bischof solle in Gerbstedt nur einen Hof und ein *servitium* erhalten, wenn er wegen notwendiger Angelegenheiten dorthin komme, dürfe ohne Zustimmung der wettinischen Erben keine Äbtissin einführen und ohne Konsens der frommen Gemeinschaft sowie der Wettiner das Monasterium nicht veräußern und auch sonst nicht in das Vermögen eingreifen. Sollte der Bischof gegen diese Vorgaben verstoßen, werde er Gerbstedt wieder verlieren. Friedrich soll sich bis zu seinem Tod an dieses als *pactum* bezeichnete Übereinkommen gehalten haben. Begründet wird der Eingriff übrigens mit den Worten, Kleriker wüssten besser die *ecclesiastici ordines* zu lenken als Laien.[86]

Diese Worte sind wohl durchaus ernst zu nehmen, denn von der Literatur wurde die Übertragung Gerbstedts mit dem 1073 ausgebrochenen sächsischen Aufstand gegen König Heinrich IV. in Verbindung gebracht. Heinrich, der in Ostsachsen den Burgenbau vorantrieb, soll unberechtigte Dienste und Abgaben eingefordert, die Sachsen ehrlos behandelt und daher ihre Freiheiten beschnitten haben. Dieser Konflikt, der im weiteren Verlauf der siebziger Jahre des 11. Jahrhunderts auch wegen der Anliegen der Kirchenreform weitere Kreise zog, schwelte letzten Endes bis in das Jahr 1125, als Heinrichs gleichnamiger Sohn und Nachfolger starb.[87] Im Sommer 1073 trafen jedenfalls in Hötensleben sächsische Magnaten weltlichen und geistlichen Standes zusammen, um über das Vorgehen gegen den König zu beraten. Unter ihnen befand sich auch Dedo II., der aber danach nicht mehr in Erscheinung tritt, zumal da er 1075 nach langer Krankheit starb. Inwiefern weitere Wettiner auch der jüngeren Generation am Kampf gegen Heinrich IV. und Heinrich V. federführend beteiligt waren, muss hier nicht diskutiert werden.[88] Auf diesem Hintergrund vermutet jedenfalls die Forschung, dass die Übertragung Gerbstedts an Münster angesichts des aufziehenden Konfliktes 1073 vollzogen worden und eine Art Sicherstellung des wettinischen Besitzes gewesen sei, weil Bischof Friedrich als ehemaliger Kanzler Heinrichs IV. dessen Vertrauen genossen habe und eben auch ein Wettiner gewesen sei.[89] In der oben angeführten Urkunde der Gerbstedter Äbtissin Margaretha von Königsfeld lesen wir, dass *Rutagus* im Jahre 1072 den Konvent errichtet habe. Sie beruft sich ausdrücklich auf *unsers closters chroniken und stiftbrieffen*. Harald Winkel vermutete, der Äbtissin habe eine Urkunde über den unter Friedrich von Münster erfolgten Eingriff vorgelegen, doch habe sie dann irrig Rikdag angeführt.[90]

Friedrich, der aus seinem ererbten Besitz der Magdeburger Erzbischofskirche zwölf Mansen geschenkt hatte, hat überdies der Münsteraner Bischofskirche Eigengut in Gerbstedt zugeeignet, das, wie es in den Gesta archiepiscoporum Magdeburgensium im Zusammenhang seiner Erhebung heißt, sonst beim dortigen Magdeburger Besitz geblieben wäre. Wann Friedrich die Schenkung an Münster tätigte und ob sie mit der Übertragung Gerbstedts zusammenhing, muss offenbleiben.[91] Fraglich ist in diesem Zusammenhang darüber hinaus, wie umfangreich das wettinische Eigengut links der Saale überhaupt war. Holtzmann suggeriert, dass der Besitz erheblich gewesen sein müsse. Aus einer 1156 gegebenen Urkunde Konrads von Wettin für das Stift auf dem Petersberg hören wir abgesehen von Wäldern, die sich nicht mehr ausmachen lassen, links der Saale von Beesenstedt, Pfützthal, Salzmünde und vielleicht Zaschwitz sowie den Wüstungen Uden, Zedenitz und Zeperkau. Mansen in Salzmünde, Uden und Pfützthal hatte Konrads Gemahlin freilich zuvor gekauft, um sie dem Stift übereignen zu können.[92] Als der Wettiner Otto von Brehna 1288 seinen Besitz dem Erzstift Magdeburg verkaufte, wurden noch mehrere Orte auf dem linken Saaleufer genannt.[93]

Abschließend kann man darauf hinweisen, dass die vermutlich 1073 getroffene Maßnahme nicht ganz beispiellos ist. Anführen lässt sich die wohl 1138 von Friedrich II. von Sommerschenburg gegründete Zisterze Marienthal bei Helmstedt, die 1146 dem Halberstädter Bistumspatron Stephanus übertragen wurde. Anlass dürfte der 1144 ausgebrochene Streit um das Erbe des Grafen Rudolf von Stade gewesen sein, denn ein großer Teil des Marientaler Besitzes stammte aus dem Erbteil von Friedrichs geschiedener Gemahlin, einer Schwester Rudolfs.[94]

Mit Friedrichs Tod begann laut der Reformatio eine für Gerbstedt kritische Zeit. Friedrichs Nachfolger Erpo, der vielleicht sächsischer Abstammung und 1084/1085 ins Amt gelangt war, galt als Anhänger Heinrichs IV. und habe Gerbstedter Besitz nach Lehnrecht an seine Verwandten vergeben, was den Bestimmungen des Pactums klar zuwiderlief. Zusammen mit Thiemo sollen seine Neffen Markgraf Heinrich von Eilenburg, der 1103 starb, und dessen Bruder Konrad sowie die Brüder Wilhelm und Dietrich zusammengekommen sein. Es handelt sich um Thiemos Neffen: Heinrich und Konrad waren Söhne Dedos II., Wilhelm und Dietrich Söhne Geros. Diese fünf hätten den Bischof nach Gerbstedt einbestellt, und nach der Rückgabe der

Güter sei das Pactum erneuert worden.⁹⁵ Weil Erpo nur einmal in Ostsachsen bezeugt ist – 1088 auf einer Versammlung Heinrichs IV. in Quedlinburg neben dem Markgrafen Heinrich sowie einem *Diemo* und einem *Diedericus*, in denen wir wohl Wettiner zu sehen haben – vermutet man, dass das Gerbstedter Zusammentreffen in diesem Jahr stattgefunden haben könnte.⁹⁶

Deutlich ärger wurde es für die frommen Frauen mit dem 1097/1098 erfolgten Amtsantritt des Münsteraner Bischofs Burchard, eines Parteigängers Heinrichs IV., der nach dem 1104 erfolgten Abfall Heinrichs V. vom Vater auf dessen Seite wechselte und dort während der ganzen Auseinandersetzungen mit deutschen Großen und dem Reformpapsttum verharrte. Seit 1114 lebte er im Kirchenbann.⁹⁷ Heinrich V. war im Konflikt mit dem Reformpapsttum 1111 exkommuniziert worden und hatte sich überdies mit den ostsächsischen Großen überworfen. Seit der Schlacht am Welfesholz 1115 war Ostsachsen für den Kaiser verloren.⁹⁸ Nach dem Tod einer namentlich nicht genannten Äbtissin habe Burchard jedenfalls, so die Reformatio, keine neue Vorsteherin ins Amt geführt, Äbtissinnengut und Seelgerätstiftungen an die bischöfliche *mensa* gezogen, Sanktimonialen und einen Kanoniker, die der römischen Kirche anhingen, vertrieben und nur vier Damen zurückgehalten sowie mehreren *milites* Kirchengüter übergeben. Genannt werden der *comes H.*, der *dominus Wibertus*, der *dominus H.*, der *dominus B.*, der *dominus S.* sowie der *dominus M.* So habe Burchard das Gerbstedter *servitium dei* gründlich zerstört. Die Forschung sah in diesen Männern Parteigänger Heinrichs V. und hinter *comes H.* Hoier von Mansfeld, der in der Schlacht am Welfesholz an der Spitze des kaiserlichen Heeres fiel, sowie hinter *dominus Wibertus* Wiprecht von Groitzsch. Auf Hoier deutet, dass die Mansfelder in der ersten Hälfte des 13. Jahrhunderts als Gerbstedter Vögte bezeugt sind. Wiprecht von Groitzsch und sein gleichnamiger Sohn standen indes nur bis 1110/1111 auf der Seite des Kaisers.⁹⁹

Bischof Burchard von Münster starb am 19. März 1118.¹⁰⁰ Noch im selben Jahr, so die Reformatio, habe Konrad von Wettin mit Unterstützung Reinhards von Halberstadt die frommen Damen zurückgerufen und das geistige Leben neugeordnet. Diese Maßnahmen seien, wie es scheint in Gerbstedt selbst, in Gegenwart eines Kardinals, des Bischofs Reinhard sowie zahlreicher Bischöfe, Äbte, Kleriker und Laien getroffen worden.¹⁰¹ Für das Jahr 1118 wissen wir von einer das Reich betreffenden Legation des Kardinalbischofs Kuno von Palestrina, der von dem Bischof Leodegar von Viviers begleitet wurde. Im Mai und Juni ist der Kardinal in Köln und Koblenz bezeugt, am 7. Juli in Corvey und am 28. Juli in Fritzlar. Er ist von Corvey vermutlich über Gandersheim nach Fritzlar gereist.¹⁰² Interessant ist für uns in diesem Zusammenhang eine Urkunde der Äbtissin Hedwig von Gernrode. Weil Hedwig, von deren Vorgängerin übrigens nichts bekannt zu sein scheint, darauf hinweist, dass bei ihrer Erhebung Kuno von Palestrina, Leodegar von Viviers, Adelgot von Magdeburg, Konrad von Salzburg, Reinhard von Halberstadt, Dietrich von Naumburg sowie Herwig von Meißen zugegen gewesen seien und diese Erhebung am 30. März 1119 von Papst Calixtus bestätigt worden sei, muss sie 1118 stattgefunden haben. Gerold Meyer von Knonau meinte, Hedwig sei in Corvey zur Äbtissin bestimmt worden, doch spricht gerade angesichts des Gerbstedter Zeugnisses, das Meyer von Knonau unbekannt war, nichts gegen einen Besuch des Kardinals in Gernrode.¹⁰³ Adelgot, Konrad, Reinhard und Dietrich sind in diesen Wochen auch sonst im Umfeld des Legaten bezeugt.¹⁰⁴

Hedwig war eine Schwester Geros von Seeburg, der mit Mathilde, der Schwester Konrads von Wettin, vermählt war und 1122 starb. Nach dem Annalista Saxo habe beider Mutter, die Gemahlin Wichmanns von Seeburg, den Namen Gisela getragen. Nach der zuvor genannten Urkunde der Gernröder Äbtissin soll ihre Mutter jedoch Bertha geheißen haben, was durch Wichmann, den Sohn Geros von Mathilde, Bischof von Naumburg und späteren Erzbischof von Magdeburg, bestätigt wird: Er spricht in einer Verfügung des Jahres 1152, in der er Schenkungen Hedwigs bestätigt, von seiner *avia* Bertha. Die Forschung neigte den beiden Urkunden zu und wollte in dieser Bertha, über die sonst nichts bekannt zu sein scheint, eine Tochter des bereits erwähnten Wettiners Wilhelm sehen. Allerdings ist es schwer vorstellbar, dass Geros Mutter (Bertha) die Tochter eines Vetters (Wilhelm) seiner Frau (Mathilde) ist. Entweder hat der Annalista Saxo sich geirrt oder Wichmann der Ältere war zweimal vermählt. Über Nachkommen Wilhelms und seiner Gemahlin Gepa schweigen die Quellen.¹⁰⁵

Dietrich von Münster, der uns bereits begegnet ist, war der Nachfolger des 1118 gestorbenen Burchard und amtierte bis in das Jahr 1127. Er habe, so die Reformatio, versucht, Gerbstedt an sich zu ziehen, doch sei es ihm nur gelungen, 50 Mansen zu entfremden. Dieser Übergriff lässt sich freilich nicht mehr mit den Auseinandersetzungen zwischen Heinrich V. und der deutschen Geistlichkeit sowie den Sachsen erklären, denn Dietrich war ein Gegner Heinrichs V. Als der Salier 1119 das Weihnachtsfest in Münster beging, ist er nach

Sachsen geflohen. 1121 wurde Dietrich von sächsischen Großen unter Waffengewalt zurückgeführt. Vielleicht hängt sein Eingriff in die Gerbstedter Besitzungen mit diesem Aufenthalt in Sachsen zusammen.[106] Immerhin hat Dietrichs unmittelbarer Nachfolger Ekbert, der im Januar 1132 starb, den Sanktimonialen seinen Teil am Welfesholz, einen Hof in Obergerbstedt sowie drei Mansen in Bösenburg geschenkt. Ob es sich um die Rückerstattung entfremdeten Besitzes oder Schenkungen aus Eigengut (dann wäre Ekbert vielleicht tatsächlich sächsischer Abstammung) handelt, ist unklar. Die Übertragung des Anteils am Welfesholz erfolgte mit dem ausdrücklichen Hinweis, dass die Gerbstedter Damen nicht genug Holz hätten.[107] Später ist im Welfesholz eine im Gerbstedter Besitz befindliche Marienkapelle bezeugt.[108]

3.2. DAS TÄUFER-PATROZINIUM

Die Gerbstedter Kirche war, so die Reformatio, Johannes dem Täufer geweiht, was durch andere Quellen bestätigt wird. Daneben finden wir ganz vereinzelt den Täufer neben der Gottesmutter. Ob es noch weitere Patrozinien gab und der Täufer von Beginn an Hauptpatron war oder sich wie zum Beispiel im Quedlinburger Servatius-Stift gegen andere Heilige durchsetzen musste, entzieht sich unserer Kenntnis.[109] Die Verehrung des Täufers stellt keine Besonderheit dar. Ein frühes, in die zweite Hälfte des 9. Jahrhunderts weisendes Zeugnis bietet die liudolfingische Gründung Gandersheim (Diözese Hildesheim). 845/846 reisen die Gründer dieses Kanonissenstiftes eigens nach Rom, um dort unter anderem Reliquien zu erwerben. Genannt werden die Heiligen Anastasius und Innocentius, doch soll die Kirchweihe 881 auch auf den Namen des Täufers stattgefunden haben, von dem daher gewiss bereits zu einem früheren Zeitpunkt Überreste zur Hand waren.[110] Der 936 gestorbene König Heinrich I., ein Enkel des Gandersheimer Gründerpaares, hat in Merseburg eine Johannes-Kirche errichten lassen und soll laut Thietmar von Merseburg ein treuer Diener des Täufers gewesen sein, und sein Sohn Otto hat bei der Umwandlung des Magdeburger Mauritius-Klosters in ein Domstift ein Johannes-Kloster eingerichtet.[111] Ein Johannes-Patrozinium lässt sich für das 10. Jahrhundert in unserem Raum darüber hinaus noch für Alsleben sowie für Pöhlde (Erzdiözese Mainz), eine Gründung von Heinrichs Gemahlin Mathilde, nachweisen.[112] 974 weihte Bischof Hildeward, der mit dem Neubau der Halberstädter Domkirche begonnen hatte, in einem oberhalb der Krypta gelegenen *oratorium* unter anderen einen Altar auf Johannes den Täufer und Johannes den Evangelisten, und 992 hören wir anlässlich der Domweihe von Überresten des Täufers.[113] 1021 wurde die Quedlinburger Stiftskirche auch unter den Schutz des Täufers gestellt, und Bischof Branthog von Halberstadt ließ in seiner Kathedralstadt ein sowohl dem Täufer als auch dem Evangelisten gewidmetes Kanonikerstift errichten.[114] Hedwig Röckelein hat herausgestellt, dass in den meisten Frauengemeinschaften die Jungfrau Maria die Hauptpatronin gewesen sei. Hinzuträten in unterschiedlichen Verbindungen mit der Gottesmutter und untereinander Johannes der Täufer, Johannes der Evangelist, Petrus und Paulus, die ebenfalls weite Verbreitung gefunden hätten.[115] Wir hören zwar von Reliquienerwerb und Reliquientranslationen – zum Gandersheimer Gründerpaar sind zum Beispiel Markgraf Gero zu stellen, der in Rom einen Arm des Heiligen Cyriacus erwarb, oder Bernhard von Halberstadt, der ebenfalls in Rom Reliquien gewann, und Hildeward von Halberstadt, der aus Metz Überreste des heiligen Stephanus besorgte –, doch wie die Gerbstedter oder Drübecker an den Täufer (und die Jungfrau) gelangt sind, wissen wir nicht.[116]

3.3. DIE GRABLEGE

Eingangs war davon die Rede, dass Rikdag, sein Sohn Karl sowie viele Verwandte in Gerbstedt beigesetzt worden seien. Das dürfte gewiss auch für Rikdags Schwester Eilsvit gelten, die dem Konvent vorstand.[117] In der Reformatio wird berichtet, wie Burchard von Münster Gerbstedter Güter, die für Anniversarfeiern bestimmt gewesen seien, entfremdet habe. In diesem Zusammenhang heißt es ausdrücklich, diese Anniversarien bezögen sich auf die Seelen der zuvor erwähnten Großen und ihrer Verwandten, deren Leiber sämtlich in Gerbstedt beigesetzt worden seien.[118] Nimmt man diese Aussage ernst, dann muss sie sich auf die zuvor in der Refomatio genannten Großen beziehen, nämlich auf die Brüder Friedrich, Dedo, Gero, Konrad und Thiemo, auf Dedos Söhne Heinrich und Konrad sowie auf Geros Söhne Wilhelm und Dietrich. Das Todesjahr ist allein für Friedrich (1084), Dedo (1075) und Heinrich (1103) bekannt. Allerdings hatte Posse bereits 1897 im Zusammenhang seiner genealogischen Untersuchungen anhand der nur noch trümmerhaft auf uns gekommenen Naumburger Nekrologüberlieferung festgestellt, dass die Brüder Konrad und Thiemo sowie Wilhelm mit seiner Gattin Gepa und Dietrich mit seiner Gattin Gerburg vielmehr in Naumburg ihre Grabstätte gefunden hätten.[119]

Winkel griff 2010 diese Hinweise auf und ergänzte sie um weitere Beobachtungen. Weil in einer Urkunde des Bischofs Dietrich von Naumburg, eines Wettiners, aus dem Jahre 1249 neben Konrad, Wilhelm, Gepa, Dietrich und Gerburg auch Geros Gemahlin Bertha zu den *fundatores* der Naumburger Bischofskirche gezählt wird, sei es sehr wahrscheinlich, dass sie ebenfalls in Naumburg beigesetzt worden sei. Die ausdrückliche Erwähnung von *prebende sanctimonialium pro anima marchionis H* in der Reformatio könne indes auf eine Grablege Heinrichs von Eilenburg in Gerbstedt hindeuten. Auch Willa, die bereits erwähnte Gerbstedter Äbtissin, dürfte dort ihre letzte Ruhestätte gefunden haben. Friedrich von Münster wartet hingegen in der von ihm zu Münster gegründeten Mauritius-Kirche auf die Auferstehung. Anders gesagt ist also abgesehen von Rikdag und Karl keine Grabstätte für Gerbstedt namentlich bezeugt. Erste Nachrichten über die Grablegen der Wettiner liegen für die Generation Thiemos vor, und jüngere Angehörige dieses Hauses fanden zum Beispiel auf dem Petersberg (wie Konrad von Wettin, Abb. 8) oder in Altzelle ihren Frieden. Winkel, der in Naumburg eine »wettinische ›Ersatzgrablege‹« sieht, liefert dafür zwar keine ausdrückliche Begründung, weist aber darauf hin, dass der Pontifikat Burchards von Münster und seine Folgen eine Gerbstedter Grablegetradition und die Pflege der Memoria schwerlich befördert haben dürften.[120] Insgesamt pflegten die Wettiner zur Naumburger Bischofskirche enge Verbindungen. Geros Sohn Günther amtierte von 1079 bis zu seinem Tod 1090 als Oberhirte, und 1103 begegnet uns Thiemos Sohn Dedo, ein Bruder Konrads von Wettin, als Hochstiftsvogt. Man vermutet, dass bereits Thiemo die Schutzherrschaft innegehabt habe.[121]

3.4. DIE LEBENSFORMEN DER SANKTIMONIALEN UND DIE ORDNUNG DES KONVENTES

Die in der Reformatio genannten wettinischen Großen und Halberstädter Bischöfe sollen im Rahmen ihrer beiden Zusammenkünfte auch das Leben der Gerbstedter Sanktimonialen geordnet haben. Zunächst erscheint Bischof Friedrich von Münster gewissermaßen als Vollender der Kirche, der das vorgefundene kanonische Leben der Damen ordnungsgemäß eingerichtet habe. Die versammelten Männer hätten dann nach der Art der gesamten römischen Kirche eine Äbtissin bestimmt, die *claustraliter* leben und der Gemeinschaft *spiritualiter* vorstehen sollte. Darüber hinaus ist von der Größe des Konventes und den wirtschaftlichen Verhältnissen die Rede: Ein Teil der Güter soll für die Äbtissin sein, ein anderer Teil für die Präbenden von 24 *sanctimoniales* sowie für sechs Priester, einen Diakon und einen Subdiakon. Was darüber hinausgeht, wird schließlich für die Dienstmannschaft bestimmt. Von dem Adverb *claustraliter* lässt sich für die Lebensform nichts Sicheres ableiten.[122] Das Verständnis des zweiten Abschnitts wird durch ein Loch im Pergament erschwert. Erkennbar ist, dass Konrad von Wettin die vertriebenen Sanktimonialen zurückgeführt und auf ihren eigenen Wunsch hin den *ordo* vielmehr *in seraturas* umgewandelt habe. Überdies habe Bischof Reinhard den Damen einen Augustinerchorherren als geistlichen Vater zur Seite gestellt, der ausschließlich vom Konvent zu wählen sei. Im Zusammenhang zurückzuerstattender Güter ist nunmehr von 120 *moniales* die Rede. Das zweimal erscheinende Nomen *seratura* ist eine mittellateinische Neubildung und anscheinend nur selten verbürgt. Gemeint ist die »klösterliche Abgeschlossenheit«, also eine strenge Klausur.[123]

Was ist in Gerbstedt in den frühen siebziger Jahren des 11. Jahrhunderts und 1118 mit den frommen Frauen geschehen? Bevor eine Antwort auf diese Frage versucht wird, muss die Gerbstedter Entwicklung mit einigen groben Strichen in einen größeren Zusammenhang eingeordnet werden. Auf einer im Jahre 816 zu Aachen unter Kaiser Ludwig dem Frommen abgehaltenen Reichssynode wurde der Versuch unternommen, das religiöse Gemeinschaftsleben zu ordnen. Zur Regel Benedikts von Nursia, die aus der ersten Hälfte des 6. Jahrhunderts stammt und gleichermaßen für Männer wie für Frauen gelten sollte, traten jeweils neu zusammengestellte Leitsätze für Kanoniker (Institutio canonicorum) und Kanonissen (Institutio sanctimonialium). Die klösterliche Daseinsform diente hauptsächlich der Selbstheiligung und unterlag einer strengen Askese, die Armut forderte und Privateigentum verbot, sowie einer strengen Klausur. Kanonikerstifte hingegen bestanden aus Klerikern, die in der Seelsorge und, soweit es sich um Domstifte handelte, Diözesanverwaltung tätig waren. Diese Einrichtungen waren durch eine eher lockere Vita communis gekennzeichnet, die persönlichen Besitz durchaus gestattete. In den Kanonikerstiften setzte sich eine Vermögenssonderung durch, die zur Ausbildung einzelner Präbenden führte, von denen die Inhaber (neben weiteren Zuwendungen und dem Privatbesitz) ihren Lebensunterhalt bestritten. Die Größe der Konvente war daher begrenzt. Gleichwohl stellte jedes Stift mit seinen jeweiligen Besonderheiten ein eigenes und umfassendes Gefüge dar.[124]

Auch das Leben der Kanonissen war durch eine insgesamt weniger harte Zucht bestimmt. So sieht die

[8] Petersberg, Stiftskirche, Kenotaph für Konrad von Wettin und weitere Wettiner von Hans Walther, 1567

Institutio sanctimonialium, deren Terminologie für die von uns als Kanonissenstift bezeichnete Einrichtung freilich schwankt, zum Beispiel keine Gelübde vor, erlaubt neben Privateigentum eine eigene Wohnung sowie Dienerinnen und ermöglicht sogar den Austritt. Diese Einrichtungen weisen im weiteren Verlauf ebenfalls eine Vermögenssonderung sowie eine beschränkte Zahl an Pfründen auf. Zu einem Frauenstift, das wie ein Benediktinerinnenkloster unter der Leitung einer Äbtissin steht, gehörten wie zu einem Frauenkloster einige Kleriker, die für die Sakramente zuständig waren. Hinsichtlich der Frauengemeinschaften lassen sich der Wirkungsgrad der Regula sancti Benedicti und der Institutio sanctimonialium indes nur schwer ermessen, weil der Sprachgebrauch der Quellen bis in das hohe Mittelalter hinein uneinheitlich ist, die Lebensformen nicht grundständig diskutiert wurden und zweifelsohne Abstufungen zuließen. Rechtssätze, deren Deutung und Verbindlichkeit, Ansprüche einzelner Religiosen sowie ganzer Gemeinschaften mussten nicht deckungsgleich sein und erst recht nicht unseren Vorstellungen entsprechen.[125] Wenn wir den Blick auf die im 10. Jahrhundert in Ostsachsen gegründeten weiblichen Kommunitäten lenken, dann lässt sich in der Tat nicht immer ausmachen, welchem Ordo die Damen folgten. Die oben angeführten Quellen sprechen von einer *congregatio*, einem *monasterium* und einem *cenobium*, von *sanctimoniales*, *monachae*, *puellae* und *virgines*, doch erlauben diese Nomina allein eben keine eindeutige Zuordnung. Im Fall von St. Andreas zu Walbeck und St. Maria zu Quedlinburg heißt es indes, die Regula Benedicti solle befolgt werden. In einer 961 für Frose ergangenen Verfügung Ottos II. ist hingegen von eigenen Wohnungen, weißen Kleidern, Fleisch, Käse und weiteren Nahrungsmitteln die Rede, deren sich die *puellae* erfreuen sollten. In diesem Fall kann man von einer eher kanonikal geprägten Lebensform ausgehen, doch gilt auch hier die Feststellung, dass jede Fraueneinrichtung einen eigenen Organismus darstellte.[126]

Im Laufe des 11. Jahrhunderts entfaltete sich rasch die an den (vermeintlichen) Idealen der frühen Christenheit ausgerichtete Kirchenreform, die mit einem geschärften Bewusstsein zumal in rechtlicher Hinsicht verbunden war. In den Blick trat naturgemäß auch das geistliche Gemeinschaftsleben, das nunmehr um die sogenannten Regularkanoniker bereichert wurde. Sie

[9] Hadmersleben, Klosterkirche, Blick in die Krypta

beriefen sich auf den 430 gestorbenen lateinischen Kirchenvater Augustinus und versuchten, ein vor allem durch persönliche Armut im Sinne der Vita monastica geprägtes Gemeinschaftsleben mit dem seelsorgerlich-priesterlichen Wirken der Kanoniker, deren Vita communis sich vielerorts aufgelöst hatte, zu verbinden. Zu den regulierten Männereinrichtungen traten regulierte Frauenstifte.[127] Von der in diesem Zusammenhang wichtigen römischen Synode des Jahres 1059 ist fragmentarisch ein Synodalprotokoll auf uns gekommen, nach dem sich Hildebrand, der spätere Papst Gregor VII. (1073–1085), gegen die Aachener Institutio canonicorum gewandt habe. Wie aus seiner Rede und der anschließenden Aussprache hervorgeht, habe man an der Kanonikerregel – und damit auch am Leben der Kanoniker – die allen Vätersätzen entgegenstehende Erlaubnis von Privateigentum sowie die allzu üppigen Speisevorschriften getadelt. In diesem Zusammenhang gerieten auch die Aachener Institutio sanctimonialium und die Kanonissenstifte ins Visier der Kirchenreformer. Gegen die Kanonissenregel wurde vorgebracht, dass sie entgegen apostolischer Lehre und rechtgläubiger Überlieferung *ecclesiastica stipendia et beneficia* erlaube und Privateigentum ermögliche. Dieser Regel, die nur im letzten Winkel Deutschlands beachtet werde, hätten die Synodalen die Benediktregel entgegengestellt. In den Canones werden allerdings nur die Kanoniker aufgerufen, ihre Lebensformen zu ändern.[128]

Es war wohl erst das unter Innozenz II. tagende Laterankonzil von 1139, das einen auf die Vita communis gerichteten Beschluss gegen diejenigen Frauen gefasst hat, die zwar nicht den Regeln gemäß leben würden, aber für *sanctimoniales* gehalten werden möchten. Der Canon findet sich auch in dem um 1140 zusammengestellten Decretum Gratiani.[129] Papst Eugen III. griff diese Forderung auf der 1148 in Reims gehaltenen Kirchenversammlung auf. Hier hören wir, dass Kanonissen sich an den Regeln Benedikts und des Augustinus ausrichten, auf Kleiderluxus verzichten, ihr Wirken auf das *claustrum*, den Chor, das Refektorium und Dormitorium beschränken sowie unter Aufgabe der Präbenden und des Eigentums das Lebensnotwendige aus dem Gemeingut beziehen sollen.[130] Im östlichen Sachsen war Bischof Reinhard von Halberstadt (1107–1123) ein Vorkämpfer der Reform. Er hat nach den Gesta episcoporum Halberstadensium durch die Neugründung der Stifte Hamersleben und Kaltenborn sowie durch die Umwandlung von St. Johannes zu Halberstadt und Schöningen die Regularkanoniker in seiner Diözese heimisch gemacht. Überdies hat er, so die Gesta, die Frauengemeinschaften zu Gerbstedt, Hadmersleben (Abb. 9), Drübeck und Stötterlingeburg reformiert.[131] Wohl 1116 wurde er von Papst Paschalis für seine Bemühungen um die Erneuerung von allerdings nicht genannten *monasteria monialium* gelobt.[132]

Hinsichtlich der Lebensform der Gerbstedter Damen müssen die Worte der Reformatio zusammen mit den Worten der Gesta episcoporum Halberstadensium gedeutet werden, nach denen der Bischof in den genannten Fraueneinrichtungen im Sinne eines Reformeingriffs die Benediktregel eingeführt habe.[133] Während über die von Reinhard gebesserten Lebensformen der Damen in Hadmersleben und Drübeck nichts Sicheres bekannt ist, sollten die Stötterlingenburger zumindest seit den Zeiten des Bischofs Branthog nach der Regula sancti Benedicti leben, was sie allem Anschein nach jedoch nicht beherzigt haben. Weitere Quellen gibt es nur für die Eingriffe in Hadmersleben und Stötterlingenburg: Laut einer Urkunde des Bischofs Rudolf aus dem Jahre 1143 habe Reinhard in Hadmersleben die *religio sub monastica professione* erneuert, und Reinhard bekennt selbst, in Stötterlingenburg den *monachicus* [...] *habitus et ordo* wiederhergestellt zu haben.[134]

Von der *beati Benedicti regula* ist im Zusammenhang mit Gerbstedt erstmals 1137 in einer Urkunde Innozenz' II. die Rede.[135] Holtzmann glaubte, man könne angesichts der Reformatio nicht entscheiden, ob die Benediktregel unter Friedrich von Münster oder im Jahre 1118 eingeführt worden sei. Auf das Zeugnis der Gesta episcoporum Halberstadensium geht er nicht ein. Dagegen behauptete Karlotto Bogumil, dass die Gerbstedter Damen die benediktinische Lebensform bereits unter Friedrich angenommen hätten, weil 1118 nach dem Zeugnis sowohl der Reformatio als auch der Gesta nur der *ordo*, nicht aber die Regel geändert worden seien: »Sie sollten zwar weiterhin nach der Regel Benedikts leben, jedoch in einer strengeren Klausur«. Die Frage, wie man sich das im Einzelnen vorzustellen habe, ob bestimmte monastische Gewohnheiten im Sinne einer strengeren Auslegung der Regel, die vielleicht sogar anderorts geübt wurden, in Gerbstedt eingezogen seien und ob es sich mit den übrigen Monasterien ebenso verhalten habe, stellt Bogumil indes nicht.[136]

Wenn man zum Beispiel den ersten Band des Urkundenbuchs des Hochstifts Halberstadt und seiner Bischöfe durchblättert, dann lassen sich in der Tat mehrere Belege für die Wendung *regula s. (b.) Benedicti* zusammentragen, wohingegen von einem *ordo* des heiligen Benedikt allem Anschein nach an keiner Stelle die Rede ist.[137] Gleichwohl ist Bogumils Deutung keineswegs zwingend. In einer Verfügung des Halberstädter Oberhirten Ulrich für den Männerkonvent Huysburg aus dem Jahre 1156 lesen wir von der *regula b. Benedicti* und dem *ordo* [...] *monasticus*, die dort herrschen.[138] Gewissermaßen parallel dazu sprach Papst Innozenz II. 1138 in einer Urkunde für die in der Halberstädter Diözese wirkenden Regularkanoniker vom *ordo canonicus* gemäß der *b. Augustini regula*.[139] Diese Entsprechung von monastischem Ordo und Benediktregel sowie kanonischem Ordo und Augustinusregel findet sich auch sonst, so zum Beispiel in den Canones des bereits erwähnten Laterankonzils von 1139, wo von *monachi et regulares canonici* und der *beatorum magistrorum Benedicti et Augustini regula* die Rede ist, in Papsturkunden der Jahre 1128, 1138, 1140 und 1145 oder in einer Verfügung des Hildesheimer Bischofs Bruno aus dem Jahre 1157. In der Reformatio heißt es in unserem Zusammenhang ebenfalls *regula sancti Augustini*.[140] Daneben ist freilich die Rede von Männern, die *iuxta beati Benedicti regulam et ordinem Cluniacensem* oder *secundum regulam beati Benedicti et usum Cisterciensem* leben oder die *sub canonica beati Avgustini regula et ordine Premonstratensi* versammelt sind, vom *ordo* [...] *sanctimonialium* [...] *secundum regulam beati Augustini viventium*, vom *ordo regularium canonicorum* und vom *ordo sancti Augustini*.[141] Die genannten Belege für die Junktur *ordo canonicus* beziehen sich zwar nicht auf Säkularkanoniker oder Kanonissen im Sinne der Aachener Bestimmungen von 816, doch liegt es auf dem ausgebreiteten Hintergrund ungleich näher, das Nomen *ordo* und die Wendungen in *seraturas transmutare, ordinem et habitum conmutare* sowie *sub arta custodia recludere*, wie sie uns in der Reformatio und in den Gesta episcoporum Halberstadensium begegnen, gemäß der Einführung einer monastischen Lebensweise nach der Regel Benedikts zu deuten.[142] Dabei ist mit dem Wechsel des *ordo* durchaus ein Wechsel des *habitus* im Sinne der Gewandung verbunden. Eugen III. hatte 1148 in Reims die *irregulariter* lebenden Frauen aufgefordert, bei der Unterstellung unter die Benedikt- oder Augustinusregel auf Kleiderluxus zu verzichten.[143] Hinzu kommt, dass Bischof Friedrich von Münster vermutlich im Sinne einer Neuorganisation des Monasteriums auch eine Vermögenssonderung vorgenommen oder erneuert hat und mit den Präbenden eine Versorgungsform festgesetzt wurde, wie sie aus dem stiftischen Bereich bekannt ist. Daher konnte die in Reims tagende Kirchenversammlung die Frauen auffordern, auf ihre Präbenden sowie das Privateigentum zu verzichten und statt dessen das Lebensnotwendige *de communi* zu bestreiten. Friedrich kann also nicht die persönliche Armut fordernde Regula Benedicti eingeführt haben.[144] 1118, so lautet daher das Ergebnis unserer Überlegungen, wurde in Gerbstedt eine lockere Form der Vita communis von der Benediktregel abgelöst.[145] In diesem Zusammenhang sei nur beiläufig darauf hingewiesen, dass das Ideal der persönlichen Besitzlosigkeit in Gerbstedt ebenso wie in anderen Frauenklöstern indes allmählich ausgehöhlt wurde. 1341 hören wir erstmals von einem Kaufgeschäft, das von einer Gerbstedter Benediktinerin getätigt wurde. Das früheste Drübecker Zeugnis stammt aus dem Jahre 1294.[146]

Die an den Frauengemeinschaften geübte, oftmals in allgemeine Vorwürfe gegossene Kritik, wie sie zum Beispiel in den Gesta episcoporum Halberstadensium an den Damen in Gerbstedt, Hadmersleben, Drübeck (Abb. 10) und Stötterlingenburg oder in der Urkunde Reinhards für Stötterlingenburg fassbar wird, habe, so die Literatur, nicht zuletzt im Sinne eines Vorwands Eingriffe gerechtfertigt, durch die die Konvente unter die bischöfliche Kontrolle gebracht und für Bischöfe und Hochstift nutzbar gemacht werden sollten. Das ist zumindest für die vier genannten Einrichtungen abwegig, weil Hadmersleben, Drübeck und Stötterlingenburg bereits im Besitz der Halberstädter Bischofskirche waren und Gerbstedt bei Münster verblieb. Aus diesem Grunde wird in der Reformatio hervorgehoben, dass die Gerbstedter Damen aus eigenem Antrieb eine andere Lebensform gewünscht haben sollen, was zudem auf den Verbleib des bisherigen Konventes schließen lässt.[147] Für die bischöflichen Benediktinerinnenklöster kann man also allenfalls an eine »Intensivierung der Bischofsherrschaft« denken.[148]

Gerbstedt erhielt, wie es in der Reformatio heißt, als *pater spiritalis* einen Augustinerchorherren, der von den nunmehrigen Nonnen durch freie Wahl zu bestimmen sei. Bereits die Aachener Institutio sanctimonialium sprach von Priestern, Diakonen und Subdiakonen, die in den Dameneinrichtungen der Seelsorge nachkommen, doch außerhalb des Konventes wohnen und überdies eine eigene Kirche haben sollten. Von diesem geistlichen Personal, das sich im Umgang mit den Damen natürlich gegenseitig im Auge behalten sollte, ist bereits anlässlich des Eingriffs unter Bischof Friedrich von Münster die Rede.[149] Aus dem Kreis der von Reinhard reformierten Frauenkommunitäten ist ein Augustinerchorherr als Propst sonst – wenn auch spät – nur für Drübeck sicher bezeugt, wo 1223 Wilhelm, der Vorsteher des Stiftes St. Thomas zu Leipzig, sein Amt antrat.[150] Für Hadmersleben und Stötterlingenburg lässt sich die Zugehörigkeit der Pröpste zu den Regularkanonikern erschließen. Abgesehen von der Stellung der Männer in den Zeugenlisten der Urkunden

[10] Drübeck, Klosterkirche, Ansicht von Nordosten

hilft ein Blick auf die Halberstädter Archidiakone weiter, die bis auf die Pröpste von Hadmersleben (Archidiakonat Hadmersleben), Kaltenborn (Archidiakonat Kaltenborn), St. Johannes zu Halberstadt (Archidiakonate Gehringsdorf und Watenstedt), Schöningen (Archidiakonat Schöningen) und Stötterlingenburg (Archidiakonate Kalme und Osterwieck) sowie den Custos von St. Maria zu Halberstadt (Archidiakonat Räbke) sämtlich Domkanoniker waren. St. Maria war ein Säkularkanonikerstift. Weil Kaltenborn, St. Johannes und Schöningen Augustinerchorherrenstifte waren, glaubt man daher gewiss zu Recht, dass den Damen in Hadmersleben und Stötterlingenburg (ebenso wie denen in Drübeck sowie Gerbstedt) regulierte Chorherren zur Seite gestellt wurden. Die Pröpste von Drübeck und Gerbstedt waren allerdings keine Archidiakone.[151] Papst Innozenz II. hat 1138 den in der Halberstädter Diözese ansässigen Augustinerchorherren ausdrücklich gestattet, das geistliche Leben der *congregationes monialium* zu lenken. In diesem Zusammenhang bestimmte der römische Bischof, dass die in anderen Kirchen (wie zum Beispiel Gerbstedt) tätigen Pröpste weiterhin der Ordnungsgewalt des Vorstehers des Stiftes unterliegen sollten, aus dem sie entsandt wurden. In diese Einrichtung hatten sie bei Verlust oder Aufgabe ihres Amtes auch zurückzukehren. Überdies durften sie an den Bischofswahlen teilnehmen.[152]

Welche Auswirkungen die Neuorganisation von 1118 auf das innere Leben des Gerbstedter Konventes sonst hatte, wissen wir nicht. Bogumil behauptete zwar hinsichtlich der von Reinhard reformierten Frauenkommunitäten, wegen der Durchsetzung der Klausur sei nunmehr »die Verwaltung der weltlichen Belange des Klosters« von der Äbtissin auf den Propst übergegangen, doch führt er keine Belege an. Hintergrund ist wohl die Vermutung, nach der die Äbtissin durch die strenge Klausur in ihrer Bewegungsfreiheit und Handlungsfähigkeit stark eingeschränkt worden sei.[153] Auf Bogumil beruft sich Röckelein, die angesichts der Umwandlung der Kanonissenstifte von einer »Entmachtung der Äbtissinnen« zugunsten der Pröpste spricht. Darüber hinaus weist Röckelein auf ein paar Zeilen Ulrich Andermanns hin, die jedoch für die Sache gar nicht einschlägig sind, und auf einen Beitrag von Ulrich Faust. Faust erwähnt die auch im 12. Jahrhundert reformierten Fraueneinrichtungen Lamspringe (Diözese Hildesheim), Heeslingen-Zeven (Erzdiözese Bremen), Bassum (Erzdiözese Bremen), Heiningen (Diözese Hildesheim) sowie Steterburg (Diözese Hildesheim) und macht in diesem Zusammenhang eine »Propsteiverfassung« aus, in der die Äbtissinnen oder Priorinnen eine nur untergeordnete Funktion gehabt haben sollen: »Die Stellung des Propstes ist von Anfang an überall sehr stark.« Gleichwohl räumt er ein, dass das Verhältnis von Vorsteherin und Konvent zum Propst »von der jeweiligen Persönlichkeit« abhängig gewesen sei.[154] Faust bietet ebenfalls keine Belege, zitiert aber wenigstens für Zeven aus der Dissertation von Elfriede Bachmann. Bachmann macht für Zeven anhand von Belegen aus dem späten Mittelalter und der frühen Neuzeit in der Tat eine umfassende Leitungskompetenz des Propstes aus, doch seien die geistlichen Aufgaben von weiterem Personal erledigt worden.[155] Eva Schlotheuber handelt zwar über die geistlichen Befugnisse der Pröpste, beruft sich aber ausdrücklich auf Röckelein, was sinnlos ist, weil es Röckelein gar nicht um diesen Bereich zu tun war.[156]

Über das Wirken der Gerbstedter Äbtissinnen und der Pröpste unseres Untersuchungszeitraumes ist nur wenig bekannt, zumal da die einschlägige Überlieferung erst im 12. Jahrhundert einsetzt. Die beiden ältesten erhaltenen Urkunden stammen aus der Zeit des Bischofs Ekbert von Münster (1127–1132) und aus dem Jahre 1137. Ekbert richtete sich an die *sanctimoniales*, Papst Innozenz II. nennt 1137 in der Inscriptio allein die Gerbstedter Äbtissin Oda. In der Papsturkunde ist im Kontext von einem *pater* die Rede. Dieser *sacerdos* solle unbeschadet der Rechte des Halberstädter Bischofs von den Schwestern gewählt werden.[157] In einer Verfügung des Erzbischofs Wichmann von Magdeburg, die zwischen 1156 und 1185 erging, tritt uns ebenfalls allein die Äbtissin entgegen.[158] Die ersten auf den Namen einer Äbtissin ausgestellten und überlieferten Verfügungen wurden in den Jahren 1190 und 1249 zu Pergament gebracht. Beide Damen hießen Bertha, und im letztgenannten Stück begegnen uns in der Intitulatio neben der Vorsteherin noch der Propst Bertram und der gesamte Konvent.[159] Die Pröpste selbst erscheinen gelegentlich in den Zeugenlisten von Urkunden und in anderen Zusammenhängen.[160] Interessant sind vielleicht zwei Schriftstücke aus dem Jahre 1318, in denen es um die Belehnung der Gerbstedter Äbtissin Kunigunde durch den Bischof von Münster geht. Diese sollte sich jedenfalls nicht selbst auf den Weg machen, weil es unter anderem *sanctimoniales* nicht gestattet sei, ihr *monasterium* zu verlassen, wie es in dem Schreiben des Bischofs Albrecht von Halberstadt, des Herzogs Rudolf von Sachsen und des Grafen Bernhard von Anhalt an den Bischof von Münster heißt. In einer parallelen Mitteilung werden als Aussteller die Äbtissin, die Priorin, die Kustodin und der gesamte Konvent sowie als Vertreter der Äbtissin der Pfarrer von Obergerbstedt ge-

[11] Lüttgenrode, Klosterkirche Stötterlingenburg, Ansicht von Nordosten

nannt.[161] Über den Propst von Hadmersleben liest man in einer 1222 gegebenen Halberstädter Bischofsurkunde, er lenke die Kirche *tam in interioribus quam in exterioribus*. Schon 1145 hat Eugen III. sich in einer das Benediktinerinnenkloster betreffenden Urkunde nur an den Propst gewandt, was aber möglicherweise damit zusammenhängt, dass der Propst die Verfügung persönlich erwirkt hat. Dort wurde jedenfalls bestimmt, dass die Äbtissin sowie die *congregatio* beiderlei Geschlechtes der Korrektionsgewalt des Propstes unterstehen sollen.[162] Ähnlich hatte es bereits 1138 Papst Innozenz II. in einer Verfügung für die Halberstädter Regularkanoniker formuliert.[163] Von inneren und äußeren Angelegenheiten ist in den Papsturkunden nicht die Rede. Als Papst Hadrian IV. 1156 den Bischof Ulrich von Halberstadt aufforderte, Gernrode zu reformieren, bestimmte er, der Propst solle vom Bischof die *temporalia* empfangen und den *moniales* das Lebensnotwendige zuteilen. Überdies solle er in geistlichen Angelegenheiten dem Bischof gehorchen, wohingegen die Äbtissin sich im *claustrum* um die *religio* kümmern möge.[164] Über die Verhältnisse in Drübeck und in Stötterlingenburg scheint nicht allzuviel bekannt zu sein. In einer allgemeinen Schutz- und Bestätigungsurkunde Innozenz' IV. für Stötterlingenburg aus dem Jahre 1249 ist vom Propst gar nicht die Rede (Abb. 11).[165]

Zumindest auf diesem Hintergrund sind die Vorstellungen von der »Entmachtung der Äbtissinnen« also recht unbestimmt. Zwar kann der ganze Problemkreis hier nicht erörtert werden, doch sei wenigstens auf Steterburg hingewiesen, wo die Rolle des Propstes dank einer günstigen Quellenlage deutlicher hervortritt. Der 1209 gestorbene Gerhard, ein Augustinerchorherr, ist in dem von ihm verfassten Werk zwar durchaus bemüht, seine eigenen Verdienste hervorzuheben, doch kann an der herausragenden Stellung des Vorstehers im Augustinerchorfrauenstift in der Tat kein Zweifel sein.[166] Was für Heeslingen-Zeven und andere Gemeinschaften galt, muss indes nicht für das hochmittelalterliche Gerbstedt gegolten haben, doch kann man natürlich nicht ausschließen, dass auch in Gerbstedt die Leitung der Gemeinschaft letzten Endes in den Händen der Pröpste lag.

Die Reformatio spricht für die Zeit Friedrichs von Münster von dem Äbtissinnengut, 24 Präbenden für die Sanktimonialen sowie Präbenden für sechs Priester, einen Diakon und einen Subdiakon, von vier Konventualinnen, die Burchard von Münster zugelassen habe, und von bis zu 120 *moniales* für die Zeit Reinhards von Halberstadt. 1561 erklärt die Vorsteherin von Gerbstedt, die *versamblung* bestehe aus 40 *personen*. 24 Kanonissen-Präbenden sind zum Beispiel 1275 für

Gernrode bezeugt, doch gab es auch größere und kleinere Konvente. Ob die Präbenden sämtlich besetzt waren oder aus wirtschaftlichen Gründen nur eine kleinere Gemeinschaft unterhalten werden konnte, ist stets fraglich. Die Anzahl der Kleriker schwankt ebenfalls von Einrichtung zu Einrichtung. In einer Urkunde der Äbtissin von Gernrode aus dem Jahre 1205 werden namentlich acht Kleriker angeführt, in denen wir zweifelsfrei Stiftskanoniker zu sehen haben. Fraglich ist auch, ob die hochgegriffene Zahl von 120 Benediktinerinnen jemals erreicht wurde, ja überhaupt erreicht werden konnte.[167] Papst Alexander III. (1159–1181) hat bei zwei französischen Benediktinerinnenklöstern versucht, die Stärke des Konventes auf 80 und 60 Damen zu senken, und Erzbischof Philipp von Köln (1167–1191) bestimmte, dass in dem Prämonstratenserinnenstift Füssenich 50 Damen leben sollten.[168] In Drübeck und Stötterlingenburg dürften ähnliche Verhältnisse wie in Gerbstedt geherrscht haben.[169] Von Klosterämtern (abgesehen vom Propst) hören wir aus Gerbstedt erstmals im Jahre 1249. Genannt werden neben drei Kanonikern die Priorin, die Kustodin und die Magistra. Bereits 1190 begegnet uns ein Kaplan der Äbtissin.[170]

Offenbleiben muss wegen der Quellenlage zudem, wie der Konvent in den ersten Jahrhunderten seines Bestehens in sozialer Hinsicht zusammengesetzt war. Angesichts der wettinischen Abstammung der ersten namentlich bekannten Äbtissinnen und der später nachweisbaren Damen, die dem niederen Adel entstammt und nichtadeliger Herkunft gewesen sein sollen, schloss Max Krühne für die frühere Zeit unausgesprochen auf einen hochadeligen und exklusiven Konvent. Ähnlich argumentierte zum Beispiel Eduard Jacobs hinsichtlich der Drübecker Damen, und Karl Heinrich Schäfer erklärte grundsätzlich, die Kanonissenstifte seien mehr oder weniger dem (hohen) Adel vorbehalten gewesen. In neuerer Zeit wurde allerdings die Brüchigkeit dieser seitdem oft wiederholten Lehre zu Recht aufgezeigt.[171]

3.5. DIE URKUNDE PAPST INNOZENZ' II. AUS DEM JAHRE 1137

Konrad von Wettin hat persönlich bei Papst Innozenz II. eine am 3. Oktober 1137 in Tivoli ausgestellte Urkunde erwirkt. Der Markgraf war im August 1136 im Gefolge Kaiser Lothars III. nach Italien gezogen, und der Papst schloss sich im Mai/Juni 1137 in Bari dem Kaiser an. Am 22. September sind Lothar, Konrad und Innozenz gemeinsam in Aquino bezeugt. Von dort begab sich der Hof über Palestrina nach Tivoli, wo der römische Bischof schließlich am 3. Oktober urkundete. In dem Stück heißt es ausdrücklich, dass Konrad für das Kloster eingetreten sei. In der Inscriptio werden die Äbtissin Oda sowie das Johannes-Patrozinium (bei dem es sich natürlich um den Täufer handelt) erwähnt. Darüber hinaus nimmt der Papst das Kloster in seinen Schutz, bestätigt die Integrität des gegenwärtigen und zukünftigen Besitzes sowie die Wahl der Äbtissin durch die *sorores* gemäß der Regula Benedicti und die Wahl eines als *pater* und *sacerdos* bezeichneten Geistlichen durch die frommen Schwestern vorbehaltlich der Ehrerbietung gegenüber der Halberstädter Kirche, also der Rechte des Halberstädter Bischofs. Von den in diesem Zusammenhang erwähnten Schenkungen des Markgrafen Konrad ist indes nichts bekannt. Eigens an den Bischof von Münster richtet sich das Verbot, das Kloster zu bedrücken. Er möge sich mit den zugestandenen Höfen in Klein-Gerbstedt und *Retecheburch* begnügen. Bei der *Retecheburch* handelt es sich um eine heute wüste Anlage westlich von Klostermansfeld.[172]

Die Papsturkunde war dem Verfasser der Reformatio bekannt. Gleichwohl zeigen sich zwischen beiden Texten einige Unterschiede. In der Reformatio wird versucht, den Einfluss des Bischofs von Münster zu beschränken, weil nur unbestimmt von einer *curia* die Rede ist. Die in der Papsturkunde festgesetzte Bestimmung über die Wahl des Propstes entspricht ebenfalls nicht ganz den Worten der Reformatio, weil in der Reformatio der Wählerkreis nur ungenau definiert ist und man sowohl an die Nonnen als auch das männliche Personal denken kann. Überdies ist in der Reformatio von einem Augustinerchorherren als Propst die Rede. Schließlich wollte Konrad beim Papst die Rückgabe zumal durch Dietrich von Münster entfremdeter Güter erreicht haben, doch verlautet davon nichts in der Urkunde von 1137.[173]

Ansonsten bewegen sich die Bestimmungen der Verfügung Innozenz' II. trotz mancher Abweichungen im Einzelnen letztlich in einem bekannten Rahmen. Zu erinnern ist zum Beispiel an eine Urkunde desselben Papstes für das ebenfalls in der Halberstädter Diözese gelegene Benediktinerinnenkloster Kecklingen (Hecklingen), bei dem es sich um eine laikale Gründung handelt. Das Stück richtet sich an die Äbtissin und die Schwestern, nimmt das Kloster in den päpstlichen Schutz, befestigt die Befolgung der Benedikt-Regel, bestätigt den Besitz und setzt fest, dass die Äbtissin sowie der Propst, bei dem es sich gewiss um einen Säkularkanoniker handelt, von den Nonnen gewählt werden sollen.[174] Hinsichtlich der neben Gerbstedt von Bischof Reinhard reformierten Frauenkonvente liegt eine einschlägige Papsturkunde des Jahres 1145 für Hadmersleben vor. Eugen III. nimmt die Gemeinschaft unter seine *protectio*, verfügt auf alle Zeiten die benediktinische Lebensweise der Frauen, regelt die Wahl des Propstes, dem die Äbtissin und die gesamte Gemeinschaft hinsichtlich der Besserung des Lebens und der Sitten gehorchen sollen, und bestätigt schließlich den Besitz.[175] Für Stötterlingenburg urkundete Innozenz IV. 1249. In der Inscriptio werden die Äbtissin und die *sorores* genannt. Der Papst gewährt seinen Schutz, bestätigt den eigens aufgelisteten Besitz und legt neben allerhand anderen Bestimmungen fest, dass die Vorsteherin von den Schwestern gewählt werden solle. Von einem Propst ist, wie oben bereits erwähnt wurde, an keiner Stelle die Rede.[176] Schließlich kann noch ein Schriftstück Innozenz' II. für Lamspringe (Diözese Hildesheim) angeführt werden, wo die Situation derjenigen in Gerbstedt und in den übrigen von Reinhards Maßnahmen betroffenen Einrichtungen ähnelt. Innozenz wendet sich an die *sorores*, bewilligt die *protectio*, bestätigt den Besitz und bestimmt, dass die Nonnen aus dem Kreis der Regularkanoniker ihren *magister et provisor* wählen sollen. Über die Erhebung der Äbtissin fällt hingegen kein Wort.[177]

3.6. DIE VOGTEI

Die Kirche bedurfte für den Schutz ihres Besitzes und für die Rechtsprechung über die Hintersassen eines weltlichen Arms, weil die Geistlichkeit sich nicht mit weltlichen Belangen befassen und kein Blut vergießen sollte. Der ursprünglich amtsrechtliche Charakter des Vogteiwesens ging indes nach und nach verloren und wandelte sich zu einem Herrschaftsinstrument. Der Adel der jeweiligen Region trachtete nämlich danach, über die gegebenenfalls vorhandenen Stiftervogteien hinaus Schutzherrschaften in seiner Hand zu bündeln, diese in seinen Familien erblich zu machen und sie für den eigenen Machtausbau einzusetzen, denn mit Schutz und Rechtsprechung waren Einkünfte in Form von Servitien und Gerichtsgefällen verbunden, und beide Funktionen boten naturgemäß die Möglichkeit, Kirchenbesitz an sich zu bringen. Vögte und die von ihnen fallweise bestimmten Untervögte galten im hohen Mittelalter oftmals als schwere Bedrückung, und die kirchlichen Einrichtungen versuchten daher, deren Wirken zu beschneiden. Wie in anderen Bereichen des mittelalterlichen Rechtslebens lassen sich auch hinsichtlich der Vogtei viele Spielarten verzeichnen.[178]

Dazu einige wenige Beispiele aus unserer Region: Die Pfalzgrafen von Sommerschenburg, die 1179 im Mannesstamm aussterben, bevogteten das Kanonissenstift Gandersheim, das Augustinerchorherrenstift Hamersleben, das Benediktinerkloster Helmstedt, das Benediktinerkloster Huysburg, ihre eigene Gründung Mariental, ein Zisterzienserkloster, das Kanonissenstift Quedlinburg (und damit wohl auch das dortige Hospital St. Johannes sowie das Zisterzienserinnenkloster Michaelstein), das Benediktinerkloster Ringelheim, das Augustinerchorherrenstift Schöningen und das Kanonikerstift Walbeck.[179] 1122 urkundete Bischof Reinhard von Halberstadt über die Gerichtstage des Vogtes von Kaltenborn und die sich daraus ergebenden Einkünfte, und 1146/1147 setzte Bischof Rudolf fest, dass der Marienzeller Schutzherr jährlich von jeder Hufe (freilich mit genannten Ausnahmen) zwei *maltra* Getreide und eine Gans sowie ein Drittel der Gerichtsgefälle erhalten solle.[180] 1147 befanden König Konrad III. und wenige Monate nach ihm der Erzbischof Friedrich von Magdeburg über die Vogtei des Prämonstratenserstiftes Gottesgnaden. Der Advocatus dürfe abgesehen von Bluttaten, Diebstahl und Gewalt an Frauen (also den die hohe Gerichtsbarkeit betreffenden Fällen) den Stiftsbesitz nur nach Aufforderung des Konventes betreten und einen Stellvertreter, womit vermutlich ein Untervogt gemeint ist, nur mit Erlaubnis des Propstes und der Brüder walten lassen. Seine Tätigkeit möge jährlich mit drei *talenta* abgegolten werden. Hinzukomme ein Drittel der Gefälle aus der Hochgerichtsbarkeit.[181] Bischof Ulrich von Halberstadt gestand den Mönchen auf der Huysburg 1156 die freie Vogtwahl zu, erlaubte die Ablösung eines unbotmäßigen Mannes und bestimmte als Servitium die Aussicht auf ewigen Lohn im Himmelreich.[182] Der Halberstädter Hochstiftsvogt Werner hatte wiederholt seine Befugnisse überschritten. 1133 setzte Bischof Otto daher fest, dass er dreimal jährlich im Haus des Bischofs allein mit den zur Vogtei zählenden Hörigen Gericht halten dürfe, womit die Leute des Kapitels und die der einzelnen Kanoniker ausgenommen wurden.[183] Konrad von Wettin behielt in der von ihm vollendeten Stiftsgründung auf dem Petersberg sich und dem ältesten seiner Söhne sowie Erben nach Art der Senioratsvogtei die Schutzherrschaft vor, beschränkte das Servitium auf freiwillige Leistungen und verbot die Weiterverlehnung der Vogtei.[184]

Nach den Worten der Reformatio soll die Schutzherrschaft über Gerbstedt in wettinischen Händen liegen, denen zudem deren Entfremdung, also die Weitergabe wohl an Untervögte, verboten wird. Im weiteren Verlauf werden Thiemo und Konrad von Wettin als Schirmherren genannt.[185] In einer nur abschriftlich auf uns gekommenen Urkunde für Gerbstedt, die vorgibt, am 1. Dezember 1135 auf den Namen Konrads von Wettin ausgestellt worden zu sein, wird die Vogtei im Sinne der Reformatio ebenfalls erwähnt, doch nun deutlich zugespitzt auf die Senioratsvogtei. Holtzmann hat dieses Stück, das in der Forschung als »Vogteiurkunde« bezeichnet wird, endgültig als Fälschung entlarvt, die auf dem Hintergrund der Reformatio, einer echten Urkunde Konrads aus dem Jahre 1156 sowie einem echten Stück der Markgrafen Otto und Dietrich aus dem Jahre 1181 gefertigt wurde.[186] Von einschlägigen wettinischen Rechten hören wir sonst nur wohl 1238 und 1284. Vermutlich im Jahre 1238 überließen Heinrich von Meißen und Dietrich von Brehna dem Gerbstedter Monasterium den Schutz über Liemehna (bei Eilenburg) und Burghausen (wüst, bei Liehmena). Es dürfte nur eine auf diese Orte beschränkte Vogtei gewesen sein.[187] Einer Urkunde Heinrichs von 1284, die sich auf die Reformatio bezieht, entnehmen wir, dass er die Herren von Hadmersleben mit dem Schutz beauftragt habe.[188]

An dieser Stelle wies Holtzmann auf Urkunden der Jahre 1225 und 1271 hin, nach denen die Grafen von Mansfeld über die Gerbstedter Vogtei verfügt hätten. 1225 beschweren die Äbtissin und der Konvent sich beim päpstlichen Legaten Konrad von Urach wegen der Übergriffe des Vogtes Burchard von Mansfeld, und 1271 wird eine einschlägige Anordnung eines weiteren Burchard erwähnt.[189] Darüber hinaus führt Holtzmann den Anspruch der Mansfelder bis in das 12. Jahrhundert zurück. Er erinnert an den in der Reformatio genannten *comes H.*, an den in der bereits erwähnten Urkunde Ekberts von Münster als ersten Laienzeugen angeführten *Hogerus advocatus* sowie an zwei Verfügungen der Oberhirten Hermann von Münster und Wichmann von Magdeburg, die zwischen 1173 und 1184 entstanden sind. Der Sache nach geht es um den Tausch der von einem *comes Hoierus de Mannesvelt* (*comes Hogerus*) bevogteten Rechtstitel in Rothenburg und Zickeritz zwischen Hermann und dem Magdeburger Prämonstratenserstift St. Maria. Das Rechtsgeschäft erfolgte unter Anwesenheit und Zustimmung zweier Wettiner und wurde auf einem Placitum des Grafen Hoier in Bösenburg bestätigt. Schon Ekbert von Münster hatte in der genannten Urkunde den Gerbstedtern drei Hufen zu Bösenburg geschenkt.[190] Alles in allem, so Holtzmann, hätten die Mansfelder wohl bereits im 11. Jahrhundert den in unserer Region gelegenen Besitz der Bischöfe von Münster bevogtet und im Verlauf des 12. Jahrhunderts versucht, die Gerbstedter Schutzherrschaft an sich zu bringen. Auf diesem Hintergrund seien dann in Gerbstedt oder auf dem Petersberg die Reformatio und die Vogteiurkunde gefertigt worden, um den Wettinern, die sich nunmehr auf ihre östlich der Saale gelegenen Rechtstitel konzentrierten, den Frauenkonvent in Erinnerung zu rufen. Wesentliches Mittel sei das in beiden Stücken genannte Vogteiservitium gewesen, das dreimal jährlich unter anderem mehrere Schweine, drei Scheffel Salz, drei Malter Mehl, dreißig Käse und zwanzig Krüge Bier umfassen sollte.[191] Holtzmanns Gedankengang wurde von Winkel zustimmend referiert und um einen weiteren Aspekt ergänzt. Er erinnert nämlich an die unten vorzustellende Episode der Chronica Sereni Montis, nach der Lucardis, die Gemahlin des Markgrafen Konrad, in Gerbstedt gestorben sei. Auf Empfehlung Hoiers von Mansfeld, der sich gerade in Gerbstedt befunden habe, sei sie dort bestattet worden, was, so Winkel, nur verständlich sei, wenn Hoier Gerbstedter Schutzherr gewesen sei.[192]

4. DIE WETTINER UND GERBSTEDT BIS IN DIE ERSTE HÄLFTE DES 13. JAHRHUNDERTS

Als Papst Innozenz 1137 auf Bitten Konrads von Wettin (vgl. Abb. 3b) für Gerbstedt urkundete, hatten die Wettiner sich im Grunde bereits von der Frauengemeinschaft abgewandt, wie die Naumburger Grablegen zeigen.[193] Darüber hinaus hatte Thiemo, der Vater Konrads von Wettin, in Niemegk (Erzdiözese Magdeburg) einen Männerkonvent ins Leben gerufen. Konrads Bruder Dedo, der 1124 auf dem Rückweg von einer Pilgerreise ins Heilige Land starb, hatte auf dem Lauterberg (Erzdiözese Magdeburg) einen dem Heiligen Petrus geweihten Männerkonvent gegründet, dessen Name nunmehr prägend wurde (Abb. 12). Dedo war söhnelos und bestimmte den Bruder zu seinem Erben. Nach Dedos Tod war Konrad der einzige lebende Wettiner im Mannesstamm. Er baute St. Petrus zu einem florierenden Augustinerchorherrenstift aus, in das er kurz vor seinem Hinscheiden (1157) eingetreten war und wo er auch seine letzte Ruhestätte fand. Die Niemegker Einrichtung, die sich nie richtig entfalten konnte, war zuvor dem Petersstift übertragen worden. Über Konrads Beweggründe lassen sich nur Mutmaßungen anstellen, aber man geht wohl nicht fehl in der Annahme, dass er nunmehr über ein gewissermaßen eigenes Monasterium für sich und seine Nachkommen im Sinne eines Hausklosters verfügen wollte. Gerbstedt kam wohl wegen der schweren Krise, in der der Konvent sich befunden hatte, ohnehin nicht mehr in Be-

[12] Petersberg, Stiftskirche

tracht, zumal da das Kloster im Besitz der Bischöfe von Münster war. Darüber hinaus verfügte der Markgraf links der Saale um Gerbstedt wohl über keinen nennenswerten Besitz mehr. Auf diesem Hintergrund bot der Petersberg sich wegen der Bemühungen Dedos geradezu an. Die wettinische Herrschaft erstreckte sich von der Saale über die Mulde hinaus nach Osten, und der auf dem rechten Saaleufer als weithin sichtbare Landmarke gelegene Petersberg vermochte den mit dieser Herrschaft verbundenen Anspruch gewiss machtvoller zu verdeutlichen als das mehr oder weniger versteckt am Lohbach errichtete Gerbstedt.[194]

Gleichwohl gab es zwischen Gerbstedt und dem Petersberg sowie Gerbstedt und den Wettinern weiterhin Beziehungen. Herminold, der erste Leiter des Regularkanonikerstiftes auf dem Petersberg, war zuvor Propst in Gerbstedt, und Otto, ein Petersberger Kanoniker, wurde 1188 Vorsteher der Gerbstedter Augustinerchorherren. Als 1192 auf dem Petersberg die Erhebung eines neuen Propstes in einer Zwiewahl endete, war Otto als Vermittler tätig. Daraus können wir vermutlich schließen, dass das in Gerbstedt tätige geistliche Personal vom Petersberg stammte. Überdies begegnet Otto uns 1189 in Gatersleben auf einer Synode des

Bischofs Dietrich von Halberstadt. Weitere namentlich bekannte Gerbstedter Pröpste bis zum Ende des hohen Mittelalters sind Eremfrid (1146), Johannes (1197, 1199), Martin (1219), Konrad (1223), Berthold (wohl 1238) und Bertram (1249). Ebenso wie Otto werden diese Männer hauptsächlich als Zeugen in Halberstädter Bischofsurkunden genannt, in denen sie neben anderen Augustinerchorherren auftreten.[196]

Die Gerbstedter Äbtissin Willa und die Pröpstin Thieburga von Gernrode, Töchter des Wettiners Gero, wurden bereits erwähnt.[197] Konrad von Wettin machte, so die Genealogia Wettinensis, seine Töchter Oda, Bertha und Agnes zu *monache* in Gerbstedt. Bertha wird ausdrücklich als Gerbstedter Äbtissin genannt, und vielleicht ist Oda mit der in der Papsturkunde von 1137 angeführten Vorsteherin identisch. Agnes wurde schließlich Äbtissin in Quedlinburg, was von den Pegauer Annalen bestätigt wird. Adelheid von Quedlinburg und Gandersheim starb 1184, und am Ostharz folgte ihr die Wettinerin nach, während in Gandersheim eine weitere Adelheid erhoben wurde. Der Übertritt von einem Benediktinerinnenkloster in ein Kanonissenstift war zweifelsohne bedenklich.[198] Sophia, Agnes' Nachfolgerin in Quedlinburg, war übrigens eine Enkelin des Markgrafen Konrad von Wettin und begegnet uns erstmals 1207.[199] Wohl Konrads Tochter Bertha beurkundete 1190, dass ihr Kaplan Volquin dem Kloster eine Hufe und eine Wiese zu Adendorf (bei Gerbstedt) übereignet habe.[200]

Bei einer weiteren Gerbstedter Äbtissin namens Bertha handelt es sich um eine Urenkelin Konrads. Dessen Tochter Adela war in erster Ehe mit dem 1157 gestorbenen Dänenkönig Sven vermählt. Die aus dieser Verbindung hervorgegangene Tochter Lucardis war die zweite Gemahlin Bertholds von Andechs, von dem sie die genannte Bertha empfing. Weil Hedwig, Bertholds erste Frau, am 16. Juli 1176 gestorben sein soll, dürfte Bertha frühestens 1177 das Licht der Welt erblickt haben.[201] Äbtissin Bertha wird urkundlich 1223, wohl 1238 und 1249 erwähnt. 1223 handelt es sich um eine Verfügung des Magdeburger Burggrafen Burchard von Querfurt, der die Vorsteherin als seine *neptis* bezeichnet. Burchard und Bertha hatten in Konrad von Wettin und seiner Gemahlin Lucardis gemeinsame Urgroßeltern. Burchards Mutter Sophia war eine Tochter Heinrichs von Wettin, eines Sohnes Konrads und der Lucardis. Der Sache nach geht es um den Erwerb von zwei Mansen in Lochwitz (bei Gerbstedt) durch die Benediktinerinnen.[202] Vermutlich 1238 überließen Markgraf Heinrich von Meißen und Graf Dietrich von Brehna der Äbtissin Bertha die Vogtei über die Dörfer Liemehna und Burghausen. Die beiden Wettiner bezeichnen die Äbtissin als ihre *cognata*. Auch Heinrich und Dietrich hatten in Konrad und Lucardis gemeinsame Urgroßeltern. In der Verfügung heißt es übrigens, dass Markgraf Dedo, also der Bruder des Bischofs Friedrich von Münster, den frommen Frauen einst den Besitz geschenkt habe.[203] 1249 genehmigten Bertha, Propst Bertram und der gesamte Konvent den Verkauf von drei Mansen und Hofstätten zu Zernitz (wüst, bei Bernburg) durch Gerbstedter Dienstleute.[204] Gertrud, eine Enkelin Konrads von Wettin, sowie Agnes, eine Urenkelin, sind als Gerbstedter Nonnen bezeugt.[205]

Aufsehenerregend dürfte hingegen ein Ereignis gewesen sein, von dem die Chronica Sereni Montis zum Jahre 1146 berichtet. Lucardis, die Gemahlin Konrads von Wettin, soll sich auf den Petersberg begeben und von Propst Meinher ehrerbietig aufgenommen worden sein. Nach einem Aderlass sei sie mit einer (nicht näher ausgeführten) Bitte an den Vorsteher herangetreten, die dieser jedoch nicht habe erfüllen wollen. Darüber entrüstet sei sie nach Gerbstedt weitergereist, dort *ex motu animi* (also wohl wegen dieses Vorfalls) erkrankt und am 19. Juni gestorben. Auf Rat des Grafen Hoier von Mansfeld, der sich in Gerbstedt aufgehalten habe, sei sie dort bestattet worden. Konrad habe sich zu dieser Zeit auf dem Rückweg von einer Pilgerreise ins Heilige Land befunden und in Bayern vom Tod seiner Frau erfahren. Dem Mansfelder soll er jedoch die Beisetzung in Gerbstedt verübelt und geschworen haben, ihn zu zwingen, Lucardis mit eigenen Händen auszuheben. Hoier, der erkannt habe, nicht anders die Gunst des Markgrafen zurückgewinnen zu können, habe sich ein halbes Jahr nach der Bestattung mit seinen Leuten eines Abends aufgemacht, die Wachen bestochen, die Leiche ausgegraben und nach Wettin gebracht, wo Konrad die Gruppe erwartet habe. Noch in derselben Nacht habe der Wettiner seine Gemahlin auf den Petersberg bringen lassen, wo sie dann zur Ruhe gebettet worden sei.[206]

5. SONSTIGE NACHRICHTEN BIS IN DIE ERSTE HÄLFTE DES 13. JAHRHUNDERTS

Ansonsten lassen sich nur noch ein paar Kleinigkeiten zusammentragen. Nach einer späten Überlieferung war Irmingard, eine Tochter des 1118 gestorbenen Grafen Helperich von Plötzkau, Nonne in Gerbstedt, bevor sie die Leitung des Plötzkauer Hausklosters Kecklingen (Hecklingen) übernahm.[207] Erzbischof Wichmann von Magdeburg (1152–1192) gestattete zu einem unbekannten Zeitpunkt einem seiner Ministerialen, von der

Gerbstedter Kirche zwei Mansen zu kaufen, die nach dem Tod des Dienstmannes an das Kloster zurückfallen sollten. An dem Rechtsgeschäft waren die Wettiner Dietrich von Landsberg und Dedo von Groitzsch beteiligt.[208] 1197 nahm Bischof Gardolf von Halberstadt den gegenwärtigen und künftigen Besitz der Kirche Johannes' des Täufers zu Gerbstedt in den Schutz des Bistumspatrons Stephanus und schenkte dem Kloster den Zehnt von dessen Weinberg zu *Rodenburch* sowie von allen zukünftigen Weinbergen. Gardolf verknüpfte den Gunsterweis mit der Verpflichtung, dass die Gerbstedter für die bereits verstorbenen und noch lebenden Halberstädter Bischöfe sowie Kanoniker monatlich Messen singen sollten. Der Ortsname erscheint sonst nicht mehr im Zusammenhang mit Gerbstedt. Es handelt sich vermutlich um das auf dem rechten Saaleufer nördlich von Wettin gelegene Rothenburg, das uns bereits bei einem Gütertausch Hermanns von Münster mit dem Magdeburger Prämonstratenserstift St. Maria begegnet ist.[209]

Am 4. Juni 1225 hat schließlich Papst Honorius III. das Kloster Gerbstedt in seinen Schutz genommen und den Besitz bestätigt.[210] Auf den 1598 gestorbenen sächsischen Gelehrten Petrus Albinus geht die noch mittelbar von Dietrich Claude 1975 referierte Ansicht zurück, nach der am Anfang des 13. Jahrhunderts die Petersberger »Augustinerinnen« nach Gerbstedt versetzt worden seien, doch wusste man schon 1841, dass es dafür keinen Beleg gibt.[211] Tatsächlich lebte auf dem Petersberg neben den Regularkanonikern nach der Chronica Sereni Montis eine in Jahresberichten zum 13. Jahrhundert erwähnte *congregacio feminarum*.[212]

6. ZUSAMMENFASSUNG

Markgraf Rikdag, der in Ostsachsen Grafenrechte ausübte und der später so genannten Mark Meißen vorstand, starb 985. Mit der Gündung einer geistlichen Frauengemeinschaft in Gerbstedt, die anfangs von seiner Schwester Eilsvit geleitet wurde, bewegte er sich im Rahmen seiner ostsächsischen Standesgenossen, denn im Laufe des 10. Jahrhunderts wurden in unserer Region von führenden Großen mehrere Männer- und Frauenkommunitäten ins Leben gerufen. Diese Stiftungen waren fromme, dem Seelenheil dienliche Werke, dienten als Grablege mit einem zu verstetigenden Totengedenken und waren Zeichen adeliger Traditionsbildung. Mit Rikdags Sohn Karl, der 1014 starb und ebenso wie sein Vater in Gerbstedt beigesetzt wurde, scheint das Geschlecht zumindest in unmittelbarer männlicher Linie erloschen zu sein. Durch ein nicht näher bestimmbares Verwandtschaftsverhältnis ging Gerbstedt, das über ein Täufer-Patrozinium verfügte, in den Besitz der Wettiner über. Diese übertrugen das Monasterium vermutlich aus Gründen der Besitzsicherung angesichts des 1073 ausgebrochenen Konfliktes König Heinrichs IV. mit den Sachsen der Bischofskirche von Münster, die zu dieser Zeit von dem Wettiner Friedrich gelenkt wurde. Während über die Lebensform der Damen anfangs nichts bekannt ist, fassen wir unter Friedrich eine kanonikal ausgerichtete Vita. Nachdem Gerbstedt dennoch in den Strudel des Streites Heinrichs IV. mit den Sachsen geraten war und die Münsteraner Bischöfe in ihrer Funktion als Eigenkirchenherren das Leben der Gemeinschaft stark beeinträchtigt hatten, wurden die Verhältnisse 1118 durch Konrad von Wettin und den zuständigen Ordinarius Reinhard von Halberstadt erneuert. Diese Erneuerung bezog sich vor allem auf den geistlichen Bereich, denn nunmehr wurde die Regula s. Benedicti eingeführt und den Damen als Propst ein Augustinerchorherr an die Seite gestellt. Damit handelten Konrad und Reinhard, der dieses Modell in seiner Diözese auch sonst duchsetzte, ganz im Sinne der Kirchenreform des späteren 11. und früheren 12. Jahrhunderts. Die Vogtei blieb zunächst in wettinischen Händen. Im weiteren Verlauf des 12. Jahrhunderts wandten die Wettiner sich zwar nicht von Gerbstedt ab, verlagerten ihr Wirken aber auf das Gebiet östlich der Saale. Sichtbares Zeichen war das von Dedo von Wettin begründete und von dessen Bruder Konrad vollendete Augustinerchorherrenstift St. Petrus auf dem Lauterberg, das zumindest für einige Jahrzehnte wettinisches Hausmonasterium war und damit eine Funktion erfüllte, die sich für Gerbstedt eben nicht mit letzter Klarheit erhellen lässt.

ANMERKUNGEN

1 Annalista Saxo 2006, ad a. 985 S. 243; vgl. den Stellennachweis S. 243 Anm. 8, 9, zur Quelle Naß 1996, bes. S. 97–109, 179–207. – Annales Quedlinburgenses 2004, ad a. 985 S. 475: *Thidericus et Ricdach marchiones praeclari obierunt*; vgl. zu diesen Jahrbüchern neben der Editionseinleitung noch Hoffmann 2015. – Der 1166 gestorbene Abt Arnold von Berge und Nienburg galt der älteren Forschung als Verfasser der Reichschronik und der Nienburger Annalen. Vgl. zusammenfassend Schmale 1978a, dagegen mit guten Gründen Naß 1996, S. 370–375. Sowohl Berge als auch Nienburg lagen in der Magdeburger Erzdiözese.

2 Schöppenchronik 1869, ad a. 985 S. 66 f.; vgl. Keil 1985, darüber hinaus Graf 2018. Nach älterer Ansicht soll der Verfasser der Schöppenchronik hier aus der Reichschronik des Annalista Saxo geschöpft haben.

3 Vgl. zum Monasterium Berger 1878, Krühne 1888, S. VII–IX, Größler/Brinkmann 1895, S. 228–240, Gerstenberg 1911, Buttenberg 1919, Bogumil 1972, S. 135–140, Neuß 1987a, Pätzold 1997, S. 181–187, Schmitt 2000, S. 174–177, Jakobs 2005, S. 403–406, Winkel 2010 S. 21–67. – In der Literatur begegnende Versehen können hier nicht im Einzelnen berichtigt werden. Dazu einige Beispiele: Des Öfteren wird behauptet, Gerbstedt sei 985 gegründet worden, doch geht das aus den Quellen keineswegs hervor. Ähnlich verhält es sich mit der Ansicht, Gerbstedt sei die Grablege der frühen Wettiner gewesen, was aber nicht erwiesen ist. Unklar ist, auf welcher Quellengrundlage Neuß 1987a, S. 135, der Gerbstedt übrigens zur Grablege erklärt, für 1135 eine Weihe der Klosterkirche ansetzt. Die von Berger 1878, S. 30 geäußerte Vorstellung, Gerbstedt sei mit dem im Hersfelder Zehntverzeichnis genannten *Gerburgoburg* (*Gerbergoburc*) identisch, führt in die Irre. Vgl. Zschieschang 2017, S. 28.

4 Thietmar 1935; vgl. im Überblick Beumann 1995, ausführlich Lippelt 1973, Cottin/Merkel 2018. Schulmeyer-Ahl 2009, führt über Lippelt 1973 nicht hinaus.

5 Die im Folgenden genannten Quellen sind bereits mehrmals zusammengestellt und erörtert worden. Vgl. nur Lüpke 1937, S. 13, Schölkopf 1957, S. 85 f., Winkel 2010, S. 21–31.

6 Vgl. im Überblick Tebruck 2016b, darüber hinaus Rentschler 2012, Stieldorf 2012, Rupp 1996, S. 11–25, Mielzarek 2020, S. 35–37, 46–68. – Markgraf Gero: Siehe unten Anm. 15.

7 Thietmar 1935, I. 4,5 S. 136: *Wagio vero miles Bolizlavi, ducis Boemiorum, qui Heinricum cum exercitu comitatur, cum ad Misni redeundo perveniret, cum habitatoribus eiusdem pauca locutus Frithericum, Rigdagi marchionis tunc in Merseburg commorantis amicum et satellitem, ad aecclesiam extra urbem positam venire ac cum eo loqui per internuntium postulat. Hic ut egreditur, porta post eum clauditur, et Ricdagus, eiusdem civitatis custos et inclitus miles, iuxta fluvium, qui Tribisa dicitur, ab hiis dolose occiditur*; vgl. zur Sache die unten in Anm. 28 genannte Literatur.

8 Thietmar 1935, I. 4,6 S. 138: *Post mortem Ricdagi marchionis incliti Ekkihardo succedente*, Sickel 1893, D O III 81; vgl. zu Sickel 1893, D O III 81 Uhlirz 1956, Nr. 1047, Lübke 1986, S. 84–86 Nr. 267. – Friedrich: Siehe unten Anm. 34. – Ekkehard: Vgl. Rupp 1996, S. 50–94 und öfter, Rentschler 2012, S. 613–620.

9 Bresslau/Kehr 1931, DD H III 156, 162, 175; vgl. Rentschler 2012, S. 99 f., 405, zu Gunzelin, dem Bruder Ekkehards I., sowie zu Hermann und Ekkehard II., den Söhnen Ekkehards I., die allesamt als Markgrafen von Meißen anzusprechen sind, Rupp 1996, S. 95–156 und öfter, Rentschler 2012, S. 620–627, 670–674.

10 Vgl. zu Gunther, Wigbert und Wigger nur Rentschler 2012, S. 654–657, 736–738, 738–740, zu Thietmar die unten in Anm. 15 genannte Literatur, darüber hinaus noch Lübke 1985, S. 181 Nr. 129, S. 302–304 Nr. 213, Winkel 2010, S. 24 f. mit Anm. 44–47.

11 Sickel 1888, D O II 270: *Civitas Corin nominata et in pago Dalaminza vocato et in comitatu Richtagi comitis sita*, Sickel 1888, D O II 271: *Villa Bresniza nominata in pago qui dicitur Scuntiza et in comitatu Richtagi comitis sita*; vgl. Mikoletzky 1950, Nr. 869, 870, Lübke 1985, S. 302–304 Nr. 213, S. 304 Nr. 214, zur Datierung Alvermann 1998.

12 Sickel 1893, D O III 7 b: *Curtis Vualbechi dicta in pago Suevon et in comitatu Rihtagi comitis sita*; vgl. Uhlirz 1956, Nr. 964, Lübke 1986, S. 34 f. Nr. 234.

13 Vgl. im Überblick Hardt 2008a, Hardt 2008b, darüber hinaus Heßler 1957, zum Gau Daleminzi S. 117 f., zum Gau Chutizi S. 29 f., 116 f., zum Schwabengau S. 59–63, 148–151, Winkel 2010, S. 24 f. Anm. 44, S. 25 Anm. 45, S. 25 f. mit Anm. 48. Heßler 1957, S. 62 stellt heraus, dass im Laufe des 11. Jahrhunderts die Schlenze den Schwaben- vom Hosgau getrennt habe.

14 Siegfried: Sickel 1879/1884, D H I 36; vgl. von Ottenthal 1967, Nr. 46, Lübke 1985, S. 60 f. Nr. 41, S. 65 f. Nr. 45. – Christian: Sickel 1879/1884, D O I 17; vgl. von Ottenthal 1967, Nr. 73, Lübke 1985, S. 79 f. Nr. 55. – Gero: Sickel 1879/1884, DD O I 40, 130; vgl. von Ottenthal 1967, Nr. 98, 192, Lübke 1985, S. 95 f. Nr. 70, S. 120 f. Nr. 85 a. – Thietmar: Sickel 1879/1884, D O I 56, Sickel 1888, D O II 177; vgl. von Ottenthal 1967, Nr. 114, Mikoletzky 1950, Nr. 768, Lübke 1985, S. 98 Nr. 74, S. 276 f. Nr. 197. – Vgl. zu den Grafschaften, ihrem Charakter und den Wandel, die sie seit der späten Salierzeit durchlaufen haben, im Überblick Hechberger 2012, darüber hinaus Schölkopf 1957, S. 12–29, Schulze 1963, S. 28–49, 95–104, Schubert 1997, S. 151–154, 369–378. Zuletzt hat Brüsch 2000, S. 134–232 verdeutlicht, dass selbst mit großem Aufwand betriebene Überlegungen uns kein klares Bild von der Gestalt einer (ostsächsischen) Grafschaft des 10. und 11. Jahrhunderts vermitteln können.

15 Vgl. Schölkopf 1957, S. 41–55, Schrage 1999, S. 212–223, zu Gero († 965), Gero († 1015), Christian und Thietmar noch Rentschler 2012, S. 632–643, 643–649, 687–689, 717–723, zu Gero († 979) noch Hucke 1956, S. 21 f. Rentschler 2012, S. 720 weist darauf hin, dass die Literatur sich in der Deutung der Belege für Thietmar nicht einig ist. Ob der Markgraf tatsächlich in Sickel 1879/1884, D O I 56 (oben Anm. 14) gemeint ist, ist umstritten. Diese und andere Einzelfragen können hier nicht diskutiert werden. Siehe zu den geistlichen Einrichtungen unten Anm. 52, 58–60.

16 Vgl. zu Bischof Bernhard Fritsch 1913, S. 16–18, Schrader 1988b, Bode 2015, S. 124–127.

17 Thietmar 1935, I. 3,1 S. 98, I. 8,21–22 S. 518; vgl. Thietmar 1935, I. 3,1 Mikoletzky 1950, Nr. 930, 930 a–b, Lübke 1985, S. 249 f. Nr. 177 a, zu Thietmar 1935, I. 8,21–22 Lübke 1987, S. 93 f. Nr. 540, darüber hinaus Quirin 1965, Heßler 1957, S. 116 f., 147. Kohren wird von Heßler 1957 nicht erwähnt.

18 Vgl. Thietmar 1935, S. 99, Anm. 5 nach Hey 1893, S. 92, zur Deutung darüber hinaus Israël/Möllenberg 1937, S. 140f. Nr. 97, Mikoletzky 1950, Nr. 869: »Alt-Choren (bei Nossen)«, Claude 1972, S. 150f., 206 mit Anm. 455, schließlich Kehr 1899, S. 19 Nr. 21, S. 448f. Nr. 565 (Urkunde von 1292): Kohren, S. 501–503 Nr. 632 (Urkunde von 1303): Kohren, S. 730–732 Nr. 877 (Urkunde von 1333): Kauern (Bad Dürrenberg). Kehr 1899, S. 19 Nr. 21 wird die Deutung von Thietmar 1935, I. 3,1 S. 98 offengelassen.

19 Vgl. Lübke 1985, S. 302–304 Nr. 213, zum Merseburger Komplex und Gisilher nur Holtzmann 1962a, Claude 1972, S. 136–213, Huschner 2003, Bd. 2, S. 728–750.

20 Bresslau/Kehr 1931, DD H III 256, 340; vgl. Lübke 1987, S. 256 Nr. 700, S. 279f. Nr. 726, darüber hinaus Heßler 1957, S. 20–22, 125 Anm. 1, S. 141 Anm. 2, S. 149 Anm. 2, 4, 5, S. 150 Anm. 4, S. 151 Anm. 1.

21 Thietmar 1935, I. 3,19 S. 120, 122, wie oben Anm. 1; vgl. Lübke 1986, S. 21f. Nr. 224, S. 35f. Nr. 235, zu Dietrich und seinem verwandtschaftlichen Umfeld Schölkopf 1957, S. 93–98, Rentschler 2012, S. 596–601. – Slavenaufstand: Vgl. nur Keller/Althoff 2008, S. 266–273, darüber hinaus Fritze 1984.

22 Fuldaer Totenannalen 1978, ad a. 985 S. 344: *Rihdagus com*; vgl. dazu Schmid 1978, S. 392, zur Quelle Oexle 1978.

23 Sickel 1888, DD O II 64 a–b: *Per manus advocatorum, Ricdagi scilicet sanctae Magadaburgensis aecclesiae et Adalberti sancti Fuldensis (Fuldensi) coenobii*; vgl. Mikoletzky 1950, Nr. 643, Lübke 1985, S. 236–238 Nr. 168, zur Vogtei Schölkopf 1957, S. 85, Winkel 2010, S. 26 mit Anm. 52, S. 28 Anm. 63, darüber hinaus Claude 1975, S. 244.

24 Vgl. die bei Rentschler 2012, S. 613–615 zusammengestellten Belege. Fraglich ist Sickel 1893, D O III 326. Vgl. dazu Rentschler 2012, S. 615f.

25 Wie oben Anm. 1, 2, Thietmar 1935, I. 7,3 S. 400: *Eodem anno IIII. Kal. Mai. obiit Karolus comes, Riedagi marchionis filius, qui omne suimet benefitium iniuste accusantium turgida inflatione et nulla sui culpa prius perdidit et illatum facinus aequanimiter portavit*; vgl. Althoff 1984, S. 396 G 41, darüber hinaus Lübke 1987, S. 23 Nr. 472, Winkel 2010, S. 24 mit Anm. 43, zu Eilsvit Winkel 2010, S. 47.

26 Wie oben Anm. 12, Sickel 1893, D O III 81: *Curtis predicta Vvalbisci in comitatu Karoli comitis sita*; vgl. Uhlirz 1956, Nr. 1047, Lübke 1986, S. 84–86 Nr. 267.

27 Vgl. Görich 1997, S. 113 Anm. 91, der weitere Fälle auflistet, bei denen der Sohn eines Markgrafen bei der Neuvergabe des Amtes übergangen wurde.

28 Wie oben Anm. 7, Thietmar 1935, I. 4,2 S. 132, 134; vgl. Lübke 1986, S. 29f. Nr. 230, S. 31f. Nr. 231, Rupp 1996, S. 50–53, Görich 1997, S. 100f., Winkel 2010, S. 26f., zum Thronstreit resümierend Keller/Althoff 2008, S. 273–279.

29 Vgl. Althoff 1984, S. 104–121, Görich 1997, Keller/Althoff 2008, S. 321–330.

30 Bresslau u. a. 1900/1903, D H II 218: *Scerstedde in comitatu Geronis in pagis Svvaua et Hassega*; vgl. Graff 1971, Nr. 1731, Lübke 1986, S. 280 Nr. 428a, S. 281 Nr. 429, Winkel 2010, S. 27, zum Hosgau Heßler 1957, S. 63–66, 126–129, zu Gero und zu den Grafschaften die oben in Anm. 15, 14 genannte Literatur. Siehe zu

Wipper und Schlenze oben Anm. 13. Unpräzise äußert sich Winkel 2010, S. 27: »Hierunter befanden sich auch die Grafschaftsrechte im Schwabengau, in denen er [Karl] seinem Vater gefolgt war. Im Jahre 1010 erscheinen diese unter der Botmäßigkeit Markgraf Geros von der Ostmark.«

31 Annales Quedlinburgenses 2004, ad a. 1022 S. 569f.: *Ridachi marchionis praeclara filia, Gerburg nomine dicta, studiis liberalibus a primaevo iuventutis flore honestissima exercitatione irretita omnigenisque virtutum gemmata insigniis III. Calend. Novembris terrae, quod suum, deo, quod proprium, praesentavit*; vgl. Winkel 2010, S. 30f. Wenn Gerburg sich in Quedlinburg tatsächlich den *studia liberales* gewidmet haben sollte, wie Winkel 2010, S. 31 vermutet, dürften die dort herrschenden Lateinkenntnisse eher bescheiden gewesen sein.

32 Vgl. Annales Quedlinburgenses 2004, S. 570 Anm. 1600, darüber hinaus Kremer 1924, S. 16–19, Althoff 1984, S. 356 A 65, zum Todesjahr Vogtherr 2002, S. 406–408, schließlich Winkel 2010, S. 24 mit Anm. 43. – Marlow 2017 führt aus, dass Adelheid »den geistigen Stand bekleiden [...] sollte« (S. 61), ein der Äbtissin von ihrem Bruder, Kaiser Otto III., übersandter Stab als »Symbol kaiserlicher Investitionsmacht« zu deuten sei (S. 62) und die Quedlinburger Stiftsdamen den »ritu canonicus« befolgt hätten (S. 63).

33 Thietmar 1935, I. 4,58 S. 198: *Duxit hic [Bolizlavus] Rigdagi marchionis filiam, postmodum dimittens eam*; vgl. Lübke 1986, S. 25f. Nr. 227, der die Identität der verstoßenen Gattin mit Gerburg in Betracht zieht, Winkel 2010, S. 27f. Anm. 63. Weitere ähnliche Eheprojekte verzeichnet Lübke 1985, S. 171–173 Nr. 124, S. 272–274 Nr. 194, S. 306f. Nr. 215 und öfter. Vgl. Ludat 1971, S. 21. – Boleslaw Chrobry: Siehe oben Anm. 29.

34 Thietmar 1935, I. 6,50 S. 336: *Hic [Daedi] Rigdago marchioni, agnato suimet, ab infancia serviebat et gemina cordis ac corporis virtute pollebat*, wie oben Anm. 7, Thietmar 1935, I. 6,50 S. 338, I. 6,70 S. 360, I. 7,50 S. 460; vgl. zum Bedeutungsfeld des Nomens *satelles* Thietmar 1935, S. 622 (Register), darüber hinaus Niermeyer u. a. 2002, Bd. 2, S. 1225f. – Genealogie der Wettiner: Vgl. Posse 1897, S. 39f. (»Dedi«), S. 40 (Friedrich). Den gegenwärtigen Diskussionsstand zur Herkunft der Wettiner und den (möglichen) frühen Angehörigen des Hauses stellt Pätzold 1997, S. 7–16 vor. Vgl. zur Identifizierung der Friedriche zum Beispiel Lübke 1986, S. 31f. Nr. 231. Die Verwandtschaft Rikdags und Dedos wird auch vom Annalista Saxo erwähnt. Siehe unten Anm. 38.

35 Thietmar 1935, I. 6,50 S. 337: *Hic [Dedo] Ricdago marchioni et cognato suo ab infancia serviebat et gemina cordis ac corporis virtute pollebat*; vgl. zur Corveyer Überarbeitung Hoffmann 1993, S. 151–176, Naß 1996, S. 143–147.

36 Thietmar 1935, I. 4,1 S. 132 (Autograph), S. 133 (Corveyer Überarbeitung); vgl. Fleckenstein 1980, Fleckenstein 1986, darüber hinaus Mittellateinisches Wörterbuch 1967, Sp. 389 (agnatio, agnatus), mit Hinweis auf die Thietmar-Stelle: »Latius de quibuslibet (vel incertis) propinquis«, Mittellateinisches Wörterbuch 1999, Sp. 791–795 (cognatio, cognatus), weiter Hoffmann 1976, S. 28–38, zur Deutung Pätzold 1997, S. 10f. mit Anm. 24, Winkel 2010, S. 22f. – Lubich 2008, S. 35 und 38 mit Anm. 108 erwähnt Thietmar 1935, I. 6,50 S. 336 (Dedo als Rikdags *agnatus*), bietet aber nichts Neues. Vgl. zur Einordnung dieses Werkes Schmitz 2008. Lubich 2008 besprochen bei Schmitz 2008.

37 Genealogia Wettinensis 1874, S. 227: *Genuit itaque Tidericus comes hos filios: Fridericum, Dedonem, Thiemonem, Geronem, Conradum, Riddagum et filiam Hiddam*; vgl. Pätzold 1997, S. 271–301, Winkel 2010, S. 99–140, Chronica Sereni Montis 2020, S. 1–56, bes.

S. 38–42 zur Genealogia. – *Riddagus*: Vgl. Pätzold 1997, S. 16 mit Anm. 58, S. 275 f. und öfter. – Petersberg: Vgl. Claude 1975, S. 416–431, Pätzold 1997, S. 191–197, Winkel 2010, S. 69–140.

38 Vgl. Pätzold 1997, S. 272–274; Pätzold 1997 zieht zunächst die Benutzung von Thietmars Chronik in Betracht, meint dann jedoch, der Genealoge habe vielmehr die Chronik des Annalista Saxo benutzt, die ihrerseits auf Thietmars Werk beruht, aber den Hinweis über die verwandtschaftliche Bindung Rikdags mit Dedo auslässt. Chronica Sereni Montis 2020, S. 41 mit Anm. 174 weist der Herausgeber darauf hin, dass der Verfasser der Genealogia den Annalista Saxo nicht benutzt habe, sondern beide wohl auf die verlorenen Nienburger Annalen zurückgehen würden. Gemeint ist hier Annalista Saxo 2006, ad a. 983 S. 235: *Qui Dedo, natus ex Teodorico egregie libertatis viro, fratrem habebat Fridericum virum valde prudentem. Dedo quidem serviebat Riddago marchioni [...]. Qui – prudentem* soll nach dem Stellennachweis S. 235 Anm. 17 aus den verlorenen Annalen stammen, *serviebat Riddago marchioni* nach S. 235 Anm. 19 aus Thietmar 1935, I. 6,50 S. 337. Die Nienburger Annalen wurden bereits oben Anm. 1 erwähnt. Vgl. zur Thietmar-Benutzung des Annalista Naß 1996, S. 143–178.

39 Krühne 1888, S. 68–71 Nr. 106, Genealogia Wettinensis 1874, S. 228, Chronica Sereni Montis 2020, S. 381 (Register), Annales Magdeburgenses 1859, ad a. 1145 S. 187, Posse 1889, S. 176–179 Nr. 262; vgl. zu Krühne 1888, Nr. 106 ausführlich Winkel 2010, S. 27 f. Anm. 63, S. 59–67, der auf die Frage der Echtheit aber nicht eingeht. Winkel 2010 hat nicht gesehen, wer sich hinter *Eyla* sowie *Lutardis* verbirgt, und glaubt, in der Nennung dieser Frauen und ihrer Beziehung zu Rikdag Gerbstedter Traditionen erkennen zu können. – Konrad: Siehe unten Anm. 81. – Magdeburger Annalen: Vgl. Wattenbach/Schmale 1976, S. 390 f., Naß 1996, S. 179–182, Annales Quedlinburgenses 2004, S. 282–289. – 1072: Siehe unten Anm. 90. – Gerbstedter Memorialquellen sind übrigens nicht auf uns gekommen. Vgl. Buttenberg 1919, S. 1 f., Jakobs 2005, S. 406.

40 Vgl. Hoppenrod 1732, S. 633 f. – Hoppenrod: Vgl. Berndorff 2010, S. 98 f., 212 f., 368 und öfter. – Siehe auch unten Anm. 75.

41 Libri confraternitatum Sancti Galli, Augiensis, Fabariensis 1884, S. 211 = Verbrüderungsbuch der Abtei Reichenau 1979, pag. 47 (Faksimile), Sickel 1888, D O II 180; vgl. Schmid 1960, S. 218–220 nach Posse 1881, S. 26 Anm. 47.

42 Vgl. Posse 1897, S. 38 f. in Verbindung mit Tafel 1, Schölkopf 1957, S. 83–93, 98–104 sowie die Stammtafeln zur Genealogie der Harzgrafen und zur Genealogie der Burchardinger, zur Einordnung Pätzold 1997, S. 7–10. Auf die Vorstellung weiterer Literatur und ihrer genealogischen Spekulationen wie zum Beispiel Wenskus 1976 wird verzichtet, weil damit kein Erkenntnisgewinn verbunden ist.

43 Vgl. Althoff 1984, S. 421 G 154, Winkel 2010, S. 24 mit Anm. 43. – St. Michael: Vgl. Reinhardt 2012.

44 Wie oben Anm. 25, 32, 43; vgl. zu Abt Rikdag Althoff 1984, S. 358 A 75, zur Deutung zuletzt Winkel 2010, S. 23 f., 28 Anm. 63.

45 Vgl. Heßler 1957, S. 62, Winkel 2010, S. 26 mit Anm. 51, darüber hinaus Schölkopf 1957, S. 85: »Markgraf Ricdag bewahrte sein Andenken bei der Nachwelt durch eine Klosterstiftung in Gerbstedt, das an der südlichen Ecke des Schwabengaues und in nächster Nachbarschaft zum Hassegau lag. Die Klostergründung angesehener Familien pflegte auf Eigengut zu erfolgen, und zwar möglichst an einem Ort, wo das Allod besonders dicht beieinander lag, weil die Stiftung meistens mit beachtlichem Grundbesitz ausgestattet wurde.«

46 Gesta episcoporum Halberstadensium 1874, S. 78 f.; vgl. aus der älteren Literatur zum Beispiel Schieffer 1976, S. 227–229, Röckelein 1999, bes. S. 66 f., Jakobs 2005, S. 187–206, jetzt Kölzer 2015, Hartmann 2017, Kölzer 2020, Mehdorn 2021, S. 214–229. – Die Gesta episcoporum Halberstadensium wurden in der jetzigen Gestalt bald nach 1208/1209 zu Pergament gebracht. Sie beruhen zum Teil auf älteren Textstufen, die nur durch ihre Ableitungen bekannt sind. Vgl. im Überblick Wattenbach/Schmale 1976, S. 395 f., zuletzt Annales Quedlinburgenses 2004, S. 200–213.

47 Leben der Liutbirg 1937, c. 2 S. 11, c. 36 S. 44 f., c. 37 S. 45 f.; vgl. Grosse 1940, Morcinek 2017. Liutbirg lebte als Klausnerin in Wendhausen. Die Vita entstand um das Jahr 880. Vgl. zur Quelle die Editionseinleitung S. 1–8, darüber hinaus Löwe 1990, S. 876 f. – Eine Zusammenstellung einschlägiger Gründungen bietet Schieffer 2011. Vgl. darüber hinaus Parisse 1991, S. 466–474, Kruppa 2013, einschränkend Kölzer 2020, zu den Pfarrkirchen Erbe 1969.

48 Chronicon Hildesheimense 2006, c. 4 S. 46, Müller 1909, S. 511; vgl. zum Chronicon die Editionseinleitung S. 42–45, zu der verlorenen Urkunde Arnolfs von Kärnten Mühlbacher 1966, Verlorene Urkunden Nr. 210, zur Sache Heinemann 1968, S. 16 f., 19. – Altfrid: Vgl. Goetting 1984, S. 84–115, zu seiner (angeblich) liudolfingischen Abstammung Glocker 1989, S. 266 f. – Diese Gründung wird in der einschlägigen Literatur im Allgemeinen nicht beachtet. Sie fehlt zum Beispiel bei Schieffer 2011.

49 Vgl. Röckelein 1999, bes. S. 68 f., Jakobs 2005, S. 289–293, Krüger/Failla 2012, Mehdorn 2021, S. 263 f.

50 Sickel 1879/1884, D O I 217; vgl. von Ottenthal 1967, Nr. 289, Bogumil 1972, S. 133–135, Thiele 1995, S. 33–35, Jakobs 2005, S. 412–415, zuletzt Krahnert 2014.

51 Vgl. Diekamp 1884. – Hildegrim II.: Vgl. Fritsch 1913, S. 14 f., Röckelein 1999, S. 67 f.

52 Schmidt 1883, S. 8 f. Nr. 21; vgl. Römer/Marx 2012, zu Siegfried die oben in Anm. 15 genannte Literatur.

53 Sickel 1879/1884, D O I 1, Annales Quedlinburgenses 2004, ad a. 995 S. 487; vgl. von Ottenthal 1967, Nr. 57, zu St. Servatius nur Thiele 1995, S. 8–11, Reuling 1996, Jakobs 2005 S. 295–309, zu den Äbtissinnen die oben in Anm. 32 genannte Literatur. – Neuerdings will Warnke 2019a in Sickel 1879/1884, D O I 1 eine Fälschung sehen.

54 St. Wigbertus: Vgl. Reuling 1996, S. 202–204, Jakobs 2005, S. 320–323. – St. Maria: Annales Quedlinburgenses 2004, ad a. 986 S. 476; vgl. Reuling 1996, S. 220 mit Anm. 231. – St. Andreas: Sickel 1893, D O III 81; vgl. Uhlirz 1956, Nr. 1047, Claude 1978, Reuling 1996, S. 220 f. Die Aussage von Deutschländer u. a. 2017, S. 261, es habe 922 in Magdeburg ein Frauenkloster St. Andreas gegeben, führt in die Irre, doch so kann man es bereits bei Hauck 1906, S. 1039, lesen. Schlägt man die bei Hauck angeführte Quellenstelle nach, stößt man vielmehr auf St. Andreas zu Walbeck.

55 St. Mauritius: Vgl. nur Claude 1972, S. 17–113, Römer 2012. – St. Johannes: Vgl. nur Claude 1975, S. 291–317, Römer/Freckmann 2012.

56 Vgl. Schlesinger 1962, S. 33 f., Hehl 1997, S. 111 f., Cottin 2005, S. 75 f.

57 Vgl. Grosse 1952, Schuffels 2018, der in den von ihm behandelten Versen ein Werk Thietmars und in der berühmten Walbecker Stuck-

tumba ein Teil der Grablege des Stifters sieht, doch ist weder das eine noch das andere tatsächlich erwiesen.

58 Sickel 1879/1884, DD O I 130, 229, Sickel 1888, DD O II 3, 4; vgl. von Ottenthal 1967, Nr. 192, 303, Mikoletzky 1950, Nr. 577, 578, Schulze u. a. 1965, Warnke 2001, Jakobs 2005, S. 326–332. – Siehe zu Markgraf Gero und den im Folgenden genannten Männern oben Anm. 15.

59 Vgl. Claude 1975, S. 320–345, Thiele 1995, S. 11–13, Jakobs 2005, S. 337–339, Römer u. a. 2012b.

60 Sickel 1888, D O II 190; vgl. Mikoletzky 1950, Nr. 781, Claude 1975, S. 33, Thiele 1995, S. 15–18, Jakobs 2005, S. 344–346.

61 Sickel 1893, D O III 68; vgl. Uhlirz 1956, Nr. 1028, Thiele 1995, S. 18–20, Jakobs 2005, S. 415–420, Jankowski 2012.

62 Sickel 1888, D O II 2, Sickel 1893, D O III 143; vgl. Mikoletzky 1950, Nr. 576, Uhlirz 1956, Nr. 1112. – Landesarchiv Sachsen-Anhalt, U 8a, A Hadmersleben II, Nr. 3a: *Ut ordo monasticus sanctimonialium, sicut a prefato Rainardo secundum beati Benedicti regulam institutus est et a prefatis Romanis pontificibus confirmatus, perpetuis ibi temporibus inviolabiliter conservetur*; vgl. Jakobs 2005, S. 385, Nr. 5. Eine Ausgabe der Urkunde ist in Vorbereitung. – Hadmersleben: Vgl. Bogumil 1972, S. 132f., Schrader 1988a, Jakobs 2005, S. 381–383.

63 Annales Quedlinburgenses 2004, ad a. 995 S. 488, Schmidt 1883, S. 95f. Nr. 133; vgl. Bogumil 1972, S. 131f., Schwineköper 1987, Schmitt 2007. – Quellenkritik: Die Annales Quedlinburgenses schöpfen ebenso wie die Parallelüberlieferung aus einer frühen Stufe der Halberstädter Bischofstaten. Vgl. Annales Quedlinburgenses 2004, S. 207f. – Hildeward: Vgl. Fritsch 1913, S. 18–21, Bode 2015, S. 128–133. – Branthog: Vgl. Fritsch 1913, S. 22–25. – Reinhard: Siehe unten Anm. 131.

64 Vgl. Thiele 1995, S. 13–15, Jakobs 2005, S. 340–342, Schrader 2012, Warnke 2019b, S. 83f. Warnke kündigt eine Untersuchung zur Arneburg an.

65 Thietmar 1935, I. 3,18 S. 120, I. 4,57 S. 196; vgl. Holtzmann 1962b, Jakobs 2005, S. 374–377, Scholz 2007, Warnke 2014, S. 203–211, Warnke 2019b, S. 74–81, zu den Grafen von Haldensleben Schölkopf 1957, S. 93–98.

66 Schmidt 1883, S. 118–120 Nr. 149, S. 122–125 Nr. 151, Dolle 2019, S. 158f. Nr. 53; vgl. Schölkopf 1957, S. 95, Bogumil 1972, S. 123–128, Jakobs 2005, S. 407–409, Voigt 2012, Warnke 2014, S. 204–207.

67 Heeslingen: Vgl. im Überblick Seegrün/Schieffer 1981, S. 107–110, Bachmann 2012, ausführlich Bachmann 1966. – Steterburg: Vgl. im Überblick Bunselmeyer 2012, ausführlich Bunselmeyer 1983.

68 Vgl. zu diesen notwendigerweise generalisierenden Worten nur die lesenswerten und mit den nötigen Nachweisen versehenen Beiträge von Schulze 2001 und Schulze 2010.

69 Wie oben Anm. 53, Lebensbeschreibungen 1994. Vita Mathildis reginae antiquior, c. 8 S. 128, Vita Mathildis reginae posterior, c. 10 S. 163–167, c. 17–18 S. 179–182; vgl. Schütte 1994, S. 25–33, 93–98, darüber hinaus nur Parisse 1991, S. 480, zum Memorialwesen den Sammelband Schmid/Wollasch 1984. Zu den vielfältigen Beweggründen äußert sich Streich 2006, S. 39–71. Daran orientiert sich Winkel 2010, S. 11–19.

70 Vgl. Leyser 1984, S. 82–123. Der Hinweis von Parisse 1991, S. 466f. mit Anm. 5 auf Hauck 1906, »S. 1011 ff.« führt ins Leere, weil Hauck lediglich die Gründungen verzeichnet, den Befund aber nicht auswertet.

71 Vgl. Schieffer 2011, S. 10, der sich kritisch zu Leyser 1984 äußert, mit keiner anderen Deutung aufwartet, darüber hinaus Schieffer 2011, S. 12f., 15.

72 Vgl. Crusius 2001, S. 16–24, das Zitat S. 20.

73 Lebensbeschreibungen 1994. Vita Mathildis reginae antiquior, c. 1 S. 112f., c. 9 S. 129f., Vita Mathildis reginae posterior, c. 1 S. 148, c. 17 S. 179f., c. 18 S. 181f., c. 23 S. 193: *Scola*; vgl. nur El Kholi 1997, Bodarwé 2003, Bodarwé 2004, Schlotheuber 2008, zu den Textilien Crusius 2001, S. 22f., zur Deutung von *scola* Crusius 2001, S. 22. – Nordhausen: Vgl. Blaschke 1993.

74 Vgl. Buttenberg 1919, S. 1f., Jakobs 2005, S. 406.

75 Vgl. Spangenberg 1914, S. 356f.: »Es sind noch Anno 1548 im Closter Gerbstett etliche alte große Tapet vorhanden gewesen, die auf der Nonnen Chor, da sie daraus gegangen, untergebreitet gelegen«, Hoppenrod 1732, S. 634f.: »Porro praefuerunt huic monasterio multae personae & nobilitate generis, & splendore & sanctitate vitae illustres, praesertim Bertha, filia Cunradi Marchionis, pietate morumque integritate multis praeclaris donis coetu praefuit, sicut testantur rhythmi, quos ipsa sua manu tapeto intexuit, & ibi adhuc hodie conserauantur«; vgl. zur Sache nur von Wilckens 1995, S. 299, 300 Anm. 28 mit weiterer Literatur. – Spangenberg: Vgl. Boettcher 2006, Bräuer 2006, Berndorff 2010, S. 22f. Anm. 39, S. 27–29, 76–82 und öfter, Winkel 2010, S. 59f. Anm. 245. – Hoppenrod: Siehe oben Anm. 40. – Bertha: Siehe unten Anm. 198.

76 Thietmar 1935, I. 6,49 S. 334–337; vgl. Lübke 1986, S. 276f. Nr. 425, darüber hinaus Posse 1897, S. 39f., Pätzold 1997, S. 13f.

77 Bresslau/Kehr 1931, DD H III 157: *Tale praedium, quale Irmingart in locis Vviderstat, Heizstete, Scenderslebe dictis obtinuit* [...] *situm in pago Svabvn dicto et in comitatu comitis Teti*, 159 (Hosgau), von Gladiß/Gawlik 1978, D H IV 209 (Hosgau); die in D H IV 65 aus dem Jahre 1060 genannten Güter *in pago Hassago et in comitatu marchionis Tetonis* befanden sich tatsächlich im Schwabengau. Vgl. zu den Urkunden Heinrichs IV. Struve 1984, Nr. 197, Struve u. a. 2010, Nr. 500. – Dedo II.: Vgl. Posse 1897, S. 40, Pätzold 1997, S. 16–22, 238–240, darüber hinaus Rentschler 2012, S. 583–587.

78 Schwabengau: Bresslau/Kehr 1931, DD H III 158 (Esiko), 233 (Udo), 256 (to), von Gladiß/Gawlik 1978 DD H IV 110 (Adalbert), 117 (Adalbert), 130 (Adalbert). – Hosgau: Bresslau/Kehr 1931, D H III 247 (Pfalzgraf Teti). – Vgl. zu den Urkunden Heinrichs IV. Struve 1984, Nr. 302, 318, 337. – Adalbert: Vgl. Partenheimer 2001, S. 23–25.

79 Lampert 1894. Annales, ad a. 1069 S. 106–108, ad a. 1075 S. 232: *Cumque sub idem fere tempus Dedi marchio longa egritudine absumptus decessisset* [...], Annales Altahenses maiores 1891, ad a. 1069 S. 77f.; vgl. Struve u. a. 2010, Nr. 517, 518, darüber hinaus Pätzold 1997, S. 18–22, 238f. – Verlust der Grafenrechte: Vgl. Holtzmann 1933, S. 179f., 189f. Anm. 76, Pätzold 1997, S. 239, Winkel 2010, S. 34. Ob die Grafenrechte an die Mansfelder übergingen, ist nicht sicher. Siehe unten Anm. 99. – Lampert, Annales Altahenses maiores: Vgl. im Überblick Schieffer 1985, Wattenbach/Holtzmann 1967, S. 545–548.

80 Genealogia Wettinensis 1874, S. 228: *Quartus filius Gero comes duxit Bertam viduam cuiusdam Popponis genuitque ex ea* [...] *filias*

Willam abbatissam de Gerbestide et Thieburgam prepositam de Gerrode; vgl. Krühne 1888, S. 3 Nr. 2, Pätzold 1997, S. 280f., Winkel 2010, S. 30 Anm. 76, darüber hinaus Schulze u. a. 1965, S. 51, Warnke 2001, S. 252. – Amt der Pröpstin: Vgl. Schulze u. a. 1965, S. 39f.

81 Thiemo: Vgl. Posse 1897, S. 40f., Nr. 16, Pätzold 1997, S. 16f., 24. – Konrad: Vgl. Posse 1897, S. 43f., Hoppe 1965, Pätzold 1997, S. 31–40, Mielzarek 2020, S. 20–34, 42f. und öfter.

82 Krühne 1888, S. 8–12 Nr. 8; vgl. Holtzmann 1933, dem sich Winkel 2010, S. 31–41 anschließt. Winkel 2010, S. 31 spricht allerdings irrig vom (vermeintlichen) »Ausstellungsdatum 1118«. Vgl. dazu Krühne 1888, S. 12. Eine weitere Ausgabe der Reformatio findet sich Posse 1889, S. 46–49 Nr. 55. Das Stück wird im Folgenden nach Krühne 1888 mit Seitenangabe und »Reformatio« angeführt. – Gattung: Vgl. Kastner 1974, darüber hinaus Honemann 1983, Patze 2002, zur Reformatio S. 257. – Siehe unten Anm. 186, 195.

83 Krühne 1888, S. 9 (Reformatio), Genealogia Wettinensis 1874, S. 227. – Burchard: Vgl. Fritsch 1913, S. 28–32, Fenske 1977, S. 100–133, Kleinen 2004. – Hoppenrod: Siehe oben Anm. 40.

84 Vgl. Wolter 1982, S. 125f., darüber hinaus Posse 1897, S. 40, Claude 1972, S. 323f., von Gladiß/Gawlik 1978, S. XXVIII–XXXI, Pätzold 1997, S. 22–24, Kohl 2003, S. 119–136 wenig überzeugend zur Genealogie der Wettiner.

85 Konrad: Vgl. Posse 1897, S. 41, Pätzold 1997, S. 16f. – Gero: Von Gladiß/Gawlik 1978, D H IV 400; vgl. Lubich 2016, Nr. 1281, darüber hinaus Posse 1897, S. 41, Pätzold 1997, S. 16f., 24. Die in der Urkunde erwähnte Schenkung fand wohl schon zu einem früheren Zeitpunkt statt. – Thiemo: Von Gladiß/Gawlik 1978, D H IV 402 (*Diemo*), Stimming 1932, S. 310–312, Nr. 405 (*Tiemo et filius eius Dedo*); vgl. Lubich 2016, Nr. 1280, 1290 sowie die oben in Anm. 81 genannte Literatur. – Dedo: Siehe oben Anm. 77.

86 Krühne 1888, S. 9f. (Reformatio).

87 Vgl. aus der Literatur nur Fenske 1977, Giese 1979, S. 148–195 sowie Becher 2006.

88 Bruno 1937, c. 23–26 S. 27–31, Lampert 1894. Annales, ad a. 1073 S. 149f., wie oben Anm. 79; vgl. Struve u. a. 2010, Nr. 635–637, 640, darüber hinaus Holtzmann 1933, S. 180, Fenske 1977, S. 57–60. – Bruno: Vgl. im Überblick Schmale 1978b.

89 Vgl. Holtzmann 1933, S. 179f. (»Güterverschiebung«, »Wenn nun die wettinische Familie, deren Allodialbesitz eben in diesen Gegenden von alters her lag, einen Teil ihrer Güter einem ihrer geistlichen Mitglieder übertrug, so sieht das ganz danach aus, als habe man sie auf alle Fälle sicher stellen wollen«), Beumann 1987, S. 392f., Winkel 2010, S. 35f. Entgegen Beumann 1987, S. 393 wurde die Vogtei natürlich nicht dem Bischof Friedrich von Münster übertragen. Siehe unten Anm. 185.

90 Wie oben Anm. 39; vgl. Winkel 2010, S. 36 mit Anm. 116, der auf Krühne 1888, S. 71 und Gerstenberg 1911, S. 22 Anm. 37, S. 26, verweist, wo diese Vermutung bereits geäußert wurde.

91 Gesta archiepiscoporum Magdeburgensium 1883, c. 21 S. 400: *Unde nobis callide violenterque subtractus, Monasteriensi ecclesie est prelatus; cui et predia proprietatis sue in Gerbizstede, que nostre secum permansissent, concessit* (über Friedrich); vgl. Holtzmann 1933, S. 179, Winkel 2010, S. 35 Anm. 111. – Gesta: Vgl. Freund 2012.

92 Posse 1889, S. 176–179 Nr. 262, Chronica Sereni Montis 2020, ad a. 1125 S. 84; vgl. Holtzmann 1933, S. 179f., Pätzold 1997, S. 122–125.

93 Von Mülverstedt 1886, S. 228f. Nr. 600, S. 229f. Nr. 603, Neuß 1971, Bd. 2, S. 479.

94 Vgl. Zirr 2012, darüber hinaus neben Raabe 1995, S. 26–28 noch Starke 1955, S. 28–31.

95 Krühne 1888, S. 10 (Reformatio). – Erpo: Vgl. Wolter 1982, S. 126f., darüber hinaus Meier 1967, S. 402, Kohl 2003, S. 136–155. – Heinrich: Vgl. Posse 1897, S. 42, Pätzold 1997, S. 26f. und öfter. – Konrad: Vgl. Posse 1897, S. 42, Pätzold 1997, S. 277, 279. – Wilhelm: Vgl. Posse 1897, S. 43, Pätzold 1997, S. 17, 24f. und öfter. – Dietrich: Vgl. Posse 1897, S. 42f., Pätzold 1997, S. 17, 24f. und öfter. – Die genannten Wettiner werden auch in der Genealogia Wettinensis 1874, S. 227f. erwähnt. In der Reformatio finden sich für Heinrich, Konrad, Wilhelm und Dietrich nur Titel und Initialen.

96 Von Gladiß/Gawlik 1978, D H IV 402; vgl. Lubich 2016, Nr. 1280, 1290, darüber hinaus Holtzmann 1933, S. 181, Winkel 2010, S. 36f. mit Anm. 118. Siehe auch oben Anm. 85.

97 Vgl. Wolter 1982, S. 127–129, darüber hinaus Hausmann 1956, S. 52–58, Kohl 2003, S. 156–180, Halm 2015, S. 208–212.

98 Vgl. die oben in Anm. 88 genannte Literatur, darüber hinaus Dendorfer 2008, Welfesholz 2015.

99 Krühne 1888, S. 10 (Reformatio): *Nam defuncta eiusdem ecclesie abbatissa nullam alliam, ut regula sanctimonialium exigit, ipsis prefecit, set partem allodiorum, que abbatisse pertinuit, cum aliis plurimis bonis, que pro animabus predictorum principum et cognatorum illorum, quorum omnium corpora ibidem sepulta sunt, in anniversariis eorum ad dandas oblationes fratribus et sororibus et ad dandas elemosinas pauperibus in altari sancti Johannis baptiste oblata et banno Halverstadensis episcopi confirmata fuerunt, mense sue assumpsit. Sanctimoniales etiam, quas ibi meliores invenerat, et quendam canonicum, quia obedientes erant Romane ecclesie, eiecit et quatuor sue assentantes voluntati retinuit, bona etiam ad earum prebendas pertinentia sibi usurpavit; quedam insuper eiusdem ecclesie bona militibus dedit comiti H, domino Wiberto, domino H., domino B., domino S., domino M. et ceteris multis quibus voluit. Et sic servitium dei quod in illo claustro fieri debebat cottidie, prorsus destruxit*; zwischen *comiti H* und *d Wiberto* befindet sich nach Posse 1889, S. 48 Var. a ein Loch im Pergament. Vgl. Holtzmann 1933, S. 181f., Winkel 2010, S. 37f. – Wiprecht der Ältere und Wiprecht der Jüngere: Vgl. Fenske 1977, S. 255–272, Halm 2015, S. 224–231. – Hoier: Vgl. Fenske 1977, S. 84–86, der sich einschränkend zu der Ansicht äußert, dem Mansfelder seien von Heinrich IV. die Grafenrechte Dedos II. verliehen worden, Halm 2015, S. 258f.

100 Vgl. die oben in Anm. 97 genannte Literatur.

101 Krühne 1888, S. 10f. (Reformatio); vgl. Holtzmann 1933, S. 182f., Winkel 2010, S. 39f.

102 Vgl. Meyer von Knonau 1909, S. 78–81, Schumann 1912, S. 100–106, Gresser 2006, S. 436–443. – Vgl. zu Kuno Hüls 1977, S. 113–116, zu den genannten Orten noch Schieffer 1986, S. 81 Nr. *230 (Köln/Koblenz), Jakobs 2003, S. 92 Nr. *27 (Corvey), Jakobs 2005, S. 41 Nr. *64 (Gandersheim), Jakobs 1978, S. 127f. Nr. *238 (Fritzlar).

103 Von Heinemann 1867/1873, S. 266f. Nr. 354: *Ad hanc electionem litteris Calixti pape fui firmata anno dominice incarnationis millesi-*

mo centesimo octavo decimo, indictione XII, iii Kal. Aprilis; vgl. Meyer von Knonau 1909, S. 80 mit Anm. 42, Schumann 1912, S. 105 mit Anm. 38, der ebenfalls ohne Kenntnis der Gerbstedter Angelegenheit davon ausgeht, die Erhebung habe in Gernrode stattgefunden, Jakobs 2005, S. 335f. Nr. *5 (Corvey oder – vor dem Fritzlarer Tag – Gernrode mit Bevorzugung Gernrodes). Das Datierungswesen der Papsturkunden muss hier nicht erörtert werden. Es genügt der Hinweis, dass Calixtus im Februar 1119 erhoben wurde. Vgl. Bresslau 1958, S. 436–440, Jakobs 2005, S. 336 Nr. *6. – Hedwig: Vgl. Schulze u. a. 1965, S. 14, 24, 44f. (1118 statt 1119), Warnke 2001, S. 267–270 (Corvey – Gandersheim – Gernrode – Fritzlar, ohne Kenntnis des Gerbstedter Tages).

104 Vgl. die oben in Anm. 102 genannte Literatur, Jakobs 2005, S. 406 Nr. *1 mit der Vermutung, die Gerbstedter Versammlung habe »fortasse« vor dem 28. Juli stattgefunden. Nach den oben angeführten Aufenthalten ist Kuno erst wieder Ende Januar 1119 in Cluny verbürgt. Vgl. Schumann 1912, S. 106 mit Anm. 40, Hüls 1977, S. 114 mit Anm. 51.

105 Annalista Saxo 2006, ad a. 1036 S. 372, von Heinemann 1867/1873, S. 266f. Nr. 354, Rosenfeld 1925, S. 180f. Nr. 198; vgl. Größler 1889a, S. 110–113, Posse 1897, S. 42, Schulze u. a. 1965, S. 44f. (»ihre Mutter Bertha stammte aus dem Hause Camburg-Wettin«), Claude 1975, S. 82 mit Anm. 77, Pätzold 1997, S. 279f. und öfter. Größler 1889a, S. 110f., 113 weist allerdings auf die Parallelität des Namenmaterials bei Wettinern und Seeburgern hin.

106 Krühne 1888, S. 11 (Reformatio); vgl. Holtzmann 1933, S. 182, Winkel 2010, S. 40. – Dietrich: Vgl. Wolter 1982, S. 129f., darüber hinaus Crone 1982, S. 32, 81f., Kohl 2003, S. 181–190, zu 1119, 1121 und der (angeblichen) Verwandtschaft Dietrichs mit Lothar von Süpplingenburg, dem Haupt der sächsischen Opposition gegen Heinrich V. und dessen Nachfolger, Petke 1994, Nr. 65. – Merkwürdig ist die Behauptung von Kohl 2003, S. 189, nach der Münster unter Dietrich »endgültig die geistliche Aufsicht über das Kloster Gerbstedt« eingebüßt habe.

107 Buttenberg 1919, S. 29 Nr. 3 (nicht »1139«); vgl. Holtzmann 1933, S. 183f. Anm. 56, S. 188f., Winkel 2010, S. 40. – Ekbert: Vgl. Wolter 1982, S. 130f., darüber hinaus Petke 1985, S. 242–245, Kohl 2003, S. 191–199.

108 Krühne 1888, S. 27 Nr. 41: *Capella sancte Marie virginis in ligno catuli eidem monasterio annexa* (1290) und öfter.

109 Johannes: Krühne 1888, S. 9 (Reformatio): *Pro honore sancti Iohannis baptiste, cuius reliquie ibidem* [Gerbstede] *continentur*, S. 10, Krühne 1888, S. 27 Nr. 41, wie oben Anm. 107 (Urkunde Ekberts von Münster), unten Anm. 172 (Urkunde Innozenz' II.: *Monasterium sancti Iohannis in Gerbsted*), unten Anm. 209 (Urkunde Gardolfs von Halberstadt); vgl. zum Kult Kellner 1911, S. 165–169, Weis 1974. – Johannes und Maria: Krühne 1888, S. 4–7 Nr. 6; siehe unten Anm. 115, 186. – Vgl. zum Thema grundsätzlich Angenendt 1994, zur politischen Bedeutung in frühottonischer Zeit mit auch hier einschlägigen Beobachtungen Oberste 2003, darüber hinaus Röckelein 2010. – Quedlinburg: Vgl. Erdmann 1968, S. 99–106, Annales Quedlinburgenses 2004, S. 464 Anm. 800.

110 Vgl. Goetting 1973, S. 26, 31, 44–48, 78–81, zur Gründung S. 81–85, darüber hinaus Popp 2010, S. 35–48 und öfter.

111 Merseburg: Thietmar 1935, I. 1,18 S. 24, I. 1,28 S. 34, 36; zum Täufer trat unter Otto I. noch Laurentius. Siehe oben Anm. 56. – Magdeburg: Siehe oben Anm. 55. – Vgl. zur Verehrung des Täufers duch die Liudolfinger Lippelt 1973, S. 203–219, kritisch dazu Röckelein 2006, S. 62f. Anm. 144.

112 Siehe oben Anm. 60. Vgl. zu Pöhlde Könighaus 2012, darüber hinaus Schütte 2015, zum Patrozinium S. 32 mit Anm. 90.

113 Gesta episcoporum Halberstadensium 1874, S. 85f., 88; vgl. Janke 2006, S. 34–59, Röckelein 2010, S. 61–63.

114 Quedlinburg: Annales Quedlinburgenses 2004, ad a. 1021 S. 563; S. 562–566 findet sich ein Bericht über die Weihe vom 24. September 1021. Vgl. Benz 1975, S. 176–186. – Halberstadt: Gesta episcoporum Halberstadensium 1874, S. 93; vgl. Bogumil 1972, S. 113–117, Jakobs 2005, S. 280–283, zu Branthog die oben in Anm. 63 genannte Literatur.

115 Vgl. Röckelein 2005, S. 72f.

116 Gero: Vgl. Warnke 2001, S. 220–224 mit Überlegungen zum Charakter des Patroziniums. – Bernhard und Hildeward: Gesta episcoporum Halberstadensium 1874, S. 83, 86; vgl. Janke 2006, S. 35–40, 45–47.

117 Wie oben Anm. 12; vgl. zu Eilsvit Winkel 2010, S. 47.

118 Krühne 1888, S. 10 (Reformatio): *Partem allodiorum, que abbatisse pertinuit, cum aliis plurimis bonis, que pro animabus predictorum principum et cognatorum illorum, quorum omnium corpora ibidem sepulta sunt, in anniversariis eorum ad dandas oblationes fratribus et sororibus et ad dandas elemosinas pauperibus in altari sancti Johannis baptiste oblata et banno Halverstadensis episcopi confirmata fuerunt, mense sue assumpsit*, über Burchard; eine einschlägige Halberstädter Bischofsurkunde ist nicht auf uns gekommen.

119 Lepsius 1854, S. 31 Nr. V, S. 33 Nr. VII; vgl. Winkel 2010, S. 47f. – Naumburger Memorialüberlieferung: Vgl. Wießner 1997, S. 19–23. – Der 1853 gestorbenen Lepsius war ein Naumburger Jurist und Historiker. Vgl. von Wegele 1883. – Siehe zu den genannten Männern oben Anm. 84 (Friedrich), Anm. 77 (Dedo), Anm. 85 (Gero, Konrad), Anm. 81 (Thiemo), Anm. 95 (Heinrich, Konrad, Wilhelm, Dietrich).

120 Schulze u. a. 2000, S. 257f. Nr. 236, Krühne 1888, S. 11 (Reformatio) (wegen eines Lochs im Pergament steht nur die Initiale H, die eben auf Heinrich I. von Eilenburg bezogen wird), wie oben Anm. 80; vgl. Winkel 2010, S. 46–51, das Zitat S. 46. Bei Winkel 2010, S. 319–325 sind in den genealogischen Tafeln die Grablegen verzeichnet. – Friedrich von Münster: Vgl. Wolter 1982, S. 126 mit Anm. 220. – Dietrich von Naumburg: Vgl. Wießner 1998, S. 801–810.

121 Rosenfeld 1925, S. 89f. Nr. 104; vgl. neben Pätzold 1997, S. 111–114, 133–135, 225–229, noch Wießner 1997, S. 195–203, 687–690. – Günther: Vgl. Posse 1897, S. 43, Pätzold 1997, S. 24–26, Wießner 1998, S. 748–751. – Dedo: Vgl. Posse 1897, S. 42, Pätzold 1997, S. 24, 28f.

122 Krühne 1888, S. 9 (Reformatio): *Fridericus [...] ecclesiam, que dicitur Gerbestede, [...] consummavit canonicamque vitam sanctimonialium, quam in eodem loco inceptam repererat, [...] canonice et regulariter ordinavit. Instituerunt enim hi omnes prenominati viri in eadem ecclesia more tocius Romane ecclesie abbatissam, que claustraliter vivens sue spiritualiter preesset congregationi, eidemque abbatisse suam singularem partem de prediis predicte ecclesie ad suam procurationem decreverunt; alia vero ad viginti quatuor prebendas sanctimonialium et sustentationem sex presbiterorum et*

unius diaconi et unius subdiaconi dari iusserunt. Que vero supererant, ipsis laicis, qui dicebantur ministeriales ecclesie ad mandatum solius abbatisse servire debentes, cuique ut dignus erat inpenderunt; vgl. Mittellateinisches Wörterbuch 1999, Sp. 697 f. (claustralis, claustraliter).

123 Krühne 1888, S. 11 (Reformatio): *Sanctimoniales ille violenter exstruse in locum suum per me reducte sunt et ipsarum petitione ordo ille antiqui ... am et in seraturas transmutatus est. Dominus autem meus R(einardus) episcopus ex regula sancti Augustini communicato ecclesie et meo assensu patrem spiritalem eis preesse instituit, qui in spiritalibus necess[itatibus] ... [Id]em tamen pater nunquam nisi per spontaneam et liberam electionem eis preponeretur*; runde und eckige Klammern kennzeichnen vom Herausgeber ergänzten Wortlaut, die Punkte kennzeichnen Lücken. Weiter heißt es Krühne 1888, S. 11 (Reformatio): *Congregatio, que deo gratias numero ad centum viginti moniales sub sancta professione seraturis subdita manet.* Die erste Lücke wird vermutungsweise gefüllt von Erhard 1847. Codex diplomaticus S. 144−146 Nr. CLXXXII (richtig: CLXXXVII), hier S. 146: »Antiquior in S. Benedicti regulam«. − *seratura*: Vgl. Stotz 2000, S. 296, Niermeyer u. a. 2002, Bd. 2, S. 1253 (Zitat). Niermeyer u. a. bieten für diese Bedeutung als Beleg nur die Reformatio, die nach Erhard 1847 angeführt wird.

124 Benedicti Regula 1977, Concilium Aquisgranense 1906 (Institutio canonicorum S. 308−421, Institutio sanctimonialium S. 421−456); vgl. zur Synode Hartmann 1989, S. 155−160, zur ersten Orientierung Schwaiger 1994. − Kanonikerstifte: Vgl. grundlegend Marchal 1999, Marchal 2000, darüber hinaus aus unterschiedlichen Perspektiven Schneidmüller 1986, Moraw 1995, Bünz 2004, Bünz 2007, Meyer 2007.

125 Die Literatur zum weiblichen Religiosentum im Mittelalter ist unübersehbar. Vgl. zu den Kanonissenstiften nur Schäfer 1907, darüber hinaus Andermann 1998, Schilp 1998, Flachenecker 2011, weiter noch Felten 1992, bes. S. 193−200. Siehe zu den an Kanonissenstiften tätigen Klerikern unten Anm. 149. − Schulze u. a. 1965, S. 33 f. betonen am Beispiel dieses ostsächsischen Frauenkonventes, dass die Präbendenordnung im Gegensatz zu einem Kloster mit einer beschränkten Zahl von Konventualinnen verbunden sei.

126 Wie oben Anm. 53, 54, 58, 60−63.

127 Verheijen 1967; vgl. aus der umfangreichen Literatur nur Siegwart 1962, darüber hinaus Weinfurter 1977, Laudage 1992, Weinfurter 2003, Laudage 2004, Weinfurter 2005, als Gesamtdarstellung der Epoche Tellenbach 1988.

128 Werminghoff 1902, S. 669−675, Schieffer 1981, S. 208−225, hier S. 220 f. c. 4; vgl. zur Synode aus der umfangreichen Literatur nur Gresser 2006, S. 41−48, darüber hinaus Blumenthal 2001, S. 98−119, Schilp 1998, S. 19 f. Siehe zur Kritik an den Kanonissen auch unten Anm. 147. − Hildebrand wusste übrigens, worum es hinsichtlich der Kanonissen ging, weil er wenige Jahre zuvor Gandersheim besucht und daher aus römischer Sicht tatsächlich den *minimus angelus* Deutschlands, wie es im Protokoll heißt, gesehen hat. Vgl. Jakobs 2005, S. 127 f. Nr. *19.

129 Concilium Lateranense II 2013, S. 112 c. 26, weitere Ausgabe von Brett/Somerville 2016, S. 270 c. 26; vgl. Foreville 1970, S. 92−119. Hirbodian 2015, S. 422 verwechselt den Canon mit einer »Bulle«. − Decretum Gratiani 1879, C. 18 q. 2 c. 25 Sp. 836; vgl. im Überblick Zapp 1986.

130 Mansi 1776, Sp. 711−718, hier Sp. 714 f. c. 4: *Ad majorem autem domus Dei decorem adjicientes statuimus, ut sanctimoniales & mulieres, quae canonicae nominantur, & irregulariter vivunt, juxta beatorum Benedicti & Augustini rationem, vitam suam in melius corrigant & emendent: Superfluitatem & inhonestatem vestium recidant : & in claustro sint assidue permanentes : choro, refectorium, & dormitorio sint contente, & relicits praebendis, & aliis propriis, earum necessitatibus de communi provideant*; vgl. Horn 1992, S. 202−208.

131 Gesta episcoporum Halberstadensium 1874, S. 102 f.: *Ipse enim in Saxonia primus auctor fuit communis vite, secundum regulam beati Augustini constitute. Quatuor igitur canonicorum regularium instituit congregationes; duas videlicet in Hamersleve et in Kaldeburne a fundamentis instituit et pro posse eas ditavit; in civitate vero in ecclesia beati Iohannis baptiste canonicis non canonice viventibus, et in Sceninghe, sanctimonialibus non sancte viventibus, cum discretione remotis, regulares canonicos ordinavit. In quatuor etiam collegiis, Gerberstet, Hadmersleve, Drubeke, Stuterlingheburg, sanctimonialium inordinate viventium et ordinem et habitum commutavit, eisque sub arta custodia reclusis, ut sub regula beati Benedicti viverent sagaciter ordinavit*; vgl. zu Reinhard Fritsch 1913, S. 49−55, Bogumil 1972, S. 17−203, Fenske 1977, S. 164−194, 182 f. mit unpräzisen Äußerungen zu Gerbstedt, Halm 2015, S. 188−194. − Reinhards Wirken wird nach Menzel 1934, S. 143 f. auch im Chronicon Huiesburgense gelobt: *Vitam quippe sanctimonialium antea nimis miserabilem ad normam monasticae districtionis reflexit; primum ipse clericos, qui dicuntur regulares, in hoc episcopatu instituit, et in quantum valuit, tam clericorum, quam monachorum vitam in melius reformare studuit, per semetipsum quoque tam studiosus in Dei servitio fuit, ut in hoc studio sui similem post se nullum reliquit.* Das Chronicon entstand zwischen 1123 und 1128 in dem Halberstädter Benediktinerkloster Huysburg. Der Verfasser hat eine Vorstufe der heutigen Gesta episcoporum Halberstadensium benutzt. Vgl. zu dem Elaborat von Back 2018 nunmehr Schütte 2018b, zur Huysburg zuletzt Schütte 2018a. − Hamersleben: Vgl. Bogumil 1972, S. 107−113, Jakobs 2005, S. 386−390, Peters 2006. − Kaltenborn: Vgl. Bogumil 1972, S. 117−123, Jakobs 2005, S. 395−398. − St. Johannes: Siehe oben Anm. 114. − Schöningen: Siehe oben Anm. 66.

132 Annalista Saxo 2006, ad a. 1120 S. 566; vgl. Naß 1996, S. 333, Jakobs 2005, S. 235 f. Nr. 79, S. 391 Nr. 1. Man vermutet, dass eine Halberstädter Abordnung an der im März 1116 gehaltenen Synode des Papstes in Rom teilgenommen habe. Vgl. zur Synode Gresser 2006, S. 418−427.

133 Wie oben Anm. 123; die Wendung *sub arta custodia recludere* der Gesta episcoporum Halberstadensium dürfte den aus der Reformatio bekannten Worten *in seraturas transmutare* entsprechen. − Gesta episcoporum Halberstadensium 1874, S. 103 Anm. 17 wird in diesem Zusammenhang auf zwei vom Annalista Saxo 2006, ad a. 1120 S. 566, ad a. 1020 S. 566 f., überlieferte Schriftstücke hingewiesen. Es handelt sich um das oben Anm. 132 genannte Lob des Papstes Paschalis sowie um ein Schreiben des Bischofs Reinhard. Dieses Stück ist in unserem Zusammenhang bedeutungslos, weil es sich auf die Äbtissin Agnes von Quedlinburg und Gandersheim bezieht. Vgl. Naß 1996 S. 334, darüber hinaus Goetting 1973, S. 302 f.

134 Hadmersleben: Wie oben Anm. 62, Schmidt 1883, S. 172 f. Nr. 204; vgl. zu Bischof Rudolf Schütte 2019. Die Bemerkungen von Bogumil 1972, S. 132 f. Anm. 373 zur Lebensform der Hadmersleber Frauen sind gegenstandslos. Fleischgenuss ist zumindest nach der Aachener Institutio sanctimonialium durchaus erlaubt. Vgl. Schilp 1998, S. 76−81. − Drübeck: Wie oben Anm. 50. − Stötterlingenburg: Wie oben Anm. 63.

135 Siehe dazu unten Anm. 172.

136 Vgl. Holtzmann 1933, S. 178f. Anm. 36, Bogumil 1972, S. 137f. mit Anm. 406.

137 Schmidt 1883, S. 81f. Nr. 118: *Monastica religio iuxta b. Benedicti regulam*, S. 95f. Nr. 133: *Sanctimoniales sub regula s. Benedicti militantes*, S. 179–183 Nr. 213, S. 193f. Nr. 226, S. 204f. Nr. 238, S. 216–218 Nr. 249, S. 321–323 Nr. 360; vgl. zum bischöflichen Urkundenwesen Beumann 1939. – ordo: Vgl. zur Bedeutungsbreite nur Niermeyer u. a. 2002, Bd. 2, S. 971–974, darüber hinaus Stotz 2000, S. 26f., Landau 2013.

138 Schmidt 1883, S. 216–218 Nr. 249; vgl. zu Ulrich Fritsch 1913, S. 79–83, zur Huysburg die oben in Anm. 131 genannte Literatur.

139 Schmidt 1883 S. 159–162 Nr. 190 = Zöllner 1979, S. 102–105 Nr. 5: *Ordo canonicus, qui secundum b. Augustini regulam in eisdem ecclesiis noscitur institutus aut in aliis deo propitio instituetur*; vgl. Jakobs 2005, S. 393f. Nr. 4. Das Stück stammt vom 15. November. Nach Diestelkamp u. a. 1989, S. 4–6 Nr. 4 finden sich die Wendungen auch in einer Urkunde des Papstes Innozenz für das Halberstädter Regularkanonikerstift St. Johannes vom 14. November. Vgl. Jakobs 2005, S. 284f. Nr. 5. In den einschlägigen Stücken Diestelkamp u. a. 1989, S. 12–14 Nr. 11 (Eugen III. 1145) und S. 511f. Nr. 2 (Eugen III. 1145/1146) begegnen sie ebenfalls. Vgl. Jakobs 2005, S. 285 Nr. 6, S. 285f. Nr. 7.

140 Concilium Lateranense II 2013, S. 107 c. 9, Brett/Somerville 2016, S. 263 c. 9. – 1128: Graber 2009, S. 4–10 Nr. 2: *Canonicus [...] ordo secundum beati Avgustini regulam*, für Konrad von Meißen und die Regularkanoniker auf dem Petersberg; siehe zum Petersberg oben Anm. 37. – 1138: Dolle 2019, S. 172–174 Nr. 66: *Ordo monasticus, qui secundum beati Benedicti regulam [...] ibidem noscitur institutus*, für die Benediktinerinnen in Lamspringe; vgl. Jakobs 2005, S. 111 Nr. 2, zu Lamspringe Jakobs 2005, S. 106–109, Dylong 2012. – 1138: Graber 2009, S. 16–18 Nr. 5: *Ordo monasticus, qui secundum beati Benedicti regulam ibidem noscitur institutus*, für das Benediktinerkloster Goseck; vgl. Jakobs 2005, S. 437 Nr. 1, zu Goseck Jakobs 2005, S. 435–437. – 1140: Von Heinemann 1867/1873, S. 199–201 Nr. 267: *Ordo monasticus secundum beati Benedicti regulam*, für das Benediktinerinnenkloster Hecklingen; vgl. Jakobs 2005, S. 442 Nr. 2, zu Kecklingen (Hecklingen) Jakobs 2005, S. 440–442, darüber hinaus Beumann 1987. – 1145: Dolle 2019, S. 182–184 Nr. 73: *Ordo canonicus, qui secundem beati Augustini regulam [...] noscitur institutus*, für die deutschen Regularkanoniker; vgl. Jakobs 2005, S. 394 Nr. 5. – 1145 für Hadmersleben: Wie oben Anm. 62. – 1157: Janicke 1896, S. 290–292 Nr. 306: *Ordo canonice professionis iuxta regulam beati Augustini*; vgl. Bringer 2012. – Reformatio: Wie oben Anm. 123.

141 Schmidt 1883, S. 74 Nr. 107 = Jacobs 1875, S. 6f. Nr. 5, Hausmann 1969, DD Ko III 72, 104, 113, 188, 220 (verunechtet?). Die Belege stammen aus den Jahren 1085–1150.

142 Wie oben Anm. 123, 131.

143 Wie oben Anm. 130; vgl. zur Kleidung Schäfer 1907, S. 221–234, zum Bedeutungsfeld von *habitus* Mittellateinisches Wörterbuch 2012, Sp. 923–926.

144 Wie oben Anm. 122, 128; weder Holtzmann 1933, S. 178f. Anm. 36 noch Bogumil 1972, S. 137f. mit Anm. 406 haben diesen Aspekt angesprochen.

145 Die einschlägigen Überlegungen zum Beispiel von Krühne 1888, S. VIIf. oder von Gerstenberg 1911, S. 10 mit Anm. 2, S. 23f., 28f. sind daher zu präzisieren. Abwegig ist zum Beispiel auch die Ansicht von Nebel 1916, S. 142f. mit Anm. 2, der in Gerbstedt wohl Augustinerchorfrauen sehen möchte. Der Krühne 1888, S. 11 wiedergegebene, aus dem 14. Jahrhundert stammende Rückenvermerk der Reformatio hilft nicht weiter.

146 Krühne 1888, S. 32f. Nr. 52, Jacobs 1874, S. 33f. Nr. 33; vgl. zur Entwicklung grundsätzlich Ogris 2003, darüber hinaus Schlotheuber 2018a, S. 15–24 (es handelt sich um einen geringfügig geänderten Nachdruck eines Beitrags von 2009), am Beispiel des Benediktinerinnenklosters Heeslingen-Zeven Bachmann 1966, S. 51–54, des Augustinerchorfrauenstiftes Steterburg Bunselmeyer 1983, S. 142f., 146–159, am Beispiel von Prämonstratenser- und Prämonstratenserinnenstiften Ehlers-Kisseler 2003.

147 Wie oben Anm. 131, Schmidt 1883, S. 95f. Nr. 133: *Hanc vero institutionis traditionem, quod peccatis exigentibus multo tempore neglectam, immo funditus exstirpatam invenimus*; vgl. zur Kritik, zu ihrer Deutung, den Reformen und ihren Folgen Schäfer 1907, S. 1–11, Diestelmann 1955, Andermann 1996, Andermann 2004, bes. S. 23f. zum Umgang mit den Damen, deren Einrichtungen reformiert wurden, Röckelein 2009, darüber hinaus Bogumil 1972, S. 106: »Der Vorwurf, einzelne Stifte und Klöster lebten nicht kanonisch, der Anfang des 12. Jahrhunderts erhoben wurde, beruhte allerdings zum Teil wohl auf Reformrhetorik.« – Nicht überzeugend Röckelein 2009, S. 56f., denn wenn die Einrichtungen bereits im bischöflichen Besitz waren, brauchten die Oberhirten nicht mehr danach zu trachten, »im Zuge der Reform die geistliche und rechtliche Aufsicht über die Frauenkonvente an sich zu ziehen, als Schutzherrn den König abzulösen und die materiellen Ressourcen der Konvente abzuschöpfen«. Bezeichnenderweise konnten die in der Halberstädter Diözese gelegenen reichsunmittelbaren (also unter königlicher Schutzherrschaft stehenden) Frauenstifte Gernrode und Quedlinburg eben nicht reformiert werden. Entgegen Morcinek 2017, S. 59f. hat zumindest im Servatius-Stift zu keiner Zeit die Augustinusregel gegolten. Das war nur der fromme Wunsch der römischen Kurie. Vgl. Andermann 2004, S. 15, Flachenecker 2011, S. 25f.

148 Vgl. Beumann 1991, S. 352.

149 Wie oben Anm. 123, Concilium Aquisgranense 1906. Institutio sanctimonialium, c. 27 S. 455, wie oben Anm. 122; vgl. Schilp 1998, S. 85, 126f., Schreiner 2005.

150 Chronica Sereni Montis 2020, ad a. 1221 S. 263, ad a. 1223 S. 297; vgl. Bogumil 1972, S. 134f. – St. Thomas: Vgl. Bünz 2015, S. 484–488. – Nach Jacobs 1874, S. 19f. Nr. 17, S. 20–22 Nr. 18, S. 22f. Nr. 19, war Wilhelms 1231 erstmals bezeugter Nachfolger Philipp Kaltenborner Regularkanoniker.

151 Vgl. Bogumil 1972, S. 107–128, 131–135, 191–195, zu den Archidiakonaten von Strombeck 1862, Hilling 1902, darüber hinaus Brackmann 1899, S. 129–147. – Brackmann 1899, S. 130 Anm. 1 schreibt die Archidiakonate Kalme und Osterwieck irrig Kaltenborn zu. Nach Schmidt 1883, S. 165 Nr. 195 = Jacobs 1875, S. 21 Nr. 17, Schmidt 1883, S. 273f. Nr. 305 = von Schmidt-Phiseldeck 1874, S. 5f. Nr. 5 und Schmidt 1884, S. 233f. Nr. 1005 in Verbindung mit von Strombeck 1862, S. 74f., 95–97, war indes der Stötterlingenburger Propst zuständig. Schmidt 1883, Nr. 195 ist eine Fälschung. Vgl. Beumann 1940. – Hadmersleben: Siehe oben Anm. 62. In der dort angeführten Urkunde Eugens III. vom 26. Oktober 1145 heißt es, dass der Hadmersleber Propst gegebenenfalls unter Beteiligung der Halberstädter Pröpste zu wählen sei, was in Verbindung mit Dolle 2019, S. 182–184 Nr. 73 eben auf die

Vorsteher der Augustinerchorherrenstifte zielt. Siehe zu Dolle 2019, S. 182–184 Nr. 73 oben Anm. 140. Es handelt sich um eine ebenfalls am 26. Oktober 1145 ausgestellte Urkunde Eugens III. für die deutschen Regularkanoniker. – Drübeck: Siehe oben Anm. 50. – Stötterlingenburg: Siehe oben Anm. 63. – Kaltenborn: Siehe oben Anm. 131. – St. Johannes: Siehe oben Anm. 114. – Schöningen: Siehe oben Anm. 66. – St. Maria: Vgl. Jakobs 2005, S. 275–278.

152 Zöllner 1979, S. 102–105 Nr. 5; vgl. Bogumil 1972, S. 173–177. Bischof Rudolf berief sich 1143 nach Schmidt 1883, S. 172 f. Nr. 204 auf die Urkunde Innozenz' II., und Papst Eugen III. hat 1145 nach Dolle 2019, S. 182–184 Nr. 73 die für unseren Zusammenhang wichtige Verbindung von *congregationes monialium* und regulierten Pröpsten bestätigt. Siehe zu den Papsturkunden auch oben Anm. 139, 140, 151.

153 Vgl. Bogumil 1972, S. 140 f.; ähnlich S. 133, 147.

154 Vgl. Röckelein 2009, S. 62: »Zunächst und vor allem führte die Reform zu einer Entmachtung der Äbtissinnen, die in den Kanonissenstiften mit umfassenden Rechten ausgestattet gewesen waren«, S. 62 Anm. 41 mit Hinweis auf Faust 2006, S. 130–132, die Zitate S. 131, Andermann 2004, S. 20 f. und Bogumil 1972, S. 140 f. – Faust wiederholt Faust 1984. Hirbodian 2015, S. 421 mit Anm. 33 spricht ebenfalls von einer »Entmachtung der Äbtissin« und bietet als Beleg Röckelein 2009, S. 62, womit aber nichts gewonnen ist. – Lamspringe: Siehe oben Anm. 140. – Heeslingen-Zeven: Siehe oben Anm. 67. – Bassum: Vgl. Hucker 2012. – Heiningen: Vgl. Jakobs 2005, S. 140–142, Knochenhauer 2012. – Steterburg: Siehe unten Anm. 67.

155 Vgl. Bachmann 1966, S. 33–43.

156 Vgl. Schlotheuber 2018b (es handelt sich um den mit zwei zusätzlichen Anmerkungen versehenen Nachdruck eines Beitrags aus dem Jahre 2014), Schlotheuber 2020. Das oben in Anm. 154 genannte Zitat aus Röckeleins Beitrag findet sich Schlotheuber 2018b, S. 46 Anm. 41 und Schlotheuber 2020, S. 49 Anm. 45. Die in diesem Zusammenhang (Schlotheuber 2018b, S. 46 Anm. 42, Schlotheuber 2020, S. 49 Anm. 45) auf Lippoldsberg zielenden Worte über den Propst (*qui numquam loco deesse debet*) lassen sich in der genannten Quelle Stimming 1932, S. 310–312 Nr. 405 gar nicht ausmachen. Sie finden sich jedoch Stimming 1932, S. 285–289 Nr. 384 (Fälschung). Vgl. Parisse 1991, S. 487–491.

157 Wie oben Anm. 107, unten Anm. 172.

158 Krühne 1888, S. 12 f. Nr. 11; neuere Ausgabe bei Israël/Möllenberg 1937, S. 526 f. Nr. 400.

159 Krühne 1888, S. 14 Nr. 17 (1190), S. 20 Nr. 29 (1249).

160 Wie unten Anm. 195, 196.

161 Krühne 1888, S. 29 Nr. 46, S. 30 Nr. 47.

162 Schmidt 1883, S. 486–488 Nr. 547, Landesarchiv Sachsen-Anhalt, U 8a, A Hadmersleben II, Nr. 3a: *Abbatissa vero secundum constitutionem ipsius Rainardi et Romanorum pontificum privilegia cum omni congregatione utriusque sexus de vita et moribus suis in melius corrigendis sibi de more obediat*; siehe oben Anm. 62.

163 Zöllner 1979, S. 102–105 Nr. 5: *Congregationes monialium, sive habeant abbatissas sive non, discipline et magisterio canonicorum probate vite vestre professionis de vita et moribus suis in melius corrigendis de more obediant*, danach Eugen III. 1145 Dolle 2019, S. 182–184 Nr. 73; siehe zu den Urkunden oben Anm. 139, 151.

164 Schmidt 1883, S. 215 f. Nr. 248; vgl. Jakobs 2005, S. 253 Nr. 138, S. 336 f. Nr. 8 mit der dort genannten Literatur.

165 Drübeck: Vgl. Jakobs 1874, S. XVII. – Stötterlingenburg: Von Schmidt-Phiseldeck 1874, S. 12–15 Nr. 14.

166 Gerhard von Steterburg 1859; vgl. zum Autor und zum Werk Berg 1979.

167 Wie oben Anm. 122, 99, 123, Krühne 1888, S. 87–90 Nr. 130 a, von Heinemann 1875, S. 338 f. Nr. 467 A, von Heinemann 1867/1873, S. 558 f. Nr. 751; vgl. Schulze u. a. 1965, S. 33 f., 41 f. mit Anm. 53, allgemein Schäfer 1907, S. 128–135, 95–103, darüber hinaus Leyser 1984, S. 120 f.

168 Vgl. Schreiber 1910, Bd. 2, S. 244–246. Die S. 246 Anm. 2 genannte »Maximalzahl« führt zu Knipping 1898, S. 217 Nr. 15 und damit zu Füssenich. Vgl. Ehlers-Kisseler 2003, S. 401, zu Füssenich Schieffer 1986, S. 316–318.

169 Vgl. Jacobs 1874, S. XVII f., Bunselmeyer 1983, S. 144 f.

170 Krühne 1888, S. 20 Nr. 29, S. 14 Nr. 17; vgl. zu den Ämtern zum Beispiel Jacobs 1874, S. XVII, Schulze u. a. 1965, S. 39–42, Bachmann 1966, S. 48–51, Bunselmeyer 1983, S. 135–138, zum Kaplan der Vorsteherin eines Kanonissenstiftes Schäfer 1907, S. 146–148.

171 Vgl. Krühne 1888, S. IX, Jacobs 1874, S. XV f., Schäfer 1907, S. 234–238, zur Kritik Felten 2011a, Felten 2011b.

172 Krühne 1888, S. 7 f. Nr. 7: *Interventu nobilis viri ac dilecti filii nostri Conradi marchionis*; vgl. Jakobs 2005, S. 407 Nr. 2. – Die Quellen zum Italienzug Lothars III. sind bei Petke 1994, Nr. 494–654 kritisch zusammengestellt. Vgl. zu Aquino, Palestrina und Tivoli Nr. 633–640 in Verbindung mit Jaffé u. a. 1885, Nr. 7851–7855, zur Rolle Konrads in Lothars Umfeld Petke 1985, S. 225 f., Mielzarek 2020, S. 127–137, 154–159. – Klein-Gerbstedt wird nach Krühne 1888, S. 725 (Register) nur hier erwähnt. Vgl. Neuß 1987a, S. 136. – Die *Retecheburch* (Rückscheburg) wird nach Krühne 1888, S. 759 (Register) öfter genannt. Vgl. Stolberg 1983, S. 317, darüber hinaus Neuß 1971, Bd. 1, S. 315–318. Neuß beruft sich unkritisch auf Cyriacus Spangenberg (siehe zu Spangenberg oben Anm. 75) und meint, Rikdag habe diese nach ihm benannte Burg erbaut. Weiter nimmt er an, Friedrich von Münster habe seinen Besitz in Klein-Gerbstedt und die *Retecheburch* dem Hochstift Münster geschenkt. Neuß 1987b wiederholt seine Ausführungen von 1971 und vermutet, der in Bresslau/Kehr 1931, D H III 158 genannte Ort *Rihdagesrot*, bei dem es sich um das etwa 14 km (Luftlinie) westlich von Klostermansfeld gelegenen Ritzgerode handelt, sei ebenfalls von Rikdag gegründet worden. Vgl. zur Identifizierung Heßler 1957, S. 149. Auch die geschichtlichen Ausführungen Stolbergs sind alles andere als über jeden Zweifel erhaben.

173 Krühne 1888, S. 9 (Reformatio), S. 11 (Reformatio); vgl. Holtzmann 1933, S. 183 mit Anm. 55.

174 Wie oben Anm. 140. – Die einzelnen Bestimmungen wiederholen sich naturgemäß. Für das 12. Jahrhundert wurde das Material von Schreiber 1910 ausgebreitet. Vgl. für die frühere Zeit Johrendt 2004.

175 Wie oben Anm. 62.

176 Wie oben Anm. 140.

177 Wie oben Anm. 140.

178 Den gegenwärtigen Forschungsstand spiegelt der Sammelband Andermann/Bünz 2019. Vgl. darüber hinaus nur Clauss 2002, zu Halberstadt Barth 1900, S. 327–343, zum Blutvergießen Jerouschek 2008.

179 Vgl. nur Starke 1955, S. 57–62.

180 Kaltenborn: Schmidt 1883, S. 125f. Nr. 152; vgl. die oben in Anm. 131 genannte Literatur. – Marienzell: Schmidt 1883, S. 179–183 Nr. 213; vgl. Lücke 2012, zur Kritik an diesem Beitrag Schütte 2019, S. 29 Anm. 47.

181 Hausmann 1969, D Ko III 169, Israël/Möllenberg 1937, S. 328–330 Nr. 261; vgl. Claude 1975, S. 387–398, Clauss 2002, S. 26f., darüber hinaus Hirsch 1958.

182 Schmidt 1883, S. 216–218 Nr. 249: *Concedimus etiam, ut abbas loci ipsius ipse sibi advocatum prudenter eligendo statuat, quem causa anime sue in necessitatibus suis sibi indeficienter adesse consideret. sed si advocatus, aliter quam decet agens, loco incommodus extiterit, permittimus industrie abbatis, ut episcopi sui et aliorum amicorum Dei auxilio illo remoto alium ydoneum sibi provideat, qui subrogatus nullum ab episcopo servitutis debitum pro advocatia rependere cogatur, sed uterque pro defensione loci eternam remunerationem et speret et consequatur*, Schmidt 1883, S. 321–323 Nr. 360 von Bischof Gardolf 1197 wiederholt; vgl. Römer u.a. 2012a, S. 667f., dazu Schütte 2018a, S. 14 mit Anm. 27.

183 Schmidt 1883, S. 136–138 Nr. 167; vgl. Barth 1900, S. 334, 338.

184 Chronica Sereni Montis 2020, ad a. 1127 S. 87f., Posse 1889, S. 176–179 Nr. 262; vgl. Pätzold 1997, S. 192. Chronica Sereni Montis 2020, S. 88 Anm. 6 wird die Frage der Echtheit des Schreibens Konrads an den Papst Honorius erörtert. Siehe zum Petersberg oben Anm. 37. Auf diesen und zwei weitere Konrad von Meißen betreffende Fälle (Benediktinerkloster Bosau, Hochstift Naumburg) machte Holtzmann 1933, S. 187 aufmerksam. Vgl. Pätzold 1997, S. 225–238.

185 Krühne 1888, S. 9 (Reformatio): *Hoc etiam, ut his qui provectioris etatis inter eosdem cognatos esset advocatiam haberet, et quod nullus ex ipsis eandem advocatiam aliquo modo alienaret, collaudaverunt*, S. 10 über Thiemo: *Qui tunc superstes more instituto eiusdem ecclesie advocatiam tenuit*, über Konrad: *Ego vero quia locus ille ad meam spectabat tutelam et defensionem*.

186 Krühne 1888, S. 4–7 Nr. 6: *Preterea secundum eorundem parentum nostrorum fundatorum scilicet ecclesie traditionem rationabiliter ad nos devolutam perpetuitatis lege indissolubili filiis nostris et eorum heredibus legittimis servandum statuimus, ut principalis sive senior de cognatione advacatus existens nulli unquam advocatiam in ius beneficile concedat nec aliud, quam constitutum est, pro ecclesie defensione speret emolumentum, sed de celo premium prestoletur sempiternum*, Krühne 1888, S. 8–12 Nr. 8 (Reformatio), Posse 1889, S. 176–179 Nr. 262 (1156), S. 308–310 Nr. 446 (1181); vgl. Holtzmann 1933, bes. S. 168–174, 184–190, Winkel 2010, S. 41–45. Eine weitere Ausgabe der Vogteiurkunde bietet Posse 1889, S. 179–181 Nr. 263.

187 Krühne 1888, S. 18f. Nr. 28; neue Ausgabe bei Graber/Kälble 2014, S. 63–65 Nr. 46; vgl. zur Identifizierung der Orte Krühne 1888, S. 741 (Register), S. 711 (Register), zur Sache Holtzmann 1933, S. 187: »Teilvogtei«.

188 Buttenberg 1919, S. 28 Nr. 1, dazu S. 29 Nr. 2, S. 29f. Nr. 4; vgl. Holtzmann 1933, S. 187f. – Hadmersleber: Vgl. Engeln 1875, der aber auf Gerbstedt nicht eingeht.

189 Krühne 1888, S. 18 Nr. 27, S. 23f. Nr. 35; vgl. Holtzmann 1933, S. 188. Konrad von Urach reiste im August und September 1225 von Meißen über Halle und Halberstadt nach Magdeburg, Vgl. Neininger 1994, S. 450–454 Nr. 281–288, S. 451 Nr. 283 zu Krühne 1888, S. 18 Nr. 27. – Mansfelder: Vgl. Größler 1889b, Leers 1907, Helbig 1955, S. 114–117.

190 Wie oben Anm. 99, 107, Hertel 1878, S. 52f. Nr. 58, Israël/Möllenberg 1937, S. 523f. Nr. 398; vgl. Holtzmann 1933, S. 188f.

191 Vgl. Holtzmann 1933, S. 184f., 189f.

192 Wie unten Anm. 206; vgl. Winkel 2010, S. 41–45.

193 Siehe oben nach Anm 116.

194 Niemegk: Vgl. Claude 1975 S. 399–401, der S. 399 Anm. 7 mit den Worten über die Gerbstedter Vogtei irrt, Pätzold 1997, S. 188f., Winkel 2010, S. 51–56. Das bei Bitterfeld gelegene Niemegk musste dem Tagebau weichen. Die Kirche wurde nach Winkel 2010, S. 52 Anm. 210 im Jahre 1980 niedergelegt. – Petersberg: Siehe oben Anm. 37. – Wettinische Herrschaft: Siehe oben Anm. 92, 93.

195 Herminold: Chronica Sereni Montis 2020, ad a. 1124 S. 81f.; vgl. Krühne 1888, S. 4 Nr. 4. – Otto: Chronica Sereni Montis 2020, ad a. 1188 S. 159, ad a. 1192 S. 169–171, Schmidt 1883, S. 294f. Nr. 326, S. 295–297 Nr. 327; vgl. Krühne 1888, S. 13 Nr. 15, S. 14 Nr. 18, S. 14 Nr. 16. – Vgl. hierzu und zum Folgenden die Listen bei Gerstenberg 1911, S. 60–62.

196 Eremfrid: Schmidt 1883, S. 179–183 Nr. 213; vgl. Krühne 1888, S. 12 Nr. 10. – Johannes: Schmidt 1883, S. 338 Nr. 376, S. 339f. Nr. 377, S. 340 Nr. 378, S. 357f. Nr. 398; vgl. Krühne 1888, S. 15 Nr. 19, S. 15 Nr. 20, S. 16 Nr. 22. – Martin: Schmidt 1883, S. 457–461 Nr. 511; vgl. Krühne 1888, S. 16 Nr. 24. – Konrad: Krühne 1888, S. 17 Nr. 25. – Berthold: Wie oben Anm. 187. – Bertram: Wie oben Anm. 159.

197 Siehe oben Anm. 80.

198 Genealogia Wettinensis 1874, S. 228, wie oben Anm. 172, Annales Pegavienses 1859, ad a. 1184 S. 265; vgl. Krühne 1888, S. 4 Nr. 5, S. 13 Nr. 14. – Oda, Bertha, Agnes: Vgl. Posse 1897, S. 44f., Winkel 2010, S. 30 Anm. 76, Kremer 1924, S. 34, darüber hinaus Goetting 1973, S. 304–307. – Pegauer Annalen: Vgl im Überblick Wattenbach/Schmale 1976, S. 415–418.

199 Genealogia Wettinensis 1874, S. 230, Chronica Sereni Montis 2020, ad a. 1224 S. 297, von Erath 1764, S. 125f. Nr. VIII (Urkunde Innozenz' III.); vgl. Posse 1897, S. 46f., darüber hinaus Kremer 1924, S. 35–38, Pätzold 1997, S. 294, Winkel 2010, S. 116. – Vgl. zur Empfängerüberlieferung der Urkunde Innozenz' III. Zöllner 1982, S. 27f. Nr. 11; Ausgabe der Registerüberlieferung: Murauer u.a. 2007, S. 10–13 Nr. 6.

200 Wie oben Anm. 159.

201 Genealogia Wettinensis 1874, S. 228; vgl. Krühne 1888, S. 16 Nr. 23 (irrig »Graf von Vohburg und Markgraf auf dem Nordgau«). – Genealogie: Vgl. von Oefele 1877, S. 22f., 31, Posse 1897, S. 44, Pätzold 1997, S. 285f. mit Anm. 114, Winkel 2010, S. 30 Anm. 76. Mit der 1190 genannten Bertha (siehe oben Anm. 159) ist die Tochter des Andechsers entgegen von Oefele 1877, S. 31 wohl kaum identisch. – Andechs-Meranier: Vgl. Schütz 1998.

202 Krühne 1888, S. 17 Nr. 25; vgl. Lötzke 2005, S. 53f., 100–115, Pätzold 1997, S. 293f. mit Anm. 176.

203 Krühne 1888, S. 18f. Nr. 28; neue Ausgabe bei Graber/Kälble 2014, S. 63–65 Nr. 46; vgl. zur Genealogie nur Pätzold 1997, Genealogische Tafel 2, in die Bertha nach dem zuvor Gesagten eingeordnet werden kann.

204 Wie oben Anm. 159; vgl. zu Identifizierung des Ortes Krühne 1888, S. 775 (Register).

205 Genealogia Wettinensis 1874, S. 229 (Gertrud, Agnes), Chronica Sereni Montis 2020, ad a. 1184 S. 153f. (Agnes); vgl. Krühne 1888, S. 13 Nr. 13, Winkel 2010, S. 30 Anm. 76.

206 Chronica Sereni Montis 2020, ad a. 1146 S. 108f.; Lucardis dürfte vielmehr am 19. Juni 1145 gestorben sein. Vgl. Lobeck 1878, S. 25–27, 67–69, zustimmend Krühne 1888, S. 12 Nr. 9, Hoppe 1965, S. 176–178, allgemein Tebruck 2016a.

207 Constructio claustri Hackelinge 1710; vgl. die oben in Anm. 140 genannte Literatur. Ein Beitrag zu den Plötzkauern wird vorbereitet.

208 Israël/Möllenberg 1937, S. 526f. Nr. 400; vgl. Krühne 1888, S. 12f. Nr. 11, Claude 1975, S. 144, 271.

209 Krühne 1888, S. 15f. Nr. 21; vgl. Schmidt 1883, S. 337 Nr. 375, zu *Rodenburch* Krühne 1888, S. 759 (Register). Siehe auch oben nach Anm. 189.

210 Krühne 1888, S. 17f. Nr. 26.

211 Petrus Albinus 1580, S. 603: »Auffm Petersberg sein anfenglich auch Nonnen gewesen / Welches Kloster hernach gen Gerbstad transferirt worden bey Eisleben. Sind auch nachmals *Sorores conuersae* auffm Petersberg im 1246. Jar gewesen« (in einem Verzeichnis geistlicher Einrichtungen); vgl. Duval 1841, S. 248 Anm. *, Nebel 1916, S. 142f. Anm. 3, Claude 1975, S. 424 mit Anm. 54. Claude beruft sich auf Nebel, der neben Albinus und Duval noch auf zwei weitere Arbeiten hinweist. – Albinus: Vgl. Sauer 1953.

212 Vgl. Chronica Sereni Montis 2020, S. 386 (Register), zur Sache zum Beispiel Weinfurter 1975, S. 290–292, Peters 2006, S. 32–46, Stiebritz 2017. – Entgegen Winkel 2010, S. 71f. mit Anm. 291 bezieht sich der Beleg Chronica Sereni Montis 2020, ad a. 1151 S. 115 vielmehr auf Lipp.

LITERATUR

ALBINUS 1580
Albinus, Petrus: Commentarius novvs de Mysnia Oder Newe Meysnische Chronica [...], Wittenberg 1580

ALTHOFF 1984
Althoff, Gerd: Adels- und Königsfamilien im Spiegel ihrer Memorialüberlieferung. Studien zum Totengedenken der Billunger und Ottonen (= Münstersche Mittelalter-Schriften 47), München 1984

ALVERMANN 1998
Alvermann, Dirk: Datierungsprobleme in den Diplomen Ottos II. und das Itinerar des Kaisers im Jahre 983, in: Documenti medievali greci e latini. Studi comparativi. Atti del Seminario di Erice, 23–29 ottobre 1995, hrsg. von Giuseppe De Gregorio/Otto Kresten (= Incontri di studio 1), Spoleto 1998, S. 339–352

ANDERMANN 1996
Andermann, Ulrich: Die unsittlichen und disziplinlosen Kanonissen. Ein Topos und seine Hintergründe, aufgezeigt an Beispielen sächsischer Frauenstifte (11.–13. Jh.), in: Westfälische Zeitschrift 146, 1996, S. 39–63

ANDERMANN 1998
Andermann, Ulrich: Zur Erforschung mittelalterlicher Kanonissenstifte. Aspekte zum Problem der weiblichen vita canonica, in: Geistliches Leben und standesgemäßes Auskommen. Adlige Damenstifte in Vergangenheit und Gegenwart, hrsg. von Kurt Andermann (= Kraichtaler Kolloquien 1), Tübingen 1998, S. 11–42

ANDERMANN 2004
Andermann, Ulrich: Die sächsischen Frauenstifte und die Kanonikerreform in der ersten Hälfte des 12. Jahrhunderts, in: Reform – Reformation – Säkularisation. Frauenstifte in Krisenzeiten, hrsg. von Thomas Schilp (= Essener Forschungen zum Frauenstift 3), Essen 2004, S. 13–27

ANDERMANN/BÜNZ 2019
Kirchenvogtei und adlige Herrschaftsbildung im europäischen Mittelalter, hrsg. von Kurt Andermann/Emil Bünz (= Vorträge und Forschungen 86), Ostfildern 2019

ANGENENDT 1994
Angenendt, Arnold: Heilige und Reliquien. Die Geschichte ihres Kultes vom frühen Christentum bis zur Gegenwart, München 1994

ANNALES ALTAHENSES MAIORES 1891
Annales Altahenses maiores, hrsg. von Edmund von Oefele (= MGH SS rer. Germ. 4), Hannover 1891

ANNALES MAGDEBURGENSES 1859
Annales Magdeburgenses, hrsg. von Georg Heinrich Pertz, in: MGH SS 16, Hannover 1859, S. 105–196

ANNALES PEGAVIENSES 1859
Annales Pegavienses, hrsg. von Georg Heinrich Pertz, in: MGH SS 16, Hannover 1859, S. 232–270

ANNALES QUEDLINBURGENSES 2004
Annales Quedlinburgenses, hrsg. von Martin Giese (= MGH SS rer. Germ. 72), Hannover 2004

ANNALISTA SAXO 2006
Die Reichschronik des Annalista Saxo, hrsg. von Klaus Naß (= MGH SS 37), Hannover 2006

BACHMANN 1966
Bachmann, Elfriede: Das Kloster Heeslingen-Zeven. Verfassungs- und Wirtschaftsgeschichte (= Einzelschriften des Stader Geschichts- und Heimatvereins e. V. 20), Stade 1966

BACHMANN 2012
Bachmann, Elfriede: Zeven, in: Niedersächsisches Klosterbuch. Verzeichnis der Klöster, Stifte, Kommenden und Beginenhäuser in Niedersachsen und Bremen von den Anfängen bis 1810 1–4, hrsg. von Josef Dolle und Dennis Knochenhauer (= Veröffentlichungen des Instituts für Historische Landesforschung der Universität Göttingen 56/1–4), Bielefeld 2012, hier Bd. 3 S. 1593–1600

BACK 2018
Back, Jessica: Das Chronicon Hujesburgense als Quelle für die Gründung des Benediktinerklosters Huysburg, in: Sachsen und Anhalt. Jahrbuch der Historischen Kommission für Sachsen-Anhalt 30, 2018, S. 107–130

BARTH 1900
Barth, Albert: Das bischöfliche Beamtentum im Mittelalter, vornehmlich in den Diözesen Halberstadt, Hildesheim, Magdeburg und Merseburg, in: Zeitschrift des Harz-Vereins für Geschichte und Altertumskunde 33/2, 1900, S. 322–428

BECHER 2006
Becher, Matthias: Die Auseinandersetzung Heinrichs IV. mit den Sachsen. Freiheitskampf oder Adelsrevolte?, in: Vom Umbruch zur Erneuerung? Das 11. und beginnende 12. Jahrhundert – Positionen der Forschung, hrsg. von Jörg Jarnut und Matthias Wemhoff (= MittelalterStudien des Instituts zur Interdisziplinären Erforschung des Mittelalters und seines Nachwirkens, Paderborn 13), München 2006, S. 357–378

BENEDICTI REGULA 1977
Benedicti Regula, hrsg. von Rudolf Hanslik (= Corpus Scriptorum Ecclesiasticorum Latinorum 75), Wien ²1977

BENZ 1975
Benz, Karl Josef: Untersuchungen zur politischen Bedeutung der Kirchweihe unter Teilnahme der deutschen Herrscher im hohen Mittelalter. Ein Beitrag zum Studium des Verhältnisses zwischen weltlicher Macht und kirchlicher Wirklichkeit unter Otto III. und Heinrich II. (= Regensburger Historische Forschungen 4), Kallmünz 1975

BERG 1979
Berg, Dieter: Gerhard von Steterburg, in: Die deutsche Literatur des Mittelalters. Verfasserlexikon 2, Berlin/New York 1979, Sp. 1243f.

BERGER 1878
Berger, Karl: Chronik von Gerbstädt, enthaltend historische Nachrichten vom Ursprunge bis auf die neueste Zeit, Gerbstädt 1878

BERNDORFF 2010
Berndorff, Lothar: Die Prediger der Grafschaft Mansfeld. Eine Untersuchung zum geistlichen Sonderbewusstsein in der zweiten Hälfte des 16. Jahrhunderts, Potsdam 2010

BEUMANN 1939
Beumann, Helmut: Beiträge zum Urkundenwesen der Bischöfe von Halberstadt (965–1241), in: Archiv für Urkundenforschung 16, 1939, S. 1–101

BEUMANN 1940
Beumann, Helmut: St. Burchardi in Wollingerode, eine Eigenkirche des Klosters Ilsenburg, in: Sachsen und Anhalt. Jahrbuch der Landesgeschichtlichen Forschungsstelle für die Provinz Sachsen und für Anhalt 16, 1940, S. 120–130

BEUMANN 1987
Beumann, Helmut: Zur Frühgeschichte des Klosters Hecklingen, Nachdruck in: Beumann, Helmut: Ausgewählte Aufsätze aus den Jahren 1966–1986. Festgabe zu seinem 75. Geburtstag, hrsg. von Jürgen Petersohn und Roderich Schmidt, Sigmaringen 1987, S. 356–410 (zuerst 1968)

BEUMANN 1991
Beumann, Helmut: Die Auctoritas des Papstes und der Apostelfürsten in Urkunden der Bischöfe von Halberstadt. Vom Wandel des bischöflichen Amtsverständnisses in der späten Salierzeit, in: Die Salier und das Reich 2. Die Reichskirche in der Salierzeit, hrsg. von Stefan Weinfurter, Sigmaringen 1991, S. 333–353

BEUMANN 1995
Beumann, Helmut: Thietmar, Bischof von Merseburg, in: Die deutsche Literatur des Mittelalters. Verfasserlexikon 9, Berlin/New York 1995, Sp. 795–801

BLASCHKE 1993
Blaschke, Karlheinz: Nordhausen, in: Lexikon des Mittelalters 6, München/Zürich 1993, Sp. 1236

BLUMENTHAL 2001
Blumenthal, Uta-Renate: Gregor VII. Papst zwischen Canossa und Kirchenreform (= Gestalten des Mittelalters und der Renaissance), Darmstadt 2001

BODARWÉ 2003
Bodarwé, Katrinette: Bibliotheken in sächsischen Frauenstiften, in: Essen und die sächsischen Frauenstifte im Frühmittelalter, hrsg. von Jan Gerchow und Thomas Schilp (= Essener Forschungen zum Frauenstift 2), Essen 2003, S. 87–112

BODARWÉ 2004
Bodarwé, Katrinette: Sanctimoniales litteratae. Schriftlichkeit und Bildung in den ottonischen Frauenkommunitäten Gandersheim, Essen und Quedlinburg (= Quellen und Studien. Veröffentlichungen des Instituts für kirchengeschichtliche Forschung des Bistums Essen 10), Münster 2004

BODE 2015
Bode, Tina: König und Bischof in ottonischer Zeit. Herrschaftspraxis – Handlungsspielräume – Interaktionen (= Historische Studien 506), Husum 2015

BOETTCHER 2006
Boettcher, Susan R.: Cyriakus Spangenberg als Geschichtsschreiber, in: Reformatoren im Mansfelder Land. Erasmus Sarcerius und Cyriakus Spangenberg, hrsg. von Stefan Rhein und Günther Wartenberg (= Schriften der Stiftung Luthergedenkstätten in Sachsen-Anhalt 4), Leipzig 2006, S. 155–170

BOGUMIL 1972
Bogumil, Karlotto: Das Bistum Halberstadt im 12. Jahrhundert. Studien zur Reichs- und Reformpolitik des Bischofs Reinhard und zum Wirken der Augustiner-Chorherren (= Mitteldeutsche Forschungen 69), Köln/Wien 1972

BRACKMANN 1899
Brackmann, Albert: Urkundliche Geschichte des Halberstädter Domkapitels im Mittelalter. Ein Beitrag zur Verfassungs- und Verwaltungs-Geschichte der deutschen Domkapitel, in: Zeitschrift des Harz-Vereins für Geschichte und Altertumskunde 32, 1899, S. 1–147

BRÄUER 2006
Bräuer, Siegfried: Cyriakus Spangenberg als mansfeldisch-sächsischer Reformationshistoriker, in: Reformatoren im Mansfelder Land. Erasmus Sarcerius und Cyriakus Spangenberg, hrsg. von Stefan Rhein und Günther Wartenberg (= Schriften der Stiftung Luthergedenkstätten in Sachsen-Anhalt 4), Leipzig 2006, S. 171–189

BRESSLAU 1958
Bresslau, Harry: Handbuch der Urkundenlehre für Deutschland und Italien 2, Berlin 3./2. Aufl. 1958

BRESSLAU u. a. 1900/1903
Die Urkunden Heinrichs II. und Arduins, hrsg. von Harry Bresslau u. a. (= MGH DD regum et imperatorum Germaniae 3), Hannover 1900/1903

BRESSLAU/KEHR 1931
Die Urkunden Heinrichs III., hrsg. von Harry Bresslau/Paul Kehr (= MGH DD regum et imperatorum Germaniae 5), Berlin 1931

BRETT/SOMERVILLE 2016
Brett, Martin/Somerville, Robert: The transmission of the councils from 1130 to 1139, in: Pope Innocent II (1130–43). The world vs the city, hrsg. von John Doran und Damian J. Smith (= Church, Faith and Culture in the Medieval West), London/New York 2016, S. 226–271

BRINGER 2012
Bringer, Stefan: Hildesheim – Kollegiatstift zur Sülte, in: Niedersächsisches Klosterbuch. Verzeichnis der Klöster, Stifte, Kommenden und Beginenhäuser in Niedersachsen und Bremen von den Anfängen bis 1810 1–4, hrsg. von Josef Dolle und Dennis Knochenhauer (= Veröffentlichungen des Instituts für Historische Landesforschung der Universität Göttingen 56/1–4), Bielefeld 2012, hier Bd. 2 S. 706–712

BRUNO 1937
Bruno, Saxonicum bellum, hrsg. von Hans-Eberhard Lohmann (= MGH Dt. MA 2), Leipzig 1937

BRÜSCH 2000
Brüsch, Tania: Die Brunonen, ihre Grafschaften und die sächsische Geschichte. Herrschaftsbildung und Adelsbewußtsein im 11. Jahrhundert (= Historische Studien 459), Husum 2000

BUNSELMEYER 1983
Bunselmeyer, Silvia: Das Stift Steterburg im Mittelalter (= Beihefte zum Braunschweigischen Jahrbuch 2), Braunschweig 1983

BUNSELMEYER 2012
Bunselmeyer, Silvia: Steterburg, in: Niedersächsisches Klosterbuch. Verzeichnis der Klöster, Stifte, Kommenden und Beginenhäuser in Niedersachsen und Bremen von den Anfängen bis 1810 1–4, hrsg. von Josef Dolle und Dennis Knochenhauer (= Veröffentlichungen des Instituts für Historische Landesforschung der Universität Göttingen 56/1–4), Bielefeld 2012, hier Bd. 3 S. 1392–1401

BÜNZ 2004
Bünz, Enno: Mittelalterliche Domkapitel als Lebensform, in: Zwischen Kathedrale und Welt. 1000 Jahre Domkapitel Merseburg. Katalog, hrsg. von Karin Heise u. a. (= Schriftenreihe der Vereinigten Domstifter zu Merseburg und Naumburg und des Kollegiatstifts Zeitz 1), Petersberg 2004, S. 13–32

BÜNZ 2007
Bünz, Enno: Oblatio – oblagium – Oblei. Zur Güterorganisation und -verwaltung mittelalterlicher Dom- und Kollegiatstifte, in: Stift und Wirtschaft. Die Finanzierung geistlichen Lebens im Mittelalter, hrsg. von Sönke Lorenz und Andreas Meyer (= Schriften zur südwestdeutschen Landeskunde 58), Ostfildern 2007, S. 19–44

BÜNZ 2015
Bünz, Enno: Klöster und Stifte, in: Geschichte der Stadt Leipzig 1. Von den Anfängen bis zur Reformation, hrsg. von Enno Bünz, Leipzig 2015, S. 482–498

BUTTENBERG 1919
Buttenberg, Fritz: Das Kloster zu Gerbstedt, in: Zeitschrift des Harz-Vereins für Geschichte und Altertumskunde 52, 1919, S. 1–30

CHRONICA SERENI MONTIS 2020
Priester Konrad, Chronica Sereni Montis, hrsg. von Klaus Naß (= MGH SS rer. Germ. 83), Wiesbaden 2020

CHRONICON HILDESHEIMENSE 2006
Chronicon Hildesheimense, in: Mittelalterliche Quellen zur Geschichte Hildesheims, hrsg. von Klaus Naß (= Quellen und Dokumentationen zur Stadtgeschichte Hildesheims 16), Hildesheim 2006, S. 41–109

CLAUDE 1972
Claude, Dietrich: Geschichte des Erzbistums Magdeburg bis in das 12. Jahrhundert 1. Die Geschichte der Erzbischöfe bis auf Ruotger (1124) (= Mitteldeutsche Forschungen 67/1), Köln/Wien 1972

CLAUDE 1975
Claude, Dietrich: Geschichte des Erzbistums Magdeburg bis in das 12. Jahrhundert 2 (= Mitteldeutsche Forschungen 67/2), Köln/Wien 1975

CLAUDE 1978
Claude, Dietrich: Der Königshof Walbeck, in: Jahrbuch für die Geschichte Mittel- und Ostdeutschlands. Publikationsorgan der Historischen Kommission zu Berlin 27, 1978, S. 1–27

CLAUSS 2002
Clauss, Martin: Die Untervogtei. Studien zur Stellvertretung in der Kirchenvogtei im Rahmen der deutschen Verfassungsgeschichte des 11. und 12. Jahrhunderts (= Bonner historische Forschungen 61), Siegburg 2002

CONCILIUM AQUISGRANENSE 1906
Concilium Aquisgranense a. 816, hrsg. von Albert Werminghoff, in: MGH Conc. 2/1, Hannover/Leipzig 1906, S. 307–464

CONCILIUM LATERANENSE II 2013
Concilium Lateranense II 1139, hrsg. von Thomas Izbicki, in: Corpus Christianorum. Conciliorum oecumenicorum generaliumque decreta. Editio critica 2/1. The General Councils of Latin Christendom. From Constantinople IV to Pavia-Siena (869–1424), Turnhout 2013, S. 95–113

CONSTRUCTIO CLAUSTRI HACKELINGE 1710
Constructio claustri Hackelinge vel Heckelinge, in: Johann Christoph Beckmann, Historie Des Fürstenthums Anhalt [...], Zerbst 1710, S. 144–146

COTTIN 2005
Cottin, Markus: Geschichte des Merseburger Domkapitels im Mittelalter (968–1561). Vorüberlegungen zu einer Gesamtdarstellung, in: Zwischen Kathedrale und Welt. 1000 Jahre Domkapitel Merseburg. Aufsätze, hrsg. von Holger Kunde u. a. (= Schriftenreihe der Vereinigten Domstifter zu Merseburg und Naumburg und des Kollegiatstifts Zeitz 2), Petersberg 2005, S. 75–96

COTTIN/MERKEL 2018
Thietmars Welt. Ein Merseburger Bischof schreibt Geschichte. Ausstellungskatalog, hrsg. von Markus Cottin und Lisa Merkel (= Schriftenreihe der Vereinigten Domstifter zu Merseburg und Naumburg und des Kollegiatstifts Zeitz 11), Petersberg 2018

CRONE 1982
Crone, Marie-Luise: Untersuchungen zur Reichskirchenpolitik Lothars III.

(1125–1137) zwischen reichskirchlicher Tradition und Reformkurie
(= Europäische Hochschulschriften. Reihe 3. Geschichte und ihre Hilfswissenschaften 170), Frankfurt/M./Bern 1982

CRUSIUS 2001
Crusius, Irene: Sanctimoniales quae se canonicas vocant. Das Kanonis-
senstift als Forschungsproblem, in: Studien zum Kanonissenstift, hrsg.
von Irene Crusius (= Veröffentlichungen des Max-Planck-Instituts für
Geschichte 167. Studien zur Germania Sacra 24), Göttingen 2001,
S. 9–38

DECRETUM GRATIANI 1879
Corpus iuris canonici 1. Decretum magistri Gratiani, hrsg. von Emil
Friedberg, Leipzig 1879

DENDORFER 2008
Dendorfer, Jürgen: Heinrich V. König und Große am Ende der Salierzeit,
in: Die Salier, das Reich und der Niederrhein, hrsg. von Tilman Struve,
Köln u. a. 2008, S. 115–170

DEUTSCHLÄNDER U. A. 2017
Deutschländer, Gerrit u. a.: Mittelalterliche Klöster und Stifte in Sachsen-
Anhalt, in: Eine Lebenswelt im Wandel. Klöster in Stadt und Land,
hrsg. von Gerrit Deutschländer und Ingrid Würth (= Quellen und For-
schungen zur Geschichte Sachsen-Anhalts 14), Halle (Saale) 2017,
S. 254–267

DIEKAMP 1884
Diekamp, Wilhelm: Zu der Urkunde König Arnolfs für Kloster »Ridigippi«,
in: Mittheilungen des Instituts für Oesterreichische Geschichtsforschung
5, 1884, S. 622 f.

DIESTELKAMP U. A. 1989
Urkundenbuch des Stifts St. Johann bei Halberstadt 1119/23–1804,
bearb. von Adolf Diestelkamp, erg. und hrsg. von Rudolf Engelhardt und
Josef Hartmann (= Quellen zur Geschichte Sachsen-Anhalts 9), Weimar
1989

DIESTELMANN 1955
Diestelmann, Jürgen: Zur Klosterreform des 12. Jahrhunderts in Niedersachsen, in: Jahrbuch der Gesellschaft für niedersächsische Kirchengeschichte 53, 1955, S. 13–23

DOLLE 2019
Papsturkunden in Niedersachsen und Bremen bis 1198, hrsg. von Josef
Dolle (= Veröffentlichungen der Historischen Kommission für Nieder-
sachsen und Bremen 306), Göttingen 2019

DUVAL 1841
Duval, Carl: Der hohe Petersberg bei Halle, in: Thüringen und der Harz,
mit ihren Merkwürdigkeiten, Volkssagen und Legenden [...] 5, Son-
dershausen 1841, S. 241–260

DYLONG 2012
Dylong, Alexander: Lamspringe, in: Niedersächsisches Klosterbuch. Verzeichnis der Klöster, Stifte, Kommenden und Beginenhäuser in Niedersachsen und Bremen von den Anfängen bis 1810 1–4, hrsg. von Josef
Dolle und Dennis Knochenhauer (= Veröffentlichungen des Instituts
für Historische Landesforschung der Universität Göttingen 56/1–4),
Bielefeld 2012, hier Bd. 2 S. 901–908

EHLERS-KISSELER 2003
Ehlers-Kisseler, Ingrid: Die Entwicklung des Pitanz- und Pfründenwe-
sens in den Stiften des Prämonstratenserordens. Eine Untersuchung der
Fragestellung anhand der rheinischen und westfälischen Stifte, in: Studi-
en zum Prämonstratenserorden, hrsg. von Irene Crusius und Helmut
Flachenecker (= Veröffentlichungen des Max-Planck-Instituts für
Geschichte 185. Studien zur Germania Sacra 25), Göttingen 2003,
S. 399–461

EL KHOLI 1997
El Kholi, Susann: Lektüre in Frauenkonventen des ostfränkisch-deut-
schen Reiches vom 8. Jahrhundert bis zur Mitte des 13. Jahrhunderts
(= Epistemata. Würzburger wissenschaftliche Schriften. Reihe Literatur-
wissenschaft 203), Würzburg 1997

ENGELN 1875
Engeln, A.: Die Edlen von Hadmersleben, in: Geschichts-Blätter für Stadt
und Land Magdeburg. Mittheilungen des Vereins für Geschichte und
Alterthumskunde des Herzogthums und Erzstifts Magdeburg 10, 1875,
S. 342–377

VON ERATH 1764
von Erath, Anton Ulrich: Codex diplomaticus Quedlinburgensis,
Frankfurt/M. 1764

ERBE 1969
Erbe, Michael: Studien zur Entwicklung des Niederkirchenwesens in
Ostsachsen vom 8. bis zum 12. Jahrhundert (= Veröffentlichungen des
Max-Planck-Instituts für Geschichte 26. Studien zur Germania Sacra 9),
Göttingen 1969

ERDMANN 1968
Erdmann, Carl: Beiträge zur Geschichte Heinrichs I. (IV–VI), Nachdruck
in: Erdmann, Carl: Ottonische Studien, hrsg. von Helmut Beumann,
Darmstadt 1968, S. 83–130 (zuerst 1941/1943)

ERHARD 1847
Regesta historiae Westfaliae. Accedit codex diplomaticus. Die Quellen
der Geschichte Westfalens, in chronologisch geordneten Nachweisungen
und Auszügen, begleitet von einem Urkundenbuch 1. Von den ältesten
geschichtlichen Nachrichten bis zum Jahre 1125, bearb. von Heinrich
August Erhard, Münster 1847

FAUST 1984
Faust, Ulrich: Benediktinerinnen in Norddeutschland, in: Die Frauen-
klöster in Niedersachsen, Schleswig-Holstein und Bremen, hrsg. von
Ulrich Faust (= Germania Benedictina 11), St. Ottilien 1984, S. 19–41

FAUST 2006
Faust, Ulrich: Die Frauenklöster in den benediktinischen Reformbewegungen des hohen und späten Mittelalters, in: Fromme Frauen – unbe-
queme Frauen? Weibliches Religiosentum im Mittelalter, hrsg. von Edel-
traud Kloeting (= Hildesheimer Forschungen 3), Hildesheim u. a. 2006,
S. 127–142

FELTEN 1992
Felten, Franz J.: Frauenklöster und -stifte im Rheinland im 12. Jahrhundert. Ein Beitrag zur Geschichte der Frauen in der religiösen Bewegung
des hohen Mittelalters, in: Reformidee und Reformpolitik im spätsalisch-
frühstaufischen Reich. Vorträge der Tagung der Gesellschaft für mittelrheinische Kirchengeschichte vom 11. bis 13. September 1991 in Trier,
hrsg. von Stefan Weinfurter (= Quellen und Abhandlungen zur
mittelrheinischen Kirchengeschichte 68), Mainz 1992,
S. 189–300

FELTEN 2011a
Felten, Franz J.: Zum Problem der sozialen Zusammensetzung von alten
Benediktinerklöstern und Konventen der neuen religiösen Bewegung,
Nachdruck in: Felten, Franz J.: Vita religiosa sanctimonialium. Norm und
Praxis des weiblichen religiösen Lebens vom 6. bis zum 13. Jahrhun-
dert, hrsg. von Christine Kleinjung (= Studien und Texte zur Geistes-
und Sozialgeschichte des Mittelalters 4), Korb 2011, S. 163–198
(zuerst 2000)

FELTEN 2011b
Felten, Franz J.: Wie adelig waren Kanonissenstifte (und andere Konvente) im frühen und hohen Mittelalter?, Nachdruck in: Felten, Franz J.: Vita religiosa sanctimonialium. Norm und Praxis des weiblichen religiösen Lebens vom 6. bis zum 13. Jahrhundert, hrsg. von Christine Kleinjung (= Studien und Texte zur Geistes- und Sozialgeschichte des Mittelalters 4), Korb 2011, S. 93–162 (zuerst 2001)

FENSKE 1977
Fenske, Lutz: Adelsopposition und kirchliche Reformbewegung im östlichen Sachsen. Entstehung und Wirkung des sächsischen Widerstandes gegen das salische Königtum während des Investiturstreits (= Veröffentlichungen des Max-Planck-Instituts für Geschichte 47), Göttingen 1977

FLACHENECKER 2011
Flachenecker, Helmut: Damenstifte in der Germania Sacra. Überblick und Forschungsfragen, in: Adelige Damenstifte Oberschwabens in der Frühen Neuzeit. Selbstverständnis, Spielräume, Alltag, hrsg. von Dietmar Schiersner u. a. (= Veröffentlichungen der Kommission für geschichtliche Landeskunde in Baden-Württemberg. Reihe B. Forschungen 187), Stuttgart 2011, S. 17–43

FLECKENSTEIN 1980
Fleckenstein, Josef: Agnatio, in: Lexikon des Mittelalters 1, München/Zürich 1980, Sp. 211

FLECKENSTEIN 1986
Fleckenstein, Josef: Cognatio, in: Lexikon des Mittelalters 3, München/Zürich 1986, Sp. 21 f.

FOREVILLE 1970
Foreville, Raymonde: Lateran I–IV (= Geschichte der ökumenischen Konzilien 6), Mainz 1970

FREUND 2012
Freund, Stephan: Die Gesta archiepiscoporum Magdeburgensium, in: Literatur in der Stadt. Magdeburg in Mittelalter und Früher Neuzeit, hrsg. von Michael Schilling (= Beihefte zum Euphorion 70), Heidelberg 2012, S. 11–32

FRITSCH 1913
Fritsch, Johannes: Die Besetzung des Halberstädter Bistums in den ersten vier Jahrhunderten seines Bestehens, phil. Diss. Halle-Wittenberg 1913

FRITZE 1984
Fritze, Wolfgang H.: Der slawische Aufstand von 983 – eine Schicksalswende in der Geschichte Mitteleuropas, in: Festschrift der Landesgeschichtlichen Vereinigung für die Mark Brandenburg zu ihrem hundertjährigen Bestehen 1884–1984, hrsg. von Eckart Henning und Werner Vogel, Berlin 1984, S. 9–55

FULDAER TOTENANNALEN 1978
Fuldaer Totenannalen, in: Die Klostergemeinschaft von Fulda im früheren Mittelalter 1. Grundlegung und Edition der fuldischen Gedenküberlieferung, hrsg. von Karl Schmid (= Münstersche Mittelalter-Schriften 8/1), München 1978, S. 271–364

GENEALOGIA WETTINENSIS
Genealogia Wettinensis, hrsg. von Ernst Ehrenfeuchter, in: MGH SS 23, Hannover 1874, S. 226–230

GERHARD VON STETERBURG 1859
Gerhard von Steterburg, Annales, hrsg. von Georg Heinrich Pertz, in: MGH SS 16, Hannover 1859, S. 197–231

GERSTENBERG 1911
Gerstenberg, Max: Untersuchungen über das ehemalige Kloster Gerbstedt, phil. Diss. Halle-Wittenberg 1911

GESTA ARCHIEPISCOPORUM MAGDEBURGENSIUM 1883
Gesta archiepiscoporum Magdeburgensium, hrsg. von Wilhelm Schum, in: MGH SS 14, Hannover 1883, S. 361–486

GESTA EPISCOPORUM HALBERSTADENSIUM 1874
Gesta episcoporum Halberstadensium, hrsg. von Ludwig Weiland, in: MGH SS 23, Hannover 1874, S. 73–123

GIESE 1979
Giese, Walburga: Der Stamm der Sachsen und das Reich in ottonischer und salischer Zeit. Studien zum Einfluß des Sachsenstammes auf die politische Geschichte des deutschen Reichs im 10. und 11. Jahrhundert und zu ihrer Stellung im Reichsgefüge mit einem Ausblick auf das 12. und 13. Jahrhundert, Wiesbaden 1979

VON GLADISS/GAWLIK 1978
Die Urkunden Heinrichs IV., hrsg. von Dietrich von Gladiß und Alfred Gawlik (= MGH DD regum et imperatorum Germaniae 6), Hannover 1978

GLOCKER 1989
Glocker, Winfrid: Die Verwandten der Ottonen und ihre Bedeutung in der Politik. Studien zur Familienpolitik und zur Genealogie des sächsischen Kaiserhauses (= Dissertationen zur mittelalterlichen Geschichte 5), Köln/Wien 1989

GOETTING 1973
Goetting, Hans: Das Bistum Hildesheim 1. Das reichsunmittelbare Kanonissenstift Gandersheim (= Germania Sacra. Neue Folge 7), Berlin/New York 1973

GOETTING 1984
Goetting, Hans: Das Bistum Hildesheim 3. Die Hildesheimer Bischöfe von 815 bis 1221 (1227) (= Germania Sacra. Neue Folge 20), Berlin/New York 1984

GÖRICH 1997
Görich, Knut: Eine Wende im Osten: Heinrich II. und Boleslaw Chrobry, in: Otto III. – Heinrich II. Eine Wende?, hrsg. von Bernd Schneidmüller und Stefan Weinfurter (= Mittelalter-Forschungen 1), Sigmaringen 1997, S. 95–167

GRABER 2009
Die Papsturkunden des Hauptstaatsarchivs Dresden 1. Originale Überlieferung 1. 1104–1303, hrsg. von Tom Graber (= Codex diplomaticus Saxoniae 3/1/1), Hannover 2009

GRABER/KÄLBLE 2014
Die Urkunden der Markgrafen von Meißen und Landgrafen von Thüringen 4. 1235–1247, hrsg. von Tom Graber und Mathias Kälble (= Codex diplomaticus Saxoniae 1 A. Bd. 4), Peine 2014

GRAF 2018
Graf, Klaus: Die Magdeburger Schöppenchronik. Anregungen für die künftige Forschung, in: Sachsen und Anhalt. Jahrbuch der Historischen Kommission für Sachsen-Anhalt 30, 2018, S. 131–172

GRAFF 1971
J. F. Böhmer, Regesta Imperii 2. Sächsisches Haus: 919–1024. 4. Abteilung. Die Regesten des Kaiserreiches unter Heinrich II. 1002–1024, neubearb. von Theodor Graff, Wien u. a. 1971

GRESSER 2006
Gresser, Georg: Die Synoden und Konzilien in der Zeit des Reformpapsttums in Deutschland und Italien von Leo IX. bis Calixt II. 1049–1123 (= Konziliengeschichte Reihe A. Darstellungen), Paderborn u. a. 2006

GROSSE 1940
Grosse, Walther: Das Kloster Wendhausen, sein Stiftergeschlecht und seine Klausnerin, in: Sachsen und Anhalt. Jahrbuch der Landesgeschichtlichen Forschungsstelle für die Provinz Sachsen und für Anhalt 16, 1940, S. 45–76

GROSSE 1952
Grosse, Walther: Die Grafen von Walbeck, in: Harz-Zeitschrift 4, 1952, S. 1–18, 28, 31–35

GRÖSSLER 1889a
Größler, Hermann: Geschlechtskunde der Grafen v. Seeburg und der Edelherren von Lutisburg, in: Mansfelder Blätter. Mitteilungen des Vereins für Geschichte und Altertümer der Grafschaft Mansfeld zu Eisleben 3, 1889, S. 104–132

GRÖSSLER 1889b
Größler, Hermann: Geschlechtskunde der Grafen von Mansfeld, in: Mansfelder Blätter. Mitteilungen des Vereins für Geschichte und Altertümer der Grafschaft Mansfeld zu Eisleben 3, 1889, S. 60–79

GRÖSSLER/BRINKMANN 1895
Größler, Hermann/Brinkmann, Adolf: Beschreibende Darstellung der älteren Bau- und Kunstdenkmäler des Mansfelder Seekreises (= Beschreibende Darstellung der älteren Bau- und Kunstdenkmäler der Provinz Sachsen und angrenzender Gebiete 19), Halle (Saale) 1895

HALM 2015
Halm, Martina: Studien zum Hof Heinrichs V., phil. Diss. Bonn 2015 [https://d-nb.info/1080822747/34]

HARDT 2008a
Hardt, Matthias: Gau, in: Handwörterbuch zur deutschen Rechtsgeschichte 1, Berlin ²2008, Sp. 1940–1945

HARDT 2008b
Hardt, Matthias: Gaunamen, in: Handwörterbuch zur deutschen Rechtsgeschichte 1, Berlin ²2008, Sp. 1945–1947

HARTMANN 1989
Hartmann, Wilfried: Die Synoden der Karolingerzeit im Frankenreich und in Italien (= Konziliengeschichte. Reihe A: Darstellungen), Paderborn u. a. 1989

HARTMANN 2017
Hartmann, Wilfried: Neues zur Entstehung der sächsischen Bistümer, in: Archiv für Diplomatik, Schriftgeschichte, Siegel- und Wappenkunde 63, 2017, S. 27–46

HAUCK 1906
Hauck, Albert: Kirchengeschichte Deutschlands 3, Leipzig 3./4. Aufl. 1906

HAUSMANN 1956
Hausmann, Friedrich: Reichskanzlei und Hofkapelle unter Heinrich V. und Konrad III. (= MGH Schriften 14), Stuttgart 1956

HAUSMANN 1969
Die Urkunden Konrads III. und seines Sohnes Heinrich, hrsg. von Friedrich Hausmann (= MGH DD regum et imperatorum Germaniae 9), Wien u. a. 1969

HECHBERGER 2012
Hechberger, Werner: Graf, Grafschaft, in: Handwörterbuch zur deutschen Rechtsgeschichte 2, Berlin ²2012, Sp. 509–522

HEHL 1997
Hehl, Ernst-Dieter: Merseburg – eine Bistumsgründung unter Vorbehalt. Gelübde, Kirchenrecht und politischer Spielraum im 10. Jahrhundert, in: Frühmittelalterliche Studien. Jahrbuch des Instituts für Frühmittelalterforschung der Universität Münster 31, 1997, S. 96–119

VON HEINEMANN 1867/1873
Codex diplomaticus Anhaltinus 1. 936–1212, hrsg. von Otto von Heinemann, Dessau 1867/1873

VON HEINEMANN 1875
Codex diplomaticus Anhaltinus 2. 1212–1300, hrsg. von Otto von Heinemann, Dessau 1875

HEINEMANN 1968
Heinemann, Wolfgang: Das Bistum Hildesheim im Kräftespiel der Reichs- und Territorialpolitik vornehmlich des 12. Jahrhunderts (= Quellen und Darstellungen zur Geschichte Niedersachsens 72), Hildesheim 1968

HELBIG 1955
Helbig, Herbert: Der wettinische Ständestaat. Untersuchungen zur Geschichte des Ständewesens und der landständischen Verfassung in Mitteldeutschland bis 1485 (= Mitteldeutsche Forschungen 4), Münster/Köln 1955

HERTEL 1878
Urkundenbuch des Klosters Unser Lieben Frauen zu Magdeburg, hrsg. von Gustav Hertel (= Geschichtsquellen der Provinz Sachsen und angrenzender Gebiete 10), Halle (Saale) 1878

HESSLER 1957
Heßler, Wolfgang: Mitteldeutsche Gaue des frühen und hohen Mittelalters (= Abhandlungen der Sächsischen Akademie der Wissenschaften zu Leipzig. Philologisch-historische Klasse 49/2), Berlin 1957

HEY 1893
Hey, Gustav: Die slavischen Siedelungen im Königreich Sachsen mit Erklärung ihrer Namen, Dresden 1893

HILLING 1902
Hilling, Nikolaus: Beiträge zur Geschichte der Verfassung und Verwaltung des Bistums Halberstadt im Mittelalter 1. Die Halberstädter Archidiakonate, Lingen 1902

HIRBODIAN 2015
Hirbodian, Sigrid: Weltliche Herrschaft zwischen Kirche und Welt. Geistliche Fürstinnen im 11.–14. Jahrhundert, in: Mächtige Frauen? Königinnen und Fürstinnen im europäischen Mittelalter (11.–14. Jahrhundert), hrsg. von Claudia Zey (= Vorträge und Forschungen 81), Ostfildern 2015, S. 411–436

HIRSCH 1958
Hirsch, Hans: Die hohe Gerichtsbarkeit im deutschen Mittelalter, Darmstadt ²1958

HOFFMANN 1976
Hoffmann, Hartmut: Zur Geschichte Ottos des Großen, Nachdruck in: Otto der Große, hrsg. von Harald Zimmermann (= Wege der Forschung 450), Darmstadt 1976, S. 9–45 (zuerst 1972)

HOFFMANN 1993
Hoffmann, Hartmut: Mönchskönig und rex idiota. Studien zur Kirchen-

politik Heinrichs II. und Konrads II. (= MGH Studien und Texte 8), Hannover 1993

HOFFMANN 2015
Hoffmann, Hartmut: Zu den Annales Quedlinburgenses, in: Sachsen und Anhalt. Jahrbuch der Historischen Kommission für Sachsen-Anhalt 27, 2015, S. 139–178

HOLTZMANN 1933
Holtzmann, Walther: Wettinische Urkundenstudien, in: Kritische Beiträge zur Geschichte des Mittelalters. Festschrift für Robert Holtzmann zum sechzigsten Geburtstag (= Historische Studien 238), Berlin 1933, S. 167–190

HOLTZMANN 1962a
Holtzmann, Robert: Die Aufhebung und Wiederherstellung des Bistums Merseburg. Ein Beitrag zur Kritik Thietmars, Nachdruck in: Holtzmann, Robert: Aufsätze zur deutschen Geschichte im Mittelelberaum, hrsg. von Albrecht Timm, Darmstadt 1962, S. 86–126 (zuerst 1926)

HOLTZMANN 1962b
Holtzmann, Robert: Das Laurentius-Kloster zu Calbe. Ein Beitrag zur Erläuterung Thietmars von Merseburg, Nachdruck in: Holtzmann, Robert: Aufsätze zur deutschen Geschichte im Mittelelberaum, hrsg. von Albrecht Timm, Darmstadt 1962, S. 163–192 (zuerst 1930)

HONEMANN 1983
Honemann, Volker: ›Klostergründungsgeschichten‹, in: Die deutsche Literatur des Mittelalters. Verfasserlexikon 4, Berlin/New York 1983, Sp. 1239–1247

HOPPE 1965
Hoppe, Willy: Markgraf Konrad von Meißen, der Reichsfürst und Gründer des wettinischen Staates, Nachdruck in: Hoppe, Willy: Die Mark Brandenburg, Wettin und Magdeburg. Ausgewählte Aufsätze, hrsg. von Herbert Ludat, Köln/Graz 1965, S. 153–206 (zuerst 1919)

HOPPENROD 1732
Hoppenrod, Andreas: Oratio de Monasteriis Mansfeldensibus, in: Schöttgen, Christian/Kreysig, George Christoph: Diplomatische und curieuse Nachlese der Historie von Ober-Sachsen und angrentzenden Ländern 8, Dresden/Leipzig 1732, S. 633–650

HORN 1992
Horn, Michael: Studien zur Geschichte Papst Eugens III. (1145–1153) (= Europäische Hochschulschriften. Reihe 3. Geschichte und ihre Hilfswissenschaften 508), Frankfurt/M. u. a. 1992

HUCKE 1956
Hucke, Richard G.: Die Grafen von Stade 900–1144. Genealogie, politische Stellung, Comitat und Allodialbesitz der sächsischen Udonen (= Einzelschriften des Stader Geschichts- und Heimatvereins 8), Stade 1956

HUCKER 2012
Hucker, Bernd Ulrich: Bassum, in: Niedersächsisches Klosterbuch. Verzeichnis der Klöster, Stifte, Kommenden und Beginenhäuser in Niedersachsen und Bremen von den Anfängen bis 1810 1–4, hrsg. von Josef Dolle/Dennis Knochenhauer (= Veröffentlichungen des Instituts für Historische Landesforschung der Universität Göttingen 56/1–4), Bielefeld 2012, hier Bd. 1 S. 59–70

HÜLS 1977
Hüls, Rudolf: Kardinäle, Klerus und Kirchen Roms 1049–1130 (= Bibliothek des Deutschen Historischen Instituts in Rom 48), Tübingen 1977

HUSCHNER 2003
Huschner, Wolfgang: Transalpine Kommunikation im Mittelalter. Diplomatische, kulturelle und politische Wechselwirkungen zwischen Italien und dem nordalpinen Reich (9.–11. Jahrhundert) 1–3 (= MGH Schriften 52/1–3), Hannover 2003

ISRAËL/MÖLLENBERG 1937
Urkundenbuch des Erzstifts Magdeburg 1 (937–1192), hrsg. von Friedrich Israël und Walter Möllenberg (= Geschichtsquellen der Provinz Sachsen und des Freistaates Anhalt. Neue Reihe 18), Magdeburg 1937

JACOBS 1874
Urkundenbuch des in der Grafschaft Wernigerode belegenen Klosters Drübeck. Vom Jahr 877–1594, hrsg. von Eduard Jacobs (= Geschichtsquellen der Provinz Sachsen und angrenzender Gebiete 5), Halle (Saale) 1874

JACOBS 1875
Urkundenbuch des in der Grafschaft Wernigerode belegenen Klosters Ilsenburg 1. Die Urkunden v. J. 1003–1460, hrsg. von Eduard Jacobs (= Geschichtsquellen der Provinz Sachsen und angrenzender Gebiete 6/1), Halle (Saale) 1875

JAFFÉ u. a. 1885
Regesta pontificum Romanorum ab condita ecclesia ad annum post Christum natum MCXCVIII 1. A s. Petro ad a. MCXLIII, bearb. von Philipp Jaffé u. a., Leipzig 1885

JAKOBS 1978
Germania Pontificia 4. Provincia Maguntinensis 4. S. Bonifatius, Archidioecesis Maguntinensis, Abbatia Fuldensis, bearb. von Hermann Jakobs, Göttingen 1978

JAKOBS 2003
Germania Pontificia 5/1. Provincia Maguntinensis 5. Dioeceses Patherbrunnensis et Verdensis, bearb. von Hermann Jakobs, Göttingen 2003

JAKOBS 2005
Germania Pontificia 5/2. Provincia Maguntinensis 6. Dioeceses Hildesheimensis et Halberstadensis, bearb. von Hermann Jakobs, Göttingen 2005

JANICKE 1896
Urkundenbuch des Hochstifts Hildesheim und seiner Bischöfe 1. Bis 1221, hrsg. von Karl Janicke (= Publicationen aus den K. Preußischen Staatsarchiven 65), Leipzig 1896

JANKE 2006
Janke, Petra: Ein heilbringender Schatz. Die Reliquienverehrung am Halberstädter Dom im Mittelalter. Geschichte, Kult und Kunst, Berlin 2006

JANKOWSKI 2012
Jankowski, Detlef: Reinsdorf, in: Die Mönchsklöster der Benediktiner in Mecklenburg-Vorpommern, Sachsen-Anhalt, Thüringen und Sachsen 1–2, hrsg. von Christof Römer und Monika Lücke (= Germania Benedictina 10/1–2), St. Ottilien 2012, hier Bd. 2 S. 1303–1354

JEROUSCHEK 2008
Jerouschek, Günter: Ecclesia non sitit sanguinem, in: Handwörterbuch zur deutschen Rechtsgeschichte 1, Berlin ²2008, Sp. 1174–1176

JOHRENDT 2004
Johrendt, Jochen: Papsttum und Landeskirchen im Spiegel der päpst-

lichen Urkunden (896–1046) (= MGH Studien und Texte 33), Hannover 2004

KASTNER 1974
Kastner, Jörg: Historiae fundationum monasteriorum. Frühformen monastischer Institutionsgeschichtsschreibung im Mittelalter (= Münchener Beiträge zur Mediävistik und Renaissance-Forschung 18), München 1974

KEHR 1899
Urkundenbuch des Hochstifts Merseburg 1 (962–1357), hrsg. von Paul Kehr (= Geschichtsquellen der Provinz Sachsen und angrenzender Gebiete 36), Halle (Saale) 1899

KEIL 1985
Keil, Gundolf: ›Magdeburger Schöppenchronik‹, in: Die deutsche Literatur des Mittelalters. Verfasserlexikon 5, Berlin/New York 1985, Sp. 1132–1142

KELLER/ALTHOFF 2008
Keller, Hagen/Althoff, Gerd: Die Zeit der späten Karolinger und der Ottonen. Krisen und Konsolidierungen 888–1024 (= Gebhardt. Handbuch der deutschen Geschichte 3), Stuttgart 2008

KELLNER 1911
Kellner, Heinrich: Heortologie oder die geschichtliche Entwicklung des Kirchenjahres und der Heiligenfeste von den ältesten Zeiten bis zur Gegenwart, Freiburg/B. ³1911

KLEINEN 2004
Kleinen, Michael: Bischof und Reform. Burchard II. von Halberstadt (1059–1088) und die Klosterreformen (= Historische Studien 484), Husum 2004

KNIPPING 1898
Knipping, Richard: Ungedruckte Urkunden der Erzbischöfe von Köln aus dem 12. und 13. Jahrhundert, in: Annalen des Historischen Vereins für den Niederrhein, insbesondere die alte Erzdiözese Köln 65, 1898, S. 202–236

KNOCHENHAUER 2012
Knochenhauer, Dennis: Heiningen, in: Niedersächsisches Klosterbuch. Verzeichnis der Klöster, Stifte, Kommenden und Beginenhäuser in Niedersachsen und Bremen von den Anfängen bis 1810 1–4, hrsg. von Josef Dolle und Dennis Knochenhauer (= Veröffentlichungen des Instituts für Historische Landesforschung der Universität Göttingen 56/1–4), Bielefeld 2012, hier Bd. 2 S. 614–624

KOHL 2003
Kohl, Wilhelm: Das Bistum Münster 7/3. Die Diözese (= Germania Sacra. Neue Folge 37/3), Berlin/New York 2003

KÖLZER 2015
Kölzer, Theo: Die Anfänge der sächsischen Diözesen in der Karolingerzeit, in: Archiv für Diplomatik, Schriftgeschichte, Siegel- und Wappenkunde 61, 2015, S. 11–37

KÖLZER 2020
Kölzer, Theo: Frühe Kirchen und Klöster in Sachsen – eine Nachlese, in: Perspektiven der Landesgeschichte. Festschrift für Thomas Vogtherr, hrsg. von Christine van den Heuvel u. a. (= Veröffentlichungen der Historischen Kommission für Niedersachsen und Bremen 312), Göttingen 2020, S. 47–80

KÖNIGHAUS 2012
Könighaus, Waldemar: Pöhlde, in: Niedersächsisches Klosterbuch. Verzeichnis der Klöster, Stifte, Kommenden und Beginenhäuser in Niedersachsen und Bremen von den Anfängen bis 1810 1–4, hrsg. von Josef Dolle und Dennis Knochenhauer (= Veröffentlichungen des Instituts für Historische Landesforschung der Universität Göttingen 56/1–4), Bielefeld 2012, hier Bd. 3 S. 1254–1262

KRAHNERT 2014
Krahnert, Claudia: Der Verlust der libertas. Ein Anlass zur Urkundenfälschung? Ein Erklärungsversuch zur Entstehung der Urkunde Ludwigs des Jüngeren für das Kloster Drübeck, in: Harz-Zeitschrift 66, 2014, S. 53–77

KREMER 1924
Kremer, Marita Die Aebtissinnen des Stifts Quedlinburg. Personal- und Amtsdaten, phil. Diss. Leipzig 1924

KRÜGER/FAILLA 2012
Krüger, Julian/Failla, Marco: Helmstedt – Benediktiner St. Ludgeri, in: Niedersächsisches Klosterbuch. Verzeichnis der Klöster, Stifte, Kommenden und Beginenhäuser in Niedersachsen und Bremen von den Anfängen bis 1810 1–4, hrsg. von Josef Dolle und Dennis Knochenhauer (= Veröffentlichungen des Instituts für Historische Landesforschung der Universität Göttingen 56/1–4), Bielefeld 2012, hier Bd. 2 S. 626–635

KRÜHNE 1888
Urkundenbuch der Klöster der Grafschaft Mansfeld, hrsg. von Max Krühne (= Geschichtsquellen der Provinz Sachsen und angrenzender Gebiete 20), Halle (Saale) 1888

KRUPPA 2013
Kruppa, Nathalie: Die Klosterlandschaft im Bistum Hildesheim im frühen und hohen Mittelalter im Vergleich zu ihren Nachbarbistümern Paderborn, Minden, Verden und Halberstadt, in: Niedersächsisches Jahrbuch für Landesgeschichte 85, 2013, S. 135–189

LAMPERT 1894
Lampert von Hersfeld, Opera, hrsg. von Oswald Holder-Egger (= MGH SS rer. Germ. 38), Hannover/Leipzig 1894

LANDAU 2013
Landau, Peter: Der Begriff *ordo* in der mittelalterlichen Kanonistik, Nachdruck in: Landau, Peter: Europäische Rechtsgeschichte und kanonisches Recht im Mittelalter. Ausgewählte Aufsätze aus den Jahren 1967 bis 2006, Badenweiler 2013, S. 385–399 (zuerst 2003)

LAUDAGE 1992
Laudage, Johannes: Ad exemplar primitivae ecclesiae. Kurie, Reich und Klerusreform von Urban II. bis Calixt II., in: Reformidee und Reformpolitik im spätsalisch-frühstaufischen Reich. Vorträge der Tagung der Gesellschaft für mittelrheinische Kirchengeschichte vom 11. bis 13. September 1991 in Trier, hrsg. von Stefan Weinfurter (= Quellen und Abhandlungen zur mittelrheinischen Kirchengeschichte 68), Mainz 1992, S. 47–73

LAUDAGE 2004
Laudage, Johannes: Norm und Geschichte. Mittelalterliche Kanoniker und ihre Lebensregeln, in: Frömmigkeitsformen in Mittelalter und Renaissance, hrsg. von Johannes Laudage (= Studia humaniora 37), Düsseldorf 2004, S. 48–95

LEBEN DER LIUTBIRG 1937
Das Leben der Liutbirg. Eine Quelle zur Geschichte der Sachsen in karolingischer Zeit, hrsg. von Ottokar Menzel (= MGH Dt. MA 3), Leipzig 1937

LEBENSBESCHREIBUNGEN 1994
Die Lebensbeschreibungen der Königin Mathilde, hrsg. von Bernd Schütte (= MGH SS rer. Germ. 66), Hannover 1994

LEERS 1907
Leers, Rudolf: Geschlechtskunde der Grafen von Mansfeld Querfurter Stammes, in: Mansfelder Blätter. Mitteilungen des Vereins für Geschichte und Altertümer der Grafschaft Mansfeld zu Eisleben 21, 1907, S. 97–151

LEPSIUS 1854
Lepsius, Karl Peter: Ueber das Alterthum und die Stifter des Domes zu Naumburg und deren Statuen im westlichen Chor desselben, Nachdruck in: Lepsius, Karl Peter: Kleine Schriften. Beiträge zur thüringisch-sächsischen Geschichte und deutschen Kunst- und Alterthumskunde 1, hrsg. von Albert Schulz, Magdeburg 1854, S. 1–35 (zuerst 1822)

LEYSER 1984
Leyser, Karl J.: Herrschaft und Konflikt. König und Adel im ottonischen Sachsen (= Veröffentlichungen des Max-Planck-Instituts für Geschichte 76), Göttingen 1984

LIBRI CONFRATERNITATUM SANCTI GALLI, AUGIENSIS, FABARIENSIS 1884
Libri confraternitatum Sancti Galli, Augiensis, Fabariensis, hrsg. von Paul Piper (= MGH Necr. Supplementum), Berlin 1884

LIPPELT 1973
Lippelt, Helmut: Thietmar von Merseburg. Reichsbischof und Chronist (= Mitteldeutsche Forschungen 72), Köln/Wien 1973

LOBECK 1878
Lobeck, Immanuel Ludwig Otto: Markgraf Konrad von Meissen, phil. Diss. Leipzig 1878

LÖTZKE 2005
Lötzke, Helmut: Die Burggrafen von Magdeburg aus dem Querfurter Hause, phil. Diss. Greifswald 1950 = Bad Langensalza 2005

LÖWE 1990
Wattenbach – Levison. Deutschlands Geschichtsquellen im Mittelalter. Vorzeit und Karolinger 6. Die Karolinger vom Vertrag von Verdun bis zum Herrschaftsantritt der Herrscher aus dem sächsischen Hause. Das ostfränkische Reich, bearb. von Heinz Löwe, Weimar 1990

LUBICH 2008
Lubich, Gerhard: Verwandtsein. Lesarten einer politisch-sozialen Beziehung im Frühmittelalter (6.–11. Jahrhundert) (= Europäische Geschichtsdarstellungen 16), Köln u. a. 2008

LUBICH 2016
J. F. Böhmer, Regesta Imperii 3. Salisches Haus: 1024–1125. 2. Teil: 1056–1125. 3. Abteilung: Die Regesten des Kaiserreiches unter Heinrich IV. 1056 (1050)–1106. 4. Lieferung: 1086 1105/06, neubearb. von Gerhard Lubich, Weimar/Wien 2016

LÜBKE 1984, 1985, 1986, 1987
Lübke, Christian: Regesten zur Geschichte der Slaven an Elbe und Oder (vom Jahr 900 an) 1. Verzeichnis der Literatur und der Quellensigel (= Osteuropastudien der Hochschulen des Landes Hessen. Reihe 1. Gießener Abhandlungen zur Agrar- und Wirtschaftsforschung des europäischen Ostens 131), Berlin 1984, 2. Regesten 900–983 (= Osteuropastudien [...] 133), Berlin 1985, 3. Regesten 983–1013 (= Osteuropastudien [...] 134), Berlin 1986, 4. Regesten 1013–1057 (= Osteuropastudien [...] 152), Berlin 1987, 5. Index der Teile 2–4 (= Osteuropastudien [...] 157), Berlin 1988

LÜCKE 2012
Lücke, Monika: Eilversdorf (Marienzell), in: Die Mönchsklöster der Benediktiner in Mecklenburg-Vorpommern, Sachsen-Anhalt, Thüringen und Sachsen 1–2, hrsg. von Christof Römer und Monika Lücke (= Germania Benedictina 10/1–2), St. Ottilien 2012, hier Bd. 1 S. 303–313

LUDAT 1971
Ludat, Herbert: An Elbe und Oder um das Jahr 1000. Skizzen zur Politik des Ottonenreiches und der slavischen Mächte in Mitteleuropa, Köln/Wien 1971

LÜPKE 1937
Lüpke, Siegfried: Die Markgrafen der Sächsischen Ostmarken in der Zeit von Gero bis zum Beginn des Investiturstreites (940–1075), phil. Diss. Halle-Wittenberg 1937

MANSI 1776
Mansi, Giovanni Domenico: Sacrorum conciliorum nova et amplissima collectio [...] 21, Venedig 1776

MARCHAL 1999, 2000
Marchal, Guy P.: Was war das weltliche Kanonikerinstitut im Mittelalter? Dom- und Kollegiatstifte: Eine Einführung und eine neue Perspektive, in: Revue d'histoire ecclésiastique 94, 1999, S. 761–807; 95, 2000, S. 7–53

MARLOW 2017
Marlow, Christian: Die Quedlinburger Äbtissinnen im Hochmittelalter. Das Stift Quedlinburg in Zeiten der Krise und des Wandels bis 1137, phil. Diss. Magdeburg 2017 [https://d-nb.info/1161462007/34]

MEHDORN 2021
Mehdorn, Andreas M.: Prosopographie der Missionare im karolingischen Sachsen (ca. 750–850) (= MGH Hilfsmittel 32), Wiesbaden 2021

MEIER 1967
Meier, Rudolf: Die Domkapitel zu Goslar und Halberstadt in ihrer persönlichen Zusammensetzung im Mittelalter (mit Beiträgen über die Standesverhältnisse der bis zum Jahre 1200 nachweisbaren Hildesheimer Domherren) (= Veröffentlichungen des Max-Planck-Instituts für Geschichte 5. Studien zur Germania Sacra 1), Göttingen 1967

MENZEL 1934
Menzel, Ottokar: Das »Chronicon Hujesburgense«, in: Studien und Mitteilungen zur Geschichte des Benediktinerordens und seiner Zweige 52, 1934, S. 130–145, Nachtrag zum »Chronicon Hujesburgense« S. 260

MEYER 2007
Meyer, Andreas: Das Aufkommen des Numerus certus an Dom- und Stiftskirchen, in: Stift und Wirtschaft. Die Finanzierung geistlichen Lebens im Mittelalter, hrsg. von Sönke Lorenz und Andreas Meyer (= Schriften zur südwestdeutschen Landeskunde 58), Ostfildern 2007, S. 1–17

MEYER VON KNONAU 1909
Meyer von Knonau, Gerold: Jahrbücher des Deutschen Reiches unter Heinrich IV. und Heinrich V. 7. 1116 (Schluß) bis 1125 (= Jahrbücher der Deutschen Geschichte), Leipzig 1909

MIELZAREK 2020
Mielzarek, Christoph: Albrecht der Bär und Konrad von Wettin. Fürstliche Herrschaft in den ostsächsischen Marken im 12. Jahrhundert (= Forschungen zur Geschichte und Kultur des östlichen Mitteleuropa 56), Wien u. a. 2020

MIKOLETZKY 1950
J. F. Böhmer, Regesta Imperii 2. Sächsisches Haus: 919–1024. 2.

Abteilung: Die Regesten des Kaiserreiches unter Otto II. 955 (973) – 983, neubearb. von Hanns Leo Mikoletzky, Graz 1950

MITTELLATEINISCHES WÖRTERBUCH 1967, 1999, 2012
Mittellateinisches Wörterbuch bis zum ausgehenden 13. Jahrhundert 1, Berlin 1967; 2, München 1999; 4. Lieferung 6, München 2012

MORAW 1995
Moraw, Peter: Über Typologie, Chronologie und Geographie der Stiftskirche im deutschen Mittelalter, Nachdruck in: Moraw, Peter: Über König und Reich. Aufsätze zur deutschen Verfassungsgeschichte des späten Mittelalters, hrsg. von Rainer Christoph Schwinges, Sigmaringen 1995, S. 151–174 (zuerst 1980)

MORCINEK 2017
Morcinek, Eric: Die Urkunden des Klosters Wendhusen zu Thale, in: Eine Lebenswelt im Wandel. Klöster in Stadt und Land, hrsg. von Gerrit Deutschländer und Ingrid Würth (= Quellen und Forschungen zur Geschichte Sachsen-Anhalts 14), Halle (Saale) 2017, S. 48–98

MÜHLBACHER 1966
J. F. Böhmer, Regesta Imperii 1. Die Regesten des Kaiserreichs unter den Karolingern 751–918, neubearb. von Engelbert Mühlbacher, Hildesheim 1966

MÜLLER 1909
Müller, Ernst: Das Königsurkunden-Verzeichnis des Bistums Hildesheim und das Gründungsjahr des Klosters Steterburg, in: Archiv für Urkundenforschung 2, 1909, S. 491–512

VON MÜLVERSTEDT 1886
Regesta archiepiscopatus Magdeburgensis. Sammlung von Auszügen aus Urkunden und Annalisten zur Geschichte des Erzstifts und Herzogthums Magdeburg 3. Von 1270 bis 1305, bearb. von George Adalbert von Mülverstedt, Magdeburg 1886

MURAUER 2007
Die Register Innocenz' III. 10. Pontifikatsjahr, 1207/1208, hrsg. von Rainer Murauer u. a. (= Publikationen des Historischen Instituts beim Österreichischen Kulturforum in Rom 2/1. Die Register Innocenz' III. 10), Wien 2007

NASS 1996
Naß, Klaus: Die Reichschronik des Annalista Saxo und die sächsische Geschichtsschreibung im 12. Jahrhundert (= MGH Schriften 41), Hannover 1996

NEBEL 1916
Nebel, Arthur: Die Anfänge und die kirchliche Rechtsstellung des Augustiner-Chorherrenstifts St. Peter auf dem Lauterberge (Petersberg bei Halle), in: Thüringisch-Sächsische Zeitschrift für Geschichte und Kunst 6, 1916, S. 113–176

NEININGER 1994
Neininger, Falko: Konrad von Urach († 1227). Zähringer, Zisterzienser, Kardinallegat (= Quellen und Forschungen aus dem Gebiet der Geschichte. Neue Folge 17), Paderborn u. a. 1994

NEUSS 1971
Neuß, Erich: Wüstungskunde der Mansfelder Kreise (Seekreis und Gebirgskreis) 1–2, Weimar 1971

NEUSS 1987a
Neuß, Erich: Gerbstedt, in: Provinz Sachsen/Anhalt, hrsg. von Berent Schwineköper (= Handbuch der historischen Stätten Deutschlands 11), Stuttgart ²1987, S. 135f.

NEUSS 1987b
Neuß, Erich: Riddagsburg, in: Provinz Sachsen/Anhalt, hrsg. von Berent Schwineköper (= Handbuch der historischen Stätten Deutschlands 11), Stuttgart ²1987, S. 389

NIERMEYER u. a. 2002
Niermeyer, Jan Frederik u. a.: Mediae Latinitatis lexicon minus 1–2, Darmstadt ²2002

OBERSTE 2003
Oberste, Jörg: Heilige und ihre Reliquien in der politischen Kultur der früheren Ottonenzeit, in: Frühmittelalterliche Studien. Jahrbuch des Instituts für Frühmittelalterforschung der Universität Münster 37, 2003, S. 73–98

VON OEFELE 1877
von Oefele, Edmund: Geschichte der Grafen von Andechs, Innsbruck 1877

OEXLE 1978
Oexle, Otto Gerhard: Die Überlieferung der fuldischen Totenannalen, in: Die Klostergemeinschaft von Fulda im früheren Mittelalter 2/2. Untersuchungen, hrsg. von Karl Schmid (= Münstersche Mittelalter-Schriften 8/2/2), München 1978, S. 447–504

OGRIS 2003
Ogris, Werner: Die Konventualenpfründe im mittelalterlichen Kloster, Nachdruck in: Ogris, Werner: Elemente europäischer Rechtskultur. Rechtshistorische Aufsätze aus den Jahren 1961–2003, hrsg. von Thomas Olechowski, Wien u. s. 2003, S. 457–498 (zuerst 1962)

VON OTTENTHAL 1967
J. F. Böhmer, Regesta Imperii 2. Sächsisches Haus: 919–1024. 1. Abteilung: Die Regesten des Kaiserreichs unter Heinrich I. und Otto I. 919–973, neubearb. von Emil von Ottenthal, Ergänzungen von Hans H. Kaminsky, Hildesheim 1967

PARISSE 1991
Parisse, Michel: Die Frauenstifte und Frauenklöster in Sachsen vom 10. bis zur Mitte des 12. Jahrhunderts, in: Die Salier und das Reich 2. Die Reichskirche in der Salierzeit, hrsg. von Stefan Weinfurter, Sigmaringen 1991, S. 465–501

PARTENHEIMER 2001
Partenheimer, Lutz: Albrecht der Bär. Gründer der Mark Brandenburg und des Fürstentums Anhalt, Köln u. a. 2001

PATZE 2002
Patze, Hans: Klostergründung und Klosterchronik, Nachdruck in: Ausgewählte Aufsätze von Hans Patze, hrsg. von Peter Johanek u. a. (= Vorträge und Forschungen 50), Stuttgart 2002, S. 251–284 (zuerst 1977)

PÄTZOLD 1997
Pätzold, Stefan: Die frühen Wettiner. Adelsfamilie und Hausüberlieferung bis 1221 (= Geschichte und Politik in Sachsen 6), Köln u. a. 1997

PETERS 2006
Peters, Günter: Das Augustinerchorherrenstift Hamersleben. Entstehung und soziales Umfeld einer doppelklösterlichen Regularkanonikergemeinschaft im hochmittelalterlichen Ostsachsen, in: Jahrbuch für die Geschichte Mittel- und Ostdeutschlands. Zeitschrift für vergleichende und preußische Landesgeschichte 52, 2006, S. 1–53

PETKE 1985
Petke, Wolfgang: Kanzlei, Kapelle und königliche Kurie unter Lothar III.

(1125–1137) (= Forschungen zur Kaiser- und Papstgeschichte des Mittelalters. Beihefte zu J. F. Böhmer, Regesta Imperii 5), Köln/Wien 1985

PETKE 1994
J. F. Böhmer, Regesta Imperii 4. 1. Abteilung: Die Regesten des Kaiserreiches unter Lothar III. und Konrad III. 1. Teil: Lothar III. 1125 (1075)–1137, neubearb. von Wolfgang Petke, Köln u. a. 1994

POPP 2010
Popp, Christian: Der Schatz der Kanonissen. Heilige und Reliquien im Frauenstift Gandersheim (= Studien zum Frauenstift Gandersheim und seinen Eigenklöstern 3), Regensburg 2010

POSSE 1881
Posse, Otto: Die Markgrafen von Meissen und das Haus Wettin bis zu Konrad dem Grossen, Leipzig 1881

POSSE 1897
Posse, Otto: Die Wettiner. Genealogie des Gesammthauses Wettin Ernestinischer und Albertinischer Linie mit Einschluß der regierenden Häuser von Großbritannien, Belgien, Portugal und Bulgarien, Leipzig/Berlin 1897

POSSE 1889
Urkunden der Markgrafen von Meißen und Landgrafen von Thüringen 1100–1195, hrsg. von Otto Posse (= Codex diplomaticus Saxoniae regiae 1/2), Leipzig 1889

QUIRIN 1965
Quirin, Heinz: Kohren, in: Sachsen, hrsg. von Walter Schlesinger (= Handbuch der historischen Stätten Deutschlands 8), Stuttgart 1965, S. 168 f.

RAABE 1995
Raabe, Christiane: Das Zisterzienserkloster Mariental bei Helmstedt von der Gründung 1138 bis 1337. Die Besitz- und Wirtschaftsgeschichte unter Einbeziehung der politischen und ordensgeschichtlichen Stellung (= Berliner Historische Studien 20. Ordensstudien 9), Berlin 1995

REINHARDT 2012
Reinhardt, Uta: Lüneburg – Benediktiner, später ev. Männerkloster St. Michaelis, in: Niedersächsisches Klosterbuch. Verzeichnis der Klöster, Stifte, Kommenden und Beginenhäuser in Niedersachsen und Bremen von den Anfängen bis 1810 1–4, hrsg. von Josef Dolle/Dennis Knochenhauer (= Veröffentlichungen des Instituts für Historische Landesforschung der Universität Göttingen 56/1–4), Bielefeld 2012, hier Bd. 2 S. 947–960

RENTSCHLER 2012
Rentschler, Daniel: Marken und Markgrafen im früh- und hochmittelalterlichen Reich. Eine vergleichende Untersuchung vorwiegend auf der Basis von Königsurkunden und andere »offiziellen Quellen«, phil. Diss. Stuttgart 2012 [https://elib.uni-stuttgart.de/handle/11682/5407]

REULING 1996
Reuling, Ulrich: Quedlinburg. Königspfalz – Reichsstift – Markt, in: Deutsche Königspfalzen. Beiträge zu ihrer historischen und archäologischen Erforschung 4. Pfalzen – Reichsgut – Königshöfe, hrsg. von Lutz Fenske (= Veröffentlichungen des Max-Planck-Instituts für Geschichte 11/4), Göttingen 1996, S. 184–247

RÖCKELEIN 1999
Röckelein, Hedwig: Halberstadt, Helmstedt und die Liudgeriden, in: Das Jahrtausend der Mönche. Kloster Welt Werden 799–1803, hrsg. von Jan Gerchow, Köln 1999, S. 65–73

RÖCKELEIN 2005
Röckelein, Hedwig: Gründer, Stifter und Heilige – Patrone der Frauenkonvente, in: Krone und Schleier. Kunst aus mittelalterlichen Frauenklöstern, München 2005, S. 67–77

RÖCKELEIN 2006
Röckelein, Hedwig: Gandersheimer Reliquienschätze – erste vorläufige Beobachtungen, in: Gandersheim und Essen. Vergleichende Untersuchungen zu sächsischen Frauenstiften, hrsg. von Martin Hoernes und Hedwig Röckelein (= Essener Forschungen zum Frauenstift 4), Essen 2006, S. 33–96

RÖCKELEIN 2009
Röckelein, Hedwig: Die Auswirkungen der Kanonikerreform des 12. Jahrhunderts auf Kanonissen, Augustinerchorfrauen und Benediktinerinnen, in: Institution und Charisma. Festschrift für Gert Melville zum 65. Geburtstag, hrsg. von Franz J. Felten u. a., Köln u. a. 2009, S. 55–72

RÖCKELEIN 2010
Röckelein, Hedwig: Zur Akkumulation sakraler Schätze im östlichen Harzraum während des frühen und hohen Mittelalters, in: ... das Heilige sichtbar machen. Domschätze in Vergangenheit, Gegenwart und Zukunft (= Veröffentlichung des Landesamtes für Denkmalpflege und Archäologie Sachsen-Anhalt. Arbeitsberichte 9), Halle (Saale)/Regensburg 2010, S. 59–82

RÖMER 2012
Römer, Christof: Magdeburg, St. Moritz, in: Die Mönchsklöster der Benediktiner in Mecklenburg-Vorpommern, Sachsen-Anhalt, Thüringen und Sachsen 1–2, hrsg. von Christof Römer und Monika Lücke (= Germania Benedictina 10/1–2), St. Ottilien 2012, hier Bd. 2 S. 901–926

RÖMER u. a. 2012a
Römer, Christof u. a.: Huysburg, in: Die Mönchsklöster der Benediktiner in Mecklenburg-Vorpommern, Sachsen-Anhalt, Thüringen und Sachsen 1–2, hrsg. von Christof Römer und Monika Lücke (Germania Benedictina 10/1–2), St. Ottilien 2012, hier Bd. 1 S. 627–696

RÖMER u. a. 2012b
Römer, Christof u. a.: Nienburg an der Saale, in: Die Mönchsklöster der Benediktiner in Mecklenburg-Vorpommern, Sachsen-Anhalt, Thüringen und Sachsen 1–2, hrsg. von Christof Römer und Monika Lücke (= Germania Benedictina 10/1–2), St. Ottilien 2012, hier Bd. 2 S. 1033–1100

RÖMER/FRECKMANN 2012
Römer, Christof/Freckmann, Anja: Magdeburg, St. Johannis zu Berge, in: Die Mönchsklöster der Benediktiner in Mecklenburg-Vorpommern, Sachsen-Anhalt, Thüringen und Sachsen 1–2, hrsg. von Christof Römer und Monika Lücke (= Germania Benedictina 10/1–2), St. Ottilien 2012, hier Bd. 2 S. 805–899.

RÖMER/MARX 2012
Römer, Christof/Marx, Petra: Gröningen, in: Die Mönchsklöster der Benediktiner in Mecklenburg-Vorpommern, Sachsen-Anhalt, Thüringen und Sachsen 1–2, hrsg. von Christof Römer und Monika Lücke (= Germania Benedictina 10/1–2), St. Ottilien 2012, hier Bd. 1 S. 505–544

ROSENFELD 1925
Urkundenbuch des Hochstifts Naumburg 1 (967–1207), hrsg. von Felix Rosenfeld (= Geschichtsquellen der Provinz Sachsen und des Freistaates Anhalt. Neue Reihe 1), Magdeburg 1925

RUPP 1996
Rupp, Gabriele: Die Ekkehardiner, Markgrafen von Meißen, und ihre

Beziehungen zum Reich und zu den Piasten (= Europäische Hochschulschriften. Reihe 3. Geschichte und ihre Hilfswissenschaften 691), Frankfurt/M. u. a. 1996

SAUER 1953
Sauer, Bruno: Albinus (Weis), Petrus, in: Neue Deutsche Biographie 1, Berlin 1953, S. 151

SCHÄFER 1907
Schäfer, Karl Heinrich: Die Kanonissenstifter im deutschen Mittelalter. Ihre Entwicklung und innere Einrichtung im Zusammenhang mit dem altchristlichen Sanktimonialentum (= Kirchenrechtliche Abhandlungen 43/44), Stuttgart 1907

SCHIEFFER 1976
Schieffer, Rudolf: Die Entstehung von Domkapiteln in Deutschland (= Bonner Historische Forschungen 43), Bonn 1976

SCHIEFFER 1981
Schieffer, Rudolf: Die Entstehung des päpstlichen Investiturverbots für den deutschen König (= MGH Schriften 28), Stuttgart 1981

SCHIEFFER 1985
Schieffer, Rudolf: Lampert von Hersfeld, in: Die deutsche Literatur des Mittelalters. Verfasserlexikon 5, Berlin/New York 1985, Sp. 513–520

SCHIEFFER 1986
Germania Pontificia 7. Provincia Coloniensis 1. Archidioecesis Coloniensis, bearb. von Theodor Schieffer, Göttingen 1986

SCHIEFFER 2011
Schieffer, Rudolf: Die Entstehung der ostsächsischen Klosterlandschaft bis zum Ende des 12. Jahrhunderts, in: Studien und Mitteilungen zur Geschichte des Benediktinerordens und seiner Zweige 122, 2011, S. 7–28

SCHILP 1998
Schilp, Thomas: Norm und Wirklichkeit religiöser Frauengemeinschaften im Frühmittelalter. Die Institutio sanctimonialium Aquisgranensis des Jahres 816 und die Problematik der Verfassung von Frauenkommunitäten (= Veröffentlichungen des Max-Planck-Instituts für Geschichte 137. Studien zur Germania Sacra 21), Göttingen 1998

SCHLESINGER 1962
Schlesinger, Walter: Kirchengeschichte Sachsens im Mittelalter 1. Von den Anfängen kirchlicher Verkündigung bis zum Ende des Investiturstreites (= Mitteldeutsche Forschungen 27/1), Köln/Graz 1962

SCHLOTHEUBER 2008
Schlotheuber, Eva: Die gelehrten Bräute Christi. Geistesleben und Bücher der Nonnen im Hochmittelalter, in: Die gelehrten Bräute Christi. Geistesleben und Bücher der Nonnen im Hochmittelalter. Vorträge, hrsg. von Helwig Schmidt-Glinzer (= Wolfenbütteler Hefte 27), Wiesbaden 2008, S. 39–81

SCHLOTHEUBER 2018a
Schlotheuber, Eva: Familienpolitik und geistliche Aufgaben, in: Eva Schlotheuber, »Gelehrte Bräute Christi«. Geistliche Frauen in der mittelalterlichen Gesellschaft (= Spätmittelalter, Humanismus, Reformation. Studies in the Late Middle Ages, Humanism and the Reformation 104), Tübingen 2018, S. 13–35

SCHLOTHEUBER 2018b
Schlotheuber, Eva: The ›Freedom of their Own Rule‹ and the Role of the Provost in Women's Monasteries of the Twelfth and Thirteenth Centuries, in: Eva Schlotheuber, »Gelehrte Bräute Christi«. Geistliche Frauen in der mittelalterlichen Gesellschaft (= Spätmittelalter, Humanismus, Reformation. Studies in the Late Middle Ages, Humanism and the Reformation 104), Tübingen 2018, S. 37–59

SCHLOTHEUBER 2020
Schlotheuber, Eva: Doctrina privata und doctrina publica. Überlegungen zu den mittelalterlichen Frauenklöstern als Wissens- und Bildungsraum, in: Die Wirkmacht klösterlichen Lebens. Modelle – Ordnungen – Kompetenzen – Konzepte, hrsg. von Mirko Breitenstein und Gert Melville (= Klöster als Innovationslabore. Studien und Texte 6), Regensburg 2020, S. 33–51

SCHMALE 1978a
Schmale, Franz-Josef: Arnold von Berge und Nienburg, in: Die deutsche Literatur des Mittelalters. Verfasserlexikon 1, Berlin/New York 1978, Sp. 462–464

SCHMALE 1978b
Schmale, Franz-Josef: Bruno von Magdeburg, in: Die deutsche Literatur des Mittelalters. Verfasserlexikon 1, Berlin/New York 1978, Sp. 1071–1073

SCHMID 1960
Schmid, Karl: Neue Quellen zum Verständnis des Adels im 10. Jahrhundert, in: Zeitschrift für die Geschichte des Oberrheins 108 = Neue Folge 69, 1960, S. 185–232

SCHMID 1978
Die Klostergemeinschaft von Fulda im früheren Mittelalter 2/1. Kommentiertes Parallelregister, hrsg. von Karl Schmid (= Münstersche Mittelalter-Schriften 8/2/1), München 1978

SCHMID/WOLLASCH 1984
Memoria. Der geschichtliche Zeugniswert des liturgischen Gedenkens im Mittelalter, hrsg. von Karl Schmid und Joachim Wollasch (= Münstersche Mittelalter-Schriften 48), München 1984

SCHMIDT 1883
Urkundenbuch des Hochstifts Halberstadt und seiner Bischöfe 1. Bis 1236, hrsg. von Gustav Schmidt (= Publicationen aus den K. Preußischen Staatsarchiven 17), Leipzig 1883

SCHMIDT 1884
Urkundenbuch des Hochstifts Halberstadt und seiner Bischöfe 2. 1236–1303, hrsg. von Gustav Schmidt (= Publicationen aus den K. Preußischen Staatsarchiven 21), Leipzig 1884

VON SCHMIDT-PHISELDECK 1874
Die Urkunden des Klosters Stötterlingenburg, hrsg. von Carl von Schmidt-Phiseldeck (= Geschichtsquellen der Provinz Sachsen und angrenzender Gebiete 4), Halle (Saale) 1874

SCHMITT 2000
Schmitt, Reinhard: Die Klöster im Mansfelder Land. Zum Stand der baugeschichtlichen Erforschung, in: Mitteldeutschland, das Mansfelder Land und die Stadt Halle. Neuere Forschungen zur Landes- und Regionalgeschichte. Protokolle des Kolloquiums zum einhundertsten Geburtstag von Erich Neuß am 28./29. Mai 1999 in Halle (= Beiträge zur Regional- und Landeskultur Sachsen-Anhalts 15), Halle (Saale) 2000, S. 173–191

SCHMITT 2007
Schmitt, Reinhard: Die Kirche des Benediktinernonnenklosters Stötterlingenburg bei Osterwieck. Ein Beitrag zur frühen Baugeschichte, in: Religiöse Bewegungen im Mittelalter. Festschrift für Matthias Werner zum 65. Geburtstag, hrsg. von Enno Bünz u. a. (= Veröffentlichungen der Historischen Kommission für Thüringen. Kleine Reihe 24. Schriftenreihe der Friedrich-Christian-Lesser-Stiftung 19), Köln u. a. 2007, S. 447–475

SCHMITZ 2008
Schmitz, Gerhard: Besprechung von Lubich 2008, in: Deutsches Archiv für Erforschung des Mittelalters 64, 2008, S. 727–729

SCHNEIDMÜLLER 1986
Schneidmüller, Bernd: Verfassung und Güterordnung weltlicher Kollegiatstifte im Hochmittelalter, in: Zeitschrift der Savigny-Stiftung für Rechtsgeschichte. Kanonistische Abteilung 72, 1986, S. 115–151

SCHÖLKOPF 1957
Schölkopf, Ruth: Die Sächsischen Grafen (919–1024) (= Veröffentlichungen der Historischen Kommission für Niedersachsen [Bremen und die früheren Länder Hannover, Oldenburg, Braunschweig und Schaumburg-Lippe]. Studien und Vorarbeiten zum Historischen Atlas Niedersachsens 22), Göttingen 1957

SCHOLZ 2007
Scholz, Michael: Kalbe/Milde, in: Brandenburgisches Klosterbuch. Handbuch der Klöster, Stifte und Kommenden bis zur Mitte des 16. Jahrhunderts 1–2, hrsg. von Heinz-Dieter Heimann u. a. (= Brandenburgische Historische Studien 14), Berlin 2007, hier Bd. 1 S. 671–675

SCHÖPPENCHRONIK 1869
Die Magdeburger Schöppenchronik, hrsg. von Karl Janicke (= Die Chroniken der deutschen Städte vom 14. bis in's 16. Jahrhundert 7), Leipzig 1869

SCHRADER 1988a
Schrader, Franz: Die Benediktinerinnenabtei St. Peter und Paul in Hadmersleben, in: Schrader, Franz: Stadt, Kloster und Seelsorge. Beiträge zur Stadt-, Kloster- und Seelsorgegeschichte im Raum der mittelalterlichen Bistümer Magdeburg und Halberstadt. Gesammelte Aufsätze (= Studien zur katholischen Bistums- und Klostergeschichte 29), Leipzig 1988, S. 143–158

SCHRADER 1988b
Schrader, Franz: Die Herkunft von Bischof Bernhard von Halberstadt, des Gründers des Klosters Hadmersleben, Nachdruck in: Schrader, Franz: Stadt, Kloster und Seelsorge. Beiträge zur Stadt-, Kloster- und Seelsorgegeschichte im Raum der mittelalterlichen Bistümer Magdeburg und Halberstadt. Gesammelte Aufsätze (= Studien zur katholischen Bistums- und Klostergeschichte 29), Leipzig 1988, S. 159–175 (zuerst 1975)

SCHRADER 2012
Schrader, Franz: Arneburg, in: Die Mönchsklöster der Benediktiner in Mecklenburg-Vorpommern, Sachsen-Anhalt, Thüringen und Sachsen 1–2, hrsg. von Christof Römer und Monika Lücke (= Germania Benedictina 10/1–2), St. Ottilien 2012, hier Bd. 1 S. 65–68

SCHRAGE 1999
Schrage, Gertraud Eva: Zur Siedlungspolitik der Ottonen. Untersuchungen zur Integration der Gebiete östlich der Saale im 10. Jahrhundert, in: Blätter für deutsche Landesgeschichte 135, 1999, S. 189–268

SCHREIBER 1910
Schreiber, Georg: Kurie und Kloster im 12. Jahrhundert. Studien zur Privilegierung, Verfassung und besonders zum Eigenkirchenwesen der vorfranziskanischen Orden vornehmlich auf Grund der Papsturkunden von Paschalis II. bis auf Lucius III. (1099–1181) 1–2 (= Kirchenrechtliche Abhandlungen 65/66–67/68), Stuttgart 1910

SCHREINER 2005
Schreiner, Klaus: Seelsorge in Frauenklöstern – Sakramentale Dienste, geistliche Erbauung, ethische Disziplinierung, in: Krone und Schleier. Kunst aus mittelalterlichen Frauenklöstern, München 2005, S. 53–65

SCHUBERT 1997
Schubert, Ernst: Geschichte Niedersachsens vom 9. bis zum ausgehenden 15. Jahrhundert, in: Geschichte Niedersachsens 2/1. Politik, Verfassung, Wirtschaft vom 9. bis zum ausgehenden 15. Jahrhundert, hrsg. von Ernst Schubert (= Veröffentlichungen der Historischen Kommission für Niedersachsen und Bremen. Reihe 36. Geschichte Niedersachsens 2/1), Hannover 1997, S. 3–904

SCHUFFELS 2018
Schuffels, Christian: Thietmar und die Stiftsgründung seiner Familie in Walbeck an der Aller, in: Thietmars Welt. Ein Merseburger Bischof schreibt Geschichte. Ausstellungskatalog, hrsg. von Markus Cottin und Lisa Merkel (= Schriftenreihe der Vereinigten Domstifter zu Merseburg und Naumburg und des Kollegiatstifts Zeitz 11), Petersberg 2018, S. 25–55

SCHULMEYER-AHL 2009
Schulmeyer-Ahl, Kerstin: Der Anfang vom Ende der Ottonen. Konstitutionsbedingungen historiographischer Nachrichten in der Chronik Thietmars von Merseburg (= Millenium-Studien zu Kultur und Geschichte des ersten Jahrtausends n. Chr. 26), Berlin/New York 2009

SCHULZE 1963
Schulze, Hans K.: Adelsherrschaft und Landesherrschaft. Studien zur Verfassungs- und Besitzgeschichte der Altmark, des ostsächsischen Raumes und des hannoverschen Wendlandes im hohen Mittelalter (= Mitteldeutsche Forschungen 29), Köln/Graz 1963

SCHULZE 2001
Schulze, Hans K.: Der Raum um den Harz als Herrschafts- und Sakrallandschaft im Zeitalter der Ottonen, in: Sachsen und Anhalt. Jahrbuch der Historischen Kommission für Sachsen-Anhalt 23, 2001, S. 83–139

SCHULZE 2010
Schulze, Hans K.: Der Harz-Elbe-Saale-Unstrutraum als historische Landschaft. Königtum, Adel und Kirche im Zeitalter der Ottonen, in: Walbecker Forschungen, hrsg. von Berthold Heinecke und Christian Schuffels, Petersberg 2010, S. 13–54

SCHULZE u. a. 1965
Schulze, Hans K. u. a.: Das Stift Gernrode (= Mitteldeutsche Forschungen 38), Köln/Graz 1965

SCHULZE u. a. 2000
Urkundenbuch des Hochstifts Naumburg 2 (1207–1304), hrsg. von Hans K. Schulze u. a. (= Quellen und Forschungen zur Geschichte Sachsen-Anhalts 2), Köln u. a. 2000

SCHUMANN 1912
Schumann, Otto: Die päpstlichen Legaten in Deutschland zur Zeit Heinrichs IV. und Heinrichs V. (1056–1125), phil. Diss. Marburg 1912

SCHÜTTE 1994
Schütte, Bernd: Untersuchungen zu den Lebensbeschreibungen der Königin Mathilde (= MGH Studien und Texte 9), Hannover 1994

SCHÜTTE 2015
Schütte, Bernd: Mittelalterliche Königshöfe und Pfalzen im heutigen Niedersachsen. Pöhlde als herrscherlicher Aufenthaltsort, München 2015

SCHÜTTE 2018a
Schütte, Bernd: Die Anfänge der Huysburg und der Pfarrkirche zu Eilenstedt, in: Romanische Stuckplastik aus der Dorfkirche zu Eilenstedt, hrsg. von Elisabeth Rüber-Schütte (= Veröffentlichung des Landesamtes für Denkmalpflege und Archäologie Sachsen-Anhalt. Kleine Hefte zur Denkmalpflege 13), Halle (Saale) 2018, S. 9–30

SCHÜTTE 2018b
Schütte, Bernd: Einige kritische Bemerkungen zu einer Neuerscheinung zum Chronicon Huiesburgense und zur Frühgeschichte der Huysburg, in: Burgen und Schlösser in Sachsen-Anhalt. Mitteilungen der Landesgruppe Sachsen-Anhalt der Deutschen Burgenvereinigung e. V. 27, 2018, S. 377–385

SCHÜTTE 2019
Schütte, Friedrich W.: Bischof Rudolf von Halberstadt (1136–1149). Ein geistlicher Reichsfürst der frühen Stauferzeit, in: Jahrbuch für mitteldeutsche Kirchen- und Ordensgeschichte 15, 2019, S. 15–51

SCHÜTZ 1998
Schütz, Alois Die Andechs-Meranier in Franken und ihre Rolle in der europäischen Politik des Hochmittelalters, in: Die Andechs-Meranier in Franken. Europäisches Fürstentum im Hochmittelalter, Mainz 1998, S. 3–54

SCHWAIGER 1994
Mönchtum, Orden, Klöster. Von den Anfängen bis zur Gegenwart. Ein Lexikon, hrsg. von Georg Schwaiger, München ²1994

SCHWINEKÖPER 1987
Schwineköper, Berent: Stötterlingenburg, in: Provinz Sachsen/Anhalt, hrsg. von Berent Schwineköper (= Handbuch der historischen Stätten Deutschlands 11), Stuttgart ²1987, S. 453

SEEGRÜN/SCHIEFFER 1981
Germania Pontificia 6. Provincia Hammaburgo-Bremensis, bearb. von Wolfgang Seegrün und Theodor Schieffer, Göttingen 1981

SICKEL 1879/1884
Die Urkunden Konrad I. Heinrich I. und Otto I., hrsg. von Theodor Sickel (= MGH DD regum et imperatorum Germaniae 1), Hannover 1879/1884

SICKEL 1888
Die Urkunden Otto des II., hrsg. von Theodor Sickel (= MGH DD regum et imperatorum Germaniae 2/1), Hannover 1888

SICKEL 1893
Die Urkunden Otto des III., hrsg. von Theodor Sickel (= MGH DD regum et imperatorum Germaniae 2/2), Hannover 1893

SIEGWART 1962
Siegwart, Josef: Die Chorherren- und Chorfrauengemeinschaften in der deutschsprachigen Schweiz vom 6. Jahrhundert bis 1160. Mit einem Überblick über die deutsche Kanonikerreform des 10. und 11. Jh. (= Studia Friburgensia. Neue Folge 30), Freiburg/Schweiz 1962

SPANGENBERG 1913/1914
Spangenberg, Cyriacus: Mansfeldische Chronica. Der vierte Teil. Beschreibung der Graueschaft Mansfeltt […], hrsg. von Carl Rühlemann (= Mansfelder Blätter 27/28), Eisleben 1913/1914

STARKE 1955
Starke, Heinz-Dieter: Die Pfalzgrafen von Sommerschenburg (1088–1179), in: Jahrbuch für die Geschichte Mittel- und Ostdeutschlands 4, 1955, S. 1–71

STIEBRITZ 2017
Stiebritz, Franziska: Die Schwestern des Neuwerksstifts. Zur Ausstrahlung des Neuwerksstifts in Halle auf die Religiosität von Frauen im 12. und frühen 13. Jahrhundert, in: Eine Lebenswelt im Wandel. Klöster in Stadt und Land, hrsg. von Gerrit Deutschländer und Ingrid Würth (= Quellen und Forschungen zur Geschichte Sachsen-Anhalts 14), Halle (Saale) 2017, S. 99–113

STIELDORF 2012
Stieldorf, Andreas: Marken und Markgrafen. Studien zur Grenzsicherung durch die fränkisch-deutschen Herrscher (= MGH Schriften 64), Hannover 2012

STIMMING 1932
Mainzer Urkundenbuch 1. Die Urkunden bis zum Tode Erzbischof Adalberts I. (1137), hrsg. von Manfred Stimming (= Arbeiten der Historischen Kommission für den Volksstaat Hessen), Darmstadt 1932

STOLBERG 1983
Stolberg, Friedrich: Befestigungsanlagen im und am Harz von der Frühgeschichte bis zur Neuzeit. Ein Handbuch (= Forschungen und Quellen zur Geschichte des Harzgebietes 9), Hildesheim ²1983

STOTZ 2000
Stotz, Peter: Handbuch zur lateinischen Sprache des Mittelalters 2. Bedeutungswandel und Wortbildung (= Handbuch der Altertumswissenschaft 2/5/2), München 2000

STREICH 2006
Streich, Gerhard: Adel, Burg und Klostergründung. Motive und Familienkonstellationen zwischen »Haus«- und »Gedächtnisklöstern« im hohen Mittelalter, in: Vielfalt und Aktualität des Mittelalters. Festschrift für Wolfgang Petke zum 65. Geburtstag, hrsg. von Sabine Arend u. a. (= Veröffentlichungen des Instituts für Historische Landesforschung der Universität Göttingen 48), Bielefeld 2006, S. 39–71

VON STROMBECK 1862
von Strombeck, Hilmar: Die Archidiakonat-Eintheilung des vormaligen Bisthums Halberstadt, in: Zeitschrift des historischen Vereins für Niedersachsen 1862, S. 1–144

STRUVE 1984
J. F. Böhmer, Regesta Imperii 3. Salisches Haus: 1024–1125. 2. Teil: 1056–1125. 3. Abteilung: Die Regesten des Kaiserreiches unter Heinrich IV. 1056 (1050)–1106. 1. Lieferung: 1056 (1050)–1065, neubearb. von Tilman Struve, Köln/Wien 1984

STRUVE u. a. 2010
J. F. Böhmer, Regesta Imperii 3. Salisches Haus: 1024–1125. 2. Teil: 1056 (1050)–1125. 3. Abteilung: Die Regesten des Kaiserreiches unter Heinrich IV. 1056 (1050)–1106. 2. Lieferung: 1065–1075, neubearb. von Tilman Struve u. a., Köln u. a. 2010

TEBRUCK 2016a
Tebruck, Stefan: Kreuzfahrer und Jerusalempilger aus dem sächsisch-thüringischen Raum (1100–1300), in: Die Kreuzzugsbewegung im römisch-deutschen Reich (11.–13. Jahrhundert), hrsg. von Nikolas Kaspert und Stefan Tebruck, Ostfildern 2016, S. 41–83

TEBRUCK 2016b
Tebruck, Stefan: Markgraf, in: Handwörterbuch zur deutschen Rechtsgeschichte 3, Berlin ²2016, Sp. 1302–1304

TELLENBACH 1988
Tellenbach, Gerd: Die westliche Kirche vom 10. bis zum frühen 12. Jahrhundert (= Die Kirche in ihrer Geschichte. Ein Handbuch 2 F 1), Göttingen 1988

THIELE 1995
Thiele, Eckhard: Klosterimmunität, Wahlbestimmungen und Stiftervog-

teien im Umkreis des ottonischen Königtums, in: Blätter für deutsche Landesgeschichte 131, 1995, S. 1–50

THIETMAR 1935
Thietmar von Merseburg, Chronicon, hrsg. von Robert Holtzmann (= MGH SS rer. Germ. N. S. 9), Berlin 1935

UHLIRZ 1956
J. F. Böhmer, Regesta Imperii 2. Sächsisches Haus: 919–1024. 3. Abteilung: Die Regesten des Kaiserreiches unter Otto III. 980 (983)–1002, neubearb. von Mathilde Uhlirz, Graz/Köln 1956

VERBRÜDERUNGSBUCH DER ABTEI REICHENAU 1979
Das Verbrüderungsbuch der Abtei Reichenau (Einleitung, Register, Faksimile), hrsg. von Johanne Autenrieth u. a. (= MGH Libri mem. N. S. 1), Hannover 1979

VERHEIJEN 1967
Verheijen, Luc: La règle de Saint Augustin 1. Tradition manuscrite, 2. Recherches historiques (= Études Augustiniennes), Paris 1967

VOGTHERR 2002
Vogtherr, Thomas: Die salischen Äbtissinnen des Reichsstifts Quedlinburg, in: Von Sacerdotium und Regnum. Geistliche und weltliche Gewalt im frühen und hohen Mittelalter. Festschrift für Egon Boshof zum 65. Geburtstag, hrsg. von Franz Kleiner-Erkens und Hartmut Wolff (= Passauer Historische Forschungen 12), Köln u. a. 2002, S. 405–420

VOIGT 2012
Voigt, Jörg: Schöningen – Kanonissenstift, seit 1120 Augustiner-Chorherrenstift St. Lorenz, in: Niedersächsisches Klosterbuch. Verzeichnis der Klöster, Stifte, Kommenden und Beginenhäuser in Niedersachsen und Bremen von den Anfängen bis 1810 1–4, hrsg. von Josef Dolle und Dennis Knochenhauer (= Veröffentlichungen des Instituts für Historische Landesforschung der Universität Göttingen 56/1–4), Bielefeld 2012, hier Bd. 3 S. 1353–1357

WARNKE 2001
Warnke, Charlotte: Das Kanonissenstift St. Cyriacus zu Gernrode im Spannungsfeld zwischen Hochadel, Kaiser, Bischof und Papst von der Gründung 961 bis zum Ende des Investiturstreits 1122, in: Studien zum Kanonissenstift, hrsg. von Irene Crusius (= Veröffentlichungen des Max-Planck-Instituts für Geschichte 167. Studien zur Germania Sacra 24), Göttingen 2001, S. 201–273

WARNKE 2014
Warnke, Christian: Der königsferne Norden Sachsen-Anhalts in ottonischer Zeit, in: Mittelalterliche Königspfalzen auf dem Gebiet des heutigen Sachsen-Anhalt. Geschichte – Topographie – Forschungsstand, hrsg. von Stephan Freund und Rainer Kuhn (= Palatium. Studien zur Pfalzenforschung in Sachsen-Anhalt 1), Regensburg 2014, S. 179–212

WARNKE 2019a
Warnke, Christian: Die ›Hausordnung‹ von 929 und die Thronfolge Ottos I., in: 919 – Plötzlich König. Heinrich I. und Quedlinburg, hrsg. von Stephan Freund und Gabriele Köster (= Schriftenreihe des Zentrums für Mittelalterausstellungen Magdeburg 5), Regensburg 2019, S. 117–142

WARNKE 2019b
Warnke, Christian: Königliche Aufenthaltsorte und angebliche Reichsburgen in der späteren Altmark, in: Eine königsferne Landschaft? Der Norden des heutigen Sachsen-Anhalt vom 9. bis ins 12. Jahrhundert, hrsg. von Stephan Freund und Christian Warnke (= Palatium. Studien zur Pfalzenforschung in Sachsen-Anhalt 4), Regensburg 2019, S. 59–89

WATTENBACH/HOLTZMANN 1967
Wattenbach, Wilhelm/Holtzmann, Robert: Deutschlands Geschichtsquellen im Mittelalter. Die Zeit der Sachsen und Salier 2. Das Zeitalter des Investiturstreits (1050–1125), Neuausgabe von Franz-Josef Schmale, Darmstadt 1967

WATTENBACH/SCHMALE 1976
Wattenbach, Wilhelm/Schmale, Franz-Josef: Deutschlands Geschichtsquellen im Mittelalter. Vom Tode Kaiser Heinrichs V. bis zum Ende des Interregnum 1, Darmstadt 1976

VON WEGELE 1883
von Wegele, Franz Xaver: Karl Peter Lepsius, in: Allgemeine Deutsche Biographie 18, Leipzig 1883, S. 418 f.

WEINFURTER 1975
Weinfurter, Stefan: Salzburger Bistumsreform und Bischofspolitik im 12. Jahrhundert. Der Erzbischof Konrad I. von Salzburg (1106–1147) und die Regularkanoniker (= Kölner Historische Abhandlungen 24), Köln/Wien 1975

WEINFURTER 1977
Weinfurter, Stefan: Neuere Forschung zu den Regularkanonikern im deutschen Reich des 11. und 12. Jahrhunderts, in: Historische Zeitschrift 224, 1977, S. 379–397

WEINFURTER 2003
Weinfurter, Stefan: Funktionalisierung und Gemeinschaftsmodell. Die Kanoniker in der Kirchenreform des 11. und 12. Jahrhunderts, in: Die Stiftskirche in Südwestdeutschland. Aufgaben und Perspektiven der Forschung, hrsg. von Sönke Lorenz/Oliver Auge (= Schriften zur südwestdeutschen Landeskunde 35), Leinfelden-Echterdingen 2003, S. 107–121

WEINFURTER 2005
Weinfurter, Stefan: Reformkanoniker und Reichsepiskopat im Hochmittelalter, Nachdruck in: Weinfurter, Stefan: Gelebte Ordnung – Gedachte Ordnung, Ausgewählte Beiträge zu König, Kirche und Reich. Aus Anlaß des 60. Geburtstages hrsg. von Helmuth Kluger u. a., Ostfildern 2005, S. 3–33 (zuerst 1978)

WEIS 1974
Weis, Elisabeth: Johannes der Täufer (Baptista), der Vorläufer (Prodromos), in: LCI 7, Freiburg/Br. 1974, Sp. 164–190

WELFESHOLZ 2015
900 Jahre Schlacht am Welfesholz, Teutschenthal 2015

WENSKUS 1976
Wenskus, Reinhard: Sächsischer Stammesadel und fränkischer Reichsadel (= Abhandlungen der Akademie der Wissenschaften in Göttingen. Philologisch-Historische Klasse. 3. Folge 93), Göttingen 1976

WERMINGHOFF 1902
Werminghoff, Albert: Die Beschlüsse des Aachener Concils im Jahre 816, in: Neues Archiv der Gesellschaft für ältere deutsche Geschichtskunde 27, 1902, S. 605–675

WIESSNER 1997
Wießner, Heinz: Das Bistum Naumburg 1/1. Die Diözese (= Germania Sacra. Neue Folge 35/1), Berlin/New York 1997

WIESSNER 1998
Wießner, Heinz: Das Bistum Naumburg 1/2. Die Diözese (= Germania Sacra. Neue Folge 35/2), Berlin/New York 1998

VON WILCKENS 1995
von Wilckens, Leonie: Textilien im Blickfeld des Braunschweiger Hofes, in: Heinrich der Löwe und seine Zeit. Herrschaft und Repräsentation der Welfen 1125–1235. Katalog der Ausstellung Braunschweig 1995 2. Essays, hrsg. von Jochen Luckhardt und Franz Niehoff, München 1995, S. 292–300

WINKEL 2010
Winkel, Harald: Herrschaft und Memoria. Die Wettiner und ihre Hausklöster im Mittelalter (= Schriften zur sächsischen Geschichte und Volkskunde 32), Leipzig 2010

WOLTER 1982
Wolter, Heinz: Monasterium (Münster), in: Series episcoporum ecclesiae catholicae occidentalis ab initio usque ad annum MCXCVIII 5. Germania 1. Archiepiscopatus Coloniensis, hrsg. von Stefan Weinfurter und Odilo Engels, Stuttgart 1982, S. 109–135

ZAPP 1986
Zapp, Hartmut: Decretum Gratiani, in: Lexikon des Mittelalters 3, München/Zürich 1986, Sp. 625

ZIRR 2012
Zirr, Alexander: Mariental, in: Niedersächsisches Klosterbuch. Verzeichnis der Klöster, Stifte, Kommenden und Beginenhäuser in Niedersachsen und Bremen von den Anfängen bis 1810 1–4, hrsg. von Josef Dolle und Dennis Knochenhauer (= Veröffentlichungen des Instituts für Historische Landesforschung der Universität Göttingen 56/1–4), Bielefeld 2012, hier Bd. 2 S. 1021–1031

ZÖLLNER 1979
Zöllner, Walter: Die Urkunden und Besitzaufzeichnungen des Stifts Hamersleben (1108–1462) (= Studien zur katholischen Bistums- und Klostergeschichte 17), Leipzig 1979

ZÖLLNER 1982
Zöllner, Walter: Die jüngeren Papsturkunden des Staatsarchivs Magdeburg. Bestände Halberstadt, Quedlinburg und übrige Gebiete (= Studien zur katholischen Bistums- und Klostergeschichte 23), Leipzig 1982

ZSCHIESCHANG 2017
Zschieschang, Christian: Das Hersfelder Zehntverzeichnis und die frühmittelalterliche Grenzsituation an der mittleren Saale. Eine namenkundliche Studie (= Forschungen zur Geschichte und Kultur des östlichen Mitteleuropa 52), Köln u. a. 2017

ABBILDUNGSNACHWEIS

https://gallica.bnf.fr/. Bibliothèque nationale de France, lat. 11851, fol. 90v: 1

LDA Sachsen-Anhalt: 2, 6, 9–11 (Gunar Preuß); 4 (Bettina Weber), 12 (Dirk Höhne)

Pätzold 1997, Anhang. Tafeln 1 und 2: 3a, 3b

© Chris06, Public domain, via Wikimedia Commons: 5

Posse 1889, Abbildung von Nr. 55: 7

Foto Marburg: 8

Kloster Gerbstedt im späten Mittelalter

Gerrit Deutschländer

Über die Entwicklung des Klosters Gerbstedt in der Zeit zwischen der Mitte des 13. und dem frühen 16. Jahrhundert ist wenig geschrieben worden.[1] Aus all den Jahren vor der Neuordnung des Klosterlebens, die ab 1506 zu erkennen ist, scheint nicht viel mitteilenswert gewesen zu sein.[2] Eusebius Christian Francke zählte in seiner »Historie der Grafschaft Mansfeld« zwar nicht allein die frühen Äbtissinnen aus der Verwandtschaft der Wettiner zu den berühmten Klostervorsteherinnen, sondern auch einige des 15. und 16. Jahrhunderts;[3] von Ereignissen, die größere Aufmerksamkeit auf Gerbstedt gelenkt hätten, wusste aber auch er nicht zu berichten. Die Kämpfe der Salierkönige mit den sächsischen Fürsten, deretwegen Gerbstedt zeitweilig unter die Herrschaft der Bischöfe von Münster gekommen war, lagen im späten Mittelalter weit zurück. Während sich der Schwerpunkt königlicher Macht auf lange Sicht in den Süden des Reiches verlagerte, stiegen die Wettiner zur vorherrschenden Dynastie zwischen Werra und Neiße auf. Östlich der Saale hatten sie neue Klöster gegründet und ihre Grablegen dort in die Obhut geistlicher Gemeinschaften gelegt, die aus den kirchlichen Reformbewegungen des Hochmittelalters hervorgegangen waren.[4] Mit dem Aufkommen der Bettelorden nahm die Dichte an Klöstern, die auf Zuwendungen frommer Stifter hofften, weiter zu.[5] Dass in Gerbstedt nun ein unaufhaltsamer Niedergang eingesetzt hätte, ist jedoch nicht zu beobachten. Die Benediktinerinnen konnten sich an ihrem Standort behaupten, wogegen die im 13. Jahrhundert nach Helfta gekommenen Zisterzienserinnen mehrfach umgesiedelt wurden.[6]

ÜBERRESTE

Im Laufe der Zeit muss in Gerbstedt ein großer Schatz an Reliquien zusammengetragen worden sein. Das lässt jedenfalls die Auflistung der über 30 Heiligenpartikel erahnen, die das Kloster 1512 an einen Leipziger Bürger abzugeben bereit war.[7] Drei Jahre später bekam auch der Kurfürst von Sachsen einige Reliquien aus Gerbstedt geschenkt.[8] Unter den genannten Stücken sind zwar keine zu finden, die mit Christus oder Maria in Berührung standen, doch muss das nicht heißen, dass die Nonnen keine Reliquien ersten Ranges besaßen. Solche Stücke waren damals bestimmt zu heilig, um sie anderen zu überlassen. Auch bei dem »partickel von Sant Johannis Baptisten«, also einer Reliquie desjenigen Schutzheiligen, dem die Klosterkirche geweiht war, wird es sich nicht um das einzige Stück im Besitz der Nonnen gehandelt haben.[9]

Da sich das Kloster zu Beginn des 16. Jahrhunderts in wirtschaftlichen Schwierigkeiten befand, ließe sich vermuten, die Nonnen hätten einige Stücke aus ihrem Reliquienschatz zu Geld machen wollen. Das wäre jedoch sehr unklug gewesen, nicht nur weil es seit 1215 ausdrücklich verboten war, Reliquien zum Verkauf anzubieten, sondern weil sich auf diese Weise kaum langfristiger Gewinn erzielen ließ. Schenkungen an Wohltäter waren dagegen erlaubt und verpflichteten die Beschenkten und ihre Erben zudem, das Kloster dauerhaft zu unterstützen.[10] Der Kurfürst von Sachsen stiftete den Nonnen 1515 umgehend einen schmuckvollen Reliquienschrank, der ihm, wie die Äbtissin versicherte, »ein zcyer und ewig testament« sein werde.[11]

[1] Marienaltar aus der Klosterkirche (um 1430), heute in der Pfarrkirche St. Johannis

Auch Lorenz Jechler, der genannte Bürger von Leipzig, vermachte dem Kloster wertvolle Gefäße zur Aufbewahrung von Reliquien. Er war nicht nur Goldschmied von Beruf, sondern hatte auch eine Tochter ins Gerbstedter Kloster gegeben.[12] Zum Dank für seine große Zuwendung bekam er 1512 jene ungefassten Knochen und Knochenteile verschiedener Heiliger. Diese gelangten dann nach Annaberg im Erzgebirge in den Schatz der Annenkirche, die mit Unterstützung des Herzogs Georg von Sachsen zu einer Wallfahrtskirche ausgebaut werden sollte.[13] Zu demselben Zweck waren 1504 bereits Partikel der heiligen Anna aus Lyon beschafft worden.[14] Aus Gerbstedt kamen anscheinend keine weiteren hinzu. Es ging damals also nicht darum, ein in Not geratenes Kloster auszuräumen, sondern ganz im Gegenteil um die Belebung des Heiligenkults durch Gabe und Gegengabe zum Wohle aller Beteiligten.

Noch in der ersten Hälfte des 15. Jahrhunderts wurde eine wundersame Heilung vermerkt, die in Gerbstedt geschah.[15] Der Propst des Klosters soll 30 Tage lang krank und regungslos darniedergelegen haben, ohne dass ihm irgendein Arzt helfen konnte. Erst als die Klostergemeinschaft die Jungfrau Maria anflehte sein Leben zu retten, wurde er umgehend gesund. Aus tiefer Dankbarkeit suchte er das 1414 gestiftete Gnadenbild in Elende bei Nordhausen auf, wo er vermutlich eine Votivgabe hinterließ und wo seine Wundergeschichte in ein Mirakelbuch eingetragen wurde, das bis heute erhalten ist.[16]

Auf eine zunehmende Verehrung für die Jungfrau Maria, wie sie für das späte Mittelalter vielfach zu beobachten ist, deutet in Gerbstedt auch der Altaraufsatz in der Stadtkirche, der in der Zeit um 1430 geschnitzt worden sein könnte und wahrscheinlich aus der alten Klosterkirche stammt (Abb. 1).[17] In seinem mittleren Teil ist die Krönung Mariens dargestellt, umgeben von den Szenen der Verkündigung, der Heimsuchung, des Wochenbetts und des Todes der heiligen Jungfrau. Zum Kloster gehörte damals zudem die Marienkapelle am Welfesholz, die im frühen 16. Jahrhundert als Wallfahrtsort bezeugt ist.[18] Seit dem 14. Jahrhundert fand dort ein Jahrmarkt statt, der 1530 nach Gerbstedt verlegt wurde.[19]

Eine andere Nachricht aus dem 15. Jahrhundert, die bisher unberücksichtigt geblieben ist, zeigt das Kloster ebenfalls verbunden mit dem Leben der Menschen. Der hallische Bürger Marcus Spittendorf wusste von einer heimlichen Ehe zu berichten, die 1476 in der Klosterkirche geschlossen wurde.[20] Ein Edelmann, der in den Diensten der Stadt Halle stand, soll sich mit einer Frau, die er sehr liebte, beim Haus des Deutschen Ordens getroffen haben, das an der Hohen Brücke über die

Saale lag. Auf nur einem Pferd seien beide dann nach Gerbstedt geritten, um sich ohne Wissen ihrer Familien im Kloster trauen zu lassen. Abgesehen von diesem Vorfall, findet das Kloster in den erzählenden Quellen des späten Mittelalters jedoch kaum Erwähnung. Briefsammlungen und Rechnungsbücher, die Einblick in den Alltag geben könnten, sind nicht überliefert. Der Chronist Cyriacus Spangenberg will am Ende des 16. Jahrhunderts noch ein Totenbuch des Klosters benutzt haben, was jedoch zweifelhaft ist, weil er mit den von ihm angeführten Namen eine fortwährende Verbindung der Gerbstedter Nonnen zu den Wettinern zeigen wollte, die sich durch andere Quellen nicht bestätigen lässt.[21] Die urkundliche Überlieferung, die zu einem großen Teil aus Abschriften besteht, wurde ab dem 18. Jahrhundert erschlossen und ist seit 1888 in einer wissenschaftlichen Ausgabe zugänglich.[22] Einige Stücke, die darin fehlen, hat Fritz Buttenberg im Anhang zu seiner Darstellung der Geschichte des Klosters zum Druck gebracht, der letzten Darstellung, die von den Anfängen des Klosters bis zu dessen Auflösung reicht.[23]

Da von der ehemaligen Klosterkirche kaum mehr als einige wiederverwendete Steine, der Marienaltar aus dem 15. Jahrhundert und die Stuckfragmente des 12. Jahrhunderts geblieben sind, können nur die Siegel an den wenigen Originalurkunden aus Gerbstedt als weitere Bildquelle dienen. In der Literatur sind sie bereits beschrieben und abgebildet worden.[24] Auf der ältesten Urkunde, die von einer Gerbstedter Äbtissin ausgestellt wurde, war das Siegel aufgedrückt.[25] Sie datiert in das Jahr 1190, ist aber nicht mehr vorhanden. Ein vollständiges Siegel der Äbtissin Adelheid hängt an einer Urkunde von 1325, die mit den Urkunden des Augustinerchorherrenstifts bei Halberstadt überliefert ist.[26] Sie wurde am 11. September, dem Tag der Märtyrer Protus und Hyacinth, in Gerbstedt ausgestellt, um mit den Stiftsherren eine Gebetsgemeinschaft zu begründen. Dass beide Klöster dem Schutz des Täufers Johannes anvertraut waren, dürfte dabei eine Rolle gespielt haben. Im Siegelbild ist eine Frauengestalt zu sehen, die in der Rechten eine Tafel mit einem Kreuz und in der Linken einen Palmenzweig hält (Abb. 2). Ein Abdruck des großen Klostersiegels befindet sich in der Sammlung, die der österreichische Siegelkundler Carl von Sava zusammengetragen hat (Abb. 3).[27] Zu erkennen ist hier die Taufe Jesu im Jordan durch Johannes. Der unbekleidete Jesus ragt bis zu den Hüften aus dem Fluss heraus, die linke Hand ruht auf der Brust, die rechte ist segnend erhoben. Ein bärtiger Johannes steht mit einem Fell bekleidet am rechten Ufer des Flusses.

[2a]

[2b]

[2a] Siegel der Äbtissin Adelheid von 1325

[2b] Siegelumzeichnung

Mit seiner rechten Hand segnet er Jesus, dessen rechten Arm er mit der linken Hand umfasst. Aus den Wolken schwebt im Bild rechts ein Engel mit einem Tuch, links eine Taube. Über Jesus selbst erscheint Gott der Vater.

TRADITIONEN

Aus dem Wortlaut der Urkunde, die im Jahre 1512 von der Äbtissin Margaretha von Königsfeld im Zusammenhang mit der Abgabe von Reliquien ausgestellt wurde, geht hervor, welche Vorstellung die Klostergemeinschaft damals von ihrer Geschichte hatte.[28] Als Stifter wird der Markgraf Rutagus genannt, den der Annalista Saxo im 12. Jahrhundert als Ricdagus kannte.[29] Lutardis, die Ehefrau, und Eyla, die Tochter jenes Markgrafen von Meißen, sollen dann in das neue Kloster eingetreten sein und ihren ganzen Besitz eingebracht haben.[30] Von einer Grablege des Stifters und seiner Verwandten, wie sie der Annalista Saxo erwähnte, ist 1512 keine Rede mehr. Außerdem wird die Gründung des Klosters in das Jahr 1072 gesetzt, also ungefähr in jene Zeit, in der Gerbstedt nach Ausweis

[3a] Abguss des großen Klostersiegels aus dem 13. Jahrhundert

[3b] Siegelumzeichnung

[3a]

[3b]

anderer Quellen unter die weltliche Herrschaft des Bischofs von Münster kam,[31] die noch bis ins 14. Jahrhundert fortwirkte.[32] Als einen weiteren Stifter hebt die Äbtissin den Markgrafen Dedo hervor, der ein Großvater von gleich zwei heiligen Frauen des 13. Jahrhunderts gewesen sei: Elisabeth von Thüringen und Hedwig von Schlesien. Gemeint ist der 1190 gestorbene Sohn des Markgrafen Konrad von Meißen. Er hatte jedoch südlich von Rochlitz, wo er Grafenrechte besaß, das Hauskloster Zschillen (Wechselburg) gegründet und liegt dort begraben.[33] In die letzten Jahre seines Lebens könnte allerdings die Anfertigung der Urkunden fallen, die den Anspruch der Wettiner auf die Schutzherrschaft über Gerbstedt zum Ausdruck bringen und vorgeben, aus der Zeit des Markgrafen Konrad zu stammen.[34]

Die Äbtissin verwies in ihrem Schreiben auf möglichst viele Verbindungen zu Fürsten und Heiligen, um nur keinen Zweifel an der Echtheit der Reliquien aufkommen zu lassen, die sie aus dem Schatz ihres Klosters herausgab. Eine genau zutreffende Darstellung der verwandtschaftlichen Beziehungen ist daher nicht zu erwarten. Dennoch fällt auf, dass sie ausgerechnet den Markgrafen Konrad unerwähnt lässt, der sich ebenfalls mit den beiden Heiligen verbinden ließ und dessen Töchter Oda und Berta immerhin dem Kloster Gerbstedt vorgestanden hatten.[35] Dem Dominikanermönch Johannes Lindner in Pirna war zu Beginn des 16. Jahrhunderts jedenfalls noch bekannt, dass Konrad zwar nicht der Gründer von Gerbstedt war, aber eine Beziehung zu diesem Kloster hatte.[36] Möglich ist, dass die Äbtissin Konflikte mit dem Kloster auf dem Lauterberg bei Halle vermeiden wollte, in dem sich Konrads Grablege befand.

Im Umfeld des Kurfürsten Friedrich von Sachsen ist um 1500 zu beobachten, wie die Erinnerung an Gerbstedter Klosterfrauen, die dem Verwandtenkreis der Wettiner zuzurechnen waren, auflebte. Georg Spalatin soll deren Namen in das Totenbuch des Wittenberger Allerheiligenstifts eingetragen haben.[37] Im Sächsischen Stammbuch, das bis 1546 geführt wurde und mit dem versucht wurde, die ständige Verbindung der Angehörigen des Fürstenhauses untereinander und zu den Vorgängern in ihrer Herrschaft zu stärken,[38] sind mehrere Töchter als Gerbstedter Klosterfrauen abgebildet (Abb. 4).[39] Wie in der »Genealogie der Wettiner« aus dem frühen 13. Jahrhundert ist aber auch hier der Markgraf Rikdag nicht in die Reihe der Ahnen aufgenommen. Gerbstedt spielte daher nur im Gedenken an die weiblichen Mitglieder des Fürstenhauses eine Rolle, die diesem Kloster vorgestanden hatten.

PERSONEN

1512 verwies die Äbtissin nicht zuletzt deshalb auf die Frauen aus fürstlichem Hause,[40] die in alter Zeit mit dem Kloster verbunden waren, weil schon lange keine Frau von hohem Adel mehr in ihre Gemeinschaft aufgenommen worden war. 1271 ist immerhin eine mögliche Tochter des Grafen von Friedeburg bezeugt sowie eine Christina von Giebichenstein,[41] bei der es sich um die Tochter des letzten Burggrafen von Giebichenstein handeln könnte.[42] Einer allgemeinen Entwicklung folgend traten seit dem 13. Jahrhundert zunehmend nicht-adlige Frauen in das Kloster ein. Meist stammten sie aus der engeren Umgebung. Einige wurden von ihren Familien mit persönlichen Einkünften ausgestattet,

Oda Bertha Agnes

Wir beide warenn frawen zu gerbestet Quedlinburg Agnes In het

[4] Oda, Bertha und Agnes, Töchter des Markgrafen Konrad von Meißen, als Äbtissinnen von Gerbstedt und Äbtissin von Quedlinburg. Durch die Wappen, die nach Vorstellungen des 16. Jahrhunderts entworfen sind, werden die Frauen als Angehörige des sächsischen Fürstenhauses ausgewiesen. Die vier Wappenfelder stehen für die Grafschaft Brehna und die Markgrafschaften Lausitz, Meißen und Landsberg. Der Herzschild ist leer, weil das Kloster Gerbstedt und das Stift Quedlinburg bis in die Mitte des 16. Jahrhunderts kein Wappen führten. Sächsisches Stammbuch (vor 1546)

die erst nach ihrem Tod an das Kloster übergingen. Manch eine Klosterfrau tätigte mit solchen Einkünften Geschäfte unter eigenem Namen. Kunigunde von Landsberg kaufte im Jahre 1341 Ackerland nordöstlich von Gerbstedt, das dem Zisterzienserinnenkloster Hedersleben gehörte.[43] 1367 erwarb Sophia Kotze Zinseinkünfte von ihrem väterlichen Gut in Bösenburg, südöstlich von Gerbstedt.[44] Und Sophia Kochstedt erwarb 1379 und 1390 Zinseinkünfte von Gütern in Helbra, die südwestlich von Gerbstedt lagen.[45] In solchen Geschäften wurde später eine »unselige Verbindung mit dem weltlichen Besitz« gesehen, die zum Niedergang der Klöster geführt habe.[46] Die dadurch entstandenen Urkunden bieten jedoch seltene Hinweise auf die Beziehungen der Klosterfrauen zu ihrem Umfeld. Die Äbtissin Hedwig, eine Tochter des Grafen Dietrich von Brehna, kaufte 1283 ein Stück Ackerland, das ihrer Dienstfrau Adelheid gehörte, an dem aber auch Rechte des Grafen von Friedeburg hingen.[47] Die spätere Äbtissin Gertrud von Aken wurde 1342 durch die Grafen von Mansfeld begünstigt,[48] die zunehmend Einfluss auf das Kloster zu nehmen versuchten.

Die Ausstattung von Klosterfrauen mit persönlichen Einkünften war eine gängige Praxis, obwohl sie eine Abkehr vom gebotenen Verzicht auf Privateigentum bedeutete. Für Gerbstedt sind einige Fälle auch im Schöffenbuch der Stadt Halle bezeugt. Um 1400 wurde die Klosterfrau Margarethe Overkerke von ihrem Vater mit eigenem Besitz ausgestattet.[49] Der Schultheiß Johannes von Mücheln übertrug seiner Schwester Katharina Einkünfte aus dem Deutschen Born in Halle, die nach ihrem Tod frei verfügbar sein sollten.[50] Bei einem der Rechtsgeschäfte, die vor den Schöffen in Halle abgewickelt wurden, war um 1300 einmal auch die Äbtissin von Gerbstedt anwesend.[51]

In der Regel wurden die rechtlichen Angelegenheiten des Klosters aber durch den Propst erledigt.[52] Als Inhaber dieses Amtes sehr gut bezeugt ist ein Mann namens Johann Slichthor, der den Einwohnern des Marktortes Gerbstedt 1438 gestattete, auf dem Grashof eine Kapelle zu errichten.[53] Dem Bischof von Halberstadt hatte jeder Propst eine jährliche Prokurationsgebühr zu entrichten, die sich aus einer ursprünglichen Gastungspflicht ableitete.[54] Für das Benediktinerinnenkloster in Drübeck übernahm bereits im 15. Jahrhundert der Ortspfarrer die Aufgaben des Propstes.[55] In Gerbstedt scheint das nicht der Fall gewesen zu sein, obwohl der Pfarrer von Obergerbstedt 1318 stellvertretend für die Äbtissin die Belehnung mit den Gütern des Bischofs von Münster entgegennehmen sollte.[56] 1435 wird neben Johann Slichthor auch der Pfarrer Hermann Bothe genannt.[57] 1520 setzte der Graf von Mansfeld gegen den Willen der Klostergemeinschaft einen Propst ein, der kein Geistlicher war.[58]

Das Amt der Priorisse, das für Gerbstedt seit der Mitte des 13. Jahrhunderts bezeugt ist, wurde 1362 von einem Stifterpaar mit zusätzlichen Einkünften ausgestattet.[59] Aus dem Stiftungsvermögen sollten außerdem vier Priester, zwei Kanoniker, die Pfarrer in Gerbstedt und am Welfesholz, die Klosterfrauen selbst und die Klosterschüler dafür bezahlt werden, dass sie jedes Jahr eine Feier zum Gedenken an den Ritter Martin Westeregeln und seine Verwandten abhielten. Mit der Bestimmung, dass eine Klosterfrau ihr Geld auch dann erhalten solle, wenn sie wegen Krankheit nicht am Chorgesang teilnehmen könne, zeigten die Stifter eine besondere Barmherzigkeit und Nächstenliebe, die sich für sie im Jenseits auszahlen sollte.

KLOSTERGUT UND SCHUTZHERRSCHAFT

Die geistlichen Aufgaben, die eine klösterliche Gemeinschaft zu erfüllen hatte, brauchten ebenso eine materielle Grundlage, wie die Aufrechterhaltung des klösterlichen Lebens und die Instandhaltung der dazu benötigten Bauten. Die genaue Höhe aller Einkünfte, die dem Kloster zur Verfügung standen, lässt sich zwar ebenso wenig bestimmen, wie die genaue Lage und Ausdehnung des klösterlichen Besitzes,[60] doch bieten die erhaltenen Nachrichten über den Erwerb oder Verkauf von Grundbesitz erneut Hinweise auf einige Verbindungen. In der Mitte des 13. Jahrhunderts wurde Ackerland mit dem Kloster Marienkammer bei Halle getauscht,[61] im 14. Jahrhundert Land vom Kloster Helfta gekauft.[62] Obwohl es nur wenige Belege gibt, dürfte sich auch das Kloster Gerbstedt darum bemüht haben, weit entfernt liegende Güter gegen solche im engeren Umfeld zu tauschen. Grundbesitz, den es schon sehr lange hatte oder mit dem besondere Rechte verknüpft waren, versuchte es aber zu behalten. 1238 hatten der Markgraf von Meißen und sein Vetter, der Graf von Brehna, dem Kloster die Herrschaft über die Dörfer Liehmena und Burghausen südwestlich von Eilenburg überlassen.[63] Diesem Besitz wurde bisher wenig Bedeutung beigemessen, er ging nach dem abschriftlich erhaltenen Wortlaut der Urkunde jedoch auf eine Schenkung eben jenes Markgrafen Dedo zurück, den die Äbtissin von Gerbstedt 1512 als einen heiligmäßigen Mann darstellte und einen Stifter ihres Klosters nannte.[64] Burghausen war im 15. Jahrhundert wüst gefallen, doch in Liehmena hatte das Kloster noch im

Jahre 1442 die Hochgerichtsbarkeit, selbst wenn dort von 16 Höfen 5 wüst lagen.[65] Der Besitz dieses Dorfes war den Klosterfrauen wichtig. Als der Amtmann des Herzogs Georg von Sachsen 1506 versuchte, das Dorf zu besteuern, schaltete sich Erzbischof Ernst von Magdeburg als Administrator von Halberstadt ein, um dies zu unterbinden.[66] 1525 suchten die Nonnen dort Zuflucht vor dem Aufstand der Bauern.[67] Erst 1546 wurde Liehmena von den Mansfelder Grafen verkauft, weil es im Herrschaftsgebiet der Wettiner lag.[68]

In seinem Schreiben an Herzog Georg hatte der Administrator 1506 auf die Armut des Klosters verwiesen.[69] Ein Jahr später bat die Klostergemeinschaft darum, ihr wegen dieser Armut die Prokurationsgebühr zu erlassen, damit die begonnene Reform nicht gefährdet werde.[70] Der Administrator erließ diese Gebühr auf fünf Jahre und inkorporierte dem Kloster im Jahr darauf die Stephanskirche vor Gerbstedt sowie die Peter-und-Paulskirche in Osterrode.[71] Das alles deutet in der Tat auf wirtschaftliche Schwierigkeiten. Grund dafür waren aber nicht nur ausbleibende Zinszahlungen,[72] sondern auch Begehrlichkeiten der Grafen von Mansfeld. Diese Herren hätten dem Kloster in den letzten zwei Jahrzehnten viel Eigentum entzogen und durch die Ausweitung des Bergbaus großen Schaden zugefügt, beklagte Margaretha von Königsfeld 1515 gegenüber dem Kurfürsten von Sachsen.[73] Um dessen Hilfe zu erlangen, erinnerte sie ihn an die Wohltaten, die seine Vorfahren dem Kloster erwiesen hätten, und dass immer der jeweils älteste Fürst aus seinem Geschlecht der oberste Schutzherr des Klosters gewesen sei. Die Bestimmungen der auf den Markgrafen Konrad gefälschten Urkunde waren ihr offenbar bekannt, auch wenn sie nicht unmittelbar darauf Bezug nahm.

Entfremdung von Klostergut und gewaltsame Übergriffe hatte es in der Geschichte des Klosters mehrfach gegeben. 1265 erhielt der Bischof von Brandenburg den päpstlichen Auftrag, das Kloster zu schützen.[74] 1285 drangen vier Adlige in den Klosterbezirk ein und fügten einem Mann tödliche Verletzungen zu.[75] 1290 lag das Kloster mit den Grafen von Voigtstedt im Streit.[76] Wenn aber die Grafen von Mansfeld das Kloster bedrängten, war dies besonders misslich, weil es deren Aufgabe gewesen wäre, den Besitz des Klosters zu schützen. 1442 hatten sie die Schutzherrschaft zusammen mit der Burg Friedeburg und der wüsten Burg Salzmünde vom Magdeburger Erzbischof erworben.[77] Ab 1446 wurden sie regelmäßig damit belehnt.[78] Weil auch der Papst diese Schutzherrschaft bestätigt hatte, musste die Gerbstedter Frauengemeinschaft sie 1487 förmlich anerkennen und darüber hinaus bestätigen,

die Grafen seien seit Menschengedenken die Vögte, Schutzherren und Beschirmer ihres Gotteshauses gewesen.[79] Tatsächlich hatten die Grafen bereits im 13. Jahrhundert Vogteirechte besessen, was aber nur deshalb urkundlich wurde, weil sie gegen den Willen des Bischofs von Halberstadt einen Teil dieser Rechte abgetreten hatten.[80] In diesen Zusammenhang gehört ein päpstlicher Schutzbrief von 1225.[81] 1271 ist zu erfahren, dass von einem Stück Klosterland, das ein Graf von Mansfeld verkauft hatte, die Abgabe entfallen sollte, die dem Vogt zustehe.[82] In einer Urkunde von 1277 wird dann deutlich, dass die Grafen vor allem Vogteirechte über Klostergut besaßen, das unter der Lehnshoheit des Bischofs von Münster stand.[83] 1325 musste sich Graf Burkhard verpflichten, die Rechte dieses Bischofs nicht zu verletzen.[84]

In Helfta besaßen die Mansfelder Grafen Vogteirechte über Güter, die noch vom Kloster Hersfeld zu Lehen gingen.[85] Auch hier versuchten sie die Schutzherrschaft über das Kloster Helfta zu erlangen, mussten 1288 aber versichern keine Ansprüche darauf zu haben.[86] Die Besitzer der Herrschaft Helfta, die Edelherren von Hackeborn, verbrieften dem Kloster 1306, niemals ein Herrschaftsrecht darüber gehabt zu haben, sondern lediglich die Pflicht, es zu beschützen.[87] Klöster waren bemüht, sich dem allzu starken Zugriff ihrer Schutzherren zu entziehen, indem sie ihre Bischöfe oder den Papst zu Hilfe riefen oder sich anderen Schutzherren zuwendeten. Die Gerbstedter Klostervogtei wurde 1284 durch den Markgrafen von Meißen an die Grafen von Friedeburg übertragen, die 1291 gelobten, das Kloster nach Kräften zu schützen.[88]

Von päpstlicher Seite ließen sich die Klosterfrauen von Gerbstedt zur Sicherheit ihren Besitz und ihre Rechte bestätigen, wie Urkunden von 1259 und 1396 belegen.[89] Verbindungen zum Königtum sind dagegen nicht bezeugt. Es findet sich in der schriftlichen Überlieferung auch keine Spur davon, dass im Kloster die Erinnerung an Kaiser Lothar III. gepflegt wurde, der als Herzog von Sachsen den Kampf gegen Heinrich V. angeführt und ihn 1115 in der Schlacht am Welfesholz besiegt hatte.[90] Hinweise auf eine Beziehung zu Kaiser Lothar hätten immerhin helfen können, den imperialen Eindruck zu erklären, den die Stuckreste aus der Gerbstedter Klosterkirche vermitteln. Die Erinnerung an den »grossen feltstreit wider den ketzerischen keyser Heinrich« und andere Feinde des christlichen Glaubens, bei dem viel Blut vergossen wurde, war durch die Kapelle am Welfesholz noch zu Beginn des 16. Jahrhunderts lebendig.[91] In der Schlacht hatte ein Graf von Mansfeld auf der Seite des Kaisers gekämpft und den

Tod gefunden. Dieser Grafenstamm war aber 1229 ausgestorben, sodass die gegenwärtigen Grafen davon nicht unmittelbar berührt waren. Einer in der Mitte des 16. Jahrhunderts abgedruckten Inschrift zufolge soll die Marienkapelle am Welfesholz ohnehin erst 1289 durch König Rudolf I. als Zeichen der Aussöhnung gestiftet worden sein.[92] Tatsächlich ist sie erst ein Jahr später das erste Mal urkundlich bezeugt.[93] Dennoch besteht die Möglichkeit, dass die Klosterfrauen von Gerbstedt nach der Schlacht damit betraut waren, die Erinnerung an diejenigen zu bewahren, die im Kampf gegen die Feinde des Glaubens ihr Leben gelassen hatten. Am Königshof scheint das Welfesholz im 14. und 15. Jahrhundert keine Erinnerungen mehr heraufbeschworen zu haben. In den Belehnungsurkunden für die Grafen von Mansfeld wird es lediglich genannt, um die Grenzen der Grafschaft zu beschreiben (siehe Abb. 2 im Beitrag Stahl).[94]

ERNEUERUNG UND BEHARRUNG

In den Jahren 1506 und 1512 wird das Kloster Gerbstedt als reformiert bezeichnet,[95] was als Hinweis auf den Anschluss an die Bursfelder Reformbewegung zu verstehen sein dürfte, die eine strengere Beachtung der Ordensregel des heiligen Benedikt anstrebte. Ab 1514 erfolgte eine regelmäßige Visitation durch den Abt der Benediktiner von Wimmelburg.[96] Mit der Durchführung der Reform soll zuvor das Kloster Neu-Helfta beauftragt gewesen sein,[97] wozu passt, dass die Äbtissin Margaretha von Königsfeld zuvor Kellnerin in Neu-Helfta gewesen war.[98] 1545 verrichteten die Nonnen von Neu-Helfta das Stundengebet nach dem Vorbild von Gerbstedt.[99]

Die Geschichte des Klosters Gerbstedt im späten Mittelalter muss nicht als eine Geschichte des Niedergangs erzählt werden. Von den zuletzt zwölf Klöstern der Grafschaft Mansfeld hatte Gerbstedt immerhin am längsten Bestand. Die Klosterfrauen gedachten eifrig ihrer Stifter und Wohltäter und versuchten, die Rechte und materiellen Grundlagen ihrer Gemeinschaft bis ins 16. Jahrhundert hinein zu verteidigen. Vor den Zugriffen der Grafen von Mansfeld suchten und fanden sie Schutz bei den Wettinern, bis sich diese der lutherischen Reformation zuwendeten, durch die das klösterliche Leben grundsätzlich infrage gestellt war. Die Klosterfrauen hielten jedoch so lange es ging an den alten Bräuchen fest, sodass von evangelischer Seite noch 1555 befunden wurde, ihr Kloster sei »voller abgotterej und papisterej«.[100] Hierin zeigt sich ein Beharrungsvermögen, das nicht zuletzt aus dem Wissen um das Alter und die einstige Bedeutung des Klosters gespeist worden sein dürfte.[101]

AUFSTELLUNG DER URKUNDLICH NACHWEISBAREN ÄBTISSINNEN, PRIORISSEN UND PRÖPSTE SEIT DER MITTE DES 13. JAHRHUNDERTS

In den meisten älteren Darstellungen werden nur die Namen der ersten und der letzten Äbtissinnen von Gerbstedt angegeben.[102] Spangenberg nannte hingegen Äbtissinnen, die urkundlich nicht nachweisbar und zum Teil auch nicht in die Reihe der nachweisbaren einzuordnen sind.[103] Eine Liste der Äbtissinnen ist auch bei Gerstenberg und Buttenberg erstellt, allerdings ohne genaue Nachweise. Die folgende Aufstellung erfasst nur die Personen, die urkundlich sicher zu belegen sind. Die Schreibweise der Namen ist modernisiert.

AUFSTELLUNG DER URKUNDLICH NACHWEISBAREN ÄBTISSINNEN, PRIORISSEN UND PRÖPSTE SEIT DER MITTE DES 13. JAHRHUNDERTS

Äbtissinnen

[1238]–1249	Bertha,[104] Tochter des Markgrafen Berthold von Istrien
1255–1267	Jutta[105]
1271–1284	Hedwig,[106] Tochter des Grafen Dietrich von Brehna
1318	Kunigunde[107]
1325	Adelheid[108]
1349	Ermgard[109]
vor 1372	Gertrud von Aken[110]
1404	Johanna[111]
1436	Adelheid[112]
1438	Margaretha von Bünau[113]
1464–1494	Margaretha von Wörbzig[114]
1494	Gertrud,[115] Tochter des Ritters Bernhard von Steuben
1506–1508	Margaretha von Bünau[116]
1512–1520	Margaretha von Königsfeld[117]
1539	Katharina von Latdorf[118]
1559–1568	Emerentia von Obernitz[119]
1568	Felicia von Obernitz[120]
1568–1576	Margaretha Menechens[121]

Priorissen

1249	Ermegard[122]
1271	Bertha[123]
1318	Ermegard[124]
1325	Druda[125]
1404	Johanna[126]
1487	Anna von Zabitz[127]
1512	Dorothea[128]
1559–1568	Agnes Dohring[129]
nach November 1568	Clara von Obernitz[130]

Pröpste

1249–1267	Bertram[131]
1271	Friedrich[132]
1318	Hermann, Pfarrer in Obergerbstedt, Vertreter der Äbtissin bei der Belehnung durch den Bischof von Münster[133]
1319	Albrecht[134]
1325–1331	Johann[135]
1341–1343	Heinrich[136]
1376	Heinrich[137]
1395	Peter, Pfarrer in Domnitz[138]
1404	Johann[139]
1435–1440	Johann Slichthor[140]
1452	Lorenz[141]
1487	Johann von Baptensehe[142]
1515	Johann Erthmar[143]
1520	Johann Roßbach[144]

ANMERKUNGEN

1 Die ältere Literatur ist erfasst durch Mülverstedt 1868, S. 23–50, hier S. 30. Nach den Arbeiten von Gerstenberg 1911 und Buttenberg 1919, S. 1–30, wurde die Klostergeschichte in den Blick genommen durch Pätzold 1997, S. 181–187; Wartenberg 1998, S. 59–71, hier S. 59f.; und Winkel 2010, S. 21–67.

2 Die Beschreibung bei Größler/Brinkmann 1895, S. 229, springt vom Jahr 1118 in das Jahr 1506.

3 Francke 1723, S. 49f. Er nennt Margaretha von Womitz, Jutta von Krosigk, Margaretha von Bünau, Margaretha von Kunigsfeld und Emerentia von Obernitz.

4 Vgl. Pätzold 1997, S. 179–225; Winkel 2010.

5 Siehe die Karte der sächsischen Klöster bei Bünz/Mütze/Zinsmeyer 2020.

6 Oefelein 2019, S. 41–64, hier S. 44–48 und 53.

7 Richter 1746, S. 177–179; Krühne 1888, Gerbstedt, Nr. 106, S. 68–71 und Nr. 109, S. 72.

8 Kohnle/Rudersdorf 2017, Nr. 217, S. 215.

9 Krühne 1888, Gerbstedt, Nr. 106, S. 68–71, hier S. 69.

10 Vgl. Kohl 2003, S. 60.

11 Kohnle/Rudersdorf 2017, Nr. 278, S. 262–264, hier S. 262.

12 Krühne 1888, Gerbstedt, Nr. 106, S. 68–71, hier S. 68. Weitere Angaben zum Werdegang des Lorenz Jechler bei Winkel 2010, S. 61, Anm. 249; Bünz 2015, S. 695.

13 Das Begleitschreiben der Äbtissin von Gerbstedt ist nur durch den Abdruck in einer Chronik der Bergstadt Annaberg aus dem 18. Jahrhundert überliefert, Richter 1746, S. 177–179. Siehe zur Förderung der Annenkirche als Wallfahrtskirche: Wolfram 1863, S. 229–235; Wolf 1910, S. 51–104; Volkmar 2006, S. 100–124.

14 Wolfram 1863, S. 230.

15 Signori 2006, Nr. 22, S. 50f.

16 Siehe zu diesem Wallfahrtsort auch Schmidt 1888, S. 190–202, und Kühne 2002, S. 87–103, hier S. 99.

17 Größler/Brinkmann 1895, S. 230–236; Buttenberg 1919, S. 24.

18 Krühne 1888, Gerbstedt, Nr. 106, S. 63–71, hier S. 70; Kühne 2002, S. 94–96.

19 Krumhaar 1855, S. 201; Größler/Brinkmann 1895, S. 395.

20 Opel 1880, S. 209.

21 Spangenberg 1913, S. 348–363, hier S. 357–359; Buttenberg 1919, S. 1f.; Winkel 2010, S. 59.

22 Krühne 1888, Gerbstedt, Nr. 1–155, S. 1–109.

23 Buttenberg 1919.

24 Krühne 1888, Taf. 1, Nr. 1: Konventssiegel (12. bis 15. Jahrhundert); Nr. 2: Siegel des Propstes (1452); Nr. 3 und 4: Siegel der Äbtissinnen Adelheid (1325) und Margaretha (1487); danach bei Buttenberg 1919, Taf. 1, mit Beschreibung S. 18f.

25 Krühne 1888, Gerbstedt, Nr. 17, S. 14.

26 Landesarchiv (LASA) Magdeburg, U 8, C Nr. 91; Krühne 1888, Gerbstedt, Nr. 51, S. 31f.; Diestelkamp 1989, Nr. 163, S. 172.

27 Österreichisches Staatsarchiv/Haus-, Hof- und Staatsarchiv Wien, Siegelsammlung Sava 2325. Sava 1859, S. 128–135, S. 132.

28 Krühne 1888, Gerbstedt, Nr. 106, S. 68–71.

29 Ebd., Nr. 1, S. 3, nach Waitz 1844, S. 542–777, hier S. 633. Vgl. Winkel 2010, S. 21–31.

30 Die gleiche Version findet sich bei Rohr 1736, S. 667–675, hier S. 668.

31 Krühne 1888, Gerbstedt, Nr. 3, S. 3f., nach Schum 1883, S. 361–484, hier S. 400, und Ficker 1851, S. 16 und 104. Vgl. Gerstenberg 1911, S. 22; Buttenberg 1919, S. 7; Winkel 2010, S. 36 und 63f. Siehe dazu auch den Beitrag von Friedrich Schütte in diesem Band.

32 Krühne 1888, Gerbstedt, Nr. 36, S. 24; Nr. 46f., S. 29f. und Nr. 49f., S. 31.

33 Lindner 2011, S. 57–82.

34 Holtzmann 1933, S. 167–190, hier S. 174.

35 Krühne 1888, Gerbstedt, Nr. 5, S. 4, nach Ehrenfeuchter 1874, S. 226–230, hier S. 228. Vgl. den Beitrag von Friedrich Schütte in diesem Band.

36 Mencke 1728, Sp. 1463.

37 Rohr 1736, S. 670.

38 Lippert 1891, S. 64–85.

39 Sächsische Landesbibliothek — Staats- und Universitätsbibliothek Dresden (SLUB), Mscr. Dresd. R. 3, Bl. 44r, 50v und 53r.

40 Krühne 1888, Gerbstedt, Nr. 106, S. 68–71, hier S. 70: »Es sind auch nachvolgend drey königstöchter ebtiszhin in unserm closter gewest und sunst viler fürsten töchter, die alle von groszmechtigen stamme auch von königlichen heyligem geschlecht gewest, darvon lang zu schreiben were, die dan zumal mit dem feuer gütlicher liebe zu solchem groszen loblichen gestifte ye mehr und mehr zu erheben enzunt, dasz sie nicht allein alle yre gütter und habe sundern auch yren eygen leyb in den dienst gotes und christenlichen glauben zuverfechten gewanth und also durch ihre hizige lieb zu gote, auch angesehen yren fürstlichen und königlichen stamm und ritterliche that, domit sie verdienet solch grosz löblich hochwirdiges heylygthum, auch etzliche ganze corpora sanctorum, domit sie dan aus sunderlicher liebe unser closter und yr löblich gestifte gezieret und geadelt haben.« Vgl. Buttenberg 1919, S. 12.

41 Krühne 1888, Gerbstedt, Nr. 35, S. 23; Heinemann 1875, Nr. 395, S. 285; Bierbach 1930, Nr. 341, S. 313; Mülverstedt 1886, Bd. 3, Nr. 57, S. 23 und Nr. 556, S. 664; Größler 1889b, S. 80–103, hier S. 103.

42 Mülverstedt 1872, S. 231–252, hier S. 250, Anm. 3, mit Verweis auf eine Urkunde von 1293 (LASA Magdeburg, Cop. 427b, S. 112), der jedoch nicht stimmt.

43 Krühne 1888, Gerbstedt, Nr. 52, S. 32 f.

44 Ebd., Nr. 68, S. 44 f.

45 Ebd., Nr. 72, S. 47 f. und Nr. 75, S. 49.

46 Jacobs 1874, Einleitung S. 19.

47 Krühne 1888, Gerbstedt, Nr. 37, S. 24 f.

48 Ebd., Nr. 55, S. 34 f.

49 Hertel 1887, Buch 4 (zwischen 1383 und 1429), Nr. 755, S. 95; Krühne 1888, Gerbstedt, Nr. 83, S. 54 (zu 1413).

50 Hertel 1887, Teil 2, Buch 5 (zwischen 1425 und 1455), Nr. 829, S. 352; Krühne 1888, Gerbstedt, Nr. 86, S. 55 (zu 1434).

51 Hertel 1882, Buch 1 (zwischen 1266 und 1325), Nr. 905, S. 96; Krühne 1888, Gerbstedt, Nr. 43, S. 28; Buttenberg 1919, S. 12.

52 Hertel 1887, Teil 2, Buch 5 (zwischen 1425 und 1455), Nr. 1356, S. 414; Nr. 1491, S. 430; Nr. 1724, S. 458 (Johansz Slichthor); Nr. 1855, S. 472 (Johann Slichthar) und Nr. 2196, S. 514; Sato 2018, Buch 5, Nr. 48 [2196], S. 8.

53 Krühne 1888, Gerbstedt, Nr. 88, S. 56 f.

54 Strombeck 1862, S. 1–144, hier S. 35, Nr. 33; Krühne 1888, Gerbstedt, Nr. 79, S. 52 (Regest).

55 Jacobs 1874, Einleitung S. 17.

56 Krühne 1888, Gerbstedt, Nr. 46 f., S. 29 f.; Schmidt 1887, Nr. 2011, S. 173 f.

57 Krühne 1888, Gerbstedt, Nr. 87, S. 55.

58 Ebd., Nr. 112, S. 73–75; Buttenberg 1919, S. 17. Siehe dazu auch den Beitrag von Andreas Stahl in diesem Band.

59 Krühne 1888, Gerbstedt, Nr. 63, S. 41; Buttenberg 1919, S. 13.

60 Der nachweisbare Besitz ist aufgelistet bei Gerstenberg 1911, im Anhang, und knapp umrissen bei Buttenberg 1919, S. 10 f.

61 Krühne 1888, Gerbstedt, Nr. 31, S. 21.

62 Ebd., Nr. 45, S. 29 und Nr. 59, S. 38.

63 Graber/Kälble 2014, Nr. 46, S. 63–65; Krühne 1888, Gerbstedt, Nr. 28, S. 18 f.; Mülverstedt 1886, Bd. 3, Nr. 486, S. 641; Dobenecker 1925, Nr. 771, S. 132; Bierbach 1930, Teil 1, Nr. 230, S. 221; Größler 1905, S. 17–44, hier S. 42; Reischel 1926, S. 18. Vgl. Holtzmann 1933, S. 187.

64 Krühne 1888, Gerbstedt, Nr. 106, S. 68–71, hier S. 70.

65 LASA Wernigerode, D 9, A I, Nr. 1, Bl. 52v: »Lommene, do haben die nonnen von Gerbstete gerichte in velde und dorff ubir hals und hant.«; Bl. 108r: »Dorff Lohmen stet denn closter jungfrawen zu Gerbestett zu.«

66 Krühne 1888, Gerbstedt, Nr. 101, S. 65 f.; Gerstenberg 1911, S. 47.

67 Gess 1917, Nr. 1029, S. 279; Krühne 1888, Gerbstedt, Nr. 116, S. 76 (Regest); Buttenberg 1919, S. 16. Vgl. zur Flucht Wartenberg 1998, S. 60; Lücke 1999, S. 54–63, hier S. 58 sowie den Beitrag von Andreas Stahl in diesem Band.

68 Krühne 1888, Gerbstedt, Nr. 127, S. 82.

69 Ebd., Nr. 101, S. 65 f.; Buttenberg 1919, S. 16.

70 Krühne 1888, Gerbstedt, Nr. 104, S. 67; Buttenberg 1919, S. 16.

71 Lusiardi/Ranft 2015, Nr. 4274, S. 418; Buttenberg 1919, S. 16.

72 Vgl. Krühne 1888, Gerbstedt, Nr. 102, S. 66.

73 Kohnle/Rudersdorf 2017, Nr. 278, S. 262–264, hier S. 263.

74 Krühne 1888, Gerbstedt, Nr. 33, S. 21 f.

75 Ebd., Nr. 38, S. 25; Schmidt 1884, Nr. 1457, S. 479; Gerstenberg 1911, S. 42; Buttenberg 1919, S. 9.

76 Krühne 1888, Gerbstedt, Nr. 42, S. 28; Jacobs 1869, S. 1–52, hier S. 25; Buttenberg 1919, S. 9.

77 Krühne 1888, Gerbstedt, Nr. 89, S. 58; Gerstenberg 1911, S. 46; Buttenberg 1919, S. 9; Wartenberg 1998, S. 60.

78 Krühne 1888, Gerbstedt, Nr. 90 (1446), S. 58; Nr. 94 (1468), S. 60; Nr. 96 (1477), S. 61 f.; Nr. 99 (1494), S. 63 f.; Nr. 101 (1502), S. 65; Nr. 114 (1523), S. 75 und Nr. 118 (1531), S. 77.

79 Ebd., Nr. 97, S. 62 f.; Buttenberg 1919, S. 9.

80 Krühne 1888, Gerbstedt, Nr. 27, S. 18; Größler 1889a, S. 60–79, hier S. 77; Buttenberg 1919, S. 8.

81 Krühne 1888, Gerbstedt, Nr. 26, S. 17 f.; Gerstenberg 1911, S. 39; Wartenberg 1998, S. 59.

82 Heinemann 1875, Teil 2, Nr. 395, S. 285; Krühne 1888, Gerbstedt, Nr. 35, S. 23 f.; Gerstenberg 1911, S. 41; Buttenberg 1919, wie S. 8 f.

83 Krühne 1888, Gerbstedt, Nr. 36, S. 24; Wilmans 1871, Nr. 1013, S. 527 (Regest). Vgl. Gerstenberg 1911, S. 41.

84 Krühne 1888, Gerbstedt, Nr. 50, S. 31; Buttenberg 1919, S. 9; Wartenberg 1998, S. 60.

85 Krühne 1888, Helfta, Nr. 13, S. 136 f.

86 Ebd., Nr. 37, S. 148 f.; Wartenberg 1998, S. 65.

87 Krühne 1888, Helfta, Nr. 64, S. 163; Größler 1890, S. 31–84, hier S. 52.

88 Buttenberg 1919, Nr. 1 f., S. 28 f. und S. 8; Wartenberg 1998, S. 59.

89 Krühne 1888, Gerbstedt, Nr. 32, S. 21 und Nr. 78, S. 51 f.; Gerstenberg 1911, S. 40; Buttenberg 1919, S. 8 f.

90 Siehe zur Geschichte dieses Kampfes Hartung 1889, S. 1–39, und die Beiträge in Lauenroth 2015.

91 Krühne 1888, Gerbstedt, Nr. 106, S. 68–71, hier S. 70.

92 Kraus 1555, Kap. 6; Spangenberg 1555, Kap. 20; Hartung 1889, S. 26 und 31; Gerstenberg 1911, S. 43.

93 Krühne 1888, Gerbstedt, Nr. 41, S. 27; Hartung 1889, S. 18; Buttenberg 1919, S. 9.

94 Francke 1723, S. 104–106 (1364) und S. 106 (hier zu 1442); Mück 1910, Nr. 3 und 6f. (1364, 1444 und 1457); Krumhaar 1872, S. 36f.

95 Krühne 1888, Gerbstedt, Nr. 102, S. 66 und Nr. 106, S. 68–71, hier S. 68.

96 Buttenberg 1919, S. 15; Oefelein 2004, S. 114.

97 Mencke 1728, Bd. 2, Sp. 1463; Schöttgen/Kreysig 1732, S. 419–455, hier S. 445; Gerstenberg 1911, S. 48; Buttenberg 1919, S. 14f.

98 Krühne 1888, Helfta, Nr. 169f., S. 237–139.

99 Könnecke 1898, S. 54–116, hier S. 98.

100 Könnecke 1898, Teil 2, S. 93. Vgl. auch den Beitrag von Andreas Stahl in diesem Band.

101 Vgl. Schöttgen/Kreysig 1732, Gerbstädt, S. 451.

102 Francke 1723, S. 49f.; Schöttgen/Kreysig 1732, S. 446f.; Thuringia Sacra 1737, S. 13.

103 Einfügen ließen sich Katharina, die Tochter des Fürsten Otto von Anhalt (um 1300), Sophia (1321) und Johanna (1348). Jutta von Kostitz und Sophia, die auf Margaretha von Wörbzig gefolgt sein sollen, können das Amt bestenfalls übergangsweise ausgeübt haben.

104 Graber/Kälble 2014, Nr. 46, S. 63–65, hier S. 64; Heinemann 1875, Teil 2, Nr. 184, S. 144f.; Krühne 1888, Gerbstedt, Nr. 28f., S. 18–20.

105 Krühne 1888, Gerbstedt, Nr. 31, S. 21 und Nr. 34, S. 22f.; Bierbach 1930, Teil 1, Nr. 283, S. 264 (Regest).

106 Krühne 1888, Gerbstedt, Nr. 37, S. 24f. und Nr. 37, S. 24f.; Buttenberg 1919, Nr. 1, S. 28; Dobenecker 1939, Nr. 2263, S. 324, und 2271, S. 324f.

107 Krühne 1888, Gerbstedt, Nr. 47, S. 30.

108 Ebd., Nr. 51, S. 31f.

109 Ebd., Nr. 60, S. 38f.

110 Ebd., Nr. 69, S. 45f. Sie wurde 1342 als Klosterjungfrau mit Einkünften ausgestattet. Ebd., Nr. 55, S. 34f.

111 Ebd., Nr. 81, S. 53.

112 Buttenberg 1919, Nr. 8, S. 30.

113 Krühne 1888, Gerbstedt, Nr. 88, S. 56f.

114 Ebd., Nr. 93, S. 59f.; Nr. 97, S. 62f. und als verstorben genannt in Nr. 98, S. 63.

115 Ebd., Nr. 98, S. 63. Sie war 1484 Kaplanin, ebd. Nr. 97, S. 62f.

116 Ebd., Nr. 102, S. 66 und Nr. 104, S. 67; LASA Magdeburg, Cop., Nr. 495, Bl. 267v–268v, hier Bl. 268v; Lusiardi/Ranft 2015, Teil 5, Nr. 4274, S. 418 (Regest).

117 Krühne 1888, Gerbstedt, Nr. 106, S. 68–71; Nr. 109, S. 72 und Nr. 113, S. 75. – Sie war 1506 Kellnerin des Klosters Neu-Helfta. Ebd., Helfta, Nr. 169f., S. 237–139. Vgl. Buttenberg 1919, S. 14.

118 Krühne 1888, Gerbstedt, Nr. 122–125, S. 79–81.

119 Ebd., Nr. 129, S. 82 und Nr. 140, 142–144, S. 95f.

120 Ebd., Nr. 142–144, S. 96.

121 Ebd., Nr. 145, S. 96. Nach Spangenberg ist sie 1578 gestorben.

122 Krühne 1888, Gerbstedt, Nr. 29, S. 20.

123 Ebd., Nr. 35, S. 23f.

124 Ebd., Nr. 47, S. 30.

125 Ebd., Nr. 51, S. 31f.

126 Ebd., Nr. 81, S. 53.

127 Ebd., Nr. 97, S. 62f.

128 Ebd., Nr. 106, S. 68–71, hier S. 68.

129 Ebd., Nr. 129, S. 82; Nr. 142f. und 145, S. 96.

130 Ebd., Nr. 146, S. 97.

131 Ebd., Nr. 29f., S. 20 und Nr. 34, S. 22f.

132 Ebd., Nr. 35, S. 23.

133 Ebd., Nr. 47, S. 30.

134 Heinemann 1877, Nr. 380, S. 248f.; Krühne 1888, Gerbstedt, Nr. 48, S. 30 (Regest).

135 Ebd., Nr. 50, S. 31, und Wiederstedt, Nr. 40, S. 576.

136 Krühne 1888, Gerbstedt, Nr. 52, S. 32f. und Nr. 56f., S. 35f.

137 Schmidt 1889, Nr. 2873, S. 190 (Regest).

138 Krühne 1888, Gerbstedt, Nr. 77, S. 50f. Er ist 1404 als alter Propst bezeichnet. Ebd., Nr. 80, S. 52f.

139 Ebd., Gerbstedt, Nr. 80, S. 52f.

140 Ebd., Nr. 87–88a, S. 55–57. Bei Spangenberg und in einer Beschwerdeschrift von 1436 ist er mit dem Zunamen Beginner bzw. Beghenen genannt. Buttenberg 1919, S. 14.

141 Krühne 1888, Gerbstedt, Nr. 91, S. 58f.

142 Ebd., Nr. 97, S. 62f.

143 Ebd., Nr. 109, S. 72.

144 Ebd., Nr. 112, S. 73–75.

UNGEDRUCKTE QUELLEN

SLUB Dresden, Mscr. Dresd. R. 3: Sächsisches Stammbuch (1546)

LASA Magdeburg, Cop., Nr. 427b: Copiarium Mansfeldensium (1223–1543)

LASA Magdeburg, Cop., Nr. 495: Registrum litterarum Ernesti Halberstadensis ecclesiae administratoris (1343–1505)

LASA Magdeburg, U 8, C Nr. 91 (1325 September 11)

LASA Wernigerode, D 9, A I, Nr. 1: Erbbuch des Amtes Delitzsch (1442)

GEDRUCKTE QUELLEN UND LITERATUR

BIERBACH 1930
Bierbach, Arthur (Bearb.): Urkundenbuch der Stadt Halle, ihrer Stifter und Klöster, Teil 1: 806–1300 (= Geschichtsquellen der Provinz Sachsen und des Freistaates Anhalt, N. R. 10), Magdeburg 1930

BÜNZ 2015
Bünz, Enno (Hrsg.): Geschichte der Stadt Leipzig 1, Leipzig 2015

BÜNZ/MÜTZE/ZINSMEYER 2020
Bünz, Enno/Mütze, Dirk Martin/Zinsmeyer, Sabine (Hrsg.): Neue Forschungen zu sächsischen Klöstern. Ergebnisse und Perspektiven der Arbeit am Sächsischen Klosterbuch (= Schriften zur sächsischen Geschichte und Volkskunde 62), Leipzig 2020

BUTTENBERG 1919
Buttenberg, Fritz: Das Kloster zu Gerbstedt, in: Zeitschrift des Harzvereins für Geschichte und Alterthumskunde 52, 1919, S. 1–30

DIESTELKAMP 1989
Diestelkamp, Adolf (Bearb.): Urkundenbuch des Stifts St. Johann bei Halberstadt 1119/23–1804 (= Quellen zur Geschichte Sachsen-Anhalts 9), Weimar 1989

DOBENECKER 1925
Dobenecker, Otto (Hrsg.): Regesta diplomatica necnon epistolaria historiae Thuringiae 3: 1228–1266, Jena 1925

DOBENECKER 1939
Dobenecker, Otto (Hrsg.): Regesta diplomatica necnon epistolaria historiae Thuringiae 4: 1267–1288, Jena 1939

EHRENFEUCHTER 1874
Ehrenfeuchter, Ernst (Hrsg.): Chronicon Montis Sereni (1124–1225) (= Monumenta Germaniae Historica. Scriptores [in Folio] 23), 1874, S. 130–226

FICKER 1851
Ficker, Julius (Hrsg.): Die münsterischen Chroniken des Mittelalters (= Die Geschichtsquellen des Bisthums Münster 1), Münster 1851

FRANCKE 1723
Francke, Eusebius Christian: Historie der Grafschafft Mansfeld, Leipzig 1723

GERSTENBERG 1911
Gerstenberg, Max: Untersuchungen über das ehemalige Kloster Gerbstedt, Halle (Saale) 1911

GESS 1917
Gess, Felician (Hrsg.): Akten und Briefe zur Kirchenpolitik Herzog Georgs von Sachsen 2: 1525–1527 (= Aus den Schriften der Sächsischen Kommission für Geschichte [22]), Leipzig 1917

GRABER/KÄLBLE 2014
Graber, Tom/Kälble, Mathias (Bearb.): Die Urkunden der Markgrafen von Meißen und Landgrafen von Thüringen 4: 1235–1247 (= Codex diplomaticus Saxoniae, Hauptteil 1, Abt. A, 4), Peine 2014

GRÖSSLER 1889a
Größler, Hermann: Geschlechtskunde der Grafen von Mansfeld, in: Mansfelder Blätter 3, 1889, S. 60–79

GRÖSSLER 1889b
Größler, Hermann: Geschlechtskunde der edlen Herren von Friedeburg, einer Nebenlinie der Grafen von Mansfeld Hoyerschen Stammes, in: Mansfelder Blätter 3, 1889, S. 80–103

GRÖSSLER 1890
Größler, Hermann: Geschlechtskunde der Edelherren von Hakeborn, in: Mansfelder Blätter 4, 1890, S. 31–84

GRÖSSLER 1905
Größler, Hermann: Die Einteilung des Landes zwischen Saale und Mulde in Gaue und Archidiakonate, in: Mitteilungen des Vereins für Erdkunde zu Halle 29, 1905, S. 17–44

GRÖSSLER/BRINKMANN 1895
Größler, Hermann/Brinkmann, Adolf: Beschreibende Darstellung der älteren Bau- und Kunstdenkmäler des Mansfelder Seekreises, Halle (Saale) 1895

HARTUNG 1889
Hartung, Carl: Die Schlacht am Welfesholze am 11. Februar 1115 nach zeitgenössischen und späteren Berichten, in: Mansfelder Blätter 3, 1889, S. 1–39

HEINEMANN 1875
Heinemann, Otto von (Hrsg.): Codex diplomaticus Anhaltinus 2: 1212–1300, Dessau 1875

HEINEMANN 1877
Heinemann, Otto von (Hrsg.): Codex diplomaticus Anhaltinus 3: 1301–1350, Dessau 1877

HERTEL 1882
Hertel, Gustav (Hrsg.): Die hallischen Schöffenbücher, Teil 1: 1266–1400 (Geschichtsquellen der Provinz Sachsen und angrenzender Gebiete 14), Halle (Saale) 1882

HERTEL 1887
Hertel, Gustav (Hrsg.): Die hallischen Schöffenbücher, Teil 2: 1401–1460 (Geschichtsquellen der Provinz Sachsen und angrenzender Gebiete 14), Halle (Saale) 1887

HOLTZMANN 1933
Holtzmann, Walther: Wettinische Urkundenstudien, in: Kritische Beiträge zur Geschichte des Mittelalters (Historische Studien 238), Berlin 1933, S. 167–190

JACOBS 1869
Jacobs, Eduard: Beiträge zur Geschichte von Artern und Voigtstedt, in: Neue Mitteilungen aus dem Gebiet historisch-antiquarischer Forschungen 12, 1869, S. 1–52

JACOBS 1874
Jacobs, Eduard (Hrsg.): Urkundenbuch des in der Grafschaft Wernigerode belegenen Klosters Drübeck vom Jahre 877–1594 (= Geschichtsquellen der Provinz Sachsen und angrenzender Gebiete 5), Halle (Saale) 1874

KOHL 2003
Kohl, Karl-Heinz: Die Macht der Dinge. Geschichte und Theorie sakraler Objekte, München 2003

KOHNLE/RUDERSDORF 2017
Kohnle, Armin/Rudersdorf, Manfred (Hrsg.): Briefe und Akten zur Kirchenpolitik Friedrichs des Weisen und Johanns des Beständigen 1513 bis 1532. Reformation im Kontext frühneuzeitlicher Staatswerdung 1: 1513–1517, Leipzig 2017

KÖNNECKE 1898
Könnecke, Max: Die evangelischen Kirchenvisitationen des 16. Jahrhunderts in der Grafschaft Mansfeld, Teil 2, in: Mansfelder Blätter 12, 1898, S. 54–116

KRAUS 1555
Kraus, Johannes: Wahrhafftiger Bericht des grossen Blutvergissens und der gewaltigen Schlacht, so an dem Welfesholtz in der löblichen Graff und Herrschaft Mansfelt etc. geschehen, Eisleben 1555.

KRÜHNE 1888
Krühne, Max (Bearb.): Urkundenbuch der Klöster der Grafschaft Mansfeld (= Geschichtsquellen der Provinz Sachsen und angrenzender Gebiete 20), Halle (Saale) 1888

KRUMHAAR 1855
Krumhaar, Karl: Die Grafschaft Mansfeld im Reformationszeitalter, Eisleben 1855

KRUMHAAR 1872
Krumhaar, Karl: Die Grafen von Mansfeld und ihre Besitzungen, Eisleben 1872

KÜHNE 2002
Kühne, Hartmut: Der Harz und sein Umland – eine spätmittelalterliche Wallfahrtslandschaft?, in: Kühne, Hartmut/Radtke, Wolfgang/Strohmaier-Wiederanders, Gerlinde (Hrsg.): Spätmittelalterliche Wallfahrt im mitteldeutschen Raum, Berlin 2002, S. 87–103

LAUENROTH 2015
Lauenroth, Hartmut (Hrsg.): 900 Jahre Schlacht am Welfesholz, Teutschenthal 2015

LINDNER 2011
Lindner, Michael: Das Augustiner-Chorherrenstift Zschillen als Grablege der Dedoniden. Markgraf Konrad von der Ostmark/Lausitz (1190–1210) und sein Schreiber Johannes, in: Mütze, Dirk Martin (Hrsg.): Regular- und Säkularkanonikerstifte in Mitteldeutschland (= Bausteine aus dem Institut für Sächsische Geschichte und Volkskunde 21), Dresden 2011, S. 57–82

LIPPERT 1891
Lippert, Woldemar: Das »Sächsische Stammbuch«, eine Sammlung sächsischer Fürstenbildniss, in: Neues Archiv für sächsische Geschichte 12, 1891, S. 64–85

LÜCKE 1999
Lücke, Monika: Benediktinerklöster im Mansfeldischen in der Reformationszeit, in: Römer, Christof/Pötschke, Dieter/Schmidt, Oliver H. (Hrsg.): Benediktiner, Zisterzienser (= Studien zur Geschichte, Kunst und Kultur der Zisterzienser 7), Berlin 1999, S. 54–63

LUSIARDI/RANFT 2015
Lusiardi, Ralf/Ranft, Andreas (Hrsg.): Urkundenbuch des Hochstifts Halberstadt und seiner Bischöfe 5: 1426–1513 (Quellen und Forschungen zur Geschichte Sachsen-Anhalts 7), Wien/Köln/Weimar 2015

MENCKE 1728
Mencke, Johann Burkhard: Scriptores rerum Germanicarum precipue Saxonicarum 2, Leipzig 1728

MÜCK 1910
Mück, Walter: Der Mansfelder Kupferschieferbergbau 2, Eisleben 1910

MÜLVERSTEDT 1868
Mülverstedt, George Adalbert von: Hierographia Mansfeldica, in: Zeitschrift des Harzvereins für Geschichte und Alterthumskunde 1, 1868, S. 23–50

MÜLVERSTEDT 1872
Mülverstedt, George Adalbert von: Die Burggrafen von Giebichenstein und die Verschenkung ihres Schlosses Spöhren, in: Geschichtsblätter für Stadt und Land Magdeburg 7, 1872, S. 231–252

MÜLVERSTEDT 1886
Mülverstedt, George Adalbert von (Hrsg.): Regesta archiepiscopatus Magdeburgensis 3: 1270–1305, Magdeburg 1886

OEFELEIN 2004
Oefelein, Cornelia: Das Nonnenkloster St. Jacobi und seine Tochterklöster im Bistum Halberstadt (= Studien und Geschichte, Kunst und Kultur der Zisterzienser 20), Berlin 2004

OEFELEIN 2019
Oefelein, Cornelia: Gründung und mittelalterliche Geschichte des Klosters St. Marien zu Helfta. Ein Überblick unter Berücksichtigung neuer Funde, in: Emmelius, Caroline/Nemes, Balázs J. (Hrsg.): Mechthild und das »Fließende Licht der Gottheit« im Kontext. Eine Spurensuche in religiösen Netzwerken und literarischen Diskursen im mitteldeutschen Raum des 13.–15. Jahrhunderts (= Beihefte zur Zeitschrift für Deutsche Philologie 17), Berlin 2019, S. 41–64

OPEL 1880
Opel, Julius (Bearb.): Denkwürdigkeiten des hallischen Rathsmeisters Spittendorff (= Geschichtsquellen der Provinz Sachsen und angrenzender Gebiete 11), Halle (Saale) 1880

PÄTZOLD 1997
Pätzold, Stefan: Die frühen Wettiner. Adelsfamilie und Hausüberlieferung bis 1221 (= Geschichte und Politik in Sachsen 6), Köln/Wien 1997

REISCHEL 1926
Reischel, Gustav: Wüstungskunde der Kreise Bitterfeld und Delitzsch

(= Geschichtsquellen der Provinz Sachsen und des Freistaates Anhalt, Neue Reihe, 2), Magdeburg 1926

RICHTER 1746
Richter, Adam Daniel: Chronica der […] Bergstadt St. Annaberg, Teil 1, St. Annaberg 1746

ROHR 1736
Rohr, Julius Bernhard von: Von der Stadt Gerbstädt und dem ehemaligen Closter Widerstedt, in: Geographische und historische Merkwürdigkeiten des Vor- und Unterharzes, Frankfurt am Main/Leipzig 1736, S. 667–675

SATO 2018
Sato, Dan (Bearb.): Die Hallischen Schöffenbücher aus der zweiten Hälfte des 15. Jahrhunderts und der ersten Hälfte des 16. Jahrhunderts, Tokio 2018

SAVA 1859
Sava, Karl von: Die mittelalterlichen Siegel der geistlichen Corporationen in Wien, in: Mittheilungen der Kaiserlich Königlichen Central-Commission zur Erforschung und Erhaltung der Baudenkmale 4, 1859, S. 128–135

SCHMIDT, G. 1884
Schmidt, Gustav (Hrsg.): Urkundenbuch des Hochstifts Halberstadt und seiner Bischöfe 2: 1236–1303 (= Publikationen aus den königlich-preußischen Staatsarchiven 21), Leipzig 1884

SCHMIDT, G. 1887
Schmidt, Gustav (Hrsg.): Urkundenbuch des Hochstifts Halberstadt und seiner Bischöfe 3: 1303–1361 (= Publikationen aus den königlich-preußischen Staatsarchiven 27), Leipzig 1887

SCHMIDT, G. 1889
Schmidt, Gustav (Hrsg.): Urkundenbuch des Hochstifts Halberstadt und seiner Bischöfe, Teil 4: 1352–1425 (= Publikationen aus den königlich-preußischen Staatsarchiven 40), Leipzig 1889

SCHMIDT, J. 1888
Schmidt, Julius: Das Gnadenbild zu Elende, in: Zeitschrift des Harzvereins für Geschichte und Alterthumskunde 21 (1888), S. 190–202

SCHÖTTGEN/KREYSIG 1732
Schöttgen, Christian/Kreysig, George Christoph: Historie des Closters Gerbstädt, in: Diplomatische und curieuse Nachlese der Historie von Obersachsen und angrentzenden Ländern 2, Teil 7, Dresden und Leipzig 1732, S. 419–455

SCHUM 1883
Schum, Wilhelm (Hrsg.): Gesta archiepiscoporum Magdeburgensium, in: Monumenta Germaniae historica. Scriptores 14, Hannover 1883, S. 361–484

SIGNORI 2006
Signori, Gabriela (Hrsg.): Das Wunderbuch Unserer Lieben Frau im thüringischen Elende (1419–1517) (= Veröffentlichungen der Historischen Kommission für Thüringen. Große Reihe 12), Köln 2006

SPANGENBERG 1555
Spangenberg, Cyriacus: Ursach und Handelung des Sechsischen Krieges bei dem Welphesholtz in der Herrschaft Mansfeld, Wittenberg 1555

SPANGENBERG 1913
Spangenberg, Cyriacus: Vom Closter Gerbstett, in: ders., Mansfeldische Chronica, Teil 4, Buch 3, hrsg. von Carl Rühlemann, Eisleben 1913, S. 348–363

STROMBECK 1862
Strombeck, Hilmar von: Zur Archidiakonat-Eintheilung des vormaligen Bisthums Halberstadt, in: Zeitschrift des historischen Vereins für Niedersachsen 28, 1862, S. 1–144

THURINGIA SACRA 1737
Thuringia sacra, sive historia monasteriorum, quae olim in Thuringia floruerunt, Frankfurt am Main 1737

VOLKMAR 2006
Volkmar, Christoph: Zwischen landersherrlicher Förderung und persönlicher Distanz. Herzog Georg von Sachsen und das Annaberger Heiltum, in: Tacke, Andreas (Hrsg.): »Ich armer sundiger mensch«. Heiligen- und Reliquienkult am Übergang zum konfessionellen Zeitalter (Schriftenreihe der Stiftung Moritzburg, Kunstmuseum des Landes Sachsen-Anhalt 2), Göttingen 2006, S. 100–124

WAITZ 1844
Waitz, Georg (Hrsg.): Annalista Saxo, in: Monumenta Germaniae historica. Scriptores 6, Hannover 1844, S. 542–777

WARTENBERG 1998
Wartenberg, Günther: Die Mansfelder Grafen und die Klöster im Mansfelder Land, in: Wipfler, Esther Pia (Hrsg.): Bete und arbeite! Zisterzienser in der Grafschaft Mansfeld, Halle (Saale) 1998, S. 59–71

WILMANS 1871
Wilmans, Roger (Bearb.): Westfälisches Urkundenbuch 3,1: Die Urkunden des Bistums Münster 1201–1300, Münster 1859–1871

WINKEL 2010
Winkel, Harald: Herrschaft und Memoria. Die Wettiner und ihre Hausklöster (Schriften zur sächsischen Geschichte und Volkskunde 32), Leipzig 2010

WOLF 1910
Wolf, Bernhard: Aus dem kirchlichen Leben Annabergs in vorreformatorischer Zeit, in: Mitteilungen des Vereins für Geschichte von Annaberg und Umgebung 11, 1908–1910, Bd. 3, Heft 1, S. 51–104

WOLFRAM 1863
Wolfram, Robert: Von dem »großen Heiligthum der St. Annenkirche« zu Annaberg, in: Archiv für die Sächsische Geschichte 1, 1863, S. 229–235

ABBILDUNGSNACHWEIS

LDA Sachsen-Anhalt: 1 (Fotoarchiv)

LASA Magdeburg, U 8, C Nr. 91 (1325 September 11): 2a

Aus Krühne 1888, Taf. 1, Nr. 3 und 1: 2b, 3b

Österreichisches Staatsarchiv, Abt. Haus-, Hof- und Staatsarchiv, Siegelsammlung Sava 2325: 3a

SLUB Dresden, Mscr. Dresd. R. 3, Bl. 50v: 4

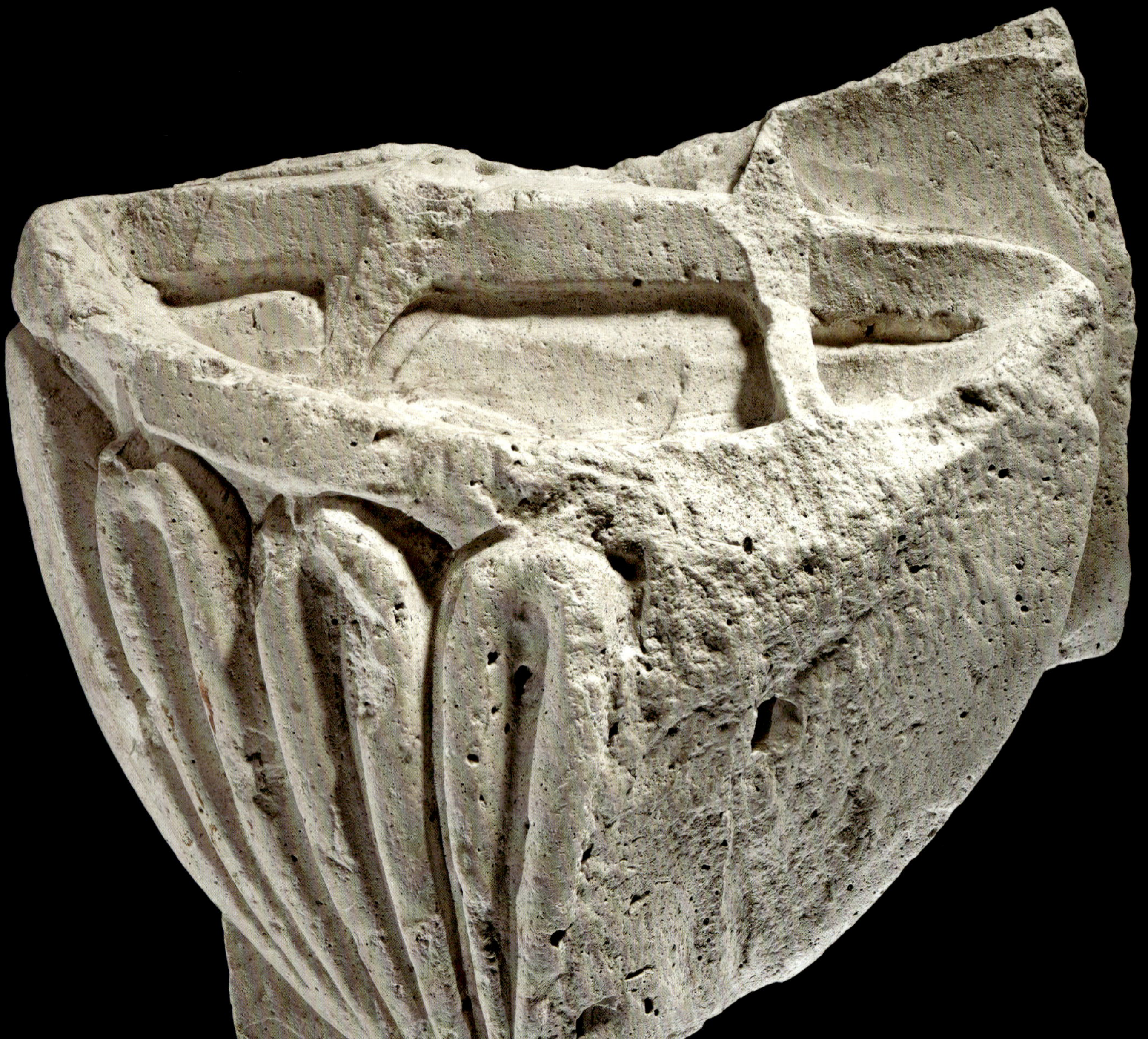

Das Kloster Gerbstedt in der Neuzeit

Andreas Stahl

Länger als anderswo im Mansfeldischen entzog sich das renommierte Benediktinerinnen-Kloster zu Gerbstedt im Kernland der Reformation der Säkularisierung. Die Überlieferungen zu Stadt und Kloster sind überschaubar[1] und spiegeln im Wesentlichen den Forschungstand des 19. Jahrhunderts wider. In Anbetracht der Einschränkungen durch die Corona-Pandemie konnte nur fragmentarisch die Archiveinsicht erfolgen; so muss besonders die baulich signifikante Zeit des säkularen Klosteramtes ein Desiderat bleiben.

Die Tradierung Gerbstedts als erstes Hauskloster der Wettiner und Klostervogtei der Mansfelder Grafen prägte nachhaltig dessen neuzeitliche Geschichte.[2] Wenngleich Teile der reichen, aber verstreuten Klostergüter bereits im 15./16. Jahrhundert an die Grafen von Mansfeld und an das kursächsische Amt Sangerhausen fielen, behaupteten sich die Nonnen vor Ort bis mindestens 1574. Mit der Verpfändung des Klosters 1581 an Otto von Plotho endete auch eine Revitalisierung als Landesschule und es beschleunigte sich der bauliche Verfall der einst imposanten Klosteranlage. Bemerkenswert ist so heute vor Ort das Schulareal im Bereich der verschwundenen Klausur ein historisches Fatum. Bis 1738 verfügte die Familie von Plotho über den Klosterhof,[3] bevor dieser Teil eines preußischen Klosteramtes und dabei sukzessiv privatisiert wurde. Topographisch lag das Kloster mit ausgedehntem Wirtschaftsareal inmitten der westlich von Ober-Gerbstedt gelegenen Neustadt und bildete zusammen mit der Mediatvorstadt Kloppan bis 1900 ein selbstständiges Gemeinwesen des vormaligen Fleckens Gerbstedt, der insgesamt 1780 an Preußen fiel.[4]

Das symbiotische Verhältnis von Kloster und Stadt wurde in der Neuzeit aufgelöst. Dies gilt es näher zu beleuchten.

Zu Beginn ist nachfolgend die historische Topografie als Spiegelbild der Landesherrschaft Gegenstand näherer Betrachtung.

Gerbstedt mit dem Kloster lag territorial in der Grafschaft Mansfeld. Deren Grafen gehörten seit der ersten Hälfte des 12. Jahrhunderts zum Hochadel, waren so »reichsunmittelbar«. Spätmittelalterlich konnten sie sich gegen die übermächtigen Nachbarn, das Bistum Halberstadt, das Erzbistum Magdeburg und das Herzogtum Sachsen, trotz taktierender Lehn- und Dienstverpflichtungen immer weniger behaupten, sodass sie bei andauernder formaler Reichsstandschaft zu sächsischen Landständen wurden. Die Teilung der Grafschaft in drei Linien 1420, die Teilung in Vorder- und Hinterort 1475 und die Hauptteilung in Vorder-, Mittel- und Hinterort 1501 (nach den Wohnorten auf Schloss Mansfeld) gelten zweifellos als historische Zäsuren. Der hier nicht vertieften Sequestration der gräflichen Besitzstände 1570 folgten Lehnspermutationen 1573 und 1579. Damit verlor letztlich die Grafschaft ihre Selbstständigkeit. Drei Fünftel fielen an Kursachsen, zwei Fünftel an das Erzstift Magdeburg (und damit später an Brandenburg-Preußen). Die Ursachen waren sehr komplex. Die Schwächung der Grafschaft durch Erbteilungen katalysierte einen Prozess des Niedergangs, der durch repräsentative Verschwendungssucht, politisch-konfessionelle Fehlentscheidungen und vieles andere initiiert war. In der neuzeitlichen Geschichte des hohen Reichsadels sind die Grafen von Mansfeld

[1] Gerbstedt. Flurkarte nach Berger, 1878

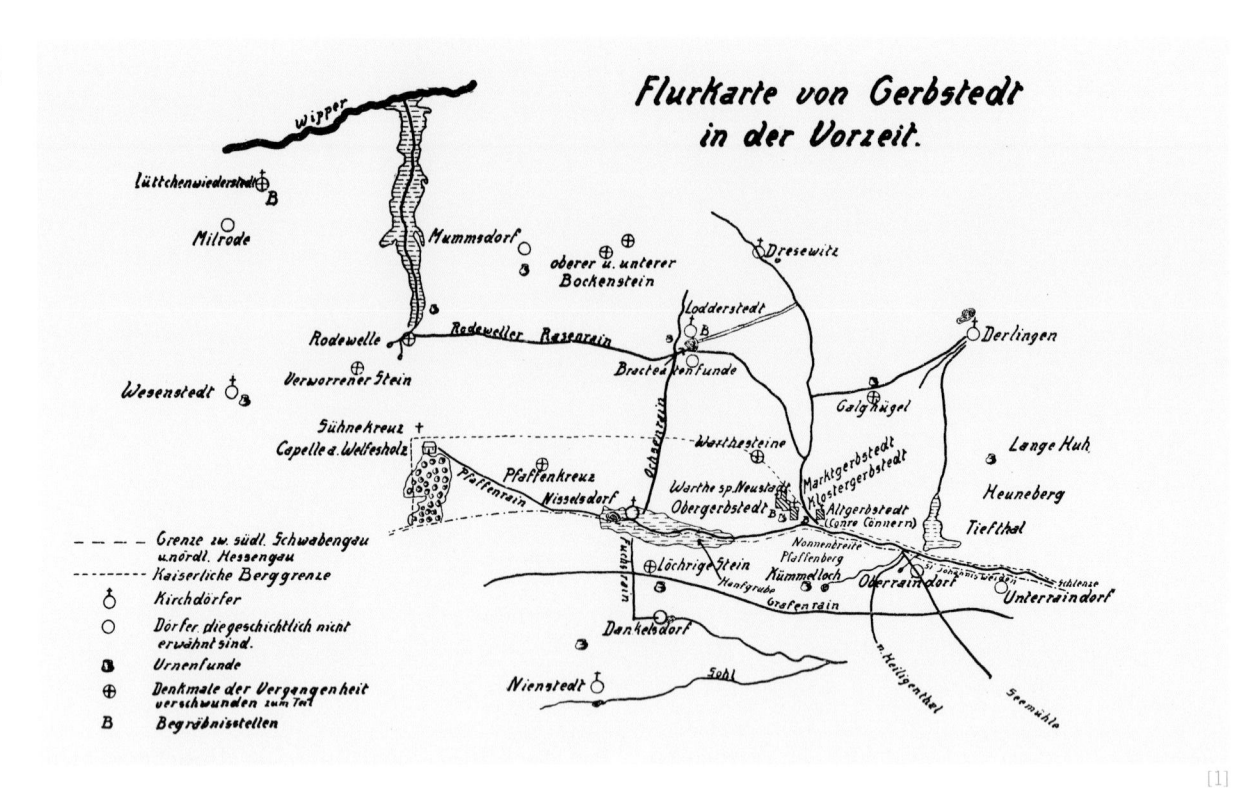

ein exemplarischer Fall, wie man durch falsche Familien- und Wirtschaftspolitik die eigene Territorialherrschaft verlieren konnte.[5]

Bleibt noch ein wichtiger Umstand zur monastischen Präferenz Gerbstedts anzufügen: Abgesehen vom Bistum Münster nahmen mit dem Hochstift Halberstadt und dem Erzstift Magdeburg unmittelbare Rivalen der Mansfelder Grafen um die territoriale Vorherrschaft diözesane Rechte – abgesehen von päpstlicher Omnipräsenz und benediktinischer Ordensobservanz – wahr. Für Kloster Gerbstedt nicht unwichtig, übernahmen zwischen 1479 und 1566 die Erzbischöfe in Magdeburg die Administration des Hochstifts Halberstadt und damit das *Jus dioecesanum* derer Bischöfe. Sowohl formale Reichsunmittelbarkeit der Grafen mit Zugehörigkeit zu den obersächsischen Landständen als auch klerikale Hierarchie bildeten eine hochkomplexe Konstellation, in der sich das Kloster im 16. Jahrhundert lange Zeit geschickt behauptete. Letztlich entscheidend im Reformationszeitalter war das Verhältnis zu den gräflichen Landesherren, deren Landeskind Martin Luther im Schatten ihres Stammsitzes Schloss Mansfeld aufwuchs.

Präjudizierend für die neuzeitliche Säkularisation des Klosters verkaufte der Magdeburger Erzbischof Günther II. von Schwarzburg (1382–1445) die Burgen Friedeburg und Salzmünde 1442 an die Grafen von Mansfeld nach deren erster Teilung 1420.[6] Der auf den 28. April datierte Verkauf als »Mannlehen« für 14 000 Schock Kreuzgroschen an die Grafen Volrad I. (II.) (1382–1450) und Gebhard VI. (um 1429–1492) zu Mansfeld betraf »das Schloss Friedeburg und die wüste Burg Salzmünde mit der weltlichen Herrschaft des Klosters Gerbstedt«. Dem folgte am 8. Mai 1446 die förmliche Belehnung des Erzbischofs Friedrich III. von Beichlingen (vor 1427–1464) an die Grafen Volrad I. (II.), Günther II. (III.) (1416–1475) und Gebhard VI. von Mansfeld wiederum mit expliziter Benennung des Klosters Gerbstedt.[7] Nachfolgend erneuerten alle Erzbischöfe zu Magdeburg die Lehnsbriefe bzw. Vogtei über Kloster Gerbstedt an die Mansfelder Grafen; darunter auch Erzbischof Ernst von Sachsen aus dem Haus Wettin (1464–1513).[8] 1487 verpflichtete sich der Gerbstedter Konvent unter der Äbtissin Margareta von Wurbzk, die vom bereits verstorbenen Papst Sixtus IV. (1414–1484) bestätigten »alten Vögte und Schutzherrn die Grafen von Mansfeld« zu akzeptieren.[9] Hier nicht Gegenstand ist die quellenkritische Bewertung des spätmittelalterlichen Übergangs der Vogteirechte über das Kloster von den Wettinern an die Grafen von Mansfeld einerseits und die Verknüpfung dessen Vogteirechte mit Friedeburg (einschließlich der lehnsrechtlichen Zuständigkeit des Magdeburger Erzstifts) andererseits, obzwar dies unmittelbare Konsequenzen für die frühneuzeitliche Säkularisierung hatte.

Mit der Hauptteilung der Mansfelder Grafen 1501 vollzogen sich auch wichtige Weichenstellungen für das Kloster Gerbstedt im Reformationszeitalter.[10] Bei Übernahme des Amtes Friedeburg fielen auch Kloster und Ort Gerbstedt (Abb. 1) unter die Vorherrschaft der

Linie Mansfeld-Vorderort, die bekanntlich lange katholisch blieb, damit die evangelische Reformation ihrer Landesteile verzögerte und so maßgeblich das Kloster Gerbstedt als katholische Exklave im Heimatland Martin Luthers legitimierte. 1556 erneuerte Erzbischof Sigismund von Brandenburg (1538–1566) gegenüber den Grafen die Lehnsrechte über Friedeburg (nun explizit mit Gerbstedt). Dem folgte der Eislebische Permutations-Rezess 1579 zwischen dem Administrator Joachim Friedrich von Brandenburg (1546–1608) und Kurfürst August von Sachsen (1526–1586) zur Regelung der erzstiftischen und kursächsischen Rechte infolge der Sequestrierung an der Grafschaft. Demnach wurde das Erzstift Magdeburg reichspolitisch formal auch der weltliche Lehnsherr über die Ämter Friedeburg und das Kloster Gerbstedt. Seit Albrecht von Brandenburg (1490–1545) wurde das Erzstift Magdeburg von Erzbischöfen und Administratoren aus dem Haus Hohenzollern (sprich: Brandenburg-Preußen) beherrscht – abgesehen vom Interregnum 1628 bis 1680 des wettinischen Administrators, Herzog August von Sachsen-Weißenfels (1614–1680). Mit Aussterben der Linie Mansfeld-Vorderort-Bornstedt 1780 nach dem Kutschenunfall des Grafen Joseph Wenzel Nepomuk, Fürst von Fondi (1735–1780) ohne männliche Nachkommen, kam Gerbstedt mediat mit dem Amt Friedeburg unter preußische Landesherrschaft – mit dem Klosteramt und dem Neuen Vorwerk.[11]

Zurück zu den Protagonisten des Reformationszeitalters. Der Landesherr, Graf Hoyer III. (VI.) von Mansfeld-Vorderort (1484–1540), gilt als »unleugbar der bedeutendere unter den drei katholisch gebliebenen Brüdern«.[12] Mit kaiserlichen Stadtrechtsverleihungen versuchte er, den Druck der Wettiner als Oberlehnsherren auf sein Kernterritorium abzumildern. Ihm folgte die kinderreiche Erblinie seines Bruders Ernst II. (1479–1531), unter denen Vorderort in sechs Linien zerfiel, darunter auch nominell die Friedeburger unter Graf Peter Ernst I. (1517–1604), der den Habsburgern als Feldherr in den Niederlanden diente. Die Söhne, Karl (der Jüngere) (1543–1595) und sein Halbbruder Peter Ernst II. (1580–1626), traten in seine Fußstapfen. Letztlich war es nur konsequent, dass unter dem anverwandten ligistischen Feldherrn Graf Wolff III. von Mansfeld-Vorderort-Bornstedt (1575–1638) als katholischem Statthalter im Dreißigjährigen Krieg mit dem Restitutionsedikt von 1629 die Rekatholisierung der Grafschaft betrieben wurde. Dass familiär die Grafen Philipp I. (II.) von Mansfeld-Vorderort-Bornstedt (1502–1546) und Johann Georg I. zu Mansfeld-Vorderort-Eisleben (1515–1579) bereits 1545 Klostergut verkauften und damit einem katholischen Konvent die Existenzgrundlage beschnitten, offenbart die vielschichtigen Ambivalenzen im mansfeldischen Reformationszeitalter.[13] Insbesondere die Vita von Graf Johann Georg I., dem eine entscheidende Rolle bei der Säkularisierung des Klosters Gerbstedt zukam, spiegelt das hochkomplexe Netzwerk politischer Akteure jener Zeit wider. 1539 trat er als sächsisch-herzoglicher Rat hervor und firmierte 1542 mit seinem Bruder Philipp kurzzeitig als Statthalter des Herzogs Moritz von Sachsen (1521–1553). Auf dem Augsburger Reichstag 1548 gehörte er zu den Begleitern Herzog Augusts von Sachsen bei der feierlichen Belehnung dessen Bruders Moritz mit der sächsischen Kurwürde. 1552 war er Landkomtur der Deutschordensballei Thüringen und amtierte 1552 bis 1554 als Statthalter für den erst 14-jährigen Erzbischof von Magdeburg, den hohenzollerischen Markgrafen Sigismund von Brandenburg. Auch stand er formal noch in magdeburgischen Diensten, als er in Dresden ebenfalls zeitweilig das Amt eines Statthalters und Rats des nunmehrigen Kurfürsten August von Sach-

[2] Gerbstedt. Ausschnitt aus dem Plan von Mellinger, 1571

sen ausübte.[14] In dem die Landesgeschichte prägenden mitteldeutschen Dualismus zwischen Brandenburg und Sachsen schien er keinerlei Loyalitätsprobleme gehabt zu haben; ebenso auch nicht konfessionell, als er vom katholischen zum evangelischen Glauben überwechselte.

Historisch-topographisch verschlungen veränderte sich auch das urbane Umfeld des Klosters. Als Erich Neuß Mitte des 20. Jahrhunderts auf einer seiner Wanderungen im Mansfeldischen das abschätzig genannte »Nest«, die malerisch gelegene »Bergstadt« Gerbstedt erkundete, verwies er explizit auf das »erste und älteste Kloster im Lande Mansfeld«, dessen Spuren – wenngleich »1805 die letzten Reste der Klosterkirche in Trümmer sanken« – in der städtischen Topographie allgegenwärtig sind.[15] Als signifikantes Zeugnis gilt noch heute das außerhalb der Klausur als Nonnenhaus kolportierte Klostergebäude, das ab 1739 fünfteilig separiert an Bürger verkauft wurde – mit massivem Erd- und Fachwerkobergeschoss. Zudem steht zweifelsohne der von der Stadtkirche separierte Glockenturm auf den romanischen Fundamenten eines der Klostertürme.[16] Infolge mehrerer Stadtbrände (besonders 1530 und 1559), der Pest (1626[28], 1636 und 1681)[17] und dem Dreißigjährigen Krieg stagnierte die urbane Entwicklung Gerbstedts. Erst ab Ende des 17. Jahrhunderts prosperierte der Ort – trotz der Brände 1787, 1858 und 1925[18] – allmählich durch das Wiederaufleben des Mansfelder Kupferschieferbergbaus; dank des hier ausgehenden Hauptflözes, dem Bau des Zabenstedter, des Johann-Friedrich- und des Schlüsselstollens, der benachbarten Friedburger Hütte, der im 19. Jahrhundert erfolgten Abteufung mehrerer Tiefschächte und des Eisenbahnanschlusses 1896 an die Halle-Hettstedter-Eisenbahn. Vor allem der 1909 eröffnete Paul- (später Otto-Borowski-) Schacht bei Helmsdorf führte zu explosivem Bevölkerungswachstum. Waren es 1554 noch rd. 850 Einwohner, so potenzierten sich die Zahlen bis 1890 auf 3 347 und 1910 auf 6 337 und verharrten 1954 bei rd. 6 500. Signifikant prägt der Bergbau noch heute nachhaltig die Landschaft um Gerbstedt. Bereits 1852 umfasste allein die Gerbstedter Flur auf 177 Morgen 278 Schachthalden (Abb. 2).[19]

Cyriacus Spangenberg (1528–1604) bezeichnete im späten 16. Jahrhundert Gerbstedt als »Marckflecken vnd Jungfrawen Closter« und vertrat die These, dass beim hierin gestifteten Kloster eine Ansiedlung von Dienstleuten entstand, »darauß ein dorff vnd mit Zeit ein Fleck vnd Stadtlin worden«. In der Umgebung zeugen noch Flurnamen, wie *Nonnenbreite* und *Pfaffenberg*, von der klösterlichen Präsenz. Die Einwohner profitierten auch von der Grenznähe zum Erzbistum Magdeburg. Nach den Reichskreisen ab 1512 ebenso dem untersächsischen Kreis zugeordnet (währenddessen die gräflichen Landesherren nach dem Seniorat zu dem obersächsischen Reichskreis gehörten!), orientierten sich Zünfte und Handwerker vor Ort wie auch Richter und Bürgermeister am erzstiftischen »Regiment vnd Ordnunge«. Der evangelische Theologe und Chronist ging auf das auf dem Reichstag zu Augsburg 1530 verhandelte Bekenntnis sowie namentlich auf Graf Hoyer VI. von Mansfeld-Vorderort ein, der mit dem Stadtrecht 1530 für den Markt in Gerbstedt einen kaiserlichen Dispens erwirkte.[20] Knapp 150 Jahre später berichtete auch der Chronist Eusebius Christian Francke »von diesem sehr berühmte(n) Closter daselbst, (welches die meiste Gelegenheit zur Erweiterung dieser Stadt gegeben), so Benedictiner-Ordens gewesen« (Abb. 3).[21]

Laut Hermann Größler und Adolf Brinkmann umfasste »vleck Gerbstede« zunächst nur Marktgerbstedt. Für 1438 sind demnach »die ehrsamen rathmanne, alterleuthe und dye gemeyne zu Markgerpstede ores wichbildes ingesigil« beurkundet; ebenso wie am 1. April 1516 die Befestigung des Fleckens mit »ecclesie sancti Stephani prope et extra municionem predicti oppidi site« und am 8. Juni 1520 die Benennung derer »consules et senatores prefati opidi Gerbsteth«.[22]

Nach Neuß wurde Gerbstedt in einer Urkunde Kaiser Karls IV. (1316–1378) 1364 als »Dorff Gerbstete« bezeichnet. Zuvor vergrößerte sich der Ort mit der jüngeren Gründung *Obergerbstedt* und »nahm [...] den Charakter eines Fleckens mit den Ansätzen einer Selbstverwaltung«[23] an. Erzbischof Günther überließ 1404 den Bürgern den Ratskeller (*Taferne*) und gestattete, um den Ort Gräben und Mauern zu ziehen sowie Markt- und Messtag abzuhalten. Daher dürfte die 1435 überlieferte Bezeichnung *Marktgerbstedt* als Unterscheidung zu Obergerbstedt stammen und der kommunalrechtliche Status war deshalb, wie erwähnt, 1520 als *oppidum* mit *consules et senatores* fundiert. Doch erst das (durch Graf Hoyer eingeholte) Privileg Kaiser Karls V. (1500–1558) vom 10. August 1530 erhob Gerbstedt zur Stadt.[24] Sie bekam ein Wappen, durfte das bisher mansfeldisch-gräfliche Geleits- und Stättegeld erheben und sich den lukrativen Jahrmarkt der Marien-Kapelle am Welfesholz einverleiben; mit der Einschränkung: »Obergerichtlich stand sie [Gerbstedt] unter dem Amte Friedeburg, blieb also Mediatstadt bis zur Einführung der preußischen Städteordnung.«[25] (s. Abb. 5).

Die Stadtrechtsverleihung 1530 (1558 von Kaiser Ferdinand I. [1503–1564] bestätigt) fiel mit dem großen

DAS KLOSTER GERBSTEDT IN DER NEUZEIT

[3] Grafschaft Mansfeld. Konzeptzeichnung zum Mellinger-Plan, 16. Jh.

[3]

Stadtbrand zusammen.²⁶ Nach Neuß bezog sie sich auf Marktgerbstedt als »einst ummauerte Siedlung der Handwerker, Händler, Gastwirte und Ökonomen«. Als postulierter Ort *ante claustrum* (= vor dem Kloster) nahm es bereits 1450 das ehemalige separate Dorf mit Pfarrkirche namens Obergerbstedt in sich auf.²⁷ Noch 1878 behauptete Karl Berger im Kontext zur ottonischen Klostergründung unter Markgraf Riddag von Meißen: »Der Klosterbesitz und die Klosterrechte waren gewiß noch von je scharf gegen den Ort Gerbstädt anbegrenzt.« Im ausgehenden Mittelalter kennzeichnete das Schul- und/oder das Klostertor (Eingang nach dem Schulplatz) die Klostergrenze gegen den Markt.²⁸ Zweifellos hatte das Kloster die benachbarten Ansiedlungen von Beginn an parochial betreut. Die Kirche St. Stephani wurde am 21. Oktober 1508 durch Erzbischof Ernst dem Kloster inkorporiert. Zum Kloster gehörten noch 1526 die Kapelle B. V. Mariae *in ligno catuli* (Welfesholz) und die Kapelle SS. Petri et Pauli auf dem Grasehof (wohl zur St. Stephanskirche zu Gerbstedt zählend).²⁹ Mit der Reformation sollten sich die Verhältnisse in und um Gerbstedt grundlegend ändern.

Es lohnt sich daher ein Blick auf die unmittelbare vorreformatorische Ausgangslage. Das Kloster zu Gerbstedt gilt als »das älteste der 12 Klöster der Grafschaft Mansfeld«.³⁰ Nach den Urkunden konnte das Kloster seine ansehnliche Stellung im Mansfeldischen lange behaupten. Neben Klausur und Wirtschaftshof gab es nachweislich umfangreichen Grundbesitz, Zinseinnahmen und Frondienste. Dazu kamen parochial die Pfründe der eben genannten Kirchen. Immerhin konnte man 1561 noch ca. 40 Nonnen (nebst Schülerinnen) im Kloster versorgen, 1590 unterhielt der von Plotho nur noch vier alte Insassinnen.³¹

Signifikant für die Landes- wie Lokalgeschichte: Die Memoria der Schlacht am Welfesholz 1115 war eng mit dem Kloster Gerbstedt verbunden: ihrer gedachten die Nonnen jeweils zum Jahrestag am 8. September.³² Zudem verband man sagenhaft das Kloster mit der Gründung des nunmehrigen Stadtteils Kloppan als unmittelbare Folge der Schlacht.³³ Das Holz am Welfesholz gehörte dem Kloster, wurde 1586 dem Obristen von Plotho überlassen und ging 1739 mit dem Klosterhof an Prinz Ferdinand von Preußen.³⁴

Vorreformatorisch ist folgender Besitz überliefert:

1. Das Welfesholz.
2. Der Klosterhof im Dorf Diemitz bei Halle (Freiimfelde), den die Mansfelder Grafen 1545 an die Stadt Halle verkauften und der 1636 eingeäschert und nicht wieder aufgebaut wurde.
3. Der Klosterhof und das Vorwerk im Dorf Domnitz (an der Saale).
4. Das Vorwerk Dresewitz (heute Wüstung bei Belleben), das 1653 von Joachim Victor Edler von Plotho an Martin Christoph von Steuben wiederkäuflich abgetreten wurde und wo sich noch 1835 ein altes Zechenhaus befand.
5. Die *Abbatissina* – eine ansehnliche Holzung bei Sangerhausen.
6. Ein Gut mit Wiese in Adendorf (bei Gerbstedt).³⁵

Zusätzlich sind bekannt: ein Hopfenberg am Heiligthaler Weg und ein Weinberg gen Zabenstedt; da auch eine Klostermühle. Dazu kamen Holzeinschlag auf dem Wende- und Beuteberg im Amt Rammelburg sowie Anteile an Salzwerken in Halle und Röblingen. Zinspflichtig waren dem Kloster die Dörfler in Zabenstedt,

[4] Gerbstedt. Ausschnitt aus Deckertsches Kartenwerk, 1816–21

Adendorf, Heiligenthal, Lochwitz, Pfeiffhausen, Zickeritz, Bösenburg, Ihlewitz, Strenznaundorf, Gnölbzig, Belleben, Alsleben, Burgörner, im Saalekreis bzw. Anhalt-Bitterfeld auch Rothenburg, Garsena, Nauendorf und Rieda bei Lobejün, in Liehmena und Burghausen (bei Delitzsch) sowie Zörbig, Stumsdorf und Ostrau (zwischen Halle und Bitterfeld), ferner Zernitz bei Bernburg und Ditfurt bei Quedlinburg. Noch 1590(!) wurden 64 Hufen Land, 300 Morgen Wald sowie Zehnt an Getreide von den Dörfern Obergerbstedt und Derlingen aufgelistet.[36] Die letzten noch sichtbaren geräumigen Keller des Klosterhofes zeugen von dieser monastischen Vorratswirtschaft; auch wurden 1518 Korngruben in den Äckern des Klosters erwähnt.[37] Eine genaue Aufstellung des Klosterbesitzes von 1072 bis nach 1525 erfolgte in der Dissertation von Gerstenberg. Von ihm stammt auch der Hinweis, dass das Kloster wohl Teil des wettinischen Allodialbesitzes blieb.[38] Hinzu kommen die Versorgung der beim Kloster nachgewiesenen Kurien und karitative Verpflichtungen, so die Speisung der Armen, Kranken und Reisenden sowie später der Schülerinnen. Bei zeitweise über 100 Nonnen im Kloster während des Mittelalters dürfte auch die Anzahl der mit verköstigten Laien immens gewesen sein.[39] Nun sind mittelalterliche Dotierungen und die Ausstattung des Klosters mit Grundbesitz hier nicht Gegenstand der Ausführungen, sie bedingten aber den städtebaulich prägnanten Ausbau des Klosterhofes als abgeschlossenes Wirtschafts- und Versorgungsensemble.

Dem Kloster Gerbstedt widmete Spangenberg in seinen Annalen ein eigenes Kapitel mit Schwerpunkt auf der frühen Stiftung der Wettiner, dynastisch nobilitierte Äbtissinnen, der monastischen Memoria etc.[40] – zu den Vorgängen am Vorabend und Beginn der Reformation äußerte er sich nicht explizit. Namentlich Margaretha von Königsfeld stand in dieser folgenreichen Zeit ab 1504 als Nachfolgerin von Ursula von Hedersleben dem Konvent zu Gerbstedt ca. 34 Jahre als Äbtissin vor.[41]

Das Klosterleben war im späten 15. Jahrhundert geprägt von der benediktinischen Bursfelder Reform und – dazu im Kontext – der 1506 in der Grafschaft Mansfeld vom Kloster Neu-Helfta ausgehenden Erneuerungsbewegung. Letztgenanntes Korrektiv der »monastischen Krise« der mansfeldischen Klöster auf der Schwelle zur Neuzeit ist bedeutsam in Mitteldeutschland, wurde aber in der Forschung kaum beachtet, da man sich auf die Reformationsgeschichte fokussierte.[42] Dabei ist ausdrücklich ab 1511 in den Urkunden vom »reformirten iungfrauencloster(.) sand Benedictten ordens zu Gerbstedt« die Rede.[43]

[5] Gerbstedt. Stadtsiegel nach Berger, 1878

Die »bedeutendste spätmittelalterliche Reformobservanz« des Klosters Bursfelde an der Weser begann zwar unter Abt Johannes Dedoroth schon 1433; doch erst 1461 wurde es nach päpstlichem Dispens mit der Reform aller deutschen Benediktiner- und Benediktinerinnenabteien beauftragt. Kontemplativer Grundansatz war die strikte Hinwendung zur monastischen Ausrichtung des Klosterlebens. Gottesdienst und tägliche Meditation sollten die Hauptaufgabe sein; dies implizierte zugleich in der Bursfelder Kongregation die Ablehnung pastoraler Tätigkeit, Universitätsausbildung und Wissenschaftspflege.[44] Wie und ob es einen Austausch zwischen Gerbstedt und Helfta gab, ist nicht bekannt. Irritierend behauptet Buttenberg, dass das Kloster Gerbstedt von 1514 bis 1554(?) von dem Abt zu Wimmelburg visitiert wurde.[45] Diese bekannte Benediktinerabtei bei Eisleben wurde 1491 durch die Abtei Berge (bei Magdeburg) reformiert, trat dann der Kongregation zu Bursfelde bei und wurde vor 1539 von den Mansfelder Grafen säkularisiert.[46]

Eben im Jahr 1506 forderte Erzbischof Ernst von Wettin den sächsischen Herzog Georg den Bärtigen

[6] Petschaften im Briefwechsel zwischen der gräflich-mansfeldischen Kanzlei und dem Konvent zu Gerbstedt, 1560er Jahre

(gest. 1539) auf, seinem Amtmann zu Delitzsch zu verbieten, »das kürzlich reformirte und [Hervorhebung durch Verfasser] mit grosser Armuth beschwerte Kloster Gerbstedt« zu besteuern.[47] Wie kam das Kloster in diese prekäre Situation?

Abgesehen davon, dass sich das Kloster durch die kontemplative Neuausrichtung von der weltlich-urbanen Nachbarschaft entfremdete, erklärt dies nicht den Niedergang desselben. Einen Ansatzpunkt überliefern die juristischen Auseinandersetzungen als Spiegelbild des säkularen Umfeldes des Klosters (Abb. 6). Vor allem hatte sich die Äbtissin dem Zugriff und den Ansprüchen der Mansfelder Grafen zu erwehren.[48] Dazu kamen kostspielige Auseinandersetzungen mit benachbarten Adligen, wie Hans aus dem Winkel auf Schloss Wettin.[49] Die Äbtissin musste 1511 gerichtlich gegen einen Herrn Schröter vorgehen; auch mit ihrem Propst Heinrich Hoppner gab es Probleme. Zumal waren – wie zeitgenössisch anderswo – die Geldmittel des Klosters rückläufig, da man nicht am lukrativen Kupferbergbau und dessen Verhüttung im Mansfeldischen partizipierte. Die Beschwerden erreichten auch die päpstliche Kurie in Rom, sodass Leo X. (1475–1521) am 24. April 1513 den Propst des Klosters Neuwerk bei Halle, den Dekan des St.-Sixti-Stifts zu Merseburg und einen *Scholastikus* zu Wittenberge (brandenburgische Diözese an der Elbe) anwies, »das Kloster gegen Beeinträchtigungen in Schutz zu nehmen«.[50]

Am 1. Mai 1512 verkaufte der Konvent mit Äbtissin Margaretha, Priorin Dorothea, Kellnerin Ursula und Küsterin Dorothea dem Leipziger Bürger Lorenz Jechler an die 34 Reliquien, teilweise noch aus der wettinischen Stifterzeit.[51] Harald Winkel hat die Hintergründe dieser Transaktion beleuchtet, indem er schrieb, dass Jechler schon bei der Reformierung der Klosterverhältnisse 1506 als Gönner »des verarmten, mittlerweile zum Besitzstand des Magdeburger Erzbischofs gehörigen Klosters Gerbstedt« firmierte; zumal dessen Tochter Dorothea (als Priorin oder Küsterin?) zur Frauengemeinschaft gehörte. Im Kontakt zu dem sächsisch-albertinischen Herzog Georg (1471–1539) als bekanntem Reliquiensammler übergab er die Heiligenreste des in wirtschaftliche Not geratenen Klosters der Kirche St. Anna im erzgebirgischen Annaberg.[52] Es ist interessant, wie Gerbstedt am Vorabend der Reformation sowohl im dynastischen Reliquienwettstreit der Wettiner untereinander – Kurfürst Friedrich III. von Sachsen, genannt »der Weise« (1463–1525), Erzbischof Ernst und Herzog Georg von Sachsen – als auch bei späterer Sammlungskonkurrenz mit Kardinal Albrecht von Brandenburg involviert war. Wenig untersucht ist auch, ob sich die Wettiner Reliquien dynastisch-memorial gezielt aus »ihrem« Kloster beschafften?

Dass Margaretha von Königsfeld damit auch zeitgenössisch [vergeblich] versuchte, die Wettiner mit Verweis auf die Provenienz dieser Stücke aus deren tradiertem Hauskloster in die Pflicht gegen die Mansfelder Grafen zu nehmen, dürfte außer Frage stehen.[53] Mit der urkundlich bezeugten Auswahl am 15. April und der Übergabe am 22. April 1515 von zehn Partikeln aus der Schatzkammer des Klosters an das *Wittenberger Heiltum* wollte man sich so der Gunst des Kurfürsten Friedrich III. von Sachsen explizit als postuliertem Vogt und Schutzherren des Klosters versichern.[54] Dies ist insofern interessant, als dass dessen Bruder, Erzbischof Ernst von Sachsen, am 27. September 1477, am 3. November 1494 und 3. Oktober 1502 die Mansfelder Grafen stets auch mit der Vogtei über das Kloster Gerbstedt belehnt hatte.⁵⁵ Auch sonst nahm Erzbischof Ernst wenig familiäre Rücksicht, so – wie bereits genannt – 1506, als er das Kloster gegenüber Herzog Georg von Sachsen in Schutz nahm. Der Konvent bedankte sich dafür etwas hintergründig, indem er versicherte, »alljährlich bei Lebzeiten des Erzbischofs eine Votivmesse und eine Memorie für den Erzbischof und alle Verstorbenen des Hauses Sachsen« abzuhalten.⁵⁶

Zwischen der Schenkung an Friedrich den Weisen und einem Schreiben an ihn vom 8. September 1515 gibt es somit zweifellos einen Zusammenhang. Hierin wurden recht konkret die Probleme des Gerbstedter Konvents mit den Grafen von Mansfeld und deren Amtsleuten offeriert. So berichtete man über Schäden durch gräfliche Bergwerksschächte auf den Ländereien des Klosters; über teure Schiedsgerichte mit den Grafen und ihren Amtmännern, um Ansprüche auf Kirchenabgaben und kirchliche Stellen abzuwenden und um Zinszahlungen an das Kloster einzutreiben – wie überhaupt die parteiliche Gerichtsbarkeit und Fehlen einer Berufungsinstanz in der Grafschaft ein Kern des Problems war. Zudem wurde ein Überfall der gräflichen Amtsleute und einiger Untersassen auf das Kloster geschildert; ebenso Streitigkeiten um Fischereirechte und Versuche der Mansfelder Grafen, auf die Wahl des Klosterpropstes Einfluss zu nehmen. Besonders thematisierte man die unrechtmäßige Inanspruchnahme von Grund und Boden des Klosters sowie den Entzug von Frondiensten, die dem Kloster zustanden.⁵⁷ Die Räte des Grafen Hoyer blieben hartnäckig und initiierten am 8. Juni 1520 ein Notariatsinstrument zur Einsetzung des Laien Hans Roszbach als Propst im Kloster Gerbstedt. Äbtissin Margaretha schlug hingegen am 8. November einen Herrn Thomas, früherer Schreiber im Kloster Eisleben und nunmehr Pfarrverweser zu Volkstedt, vor (Abb. 4).⁵⁸

Inmitten dieser Auseinandersetzung und vor dem Hintergrund der aufkeimenden Reformation nahmen die Mansfelder Grafen am 18. September 1523 (erneuert am 1. Juli 1531) die traditionelle Belehnung des Kardinals Albrecht entgegen; darunter »das Schloss Friedburg nebst Zubehör, worunter die Vogtei über das Kloster Gerbstedt« fiel.⁵⁹ Unstrittig ist reformationszeitlich die postulierte Verknüpfung von Friedeburg und Gerbstedt richtungsweisend für die zukünftige Säkularisierung des Klosters unter der Ägide des dortigen gräflichen Amtes. Doch gravierend für das Kloster waren zunächst »zwey große vnngluck«: der »Bauern lerme« 1525⁶⁰ (vgl. Abb. 8) mit der [angeblichen] Plünderung des Klosters und vor allem 1530 die große Feuersbrunst.⁶¹ Bei letzterem brannte innerhalb einer Stunde fast der ganze Ort, einschließlich des Pfarrhauses und der Klosterscheunen im Wirtschaftshof, nieder.⁶²

Die Zerstörung des Klosters im Bauernkrieg gilt als Zäsur und ist ein Topos der Kirchengeschichte Mansfelds, so bei Größler und Brinkmann: »1525 wurde das Kloster, wie alle übrigen mansfeldischen Klöster, von den aufrührerischen Bauern geplündert und fast gänzlich zerstöret. Gleichwohl erhielt es sich noch ziemlich lange, wenn auch in zunehmender Dürftigkeit und Unselbständigkeit.«⁶³ Nachweislich vertrieben jedoch bewaffnete Einwohner Gerbstedts mithilfe gräflich-mansfeldischer Truppen die aufständischen Bauern, die zuvor vom hiesigen Kloster 2000 Floren (Gulden) erpressten und wohl nur die Stadtgemeinde plünderten. Die geflohenen Nonnen und Geistlichen kamen auch einen Monat später zurück. So muss die Plünderung und Verwüstung des Klosters, festgemacht an Bergers stratigrafischer Interpretation der beim Schulhausbau 1868 aufgefundenen Spolien, durchaus kritisch hinterfragt werden. Unbestritten bleibt sein malerisches Fazit: »Mit der aufgehenden Sonne der Reformation verblich der Glanz des Klosters.«⁶⁴ Allerdings vernachlässigte er nicht nur die Tatsache, dass die Rückkehr des Konvents relativ schnell erfolgte, sondern auch, dass derselbe »in den Zeiten der Reformation sich durch den Zuzug katholischer Schwestern aus Westfalen zu stärken suchte«.⁶⁵

Am 11. Februar 1539 unterrichtete der Konvent Kardinal Albrecht über die Wahl der Katharina von Lattorf zur neuen Äbtissin mit der Bitte um Erteilung des *munus benedictionis*, dem die übliche Proklamation an der Klostertür am 14. Februar, der Äbtissinneneid auf den Kardinal als Erzbischof von Magdeburg bzw. Administrator von Halberstadt und dessen *confirmatio* am 20. Februar 1539 folgten. Es begleitete das Prozedere der Prior des Klosters Berge (bei Magdeburg) Arnold Grytz; und damit nicht mehr ein Abt aus Wimmelburg.⁶⁶ Der Amtsantritt der neuen Äbtissin fiel mit einer Zäsur zusammen, denn ein knappes Jahr später starb am 9. Januar 1540 der kinderlose Graf Hoyer VI., dessen engagiertes Wirken gegen die christliche Erneuerung⁶⁷ das Kloster bislang beschützte und dergleichen

[8] Gerbstedt. Nachweis zu den Bauernunruhen in der Spangenbergchronik, 1590

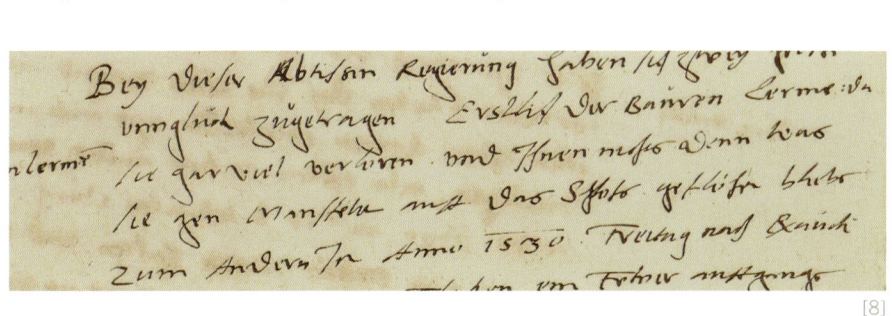

[8]

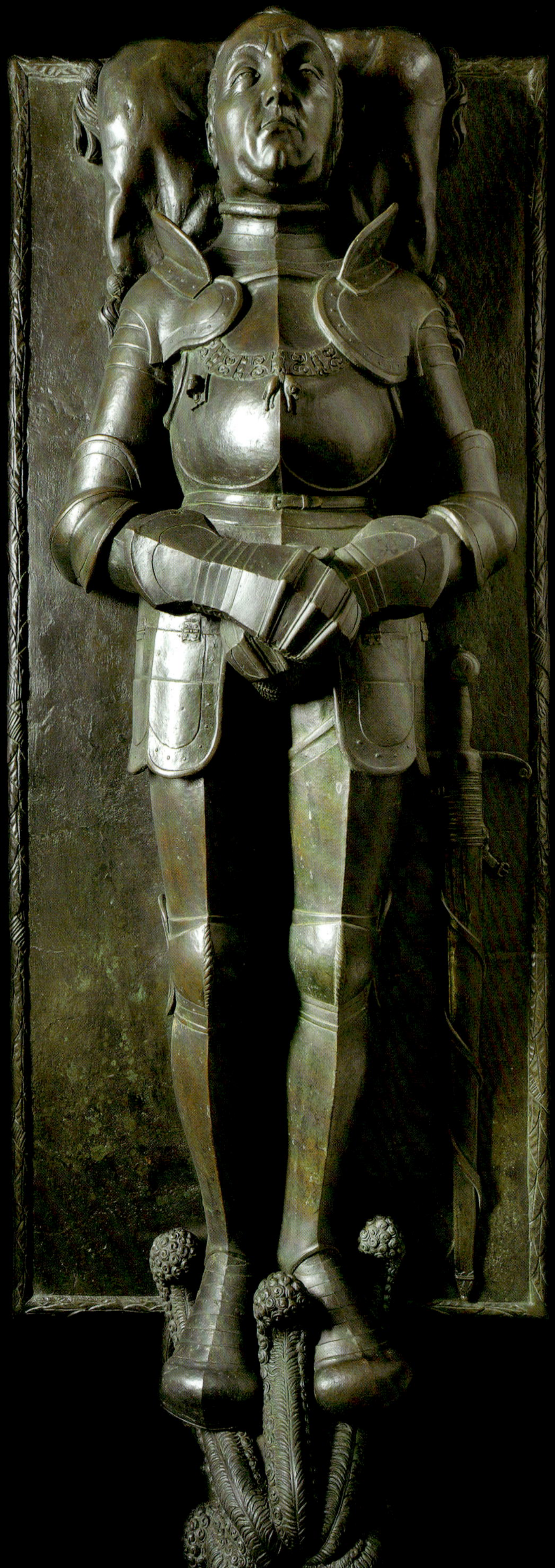

sympathisierenden Gerbstedtern den Glaubenswechsel versagte (Abb. 7). Kurz nach seinem Tod wurde die Reformation in der vorderortschen Grafschaft eingeführt.⁶⁸ Zeitgleich eskalierende Auseinandersetzungen im Reformationszeitalter betrafen auch Gerbstedt, als 1547 im Schmalkaldischen Krieg ein kaiserliches Heer Schloss Mansfeld belagerte oder als 1553 der Herzog von Braunschweig nach Plünderung Rothenburgs von Stadt und Kloster 6 000 Floren erpresste.⁶⁹ Hinzu kamen Naturkatastrophen und Feuersbrünste. Immerhin dürfte sich die Situation der Bürger verbessert haben, denn davon zeugt die Neuerbauung des Rathauses 1564–67⁷⁰ – vielleicht nicht zufällig fiel dieses bauliche Statement kommunaler Selbstbehauptung mit dem säkularen Zugriff der Mansfelder Grafen auf das Kloster zusammen (Abb. 9).

Bereits 1533 ging der katholische Gottesdienst in der lukrativen Wallfahrtskapelle am Welfesholz ein, was Krumhaar dahingehend umdeutete, dass sich in »Gerbstedt [...] frühzeitig die Liebe zum evangelischen Glauben geregt« hatte – um sich dann selbst zu korrigieren: »Aber in der Stadt selbst wußte das Kloster, unterstützt von Hoyer, alle Neuerungen abzuwenden. Noch 1539 wurde den Gerbstedtern ihre Bitte um einen evangelischen Prediger abgeschlagen.«⁷¹ Erst 1543 konnte die Reformation Einzug in die Kommune halten; und dann auch nur zaghaft und langwierig, was sicherlich an der Omnipräsenz des benachbarten Klosters lag. So musste in Gerbstedt noch 1565 der evangelische Prediger bei seinem ersten Gottesdienst in der Klosterkirche bewaffnet beschützt werden.⁷² Also erst nach dem Tod des Grafen Hoyer IV. wurde es den Gerbstedtern gestattet, einige Male im Jahr einen evangelischen Gottesdienst zu besuchen. Abgehalten wurde er in der St.-Peter-und-Paul-Kapelle auf dem Grasehof (bereits 1438 zum Kloster gehörig, nunmehr als Garküche genutzt). 1545 nahm sich die Stadt einen Prädikanten zur sonntäglichen Predigt⁷³ und 1548 gab es in der Stadt einen Tumult zwischen Bürgern und »Klosteruntersthanen«, als die evangelische Glocke erstmals geläutet wurde.⁷⁴ Spangenberg listete für Gerbstedt ab 1548 als nominelle Pfarrherren Justus Hebenstein, später Paulus Ursinus, Andreas Tagius und Joachimus Westphalus auf.⁷⁵ 1554/55 wurde noch vor dem Hintergrund des Augsburger Religionsfriedens freundlich mit den Klosterinsassen verhandelt; doch schon 1557 griff Graf Johann Georg in die Äbtissinnenwahl ein.⁷⁶

Inzwischen hatte sich das Verhältnis der mansfeldisch-vorderortschen Grafen zu dem erzstiftischen Nachbarn abgekühlt. Erzbischof Sigismund musste am 14. März 1558 seinen wohl nur noch formalen Statthalter Graf Johann Georg von Mansfeld ermahnen, die Wahl und erzbischöfliche Konfirmation der Äbtissin Emerenzia von Obernitz zu gestatten und das Kloster nicht weiter zu bedrängen.⁷⁷ Wie erwähnt, verkauften bereits 1545 die Mansfelder Grafen (und Herren zu Heldrungen) Philipp und Johann Georg der Stadt Halle für 5 000 Gulden das Vorwerk Domnitz, »wie es das

[7 linke Seite] Graf Hoyer VI. von Mansfeld-Vorderort (1484–1540). Grabplatte in der St.-Andreas-Kirche

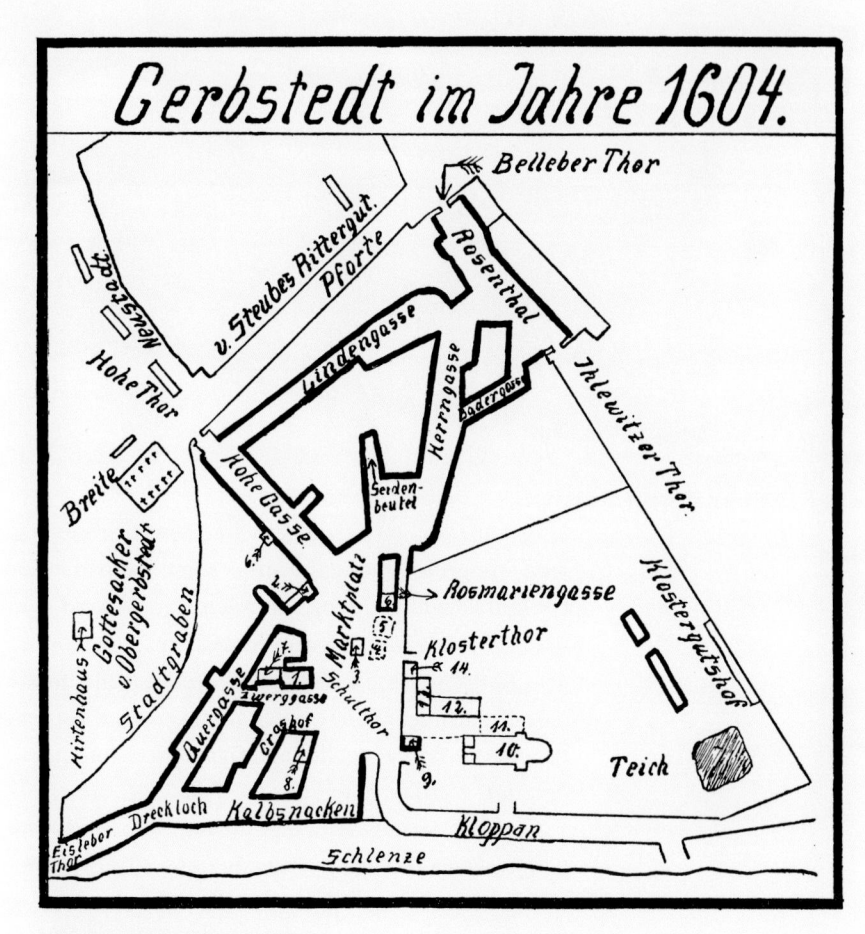

[9] Gerbstedt im Jahr 1604 nach Berger, 1878

Kloster Gerbstedt gehabt«, als Freihof.⁷⁸ Und 1558 verfügte Graf Karl von Mansfeld erstmalig, dass nach(!) der katholischen Sonntagsmesse die Evangelischen die Klosterkirche nutzen können, da deren Kapelle zu klein geworden war. Ostersonntag des Jahres sollte dies zuerst gegen den Widerspruch der »Aebtissin Margarethe v. Münchin« durchgesetzt worden sein; zunächst einmal monatlich, dann ab 1562 jeden Sonntag.

Interessant ist, wie Ende des 16. Jahrhunderts der Chronist der Grafschaft Mansfeld, Cyriacus Spangen-

[10] Gerbstedt, Klosterkirchenmodell am Marktplatz, 2020

berg, ganz im Sinne evangelischer Geschichtsapologie jene Ereignisse darstellte (und diese unkritisch bis heute übernommen wurde). Nach seiner Darstellung übernahm als Nachfolgerin Margaretes von Obernitz also Katharina von Lattorf 1539 ihr Amt, die im Jahr darauf nach dem Tode von Graf Hoyer im Kloster zuließ, dass »das Evangelium zu Gerbstett zv predig angefangt wvrde«. Nach ihrem Tod 1558 führte bis 7. August 1566 Emerentiana (Emerenzia) von Obernitz den Konvent, der laut Spangenberg im Glauben schon tief gespalten war. Wenngleich in der Klosterkirche bereits evangelisch gepredigt wurde, »blieben doch die alten Nonnen auff Ihrem alten thun«. Deren Einfluss in Gerbstedt und Umgebung war dermaßen, dass Graf Johann Georg I. von Mansfeld und sein Bruder Peter Ernst rigoros intervenieren mussten und im Konsistorium zu Eisleben am 30. Juni 1561 beschlossen wurde, das Kloster und dessen Schule am 15. August nach »Ordnunge mitt dem Catechismo Lutheri« zu visitieren. Zugegebenermaßen vollzog sich im konfessionell gespaltenen Konvent nicht dessen vollständiger Übertritt zum evangelischen Glauben, denn am 15. November 1561 wurde zögernden Konventualinnen Bedenkzeit bis Ostern 1562 eingeräumt. Da einige Nonnen zur Konversion nicht bereit waren, führte dies letztlich zur Duldung eines Simultaneums im Kloster, das sich auch auf die Lehrtätigkeit in der Mädchenschule auswirkte. Nach dem Tod der Domina verwaltete die Priorin das Kloster, bis die an-

verwandte Felice von Obernitz – vormals Vorsteherin des Haushaltes der Gräfin Anna von Mansfeld, geborene Gräfin von Hohnstein (1490–1559) auf der Rammelburg – als Äbtissin übernahm. Sie starb am 16. April 1568. Ihr folgte bis 1578 die letzte Äbtissin namens Mannisin (Münchin) von Halle. Nach Spangenberg hatten zu ihrer Zeit schon Pentz und Otto von Plotho die Ämter Friedburg und Gerbstedt inne, die das Klostergut entwirtschafteten und damit auch der Klosterschule die Existenzgrundlage entzogen.[79] Dies gilt es nun richtigzustellen (Abb. 10).

Zunächst bleibt festzuhalten, dass die monastischen Protagonistinnen der Säkularisierung tatsächlich die Äbtissin Emerenzia von Obernitz, die Priorin Agnes Tohring, die Schaffnerin Agatha Wesener und die Küsterin Dorothea von Ober-Weimar waren und die Insassinnen sich als »Convent des reformirten Jungfrauenklosters« allerdings im benediktinischen Sinne verstanden. So gaben sie noch selbstbestimmt am 12. März 1558 klösterliches Lehn gegen Jahreszins in ihrem Dorf Rodicke (Rödchen bei Zörbig) aus.[80] Inzwischen hatten sich die landesherrlichen und kirchenrechtlichen Verhältnisse in Mansfeld nach dem Augsburger Reichs- und Religionsfrieden 1555 zuungunsten des Klosters entscheidend verändert. So versuchten nicht nur die Mansfelder Grafen hoheitlich autorisiert ihre prekären Verhältnisse auf Kosten des letzten Klosterbesitzes zu sanieren; es etablierte sich synodal unter dem Superintendenten Hieronymus Menzel (Hieron Mencelio) 1562 eine neue, strengere Kirchenordnung im Mansfeldischen.[81] Im Vorfeld dessen visitierte man die geistlichen Einrichtungen des Landes und ging unduldsam gegen den katholischen Glauben vor; überhaupt ist ein Bezug zum *Flaccianischen Streit* (oder Erbsündestreit) im Mansfeldischen evident und bei Weitem der Bezug zu Gerbstedt noch nicht ausgeleuchtet.

Gemäß der Spangenberg'schen Datierung erfolgte wohl am 15. August 1561 im Auftrag der Grafen Johann Georg I. und Peter Ernst (Abb. 11, 12) unter diesen Prämissen der ausführliche Visitationsbericht, um das Kloster im Sinne des neuen Evangeliums zu reformieren und damit zu säkularisieren. Bereits die Präambel stellte unmissverständlich klar: »Es will christlicher obrigkeyt ihn allwege gebhuren, das sie [die Nonnen] wiederwertige falsche und unrechte lehre und gottesdienste nicht leiden und die personen, so offentlich solcher falscher lehre anhangen ergerliche und in gotteswort verbottene gottesdienste andern bösen exempel und gott zu unehren anhangen, davon abweysen und straffen sollen«.[82] Man wetterte gegen die »bapistische abgötterey« und stellten den Nonnen mit Berufung auf

[11] Graf Johann Georg von Mansfeld (1515–1579) nach Lucas Cranach d.J.

[12] Graf Peter Ernst I. von Mansfeld (1517–1604) nach Antonio Moro, 16. Jh.

die Augsburger Beschlüsse explizit die Lehre der Mansfelder Reformatoren Michael Cölius, Johann Spangenberg und Erasmus Sarcerius entgegen. Die beauftragten Räte witterten eine katholische Verschwörung im Kloster und waren vor allem über den Unterricht an der Mädchenschule alarmiert. Der scharfe Duktus bestätigt unmissverständlich, dass es sich beim Kloster um eine katholische Exklave handelte, die es nun zu beseitigen galt. Demnach sollte schrittweise wie folgt zu verfahren sein:

1. Das Kloster sollte alle Rechte und Einkünfte behalten (Anmerkung des Verf.: augenscheinlich wollte man sich im Vorhinein dem Verdacht der Vorteilsnahme entledigen).
2. Die Überprüfung aller Personen auf Abschwörung der »bapistische[n] abgötterey« und die Verpflichtung zur Vermittlung des neuen Glaubens vor allem im Unterricht wurde angeordnet.
3. Die »halstarrigen« sollten das Kloster verlassen.
4. Nur jene, die die evangelische Reformation anerkennen, dürften bleiben.
5. Nur aus diesem Kreis sollte dann die Domina erwählt werden, »und derselben die regirung über die andern sampt verwaltung derr haushaltung befholen«.
6. Der Äbtissin sollte ein »probst adder nebenverwalter« zur Seite gestellt werden, »wilcher der domina und den graffen zugleich voreydet und ierlich treue rechnung thun mueste«.
7. Wenn evangelisch reformierte Nonnen das Kloster verlassen, sollten nur diese eine Entschädigung bekommen.
8. Es »soll nach befindung der einkhomen das closter zu eine gemeinen landtschule geordnet werden, also das mahn so viel kinder einnehme, als mahn unterhalten konte«. Darüber hinaus konnte man Kostgeld für zusätzlich aufgenommene Kinder einnehmen.
9. Die Schülerinnen sollten ausschließlich »allein megdlein vom adel« sein und »aus den stedten« im Mansfeldischen stammen.
10. Die bei vier bis fünf Probandinnen unentgeltliche Ausbildung beinhaltete, »das mahn sie ihm lesen schreiben in der lehre des catechismi in neben wirken und dergleichen weyberarbetith zum vleyssigsten unterrichte«.

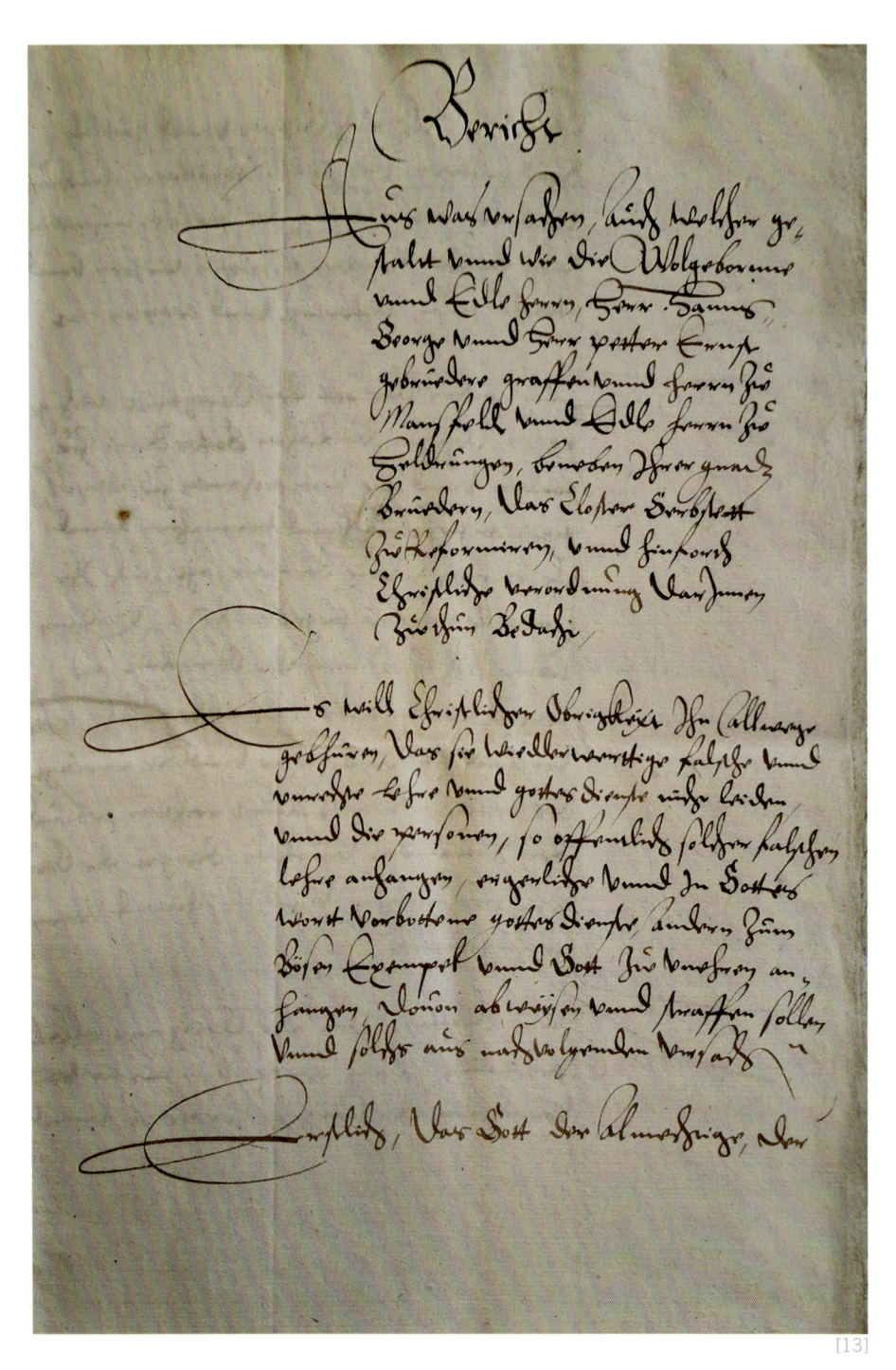

gesänge sowie der Vorlesungen des Pfarrers oder Kaplans, festgelegt.[83]

Daraufhin baten die Äbtissin und der Konvent am 4. August 1561 Kaiser Ferdinand I., sie in Schutz zu nehmen gegen diese säkulare Aufdrängung der Mansfelder Grafen. Bemerkenswert ist die geschickte Argumentation mit Berufung auf die imperial-ottonische Tradierung des Klosters und vor allem die (klerikale) Zuständigkeit des Erzstifts Magdeburg. Zudem verwies man darauf, dass bereits 1557/58 Graf Johann Georg und sein Bruder »durch ungestumig anraizen der predicanten und anderer, denen doch des closters guettern ungezweiffelt gedurstet, bewegen lassen uns zu zwingen, das wir unser clösterlichen processz und disciplin begeben«.[84] Ferdinand I. forderte am 5. November den Erzbischof zu Magdeburg zu einer Stellungnahme auf. Graf Johann Georg I. erklärte sich hingegen als Obrigkeit allein zuständig und bat den Kaiser, die Klage des Klosters formal abzuweisen. Zudem argumentierte er, dass die vorherige und aktuelle Äbtissin die Augsburgische Konfession bereits angenommen und dementsprechend auch die Mädchen in der Schule unterrichtet hätten. Der Widerstand gegen die Reformation sei von außen in das Kloster hingetragen worden durch »etliche ordensperson aus Westphalen«.[85] Zugleich trat er im Januar 1562 direkt mit dem Konvent in Verhandlungen. Doch zuvor am 2. Januar hatte die »domina vnd versammlungs freundschafft Im Closter zu gerbstedt« gegenüber den Mansfelder Grafen klargestellt, dass man sich nur der Autorität des Magdeburger Erzbischofs beugen würde.[86] Ein Verständigungstermin mit dem Grafen kam aufgrund offensichtlicher Verzögerungstaktik der Nonnen nicht zustande.[87] Ihnen war wohl kaum bewusst, dass sowohl Ferdinand I. als auch Erzbischof Sigismund keineswegs daran dachten, den Augsburger Religionsfrieden zu brechen; zumal bei letzterem offenkundig Sympathien für die Reformation vorhanden waren.[88] Äbtissin und Konvent lenkten in Verkennung der Umstände nicht ein und bestritten am 8. Februar 1562 gegenüber dem Erzbischof »die Behauptung des Grafen, dass das Kloster die verlangte Reformation bereits angenommen habe, für unbegründet«. Im Gegenteil, man beschwere sich darüber, dass der Mansfelder Graf als geistlicher Oberherr im Kloster auftrat und den Kontakt zu dem Erzbischof unterband.[89] Es deutete nichts daraufhin, dass der Konvent konfessionell gespalten war (s. Abb. 14)!

So unterbreiteten sie wohl zeitnah 1562 mit vorab geschicktem Understatement als »arme geistliche ordenspersonen« Gegenvorschläge zur gräflichen Visitation, die letztlich auf eine Art Simultaneum beider

[13] Kloster Gerbstedt. Bericht der Kanzlei an die Grafen zu Mansfeld zur Säkularisation des Klosters, 1661

11. Wenn die unterrichtenden Nonnen zu alt oder unfähig seien, konnte man auch eine »geschikte schulmeisterin verordnen«.
12. Wenngleich man sich mit gelobter Ehelosigkeit in das Kloster einkauft hatte, sollte man beim Verlassen zum Ehestand die Hälfte des Vermögens zurück erhalten (s. Abb. 13).
13. Die in das Kloster lebenslang gegebenen Angehörigen, vor allem von Adel, sollten die ihnen zustehenden Erbanteile an das Kloster übereignet bekommen.

Des Weiteren wurden Einzelheiten zum evangelisch-reformierten Gottesdienst, insbesondere der Kirchen-

Glaubensrichtungen im Kloster Gerbstedt hinausliefen. Einleitend beschwichtigend, sollte das Festhalten am alten Glauben keinesfalls ein Affront gegenüber den Grafen und ihren Geistlichen sein und dass man sich deren gepredigtem Evangelium entziehen wollte, da man bisher »die predigten ausz gottes wort bey einer ganzen commun im stedtlein Gerbstedt auf ihrem chor und stande mit fleis angehort« habe. Dennoch rückten sie nicht von ihrem altgläubigen Bekenntnis mit ausdrücklichem Verweis auf »entpfahung des hochwirdigen sacrament in zweierley gestalt nach der waren einsaczung unsers lieben hern Jesu Christi« ab und wollten »mit rechter anrufunge liebe und hofnung in festem glauben halten und bleiben«. Geschickt wies man auf formal-juristische Konsequenzen hin, demnach alle Klosterinsassinnen aufgrund ihres eingebrachten Vermögens Mitspracherecht bei Wahlen und Verwaltung des Klosterbesitzes desselben haben (mit dem Seitenhieb, dass die Grafen bereits unrechtmäßig dieses Klostergut veräußerten). Grundsätzlich sollten Nonnen, die nicht zum neuen Glauben wechselten, im Kloster verbleiben dürfen. Dennoch räumte man aber den Mansfelder Grafen als Landesherren Einkünfte für den Schutz und Erhaltung ihres Klosters ein. Man signalisierte zudem Entgegenkommen bei den Freistellen der Schule und der Übernahme des Kostgeldes der Schülerinnen. Hochinteressant zu baulichen Details der Kirche sind derweil folgende Hinweise, wonach »die closterpersonen meistteils aldt und wolbetaget, das sie die stiegen unvermogens halben nicht woll steigen konnen, wollen sie ihren vermachten chor in der kirchen abnehmen das sie in der predigt wol zu sehen stehen konnen, damit sie aus dem vordacht und arkwahn desto sicherer gelassen als wollten sie die predigten verachten und gottes wort nicht anhoren. Und nachdem auf dem chor ein altarlein ist, bitten sie zum demutigsten, das es bei ihrem pfarher dahin angeschaft werden mochte, das er ihnen das hochwirdige sacrament daselbst reichen wollte; darkegen wollten sie ihme nach ermessunge der oberkeit gerne willen pflegen, der undertehniger zuversicht, es werde in deme ihr alter und unvermugendt gnedig bedacht werden«.[90]

Kann man inhaltlich diesen Zeilen den Verweis auf eine exponierte erhöhte Nonnenempore (entweder im Westen oder nördlich des Chores) entnehmen? Gab es oder plante man sogar auch bauliche Veränderungen im Kirchenschiff, wie die Beseitigung einer sichtversperrenden Chorschranke?

Die Fronten verhärteten sich. Johann Georg und seine Räte bestanden auf der evangelischen Reformie-

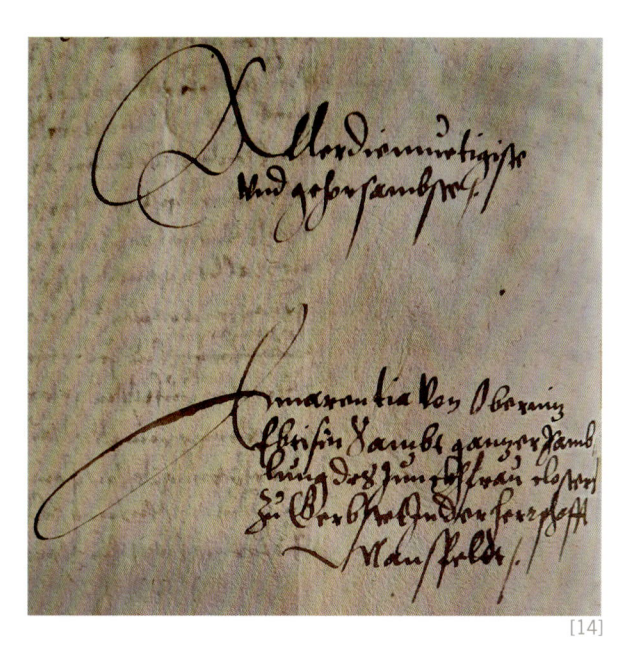

[14] Kloster Gerbstedt. Unterzeichnung eines Reskripts des Konvents mit der Äbtissin Emerentia von Obernitz, vor 1566

rung des Klosters, wohingegen der Konvent einerseits die Entscheidung auf die reichs- und landesherrliche Ebene, sprich Kaiser Ferdinand und Erzbischof Sigismund, verschob, andererseits aber schon zeitraubend Angebote zu liturgischen und didaktischen Veränderungen unterbreitete sowie zur Versorgung des Klosters und dessen Schule Entgegenkommen formulierte.[91] Diese Taktik musste scheitern, da die hoheitliche Zuständigkeit der Mansfelder Grafen als Landesherren selbst von den Nonnen nie explizit in Frage gestellt wurde. Letztlich griffen damit die Festlegungen des Augsburger Religionsfriedens von 1555. Dort hatte man mehr als sieben Monate lang um einen Ausgleich zwischen den Konfessionen gerungen und sich bekanntlich im Nachhinein auf die fundamentale Formel *Cuius regio, eius religio* (Wer regiert, bestimmt die Religion) geeinigt. Demnach besaßen die Fürsten in ihren Territorien Kirchen- und Konfessionshoheit und wählten zwischen katholischer Kirche oder Luthertum. Den Untertanen wurde das Recht eingeräumt, auszuwandern, wenn sie nicht den Glauben des Landesherrn annehmen wollten. Dies wurde auch den Nonnen zu Gerbstedt mit großzügigen Übergangsfristen und Toleranz bei Einzelfällen gewährt.

Zudem gab es Umstände, die bisher kaum Beachtung fanden. 1564 starb der Kaiser und 1566 der Erzbischof. Dem letzteren folgte mit Joachim Friedrich von Brandenburg ein protestantischer Administrator im Erzstift, dessen *Reservatum ecclesiasticum* weder vom Papst noch vom neuen Kaiser anerkannt wurde. Zugleich endete das von Magdeburger Erzbischöfen wahrgenommene *Jus dioecesanum* des Bistums Halberstadt, als 1566 das dortige Domkapitel offiziell einen postulierten Bischof erwählte – allerdings einen noch früh-

[15] Graf Karl II. von Mansfeld (1543–1596) nach Abraham Hogenberg, 16. Jh.

[15]

kindlichen Protestanten namens Heinrich Julius, Herzog zu Braunschweig und Lüneburg und Fürsten zu Wolfenbüttel (1564–1613). Damit hatten die Nonnen in Gerbstedt keinen immediaten katholischen Fürsprecher mehr und standen den Grafen von Mansfeld schutzlos gegenüber!

Buttenberg behauptete, dass letztlich die Nonnen schon 1564 beim Gerbstedter Pastor Paulus Ursinus das Abendmahl unter beiderlei Gestalt angenommen hätten. Da aber urkundlich der letzte Vertrag mit Äbtissin, Priorin, Küsterin, Schaffnerin und Konvent auf den 20. September 1576 datierte, gab es seiner Auffassung nach »jedoch eine geschlossene Versammlung, die sich ihre letzte Äbtissin noch 1568 wählte«.[92] Dies ist widersprüchlich, denn erst 1565 bekamen die Gerbstedter mit Andreas Heidenreich den ersten evangelischen Prediger. Dessen Ordination und Einführung zu Johannis in der Klosterkirche wurde bekanntlich dort mit 30 bewaffneten Bürgern beschützt, »weil sich die Katholiken zusammen rottirten und den Gottesdienst zu stören droheten«.[93] Zudem gab es nachweislich Unstimmigkeiten zwischen dem Kloster und den Mansfelder Grafen, so 1563/66 zum vom Kloster eingesetzten Hans von Spangenberg (Sparenberg) als Verwalter oder 1565 weiter zum seit 20 Jahren strittig an Halle verkauften Klostergut Domnitz.[94] Zum letzteren insistierte dann wiederum 1568 die neue Äbtissin Felicia von Obernitz und dann später auch Margaretha Menechen (auch Margaretha von München oder von Münchin[95]) zusammen mit der Priorin Agnes Dohring und Schaffnerin Ursula von Maschwitz.[96] Sie verschafften sicher nicht ohne Absicht dem »treuen Diener« Christoph Karl etwas Landbesitz am Welfesholz, damit er seine Kinder zur Schule schicken konnte. Interessanterweise traten die Äbtissin und Graf Karl als Taufpaten desselben auf. Denn Christoph Karl, mit dem sich dann die Äbtissin dennoch zerstritt, fungierte als gräflicher Schosser zu Gerbstedt. Dabei wurde 1569 erwähnt, dass in Gerbstedt 800 bis 900 Einwohner lebten und dass man dem Pfarrer deshalb (auch wegen einiger angrenzender Dörfer) einen Kaplan beigeben wolle. Zudem behauptete Achim Pentze, Hauptmann auf Schloss Mansfeld, dass man der Äbtissin in der Streitsache keinen Glauben schenken sollte. Es ging um die Unterbringung des postulierten Kaplans in ein außerhalb des Klosters gelegenes Häuschen, obwohl »das Kloster mehr Baulichkeiten habe, als es in Dachung halten könne«.[97]

Berger datierte zunächst die Aufhebung des Klosters mit Einziehung der Güter auf 1564/65 und merkte an: »Den Nonnen wurde freigestellt gegen eine Pension im Kloster bis an ihr Lebensende zu bleiben, oder ein für allemal eine Summe Geldes zu nehmen und sich weg zu begeben. Sie wählten sämmtlich(?) das Letztere bis auf Tinna von Watzdorf[98], welche die evangelische Lehre annahm und Wirtschafterin im Kloster wurde. Die Revenüen fielen Graf Karl von Mansfeld (Abb. 15) zu, doch mußte er Revers versprechen, anstatt der abgegangenen Nonnen eine ehrbahre Zuchtschule für Jungfrauen aus der Grafschaft Mansfeld, dem Stifte Magdeburg und Chursachsen im Kloster zu unterhalten. Doch setzte man fest, daß in Ermangelung von Mädchen diese Anstalt in eine Knabenschule verwandelt werden sollte. Die Zahl der Zöglinge wurde auf 20 festgestellt und für jeden jährlich 10 Gulden für Kost und Unterricht berechnet. Dazu wollte Chursachsen aus dem Amte Zörbig 8 Hufen, und 27½ Hufe Landes in Okendorf, Thina und Stummsdorf verwenden.«[99] Insbesondere die Datierung des vollständigen Auszuges der Nonnen ist widersprüchlich, wie nachfolgend ausgeführt, denn sie waren noch mindestens bis 1574 da. Auch Mülverstedt datiert deshalb zum Kloster »1574 seine Auflösung und Säcularisirung, um dem Obersten Otto, Edlen Herrn v. Plotho, für seine Forderungen an das Haus Mansfeld antichretisch überlassen zu werden. Die Idee des Herzogs Heinrich von Sachsen, in Gerbstedt eine Erziehungsanstalt zu gründen, kam nicht zur Ausführung«.[100]

Berger selbst korrigierte die endgültige Aufhebung des Klosters dann auf 1574 mit der Begebenheit, dass nach dem Tod Heidenreichs der Nachfolger Johann Hugo auf Anstiftung der Äbtissin Margarethe von

Münchin vom Bader Strietz in dessen Wohnung überfallen wurde.[101] Die erbosten Bürger schlugen den Täter halbtot, den man dann in Friedeburg einkerkerte. Die Synode in Eisleben und eine gräfliche Kommission nutzten den Vorfall, um die Äbtissin des Landes zu verweisen, das Kloster aufzuheben und die Güter einzuziehen. Den letzten Nonnen wurde mit einer Abfindung der Auszug nahegelegt, den sie dann bis auf Wirtschafterin Tinna von Watzdorf und einige hochbetagte Konventualinnen vollzogen. Die Klosterkirche wurde den Evangelischen überlassen und die Mansfelder Grafen behielten das Patronatsrecht und die Verfügung über 48¾ Morgen Acker.[102] Dieser konkrete Anlass scheint im Schatten der Bartholomäusnacht in Frankreich – immerhin war Graf Karl II. von Mansfeld gerade dort 1572 am Hof Zeitzeuge (Abb. 15) – inszeniert, zumal sich seltsamerweise gerade die Verwandten derer von Watzdorf nachweislich danach unbehelligt von der mansfeldischen Kammer am Klosterholz vergriffen.[103] Noch 1575 wurde zwischen Stadt- und Klostereigentum an Grundbesitz in und um Gerbstedt unterschieden und noch in demselben Jahr beschloss eine *Klosterversammlung* über die Zinsbefreiung angrenzender Äcker.[104]

Bleibt ein Zwischenfazit: Kloster Gerbstedt behauptete sich mit dem benachbarten Predigerinnenkloster Wiederstedt (Säkularisierung wohl 1543–47) länger als anderswo im Mansfeldischen als katholische Exklave. Nimmt man den von Caspar Güttel initiierten Auszug der Augustiner aus dem Kloster Neustadt zu Eisleben 1523 als Beginn der regionalen Klosterauflösungen und 1574 als Ende des Konvents, so sprechen wir in Gerbstedt noch von über 50 Jahren monastischer Geschichte, einem halben Jahrhundert! Sowohl 1540 als auch 1561–65 dürfen als Zäsuren dieses Säkularisierungsprozesses gelten. Quellenkritisch muss man deshalb die Einlassungen des mansfeldischen Protagonisten der preußisch-protestantischen Reformationsgeschichte Karl Krumhaar hinterfragen, der zwar zugab, dass diese Klöster »einige Zeit länger« bestanden, »aber in so trauriger Gestalt, daß man ihr gänzliches Hinscheiden voraussehen konnte. Einfluß auf ihre schnelle Auflösung hatte allerdings die Plünderung durch die Bauern. Noch entscheidender war aber die damalige Verachtung des Klosterlebens [...].«[105] Dass hier aber noch zuletzt mindestens 30 Nonnen und ebenso viele Schülerinnen lebten, die ihr wohl dotiertes Auskommen und Einnahmen hatten,[106] blieb wohlweislich unkommentiert. Neuß gar fand es bezogen auf noch 1590 genannte Klosterinsassinnen »Erstaunlich und bemerkenswert zugleich die Duldsamkeit des Reformationsjahrhunderts, wo es selbst in der religiös tief erregten, stellenweise sogar fanatisierten (Erbsündestreit!) Grafschaft Mansfeld möglich war, daß sich ein katholisches Nonnenkloster trotz aller Reformierungsanträge noch 73 Jahre nach dem Thesenanschlag an seinem Bekenntnis und tei(l)weise auch in seinem Güterbestand zu halten vermochte«.[107]

Am 13. Mai 1576 verfügte der in Paris noch als Kämmerer im Hofdienst agierende Graf Karl, dass man im ihm vermachten Kloster anstatt der Mädchenschule nach »absterben derer closterpersonen« nunmehr zwei Präzeptoren einquartiere und eine Knabenschule einrichte, soweit diese auch durch das Klostereinkommen finanzierbar wären.[108] 1579 waren noch 12 Mädchen in der Schule, und erst nachdem Sachsen seine Legate zurückzog, gingen fünf aus Gerbstedt, eine aus Eisleben und sechs aus Kursachsen wieder nach Hause. Für die postulierte Knabenschule wurde dann auf dem Klosterareal für 20 Schüler das erste Schulhaus (die alte Schule) errichtet, mit einem Kostenaufwand von 130 Floren, mit einem Rektor und einem Kantor. Diese bestand bis 1683.[109] Augenscheinlich kamen alte Klosterbesitzungen als Dotierung infrage und den Lehrern wurden so z. B. Äcker am Welfesholz zur Nutzung überlassen.

Am 24. Februar 1585 verpfändete der nunmehr in Luxemburg weilende Graf Karl das Kloster Gerbstedt (nebst Schäferei oder Meierei) an Otto Edlen von Plotho für 44 223 französische Sonnenkronen für drei Jahre und sicherte ihm dann die erste terminierte Rückzahlung von 34 334 Kronen zu. Vorentscheidend war der Passus, dass solange bei Versäumnis dessen, »welches wir dan nicht hoffen, so sol mehrgedachter Otto edler von Plato seine erbgenehmen oder getreuen inhaber dieses briefs volkomliche macht und gewalt haben sich an unseren lehen erb und guttern«. Es wurden keinerlei konkrete Festlegungen zum Unterhalt der Kirche und/oder der Schule getroffen![111] Es ging hier um ein hohes Darlehen an den Grafen, der als »niederländische Linie« seines Geschlechts längst seiner Heimat entwurzelt war. Beide Akteure waren in die Glaubenskriege des ausgehenden 16. Jahrhunderts, insbesondere in Frankreich und den Niederländisch-Spanischen Krieg persönlich als militärische Protagonisten involviert. Vielleicht kannten sie sich vom französischen Hof unter Karl IX. (1550–1574) und Heinrich III. (1551–1589). So gab es einen Vertrag des Kardinals Karl von Bourbon mit dem Obristen Otto von Plotho vom 16. Februar 1585 über die Werbung von 900 Söldnern.[112] Da das Kloster 1586 an jenen Obristen Otto von Plotho »als Pfandschilling wieder käuflich kam und dieser den Revers (zur Schulunterhaltung) nicht vollständig hielt,

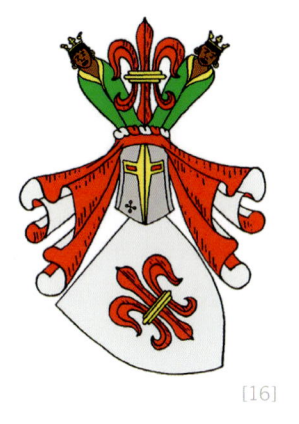

[16] Wappen derer von Plotho

so hat Chursachsen seine Legate dem Kloster entzogen, obgleich Graf Karl dagegen protestirte«.[113] Das Verhältnis des Obristen von Plotho zu Kursachsen war nicht ungetrübt, wie auch der Schriftwechsel des brandenburgischen Kurfürsten Johann Georg (1525–1598) mit dem sächsischen Kurfürsten Christian I. (1560–1591) über Truppenwerbungen desselben in Sachsen und über angebliche Truppenwerbungen im Reich gegen die protestantischen Reichsfürsten belegte. Darüber und über die Lage in Polen wollten sich die beiden Kurfürsten vor der Zusammenkunft am 10. Februar 1588 in Annaburg verständigen (Abb. 16).[114]

Zurück zum Kloster: Otto Edler von Plotho machte nicht viel Anstalten, die Schule im Kloster zu unterhalten, sodass Kurfürst Christian von Sachsen ihm 1589 die dazu zweckgebundenen Einkünfte aus dem Amt Zörbig verwehrte. Der von Plotho bat den Kurfürsten am 21. Januar 1590 um Rücknahme dieser Anweisung, da er im Kloster Gerbstedt nach eigener Aussage noch vier *Klosterjungfrauen* und eine Magd unterhielt.[115] Darüber berichtete der amtsrichterlich involvierte sächsische Schosser Wenzel Neuwerk aus Zörbig am 30. Januar 1590 im Zusammenhang mit Unregelmäßigkeiten bei der Verwertung des Klosterbesitzes an Äckern und Holzeinschlag, so des Hans Georg von Watzdorf und derer von Obernitz. Sein beigelegtes Verzeichnis zeigt eindrucksvoll, was dem Kloster Gerbstedt noch allein aus dem Amt Zörbig an Einnahmen zustand.[116] Wenig später relativierte der Schosser die Einlassungen des von Plotho zu den noch vorhandenen Klosterfrauen und der Schule. Dessen Aussage nach waren die Frauen hochbetagt und »stockeblindt«. Zudem käme der Pfandherr seinen Verpflichtungen zur Schulunterhaltung kaum nach; entgegen der alten Verpflichtung des Grafen Karl von 1576. Das sächsische Oberaufseheramt unter Caspar Tryller in Eisleben sekundierte diese Vorwürfe und präzisierte die nepotistische Verflechtung der Verwandtschaft derer von Obernitz und von Watzdorf mit dem Missbrauch des Klosterguts. Zudem wurde angemerkt, dass vom Klosterbesitz von 2000 Acker dem Amt Sangerhausen allein 1300 Acker zugeschlagen wurde. Daraufhin wurde dem von Plotho am 8. November 1592 zugunsten des Kurfürsten Christian von Sachsen die Einnahmen der Zinsen aus dem Amt Zörbig und des Holzes bei Sangerhausen verwehrt.[117] Nichtsdestotrotz verblieb das Klostergut mit Besitzungen bis 1736 im Besitz derer von Plotho und man generierte dort Einnahmen.

In Anbetracht derzeit noch ausstehender Archivrecherchen kann die nachfolgende Geschichte des nunmehr säkularisierten Klosters nur noch fragmentarisch wiedergegeben werden. Dazu gehören vor allem die für die Klosterkirche folgenreichen Drangsale des Dreißigjährigen Krieges,[118] wie auch ein weiterer verheerender Stadtbrand 1678 oder die Pestepidemie 1681/82. Ein interessantes Desiderat bildet die bereits genannte geplante Rekatholisierung Mitteldeutschlands im Dreißigjährigen Krieg auf der Grundlage des Restitutionsedikts von 1629. Aufschlussreich sind hingegen die Provenienzen des Verwaltungs- und Rechtsschriftguts zu Gerbstedt. Bis 1562 zeichneten die Mansfelder Grafen bzw. deren Räte selbst. 1644 waren es auch die »Fürstlich Magdeburgisch zu der Grafschaft von Mansfeld verordnete Oberaufseher und Oberaufseher-Amts-Verwalter zu Mansfeld«. Die Landgerichtsordnung von 1669 konfirmierte der sächsische Administrator des Erzstifts Magdeburg, Herzog August von Sachsen-Weißenfels, und 1680 trat die neue Kirchenordnung Brandenburgs (später Preußens) unter Kurfürst Friedrich Wilhelm (1620–1688) in Kraft. Gerbstedt gehörte zur Mansfelder Inspektion und unterstand dem Konsistorium in Eisleben. Die Untergerichtsbarkeit wurde durch einen Stadtrichter als Ratsgerechtigkeit ausgeübt; das Amt Friedeburg übte die Obergerichtsbarkeit aus. Juristische Appellationsinstanz war die gräfliche Kanzlei in Eisleben, später die Regierung in Magdeburg (siehe auch die Amtsgerichtsordnung vom 2. März 1669).[119] Es ist durchaus damit zu rechnen, dass man in den Unterlagen des Amtes Friedeburg und des Gutsarchivs derer von Plotho noch Informationen zum Schicksal des Klosterguts und der Klosterkirche finden kann.

Bekanntlich wurde die Kirche den Evangelischen überlassen, und sie stürzte am 12. Februar 1650 ein, weil nach Berger die Einwohner infolge des Dreißigjährigen Krieges eine Reparatur nicht stemmen konnten und die Einkünfte der Kirche beschnitten waren. Interessanterweise versuchte man, mit Abbruchmaterial der Strebepfeiler und des Kreuzganges zunächst das Kirchenschiff zu stabilisieren, was sich aber konstruktiv als kontraproduktiv erwies.[120] Also zu Lebzeiten des Oberpredigers Magister Johann Ludewig, der von 1622 bis 1658 die Gemeinde durch den Dreißigjährigen Krieg und den Stadtbrand 1638 brachte, stürzte die Klosterkirche bis auf beide Türme ein, sodass der evangelische Gottesdienst anfangs im Remter des Klosters, und dann wieder in der Kapelle auf dem Grasehof abgehalten wurde. Dort hatte man auch 1662 die Reste der Klosterorgel aufgestellt, Martin Christoph von Steuben ließ dort Altar und Predigtsuhl erbauen, und Hedwig von Steuben, geb. Wrisberg, stiftete Altarkelch nebst Patene.[121]

[17] Gerbstedt. Rittergut Steuben von Alexander Duncker, um 1860

Das unlängst identifizierte Graffito auf einem Stuckteil mit erkennbarem Namen *Ludewig/Ludwig* könnte durchaus mit dem genannten Oberprediger, der sowohl den Einsturz der Kirche als auch deren Beräumung miterlebte, im Zusammenhang stehen. Dies wäre ein starkes Argument zur Provenienz der zerstörten Stuckteile mit Datierung der Entstehung des Konvolutes.

Die Nachrichten zur finalen Zäsur der Baugeschichte des Klosters sind spärlich. Im Kirchenbuch zu Gerbstedt stand nach Buttenberg: »Am 13./2.1650 ist Dossel Kreuzscher kindt Anna im Leichhausse bey der Sakristey getaufft, weil den vorigen Tag, war den 12. Hujus nach Mittag umb 2 Uhr, die ganze Kirche, biß auff wenig sparren von grund aus eingefallen war.«[122] Der desolate Zustand der Kirche war wohl bekannt, so gab es bereits beim Einbau der Orgel 1618/19 Bauschäden – deren Beseitigung durch den Dreißigjährigen Krieg mit Pestepidemien nicht mehr erfolgen konnte. Irreführend ist bezüglich der fraglichen Stuckteile folgender Hinweis Buttenbergs: »Der Altarteil scheint nach einer Notiz Biering's 10 Jahre später 1660 eingestürzt zu sein, auf seinem Schutt, wie schon früher in der Krypta, richtete die Familie von Plotho sich ihre Begräbnisstelle ein. So erklärt sich der doppelte Fußboden mit den dazwischen liegenden Trümmern, den Berger beim Schulneubau vorfand, und den er mit einer Zerstörung im Bauernkriege in Verbindung brachte.«[123] Nach Buttenberg versuchte man, die Klosterkirche 1669 und 1674 wieder aufzubauen und 1710 plante man dies auch wieder. Bei ihm überliefert sind die stets »wandelbahren« Glockentürme.[124] Dies wird hier noch konkret in dem Beitrag zur Baugeschichte der Kirche thematisiert.

Erwiesen hatten auch die seit dem Hochmittelalter in Gerbstedt nachweisbaren Herren von Steuben noch 1624 ihr Erbbegräbnis in der Klosterkirche; und nach dem Einsturz verblieb es in einem neuerbauten Gewölbe unter den stehengebliebenen Türmen.[125] Noch weitere – weitaus ältere – Begräbnisse sollen sich in der Kirche befunden haben,[126] die aber nicht im Zusammenhang mit den hier genannten stehen. Zudem ist noch für 1632 eine Bestattung des tödlich bei Hettstedt getroffenen Duellanten und königlich-schwedischen Statthalters Hans-Paul Walther in der Klosterkirche zu Gerbstedt überliefert.[127]

Mit dem Rückfall des nunmehrigen Herzogtums Magdeburg an die Hohenzollern 1680 veränderten sich nachhaltig auch die landesherrlichen Präferenzen für das Amt Friedeburg mit dem Klostergut Gerbstedt. 1732 wurde den Ansprüchen der Kriegs- und Domänenkammer in Magdeburg das Vorrecht in Steuerein-

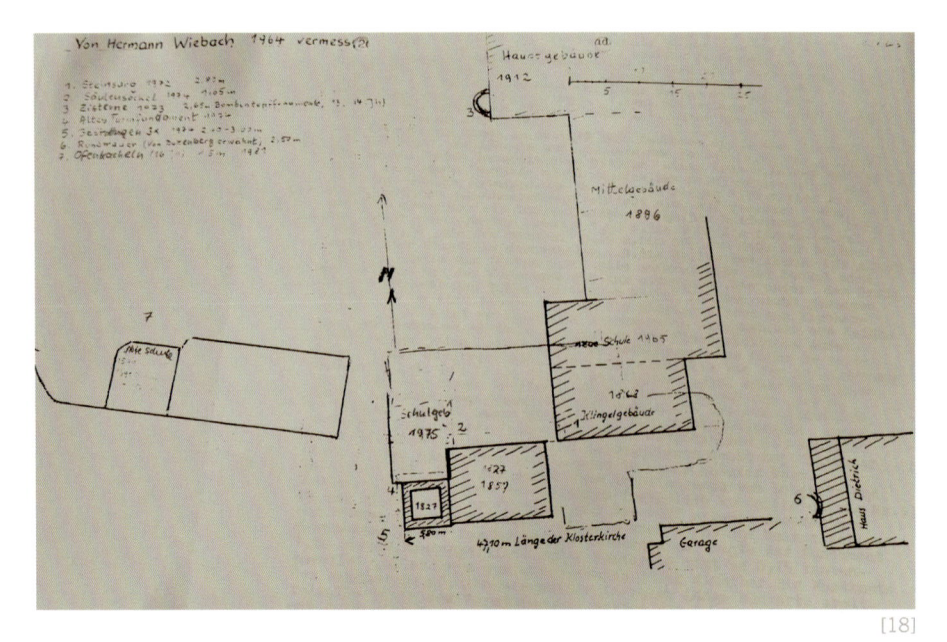

[18] Gerbstedt. Vermessung des Klosterareals, 1964

[19] Gerbstedt. Situationsplan des Klosterareals zum Fundbericht, 1974

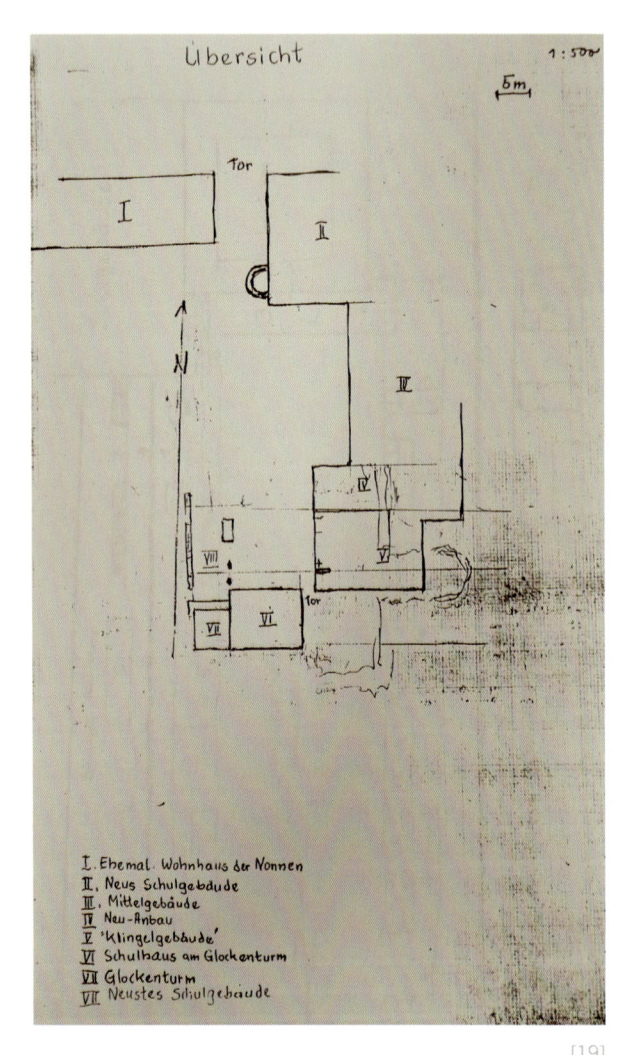

nahmen und Frondiensten vor der Stadt eingeräumt. Dass zu diesem Zeitraum Gerbstedt eine preußische Kavallerie-Garnison beherbergte, so 1710 bis 1734 zwei Schwadronen der von Lottum-Dragoner, 1718 bis 1723 des Kürassier-Regiments von Quitzow Nr. 6 sowie von 1733 bis 1743 eine Schwadron des Leibkürassier-Regiments Nr. 3, ist wenig bekannt. Die Wirtschaftsbereiche des ehemaligen Klosters wären besonders für Ställe und Magazine (Zeughaus?) geradezu prädestiniert gewesen.[128] Nach Größler und Brinkmann löste der preußische »Soldatenkönig« Friedrich Wilhelm I. (1688–1740) 1736 als Oberlehnsherr das Klosteramt wieder ein und vereinigte es 1739 mit dem von Steubenschen Gut; vielleicht zur logistischen Dotierung gab er es dem Prinzen August Ferdinand von Preußen (1730–1813), der schon als Fünfjähriger im Infanterieregiment »Kronprinz« diente. Bei dessen Erben verblieb es bis zur Errichtung des napoleonischen Königreichs Westphalen.[129] Damit gingen alle Besitzungen am Klosteramt von der Familie von Plotho an den Prinzen August Ferdinand über, welcher bereits ab 1738 im Besitz des sog. Steubischen Ritterguts in der Neustadt war. Beide Liegenschaften wurden zum königlich-preußischen *Amt Gerbstädt* der Magdeburger Kriegs-und Domänenkammer vereinigt.[130] Dagegen prozessierten noch die letzten Mansfelder Grafen, die sich auf das mit denen von Plotho vereinbartes Wiederverkaufsrecht beriefen, was aber 1752 mit einem Vergleich beigelegt wurde.[131] Mangels Quelleneinsicht sind die konkreten Umstände dieses Besitzwechsels, womöglich Gebäudeinventare, nicht abrufbar (Abb. 17).

Besonders bemerkenswert ist, dass wohl kurz vor dem Besitzerwechsel die von Plotho nach einem Berliner Versteigerungskatalog 1732 die Klosterbibliothek verkauft hatten, was vielleicht noch Rückschlüsse auf vorhandene Klausurbereiche – wie der Bibliothek – zulässt.[132] Und kaum beachtet, endete mit dem angezeigten Wechsel auch die kirchliche Nutzung des Klosterareals. 1739 begann der Bau der barocken Kirche, die bis 1742 errichtet wurde.[133] Zusammen mit der einsetzenden Privatisierung auf dem ehemaligen Klosterareal dürfte dies für die bauliche Substanz folgenreich gewesen sein. Leider sind dazu Einzelheiten, wie auch zur Gutswirtschaft, momentan nicht zu ermitteln.

Nach den Schossregistern Gerbstedts erschienen 1760 nunmehr acht Bürger vom Kloster. Diese Klostergemeinde entstand erst nach Vereinigung des Klosterhofes mit dem Rittergut Neustadt 1739.[134] In diesem Jahr gab das prinzliche Amt die Wohn- und Wirtschaftsgebäude des Klosters auf und ließ dort mit dem wieder aufstrebenden Bergbau Bürger ansiedeln. So standen hier 1783 bereits 40 Hausstellen, doch erst Anfang des 19. Jahrhunderts wurde deren bauliche Separierung zum Marktplatz aufgehoben.[135] 1783 wurden beim Klostereinwohner namens Ziegenbein Bier und Gefäße beschlagnahmt, weil der sich Schankgerechtigkeit anmaßte. Ob er dazu auch die alte Klosterküche nutzte, ist nicht bekannt.[136]

Wie ausgeführt, fiel nach dem Aussterben der Grafen von Mansfeld das Amt Friedeburg mit Gerbstedt an den preußischen Landesherrn. 1785 unterstanden der neuen Gerichtsbarkeit des Unteramtes Friedeburg die Orte Bösenburg, Brucke, Elben, Freist, Heiligenthal, Ihlewitz, Lochwitz, Oeste, Pfeiffhausen, Reidewitz, Thaldorf, Zabenstedt, Zabitz, Zickeritz und das Vorwerk Straßhof. Die Obergerichtsbarkeit wurde über die Stadt Gerbstedt, das Vorwerk Kloster Gerbstedt, die Dörfer Adendorf, Kloppan Gerbstedt, Neustadt Gerbstedt, Königswiek, Rumpin und Zöllwitz ausgeübt.[137] Deshalb wurde der Stadtrichter zu Gerbstedt 1780 neu bestellt.[138] Der in Preußen eingesetzte *perpetuierliche Magistrat* 1780 bestand aus einem besoldeten Bürgermeister, Stadtvoigt, Kämmerer und Ratmann; angeführt in der westphälischen Zeit als Munizipalrat von sechs Personen mit dem *Canton*-Maire. Erst mit der preußischen Städteordnung von 1831 wurde die Zahl der Stadtverordneten aus den Reihen der drei Steuerklassen-Bürger auf neun, später auf 17 festgelegt und ein Bürgermeister gewählt.[139]

Nachweislich 1801 standen noch die Klosterkirchentürme, da dort die Glocken hingen und kurz darauf der bekannte Architekt Karl Friedrich Schinkel seine Federzeichnung anfertigte.[140] Am zweiten Ostertag 1805 fiel die große Glocke beim unvorsichtigen Läuten herab, am 2. Dezember 1805 stürzte der große Turm mit zwei zersprungenen Glocken (von drei) ein und erschlug die Ehefrau des Organisten und einen Bergmannssohn, dessen Familie in einem Haus am Turm wohnte. Am kleinen Turm hingen ebenso noch drei Glocken, den man dann aber auf Veranlassung des zuständigen Bauinspektors Hesse 1806 abriss, und bis Ende Oktober 1828 wurde ein neuer Turm anstelle des südlichen Turmfundaments errichtet.[141] Ein Turm, der 1830 beseitigt wurde, bezog sich auf die Stephanus-Kirche am Gottesacker.[142]

Die administrative Teilung Gerbstedts in Altstadt und Neustadt blieb bis in die erste Hälfte des 19. Jahrhunderts bestehen. Noch ca. 1835 stand der ersteren ein Magistrat mit dem Bürgermeister Nagel vor. Zum letzteren gehörte das Kloster Gerbstedt mit Kloppan »unter der Herrschaft und Jurisdiction des jetzigen Rittergutsbesitzers, Herrn Oberamtmann Neumann, welcher Erb-, Lehn- und Gerichtsherr darüber ist«.[143] Oberamtmann Johann Friedrich Neumann übernahm zur napoleonischen Zeit 1810 das Amt Gerbstedt mit allen Rechten und Pflichten. Verwaltung und Polizeiaufgaben wurden von einem Schulzen namens Lemmer besorgt und das *Neumann'sche Patrimonial-Gericht* verwaltete der Justizamtmann Kettembeil. Dem königlich-preußischen Gerichtsamt stand der Gerichts-Amtmann Facilides vor, der die schon bis 1806 bestandene jurisdiktive Gewalt des preußischen Unteramtes Friedeburg ausübte. Nach dem napoleonischen Königreich Westphalen gehörte Gerbstedt ab 1815 zum landrätlichen Mansfelder Seekreis des Regierungsbezirks Merseburg in der preußischen Provinz Sachsen.[144]

Mit dem prosperierenden gründerzeitlichen Bergbau im Mansfeldischen wuchs die Gerbstedter Einwohnerschaft rasant an. 1855 hatte von den Amtsgemeinden der Kommune das Kloster 50, das Amt außer dem Gut 3, Kloppan 55 und Neustadt 28 Wohnhäuser (insgesamt in Gerbstedt 473 Häuser und 10 öffentliche Gebäude). Die Einwohnerzahl in der Stadt stieg auf mehr als das Doppelte von 1266 im Jahr 1780 auf 2954 im Jahr 1876; in den Amtsgemeinden wuchs sie in dem Zeitraum sogar von 430 auf 1108.[145]

Erwähnenswert ist, dass 1852/55 die Separation der Gerbstedter Flur und damit auch des ehemaligen Klosterbesitzes einsetzte. Noch 1866 besaß das Amt Gerbstedt katasterlich 2337 Morgen.[146] Am 3. März 1858 brannten eine Amtsscheune, die Amtsschäferei und 4 Wohnhäuser in der Neustadt ab.[147] Der alte Kloster- bzw. Amtshof in der Stadt ist aber weiter bewirtschaftet worden. Nunmehr im Besitz des wohl 1859 nobilitierten Legationsrates Friedrich Wilhelm von Neumann (1823–1899), der auf dem von Steuben'schen Rittergut geboren und verstorben war, kam er dann durch Heirat an die Grafen von der Schulenburg, um 1945 im Zuge der Bodenreform enteignet zu werden.

Für die Provenienz der hier thematisierten Stuckstücke ist das Jahr 1868 essentiell. Dato wurden die Grundmauern der Klosterkirche beim Bau der neuen Schule aufgedeckt; allerdings keine der erwarteten Bestattungen in der Kirche aufgefunden. Die Behausung der Äbtissin inmitten der Klostergebäude soll noch ein Stein markiert haben mit der Inschrift: *Haec aedes basilica extructo est.*[148] Der emeritierte Bürgermeister Berger kolportierte als unmittelbarer Zeitzeuge dieser Aufdeckung den Zusammenhang der Funde mit den Zerstörungen im Kloster im Bauernkrieg: »Ohne einige Verwüstung scheint es aber nicht abgegangen zu sein, denn bei Ausschachtung des Grundes zu dem 1868 erbauten Schulhaus, wurde an der Stelle, wo sich ehemals die Kapelle unter dem hohen Chor befunden hatte, und deren Fußboden deutlich erkennbar 2 Fuß tiefer als der Fußboden des übrigen Theils der Kirche gelegen hatte, eine Parthie Bruchstücke in Gyps ausgeführter Verzierungen, Arabesken, menschlicher Figuren, Thiere (Kampf des Erzengel Michael mit dem Drachen) u. a. vorgefunden. Die Funde waren mit Schutt gemischt und auf diese ein neuer Fußboden gelegt. Da in diesen ein Grabstein, ohne Grab darunter, mit einer weiblichen Figur, die Jahreszahl 1536 tragend, eingefügt war, auch das Kloster selbst diesen werthvollen Schmuck seiner Kirche schwerlich selbst zerstört haben dürfte, so liegt die Annahme nahe, daß die Bauern 1525 mit der angedrohten Plünderung und Zerstörung bereits begonnen hatten und man die Spuren hiervon an der bezeichneten Stelle versenkte. Auch einige Theile der Säulen, die diese Kapelle gehabt, wurden in diesem Schuttlager gefunden.«[149] Interessanterweise konnte man in den letzten 150 Jahren weitere Spolien der Klosterkirche entdecken, so 1972–74 sowie 1986 und in der Gegenwart, die nunmehr Gegenstand unserer derzeitigen Untersuchungen sind (Abb. 18, 19).[150]

Zeitgenössisch waren im 19. Jahrhundert noch Teile der Orgel und des Altars der Klosterkirche vorhanden. Zum letzteren »wurde von dem Konservator der Alterthümer, Geh. Oberbaurath von Quast angenommen, daß unser werthvolles Altarstück, welches 1863 einer gründlichen Restauration unter Olfers Leitung in den Ateliers des Königlichen Museums zu Berlin für würdig erachtet wurde, aus der ehemaligen Klosterkirche herübergenommen sei, da es seinem Style nach der ersten Hälfte des XV. Jahrhunderts angehöre«.[151] Der 1863/64 restaurierte Altar wurde wieder in der Stadtkirche aufgestellt.[152]

Die Baugeschichte des Klosters, vornehmlich der Kirche, und die Provenienzgeschichte der aufgefundenen Spolien ihrer spektakulären Bauplastik wird andernorts behandelt.[153] Doch bleibt trotz benannter Desiderate der archivalischen Quellen das Fazit, dass die Entstehung dieses Konvolutes in die Klostergeschichte der Neuzeit zu datieren ist. Starke Indizien verweisen auf das Jahr 1650, dem Einsturz der Kirche. Dass bis dato die reiche bauplastische Ausstattung der Kirche noch vorhanden war, ist vor allem der Behauptung des Klosters als katholische Exklave im Reformationszeitalter der Grafschaft Mansfeld zu verdanken. Vielleicht bringen noch weitere Forschungen Licht ins Dunkel der monastischen Geschichte.

ANMERKUNGEN

1 Vgl. Ahrens 1834/35 (Versuch einer Geschichte des ehemaligen Klosters und der Stadt Gerbstedt); vgl. Medem 1837 [ältere Urkunden]; vgl. Krumhaar 1855; vgl. Mülverstedt 1868; vgl. Berger 1878; vgl. Urkundenbuch 1888; vgl. Größler/Brinkmann 1895; vgl. Gerstenberg 1911; vgl. Buttenberg 1919; vgl. Buttenberg 1929; vgl. Häring 1989; vgl. Schmitt 2000; vgl. Zemlin 2000; vgl. Minte 2004; vgl. Lauenroth 2008; vgl. Winkel 2010; vgl. Lauenroth 2011.

2 Vgl. Winkel 2010, S. 21–67. Der präjudizierende Verlust der wettinischen Klostervogtei ist hier nicht Gegenstand der Untersuchungen, ebenso nicht die wohl gefälschte »Vogteiurkunde« der Mansfelder Grafen. Vgl. ebd., S. 41 ff.

3 Vgl. Handbuch 1987, S. 135.

4 Vgl. ebd., S. 136.

5 Vgl. Stahl 2012; vgl. en détail und dezidiert zur Sequestration u. a. Krumhaar 1872, S. 56–58.

6 Vgl. ebd., S. 88–91. Demnach war der Burgbezirk Friedburg bis 1318 Lehn des Bistums Halberstadt, und dann vom Erzbistum Magdeburg.

7 Urkundenbuch 1888, S. 58.

8 Urkundlich überliefert sind: 9.6.1468 (EB Johann[es] von der Pfalz-Simmern), 27.9.1477 (Erzbischof Ernst von Wettin), Erneuerung der Vogteirechte 3.11.1494 u. 3.10.1503 (Erzbischof Ernst von Wettin), 18.9.1523 bestätigter Erhalt der Vogtei (Kardinal Albrecht von Brandenburg), Erneuerung der Vogtei 1.7.1531 (Kardinal Albrecht von Brandenburg); vgl. Urkundenbuch 1888, S. 60–65, 75–77.

9 Vgl. Urkundenbuch 1888, S. 62 f.

10 Vgl. zuletzt Stahl 2012, S. 968; vgl. auch Berger 1878, S. 37.

11 Vgl. Ahrens 1834/35, 1.H. S. 51 f. u. 60; vgl. auch Stahl 2012, S. 969.

12 Krumhaar 1855, S. 97, ausführlich S. 218–222.

13 Vgl. Urkundenbuch 1888, S. 81 f.

14 Vgl. Vötsch o. J.

15 Neuß 2001, S. 182 und zu Welfesholz-Kapelle des Klosters Gerbstedt, S. 216–218. Siehe detaillierte Beschreibung des Klosters und der Klosterkirche und zum Inventar bei Buttenberg 1919, S. 19–25.

16 Vgl. Größler/Brinkmann 1895, S. 232 f.

17 Ebenso im Chronicon Islebiense; bei Buttenberg 1929, S. 18.

18 Vgl. ebd., S. 19.

19 Vgl. Handbuch 1987, S. 136. Siehe auch: Größler/Brinkmann 1895, S. 237.

20 Haus- und Hofarchiv Wien, W 481-2, fol. 308v u. 309r/v; vgl. auch Berger 1878, S. 12.

21 Francke 1723, S. 49.

22 Zitiert nach: Größler/Brinkmann 1895, S. 237.

23 Vgl. u. a. Buttenberg 1929, S. 17 f.

24 Ebd.

25 Neuß 1995, S. 356.

26 Vgl. Berger 1878, S. 37. Demnach wurden urkundlich »drei Flecken, Gerbstädt, Leimbach und Heldrungen mit Stadtrecht, bürgerlichen Handtirungen und Handwerken, auch jede(.) mit einem Wochenmarkt« versehen – zitiert nach: ebd., S. 38.

27 Neuß 2001, S. 185.

28 Berger 1878, S. 33 u. 35.

29 Vgl. Mülverstedt 1868, S. 29; vgl. auch Buttenberg 1929, S. 15 f. Noch 1516 bestätigte Albrecht von Brandenburg als Erzbischof von Magdeburg und Administrator von Halberstadt die Pfarreirechte des Klosters an der *ecclesia sancti Stefani prope et extra municionem predicti oppidi site* sowie die Gewährung eines lukrativen Ablasses *ut ecclesie mansterii in Gerbstedt ac capella in Welbesholz Halberstadensis*. Urkundenbuch 1888, S. 73.

30 Berger 1878, S. 51.

31 Vgl. Urkundenbuch 1888, S. IX. Die Nonnen konnten aus gesundheitlichen Gründen nicht mehr umziehen; behielten aber aufgrund ihres eingebrachten Vermögens das lebenslange Wohnrecht.

32 Vgl. Deutschländer/Selzer 2015, S. 48.

33 Vgl. Lauenroth 2015, S. 120. Nach Größler 1880, S. 90.

34 Berger 1878, S. 50.

35 Vgl. Ahrens 1834/35, 2. H. S. 20–22; vgl. auch Francke 1723, S. 50.

36 Vgl. Buttenberg 1919, S. 10 f.

37 Vgl. Buttenberg 1929, S. 62. Hier lohnt sich ein Vergleich mit den aufgelisteten Einnahmen des Klosters Gerbstedt von 1526; vgl. Landesarchiv Sachsen-Anhalt Wernigerode, A 12 a III Nr. 589.

38 Vgl. Gerstenberg 1911; zitiert bei Minte 2004, S. 25 f.

39 Siehe z. B. die umfangreiche und detaillierte Nahrungsmittel-Auflistung von 1118; vgl. Buttenberg 1919, S. 7. Derselbe bezifferte die Zahl der Nonnen anfangs 1072 auf 24, unter Konrad dem Großen bei 120 und 1561 noch auf bei 50; vgl. ebd., S. 13; vgl. auch Krumhaar 1855, S. 19 f.

40 Unter Kapitel XLVI Vom Closter, in: Haus- und Hofarchiv Wien, W 481-2, fol. 318v ff.

41 Die nominellen Äbtissinnen bis 1574 variieren bisweilen in der Überlieferung, so als 11. Margaretha von Königsfeld, 12. Catharina von Lattorf (Lateranensis), 13. Ursula von Hedersleben, 14. Delila von Obernitz, 15. Emerentia von Obernitz, 16. Felicia von Obernitz und 17. Margaretha Mennichen (oder Meniken); vgl. Ahrens 1834/35, 2. H. S. 40 f. Plausibler erscheint chronikalisch: 1506–1539 Margaretha von Königsfeld (1504–1539), 1539–1557 Katharina von Lattdorf (1539–1558), 1558–1566 Emerentia von Obernitz (gestorben 7. August 1566), 1568 Felicia von Obernitz (gestorben 16. April 1568) und 1568–1576 Margaretha Menechens (gestorben 1578); vgl. Buttenberg 1919, S. 13.

42 Vgl. Mülverstedt 1868, S. 29. Siehe auch Buttenberg 1919, S. 14 f. Helfta etablierte sich um die Jahrhundertwende unter Äbtissin Katharina von Watzdorf »als ein Kloster strenger Observanz im Geiste der benediktinischen Reformbewegung von Bursfelde«. So wirkte es nach benediktinischer Ordensregel als Zisterzienserinnenkloster wohl mit bei der Reform des Klosters Gerbstedt 1506; nach Oefelin 2019, S. 57; vgl. auch Urkundenbuch 1888, S. IX (Anm. 4).

43 Urkundenbuch 1888, S. 67.

44 Vgl. u. a. Krüger 2012, S. 358 f.

45 Vgl. Buttenberg 1919, S. 15. Noch 1526 sind als letzte(?) Ordenspersonen in der Thuringa sacra der Abt Nicolaus sowie der Prior Matthäus Winzerling, Kustos Wolfgang Conitz und Kantor Johannes Franke genannt. Warum danach bis 1554 noch ein katholisches Kloster visitiert wurde, ist unklar; vgl. Krumhaar 1855, S. 213. Letztlich gilt die Aussage, dass mangels Quellen die Geschichte des Klosters Wimmelburg im Reformationszeitalter nicht zweifelsfrei darstellbar ist: vgl. Lücke 1999, S. 57.

46 Vgl. ebd., S. 58–60. Demnach tauchte der Abt Nikolaus 1526 in einer Totenliste auf, und dessen Nachfolger war(en) bis 1530 mit der Kongregation verbunden. Bei der Investitur der Äbtissin 1539 waren statt Wimmelburg nunmehr Kloster Berge und Hochstift Halberstadt vertreten; was evtl. Rückschlüsse bis dato auf die Aufhebung des Wimmelburger Klosters zulässt.

47 Zitiert nach Urkundenbuch 1888, S. 65–67. Dennoch bezeichnete Krumhaar unkritisch Gerbstedt am Vorabend der Reformation, ganz im Duktus protestantischer Geschichtsapologetik, als »das älteste und reichste der Mansfelder Klöster«. Krumhaar 1855, S. 19.

48 Siehe z. B. Schreiben der Äbtissin Margaretha von Königsfeld an Kurfürst Friedrich von Sachsen vom 20. Juli und dessen Antwort am 3. August 1520; vgl. HStA Weimar, EGA, Reg. Kk 535, fol. 7r/v u. 8r/v.

49 Vgl. Minte 2004, S. 13 f. 1514 musste Kardinal Albrecht in den Konflikt eingreifen und eine Schlichtungskommission unter Propst Johann Pals des Klosters Neuwerk bei Halle einsetzen. Es ging vor allem um strittige Fronleistungen der Saaledörfer um Wettin. Ein Vergleich kam erst unter seiner Ägide am 14. Oktober 1531 auf der Moritzburg zustande. Dennoch taten sich weitere Konflikte zwischen dem Gerbstedter Konvent und derer aus dem Winkel 1532–36 auf; vgl. Urkundenbuch 1888, S. 71 f., 77 f.

50 Ebd., S. 71.

51 Vgl. ebd., S. 68–71; vgl. auch u. a. Minte 2004, S. 13.

52 Winkel 2010, S. 61–63.

53 Vgl. ebd., S. 66 f.

54 Zusammen mit zehn Konventualinnen wählte die Äbtissin Margaretha mit Propst Johann Erthmar, Kaplan Johann Maltz und Notar Johann Praepositus folgendes aus: »eine Partikel des heiligen Benedikt von Nursia, einen Zahn und ein Glied des Märtyrers Cyriacus von Rom, ein halbes Kinn des heiligen Valerius, eine Partikel und einen Zahn des heiligen Bredan (Bradanus) von Clonfert, eine Partikel des Heiligen Exuperius von Agaunum, einen Zahn von den Zehntausend Rittern, eine Partikel des heiligen Erasmus (Elmo) von Formio und eine Partikel von der heiligen Damiana (Dimiana) von Burulus« – Urkundenbuch 1888, S. 72.

55 Vgl. ebd., S. 61–65.

56 Ebd., S. 65–67.

57 Vgl. Thüringer Hauptstaatsarchiv Weimar, Reg. Kk 335, fol. 2r/v – Nr. 278, in: Briefe und Akten zur Kirchenpolitik Friedrichs des Weisen und Johanns des Beständigen 1513 bis 1532. Reformation im Kontext frühneuzeitlicher Staatswerdung. Online-Edition: http://bakfj.saw-leipzig.de/print/278 (zuletzt: 12.02.2021)

58 Vgl. Urkundenbuch 1888, S. 73–75.

59 Ebd., S. 75–77.

60 Vgl. ebd., S. 75f.: »seynt gepucht und geplündert alle closter in der herschaft Mansfelt, mönch- und iungfrauencloster als [...] Gerbstet«; vgl. zudem ebd., S. 76: Herzog Georg von Sachsen fordert am 6. Juni 1525 Graf Hoyer auf, dass die Geistlichen und die Nonnen zu Gerbstedt wieder in ihre Gotteshäuser zurückkehren; vgl. ebd., S. 76.

61 Siehe Bericht aus dem Chronicon Islebiense von Größler/Sommer 1882; bei Buttenberg 1929, S. 18.

62 Vgl. Haus- und Hofarchiv Wien, W 481-2, fol. 329r/v.

63 Größler/Brinkmann 1895, S. 229.

64 Vgl. Berger 1878, S. 36f. u. 60. Wohl basierend auf Ahrens 1834/35, 2. H. S. 55. Siehe auch Buttenberg 1919, S. 16.

65 Urkundenbuch 1888, S. VIII. Interessanterweise begründete Krühne dies mit der Oberaufsicht des Münsteraner Bischofs; räumte aber auch ein, dass im dortigen Archiv dazu keine Quellen vorliegen.

66 Vgl. ebd., S. 78–81; vgl. auch Landesarchiv Sachsen-Anhalt Magdeburg (= LASA MD), A 2 Nr. 333, fol. 1r/v.

67 Vgl. Krumhaar 1855, S. 176.

68 Vgl. u. a. Seidel 1998, S. 197.

69 Vgl. Buttenberg 1929, S. 80.

70 Siehe Größler/Brinkmann 1895, S. 238f.; siehe auch Buttenberg 1929, S. 24f.

71 Krumhaar 1855, S. 201f.

72 Vgl. Handbuch 1987, S. 136.

73 Vgl. Berger 1878, 73. Siehe auch die reformationsgeschichtlich tendenziösen Aufzeichnungen des Superintendenten Nösche im »Hallischen patriotischen Wochenblatt« von 1800 (34. u. 35. Teil), bei Ahrens 1834/35, 2. H. S. 64. Ebenso die Aufzeichnungen des Pastors Rador (1687–1731); vgl. Buttenberg 1929, S. 5.

74 Vgl. Krumhaar 1855, S. 202; vgl. Berger 1878, S. 73.

75 Haus- und Hofarchiv Wien, W 481-2, fol. 309v/310r. Vgl. auch Biering 1742 (Manuskript in der Marienbibliothek zu Halle).

76 Vgl. Buttenberg 1919, S. 17.

77 Vgl. Urkundenbuch 1888, S. 82; vgl. auch LASA MD, A 2 Nr. 333 uf.

78 Vgl. Urkundenbuch 1888, S. 81 f.

79 Vgl. Haus- und Hofarchiv Wien, W 481-2, fol. 329v–331r.

80 Vgl. Urkundenbuch 1888, S. 82.

81 Vgl. Francke 1723, S. 127.

82 Urkundenbuch 1888, S. 83.

83 Ebd., S. 83–87; vgl. auch LASA MD, A 2 Nr. 333 uf.; Dezidiert auch: »Die Grafen wollten die Güter des Klosters erhalten, die in ihren Glauben verharrenden Nonnen sollten ihr eingebrachtes Gut genießen dürfen und sich nach einiger Zeit aus dem Kloster entfernen, die anderen sollten im Kloster weiter und besser verpflegt werden [größere Küche?] und bei ihrem Ausscheiden ein Ehrengeld erhalten, eine Landschule für Mädchen von Adel und aus den Städten Mansfeld sollte eingerichtet werden.« Buttenberg 1919, S. 17.

84 Vgl. Urkundenbuch 1888, S. 88. Datiert auf »Monaths nach Vincula Petri Anno' Lxj«; vgl. LASA MD, A 2 Nr. 333 uf.

85 Urkundenbuch 1888, S. 90f.

86 Vgl. LASA MD, A 2 Nr. 333 uf.

87 Vgl. ebd. Johann Georg beraumte am 22. Januar den 4. Februar als Verständigungstermin in Eisleben an, die Äbtissin bat um Verschiebung und Graf Johann Georg lehnte am 2. Februar ab und beschied: »Das Kloster solle die Reformation, die es früher schon angenommen, und zu deren Erlass er kraft seiner Obrigkeit und göttlichen Befehls befugt sei, endlich ins Werk zu setzen. Würde es dagegen in Abgötterei und greulichen Missbräuchen sich bestärken und die Herrschaft Mansfeld unleidliche Neuerungen einführen wollen, wovon er sichere Nachricht habe, so werde er das keinesfalls dulden.« Zitiert nach Urkundenbuch 1888, S. 92; vgl. auch ebd. S. 91 f.

88 Nicht zweifelsfrei überliefert ist, dass, als der noch junge Sigismund am 13.9.1566 nach langer Krankheit auf der Moritzburg zu Halle verstarb, er dort das Abendmahl in beiderlei Gestalt empfangen habe. Vgl. u. a. Stahl 1999, S. 48.

89 Zitiert nach Urkundenbuch 1888, S. 92.

90 Ebd., S. 92–94.

91 Vgl. LASA MD, A 2 Nr. 333 uf.

92 Vgl. Buttenberg 1919, S. 17.

93 Berger 1878, S. 73; vgl. auch Krumhaar 1855 S. 202f.

94 Vgl. Urkundenbuch 1888, S. 95. Siehe auch Ahrens 1834/35, 2. H. S. 57f.

95 Vgl. Berger 1878, S. 56 u. 73.

96 Vgl. Urkundenbuch 1888, S. 96f.

97 Schreiben vom 9. Oktober 1569; ebd., S. 97.

98 Sie gilt als einzige Nonne, die 1574 zur lutherischen Lehre überging. Vgl. Ahrens 1834/35, 2. H., S. 44.

99 Berger 1878, S. 61.

100 Mülverstedt 1868, S. 29.

101 Wurde auch bezweifelt bei Buttenberg 1919, S. 15. Auch die bei Beck 1658, S. 326 kolportierte Geschichte von den 300 Kinderleichen im Klosterweiher als Zeugnis des unkeuschen Lebens der Nonnen, wurde hier stark in Zweifel gezogen.

102 Vgl. Berger 1878, S. 74.

103 Dies ist insofern interessant, weil die Familie zu den frühesten Anhängern der Reformation im Mansfeldischen zählt; so Kaspar von Watzdorf (auch die berühmte Nonne Florentina von Oberweimar, die 1524 aus Kloster Neu-Helfta flüchtet, war genuin mit dem Geschlecht verbunden); vgl. u.a. Krumhaar 1855, S. 67 u. 69.

104 Vgl. Berger 1878, S. 75.

105 Krumhaar 1855, S. 210 f.

106 Nach Bericht des Substitiaten Israel Meusel an den kurfürstlichsächsisch Oberaufseher und Landrentmeister Caspar Tryller vom 13.2.1590; ebenso ausführlich zum umfangreichen Grundbesitz; vgl. Urkundenbuch 1888, S. 106–109.

107 Neuß 2001, S. 190.

108 Vgl. Urkundenbuch 1888, S. 97–99.

109 Vgl. Berger 1878, S. 173; vgl. auch Buttenberg 1929, S. 75.

110 Urkundenbuch 1888, S. 100.

111 Vgl. Stahl 2012, S. 969.

112 Vgl. Geheimes Staatsarchiv Preußischer Kulturbesitz (= GStA PK), I. HA GR, Rep. 39 Nr. 8873 (Abschrift). Bereits 1575 hatten die Obristen Graf Burkhard IV. von Barby, Graf Karl von Mansfeld, de Barsompierre, Ernst von Mandelsloh, Dietrich von Schönberg, Heinrich von Staupitz, Otto von Plotho und Feldmarschall Caspar von Schönberg deutsche Söldner angeworben, wozu Kurfürst Johann Georg von Brandenburg im Briefwechsel mit Heinrich III. stand. Vgl. ebd., Nr. 850. Siehe auch Plotho 2007.

113 Berger 1878, S. 61. Siehe auch Ahrens 1834/35, 2. H. S. 62; vgl. auch Urkundenbuch 1888, S. 101.

114 Vgl. GStA PK, I. HA GR, Rep. 39, Nr. 9923.

115 Vgl. Urkundenbuch 1888, S. 101. Gut erzählt bei Neuß 2001, S. 190.

116 Vgl. Urkundenbuch 1888, S. 101–103.

117 Vgl. ebd., S. 103–109.

118 Vgl. Berger 1878, S. 84–88 u. 92–96.

119 Vgl. ebd., S. 90 f.

120 Vgl. ebd., S. 61 f.

121 Vgl. ebd., S. 76.

122 Zitiert nach Buttenberg 1919, S. 25.

123 Ebd., S. 26 mit Verweis auf Biering 1742.

124 Ebd.

125 Vgl. Buttenberg 1929, S. 63. Die überlieferte Schinkelzeichnung zeigt auch ein kleines separiertes Gebäude an der Stelle.

126 Ob die 1972 im Keller des Schulgebäudes aufgefundenen Sarkophage die Knochen des Klosterstifters Riddag und Anverwandter enthielten, sei dahingestellt (Sarkophag nun in der Heimatstube in Gerbstedt und die Knochen im LDA); vgl. Minte 2004, S. 34.

127 Miles Christianus, Oder, Geistlicher Ritter vnd Kriegesmann: Nach Inhalt des Spruchs deß heiligen Apostels Pauli in der 2. an Timoth. 4. vers. 7. vnd 8. Ich habe einen guten Kampff gekämpffet, [et]c. Bey Christlicher, Volckreicher Sepultur, und ansehenlichen Leich-Begängnis, Deß ... Herrn Hanß-Pauln Walthers, von Sangerhausen, Derer Kön. May. zu Schweden, hochverordneten Stadthalters ... Welcher den 11. Tag Aprilis, dieses instehenden 1632. Jahrs, in einem Duello vor Heckstedt, durch einen tödtlichen Schuß ... entschlaffen, Vnd am Sontage Misericordias Domini, war der 15. Aprilis, zu Gerbstedt in der Kirchen zu S. Johannis ... zur Erden bestattet worden, Eisleben 1632; Leichenpredigt in Sächsische Landes- und Universitätsbibliothek Dresden, 6. A. 798, angeb. 3.

128 Vgl. Berger 1878, S. 168; vgl. auch Handlexikon 2005: Gerbstedt uf.

129 Vgl. Größler/Brinkmann 1895, S. 230.

130 Vgl. Berger 1878, S. 62. Streng genommen war Gerbstedt ein Unteramt des Amts Friedeburg.

131 Vgl. Buttenberg 1919, S. 27.

132 Vgl. Ahrens 1834/35, 2. H. S. 63. Hier könnte vielleicht eine Provenienzforschung ansetzen; vgl. Buttenberg 1919, S. Anm. 7.

133 Vgl. Berger 1878, S. 77 f. Die Klosterkirche hatte nach Berger eine Doppelkirchturm-Anlage, die oben mit einem Gang verbunden war. Der Nordturm zur Klausur hin war der große oder der St.-Johannis-Kirchturm, der andere war der kleine Kirchturm; vgl. ebd., S. 99 f. Eine andere Angabe lautet »angeblich 1739 vollendet und 1776 durch eine Apsis erweitert«; Größler/Brinkmann 1895, S. 233; siehe auch Buttenberg 1929, S. 65–67.

134 Vgl. Berger 1878, S. 161.

135 Vgl. Buttenberg 1919, S. 27.

136 Vgl. ebd., S. 26.

137 Siehe Bestand D 22 im LASA MD.

138 Vgl. LASA MD, A 9c XIVa R Nr. 2; vgl. auch Francke 1723, S. 48.

139 Vgl. Buttenberg 1929, S. 30.

140 Datiert ist diese Zeichnung ungefähr auf 1802. Siehe Kupferstichkabinett, Staatliche Museen zu Berlin, Inv.-Nr. SM 17b.67.

141 Vgl. Minte 2004, S. 5 u. 31 [Jahreszahlen missverständlich].

142 Vgl. Berger 1878, S. 78; vgl. auch Neuß 2001, S. 186. Siehe auch Buttenberg 1919, S. 27. Hierzu auch den Beitrag von Dirk Höhne in diesem Band.

143 Ahrens 1834/35, 2. H., S. 16.

144 Ebd., S. 15 f.

145 Vgl. Berger 1878, S. 284.

146 Vgl. ebd., S. 261 u. 263.

147 Vgl. ebd., S. 270.

148 Vgl. ebd., S. 52.

149 Ebd., S. 60. Größler und Brinkmann verwiesen nebst Zeichnungen ebenfalls auf diese Funde »in dem unter dem Schulgebäude befindlichen Klosterkeller«; zudem auch auf das am Schulhaus eingemauerte romanische Kämpfergesims: »Nicht weniger interessant sind einige romanische Stuckreste, die jetzt im Hallischen Museum aufbewahrt werden […] . Sie sind (nach Ermittlung des Herrn Dr. Julius Schmidt) beim Aufräumen des Schuttes des 1658 eingestürzten Klosters aufgefunden. Vielleicht haben sie in der Klosterkirche ihren Platz gehabt in ähnlicher Weise wie die Stuckarbeiten in der Stiftskirche zu Gernrode. Sie scheinen nicht alle derselben Zeit anzugehören; das Wellenornament (links in der Mitte der Figur) erinnert an Formen aus der Betgruft vor dem Königsgrabe in Quedlinburg, während der Kopf und der Hals des Ungetüms (rechts oben) wegen der Verzierung dem 12. Jahrhundert zuzuschreiben ist. Die übrigen Reste widersprechen dieser Zeit nicht.« Größler/Brinkmann 1895, S. 230 mit Verweis auf Zeichnungen, S. 231. Siehe dazu auch den Beitrag von Susanne Kimmig-Völkner in diesem Band.

150 Beginnend mit dem Fund des Steinkistengrabes im Schulkeller der Polytechnischen Oberschule, den Säulenresten bis zu den 54 Gips-Stuckfragmenten; vgl. LDA, OA-ID 1874: 9/47/1, 229–240 u. /2, 395-438. Neben der Dokumentation zu den Fundumständen siehe auch zeitgenössische Zeitungsberichte: vgl. LDZ vom 20. November 1972.

151 Berger 1878, S. 62. Verweis auf den erhaltenen spätgotischen Kanzelaltar zu Gerbstedt und bis zur Unkenntlichkeit vernutzten Klosteranlage in: Findeisen 1990, S. 20 u. 93.

152 Vgl. Berger 1878, S. 80. Der Standort des Altars sekundiert bei Dehio 1999, S. 202. Neuß schreibt, dass er in der Peter-Pauls-Kapelle am Grasehof steht. Vgl. Neuß 2001, S. 186. Größler und Brinkmann behaupten, dass die zur alten St. Stephanskirche gehörige Kapelle beseitigt wurde, bestätigen aber das Vorhandensein des Altars in der barocken Stadtkirche und beschreiben ihn detailliert mit Abbildung. Vgl. Größler/Brinkmann 1895, S. 233–236.

153 Vgl. den Beitrag von Dirk Höhne in diesem Band.

LITERATUR

AHRENS 1834/35
Ahrens, August: Historische Nachrichten über die merkwürdigsten Städte, Dörfer, Burgen, Klöster (etc.) in der Grafschaft Mansfeld, 1. H., Eisleben 1834 u. 2. H. 1835

BECK 1658
Beck, Johann Jacob: Luthertumb vor Luthero, Frankfurt 1658

BERGER 1878
Berger, Karl: Chronik von Gerbstädt, enthaltend historische Nachrichten vom Ursprunge bis auf die neueste Zeit: nebst einem Situationsplan der Stadt Gerbstädt, Gerbstedt 1878

BIERING 1742
Biering, Johann Albert: Clerus Mansfeldicus von Lutheri Reformation an bis auf die gegenwärtige Zeit, Eisleben 1742

BUTTENBERG 1919
Buttenberg, Fritz: Das Kloster zu Gerbstedt, in: Zeitschrift des Harzvereins für Geschichte und Altertumskunde, Wernigerode 52 (1919), S. 1–30

BUTTENBERG 1929
Buttenberg, Fritz: Geschichte des Orts Gerbstedt und seiner ehemaligen Flur, Gerbstedt 1929

DEHIO 1999
Dehio, Georg: Handbuch der deutschen Kunstdenkmäler: Sachsen-Anhalt II. Regierungsbezirke Dessau und Halle, bearb. von Ute Bednarz, Folkhard Cremer, Hans-Joachim Krause u. a., München/Berlin 1999

DEUTSCHLÄNDER/SELZER 2015
Deutschländer, Geritt/Selzer, Stephan: »De Bello Welpesholt«: die Schlacht am Welfesholz in der Geschichte von Krieg und Erinnerung, in: 900 Jahre Schlacht am Welfesholz, hrsg. von Hartmut Lauenroth, Teutschenthal 2015

FINDEISEN 1990
Findeisen, Peter: Geschichte der Denkmalpflege Sachsen-Anhalt von den Anfängen bis in das erste Drittel des 20. Jahrhunderts, Berlin 1990

FRANCKE 1723
Francke, Eusebius Christian: Historie der Grafschaff Mannßfeld: […], Leipzig 1723

GERSTENBERG 1911
Gerstenberg, Max: Untersuchungen über das ehemalige Kloster Gerbstedt, Diss. Halle 1911 (auch in der SLUB Dresden Hist. urb.584,8f.)

GRÖSSLER 1880
Größler, Hermann: Sagen der Grafschaft Mansfeld und ihrer nächsten Umgebung, Eisleben 1880

GRÖSSLER/BRINKMANN 1895
Größler, Hermann/Brinkmann, Adolf: Beschreibende Darstellung der älteren Bau- und Kunstdenkmäler des Mansfelder Seekreises, Halle 1895, S. 228–240 (Nachdruck: Kunstdenkmalinventare des Landes Sachsen-Anhalt 16, hrsg. vom Landesamt für Denkmalpflege Sachsen-Anhalt in Verbindung mit der Historischen Kommission für Sachsen-Anhalt, Halle 2000)

GRÖSSLER/SOMMER 1882
Größler, Hermann/Sommer, Friedrich: Chronicon Islebiense: Eisleber Stadt-Chronik aus den Jahren 1520–1738, Eisleben 1882

HANDBUCH 1987
Handbuch der Historischen Stätten Deutschlands. Bd. 11: Provinz Sachsen Anhalt, hrsg. von Berent Schwineköper, Stuttgart 1987

HANDLEXIKON 2005
Handlexikon Militärgeschichte. Zur Geschichte mitteldeutscher Kleinstaaten vom 16. bis zum 19. Jahrhundert, von Erich Scherer, Digitale Bibliothek Bd. 109, Berlin 2005

HÄRING 1989
Häring, Franz: Das ehemalige Rittergut in Gerbstedt, in: Mansfelder Heimatblätter 8 (1989), S. 78–80

KRÜGER 2012
Krüger, Kristina: Orden und Klöster. 2000 Jahre christliche Kunst und Kultur, hrsg. von Rolf Toman, [Sonderausgabe], Potsdam 2012

KRUMHAAR 1855
Krumhaar, Karl: Die Grafschaft Mansfeld im Reformationszeitalter, Eisleben 1855

KRUMHAAR 1872
Krumhaar, Karl: Die Grafen von Mansfeld und ihre Besitzungen, Eisleben 1872

LAUENROTH 2008
Lauenroth, Hartmut: Kloster Gerbstedt, in: Minte, Helmut: Die Klöster der Grafschaft Mansfeld, Langenbogen 2008, S. 23–26

LAUENROTH 2011
Lauenroth, Hartmut: Gerbstedt, in: Wander- und Reiseführer Mansfeld, Teutschenthal 2011, S. 22–27

LAUENROTH 2015
Lauenroth, Hartmut: Die Schlacht am Welfesholz – Quellen – Literatur – Sachzeugen, in: 900 Jahre Schlacht am Welfesholz, hrsg. von Hartmut Lauenroth, Teutschenthal 2015

LÜCKE 1999
Lücke, Monika: Benediktinerklöster im Mansfeldischen in der Reformationszeit, in: Benediktiner – Zisterzienser, hrsg. von Christof Römer, Dieter Pötzke u. Oliver H. Schmidt (= Studien zur Geschichte, Kunst und Kultur der Zisterzienser 7), Berlin 1999

MEDEM 1837
von Medem, Friedrich Ludwig B.: Beiträge zur Geschichte des Klosters Gerbstedt, in: Neue Mitteilungen aus dem Gebiete der historisch-antiquarischer Forschungen 3 (1837), H. 3, S. 91–100

MINTE 2004
Minte, Helmut: Das Benediktinerkloster Gerbstedt, Gerbstedt 2004

MÜLVERSTEDT 1868
von Mülverstedt, Johann George Adalbert: Hierographia Mansfeldica. Verzeichnis der früher und noch jetzt in der Grafschaft Mansfeld und dem Fürstenthum Querfurt bestehenden Stifter, Klöster, Calande, Hospitäler und Kapellen, sowie derjenigen Kirchen, deren geistliche Schutzpatrone (Schutzheilige) bekannt geworden sind, in: Zeitschrift des Harz-Vereins für Geschichte und Altertumskunde 1 (1868), H. 1, S. 28–30

NEUSS 1995
Neuß, Erich: Besiedlungsgeschichte des Saalkreises und des Mansfelder Landes. Von der Völkerwandungszeit bis zum Ende des 18. Jahrhunderts, Weimar 1995

NEUSS 2001
Neuß, Erich: Wanderungen durch die Grafschaft Mansfeld. Im Herzen der Grafschaft, Halle 2001

OEFELIN 2019
Oefelin, Cornelia: Gründung und mittelalterliche Geschichte des Klosters St. Marien zu Helfta, in: Mechthild und das »Fließende Licht der Gottheit« im Kontext. Eine Spurensuche in religiösen Netzwerken und literarischen Diskursen im mitteldeutschen Raum des 13.–15. Jahrhunderts, hrsg. von Caroline Emmelius und Balázs J. Nemes (= Beihefte zur Zeitschrift für Deutsche Philologie 17), Düsseldorf/Freiburg i. Br. 2019

PLOTHO 2007
von Plotho, Erich Christoph: Ritter, Domherren und Obristen. Familienchronik der Edlen Herren und Freiherren von Plotho, Limburg 2007

SEIDEL 1998
Seidel, Renate: Die Grafen von Mansfeld – Geschichte und Geschichten eines deutschen Adelsgeschlechts, Engelsbach 1998

SCHMITT 2000
Schmitt, Reinhard: Die Klöster im Mansfelder Land: zum Stand der baugeschichtlichen Erforschung, in: Mitteldeutschland, das Mansfelder Land und die Stadt Halle, Halle 2000, S. 173–191

STAHL 1999
Stahl, Andreas: Die Maria-Magdalenen-Kapelle bis 1680, in: Die Maria-Magdalenen-Kapelle der Moritzburg zu Halle, hrsg. von Heinrich L. Nickel, Halle 1999

STAHL 2012
Stahl, Andreas: Mansfeld, in: Höfe und Residenzen im spätmittelalterlichen Reich. Grafen und Herren, Teilband 2, hrsg. von Werner Paravicini, bearb. von Jan Hirschbiegel, Anna Paulina Orlowska und Jörg Wettlaufer (= Residenzenforschung 15,4,2), Ostfildern 2012, S. 965–970

URKUNDENBUCH 1888
Krühne, Max: Urkundenbuch der Klöster der Grafschaft Mansfeld (= Geschichtsquellen der Provinz Sachsen und angrenzender Gebiete 20, hrsg. von der Historischen Commission der Provinz Sachsen), Halle 1888

VÖTSCH O. J.
Vötsch, Jochen: Johann Georg I. von Mansfeld-Eisleben, in: Sächsische Biografie, hrsg. vom Institut für Sächsische Geschichte und Volkskunde e.V., https://saebi.isgv.de/biografie/Johann_Georg_I.,_Graf_von_Mansfeld-Eisleben_(1515-1579) (zuletzt: 07.11.2021)

WINKEL 2010
Winkel, Harald: Das Nonnenkloster Gerbstedt, in: Herrschaft und Memoria: die Wettiner und ihre Hausklöster im Mittelalter (= Schriften zur sächsischen Geschichte und Volkskunde 32), Leipzig 2010, S. 21–67

ZEMLIN 2000
Zemlin, Burkhard: Gerbstedter Prachtbau ist vor 350 Jahren eingestürzt: das Ende der Klosterkirche, in: Mitteldeutsche Zeitung, Eisleben, Bd. 11 (2000) 35, S. 17

ABBILDUNGSNACHWEIS

Aus Buttenberg 1929: 1, 5, 9

Stiftung Luthergedenkstätten in Sachsen-Anhalt: 2

Landesarchiv Sachsen-Anhalt, Magdeburg: 3, 6, 14, 15

Staatsbibilothek zu Berlin – Stiftung Preußischer Kulturbesitz: 4

Juraj Lipták, München: 7

Östereichisches Staatsarchiv/Hof- und Hausarchiv: 8

LDA Sachsen-Anhalt: 10 (Andreas Stahl); 18, 19 (Ortsakte Archäologie)

Johannes-Paul-II-Museum in Warschau: 11

© Unbekannter Künstler, Public domain, by Wikimedia Commons: 12

Duncker, Alexander: Die ländlichen Wohnsitze, Schlösser und Residenzen der ritterschaftlichen Grundbesitzer in der preussischen Monarchie, Ausgabe 12 1871–1873 (https://nbn-resolving.org/urn:nbn:de:-kobv:109-1-7689260/fragment/page=229): 13

Aus: Johann Siebmacher: 16

© Abraham Hogenberg, Public domain, by Wikimedia Commons: 17

Bauforschung zur ehemaligen Klosterkirche St. Johannis der Täufer in Gerbstedt

Dirk Höhne

Um es vorweg zu nehmen: Eine Bauforschung zur Gerbstedter Klosterkirche hat es bislang nicht gegeben. Da die Primärquelle einer sachbezogenen Bauforschung, der Kirchenbau selbst, total verlustig ist, wird es dies im klassischen Sinne auch nicht mehr geben können. Gemäß der Historischen Bauforschung, wie sie am Landesamt für Denkmalpflege und Archäologie Sachsen-Anhalt verstanden, propagiert und praktiziert wird – nämlich unter Einbeziehung des archivalischen Quellenmaterials – ist es dennoch möglich, einige Aussagen zur einstigen Baugeschichte und Gestalt der St. Johanniskirche zu treffen. Im speziellen Fall finden bei der Betrachtung und Analyse zudem die archäologischen Funde und Befunde der letzten 200 Jahre sowie einige überkommene Spolien Berücksichtigung. Die hier formulierten Darlegun-

[1] Gerbstedt, Ansicht des Bergsporns – Standplatz der ehemaligen Klosterkirche – von Süden, vom Grund des Lohbaches aus, 2020

[2] Ausschnitt aus der topografischen Karte Gerbstedt. Der rote Punkt markiert die Position des engeren Klosterareals. Anhand des Verlaufs der Höhenlinien ist die Spornlage gut ersichtlich.

gen, insbesondere zur Rekonstruktion des Grundrisses der Klosterkirche, verstehen sich jedoch mehr als Arbeitshypothesen denn als fest umrissener Wissensstand.

Das Areal, auf dem sich das Kloster Gerbstedt befand, kann als Ausläufer eines Höhenzuges beschrieben werden, der – von Nordwesten kommend – zunächst ein ovales, ca. 120 × 100 m messendes Plateau einnimmt, bevor er im Süden und Osten mit relativ starkem Abfall endet (Abb. 1, 2). An der Südostecke dieses Sporns stand die Klosterkirche St. Johannis d. T., deren Ostteile sich sogar relativ weit auf den Hang hinaus gezogen haben müssen. Die Klausurgebäude können aufgrund der geografischen Verhältnisse nur nördlich der Kirche gelegen haben, sind aber – wie die Kirche selbst – vollends destruiert worden.

Der gesamte Klosterbezirk, der vermutlich von einer Mauer umgeben war, erstreckte sich noch weiter nach Nordwesten bis hin zum Marktplatz und ist durch die Straßennamen »Klosterplatz« und »Klosterstraße« auch im heutigen Stadtgrundriss gekennzeichnet

(Abb. 3). Einigen der in diesem Areal stehenden Gebäude werden Errichtungen noch in der Klosterzeit zugesprochen. So soll es sich bei einem der beiden Häuser Markt 9 und 10 im Kern um das 1427 erbaute Propsteigebäude handeln (Abb. 4). Das im Winkel dazu stehende Gebäude Markt 11, der ehem. »Gasthof zum Goldenen Ring« und heutiges »Bürgerhaus Gerbstedt« bzw. Museum, enthielt »nach einer Notiz aus dem Jahre 1618 den großen und den kleinen Remter«.[1] Der lang gestreckte, fünf Wohneinheiten unter einem Dach vereinende Gebäudekomplex von Klosterplatz 12–16, als »Klosterhäuser« oder auch als »Nonnenhaus« bezeichnet, soll als Wohnhaus der Ordensschwestern gedient haben (Abb. 5).[2] Ferner sollen sich zum Nonnenkloster gehörige Wirtschaftsgebäude, ein sog. Paradiesgarten sowie ein Fischteich unterhalb des östlichen Abhangs befunden haben.[3] Eine intensive Beschäftigung oder gar Bauuntersuchung all dieser Objekte hat es bislang nicht gegeben und kann im Rahmen dieses Projektes auch nicht geleistet werden, sodass die funktionalen Ansprachen weder bestätigt noch widerlegt werden können.[4]

Am 12. Februar 1650, nachmittags um zwei Uhr, stürzte die ehemalige Kirche des Gerbstedter Nonnenklosters ein, die 1565 samt den Klausurgebäuden von Graf Karl von Mansfeld der Stadt geschenkt worden war und zu diesem Zeitpunkt als evangelische Pfarrkirche diente.[5] Eine tags darauf stattfindende Taufe musste daher örtlich verlegt werden: »Am 13./2. 1650 ist Doffel Kreuzscher kindt Anna im Leichhausse bey der Sakristey getauft, weil den vorigen Tag, war den 12. hujus nach Mittag umb 2 Uhr, die ganze Kirche, biß auff wenig sparren von grund aus eingefallen war«.[6] Grund soll nicht nur das hohe Gewicht des »sehr starke[n] Schieferdach[es]« gewesen sein, »sondern auch der vorherige Abbruch der Kreuzgänge auf der einen Seite«.[7] Nach diesem tragischen Ereignis, bei dem glücklicherweise niemand zu Schaden kam, fand der Gottesdienst in der Kapellenkirche auf dem sog. Grasehof statt. Offensichtlich zog sich dieser Umstand längere Zeit hin, denn ernsthafte Bestrebungen für eine Reparatur bzw. Wiederaufbau sind erst 60 Jahre später zu verzeichnen.[8] Nach Ansicht des amtierenden Pfarrers Rodoch konnte »die Kirche schon wiederumb in standt gebracht werden [...], weil noch viele gute Steine undt werckstücke in der wüst liegenden Kirche wären«.[9] Daraufhin hatte er einen Maurer- und einen Zimmermeister nach Gerbstedt geholt, die »den Platz zu wiederaufbauung unserer vor 60 jahren eingefallenen St. Johannis Kirchen außmeßen, und überschlagen, auch die alten noch stehenden Glocken-Thürme besich-

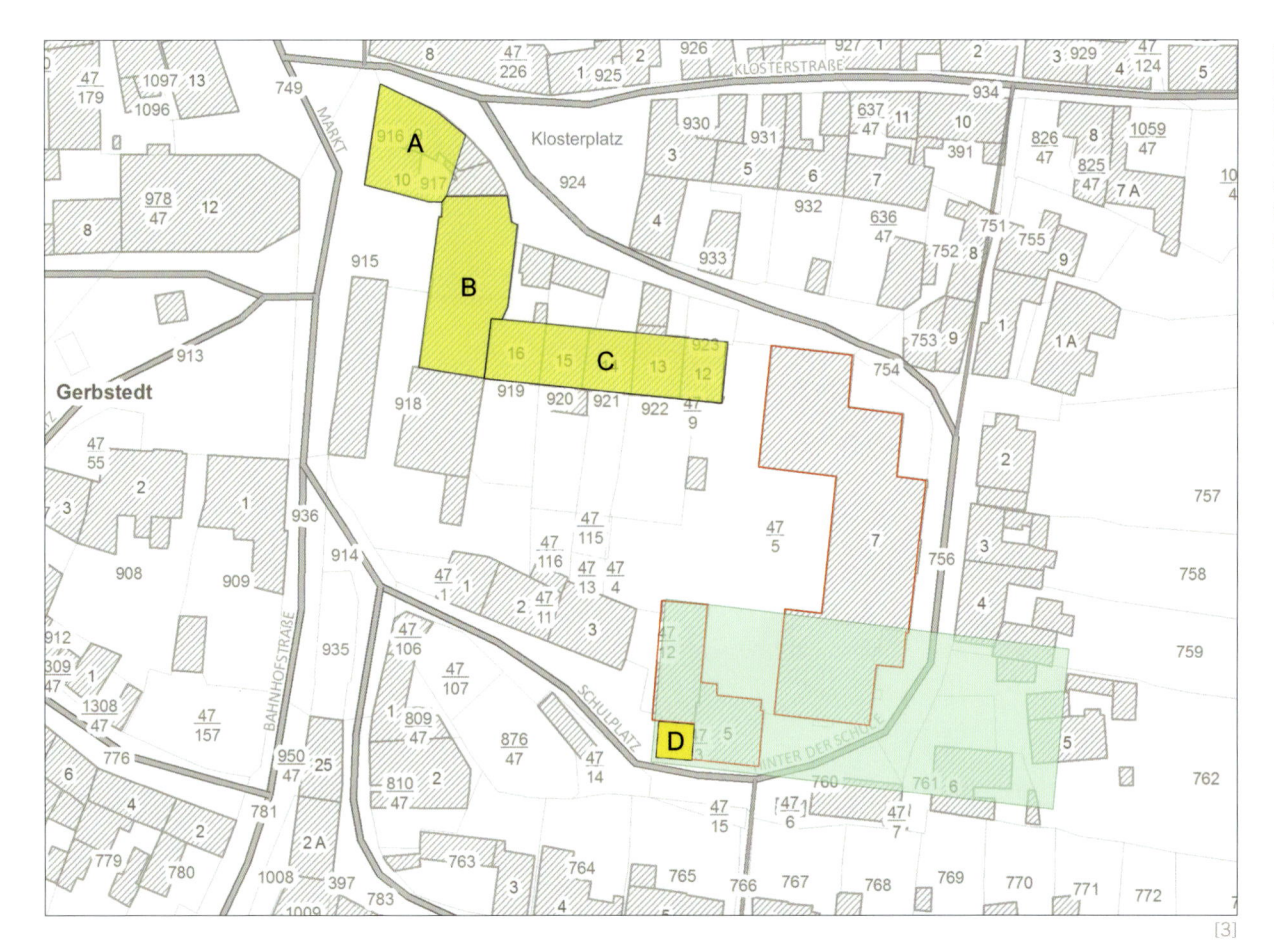

[3] Der Klosterbezirk auf dem Katasterplan von Gerbstedt. Gelb: Propstei (A), Remter (B), Nonnenhaus (C), Turm von 1827 (D) auf dem Standplatz des ehem. Südturmes der Klosterkirche. Grün gibt das Areal der ehemaligen Klosterkirche an, rot umrandet sind die Schulneubauten des 19./20. Jahrhunderts.

[4] Die Häuser am Markt in einer Ansicht von Westen, 2021. Nr. 9 oder 10 im Bildvordergrund soll im Kern das 1427 errichtete Propsteigebäude enthalten, das zurückversetzte Haus Markt 11 (rechts, ehem. Gasthof, jetzt Bürgerhaus) wird als Remter des Klosters angesprochen.

tigen laßen [...], haben auch befunden, daß der eine Thurm, worinnen die Glocken hängen bey dem starcken Geläute schadhafft worden, und ihm nothwendig durch einen Pfeiler geholffen werden müßte«.[10]

Dem Kostenanschlag[11] vom Eisleber Maurermeister Christian Güldmann sind zwei Grundrisse sowie eine Ansicht beigefügt, die die ältesten bekannten Bildquellen der Kirche darstellen (Abb. 6, 7).[12] Zu beachten ist, dass beim Gesamtgrundriss sowie der Südansicht sowohl vorhandener Bestand als auch geplante Neubaumaßnahmen auf den Planzeichnungen vereint sind, was die eindeutige Identifikation tatsächlich noch von der Klosterkirche überkommener Bausubstanz erschwert.

Die Südansicht zeigt einen mit Schlitzfenstern durchzogenen Südturm, die Schallarkade ist als Biforium gestaltet, das Dach ist ein Pyramidenhelm. Im Erdgeschoss des südlichen Turmes befand sich die Treppenspindel, die von außen, also vom ursprünglichen Seitenschiff aus, zu betreten war. Der Raum zwischen den Türmen war geschlossen und von Westen her durch eine Tür begehbar. Die östliche Apsis ging offensichtlich ohne Einziehung aus dem Chorquadrum hervor.[13] Durch die beigefügte Maßleiste am Grundriss ist die Länge des ganzen Baues klar ersichtlich, die mit etwa 213 Fuß ca. 67 m entspricht.

Die Höhe des Südturms betrug entsprechend Zeichnung ca. 32,50 m bis zur Traufe.

Nach dem Wortlaut in Güldmanns Anschlag, den dort aufgeführten Maßen, den aufgerufenen Kosten und den beigefügten Zeichnungen zu urteilen, war ein völliger Neubau des Kirchenschiffes geplant, die Türme sollten dagegen beibehalten, Chor und Apsis vermutlich abgetragen werden.[14] Das neu aufzuführende Schiff sollte mit einem liegenden Stuhl und hölzerner Tonnenwölbung gedeckt werden.[15] All diese Umbauentwürfe kamen jedoch nicht zur Ausführung, lediglich der angedachte Stützpfeiler am Turm wurde 1711 angesetzt.[16]

Die Kirche lag weiter wüst, doch müssen ihre Reste zwei Jahrzehnte später immer noch beeindruckt haben.

[5] Luftbildtotale von Südosten, 2020. Der engere Klosterbereich von Kirche und Klausur ist durch die Schulgebäude und den Pausenhof komplett überformt. Das schmale, westöstlich orientierte Gebäude im Norden des Hofes ist das sog. Nonnenhaus.

Johann Albert Biering, Verfasser der »Topographia Mansfeldica«, berichtet um 1732 im dritten Teil seiner unpublizierten Chronik u. a.: »Was diese alte Kirche für ein trefl[ich] Gebäude gewesen, legen an Tag die Rudera, u[nd] sieht man Stücke Pfeiler liegen etl[iche] Ellen lang. Der Altar hat sehr hoch gestanden, daß man etl[iche] stufen hinauf gehen mußte, vor welchen einige Begräbniße gewesen, gar flach u[nd] nach Form der menschl[ichen] Cörper ausgehaun, worüber nur eine steinerne Blatte gelegen. [...] In der alten Kirche liegen noch etl[iche] Standes Personen begraben, gräfl[iche] u[nd] adl[ige], Lezte sind mit ihren Wappen noch in Lebensgröße zu sehen gewesen.«[17] Aus der Art und Weise der Beschreibung kann geschlossen werden, dass diese und weitere Angaben zur Kirchenruine auf Bierings eigener Anschauung beruhen.[18] Nachfolgende Chronisten und Bearbeiter stützen sich z. T. auf seine Ausführungen.[19] Auch den Schilderungen der amtierenden Pastoren Rodoch (1687–1731) und Mösche (1772–1819)[20] sowie Eintragungen in den Kirchenbüchern sind Hinweise zum Aussehen der Klosterkirche entnommen worden, was jedoch kaum korrekt zitiert worden ist.[21] »Die Klosterkirche war Johannes dem Täufer geweiht. [...] hatte am Westende 2 ungleich hohe Thürme, war mit Schiefern gedeckt, hatte 2 Reihen Fenster, viele Kreuzgänge und unter dem hohen Chor eine schöne Kapelle, so auf Pfeilern gestanden. [...]«.[22] Ferner soll sie aus Zechstein bestanden haben.[23]

Eine besonders wichtige Bildquelle stellt die Federzeichnung von Karl Friedrich Schinkel dar, die er um 1802 angefertigt hat und die die Westtürme der Klosterkirche in einer Ansicht von Osten zeigt (Abb. 8).[24] Augenscheinlich war der Bereich östlich vor den Türmen zu dieser Zeit schon völlig frei und ohne aufgehende Reste des Schiffes bzw. Chores (abgesehen von dem kleinen schuppenartigen Gebäude). Der Nordturm war, wie in den Beschreibungen oft erwähnt, höher als der südliche und verfügte über Triforien in der Glockenstube. Unterhalb der Schallarkaden umzog den Turm ein Rundbogenfries. An den östlichen Turmfronten sind Rüstlöcher zu sehen, wie auch zwischen den beiden Türmen eine hohe, westöstlich verlaufende Tonnenwölbung zu erkennen ist. Die nördliche Stützwand dieser Tonne ist mit einer Reihe Balkenlager versehen, die einen ehemaligen Zwischenboden – vielleicht eine Empore – getragen haben könnte. Darunter ist eine Scheidewand vorhanden, wobei zwei der ehemaligen Rundbogendurchgänge vermauert dargestellt sind. Entgegen der Südansicht der Kirche im Kostenanschlag 1710 verfügte der Südturm auf Schinkels Zeichnung

[6] Ansicht der Kirche von Süden, Zeichnung zum Kostenanschlag von 1710. Dargestellt sind sowohl der vorhandene Bestand (Turm, Chor mit Apsis) als auch die Neuplanungen (Schiff). Der Zeichner hatte Schwierigkeiten, den Übergang vom Chor ins Apsisrund darzustellen.

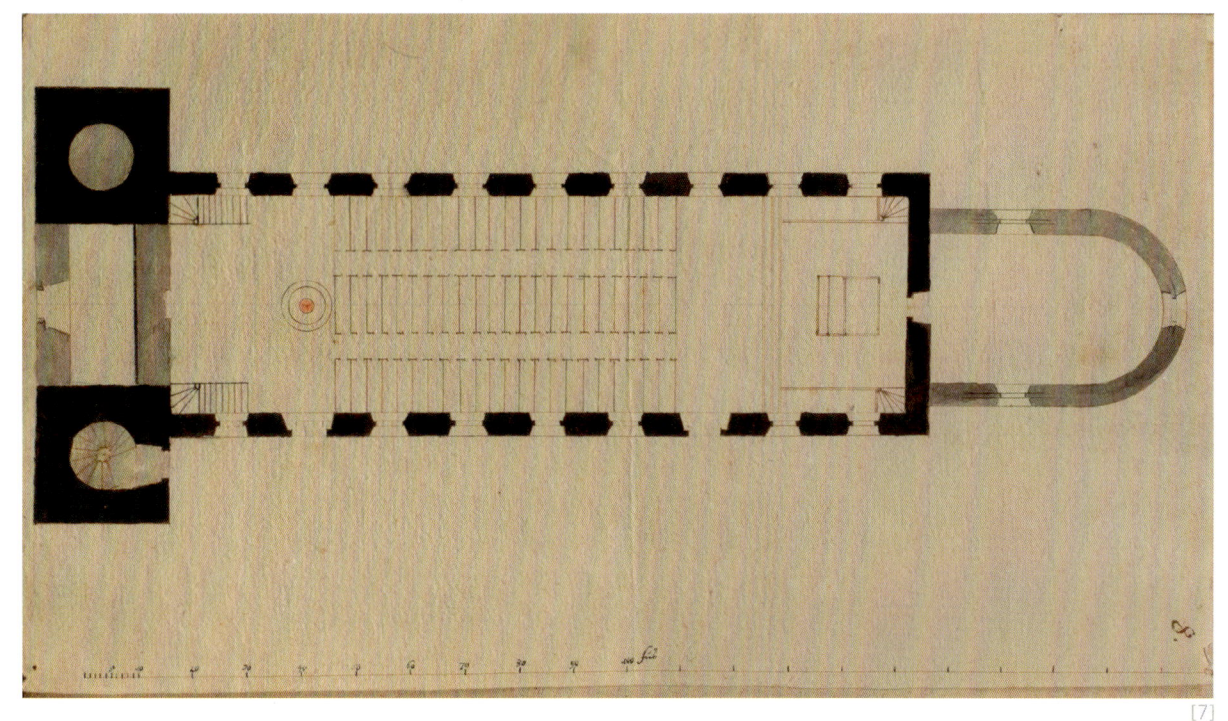

[7] Grundriss, Zeichnung zum Kostenanschlag von 1710.

nur noch über ein flaches (Not-?)Dach, was schon 1732 von Biering angesprochen worden ist. Im Erdgeschoss des Südturmes liegt der Zugang in den Wendelstein. Auffallend sind die an beiden Türmen vorhandenen, senkrecht verlaufenden Strukturen, die an Abbruchstellen von Mauerwerk erinnern und wohl die Ansätze der ehemaligen Mittelschiffswände dokumentieren. Der emporenartige Einbau zwischen den Türmen ist offensichtlich sekundärer Natur, denn die Auflager der Tonne bzw. des Rundbogens befinden sich innerhalb des Zwischenraumes.

Wenngleich die Zeichnung Schinkels recht detailgetreu erscheint – und damit im Quellenwert unumstritten ist –, sind deutliche Defizite bei der Umsetzung der Perspektive zu erkennen.[25] Augenscheinlich wird das vor allem an dem nicht korrekten Verlauf der Laibungen von Fenstern, Schallarkaden sowie der Tonnenausrichtung, die sich vom Standpunkt des Zeichners aus – mehr in der Flucht des südlichen Turms stehend – niemals so präsentiert hätten. Ferner wird eine Länge der Tonnenwölbung suggeriert, die auf eine weit vor die Westfront der Türme ragende Außenwand schlie-

[8] »Kloster Gerbstädt«, Karl Friedrich Schinkel, um 1802. Ansicht der westlichen Kirchtürme von Osten

ßen lässt. Dass dies nicht der Fall war, sondern der Turm im Westen einen geraden Abschluss besaß, wird auf dem Grundriss des Maurermeisters und auch auf dem Lageplan von 1806 (Abb. 9) unzweifelhaft deutlich.

Nur wenige Jahre nachdem Schinkel die Westtürme im Bild festgehalten hatte, stürzte der Nordturm ein. Allerdings kam es schon kurz vorher zu einem Unfall, denn am »2. Ostertage 1805 aber stürzte wahrscheinlich durch unvorsichtiges Läuten (eine Reparatur der Glocken, insbesondere der Pfannen war erst 1797 ausgeführt), die Festtagsglocke herunter, zerschmetterte den darunter liegenden Boden, blieb aber auf dem zweiten Boden liegen, ohne daß Glocke und Läuter Schaden nahmen. Am 11. Mai wurde sie von dem Zimmermeister Stauch aus Hettstedt mit großer Mühe, doch glücklich wieder hinaufgezogen, und am 19. Mai, D. Rogate, konnte sie zum ersten Male wieder geläutet werden.«[26]

Offensichtlich stufte man die vorhandenen Schäden nicht als so gefährlich ein, dass der Turm hätte gesperrt werden müssen. Überhaupt besaß der große Turm »zwar einige Risse und eine Neigung gegen Abend, aber alten Nachrichten zufolge, hatte er diese schon seit Jahrhunderten gehabt; da man auch gar keine Veränderung an den compacten Gewölben verspürte, so sagten selbst Bauverständige, daß hier nichts zu befürchten wäre«.[27] Dennoch kam es nur wenige Monate später zum tragischen Unglück: »Die Nacht v. 1 bis 2. Dec. [ember 1805] war ein sehr großer Sturm und nachmittags um 2. Uhr stürzt auf einmal dieser Thurm zusammen, zerschmettert ein daneben liegendes Hauß, wo ein Bergmanns Sohn getödtet wird, und überdem ward auch des Organisten Klingers Frau, welche eben aus dem Gewölbe unter dem Thurm, der dem Organisten zum Holzstall dient, geschmettert.«[28]

Daraufhin wurde der Bauinspektor Hesse nach Gerbstedt beordert, um die Einsturzstelle in Augenschein zu nehmen und Vorschläge sowie Maßnahmen für den möglichen Wiederaufbau des Turmes zu unterbreiten. Zum Protokollbericht[29] der Besichtigung ist von Hesse ein Lageplan[30] angefertigt worden, der uns über die Situation vor Ort Auskunft gibt. Darauf ist zu erkennen, dass östlich der Türme eine freie Fläche bestand und außer den Westtürmen der Klosterkirche keine weiteren baulichen Zeugen mehr existierten. Was noch zu Beginn des 18. Jahrhunderts als Reste des Schiffes und Sanktuariums vorhanden war, muss in der Zwischenzeit vollständig abgebrochen worden sein. Der immer wieder als »Gang zwischen den Türmen«

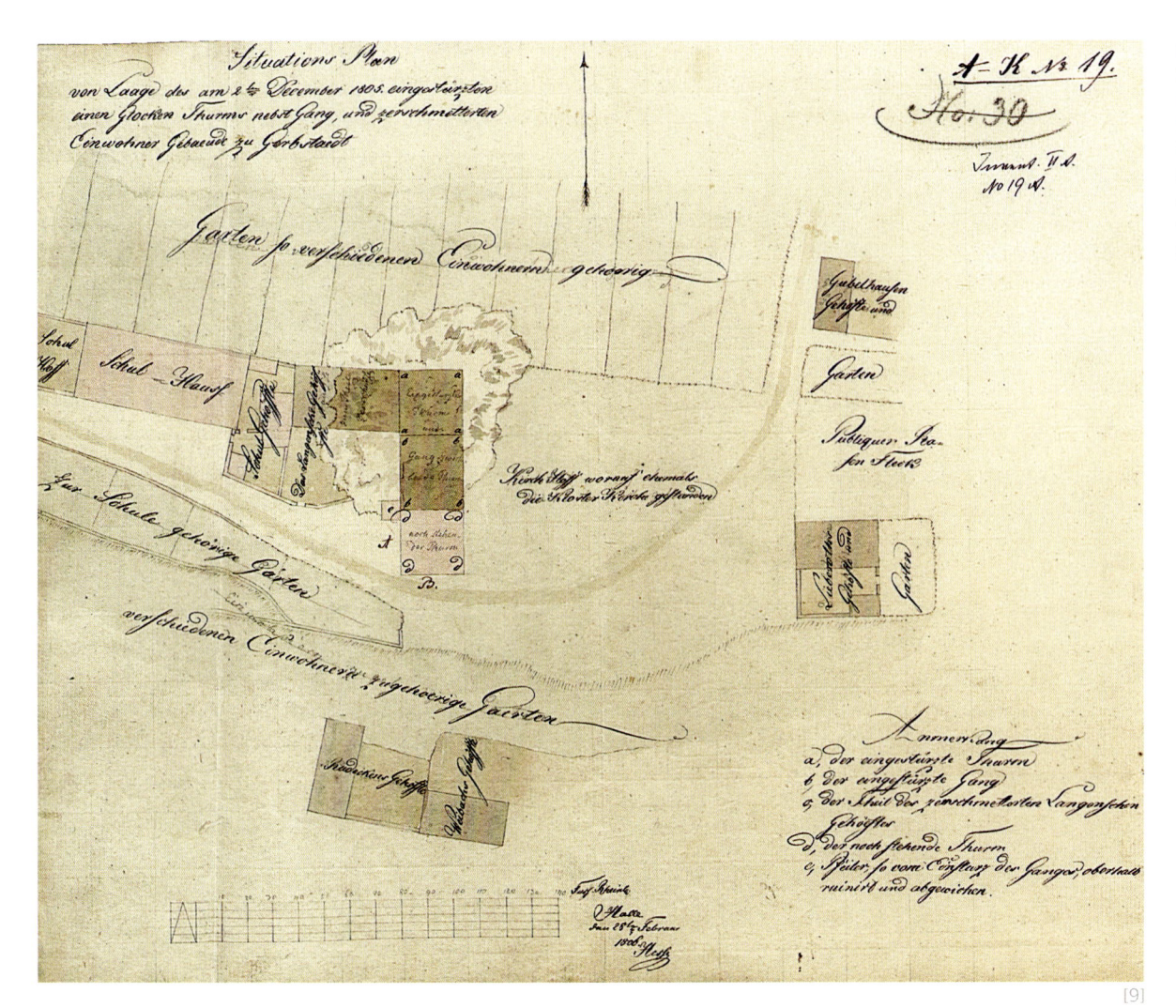

[9] Lageplan, angefertigt und beigefügt dem Bericht von Bauinspektor Hesse über die Besichtigung der Einsturzstelle im Februar 1806. Schön zu erkennen ist der Schuttkegel um den eingestürzten Nordturm sowie die bebauungsfreie Fläche östlich der beiden Türme.

[10] Katasterplan von Gerbstedt mit Hervorhebung der Schulhausneubauten (blau) sowie des klassizistischen Glockenturmes (gelb) inkl. der Jahreszahlen ihrer Errichtung. Das älteste Schulgebäude ist grün dargestellt.

[11] Keller des Schulhauses von 1868, in die Wand versetzte Grabplatte des 16. Jahrhunderts, 2020

[12] Historische Luftbildaufnahme des Klosterareals von Süden, 1930er Jahre

bezeichnete Bereich war 1805 ebenfalls mit eingestürzt, genauso wie der 1711 aufgeführte Strebepfeiler zur statischen Unterstützung der Turmwand in Mitleidenschaft gezogen worden ist (Abb. 9, Legende »e«). Zum Zeitpunkt der Besichtigung im Februar 1806 war die Unfallstelle noch nicht völlig beräumt – das zeigt der eingezeichnete Schuttkegel –, sodass Bauinspektor Hesse noch keine endgültige Entscheidung hinsichtlich der möglichen Gründung eines neu zu errichtenden Glockenturmes an alter Stelle treffen wollte. Andererseits hatte er vor Ort »die eiligste Abtragung« des noch stehenden Südturmes »für äusserst nothwendig gefunden und daher selbige unter Aufsicht des Inspector Mösche so gleich anfangen laßen«, da »derselbe durch keine Reparatur mehr zu erhalten ist, vielmehr deßen Einsturz ebenfalls [...] zu erwarten sei.«[31] Das Konsistorium in Eisleben hat dies nachwirkend befürwortet, sodass der Südturm – der letzte bauliche Zeuge der einstigen Klosterkirche – 1806 ebenfalls verschwunden ist. An seiner Stelle, und dies ist durch die archäologischen Sondierungen im Vorfeld des Schulhausneubaus 1974 auch im Befund bestätigt worden, errichtete man 20 Jahre später den neuen, heute noch stehenden Glockenturm. »Der Bau wurde vom Meister Reinecke aus Alsleben ausgeführt; der Grundstein ward am 18. April 1827 gelegt, und die Weihe des neuen Glocken-

[13] Kirchengrundriss/Katasterplan.
Gelb: Grundrissrekonstruktion, blau: archäologische Befunde 1970/80er Jahre, grün: archäologische Befunde 1990er Jahre, rot: Substanz in situ vorhanden, B: Bestattung, S: Sarkophag, P: Halbsäulenbasen

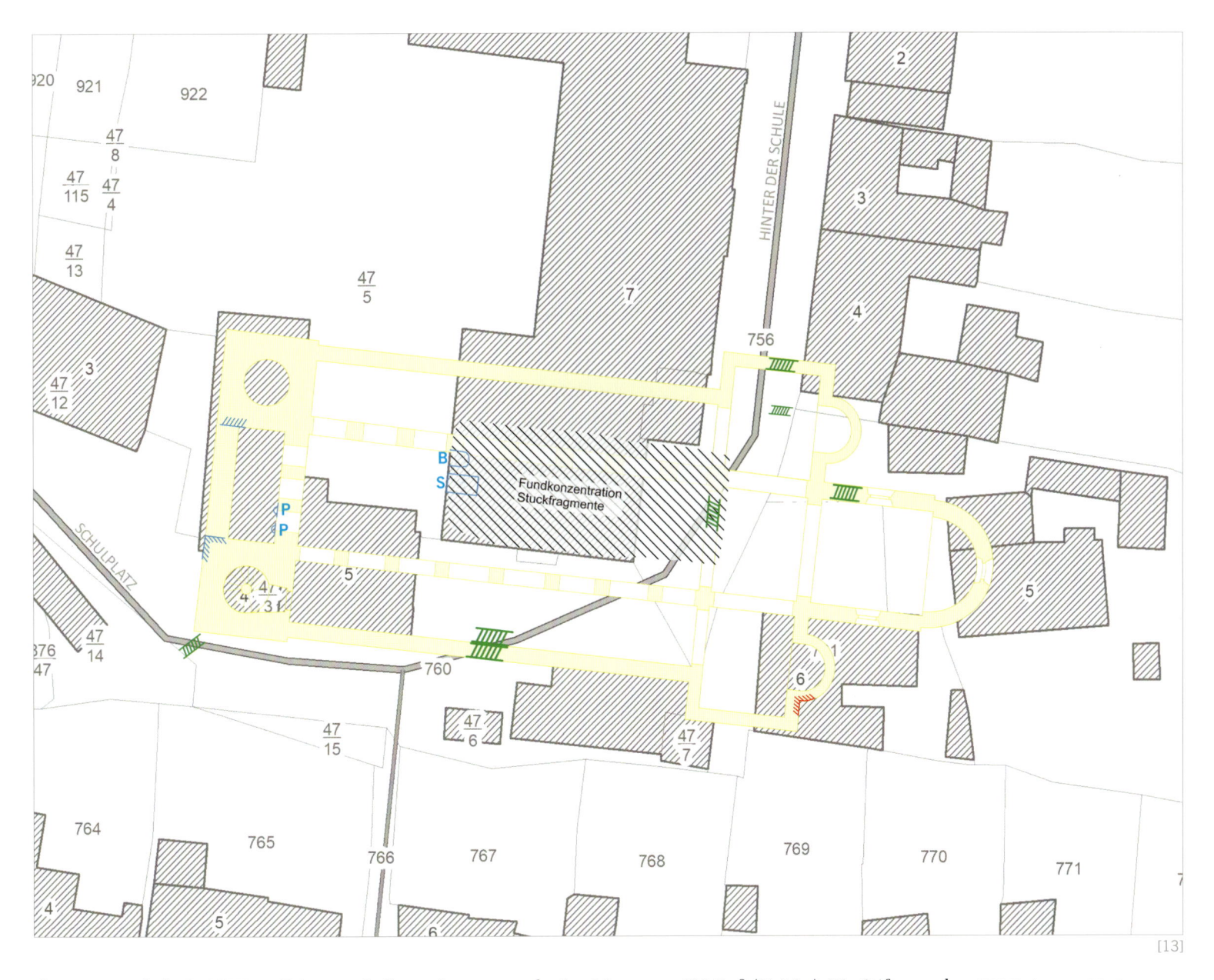

thurmes geschah. D. XXII, p. Trin., am Reformationsfeste 1828, durch den Superintendenten Burkhart und Diaconus Gröper (1828–1841).«[32] Gleichzeitig mit dem Turm entstand das westlich anschließende Gebäude, zunächst Armenhaus, ab 1859 zum Schulhaus umgenutzt.

Als im Jahr 1868 das neue Schulhaus gebaut worden ist,[33] fanden sich wohl Fundamentmauern der ehemaligen Kirche, ohne dass diese hinreichend dokumentiert worden sind (Abb. 10). Karl Berger, der damalige Bürgermeister von Gerbstedt, der bei den Ausschachtungsarbeiten zum Schulbau anwesend gewesen sein muss, berichtet in seiner Chronik relativ zeitnah: »Die Kirche selbst reichte, wie wir beim Grundaufwerfen zur neuen Schule im Jahre 1858 [sic! – verschrieben für 1868] durch die aufgedeckten Grundmauern und sonstige Spuren belehrt wurden, von den Thürmen bis einige Schritte über den Ostgiebel des qu. Schulgebäudes, hatte demnach eine Länge von 100 Fuß (31 Mtr.). Die Stifter und mehrere ihrer Nachkommen sollen hier begraben sein, doch wurde bei dem oben berührten Schulbau nichts auf die Begräbnisstellen Führendes gefunden.«[34] Zumindest eine Grabplatte des 16. Jahrhunderts, vielleicht mit der Darstellung einer Äbtissin, wurde während dieser Maßnahmen geborgen und in einer Kellerwand des Schulhauses wieder eingesetzt (Abb. 11). Bei der Länge der Kirche irrte Berger, zumal durch die Kostenanschläge von 1710 die exakten Maße des Kirchenbaues, nämlich 67 m, überliefert sind.[35] Ferner soll bei den Ausschachtungen zum Schulbau die »Nordmauer der Kirche [...] 4–5 Fuß stark im Fundament« gefunden worden sein.[36] Nicht zuletzt wurden bei den Gründungsarbeiten zum Schulbau 1868 die ersten Stuckfragmente gefunden, geborgen und zumindest teilweise gewürdigt.[37]

Beim Bau des Feuerwehrturmes 1925 erfasste man auch die Südmauer der Klosterkirche,[38] ohne dies ge-

[14] Mauerzug im Keller des Hauses Hinter der Schule 6, Ansicht von Süden. Das in der Ecke zwischen nördlicher und östlicher Kellerwand befindliche Mauerstück besitzt einen viertelrunden Verlauf und besteht aus Zechsteinkalk. 2020

nauer zu dokumentieren. Der Turm für die Hängung der Feuerwehrschläuche stand nah an der Hangkante (Abb. 12) und ist mittlerweile wieder abgetragen worden; an seiner Stelle befinden sich heute Garagen.

Im Zuge verschiedener archäologischer Sondierungen, Grabungen oder baubegleitender Maßnahmen konnten in den 1970er, -80er und -90er Jahren einige Befunde freigelegt und dokumentiert werden, die die Kenntnis zur ehemaligen Klosterkirche weiterhin erhellen (Abb. 13). Zuerst ist die Auffindung eines Kopfnischensarkophags 1972 zu nennen, der im Keller des 1868 errichteten Schulhauses aufgefunden worden ist. Der Ausgräber ging damals von einer Position der Bestattung »innerhalb der Klosterkirche im Bereich der Vierung bzw. des Chores« aus und sprach sie daher als mutmaßliche Grablege des Klosterstifters Rikdag an.[39] Zumindest für den hochromanischen Kirchenbau ist jedoch nicht von einer derart exponierten Lage zu sprechen, sondern eher von einer Niederlegung im Bereich des Kirchenschiffes. Noch im gleichen Jahr wurde eine zweite, aber einfache Erdbestattung direkt (nördlich) neben dem Steinsarkophag angeschnitten.[40] 1986 und 1996 konnten weitere Stuckfragmente gefunden werden. Bei der Notbergung im Zuge einer Trassenbegleitung entlang des Straßenverlaufs wurden 1996 zudem einige Mauerbefunde freigelegt, die im Bereich der ehemaligen Klosterkirche verortet sind.[41] Ein weiterer Mauerrest wurde 2002 beim Einbau einer unterirdischen Pumpanlage vor der Einfahrt zum Grundstück Hinter der Schule 5, also schon im östlichen Hangbereich, aufgedeckt.[42] Diese archäologisch erschlossenen Mauerzüge – in den Überlagerungsplan integriert – decken sich mit den Mau-

erverläufen des hypothetisch erschlossenen Grundrisses. Letztendlich befindet sich im Keller des Hauses Hinter der Schule 6 noch ein auffälliger Mauerzug, der als Grundmauerrest der Klosterkirche angesprochen wird (Abb. 14).[43] Es handelt sich dabei um einen im weiteren Kellermauerwerk integrierten, ca. 1 m hohen, im Viertelrund verlaufenden Mauerverband, der zumindest Zechsteinkalk enthält.[44] Unter Vorbehalt soll daher dieser Befund als möglicher Rest der Klosterkirche – und zwar der einer südlichen Nebenapsis – angesprochen werden.

WELCHE AUSSAGEN ERLAUBEN DIESE WENIGEN QUELLEN UND BEFUNDE ZUR BAUGESTALT DER KLOSTERKIRCHE?

Die ehemalige Klosterkirche St. Johannes d. T. in Gerbstedt war eine Basilika mit einem Haupt- und zwei Seitenschiffen (Abb. 15.8). Im Westen befand sich eine Doppelturmfront, während der quadratische Chor im Osten mit einer halbrunden Apsis schloss. Wenngleich die beiden Zeichnungen von 1710 keine eingezogene Apsis wiedergeben, ist zumindest ein leichter Rücksprung anzunehmen. Höchstwahrscheinlich verfügte die Kirche über ein leicht ausladendes Querschiff, das mit Nebenapsiden besetzt war. Der Chorbereich mit dem Hauptaltar war erhöht und verfügte offensichtlich über eine Krypta. Eine ausgeschiedene Vierung im Kreuzungsbereich zwischen Haupt- und Querschiff ist anzunehmen, jedoch ebenfalls nicht erwiesen. Hinweise auf Nebenchöre fehlen ebenso wie die auf Turmbauten im Bereich des Sanktuariums. Im Westen war das überwölbte Erdgeschoss des Zwischenbaus durch eine dreibogige Arkatur zu erreichen. Darüber befand sich ein hoher, mit Tonnenwölbung überfangener Raum, vermutlich eine Empore, der mit großem Rundbogen zum Langhaus geöffnet war. Die Schallarkaden der Glockenstube des höheren Nordturms waren als Triforien, die des südlichen Pendants als Biforien gestaltet. Zumindest den Nordturm umzog unterhalb der Glockenzone ein Rundbogenfries.

Ob die Arkaden der Langhauswände auf im Querschnitt eckigen Pfeilern oder runden Säulen ruhten – oder gar ein Stützenwechsel vorhanden war –, ist nicht zu entscheiden. Allein die Andeutung von Biering, in der Ruine lägen noch etliche ellenlange Pfeiler, kann als Hinweis gewertet werden, dass es sich vielleicht um Säulen gehandelt hat.[45]

Die Kirche gehörte in ihren Dimensionen zu den ausgesprochen großen Sakralbauten. Mit einer Ausdeh-

[15] Grundrissrekonstruktion der Klosterkirche Gerbstedt (Nr. 8) im Vergleich mit anderen Stifts- und Klosterkirchen

1 Burg, Unterkirche St. Nikolai

2 Frose, Stiftskirche

3 Hecklingen, Klosterkirche St. Georg und St. Pankratius

4 Diesdorf, Klosterkirche

5 Quedlinburg, Stiftskirche St. Servatius, Bau IV

6 Klostermansfeld, Klosterkirche

7 Magdeburg, Klosterkirche Unser Lieben Frauen

8 Gerbstedt, Klosterkirche St. Johannis der Täufer

[16] Der Glockenturm von 1827 und anschließendes Schulhaus von Südwesten. Die ehemalige Klosterkirche verlief bis zum gelben Haus im Bildhintergrund. 2021

[17] Im Erdgeschoss des Glockenturmes lagernde Bauplastik in Gestalt von Rundbogenfrieselementen sowie einer Kämpferplatte, 2020

[18] Nördliche (oben) und südliche Halbsäulenbasis (unten) aus dem Grabungsschnitt für den Neubau des Schulhauses 1974

nung von 67 m übertraf sie die Länge anderer Klosterkirchen jener Zeit zum Teil um etliche Meter (Abb. 15).[46] Der 1806 abgetragene Südturm maß laut Planzeichnung etwa 32,50 m bis zur Traufkante. Mösche gibt seine Höhe mit etwa 150 Fuß an,[47] was ungefähr 47 m entspricht, wobei er wahrscheinlich die Dachhöhe mit eingerechnet hatte. Die quadratischen Unterbauten der Westtürme hatten jeweils eine Kantenlänge von 7,85 m! Der Nordturm war bekanntlich noch höher, wenngleich die Angabe bei Mösche mit ca. 400 Fuß (= 125 m) sicherlich als Schreibfehler anzusehen ist.[48] Zum Vergleich: der 1827/28 errichtete Glockenturm weist lediglich eine Seitenlänge von 5,67 m und eine Traufhöhe von 18,40 m auf. Trotz seiner geringeren Größe stellt er heute die bauliche Dominante des Bergsporns dar (Abb. 1, 12, 16). Wie beeindruckend muss da die Ansicht der deutlich größer dimensionierten Klosterkirche vom Tal aus gewesen sein!

Mehr Informationen zum möglichen Aussehen des Kirchenbaues lassen sich aus den wenigen Quellen und Befunden nicht ableiten. Die Rekonstruktion des Grundrisses (Abb. 15.8) soll daher ausdrücklich als Vorschlag verstanden werden!

Vergleichbare Grundrisslösungen im Osten mit Chorquadrum und Apsis sowie Querhaus mit ausgeschiedener Vierung und Nebenapsiden existieren bei zahlreichen romanischen Stifts- und Klosterkirchen des mitteldeutschen Raumes und scheinen ein gängiges Schema gewesen zu sein.[49] Wir finden diese Lösung bei den Kirchen von Burg[50], Diesdorf[51], Frose[52], Hecklingen[53] und Klostermansfeld[54] (Abb. 15.1–4, 6), aber auch bei der Neumarktkirche in Merseburg[55], der Klosterkirche in Arendsee[56] oder der ehemaligen Stifts-

[19] Als Eckquader verwendete Kämpfer(?) am Haus Schulplatz 3 von Süden, 2020

und heutigen Dorfkirche von Leitzkau.[57] Die Beispiele ließen sich – auch überregional – fortführen. Mit den Kirchen Unser Lieben Frauen in Magdeburg[58] (Abb. 15.5) und St. Servatius in Quedlinburg[59] (Abb. 15.7) sind zwei prominente Beispiele jener Grundrissdisposition mit einer Krypta im Osten gegeben. Einen früheren Bau mit Apsis, Chor und Querhaus mit Nebenapsiden – allerdings ohne ausgeschiedene Vierung – sowie einer Krypta stellt die Gernröder Stiftskirche St. Cyriakus dar, deren Ostteile im 10. Jahrhundert aufgeführt worden sind.[60] Die Kirche Unser Lieben Frauen in Magdeburg – zumindest die Ostteile und das Langhaus – entstammt dem 11. Jahrhundert, der Bau IV in Quedlinburg dem letzten Viertel des 11. bis ersten Viertel des 12. Jahrhunderts. In Leitzkau wurde der Kirchenbau 1114 geweiht. Die Kirchen in Burg, Frose, Hecklingen und Klostermansfeld entstanden in der zweiten Hälfte des 12. Jahrhunderts, Diesdorf um 1200 bzw. Anfang des 13. Jahrhunderts. Letztes Glied in dieser zeitlichen Reihung vergleichbarer Grundrissgestaltung ist die Propsteikirche Beatae Marie Virginis in Memleben – ebenfalls mit Krypta –, die in der ersten Hälfte des 13. Jahrhunderts errichtet worden ist.[61] An einem Großteil der hier aufgeführten Sakralbauten war zudem ein Frauenkonvent ansässig und die Sakralgebäude dementsprechend mit Nonnenemporen, zumeist im Westteil der Kirche, versehen.[62] In der Klosterkirche in Diesdorf befindet sich die Nonnenempore dagegen im nördlichen Querhausarm, ein darunter liegender, kreuzgratgewölbter Raum wird als Krypta bezeichnet (Abb. 15.4).

Die hier dargestellte Kirche von Gerbstedt dürfte ein Bau des späten 11. oder der ersten Hälfte des 12. Jahrhunderts sein. Weniger die Bautypologie als vielmehr die – mutmaßlich von der Klosterkirche – überkommene Bauornamentik spricht dafür. Während Bruchstücke von Kämpfern im Lapidarium des Heimatmuseums, Rundbogenfragmente im Erdgeschoss des Glockenturmes (Abb. 17) oder die beiden 1974 aufgefundenen Halbsäulenbasen (Abb. 18) nur allgemein romanisches Alter nahelegen, jedoch nicht genauer datiert werden können, erlauben die am Gebäude Schulplatz 3 verbauten Kämpferreste mit zweireihigem Sternblütendekor eine chronologische Ansprache Ende des 11. bzw. in der ersten Hälfte des 12. Jahrhunderts (Abb. 19). Vergleichbaren Bauschmuck bieten z. B. einige Kämpfer in der Kirche St. Ulrici in Sangerhausen, die nach 1116 errichtet und zwischen 1130–40 geweiht worden ist (Abb. 20).[63] Das Sternblütenornament findet sich ferner in der Stiftskirche St. Servatii in Quedlinburg aus der Zeit zwischen 1070 und 1129, dort an Kämpfern

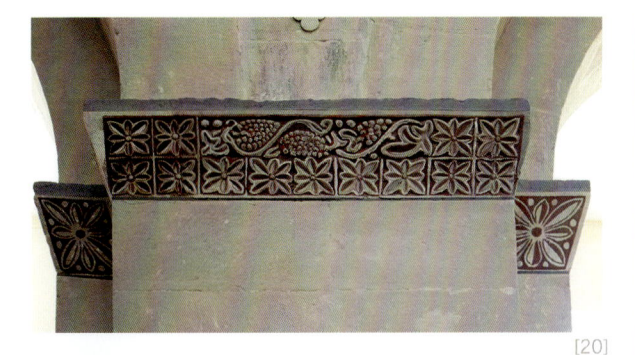

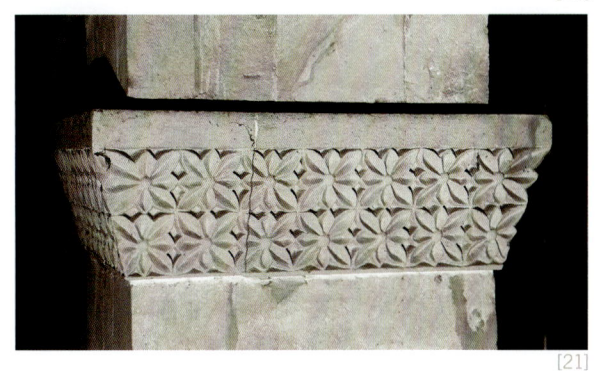

[20] Sangerhausen, St. Ulrici, Kämpfer am dritten Pfeiler (von W) der nördlichen Mittelschiffsarkaden in einer Ansicht von Süden, 2021

[21] Quedlinburg, St. Servatius, Kapitell am zweiten Pfeiler (von W) der südlichen Mittelschiffsarkaden in einer Ansicht von Nordwesten, 2020

[22] Kloster Gröningen, Klosterkirche St. Cyriakus, Kapitell der zweiten Säule (von W) der nördlichen Mittelschiffsarkaden von Süden, 1980er Jahre

in der Krypta, sowie an einem Pfeiler der nördlichen Mittelschiffsarkaden (Abb. 21).[64] Und in der Kirche von Kloster Gröningen, die im Wesentlichen Anfang des 12. Jahrhunderts errichtet worden ist, schmückt der achtblättrige Stern, wie in Gerbstedt durch Stege getrennt, nicht nur stellenweise die Wölbungen einiger Kapitellkörper, sondern an einem Säulenkapitell sogar den ganzen Korpus (Abb. 22).[65]

Für die Frage, wo der Stuck in der Gerbstedter Klosterkirche angebracht war, können die hier vorgebrachten Überlegungen keinen festen Anhaltspunkt bieten. Auf Grundlage des rekonstruierten Grundrisses (Abb. 15.8) sind jedoch einige Positionen im Kirchenraum in Betracht zu ziehen. Das sind eventuelle Chorschranken vor dem Sanktuarium, die Obergadenwand einschließlich der Langhausarkaden oder auch die Wandabschnitte über Triumph- und Vierungsbögen. Nicht zuletzt sind auch die Räumlichkeiten einer Empore in den Querhausarmen als potenzieller Sitz der Nonnen und Anbringungsort der Stuckornamentik in Erwägung zu ziehen.

ANMERKUNGEN

1 Buttenberg 1919, S. 20.

2 Ebd., S. 19.

3 Berger 1878, S. 52.

4 Die Objekte wurden vom Verf. begangen und zumindest augenscheinlich auf relevante Baubefunde geprüft. Neben den starken Überformungen durch die jahrhundertelange und vor allem geänderte Nutzung sind jedoch kaum Aussagemöglichkeiten zu ursprünglichen Strukturen etc. zu machen, Befundöffnungen o. ä. konnten – auch aufgrund der aktuellen Bewohnung – nicht durchgeführt werden. Beim sog. Nonnenhaus zeichnet sich in der Mitte des Gebäudes (Klosterplatz 14) noch mittelalterliche Bausubstanz in Gestalt einer »Schwarzen Küche« ab, die durch das SG Bauforschung des LDA nunmehr bauhistorisch untersucht wird.

5 Mösche 1805, S. 831.

6 Eintrag im Gerbstedter Kirchenbuch, nach Buttenberg 1919, S. 25.

7 Mösche 1805, S. 831.

8 Landesarchiv Sachsen-Anhalt (LASA), Rep. A12a II, Nr. 137, Bl. 14 (Schreiben Pfarrer Johann Gottfried Rodochs am 21.06.1708 an den Superintendenten, dass »bey neulichst gehaltener Kirch-Rechnung zu Gerbstädt in Vorschlag [ge]kommen, die Anno 1650 den 12 Febr. eingefallene St. Johannis Kirche wieder aufzubauen, in dem die bißherige Capellkirche ziemlich enge, und beyde gemeinden Gerbstädt und Zabenstedt darinnen nicht platz finden«).

9 LASA, Rep. A 12a II Nr. 137, Bl. 3 f. (26. Mai 1710).

10 LASA, Rep. A 12a II Nr. 137, Bl. 6 (14. Juni 1710).

11 LASA, Rep. A 12a II Nr. 137, Bl. 10.

12 LASA, Rep. A 12a II Nr. 137, Bl. 7RS (Grundriss Innenraum), Bl. 8 (Grundriss Kirche), Bl. 9 (Südansicht Kirche).

13 Möglich ist, dass der Zeichner eine leichte Einrückung der Apsis gegenüber dem Chor bloß nicht dargestellt hat. Schwierigkeiten bei der korrekten Darstellung des Übergangs vom Chor zur Apsis, besonders im Dachbereich, sind zu erkennen.

14 LASA, Rep. A 12a II Nr. 137, Bl. 10: »Vor Zeugniß was zu dem Neu angegebenen Kirchen Bau, vor/Matherialigen Erfordert wie folgett,/ Vor das Erste ist der Bau 71 Elln lang und 24 Elln weitt, und die Mauern/Sterke im grunt 3halb Elln, und oben zwey Elln./Dafür wirt an steine Erfodert, 234 Ruhten,/Vor das ander, wirt an kalg Erfordert 78 Wißpel locker/kalg den Wißpel vor 4 Thr. tuht 312 Thlr./Vor das dritte, wirt 6 Schock brett und 1 Schock Rüst holtz/von Aken, das Schock vor 6 Thr. thut 42 Thlr./Vor das virte sind es 21 fenster und ein fenster/vor 5 Thr. Eißern Stäbe und Giter Eißen thut 105 Thlr./Vor das 5te wirt Ein fenster 5 Ellen hoch und 2 Ellen weitt/von Werckstücken gemacht, wie auch zwey Neue Kirch/tihren nach der heutige art zu machen 66/Vor das sechste, 150 Ellen Simß, unter dem Dache/herum zu machen, und zu Vermauren 75 Thlr./Vor das sibende, sind zu den gantzen Kirchen Bau 78 Ruhten/Mauer, im grunt 4 Ellen tieff und zwey Ellen und/ein halbe starck, und außer den grunde 12 Ellen hoch,/und 2 Ellen starck. Erfodert an Mache Lohn 390 Thlr./Noch 12 Wißpel Gibßkalg vor 18 Thlr./Widerum 10 Schott Karn und 5 stein karn vor 16 Thlr./Vor ab und auß zu puzen. Wie auch den Kalg darzu vor 160 Thlr./Vor 42 thausent Dach Zigeln wenß gedoppelt oder/[?] werten soll. Vor 210 Thlr./Vor den grunt zu graben, wie auch den Schut und steine/weg zuschaffen, in gleichen auch die Cuhrhube Runt/umb auff 6 Ellen hoch ab zu brechen, [?] 100 Thlr./Vor das Dach zu decken wie auch den Kalg,/darzu gibß und leder Kalg 55 Thlr./zweyhundert Forst Zigeln auff das dach 3 Thlr./Vor Nagel und stricke damitt zu Rüsten 8 Thlr./Diße Materialien sind alle gefodert ohne die fuhre, und ohne/den trunck. Wie auch noch der [?]/Es sind auch noch keine stein zu gelte geschlagen, die werden/wohl meistens dort stehen./Die gantze Summa ist ohne die Steine 1560 Thlr./Ferner ist der Glocken Thurm sehr wantelbahr./Das itzo bey den Leisten Steinstücken raußfallen, und/sehr gefährlich steht, und mus mitt einen Pfeiler unter/fahren werten, der kömbt mitt den Kalg und Macher Lohn 40 Thlr« (Güldmann verrechnet sich bei der Endsumme tatsächlich um 100 Taler zu seinen Gunsten).

15 LASA, Rep. A 12a II Nr. 137, Bl. 11 (Kostenanschlag des Zimmermanns), Bl. 13 (Zeichnung des neuen Dachstuhls).

16 LASA, Rep. A 12a II Nr. 137, Bl. 17–19.

17 Stadtarchiv Eisleben (StA Eisleben), D XXXIX 9, Topographia Mansfeldica, 3. Teil, Bl. 492.

18 Der Abschnitt zu Gerbstedt in der »Topographia Mansfeldica«, wie Anm. 17, konnte aufgrund der coronabedingten Schließung des Stadtarchivs Eisleben über einen längeren Zeitraum hinweg noch nicht vollständig eingesehen bzw. transkribiert werden. Der Eintrag zu Gerbstedt ist sehr umfangreich (Bl. 488–506, 667–672), erschwerend kommt hinzu, dass die Handschrift Bierings recht unleserlich und schwer zu entziffern ist.

19 Vgl. z. B. Buttenberg 1919, der explizit auf Bierings Topographia verweist.

20 Buttenberg 1919, S. 21.

21 Berger 1878, S. 62, verweist z. B. lapidar: »Auch enthalten Nachrichten die hiesigen Kirchenbücher«.

22 Ebd., S. 52.

23 Buttenberg 1919, S. 22.

24 Kupferstichkabinett, Staatliche Museen zu Berlin, Inv.-Nr.: SM 17b.67.

25 Schinkel war erst ca. 21 Jahre, als er die Zeichnung anfertigte.

26 Berger 1878, S. 102 f.

27 Mösche 1805, S. 831 f.

28 LASA, Rep. A 9a VIa, Gerbstedt Nr. 85, Bd. 2, o. P. (Bericht von Pfarrer und Superintendent Johannes Mösche vom 03.12.1805). Vgl. auch Mösche 1805.

29 LASA, Rep. A 9a VI a, Gerbstedt Nr. 85, Bd. 2, o. P. (28.02.1806).

30 LASA, Rep. C 55 Hochbauamt Halle, Z Nr. 4, Bl. 3.

31 LASA, Rep. A 9a VI a, Gerbstedt Nr. 85, Bd. 2, o. P. (28.02.1806). Vgl. auch Berger 1878, S. 104.

32 Berger 1878, S. 104.

33 Ebd., S. 196–200.

34 Berger 1878, S. 52. Buttenberg 1919, S. 21, führt einen Bericht von [Karl] Berger an Pastor Krummhaar von 1869 über diese Ausschachtungsarbeiten an, der sich damals in der »Eisleber Altertumsvereinsbibliothek« befunden haben muss. Dieser war im Original nicht zu recherchieren und auch nicht im Stadtarchiv Eisleben, das einen großen Teil der Handschriften dieser Bibliothek verwahrt, aufzufinden. Betreffs der Jahresangabe 1858 liegt tatsächlich ein Schreib- bzw. Druckfehler vor! Berger hat den Bau des »Bürgerschulgebäudes« dann sehr ausführlich für das Jahr 1868 beschrieben (Berger 1878, S. 196–200).

35 LASA, Rep. A 12a II Nr. 137, Bl. 8 (Grundriss mit Maßleiste): ca. 213 Fuß = 66,90 m.

36 Buttenberg 1919, S. 22. Interessanterweise beruft sich Buttenberg dabei offensichtlich auf den handschriftlichen Bericht Bergers von 1869, wie Anm. 34, denn Berger selbst berichtet in seiner Chronik 1878 nicht so detailliert davon.

37 Größler/Brinkmann 1895, S. 230 f., Nr. 130.

38 Buttenberg 1929, S. 65.

39 Schmidt/Nitzschke 1982, S. 191.

40 Landesamt für Denkmalpflege und Archäologie Sachsen-Anhalt (LDA), Fundstellenarchiv, OA –ID 1874, Bl. 229–240, 339–438.

41 Vgl. den Beitrag von Olaf Kürbis in diesem Band.

42 LDA, Fundstellenarchiv, OA-ID 1874, Bl. 508–510.

43 Buttenberg 1929, S. 23.

44 Besichtigung durch den Verf. am 02.03.2021. Familie Gebert, Eigentümer des Hauses Hinter der Schule 6, danke ich für die Möglichkeit der Besichtigung sowie die Erlaubnis, eine kleine Sondierung der vollumfänglich verputzten Wandfläche vorzunehmen. Hier müsste natürlich noch großflächiger der Putz entfernt werden, um tragfähigere Aussagen zum mutmaßlichen Mauerwerk geben zu können.

45 Pfeiler sind in der Regel aus Einzelelementen gemauert und erhalten sich in ruinösem Zustand wohl nicht in der Länge, zumal sie offensichtlich auch als Stücke herumlagen. Dies spricht eher für monolithische Säulenschäfte.

46 Einige Längen von Kloster- bzw. Stiftskirchen zum Vergleich: Ballenstedt 48 m; Goseck 52 m; Groß Ammensleben 47 m; Halle-Petersberg 55 m; Hamersleben 58 m; Ilsenburg 59 m; Jerichow 55 m; Leitzkau, St. Petri urspr. ca. 65 m; Magdeburg, Unser Lieben Frauen 68 m. Vgl. auch die Größenverhältnisse in Abb. 15.

47 Mösche 1805, S. 833.

48 Ebd.

49 Die im Folgenden aufgeführten Vergleichsbeispiele hinsichtlich Typologie und Bauornamentik sind lediglich als knapper kursorischer Überblick zu verstehen. Eine ausführliche vergleichende Untersuchung kann in diesem Rahmen nicht geleistet werden und muss einer vertiefenden Beschäftigung vorbehalten bleiben.

50 Dehio 2002, S. 136–138; Meyer 1993.

51 Dehio 2002, S. 168–172; Seyfried 1993.

52 Dehio 2002, S. 226 f.; Frotscher 1993

53 Dehio 2002, S. 401–403; Honekamp/Köhler 1993.

54 Dehio 1999, S. 369–371; Heinritz 1993.

55 Dehio 1999, S. 556–558; Ramm 1993.

56 Dehio 2002, S. 29–34; Müller 1993.

57 Dehio 1999, S. 416 f.

58 Dehio 2002, S. 557–563; Neumann 1993.

59 Dehio 2002, S. 716–722; Leopold 2010; Rienäcker 1993.

60 Dehio 2002, S. 258; Günther 1993.

61 Dehio 1999, S. 527 f.; Mueller von der Haegen 1993; Schmitt 2019.

62 Hecklingen, Frose, Quedlinburg; Klostermansfeld mit Westempore, wenngleich kein Damenkonvent. In Gernrode jüngere Querhausemporen.

63 Dehio 1999, S. 744–747, hier S. 744; Köhler 2010, S. 8. Wittwar 2013, S. 237.

64 Dehio 2002, S. 718. Aufgrund der Bauornamentik grenzt Jahn 2014, S. 82, den Zeitraum der Erbauung von St. Servatius auf 1090 bis 1120 ein.

65 Dehio 2002, S. 486–488; Nahrwold 1993.

LITERATUR

BERGER 1878
Berger, Karl: Chronik von Gerbstädt, enthaltend historische Nachrichten vom Ursprunge bis auf die neueste Zeit. Gesammelt von Bürgermeister Berger. Nebst einem Situationsplane der Stadt Gerbstädt, Gerbstädt 1878

BUTTENBERG 1919
Buttenberg, Fritz: Das Kloster zu Gerbstedt, in: Zeitschrift des Harz-Vereins für Geschichte und Altertumskunde 52, Wernigerode 1919, S. 1–30

BUTTENBERG 1929
Buttenberg, Fritz: Geschichte des Ortes Gerbstedt und seiner ehemaligen Flur, Gerbstedt 1929

DEHIO 1999
Dehio, Georg: Handbuch der Deutschen Kunstdenkmäler. Sachsen-Anhalt II, Regierungsbezirke Dessau und Halle, bearb. v. Ute Bednarz, Folkhard Cremer, Hans-Joachim Krause u. a., München/Berlin 1999

DEHIO 2002
Dehio, Georg: Handbuch der Deutschen Kunstdenkmäler. Sachsen-Anhalt I, Regierungsbezirk Magdeburg, bearb. v. Ute Bednarz, Folkhard Cremer u. a., München/Berlin 2002

FROTSCHER 1993
Frotscher, Sven: Die Stiftskirche in Frose (= Große Baudenkmäler 475), München/Berlin 1993

GRÖSSLER/BRINKMANN 1895
Größler, Hermann/Brinkmann, Adolf: Beschreibende Darstellung der älteren Bau- und Kunstdenkmäler des Mansfelder Seekreises (= Beschreibende Darstellung der älteren Bau- und Kunstdenkmäler der Provinz Sachsen und angrenzender Gebiete XIX), Halle a.d.S. 1895, S. 228–240 »Gerbstedt«

GÜNTHER 1993
Günther, Christian: Die Stiftskirche St. Cyriakus in Gernrode/Harz (= Große Baudenkmäler 404), München/Berlin 1993

HEINRITZ 1993
Heinritz, Ulrich: Klostermannsfeld (= Große Baudenkmäler 441), München/Berlin 1993

HONEKAMP/KÖHLER 1993
Honekamp, Dorothee/Köhler, Mathias: Die Klosterkirche St. Georg und St. Pankratius in Hecklingen (= Große Baudenkmäler 454), München/Berlin 1993

JAHN 2014
Jahn, Philipp: Die Bauornamentik der Stiftskirche zu Quedlinburg, Masterarbeit am Institut für Kunstgeschichte und Archäologien Europas der Martin-Luther-Universität Halle-Wittenberg, Halle (Saale) 2014

KÖHLER 2010
Köhler, Mathias: St. Ulrici in Sangerhausen (= DKV-Kunstführer 458), 3. aktual. Aufl., München/Berlin 2010

LEOPOLD 2010
Leopold, Gerhard: Die ottonischen Kirchen St. Servatii, St. Wiperti und St. Marien in Quedlinburg. Zusammenfassende Darstellung der archäologischen und baugeschichtlichen Forschungen von 1936 bis 2001

(= Veröffentlichungen des Landesamtes für Denkmalpflege und Archäologie Sachsen-Anhalt, Arbeitsberichte 10), Halle (Saale) 2010

MEYER 1993
Meyer, Angelika: Oberkirche Unser Lieben Frauen und Unterkirche St. Nikolai in Burg bei Magdeburg (= Große Baudenkmäler 443), München/Berlin 1993

MÖSCHE 1805
Mösche, Hieronymus Johannes: Wahrhafter Bericht von dem am 2. Dec. 1805 geschehenen Einsturz des großen Klosterthurms in Gerbstädt, in: Hallisches Patriotisches Wochenblatt auf das Jahr 1805. 6. Jg., Bd. 1, Viertes Quartal. 52. Stück. Den 28sten December 1805, Halle 1805, S. 831–833

MÜLLER 1993
Müller, Hellmut: Die Klosterkirche Arendsee (= Große Baudenkmäler 460), München/Berlin 1993

MUELLER VON DER HAEGEN 1993
Mueller von der Haegen, Anne: Das Kloster Memleben (= Große Baudenkmäler 480), München/Berlin 1993

NAHRWOLD 1993
Nahrwold, Regine: Kloster Gröningen (= Große Baudenkmäler 444), München/Berlin 1993

NEUMANN 1993
Neumann, Helga: Das Kloster Unser Lieben Frauen zu Magdeburg (= Große Baudenkmäler 438), München/Berlin 1993

RAMM 1993
Ramm, Peter: Die Neumarktkirche zu Merseburg (= Große Baudenkmäler 447), München/Berlin 1993

RIENÄCKER 1993
Rienäcker, Christa: Die Stiftskirche in Quedlinburg (= Große Baudenkmäler 403), München/Berlin 1993

SEYFRIED 1993
Seyfried, Peter: Die Klosterkirche zu Diesdorf/Altmark (= Große Baudenkmäler 463), München/Berlin 1993

SCHMIDT/NITZSCHKE 1982
Schmidt, Berthold/Nitzschke, Waldemar: Ausgrabungen und Untersuchungen in Grafenburgen und Klöstern des 10. bis 12. Jahrhunderts im mittleren Saalegebiet. Vorbericht, in: Ausgrabungen und Funde 27,4, Berlin 1982, S. 190–196, hier. S. 191 f. »Gerbstedt, Kr. Hettstedt«

SCHMITT 2019
Schmitt, Reinhard: Die beiden Klöster in Memleben (= Steko-Kunstführer 42), 4. überarb. Aufl., Dößel 2019

WITTWAR 2013
Wittwar, Klaus-Peter: Die Kirche St. Ulrici zu Sangerhausen, in: Historische Bauforschung in Sachsen-Anhalt II (= Veröffentlichungen des Landesamtes für Denkmalpflege und Archäologie Sachsen-Anhalt, Arbeitsberichte 12), Halle (Saale) 2013, S. 233–256

ABBILDUNGSNACHWEIS

LDA Sachsen-Anhalt: 1, 3–5, 10–14, 16, 17, 19, 20 (Dirk Höhne); 15 (Dirk Höhne/Bettina Weber); 18, 22 (Bildarchiv), 21 (Torsten Arnold)

TK 1:10.000 (Gerbstedt O) 1105-121 Stand 1970 (Ausschnitt): 2

LASA: 6 (Rep. A 12 a II, Nr. 137, Bl. 9); 7 (Rep. A 12 a II, Nr. 138, Bl. 8); 9 (Rep. C 55 Hochbauamt Halle Z Nr. 4, Bl. 3)

Stiftung Preußischer Kulturbesitz, Kupferstichkabinett, Staatliche Museen zu Berlin, Inv.-Nr.: SM 17b.67: 8

Inschrift und Graffito – zwei Fragmente aus epigraphischer Sicht

Friedrich Röhrer-Ertl

Falls Sie an Kulturstätten Ihr Monogramm zu hinterlassen wünschen, bedenken Sie, daß eine nur oberflächlich angebrachte Inschrift im Laufe der Jahrhunderte unleserlich zu werden droht.[1]

Unter den über 400 Stuckfragmenten aus der untergegangenen Klosterkirche von Gerbstedt finden sich nur zwei, die eine Inschrift tragen: einerseits das Fragment eines kleinen Bogens, der eine Beischrift enthält, andererseits das Fragment eines Ornaments, auf dem ein Graffito hinterlassen wurde. Der folgende Beitrag will trotz aller Einschränkungen, die sich der Forschung im Rahmen der Bekämpfung der COVID-19-Pandemie entgegengestellt haben, beide Inschriften beschreiben und bewerten.[2]

DAS INSCHRIFTENFRAGMENT

Das kleinformatige Fragment (Abb. 1, Kat.-Nr. 102) war einst Teil einer innerhalb der Stuckdekoration angebrachten Bogenarchitektur. Auf einem eingetieften Band zwischen zwei erhabenen Leisten ist die Inschrift angebracht, von der noch drei Buchstaben und ein Kürzungsstrich vorhanden sind; ein vierter Buchstabe ist aufgrund seiner Reste identifizierbar.

Die Beschreibung orientiert sich inhaltlich an den in der Epigraphik üblichen Vorgaben.[3] Demnach lautet die Inschrift:

[S]a) (AN) Cb) (TU)c) Sd) Be) [—]

Übersetzung: Heiliger B[…]
Schriftart: Romanische Majuskel
Textkritischer Apparat und Maße[4]

a) Der Buchstabe ist bis auf die Serife des oberen Bogens abgebrochen, er ist allerdings durch die Bruchlinie, die den unteren Bogen entlangläuft, eindeutig zu identifizieren.
b) Höhe: 3 cm, Breite 2,8 cm. Die untere Bogenserife ist sekundär beschädigt.
c) Der Kürzungsstrich verläuft im Oberlängenbereich hinter dem C; Breite 2,3 cm.
d) Höhe 3,4 cm, Breite 3,2 cm.
e) Höhe 3,5 cm, Breite 2,1 cm. Der untere Bauch des B ist nahezu vollständig abgebrochen, jedoch aufgrund der Ansätze eindeutig identifizierbar.

Die Inschrift wurde professionell in die Stuckmasse eingebracht; sie bewegt sich in ihrem Duktus zwischen einer mittelalterlichen Kapitalis in der Tradition karolingischer und ottonischer Inschriften und der Romanischen Majuskel ihrer Entstehungszeit.

Trotz Fortschritten[5] in den letzten Jahrzehnten ist die Übergangszeit zwischen der karolingisch-ottonischen Kapitalis des 9.–10. Jahrhunderts und der gotischen Majuskel ab der Mitte des 12. Jahrhunderts, auch aufgrund der relativ wenigen erhaltenen Inschriften, eine nur schwer zu fassende Periode der Epigraphik. Die Bezeichnung der verwendeten Schrift als Romanische Majuskel muss dabei eine Vielzahl von im Detail unterschiedlichen Inschriften zusammenfassen, die räumlich, inhaltlich, von Schriftniveau und Intention teilweise weit auseinanderliegen. Dieser Umbruch in

[1] Das Gerbstedter Inschriftenfragment

den Inschriften korrespondiert mit den stilistischen und inhaltlichen Umbrüchen der mittelalterlichen Handschriftenproduktion im 12. Jahrhundert.[6]

Nach Kloos[7] und Koch[8] zeigt die Hauptströmung der Romanischen Majuskel eine Tendenz zur Drängung des Schriftbilds und Streckung der Buchstaben. Abkürzungen und Verschränkungen der Buchstaben ineinander (Ligaturen) nehmen stark zu, ebenso eckige Formen (oft beim C zu beobachten), und ein Rückgang runder unzialer Buchstabenformen ist zu verzeichnen. Das Gerbstedter Fragment steht außerhalb dieser Hauptströmung; alle erhaltenen Buchstaben, insbesondere C und B sind annähernd in ein Quadrat einschreibbar, es dominieren runde, klassische Kapitalisformen; lediglich der zweimal, einmal davon nur stark fragmentarisch vorhandene Buchstabe S weist durch seine Schrägneigung nach rechts einen schmaleren, jedoch weiterhin runden Charakter auf. Dazu sind die Buchstaben relativ locker angeordnet, insbesondere zwischen den ersten drei Buchstaben [S] C S ist jeweils eine volle Buchstabenbreite als Abstand festzustellen, wobei der Kürzungsstrich in den Abstand zwischen C und S eingeschrieben ist. Dieser Kürzungsstrich stellt eine ausgesprochene Seltenheit dar; er ist nicht, wie sonst üblich, über den Buchstaben angebracht, sondern zwischen ihnen. Mit seinen langgezogenen Serifen ähnelt er mehr einem T-Balken denn einem Kürzungsstrich.

Will man das Fragment mit zeitlich und räumlich benachbarten Inschriften vergleichen, liegt der Blick insbesondere auf Magdeburg und Quedlinburg. An beiden Orten entstanden im 11. und 12. Jahrhundert hochrangige Inschriften in Romanischer Majuskel, die noch erhalten sind.

Für Magdeburg lohnt einmal der Vergleich mit der am Epitaph für Erzbischof Friedrich von Wettin (reg. 1142–1152) angebrachten Inschrift, die nach dessen Tod entstanden ist (Abb. 2); ihre S-Formen zeigen eine ähnliche Neigung nach rechts wie am Gerbstedter Fragment, auch die Öffnung des C ist ähnlich gestaltet. Jedoch ist der Gesamteindruck, unabhängig von den

Unterschieden, die allein schon durch Material und Herstellungstechnik entstanden sind, deutlich gedrängter und steht gemeinsam mit den unzialen Formen von M, N, E usw. (die am Gerbstedter Fragment nicht vorkommen) für eine Romanische Majuskel klassischer Ausprägung.

Ähnliches gilt für die 1152–1154 in Magdeburg entstandenen Reliefs der Bronzetür für die Kathedrale von Płock, die sich heute an der Sophienkathedrale im Kreml des russischen Nowgorod befindet (Abb. 3); die lateinischen Buchstabenformen sind auch hier der Romanischen Majuskel zuzuordnen, wobei im Vergleich zu Gerbstedt insbesondere die geringere Ausdehnung der Serifen auffällt – was der Hauptströmung bei Inschriften der Zeit entspricht.

Ergiebiger ist der Vergleich mit St. Servatius in Quedlinburg (Abb. 4, 5)[9]; nicht nur sind die Epitaphe für die Äbtissinnen Adelheid I. (977–1044, Äbtissin ab 999), Beatrix (1037–1061) und Adelheid II. (1045–1096) wie das Gerbstedter Fragment Stuckarbeiten und zu einer ähnlichen Zeit (1. Viertel 12. Jahrhundert) entstanden, auch die Quedlinburger Inschriften zeigen eine ausgewogene Kapitalis, die nur im unteren Bereich aller drei Epitaphien (wo die eigentlichen Gedächtnisinschriften angebracht sind) gedrängt ausgeführt wurden. An den anderen Seiten, die Texte aus verschiedenen Psalmen wiedergeben, wurden dagegen zwischen den Buchstaben breite Abstände gesetzt, ein »Layout«, das mit dem in Gerbstedt übereinstimmt.

Von der Funktion her ist das Inschriftenfragment Teil eines Titulus einer ursprünglich unter der zu rekonstruierenden Bogenarchitektur angebrachten Darstellung eines männlichen Heiligen. In dieser Funktion finden sich Beischriften etwa auf Reliquienschreinen, wie sie klassisch in der rheinisch-maasländischen Goldschmiedekunst (z. B. Karlsschrein in Aachen, nach 1182–1215[10]) entstanden sind; in regionaler Nähe befinden sich vergleichbare, allerdings aufgemalte und in gotischer Majuskel gestaltete Tituli in den Bögen der aus Stuck gefertigten Chorschranken in der Liebfrau-

[2] Bronzene Grabplatte des Magdeburger Erzbischofs Friedrich von Wettin († 1152). Der Bildausschnitt zeigt Gesicht und Grabinschrift des im Magdeburger Dom befindlichen Denkmals.

[3] Detail des linken Flügels der Bronzetür von Płock nach dem Abguss im KHM Magdeburg: Bischof Alexander aus Malonne mit zwei Diakonen und lateinisch-polnischer Beischrift. Am Original des Portals in Nowgorod sind Teile der Inschrift durch die Befestigungsleisten verdeckt.

[4] Detail von der linken Seite der umlaufenden Inschrift des Epitaphs für Äbtissin Adelheid I. in der Stiftskirche St. Servatius in Quedlinburg

[5] Detail von der umlaufenden Inschrift des Epitaphs für Äbtissin Beatrix in der Stiftskirche St. Servatius in Quedlinburg

enkirche von Halberstadt.[11] Zwar stammen diese aus dem 2. Viertel des 13. Jahrhunderts, aber einer der Tituli trägt dennoch eine ähnliche Buchstabenfolge wie das vorliegende Fragment: S(AN)C(TVS) BAR[THOL]O[M]EVS; eine Rekonstruktion des Gerbstedter Fragments als Titulus einer Bartholomäusdarstellung lässt sich daraus selbstverständlich nicht ableiten; gänzlich unmöglich ist ein historisierender Rückgriff der Schöpfer der Halberstädter Chorschranken auf den älteren Bestand in Gerbstedt aber nicht.

EXKURS: EINE INSCHRIFT AUS DER FRÜHEN NEUZEIT?

Angesichts der qualitativ hochstehenden Ausführung der Buchstaben sowie der Tatsache, dass sich die altgläubigen Nonnen noch bis 1574 (Verweisung der letzten Äbtissin Margarethe von Münchin nach einem inszenierten Vorfall) bzw. bis nach 1590 (letzte Erwähnung von vier Nonnen und einer Magd im Kloster), also lange nach Einführung der Reformation im Mansfelder Land, in ihrem Kloster halten konnten, wäre es hypothetisch denkbar, dass die Inschrift, die mit ihrem Verweis auf eine Heiligengestalt eindeutig altgläubig ist, erst im 16. Jahrhundert, etwa im Zeitraum nach der Besetzung des Klosters im Bauernkrieg 1525 und der Ausweisung der letzten Äbtissin 1574, angebracht wurde.[12] Eine solche Hypothese wäre möglich, da die erhaltenen drei Buchstaben auch einer Renaissance-Kapitalis entnommen sein könnten. In diesem Falle könnte man in der Inschrift etwa romantisierend das Zeugnis eines geistigen Widerstands gegen die Reformation sehen, zumal die evangelische Stadtgemeinde das Kirchengebäude auch für ihre Gottesdienste nutzte.

Dem widersprechen allerdings die anzunehmenden finanziellen und logistischen Herausforderungen, die sich dem Konvent im 16. Jahrhundert bei einer solchen Unternehmung gestellt hätten. Zwar sind die Inschriften von Quedlinburg und Magdeburg noch nicht im Rahmen des Deutschen Inschriftenwerks ediert und veröffentlicht worden, unter den 153 in den Zeitraum fallenden Inschriften aus den Inschriftenbänden zu Halberstadt[13] finden sich nur wenige, die eine ähnliche Qualität in der Ausführung der Kapitalisinschriften aufweisen. Sie sind im Umkreis des Domkapitels oder einflussreicher (evangelischer) Adelsfamilien zu verorten. Es scheint wenig wahrscheinlich, dass der Konvent von Gerbstedt in seiner Schlussphase damit gleichziehen konnte. Auch insofern wird hier für eine Anfertigung der Inschrift zur selben Zeit wie der Anbringung der Stuckierung im 1. Viertel des 12. Jahrhunderts plädiert.

DER GRAFFITO

Der knapp 7,5 cm breite und 0,5–1,2 cm hohe erhaltene Rest des Graffitos[14] (Abb. 6) befindet sich auf dem Fragment eines Stuckrahmens (Kat.-Nr. 109, HK 2006:505); die eingekratzte Inschrift ist sekundär stark beschädigt worden. Sie zog sich wahrscheinlich ursprünglich noch über die Bruchkante des erhaltenen Rests hinweg. Eine Kartierung (Abb. 7) versucht, sichere Linien des Graffitos (pink) und Linien, die entweder dem Graffito oder späterer Zerstörung zuzuordnen sind (grün), zu scheiden. Einigermaßen sicher lesbar sind nur noch die ersten drei Buchstaben sowie weiter hinten eine angehängte (e)r-Ligatur. Damit ergibt sich im Moment als Textfragment: Lud[—](e)r[—]

[6] Der Graffito aus Gerbstedt

[7] Kartierung des Graffitos mit wahrscheinlichen (pink) und möglichen (grün). Ritzungen des Schriftzugs

Eine Ergänzung der ersten Zeichen als Lud[ovicus], Lud[ewig] oder Lud[owig] scheint wahrscheinlich, doch ist der Graffito gerade im Mittelbereich für eine Lesung zu stark zerstört. Ob ein Familienname, eine Bezeichnung – etwa [presbyt](e)r – und/oder ein Datum folgten, lässt sich aus den vorhandenen Schäften nicht mehr erschließen.[15]

Eingeritzt wurde die Inschrift mit einem spitzen Gegenstand, vielleicht einem Messer oder Dolch; die Kratzlinien weisen unterschiedliche Stärken auf und laufen charakteristisch fein aus. Reste einer quer über dem Graffito verlaufenden horizontalen Linie weisen eine andere Stärke auf, können aber aufgrund der gleichen Patinierung bzw. Verwitterung nicht eindeutig als Teil des Graffitos ausgeschlossen werden. Verwendung fand eine durch die (ungewohnte?) Ritztechnik unsicher erscheinende Kursive mit Merkmalen, die vom ausgehenden 15. bis in das 17. Jahrhundert hinein Verwendung fanden.[16]

Bemerkenswert ist in diesem Zusammenhang, dass mit Johann Ludewig zwischen 1622 und 1658 als letzter Oberprediger an der Gerbstedter Kirche vor ihrem Einsturz am 12. Februar 1650 jemand diente, dessen Name zur lesbaren Buchstabenfolge Lud[—] passen würde;[17] ob der Graffito von ihm stammt, ist allerdings nicht beweisbar.

In den letzten Jahren hat die Erforschung von Spontaninschriften (Graffiti, bei den Deutschen Inschriften nach verwendeter Technik auch Kritzelinschriften bzw. Ritzinschriften) zugenommen, sodass ihre Bedeutung in der Schriftkommunikation der frühen Neuzeit stärker wahrgenommen wird als bisher.[18] Wesentlich scheint hier, dass eingeritzte und gemalte Inschriften dieser Art, insbesondere im Kirchenraum, nicht als Vandalismus, sondern mehr als Mittel der Memoria (freilich dennoch auch oft genug als Produkt der Langeweile, zumindest bei weniger prominent platzierten Graffiti) gesehen werden können;[19] für das Fragment in Gerbstedt kann das bedeuten, dass das Fragment mit der kleinen Ritzinschrift ursprünglich in einer gut erreichbaren (und sichtbaren) Höhe angebracht war.

ZUR EINORDNUNG UND BEDEUTUNG DER FRAGMENTE

Zunächst mag es enttäuschend wirken, dass beide – Inschriftenfragment und Graffito – keine eindeutige Interpretation der Befunde ermöglichen. Keine der beiden Inschriften ist komplett auf uns gekommen oder komplett lesbar; keine lässt sich auf einen eng begrenzten Zeitraum hin datieren.[20] Sie können damit nur im Zusammenhang mit den Befunden aus anderen Fachdisziplinen (Archäologie, Geschichte, Kunstgeschichte usw.) ihre Deutung finden.

Generell ist für Inschriften zu konstatieren, dass die Wahl ihrer Schriftart nie eine willkürliche ist; für das Mittelalter und die frühe Neuzeit, in der nur ein gewisser Teil der Bevölkerung lesen konnte, ist die verwendete Schriftart dabei ein noch größerer Bedeutungsträger, als in der Neuzeit. Die Wahl einer Schrift mit starken Kapitalelementen für das Gerbstedter Fragment (mit einiger Wahrscheinlichkeit sogar generell für die Inschriften, die im Zuge der Ausstattung der Klosterkirche mit Stuck angebracht wurden) ist demnach eine bewusste. Die hohe Qualität der Inschrift, die trotz der geringen Größe des Fragments monumentale Züge trägt, kann sich mit zeitlich nahen Inschriftenprogrammen wie denen auf den Bronzewerken der Magdeburger Gießer und denen auf den Stuckepitaphien in Quedlinburg mehr als messen, sie scheint diesen, soweit man das von den drei Buchstaben her beurteilen kann, sogar in ihrer Feinheit und Sorgfalt überlegen. Ähnlich wie bei den Stuckfragmenten allgemein ist die Ausführung einem erfahrenen Kunsthandwerker zuzuweisen, der sicherlich auf eine Vorzeichnung – sicher keiner ungebildeten Person – zurückgreifen konnte. Lediglich die

Enge der S-Kurven und ihre Schrägheit verraten die Ausführung im 12. Jahrhundert.

Für die Quedlinburger Epitaphien hat Middeldorf-Kosegarten in Anlehnung an ältere Literatur noch einmal herausgearbeitet, dass deren Inschriften einer »konservativen« Richtung unter den erhaltenen Monumentalinschriften ihrer Zeit entsprechen. Sie verzichten zugunsten eines Klassizismus, der auf die karolingisch-ottonische Kapitalis verweist, auf Unzialformen und andere Merkmale einer gereiften Romanischen Majuskel, wie sie die in Magdeburg hergestellten Bronzewerke – das Epitaph Friedrichs von Wettin bzw. die Bronzetür von Płock – zeigen.[21] Auch das Gerbstedter Inschriftenfragment wird man in derselben Strömung verordnen müssen.

Dafür spricht auch der ungewöhnliche, mit den Buchstaben nahezu gleichberechtigt eingesetzte Kürzungsstrich; dieser unterstreicht mit den vergleichsweise großen Buchstabenabständen den Eindruck eines beabsichtigten Bezugs auf eine ältere Zeit und auf einen hohen, man möchte sagen: imperialen Anspruch. Der Sinn der Inschrift(en) wird es also nicht nur gewesen sein, als Titulus eine Heiligengestalt zu benennen, sondern auch, im Gesamteindruck der Stuckausstattung, den Rang und die *antiquitas* der Stifterfamilie zu unterstreichen. In St. Servatius in Quedlinburg betonten die Epitaphien der Äbtissinnen (zu denen bekanntlich in der Folgezeit noch weitere hinzukamen) mit ihren klassizistischen Inschriften den Rang des Stifts als kaiserliche Gründung und Grablege. In Gerbstedt lässt sich die Anbringung der Inschrift und die Wahl und Ausgestaltung ihrer Schrift mit dem historischen Befund verbinden, wonach die Klosterkirche von Gerbstedt von ca. 1118 bis ca. 1124, der Gründung des Stifts auf dem Petersberg, als Grablege und Memoria der Wettiner vorgesehen war.[22] Stuckausstattung und mit ihr die Inschrift(en) müssen in dieser Zeit angebracht worden sein.

Größen- wie qualitätsmäßig scheint der Graffito dem Inschriftenfragment nachgeordnet zu sein. Er ist klein, ungelenk eingeritzt und erscheint im Vergleich wenig attraktiv. Sein Vorhandensein ist allerdings wichtig, belegt es doch, obwohl die Inschrift nicht genau datiert werden kann, dass eine Person noch nach dem letzten Viertel des 15. Jahrhundert an die Stuckausstattung der Kirche herankommen und sie anbringen konnte.

Sollte, was vom Buchstabenbefund her möglich ist, das Graffito vom letzten Geistlichen vor dem Einsturz der Kirche 1658 stammen, wäre es ein Beleg dafür, dass die Stuckausstattung bis zum Untergang des Gebäudes zumindest in Teilen intakt geblieben war. Zumindest aber macht es eine Zerstörung des Stucks in der Frühphase von Reformation und Bauernkrieg unwahrscheinlich.

Inschriftenfragment und Graffito stellen damit Fragmente im doppelten Sinne dar: sie sind Fragmente der Stuckausstattung eines bedeutenden untergegangenen Kirchenbaus und Fragmente im Gesamtbild ihrer Deutung.

ANMERKUNGEN

1 Loriot 1957, S. 89.

2 Für Geduld, Rat und Tat danke ich herzlich Corinna Scherf, Andreas Stahl und vor allem Dr. Susanne Kimmig-Völkner, Halle.

3 Deutsche Inschriften 1999. Auf die formelle Erstellung einer Katalognummer, wie sie in den Katalogen des Deutschen Inschriftenwerks üblich sind, wurde aufgrund der Artikelform verzichtet.

4 Die Maße wurden von Dr. Susanne Kimmig-Völkner, Halle, genommen.

5 Zum Forschungsstand zuletzt Bornschlegel 2019, S. 243 f.

6 Vergleiche die Hinweise bei Bischoff 1979, hier insbesondere S. 280 ff.

7 Kloos 1992. Zur Romanischen Majuskel S. 123–125.

8 Koch 2007. Zur Romanischen Majuskel S. 148–181.

9 Zu den Quedlinburger Epitaphien siehe Hengevoss-Dürkop 1998, S. [45]-87; ferner Middeldorf-Kosegarten 2002–2003, S. 9–47.

10 Siehe Giersiepen 1992, Katalog Nr. 34. Verwendet wurde die digitale Bereitstellung der Katalognummer unter http://www.inschriften.net/aachen-dom/inschrift/nr/di031-0034.html

11 Fuhrmann 2014, Nr. 2. Verwendet wurde die digitale Bereitstellung der Katalognummern unter http://www.inschriften.net/halberstadt-stadt/inschrift/nr/di086-0002.html

12 Siehe den Beitrag von Andreas Stahl in diesem Band. Ich danke Herrn Stahl für seine Hinweise und Auskünfte.

13 Fuhrmann 2009. – Fuhrmann 2014. Verwendet wurde die digitale Bereitstellung der Katalognummern unter http://www.inschriften.net/halberstadt-dom/ bzw. http://www.inschriften.net/halberstadt-stadt/

14 Ich danke Corinna Scherf, Halle, sehr für ihre Beobachtungen zur Technik und der Kartierung der Linien.

15 Es gilt – auch ohne den Gebrauch geschweifter Klammern – das Diktum von Herbert C. Youtie, siehe Merkelbach 2003, S. 34.

16 Zu den Schreibschriften der Zeit siehe Bischoff 1979, S. 185 f.

17 Siehe den Beitrag von Andreas Stahl in diesem Band.

18 Zum Forschungsstand zuletzt Bornschlegel 2019, S. 253 f.

19 Dazu und den Grenzen solcher Befunde siehe Schmitz-Esser 2019, S. 85–108 sowie aktuell ausführlich Wozniak 2021.

20 Walter Koch warnte sogar explizit vor der zu engen Datierung von Inschriften der Romanischen Majuskel, siehe Koch 2007, S. 160.

21 Siehe Middeldorf-Kosegarten 2002–2003, S. 35–37.

22 Siehe den Beitrag von Friedrich W. Schütte in diesem Band.

LITERATUR

BISCHOFF 1979
Bischoff, Bernhard: Paläographie des römischen Altertums und des abendländischen Mittelalters (= Grundlagen der Germanistik 24), Berlin 1979

BORNSCHLEGEL 2019
Bornschlegel, Franz-Albrecht: Die Epigraphik des Mittelalters und der Frühen Neuzeit, in: Archiv für Diplomatik, Schriftgeschichte, Siegel- und Wappenkunde 65 (2019), S. 237–266

DEUTSCHE INSCHRIFTEN 1999
Deutsche Inschriften. Terminologie zur Schriftbeschreibung erarbeitet von den Mitarbeitern der Inschriftenkommissionen der Akademien der Wissenschaften in Berlin, Düsseldorf, Göttingen, Heidelberg, Leipzig, Mainz, München und der Österreichischen Akademie der Wissenschaften in Wien, Wiesbaden 1999

FUHRMANN 2009
Fuhrmann, Hans: Die Inschriften des Doms zu Halberstadt (= Die Deutschen Inschriften 75), Wiesbaden 2009

FUHRMANN 2014
Fuhrmann, Hans: Die Inschriften der Stadt Halberstadt (= Die Deutschen Inschriften 86), Wiesbaden 2014

GIERSIEPEN 1992
Giersiepen, Helga: Die Inschriften des Aachener Doms (= Die Deutschen Inschriften 31), Wiesbaden 1992

HENGEVOSS-DÜRKOP 1998
Hengevoss-Dürkop, Kerstin: Äbtissinnengrabmäler als Repräsentationsbilder. Die Romanischen Grabplatten in Quedlinburg, in: Oexle, Otto Gerhard und von Hülsen-Esch, Andrea (Hrsg.): Die Repräsentation der Gruppen Texte – Bilder – Objekte (= Veröffentlichungen des Max-Planck-Instituts für Geschichte 141), Göttingen 1998, S. 45–87

KLOOS 1992
Kloos, Rudolf M.: Einführung in die Epigraphik des Mittelalters und der Frühen Neuzeit, 2., ergänzte Auflage, Darmstadt 1992

KOCH 2007
Koch, Walter: Inschriftenpaläographie des abendländischen Mittelalters und der früheren Neuzeit. Früh- und Hochmittelalter (= Oldenbourg Historische Hilfswissenschaften 1), München 2007

LORIOT 1957
Loriot: Der gute Ton. Das Handbuch feiner Lebensart in Wort und Bild, Zürich 1957, S. 89

MERKELBACH 2003
Merkelbach, Reinhold: Iuxta lacunam ne mutaveris, in: Zeitschrift für Papyrologie und Epigraphik 142 (2003), S. 34

MIDDELDORF-KOSEGARTEN 2002–2003
Middeldorf Kosegarten, Antje: »Die häßlichen Äbtissinnen«, Versuch über die frühen Grabmäler in Quedlinburg, in: Zeitschrift des Deutschen Vereins für Kunstwissenschaft 56/57 (2002–2003), S. 9–47

SCHMITZ-ESSER 2019
Schmitz-Esser, Romedio: Sacred Signs or Mundane Scribblings? A Survey of Medieval Graffiti in Tyrol, in: JEMS – Journal of Early Modern Studies 9 (2019), S. 85–108

WOZNIAK 2021
Wozniak, Thomas: Mittelalterliche Graffiti in und an Sakralbauten. Ein Problemaufriss, in: Historisches Jahrbuch 141, 2021, S. 359–391

ABBILDUNGSNACHWEIS

Juraj Lipták, München: 1

LDA Sachsen-Anhalt: 2 (Bildarchiv); 4, 5 (Susanne Kimmig-Völkner)

© Gregor Rom, CC BY-SA 4.0: 3

Corinna Scherf, Halle (Saale): 6, 7

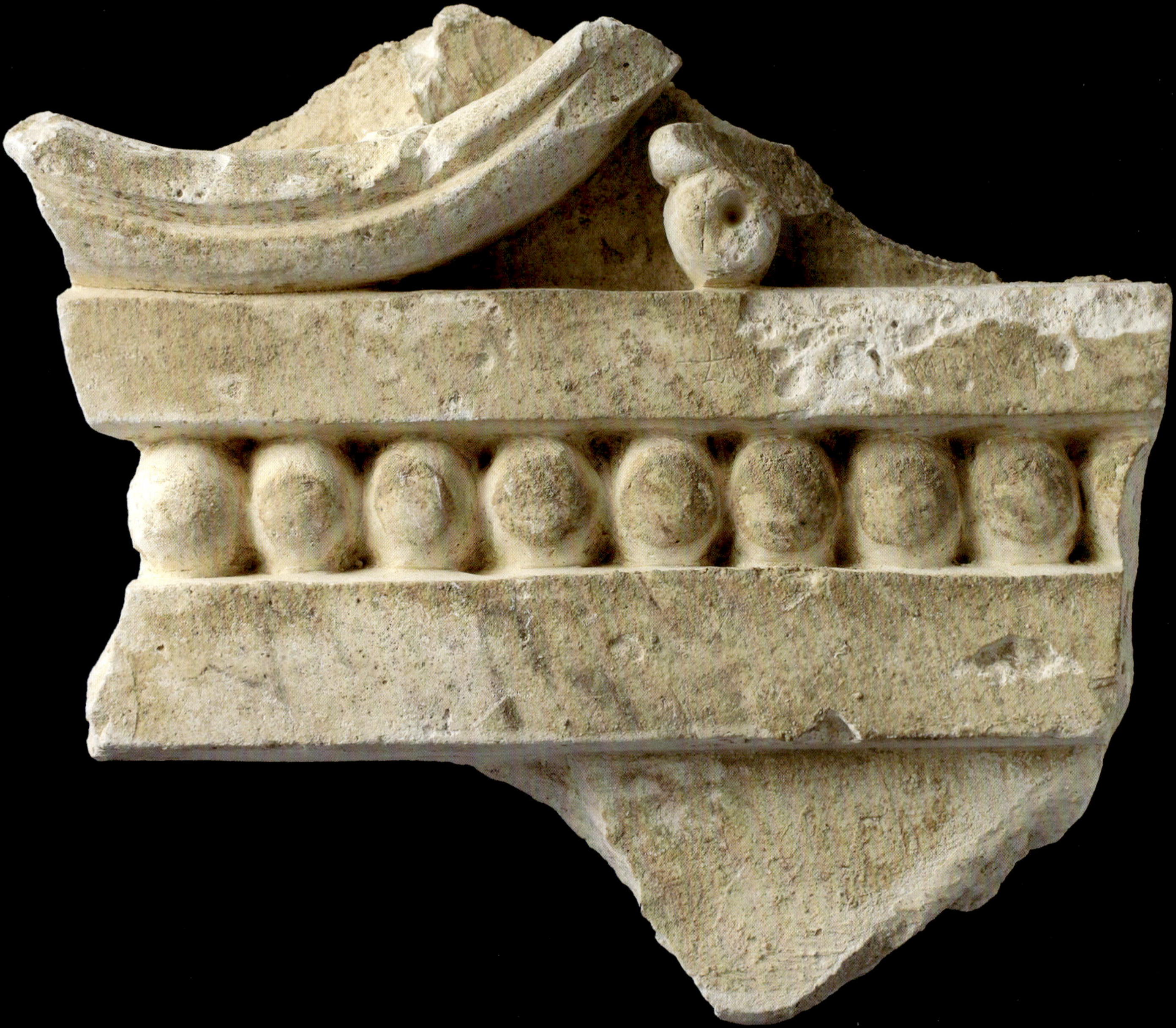

Hochmittelalterlicher Stuck in Sachsen-Anhalt – Erkenntnisse aus der Restaurierung ausgewählter Beispiele

Torsten Arnold

EINLEITUNG

Die Gipslagerstätten des Harzes und des Harzvorlandes bilden die geologische Grundlage für eine reiche mittelalterliche Stucktradition auf dem Gebiet des heutigen Sachsen-Anhalt, deren ursprüngliche Vielfalt anhand der erhaltenen Artefakte noch zu erahnen ist. Dabei weisen die überkommenen Stuckobjekte entsprechend ihrer Fund- bzw. Nutzungsgeschichte unterschiedliche Erhaltungszustände und somit unterschiedliche Informationsdichten auf. So müssen Bodenfunde bei der Interpretation von Analyseergebnissen anders betrachtet werden als ortsfeste Objekte, die über die Jahrhunderte als Bestandteil der Ausstattung eine Nutzung und damit vielfache Materialeinträge durch Überarbeitungen oder durch Konservierungen/Restaurierungen erfahren haben. In den vergangenen 20 Jahren wurden zahlreiche Stuckobjekte des Mittelalters untersucht, teilweise neu bewertet und konserviert. Hier sind in erster Linie die Forschungen und Arbeiten zum Heiligen Grab in Gernrode zu nennen, die Konservierung der Chorschranken in der Liebfrauenkirche Halberstadt und der Stucktumba in Walbeck. Auch den konservatorischen Maßnahmen an der Confessio der Stiftskirche Quedlinburg sowie am Fundkomplex der Stuckfragmente der Drübecker Klosterkirche gingen intensive Voruntersuchungen voraus. Das schon länger bekannte Konvolut an mittelalterlichen Stuckarbeiten wurde mit dem Grabungsfund in der Dorfkirche Eilenstedt spektakulär erweitert (Abb. 1, 2). Die 2010 zu Tage geförderten Fragmente einer Abschrankung zwischen Kirchenschiff und Chor, wie sie bisher eher aus Stifts- und Klosterkirchen bekannt war, stellen neue Fragen zur Ausstattung und Liturgie mittelalterlicher Dorfkirchen. Die Ergebnisse der Untersuchungen und Interventionen an den einzelnen Objekten sind in Werkstattberichten oder aufwendigeren Veröffentlichungen bereits publiziert[1] bzw. entsprechende Publikationen sind geplant.

An dieser Stelle sollen die Erkenntnisse aus restauratorischer Perspektive in zusammenfassender Form exemplarisch beschrieben werden, um zum Gerbstedter Fundkomplex einen Vergleichskontext mit den Schwerpunkten Material, Werktechnik und Fassung zu schaffen.

DAS MATERIAL HOCHBRANDGIPS[2]

Das Ausgangsmaterial für die Herstellung von abbindefähigem Gipsmörtel ist der zechstein-zeitliche Gips vor allem am südlichen und in geringeren Vorkommen auch am nördlichen Harzrand. Der Gips steht hier relativ oberflächennah an und kann günstig erschlossen werden. Das abgebaute Gipsgestein (Calciumsulfat-Dihydrat) wurde in Brocken im Wechsel mit Holzbrennstoff in einem Feldbrandofen eingeschichtet und über mehrere Stunden bei Temperaturen von ca. 700–1200 °C gebrannt. Das Brandgut ist dabei in Abhängigkeit vom Brandherd und der Dimension der Gipsbrocken unterschiedlichen Temperaturen ausgesetzt, die letztendlich eine unterschiedliche Entwässerung des Gipsgesteins bewirken. Der so entstehende Mischbrand enthält verschiedene Gipsdehydratationsprodukte.

[1] Dorfkirche Eilenstedt, Grabungsfund: Chorabschrankung mit Fragmenten einer stehenden Figur, ungereinigter Zustand, 2010

[2] Dorfkirche Eilenstedt, Grabungsfund: Stuckfragmente mit Fassungen unmittelbar nach Bergung im Kirchenschiff, ungereinigter Zustand

Dabei entstehen im Wesentlichen neben einem geringen Anteil an niedriggebranntem Gips (Calciumsulfat-Halbhydrat; Temperatur bis ca. 200 °C) verschiedene Thermoanhydritvarianten (Calciumsulfat; Temperatur 300–1200 °C), bei denen das Kristallwasser vollständig ausgetrieben worden ist. So sind die Thermoanhydrittypen, die bei Brenntemperaturen über 300 °C entstehen, schwerlöslich bzw. unlöslich in Wasser und dadurch allein nicht oder nur sehr langsam abbindefähig. Bei Temperaturen über 1200 °C zerfällt außerdem das Calciumsulfat in Calciumoxid (Brandkalk) und Schwefeltrioxid. Bei ungeregelter Sauerstoffzufuhr kann es zu unerwünschten reduktiven Brandbedingungen kommen; dann entsteht zusätzlich Calciumsulfid.

Das Brandprodukt besteht also idealerweise immer aus wenig niedriggebranntem Gips, einem großen Anteil von Thermoanhydrit der verschiedenen Subtypen I bis III und etwas Brandkalk (Calciumoxid). Dazu kommen lagerstättenbedingte Verunreinigungen oder solche, die dem Brandprozess zuzuordnen sind. Diese Anteile von Holzkohle, Asche, Quarzsand, Schiefer, Eisenoxiden, Tonpartikeln u. a. liegen unter 5 %.[3] Bewusste Zugaben von Quarzsand oder Gips- bzw. Anhydritgestein[4] zur Abmagerung der Mörtel sind bei den Stuckmassen bisher offenbar weniger anzutreffen, was für eine bewusste Auswahl der Brandprodukte für eben diese Arbeiten spricht.

Bei Zugabe von Anmachwasser nehmen zuerst die niedrig gebrannten Bestandteile des Mehrphasensystems Calciumsulfat Wasser auf, beginnend mit Calciumsulfat-Halbhydrat und dem wasserlöslichen Thermoanhydrit. Der gering vorhandene Brandkalk wird gelöscht. Das dabei entstehende basische Calciumhydroxid und der in Lösung gegangene Gips dienen dabei als Anreger bzw. Kristallisationskeim für die Hydratisierung der schwerlöslichen Thermoanhydritbestandteile.[5] Im Ergebnis steht eine monomineralische Gipsmatrix aus Calcium-Dihydrat (Gipsstein) in die feindispers Calciumkarbonat (ca. 3 %) durch Karbonatisierung von Calciumhydroxid eingelagert ist. Dieser Prozess kann in Abhängigkeit der verwendeten Korngrößen und Klimasituationen über Jahrzehnte aktiv sein. Dabei bilden die nichthydratisierten Thermoanhydritrelikte eine Bindemittelreserve, die durch eine langsame Umsetzung zu Gips immer wieder gefügeverfestigende Umkristallisationen hervorrufen kann. An den Oberflächen bildet sich, je nach Art der Bearbeitung, eine mit Calciumkarbonat angereicherte Zone (Sinterhaut).

DIE VERARBEITUNG

Die angemachte Gips-Anhydritmasse ermöglicht nach einem ersten Erstarren und wieder Aufrühren eine stundenlange Verarbeitung des zähplastischen Modelliermaterials und eine noch längere Nachbearbeitungsphase am Objekt. Der immer wieder bei den Stuckarbeiten in Antragstuck beobachtete schichtenweise modellierte Auftrag der Stuckmasse ergibt sich auch aus der Materialspezifik, die nicht mit den Verarbeitungseigenschaften eines Kalkmörtels oder mit niedriggebranntem Stuckgips vergleichbar ist. Mit relativ wenig Wasser angemacht, um stärkere Schichten antragen zu können, ergibt sich eine sehr zähe, relativ schwere Stuckmasse, die nur kleinteilig aufgezogen werden kann; ein Umstand, der insbesondere bei flächigem Verputz sichtbar ist. Eine Oberflächenbearbeitung ist in dieser Phase nur glättend möglich. Das zeitliche Aufeinanderfolgen des schichtweisen Auftrages muss entsprechend den Bedingungen am Objekt eingehalten werden. Hier spielen das Saugverhalten des Untergrundes und die Dicke des Stuckaufbaues eine Rolle. Der Auftrag erfolgt, nachdem die darunterliegende Schicht erstarrt ist, jedoch bevor sich an der Oberfläche eine Sinterschicht vollständig ausbilden und einen innigen Verbund der Stuckschichten untereinander beeinträchtigen kann. Deutlich wird Letzteres an typischen Schadensbildern, bei denen sich die bildgebende obere Stuckschicht bis auf die darunterliegende, meist geglättete Schicht aufgrund von Alterung (Klimaeinwirkungen, mechanische Belastungen u. a.) ablöst oder ganz verlorengegangen ist (Abb. 3).

DIE STUCKTECHNIK

Am weitesten verbreitet ist bei den erhaltenen mittelalterlichen Stuckarbeiten zweifellos die Ausführung im freien Antrag.[6] Dabei wurde die Stuckmasse schichtweise, der vorgesehenen plastischen Form folgend, aufgetragen und so insbesondere bei figürlichen Darstellungen eine grobe Vormodellierung realisiert. Die dabei verwendeten Stuckmassen können grobkörniger und auch in Nuancen farblich verschieden zur in ihrer Materialzusammensetzung feiner fraktionierten letzten Stuckschicht sein. Diese wurde dann mit den entsprechenden Modellierwerkzeugen schneidend und schabend in Form gebracht. Durch die trägen Abbindezeiten war eine lange Nachbearbeitung des Stucks im materialfeuchten Zustand gewährleistet. Selbst im ausgehärteten Zustand war aufgrund der schlagzähen und homogenen Struktur des Materials eine Nachbearbeitung der Oberflächen mit Steinmetzwerkzeug möglich. Für eine Verankerung im Untergrund reichte meist ein Aufspitzen der vorhandenen Oberfläche. Für stärker aufgebaute und damit schwerere Stuckierungen sind Dübel bzw. Dübellöcher für Holz oder Metalldübel nachgewiesen.[7]

[3] Halberstadt, Liebfrauenkirche, Chorschranken, Nordschranke, Bereich unterer Fries. Verweis auf die Werktechnik. Typisches Schadensbild einer Schichtentrennung zwischen den einzeln aufgetragenen Stuckschichten. Bei Ausbildung einer Sinterhaut während des Auftragens der Schichten kann es zu Ablösungen der bildgebenden Schicht kommen. 2003

[4] Quedlinburg, Stiftskirche St. Servatius, Krypta, Confessio. Wandnischen mit vorgeblendeten Rahmungen und Säulen aus Stuck. 1877 stark überarbeitet, insbesondere das obere abschließende Gesims zum Fußboden der Krypta verfälscht den ursprünglichen Abschluss nach oben (Gewölbe). Das Sockelprofil über dem anstehenden Fels stammt aus der Überarbeitungsphase (2. Hälfte 10. Jahrhundert) und überformte bereits bestehende Säulenbasen einer früheren Gestaltungsphase. 2021

[5] Quedlinburg Stiftskirche St. Servatius, Krypta, Fundkomplex Confessio. Großes Zwickelfragment mit Säulenkapitell und Bogenansätzen. Flache Ausbildung des Stucks. Das Relief wurde schneidend herausgearbeitet (Inv.nr.: Q/BZ-58)

[6] Quedlinburg Stiftskirche St. Servatius, Krypta, Fundkomplex Confessio, Inv.nr.: Q/BZ-64f Fragment mit stark plastischer Ausformung in Form von Durchbrechungen und Hinterschneidungen; Fragmente dieser Gruppe unterscheiden sich mit ihrem eher modellierenden Stuckaufbau zum flach ausgeführten Stuck der Confessio. Unterschiedliche Überarbeitungsphasen oder Ausführende können vermutet werden.

OBJEKTBEISPIELE

QUEDLINBURG, KRYPTA STIFTSKIRCHE ST. SERVATIUS
(1070/1129), CONFESSIO (UM 968), AUSGRABUNG 1868,
RESTAURIERUNG 1877

Die Confessio mit ihrem hufeisenförmigen Grundriss wurde direkt auf dem anstehenden Sandsteinfels errichtet (Abb. 4). Sie liegt unterhalb des Fußbodenniveaus der Krypta und hat eine Tiefe von ca. 1,80 m. Eine Gliederung der Wandflächen erfolgt durch ein umlaufendes Sockelprofil (Bankett) in Stuck direkt im Anschluss an den Fels. Darauf aufbauend werden die aufgehenden Wände von flachen Wandnischen mit Segmentbögen gegliedert, die von vorgeblendeten Stuckbögen und flankierenden Säulchen gerahmt werden. Die dazwischen stehenden größeren Säulen ragen über das Scheitelniveau der Nischen hinaus, trugen ursprünglich vermutlich eine Arkatur und eine daran anschließende niedrige Einwölbung.

Das heutige Erscheinungsbild wird dominiert durch die Restaurierung von 1877, die den bei der Ausgrabung vorgefundenen fragmentarischen Zustand stark rekonstruierend und verfälschend überprägt hat. Die Oberflächen des ottonischen Stucks wurden zusammen mit teilweise rekonstruierten Bauteilen bei den Restaurierungsarbeiten des 19. Jahrhunderts[8] und vermutlich teilweise auch in den 1930er Jahren überfasst.

Bei den damaligen Ausgrabungen geborgene und nicht zuzuordnende Fundstücke lagerten im Stadtmuseum Quedlinburg und konnten im Rahmen einer restauratorischen Bestands- und Zustandanalyse erfasst werden.[9] Ausgehend von den Untersuchungen an der Confessio durch Roland Möller[10] ergibt sich folgendes Bild: Der Stuck der Confessio besteht aus Hochbrandgips. Der makroskopische Befund am Mörtelanschliff weist auf die typische Matrix eines Gipsmörtels. Zudem können im Bereich des Sockelbanketts deutlich zwei Gestaltungsphasen unterschieden werden, die sich aber im Vergleich zu anderen Objektbereichen und an den Fragmenten nicht nebeneinanderstehend wiederfinden lassen.

Die Frage, ob es sich in diesem Bereich um eine Konzeptänderung während des Arbeitsprozesses handelte oder ob hier tatsächlich eine schon länger bestehende Stuckgestaltung in ihrer Gesamtheit überarbeitet wurde, ist bisher nicht eindeutig beantwortet. Auffällig ist die unterschiedliche Qualität der Stuckarbeiten in ihrer plastischen Ausführung. So sind die Stuckfragmente in der Confessio und Teile der archivierten Fragmente in einem flachen, oftmals »gedrückt« wirkenden Relief ausgeführt (Abb. 5). Andere Fragmente ebenfalls aus dem Fundkomplex der Bruchstücke zeigen eine sehr starke Plastizität mit Unterschneidungen und Durchbrüchen innerhalb der Ornamente (Abb. 6). Zeitlich versetzte Stuckphasen und anlassbezogene Veränderungen sind denkbar. Nicht außer Acht gelassen werden sollte außerdem eine nach außen hin in den Kirchenraum gerichtete Stuckdekoration der Confessio. Da eine zeitliche Einordnung der stark plastischen Fragmente noch offen ist und der

[7] Negativabdruck von Schilfrohrbündeln, die vermutlich mit einem Faden zusammengebunden waren. Rostspuren weisen auf eine mögliche Befestigung an einer Schalung(?) mit Nägeln. Die Schilfrohrbündel dienten als Träger- und Armierungsmaterial für den Stuckaufbau. (Inv.nr.: Q/BZ-24)

[8] Quedlinburg Stiftskirche St. Servatius, Krypta, Fundkomplex Confessio. Gut sichtbar der schichtenweise Auftrag des Stucks. Zwischen den Schichten wurde die geplante plastische Form orientierend in Form einer Ritzung grob in der Stuckschicht angelegt und nach oben hin weiter modellierend aufgebaut (Inv.nr.: Q/BZ-36)

[9] Quedlinburg Stiftskirche St. Servatius, Krypta, Fundkomplex Confessio; Detail Fragment Q/BZ 58, Rückseite. Singulärer Befund einer Sinopie, hier in Form eines Negativabdruckes von der grauen grundierenden Stuckschicht auf der Unterseite der darüber folgenden Schicht erhalten.

[10] Quedlinburg Stiftskirche St. Servatius, Krypta, Fundkomplex Confessio. Detail Fragment Q/BZ 58 mit Resten einer weißen Tünche, die sich in den Vertiefungen der grauen Stuckvarietät erhalten hat (Pfeil). Analysen weisen auf eine gipshaltige Schicht (Analyse Prof. Dr. Schramm, HfBK Dresden in: Möller, 1996).

unmittelbare Bauzusammenhang ungeklärt bleiben muss, bleibt auch eine andere Herkunft der Fragmente jenseits der Confessio möglich.[11]

Der Stuckaufbau erfolgte in mehreren Schichten im freien Antrag. Dabei wurde, neben dem Auftrag der Stuckschichten direkt auf das Mauerwerk der Wände, auch Stuckmasse auf Schilfrohrbündel aufgebracht, die vor allem im Gewölbe als Armierung und Trägermaterial dienten und deren Negativabdrücke an einigen Fragmentrückseiten erhalten geblieben sind (Abb. 7). Die Bearbeitungsspuren zeigen bei den flachen Reliefs eher eine substraktive Herangehensweise, bei der die Ornamentierung schabend und schneidend herausgearbeitet wurde. Verdichtete Oberflächen und Arbeitsspuren deuten auf ein Nachglätten des Stucks. Während des schichtenweisen Aufbaues eines größeren Volumens ist das abschließende Stuckornament bereits skizzierend mit angelegt worden. Das verdeutlicht der, wenngleich auch sehr singuläre, Befund einer Sinopie und einer Ritzung/Nutung in der Zwischenschicht (Abb. 8, 9); beides war als Orientierung für den Auftrag der darüber folgenden Stucklage gedacht.

Der verwendete Gips-Anhydritmörtel lässt sich nach dem optischen Erscheinungsbild im Wesentlichen in eine weißgelbliche Mörtelvarietät und in eine graue Varietät unterteilen. Letztere weist stärkere Verunreinigungen mit schwarzen und rötlichen Bruchstücken (Holzkohle, Eisenoxide, lagerstättenbedingte Verunreinigungen) auf. Diese Mörtelvarietät ist vielfach in den unteren Schichten nachweisbar – im Sockelbereich als Ausgleichsschicht über Sandsteinmauerwerk bzw. gegossener Kern für den Sockel und im Gewölbebereich als erste Schicht in Form eines Schal- und Vergussmörtels.[12] Ein grauer Gipsmörtel ist jedoch auch an vielen Fragmenten der oberen Wandzone als abschließende Stuckschicht angelegt, sodass helle und graue Stuckmatrix auch nebeneinander stehen können. Von hoher Relevanz ist daher der Befund einer weißen Fassung (Tünche) auf Gipsbasis, die sich an vielen Fragmenten erhalten hat. Es kann daher mit hoher Wahrscheinlichkeit von einer abschließenden Teilfassung oder Grundierung ausgegangen werden, die unterschiedliche Farbigkeiten innerhalb der Stuckmassen angleichen sollte (Abb. 10).

Darüber hinaus fanden sich nur sehr fragmentarische Hinweise auf eine polychrome Fassung, die mit Sicherheit dem frühmittelalterlichen Bestand zugeordnet werden kann.[13]

QUEDLINBURG, STIFTSKIRCHE ST. SERVATIUS, KIRCHENSCHIFF, NÖRDLICHE OSTWAND – WANDMALEREI UND STUCK[14] (FRÜHES 13. JAHRHUNDERT)

An der Ostwand des nördlichen Seitenschiffes haben sich über dem nördlichen Zugang (sog. Marienportal) zur Seitenkapelle der Krypta mittelalterliche Wandmalereifragmente mit Stuckapplikationen erhalten (Abb. 11). Die ins frühe 13. Jahrhundert datierten Dar-

Zugang zur nördlichen
Seitenkapelle der Krypta

Pfeiler

[11]

[11] Quedlinburg, Stiftskirche
St. Servatius, nördliche Ostwand Kirchenschiff. Wandmalereifragmente mit
Stuckapplikationen, frühes
13. Jahrhundert, 2000

stellungen gehören zu den wenigen überlieferten Zeugnissen einer interpretierbaren figürlichen Ausmalung des Kircheninnenraumes im Mittelalter. Das Zentralbild, eine thronende Maria mit Christuskind, wird zu beiden Seiten von zwei Heiligen, getrennt durch möglicherweise zu Arkaden zugehörige Säulen, flankiert. Direkt darunter, im Tympanonfeld des Einganges zur Krypta, ist Christus als Pantokrator dargestellt. Südlich schließt sich die Pfeilervorlage zum Treppenaufgang des Chores an. Dort haben sich Fragmente einer stehenden Figur, zu deren Füßen eine kleine Stifterfigur kniet, erhalten. Eine Besonderheit der Darstellungen ist zweifellos eine gegenüber dem Malgrund auf mehrere Ebenen verlagerte Gestaltung, die eine Dreidimensionalität erzeugen bzw. Bilddetails in ihrer Bedeutung besonders hervorheben sollte. Da sind einerseits im flachen Relief angetragene Stuckapplikationen, andererseits Bilddetails, die in Form einer Gravur vertieft in die Malebene eingeschrieben wurden (Abb. 12). Die leicht perspektivisch angelegten Thronwangen Mariens sind als Antragstuck ausgeführt. Das betraf mit hoher Wahrscheinlichkeit auch die nicht mehr vorhandenen Nimben, deren ursprüngliche Position heute verputzte Fehlstellen markieren.[15] Eine weitere plastische Differenzierung wurde durch Gravuren im Malgrund angelegt, wie sie an der Thronlehne, dem Mantelsaum des Obergewandes der Marienfigur, der Halsborte der rechten Assistenzfigur und am Attribut (Buch) der rechten Figur noch nachzuweisen sind. Außerdem finden sich im Bereich der unteren Thronstufe in gleichmäßigem Abstand geringe Reste einer wachsartigen schwarzen Masse über roter Untermalung, die weitere Differenzierungen in Form aufgeklebter Applikationen vermuten lassen.

Werktechnik und Polychromie der Darstellungen über dem Zugang zur Krypta lassen sich anhand der Fragmente und freiliegenden Schichtenabfolgen gut rekonstruieren. So kann zumindest für diesen Wandabschnitt des Kirchenbaues davon ausgegangen werden, dass es sich bei der Wandmalerei und den Stuckarbeiten um die Zweitfassung handelt. Die bauzeitliche zweischichtig aufgebaute Raumfassung besteht aus ei-

[12] Quedlinburg, Stiftskirche St. Servatius, nördliche Ostwand Kirchenschiff, Detail Zentralbild mit stuckierten Thronwangen, vertiefend eingearbeiteter Thronlehne und Wandmalereifragmenten einer thronenden Maria mit Kind, 2000

ner weißen feinsandigen Grundierung und einer ockerfarbenen Schlämme. Dieser Befund hat sich nur unter den Malereifragmenten erhalten.[16] Für die Anlage der Wandmalereien wurde darüber eine 1–4 mm starke Schlämme aufgetragen, die einen regellosen Pinselduktus trägt. Die Schicht wirkt im Bereich des Zentralbildes eher wie ein dünner Putz. In einigen Bereichen, wie an der Thronlehne und der Mantelborte Marias, wurde die Oberfläche geglättet. Zeitgleich müssen auch die plastischen Vertiefungen (Gravuren) mit einem halbrunden Werkzeug (Spachtel, Holzspatel) in die noch weiche Kalkschlämme eingebracht worden sein. Wo diese zu dünn war, z. B. bei der äußeren rechten Figur (Buch), erfolgte die Vertiefung über die Schlämme hinaus bis in den weichen grobkörnigen Sandstein.

Unmittelbar vor Anlage der Vorzeichnung wurde nochmals eine Tünche aufgetragen, sodass die in rotem Ocker angelegte Komposition freskal einbinden konnte. Zusätzlich sind in die Kalkschlämme Ritzungen vor und nach Anlage der roten Vorzeichnung eingebracht worden und verstärken diese. Sie scheinen ausgeführt, um bei einem relativ schichtstarken Aufbau der Malerei, etwa in Form von Goldauflagen bzw. dichten mehrlagigen Malschichten, die Vorzeichnung als Orientierung für die in Endredaktion aufgesetzte Binnenzeichnung durchscheinen zu lassen. Die graue Untermalung (Veneda) für den blauen Hintergrund wurde noch vor dem Stuck aufgebracht. Erst dann erfolgte die entsprechende Präparation des Untergrundes für den Stuckauftrag, indem entlang der Vorzeichnung der Untergrund bis in den Werkstein hinein aufgespitzt wurde. Der aus Hochbrandgips bestehende Stuck der Thronwangen wurde einlagig aufgetragen, in relativ frischem Zustand schneidend in Form gebracht und mit einem halbrunden Werkzeug bearbeitet. Die Binnengliederung besteht im Wesentlichen aus freihändig gesetzten kleinen flachen Hohlkehlen, die aus dem geglätteten Stuck geschabt wurden. Ritzungen als Konstruktionshilfen oder andere charakteristische Werkzeugspuren konnten nicht beobachtet werden. Die Stuckarbeit ist als flaches Relief ausgebildet. Nach Ausführung der Vorzeichnungen und Ritzungen und vermutlich nach dem weitgehenden Abbinden der Stuckmasse als auch der Kalkschlämme wurden die Lokaltöne für Gewänder, Architektur und den Hintergrund aufgetragen. Die darauffolgende Licht- und Schattenmodellierung sowie eine den Vorritzungen akkurat folgende Binnen- und Konturzeichnung in Schwarz schlossen den Malschichtaufbau ab.

Die Pigmente wurden mit einem organischen Bindemittel[17] unvermischt aufgetragen. Die Palette umfasst typische mittelalterliche Pigmente wie Bleiweiß, Zinnober, Mennige, Malachit, Azurit und Vivianit, die in einem stark polychromen und kontrastreichen Nebeneinander standen (Abb. 13). Blattgoldauflagen akzentuierten die in ihrer Bedeutung herausgehobenen Bildbereiche. Eine Vergoldung erfuhren demnach der Thron, die Attribute der Heiligen (Buch), der Gewandsaum der Maria und das gesamte Gewand des Christuskindes. Letzteres erhielt auf dem Gold eine schwarze Binnenzeichnung, ähnlich dem grafischen Effekt einer Schwarzlotmalerei. Die verlorengegangenen stuckierten Heiligenscheine muss man sich ebenfalls vergoldet vorstellen. Der Hintergrund war zweischichtig aufgebaut. Die graue Untermalung aus Pflanzenschwarz und Vivianit wurde mit Azurit tiefblau überfangen. Die naturwissenschaftlichen Untersuchungen zum Aufbau der Vergoldung auf dem Stuck[18] und im Bereich der Wandmalerei[19] lassen den Schluss zu, dass die Oberflächen unterschiedlich behandelt wurden. Als Anlegegrund für das Gold kam beim Stuck eine rote Erde (Eisenoxid) gebunden in Proteinleim zur Verwendung. Zuvor wurde die Saugfähigkeit des Stucks mittels einer leicht ockerfarben eingetönten Lösche, vermutlich ebenfalls mit einem Proteinleim gebunden, herabgesetzt.[20] Die Vergoldung selber erfolgte mit einem öligen Anlegemittel. Die Metallauflage am Gewand des Chris-

[13]

tuskindes kann ebenfalls als Ölvergoldung angenommen werden. Im Unterschied zum Stuck wurde hier der Anlegegrund zweischichtig mit einer Mischung aus Eisenoxid, Mennige und Bleiweiß ausgeführt. Inwieweit dieser Unterschied bei der Behandlung der Materialoberflächen für die Vergoldung in den Materialien Gips und Kalk begründet lag oder ob damit zusätzlich eine optische Differenzierung der Metallauflagen voneinander erreicht werden sollte, konnte aufgrund der sehr fragmentarischen Malschicht und der damit verbundenen geringen Probenentnahme nicht geklärt werden. Dabei können durchaus die materialtechnischen Eigenheiten des Gipses für die unterschiedliche Behandlung der Malgründe eine Rolle gespielt haben. So kann bei unerwünschten reduktiven Brennbedingungen des Ausgangsmaterials Gipsstein im Feldbrandofen als Nebenprodukt Calciumsulfid entstehen.

Beim Abbinden der Stuckmasse wandelt sich dann das Calciumsulfid unter Abspaltung von Schwefelwasserstoff in das Bindemittel Calciumkarbonat um.[21] Der freiwerdende Schwefelwasserstoffanteil kann bei bleihaltigen Pigmenten, wie Mennige und Bleiweiß, Verschwärzungen hervorrufen. Möglicherweise wurde deshalb beim Anlegegrund der stuckierten Thronwangen das in jeder Hinsicht stabile Pigment Eisenoxidrot verwendet.

Die Maltechnik und die verwendeten kostbaren Pigmente belegen eine hohe Qualität der Darstellungen und damit die herausgehobene Bedeutung des Einganges zur Krypta.

Eine Einordnung der Wandmalerei mit ihren Stuckelementen in den Gesamtkontext der mittelalterlichen Raumfassung bleibt aufgrund der isolierten Befundsituation sehr unsicher. In die Betrachtung einzubeziehen sind die erhaltenen Stuckfragmente mit mindestens zwei Fassungen unterschiedlicher Zeitstellung, an denen auch Reste figürlicher Malereien fotodokumentarisch belegt sind.[22] Die jüngst untersuchten bauzeitlichen bildplastischen Frieszonen aus Sandstein an der Nord- und Südseite des Kirchenschiffes weisen

[13] Quedlinburg, Stiftskirche St. Servatius, nördliche Ostwand Kirchenschiff, Rekonstruktionszeichnung nach Befund. Die nicht mehr vorhandenen Nimben (Putzfehlstellen) wurden frei hinzugefügt. Eine Vergoldung erfuhren ursprünglich der Stuck (Thron, Heiligenscheine), das Gewand des Jesuskindes und die Attribute der Heiligen. 2000/2013

[14] Halberstadt, Liebfrauenkirche, Fragmente einer Wandmalerei des frühen 13. Jahrhunderts mit Stuckapplikationen über dem Südosteingang. Restaurierung unter Ergänzung von Wandmalerei und Stuck 2. Hälfte 19. Jahrhundert, 2021

ebenfalls einen fragmentarischen Bestand einer reichen polychromen Erstfassung auf, die nie übermalt, sondern erst mit den barocken Umbauten überdeckt wurde. Aus diesen vereinzelten Befunden ergibt sich in der Zusammenschau eine annähernde Vorstellung vom Nebeneinander der Kunstgattungen Wandmalerei, Steinplastik und Stuck.[23]

LIEBFRAUENKIRCHE HALBERSTADT (1146), POLYCHROME CHORSCHRANKEN AUS STUCK (UM 1200)

Die Verwendung von mittelalterlichem Hochbrandgips als universelles Bau- und Gestaltungsmaterial ist in der Liebfrauenkirche aufgrund der außergewöhnlich hohen Dichte und Qualität der Arbeiten am eindringlichsten abzulesen. Die Tympanonmalerei im Außenbereich über dem südöstlichen Eingang zum Querhaus, eine Darstellung der thronenden Maria mit Kind und weiblichen Assistenzfiguren (hl. Katharina, hl. Kunigunde), ist in die Zeit des frühen 13. Jahrhunderts zu datieren (Abb. 14). Sie ähnelt in Motiv und Ausführung mit stuckierten Thronwangen sowie Heiligenattributen den Darstellungen in der Quedlinburger Stiftskirche, wenngleich diese hier stark übermalt worden sind.

Die Liebfrauenkirche wurde 1179 im Zuge der Brandschatzung der Stadt durch Heinrich den Löwen stark zerstört. In vielen Bereichen des Werksteinmauerwerks aus lokalem Schaumkalk sind die Schäden noch heute im Innenraum ablesbar. Die vormals steinernen, einfach profilierten Chorschranken der Süd- und Nordseite wurden dabei ebenfalls geschädigt. Um 1200 wurde diese Anlage mit Stuckbildwerken überformt.[24] Auf einer Länge von ca. 9,20 m und einer Höhe von 2,20 m ist an der Südseite Maria und an der Nordseite Christus im Kreise der Apostel dargestellt (Abb. 15). Die nahezu lebensgroßen Figuren sitzen in einer Arkadenarchitektur. Die Darstellungen werden nach oben und unten mit einem Ornamentband gerahmt. Aufgesetzte hölzerne Arkaden schließen die Stuckarbeiten der Chorschranken nach oben hin ab. Durch die großflächigen und im Zusammenhang erhaltenen Stuckoberflächen und den vielschichtig vorhandenen mittelalterlichen Fassungsbestand lassen sich die Werktechnik der Stuckarbeiten und die Behandlung der Oberflächen sehr gut nachvollziehen.[25]

Stucktechnik

Auf die stark zerklüftete und mit Rissen durchzogene Steinschranke des Baues von 1146 wurde ein grauer Hochbrandgipsmörtel[26] aufgetragen, der als Ausgleichsschicht oder Bewurf zur Haftvermittlung zum Untergrund dient. Es ist zu vermuten, dass es sich um stark verunreinigtes Material aus dem Brandprozess handelt.[27] Ein weiterer schichtweiser Aufbau erfolgte mit einem hellen gelblichgrauen Stuckmörtel. Dabei wurden Stuckmassen in der Dimension von 0,8 cm in den Rücklagen bis zu 20 cm bei den Figuren aufgebracht (Abb. 16). Bauzeitliche Dübel oder andere Verankerungen aus Holz bzw. Metall konnten bisher nicht festgestellt werden. Im Arbeitsfortgang wurden zuerst der obere und der untere Fries als geschlossene Fläche in mehreren Lagen aufgetragen und die Abmessungen mittels Ritzung in den feuchten Putz präzisiert und beschnitten. Die detaillierte Ausarbeitung der Ornamente erfolgte dann schneidend und kratzend durch Wegnahme von Gipsmasse (substraktive Bearbeitung). Hinweise auf Vorzeichnungen oder Ritzungen für die vegetabilen Ornamente sind nicht vorhanden, aber auch nicht auszuschließen. Vor der Anlage der Säulenstellungen und Arkadenbögen wurden die Zwickelbereiche zwischen den Bögen verputzt und geglättet. Danach erfolgten die flächigen Gipsputzrücklagen der Figuren. Erst dann wurden die Figuren schichtweise formgebend modelliert. Für die oberflächliche Ausarbeitung der Details mit einer ca. 0,5 mm starken Stuckschicht kam eine feiner fraktionierte Gipsmasse zur Verwendung (Abb. 17). Nach dem Modellieren der Figuren wurden die Rücklagen um die Stuckplastik herum partiell durch Auftrag einer dünnen Glättschicht überarbeitet, vermutlich um Beschädigungen der bereits vorhandenen Oberfläche, die durch das Bearbeiten der Figuren entstanden waren, zu beheben. Die Vorgehensweise, wie das Arbeiten von oben nach unten, die Fertigstellung der Architekturgliederung und der Putzflächen vor Modellierung der Figuren lassen auf ein sehr überlegtes und vermutlich arbeitsteiliges Vorgehen der Künstler schließen. Der Sorgfalt bei der Modellierung der Figuren stehen gewisse Nachlässigkeiten beim Herstellen der rahmenden Architekturteile gegenüber. Gravierend ist vor allem der Unterschied in der Ausführung zwischen Nord- und Südschranke. Die Oberflächen der Südschranke sind wesentlich sorgfältiger behandelt, als die an der Nordschranke, deren Arkadenarchitektur zahlreiche Mörtelspritzer, schlecht verglättete Arbeitsportionen (Abb. 18) und stehengelassene Stuckmassen aufweisen (Abb. 19). Eine ornamentale geometrische Gestaltung der Säulenschäfte erfolgte im Gegensatz zur Nordschranke nicht. Die Arbeiten hier wurden insgesamt mit großer Schnelligkeit ausgeführt. Der Südschranke mit der Marienfigur und ihrem zugeordneten Sepulcrum kam vermutlich innerhalb der Liturgie mit der Reliquienverehrung große Bedeutung zu, die sich auch in der Materialbehandlung und Qualität der Oberflächen widerspiegelt.

An den Chorschranken finden sich zahlreiche Bearbeitungsspuren, die Hinweise sowohl auf verwendete Werkzeuge und Hilfsmittel als auch auf die Eigenschaften des verwendeten Stuckmörtels während der Verarbeitung geben. Gut sichtbar sind vor allem die Ritzungen zur Aufteilung der Fläche und als Orientierung zur Anlage der Architekturgliederung (Abb. 20). Für die gemalten Engelsdarstellungen in den Zwickeln der Arkadenbögen wurden Vorritzungen angelegt. Im Wesentlichen finden sich Werkzeugspuren, die auf

[15] Halberstadt, Liebfrauenkirche, südliche Chorschranke um 1200. Stuck aus Gips-Anhydritmörtel, gefasst. Träger: steinerne Chorschranken aus Schaumkalk von 1146, die durch den Brand von 1179 stark geschädigt wurden, 2008

[16] Halberstadt, Liebfrauenkirche, nördliche Chorschranke um 1200, Seitenansicht. Stark plastischer Stuck mit bis zu 20 cm herauskragender Modellierung, 2008

[17] Halberstadt, Liebfrauenkirche, nördliche Chorschranke, Figur des Thomas. Gut erkennbar die Vormodellierung mit einem konvexen Modellierwerkzeug (Spachtel), darüber dann die sorgfältig modellierte Gewandstruktur in einem feineren Stuckmaterial, 2021

[18] Halberstadt, Liebfrauenkirche, nördliche Chorschranke. Nachlässig verglättete Arbeitsportionen an der Unterkante zum oberen Fries, 2021

[19] Halberstadt, Liebfrauenkirche, nördliche Chorschranke. Nicht entfernte Stuckmasse über dem Kapitell zwischen den Figuren Christus und Petrus. Die flache Hohlkehle des Arkadenbogens wurde schabend erstellt und teilweise nachgeglättet. Reste der Stuckmasse verblieben am Ende des Profils und wurden später mit überfasst. 2021

konkave spachtelartige Werkzeuge deuten, mit denen angetragen, geglättet und geschabt wurde. Für die flachen Hohlkehlen der Arkadenbögen sind größere frei geführte Schabeschablonen zu vermuten. Dazu kommen schneidende Werkzeuge wie Messer, Hohleisen oder löffelartige Werkzeuge, die gekehlte Werkspuren hinterlassen. An der Nordschranke finden sich vereinzelt Spuren einer steinmetzmäßigen Nachbearbeitung im weitestgehend erhärteten Zustand der Oberfläche (Abb. 21).

Für die Chorschranken war immer eine Fassung vorgesehen. Eine Materialsichtigkeit des Stucks, interpretiert als Imitation wertvoller Materialien, wie z. B. einem feinkörnigen Kalkstein, Elfenbein oder gar Marmor, ist aufgrund der verwendeten Gips-Anhydritmassen mit ihren Verunreinigungen und auch sichtbaren farblich unterschiedlichen Nuancen nicht anzunehmen. Dazu kommen noch sehr unterschiedliche Bearbeitungsspuren der Oberfläche und natürlich die ikonografische Bedeutung, welche durch eine aufwendige Fasstechnik zur Geltung gebracht werden sollte.

Erstfassung[28]

Auf dem Stuck wurde, vermutlich nach dem weitgehenden Abbinden und Abtrocknen der Oberflächen, eine gipshaltige füllende Grundierung aufgebracht. Diese ist nicht überall nachweisbar. Möglicherweise muss

[20] Halberstadt, Liebfrauenkirche, südliche Chorschranke zwischen Jacobus d. Ä. und Philippus. Säulenschaft mit Mittelriss zur Anlage der Architekturgliederung und detailliert ausgeführten Vorritzungen zur Ornamentierung des Schaftes. Im unteren Bereich war der Stuck bereits abgebunden, sodass das Relief nicht mehr ausgeführt werden konnte. Die Fassung kaschierte dann diesen Umstand. 2021

[21] Halberstadt, Liebfrauenkirche, nördliche Chorschranke, Unterkante oberer Fries. Schräggestellte Spuren eines Schlageisens zur Nachbearbeitung der Stuckmasse entlang der Ritzung, 2003

[22] Halberstadt, Liebfrauenkirche, südliche Chorschranke, Untergewand Jakobus d. Ä., Querschliff der Malschicht. Über einer grauen Untermalung aus Gips, Bleiweiß, Beinschwarz und Vivianit liegt ein grobkristallines Azurit (Analyse Dr. M. Richter, Glasgow University). 2015

[23] Halberstadt, Liebfrauenkirche, Blick in das Gewölbe der Vierung mit Stucknimben, die zur vollständig verlorengegangenen Gewölbemalerei aus der 1. Hälfte des 13. Jahrhunderts gehörten. 2021

mit einem differenzierten kleinteiligen Farbauftrag, der nicht in einem Arbeitsschritt stattfand, gerechnet werden. Es gibt Hinweise auf die Verwendung von zwei Bindemittelsystemen. Ein eher matter wässriger Farbauftrag für die rahmende Architekturgliederung (Kaseinbasis) und überwiegend ölig gebundene, dadurch sehr körperhaft wirkende Malschichten (Leinölbasis) mit leichtem Glanz für die Figuren. Es wurde eine sehr differenzierte kostbare Pigmentpalette verwendet. So finden sich allein drei verwendete Blaupigmente – Lapislazuli, Azurit, Vivianit – in der Erstfassung (Abb. 22). Weitere Pigmente sind Mennige, Zinnober, Bleiweiß, Malachit. Die Pigmente wurden unvermischt aufgetragen. Die Gewänder der zentralen Figuren erhielten einen mehrschichtigen Farbauftrag unter Verwendung des kostbaren Farbstoffes Lac Dye.[29]

LIEBFRAUENKIRCHE HALBERSTADT (1146), GEWÖLBE GESETZT IN GIPS MIT STUCKAPPLIKATIONEN (1. HÄLFTE 13. JAHRHUNDERT)

Im Laufe der 1. Hälfte des 13. Jahrhunderts wurde die flache Holzdecke der Seitenschiffe und der Vierung durch Kreuzgratgewölbe ersetzt (Abb. 23). Dabei sind über einem Lehrgerüst Bruchsteine (Grauwacke) in

[24] Halberstadt, Liebfrauenkirche. Blick in das südöstliche Gewölbesegel der Vierung. Deutlich erkennbar die Abdrücke der Schalungsbretter (ca. 12 cm Breite) und der darübergezogene dünne Glättputz. Die zahlreichen Hacklöcher im Gipsputz dienten jüngeren nachmittelalterlichen Putzen zur besseren Haftung. 2000

[25] Halberstadt, Liebfrauenkirche, Vierungsgewölbe. Nimben der Maria und des Jesuskindes. Gut erkennbar die rote mit Zirkelschlag ausgeführte Sinopie auf dem Gipsputz, der über dem grauen Schalungsmörtel liegt und die Malebene bildet, 2000

[26–29] Halberstadt, Liebfrauenkirche, Vierung. Varianten von stuckierten Heiligenscheinen, 2000

HOCHMITTELALTERLICHER STUCK IN SACHSEN-ANHALT – ERKENNTNISSE AUS DER RESTAURIERUNG

[30] Halberstadt, Liebfrauenkirche, östlicher Vierungsbogen zur Apsis. Stuckapplikationen in Form eines mittig angeordneten Medaillonfragmentes, flankiert von zwei kleineren Heiligenscheinen mit eingearbeiteten Kronen. Mit dem Gipsmörtel wurden zugleich die Werksteine repariert, die typische Brandbeschädigungen (Brand 1179) in Form von abgeplatzten Kanten und Farbänderungen der gelben Eisenoxidbestandteile in Ockerrot aufweisen. 2000

[31] Halberstadt, Liebfrauenkirche, östlicher Vierungsbogen zur Apsis. Detail (vgl. Abbildung 25), 2000

[32] Halberstadt, Liebfrauenkirche, Gewölbe südliches Querhaus. Stuckapplikation in Form einer Sonne. In den frischen Stuckmörtel wurde mittels Positivmodel ein Negativantlitz gedrückt, dann durch Zirkelschläge die konzentrischen Kreise geritzt. Der Einstichpunkt des Zirkels ist noch sichtbar. Danach erfolgte das Auskratzen der Stuckmasse. 2000

[33] Halberstadt, Liebfrauenkirche, Gewölbe südliches Querhaus. Vom Original abgeformtes Positivmodel in Gips, 2000

BEITRÄGE ZUR DENKMALKUNDE · BAND 16   189

[34] Halberstadt, Liebfrauenkirche. Löwenkopf, Stuck, Vorderansicht nach Konservierung 2001. Antragstuck, schichtweiser Auftrag. Fragmente ockerroter Erstfassung, 2001

[35] Halberstadt, Liebfrauenkirche. Löwenkopf, Stuck, Seitenansicht nach der Konservierung 2002. Die ockergelbe Fassung stammt aus der 2. Hälfte des 19. Jahrhunderts. Die vielfach vorhandenen Fassungsfragmente der ersten Bemalung lassen auf eine eher monochrom rote Fassung schließen und den Kopf als Bestandteil einer Architekturfassung erscheinen. In der Seitenansicht ist eine gerade Kante, ähnlich einer ebenen Rücklage sichtbar. Der ursprünglich außerhalb der Mitte eingesetzte gespreizte Eisendübel lässt eine Position im Gewölbe vermuten. 2001

[36] Halberstadt, Liebfrauenkirche. Schmiedeeiserner Dübel des Löwenkopfes nach dem konservatorisch notwendigen Ausbau (Rostsprengung), 2021

[37] Halberstadt, Liebfrauenkirche. Ostwand südliches Seitenschiff über Durchgang zum Querhaus Süd. Stuckfragment, vermutlich bei den Arbeiten während der Sanierung der Kirche in den 1830/40er Jahren hier platziert. Es stammt, ähnlich dem Löwenkopf, aus einem anderen Bauzusammenhang. 2021

Gipsmörtel versetzt und vergossen worden. Unmittelbar nach dem Ausschalen erhielt der Schalungsmörtel einen geglätteten Gipsputz (Abb. 24) und sofort danach oder wenig später eine Gewölbemalerei. Die figürlichen Vorzeichnungen der Heiligendarstellungen erfolgten in rotem Ocker und zeichneten sich durch erhaben ausgeformte Heiligenscheine unterschiedlicher Gestaltung aus, von denen ein Großteil zumindest in Fragmenten vorhanden ist. Für die Applikation im freien Antrag wurde der Putz entlang der roten Vorzeichnung zur besseren Haftung aufgepickt, der Heiligenschein aufmodelliert und mittels Modellierspachtel und Zirkelschlag in Form gebracht (Abb. 25).

Auf den stark gestörten Oberflächen fanden sich während der Putzabnahme 2001 ca. 38 Befunde in Form von Fragmenten oder Abdrücken dieser Stuckarbeiten, die mehr oder weniger erhaben aufgebracht worden waren (Abb. 26–29). Eine Besonderheit ist zweifellos eine stilisierte Sonne im südlichen Querhaus, der in den noch feuchten Stuckmörtel mittels Positivmodel ein Antlitz eingeprägt wurde (vgl. Abb. 32, 33). Zu diesem Konvolut an Stuckarbeiten gehört auch der wahrscheinlich seit Mitte des 19. Jahrhunderts über dem Durchgang in den Nordturm platzierte Löwenkopf, dessen Herkunft noch völlig ungeklärt ist (vgl. Abb. 34, 35). Als ursprünglicher Standort könnte das in den 1840er Jahren entfernte Gewölbe im Kirchenschiff in Frage kommen. In jedem Fall lässt der eiserne Dübel (vgl. Abb. 36), der aus konservatorischen Gründen entfernt werden musste, an eine ursprünglich hängende Position, zum Beispiel in Form eines Schlusssteins denken. Die gleiche Zeitstellung und Funktion wie der Löwenkopf dürfte ein Traubenmotiv aus Stuck haben, das an der Ostwand des südlichen Seitenschiffes über dem Durchgang in das Querhaus hängt (Abb. 37). Auch hier ist eher an einen Schlussstein zu denken.

FAZIT UND AUSBLICK

Die vorgestellten Objekte umreißen die vielfältigen Möglichkeiten des Bau- und Gestaltungsmaterials Hochbrandgips. Ausgehend von hoch artifiziellen Oberflächen bis hin zu konstruktiv-statischen Anwendungen war es ein lokaler Baustoff, mit dem eine schnelle Umgestaltung von Kirchenräumen realisiert werden konnte. Dennoch bleiben Fragen offen. Die Verbreitung und Verarbeitung des Materials erfolgte auch über den Harzraum hinaus in natursteinarmen Gebieten wie z. B. in der Altmark. So sind die Konsolen der Dienste in der Katharinenkirche Salzwedel aus Hochbrandgips. Wie muss man sich die Handelswege vorstellen und wer hat die Materialien dort verarbeitet? Warum bricht die bildnerische Tradition der Stuckverarbeitung im 13. Jahrhundert ab?

Die in den letzten Jahren erfolgten naturwissenschaftlichen und restauratorischen Untersuchungen sowie die praktischen Konservierungsarbeiten haben den Wissenstand zu vielen mittelalterlichen Stuckobjekten erweitert. Darüber hinaus ist die Wiederverfügbarmachung des historischen Materials durch Nachstellen der historischen Brenntechnologie ein wichtiges Ergebnis der verdienstvollen Grundlagenforschung in den 1990/2000er Jahren in Sachsen-Anhalt und damit ein unschätzbarer Vorteil gegenüber der Verwendung industriell hergestellter Materialien bei der Bearbeitung historischer Objekte.[30]

ANMERKUNGEN

1 Arnold 2018; Arnold u. a. 2008; Möller 2007; Rüber-Schütte 2018; Scherf 2018.

2 Möller 2007, S. 153–158.

3 Kulke 1998, S. 160.

4 Bewusste Zuschläge finden sich bei Mauer- und Vergussmörteln oder bei vorgeformten Gussblöcken, um Volumen zu generieren, wie beim Unterbau der Stucktumba Lothars II., jetzt in der Ortskirche Walbeck.

5 Möller 2007, S. 158.

6 Ein Sonderfall ist die z. B. im Heiligen Grab Gernrode nachgewiesene Stuckgusstechnik. Sie beschreibt eine gegossene Rohfassung mit mehrteiligen Formteilen als Kern, auf dem dann aber in Antragstuck modelliert wurde (Möller 2007, S. 166–168).

7 Möller 2007, S. 166, Heiliges Grab Gernrode Engel; Claussen 1996, Corvey Westwerk mit Sinopien Holzdübeln und Dübellöchern im Mauerwerk.

8 Voigtländer 1989, S. 112.

9 Romanowski 2016; Publikation geplant.

10 Möller 1996 und Möller 2001.

11 Ein genauerer Mörtelvergleich am Dünnschliff könnte hier gegebenenfalls weitere Erkenntnisse in der Zuordnung der Fragmente bringen.

12 Möller 2001, S. 48.

13 Möller 1996, S. 16 beschreibt millimetergroße Fragmente ockergelber und roter Fassung, geht aber eher von einer vorwiegend hellen Stuckfassung aus, die durch einfache farbige Akzente gliedert wurde. Durch die Überarbeitung und Überfassung im 19. Jahrhundert bilden die wenigen Farbspuren am Objekt keinen sicheren Beweis, für die Annahme einer flächigen polychromen Fassung.

14 Voruntersuchung zum Bestand an Wandmalerei und Stuck an der Ostwand des nördlichen Kirchenschiffes. Torsten Arnold, 2000, Archiv LDA RE 3880; Die Malereien an der Ostwand des nördlichen Seitenschiffs in der Stiftskirche St. Servatius in Quedlinburg, Martin Lehmann, 2013, Archiv LDA RE 10959.

15 An der Ostwand lassen sich die Balkenlöcher der im Barock hinzugefügten Emporen nachweisen. Demnach lagen die Stucknimben ungefähr auf der Laufebene der Emporen und wurden spätestens dann abgeschlagen und zugeputzt. Heute sind nur noch drei Fehlstellen ablesbar. Durch Werksteinaustausch (Maßnahme Mitte 19. Jahrhundert) ist der bauzeitliche Mauerverband im Bereich der halblinken Figur gestört. Anhand der aufliegenden Kalktünchen und Übermalungskanten auf der Malschicht muss davon ausgegangen werden, dass die Wandmalereien des 13. Jahrhunderts mit Einbau der Emporen bereits übermalt worden waren.

16 Bei der Purifizierung des Innenraumes wurden die Werksteine vom Putz befreit und überschliffen (Centralblatt der Bauverwaltung 29. October, 1881. Jahrgang 1/Nr. 31, Berlin 1881, S. 270).

17 Pigment-und Bindemittelanalysen: Archäometrisches Labor HfBK Dresden, Prof. Dr. Herm, Untersuchungsbericht 42/12. Dabei konnten nur Abbauprodukte eines Bindemittels nachgewiesen werden (Carboxylate), die keinen konkreten Rückschluss auf das ursprünglich verwendete Material erlauben.

18 Hier Probe von der Thronwange.

19 Hier Probe vom Gewand des Christuskindes.

20 Der Befund konnte bei den naturwissenschaftlichen Untersuchungen nicht nachgewiesen werden. Möglicherweise wurde er bei der Probenentnahme nicht erfasst. Vor Ort ist diese Schicht direkt auf dem Stuck aber deutlich zu erkennen.

21 Schmidt 2002, S. 56.

22 Freundliche Mitteilung Corinna Scherf, die die Fragmente im Rahmen des Projektes zur Stuckplastik aus Gerbstedt untersucht hat.

23 Eine Publikation zu diesen Befunden und den Untersuchungsergebnissen zur Confessio ist in Planung.

24 Zur kunsthistorischen Einordnung siehe Hohmann 2000.

25 Die Ergebnisse verschiedener Untersuchungskampagnen seit 1959 sind im Rahmen von Werkstattbeiträgen oder Teilveröffentlichungen in Tagungsbänden erschienen: Riemann 1983; Arnold 2018; Arnold u. a. 2008.

26 Die typischen Phasenbestände für Hochbrandgips wie Gips, Anhydrit, Calcit und quarzitischen Verunreinigungen wurden bei Untersuchungen 1976/77 an der Hochschule für Architektur und Bauwesen nachgewiesen, vgl. auch Möller 2007, S. 158.

27 Durch die zusätzliche Alkalität infolge der Verunreinigungen im Gefüge (Holzasche, basischer pH-Wert) könnte eine schnellere Abbindung durch Anregung des Anhydrits vonstattengehen. Eine Beobachtung, die auch bei leichter Erhöhung des pH-Wertes im Anmachwasser durch Zugabe von Kalk gemacht werden kann.

28 Riemann 1983; Arnold 2018, S. 151–170.

29 Die naturwissenschaftlichen Untersuchungen zu Pigmenten und Bindemitteln wurden durchgeführt von: Dr. Mark Richter, MPhil. Peter Chung, University of Glasgow, Ursula Baumer, Dr. Patrick Dietemann, Christoph Steuer, Doerner Institut München, Klaus Rapp, Prof. Dr. Stefan Zumbühl, Hochschule der Künste Bern.

30 Seit 2002 wird in der historischen Ziegelei Hundisburg wieder Hochbrandgips hergestellt. Das Material wird insbesondere bei Restaurierungsarbeiten, zur Reparatur und Rekonstruktion von Gipsestrichen und für Arbeiten zur Sanierung gipshaltigen Mauerwerks verwendet.

LITERATUR

ARNOLD 2018
Arnold, Torsten: Die Chorschranken in der Liebfrauenkirche Halberstadt, neue Erkenntnisse zur Maltechnik, in: Romanische Stuckplastik aus der Dorfkirche in Eilenstedt (= Kleine Hefte zur Denkmalpflege 13), Halle (Saale) 2018, S. 151–170

ARNOLD u. a. 2008
Arnold, Daniela/Arnold, Torsten/Fischer, Stephanie/Rüber-Schütte, Elisabeth: Die Restaurierung der romanischen Chorschranken in der Liebfrauenkirche zu Halberstadt, in: Denkmalpflege in Sachsen-Anhalt 1+2/2008, S. 73–91

CLAUSSEN 1996
Claussen, Hilde: Vorzeichnungen und Fragmente karolingischer Stuckfiguren. Neue Funde im Corveyer Westwerk, in: Stuck des frühen und hohen Mittelalters. Geschichte, Technologie, Konservierung. Eine Tagung des Deutschen Nationalkomitees von ICOMOS und des Dom- und Diözesanmuseums Hildesheim in Hildesheim, 15.–17. Juni 1995 (= ICOMOS Hefte des Deutschen Nationalkomitees XIX), S. 61–71

HOHMANN 2000
Hohmann, Susanne Beatrix: Die Halberstädter Chorschranken: ein Hauptwerk der niedersächsischen Kunst um 1200 (= Neue Forschungen zur deutschen Kunst 3), Tübingen 2000

KULKE 1998
Kulke, Holger: Gips im historischen Harzer Bauwesen. Naturstein, Mauermörtel, Putz sowie die frühere Wiederverwendung, in: NNA Berichte, 11. Jg., 1998, H. 2, S. 157–170

MÖLLER 1996
Möller, Roland: Die Confessio in der Stiftskirche St. Servatius zu Quedlinburg. Untersuchungen zur Technologie der Stuckdekoration und deren Farbigkeit, Archiv LDA RE 8412 und 11023

MÖLLER 2001
Möller, Roland: Die Confessio in der Stiftskirche St. Servatius zu Quedlinburg. Untersuchungen zur Technologie der Stuckdekoration und deren Farbigkeit, in: »Es Thun Ihrer Viel Fragen...« Kunstgeschichte in Mitteldeutschland, Festschrift Hans-Joachim Krause (= Beiträge zur Denkmalkunde in Sachsen-Anhalt 2), Petersberg 2001, S. 45–51

MÖLLER 2007
Möller, Roland: Das Heilige Grab in Gernrode: Bestandsdokumentation und Bestandsforschung (= Beiträge zur Denkmalkunde in Sachsen-Anhalt 3; Denkmäler Deutscher Kunst), Berlin 2007, S. 153–158

RIEMANN 1983
Riemann, Konrad: Untersuchungen zur Technik und Farbigkeit mittelalterlicher Malerei und Stuckplastik, in: Denkmale in Sachsen-Anhalt. Ihre Erhaltung und Pflege in den Bezirken Halle und Magdeburg, Weimar 1983, S. 367–380

ROMANOWSKI 2012
Romanowski, Anja: Die Confessio in der Krypta der Stiftskirche St. Servatius in Quedlinburg. Dokumentation der Bestands- und Zustandserfassung, 2012. Archiv LDA, RE 10713

ROMANOWSKI 2016
Romanowski, Anja: Die Stuckfragmente aus der Confessio in der Krypta der Stiftskirche St. Servatius in Quedlinburg stammend. Dokumentation der Untersuchung des Bestandes und Zustandes sowie der Konservierungsmaßnahme. Temporärer Zwischenbericht in digitaler Form

RÜBER-SCHÜTTE 2018
Rüber-Schütte, Elisabeth: Die Eilenstedter Stuckfunde im Kontext mittelalterlicher Stuckplastik auf dem Gebiet des heutigen Sachsen-Anhalt, in: Romanische Stuckplastik aus der Dorfkirche in Eilenstedt (= Kleine Hefte zur Denkmalpflege 13), Halle (Saale) 2018, S. 179–192

SCHERF 2018
Scherf, Corinna: Restauratorische Untersuchung und Maßnahmen, in: Romanische Stuckplastik aus der Dorfkirche in Eilenstedt (= Kleine Hefte zur Denkmalpflege 13), Halle (Saale) 2018, S. 93–116

SCHMIDT 2002
Schmidt, Thomas: Untersuchungen zu Abbindemechanismen mittelalterlicher Gips- und Stuckmassen und Analysen zur Einbindung der Materialien auf diesen Materialoberflächen, in: Hoch- und Spätmittelalterlicher Stuck. Material – Technik – Stil – Restaurierung, hrsg. von Martin Hoernes, Berlin 2002, S. 51–61

VOIGTLÄNDER 1989
Voigtländer, Klaus: Die Stiftskirche St. Servatii zu Quedlinburg: Geschichte ihrer Restaurierung und Ausstattung, Berlin 1989

ABBILDUNGSNACHWEIS

LDA Sachsen-Anhalt: 1–7, 9–12, 14, 16–21, 23–37 (Torsten Arnold); 13 (Fotomontage und Umzeichnung Bestand Torsten Arnold, Farbrekonstruktion M. Lehmann); 15 (Gunar Preuß)

Anja Romanowski, Dresden: 8

Mark Richter, Glasgow: 22

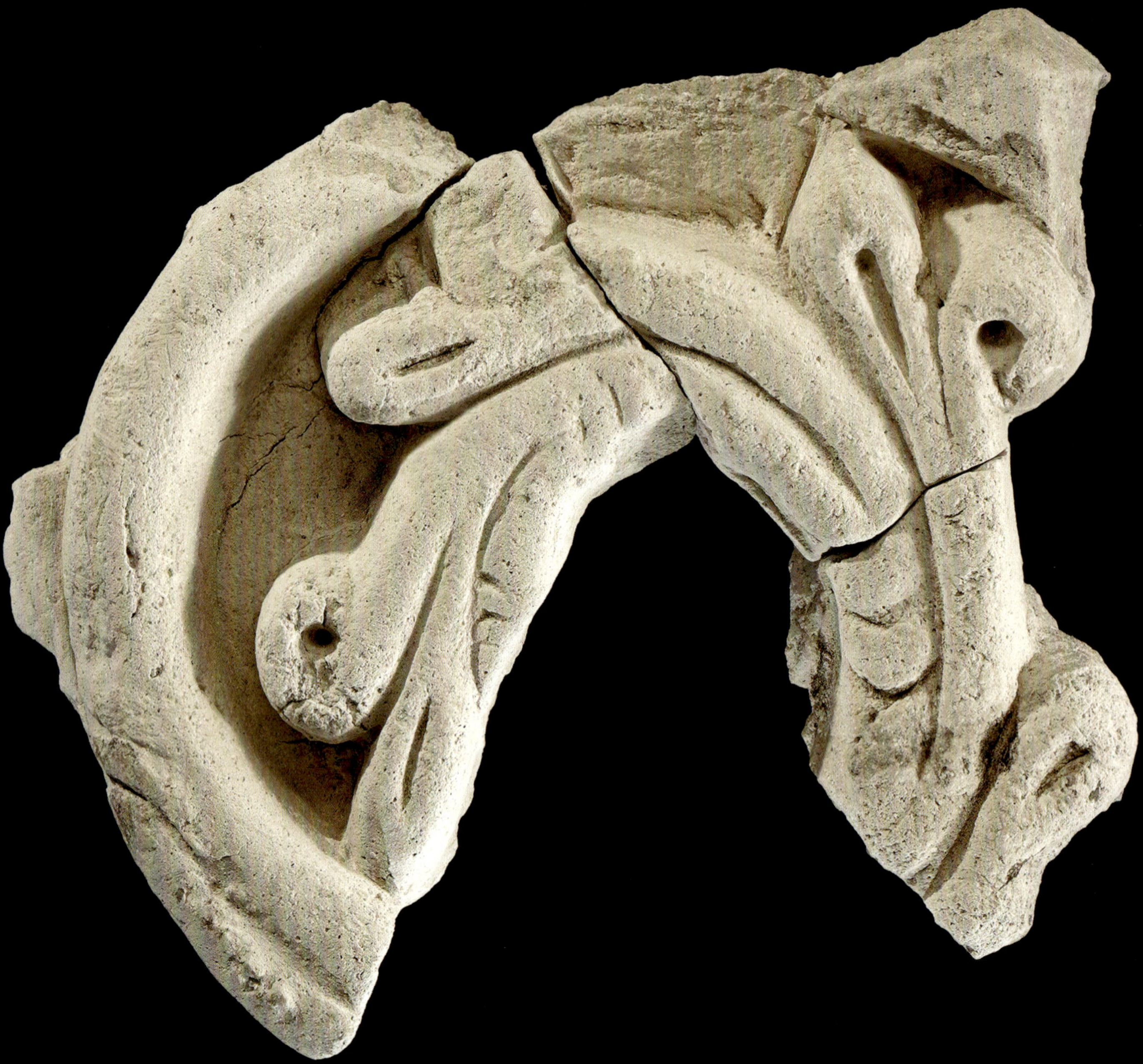

Ergebnisse der materialtechnischen Untersuchung der hochmittelalterlichen Stuckfragmente aus Gerbstedt

MATERIAL, AUFBEREITUNG UND VERARBEITUNG[1]

Roland Lenz

1 EINLEITUNG

Die Stuckfragmente aus Gerbstedt stellen eine sehr bedeutende Quelle zur mittelalterlichen Stucktechnik dar. Trotz der unterschiedlichen Ausgrabungszeiten und dem sich anschließenden unterschiedlichen Umgang mit den einzelnen Fundkomplexen gewähren die meist als Relief ausgearbeiteten Fragmente tiefe Einblicke in die Werktechnik einer direkt am Objekt aufgebrachten mittelalterlichen Stuckdekoration. Um die vorliegende Werktechnik[2] noch weiter mit den aus dem Material abzuleitenden werktechnischen Möglichkeiten erörtern zu können, wurden im Herbst 2020 Materialproben zur Untersuchung des Stuckmaterials vorgenommen und an der ABK Stuttgart durch den Autor untersucht. Die Möglichkeiten zur Bestimmung von Brennbedingungen und Brenntemperaturen sowie daraus abzuleitenden werktechnischen Besonderheiten von mittelalterlichem Gipsstuck beruhen auf Forschungen zu diesem Thema, welche sich seit Mitte der 1990er-Jahre kontinuierlich weiterentwickelt haben.[3] Diese Forschungen beziehen sich sowohl auf überkommene Gipsmörtel als Bau- und Gestaltungsmittel, als auch auf die zu Testzwecken nach historischem Vorbild nachgebildeten Gipsöfen in Dorste, Bad Windsheim und Hundisburg, die die grundlegende Auseinandersetzung mit mittelalterlichem Gipsstuck von der Lagerstätte, den Brennbedingungen, der Verarbeitung bis hin zu spezifischen Alterungs- und Schadensbildern erst ermöglicht haben.

2 FRAGESTELLUNG UND PROBENENTNAHME

Die Probenentnahme an den Fragmenten aus Gerbstedt erfolgte durch den Autor in enger Abstimmung mit der Projektleitung und der restauratorischen Begleitung des Projekts. Durch eine intensive Diskussion der Fragestellungen konnten vier Fragmente ausgewählt werden, an denen eine Beprobung verantwortbar war und bei denen die Aussicht auf Klärung der diskutierten Fragestellungen bestand. Tabelle 1 gibt die Probennummern sowie die Nummer der beprobten Fragmente wieder. Die Beschreibung der Fragmente stellt gleichzeitig die Ausgangssituation und den weiter abzuklärenden Sachverhalt sowie die Orientierung der Probenentnahme dar. In Abbildung 1 sind die 4 beprobten Fragmente, die entnommenen Proben für die Dünnschliffpräparation sowie die für die Röntgenbeugung verwendeten Stuckmehle, welche bei der Entnahme der Proben anfielen und einen stofflichen Querschnitt der jeweiligen Probe darstellen, zu sehen.

3 UNTERSUCHUNGSMETHODEN

Um den Fragestellungen hinsichtlich Gefüge- und Bindemittel sowie dem weiteren Mineralphasenbestand der Proben nachgehen zu können und gleichfalls noch offene Fragen zur Lagerstätte, Aufbereitung und Verarbeitung des mittelalterlichen Stucks beantworten zu können, kamen die Röntgenbeugung und die Dünnschliffmikroskopie als Analysemethoden zum Einsatz. Die Röntgenbeugungen wurden an der Materialprüfan-

[Tab. 1] Übersicht zur Probenentnahme und den Fragestellungen

Probe-Nr.	Entnahmestelle	Beschreibung	Fragestellung
Gerb_2006_340	Fragment: HK 2006:340	Mehrschichtiges Fragment mit mehreren hellen Stuckschichten. Entnahme quer zu Schichtung am dünnen Ende des Fragments.	Gefüge- und Bindemittelanalyse, Phasenanalyse
Gerb_2006_400	Fragment: HK 2006:400	Fragment mit unten anhaftendem grauem Stuckmörtel – vermutlich handelt es sich um den Fugenmörtel. Entnahme des grauen Stuckmörtels, quer zur Fuge.	Gefüge- und Bindemittelanalyse, Phasenanalyse
Gerb_2006_403	Fragment: HK 2006:403	Fragment mit mehreren hellen Stuckschichten und an der Unterseite anhaftendem grauen Stuckmörtel. Probenentnahme quer zu allen Schichten.	Gefüge- und Bindemittelanalyse, Phasenanalyse
Gerb_2006_735	Fragment: HK 14691:1:102 (neu) HK 2006:735g (alt)	Fragment mit mehreren Schichten und vermutlich ursprünglicher Oberfläche des Stucks. Probenentnahme quer zur Schichtung.	Gefüge- und Bindemittelanalyse, Phasenanalyse

[1] Beprobte Fragmente (oben) und die entnommenen Proben mit Bezeichnung vor der weiteren Probenaufbereitung und Analyse (unten)

[2] Übersichtsaufnahmen der vier als Dünnschliffe aufbereiteten Proben in linear polarisiertem Durchlicht. Die Breite der einzelnen Objektträger beträgt 48 mm.

Probe	Gips	Anhydrit	Calcit	Quarz
Gerb_2006_340	++++	+	+	(+)
Gerb_2006_400	++++	++	++	+++
Gerb_2006_735	++++	+	+	(+)

++++ = sehr viel
(+) Spuren

[Tab. 2] Relative Verteilung der Hauptkomponenten, welche bei der Röntgenbeugung analysiert wurden.

stalt der Universität Stuttgart (MPA) an den oben angesprochenen Materialmehlen durchgeführt.[4] Für die Gefüge- und Bindemittelanalyse sind die vier Proben mit blau eingefärbtem Epoxidharz unter Vakuum getränkt und nach der Aushärtung weiter zu polierten Dünnschliffen wasserfrei präpariert worden. Die Dünnschliffdicke beträgt 25 μm.[5] Abbildung 2 zeigt die Dünnschliffe in der Übersicht. Die Kombination von Dünnschliffmikroskopie und Röntgenbeugungsanalyse an ein und derselben Probe wurde gewählt, da einerseits die mineralische Zusammensetzung der Probe zu ermitteln war, andererseits die Unterscheidung zwischen unterschiedlichen Gipsbrenn- und Aufbereitungsmethoden nur durch die Untersuchung des Gefüges am Dünnschliff einer Mörtelprobe – sprich der Anordnung der Komponenten in Form und Verteilung – ableitbar ist.

4 ERGEBNISSE DER MÖRTELUNTERSUCHUNGEN

An drei der 4 Proben wurden am Pulverpräparat Röntgenbeugungen durchgeführt. In Tabelle 2 sind die wichtigsten Ergebnisse zu den mineralischen Hauptkomponenten aufgeführt. Alle Proben weisen einen sehr hohen Anteil an Gips auf, Anhydrit und Calcit ist in untergeordneten Mengen nachweisbar. Bei Probe Gerb_2006_400 handelt es sich um den grauen Fugenmörtel, der durch die Zugabe von bzw. Verunreinigung durch Sand auch eine beträchtliche Menge an Quarz aufweist. Die beiden anderen Proben aus der hellen Stuckschicht zeigen keine zusätzlichen Sandzuschläge auf, sodass Quarz nur als Verunreinigung anzusprechen ist.

Die makroskopische Betrachtung der Übersichtsfotos der Dünnschliffe (Abb. 2) zeigt deutlich, dass das blaue Kunstharz einige Bereiche der Proben nicht durchdringen konnte. Dies liegt daran, dass die Gefüge zum Teil sehr dicht sind. Deutlich zeigen sich aber die Schichten der Proben, da an ihren Grenzflächen das eingefärbte Harz ungehinderter eindringen konnte. Dies hängt damit zusammen, dass dort vermehrt Lösungsprozesse stattgefunden haben. Bei Probe Gerb_2006_400, welche aus der grauen Mörtelschicht besteht, sieht man die wesentlich geringere Verdichtung und den hohen Anteil an Sandzuschlägen. Die großen

[3] In die Matrix eingebundener Hochbrandgipspartikel mit Löseporosität und nicht hydratisiertem sog. Thermoanhydrit (links: bräunlich). Detail von Probe Gerb_2006_400 in linearer und gekreuzter Polarisation

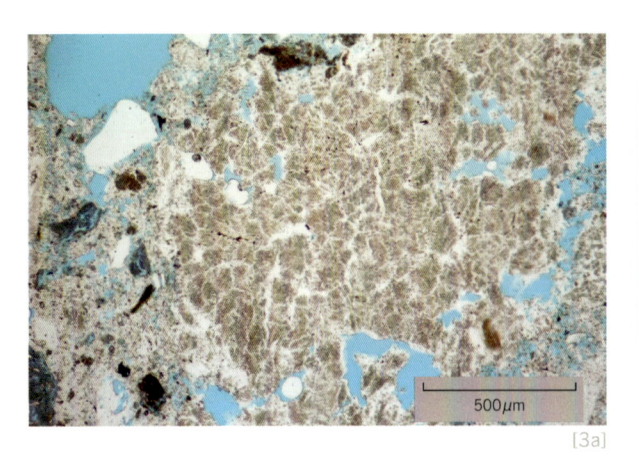

[3a]   [3b]

hellen Partikel sind Hochbrand-Gipspartikel und dem Bindemittel zuzuschlagen. Die gleiche Schicht ist auch bei Gerb_2006_403 am unteren Rand zu erkennen.

Bei allen anderen hellen Bereichen handelt es sich um das zur Ausformung des Stuckreliefs aufgebrachte helle Stuckmaterial.

Die weitere Beschreibung der Ergebnisse folgt der Analyse des Gefüges: der Anordnung der Komponenten zueinander – der Matrix: Dies entspricht bei Mörteln dem feinen Anteil des Bindemittels zwischen den sichtbaren Partikeln sowie der Struktur: den Partikeln, die in der Matrix liegen. Im Fall von Gipsmörteln entspricht dies den Zuschlägen aller Art, aber auch zusammenhängenden größeren Bindemittelpartikeln.

4.1 GRAUE MÖRTELSCHICHTEN (FUGENMÖRTEL)

Der graue Fugenmörtel konnte an den Proben Gerb_2006_400 und Gerb_2006_403 untersucht werden. An Probe Gerb_2006_403 konnte zudem die Grenzfläche zu der nachfolgenden hellen Stucksicht beurteilt werden. Im Folgenden werden die Ergebnisse zu den Proben aus grauem Mörtel, wenn nicht dezidiert ausgewiesen, zusammengefasst dargestellt.

4.1.1 Gefüge

Das Gefüge zeigt ein typisches Hochbrand-Gipsgefüge mit Sandzuschlägen. Das Hochbrand-Gipsgefüge zeigt sich durch eine ausgeprägte Löseporosität mit unregelmäßigen Porenwandungen sowie sehr wenigen zu erahnenden runden Luftporen. Die Löseporosität entsteht durch Lösen des sog. Thermoanhydrits und Umlagerung in die Hochbrand-Gipsmatrix. Durch die Bodenlagerung ist anzunehmen, dass die Porosität der grauen Mörtelschicht durch zusätzliche Herauslösungen stärker geworden ist, zumal durch die Zuschläge mehr Grenzflächen im Gefüge vorhanden sind (Abb. 9). Die Mahlfeinheit des Hochbrand-Gipses zeigt sich im Gefüge durch die noch in ihren Umrissen erhaltenen, mit starker Löseporosität durchsetzten Hochbrand-Gipspartikel mit einer maximalen Größe von ca. 6–8 mm (Abb. 3). Die graue Farbigkeit des Mörtels ist auf Holzkohlereste aus dem Gipsbrand zurückzuführen, deren Anteil stark variiert (Abb. 9). In der grauen Mörtelschicht selbst und an deren Rändern konnten Reste eines Kalkmörtels mit Sandzuschlag identifiziert werden (Abb. 10). Da bei der Präparation der Probe Gerb_2006_400 der ganze Fugendurchschnitt präpariert wurde, ist ersichtlich, dass an einer Flanke sehr geringe Mengen des Kalkmörtels haften. Es ist anzunehmen, dass vor dem Auf- bzw. Einbringen des grauen Gipsmörtels Kalkmörtelreste in der Fuge vorhanden waren oder der eigentliche Mauermörtel mit Kalk gebunden war.

4.1.2 Matrix

Die Matrix der grauen Mörtel ist durch die Zuschläge und auch durch die teilweise fein verteilte Holzkohle grau gefärbt. Durch die Bodenlagerung weist sie eine hohe Lösungsporosität auf. An dichten Stellen der Matrix zeigen sich die für Hochbrandgipse typischen gedrungenen Gipskristalle, welche xenomorph[6] miteinander verwachsen sind (Abb. 6).

In der Matrix selber finden sich vereinzelt nicht hydratisierte Thermoanhydritrelikte sowie primärer Anhydrit aus der Lagerstätte. Weiterhin sind in der Matrix zwei verschieden ausgeprägte Karbonate eingebettet (Abb. 4), welche im linear polarisierten Licht teils bräunlich getrübt sind. Diese Kristalle sind typisch für Gipslagerstätten und weisen verschiedene Grade von Entsäuerung durch den Brand und anschließende Re-Karbonatisierung im abgebundenen Gipsmörtel auf (Abb. 5).

4.1.3 Struktur

Die graue Mörtelschicht weist bereits augenscheinlich im An- und Dünnschliff sowohl große Gipsbindemit-

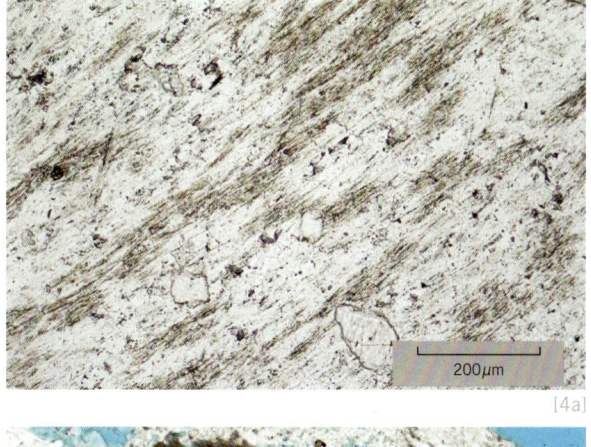

[4] Calcit aus der Lagerstätte ohne thermische Veränderungen (links: hell mit Umriss, rechts: bunt). Detail von Probe Gerb_2006_400 in linearer und gekreuzter Polarisation

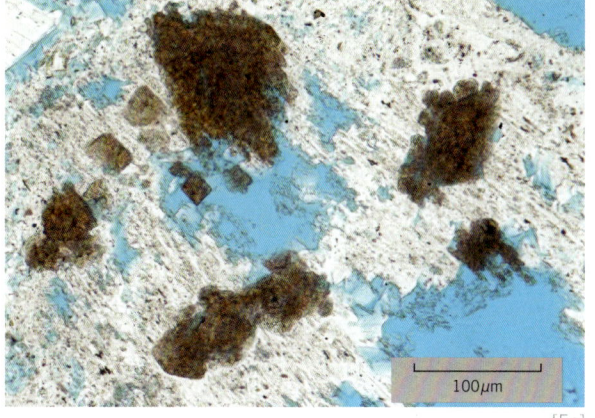

[5] Beim Brennen des Gipses entsäuerter Calcit mit anschließender Re-Karbonatisierung im Gipsmörtel (links: braun). Detail von Probe Gerb_2006_400 in linearer und gekreuzter Polarisation

[6] Matrix des grauen Mörtels mit Löseporosität (links: blau) mit gedrungenen und miteinander verwachsenen Gipskristallen (rechts: grau) sowie fast idiomorph ausgebildeten Calciten aus der Lagerstätte (rechts: bunt). Detail von Probe Gerb_2006_400 in linearer und gekreuzter Polarisation

telpartikel als auch Zuschläge auf, welche im Folgenden getrennt besprochen werden. Die großen Bindemittelpartikel sind auf die geringe Zerkleinerung des gebrannten Gipses zurückzuführen und typisch für Hochbrandgipsmörtel, welche für Bauzwecke Verwendung fanden.

4.1.3.1 Bindemittelpartikel

Die sich in der Matrix abzeichnenden Bindemittelpartikel (bis ca. 6–8 mm groß) weisen einen noch sehr hohen Anteil an Thermoanhydrit mit verschiedenen morphologischen Ausprägungen auf (Abb. 3 und 7). Hierbei handelt es sich mineralogisch um Anhydrit II, welcher beim Brennen bei Temperaturen über 320 °C entsteht.[7] Wie auch durch die Röntgenbeugung bestätigt, weisen die Proben einen signifikanten Anteil an Anhydrit II auf. Dieser ist durch die Dünnschliffmikroskopie überwiegend dem nicht hydratisierten (Rest-) Thermoanhydrit zuzuschlagen, welcher sich in den großen Gipsbindemittelpartikeln erhalten hat. Diese zeigen im Dünnschliff unterschiedlichste Ausprägungen, welche eindeutig auf einen Hochbrand über 320 °C bis hin zur Zerstörung des gebildeten Thermoanhydrits bei um die 900 °C hinweisen (Abb. 7). Ein weiterer Brennmarker sind die aus der Gipslagerstätte stammenden Karbonate, welche durch die Röntgenbeugung als Calcit identifiziert wurden. Diese sind in den Bindemittelpartikeln sowohl vollkommen erhalten als auch beim Hochbrand entsäuert und im Mörtel re-karbonatisiert vorzufinden (Abb. 4 und 5). Die Entsäue-

[7] Hochbrandgipspartikel mit Resten von nicht re-vergipsten, länglichen Thermoanhydritrelikten, welche auf der linken Abbildung teilweise kleine punktartige Zersetzungsspuren in Form von kleinen schwarzen Pünktchen zeigen. Detail von Probe Gerb_2006_400 in linearer und gekreuzter Polarisation

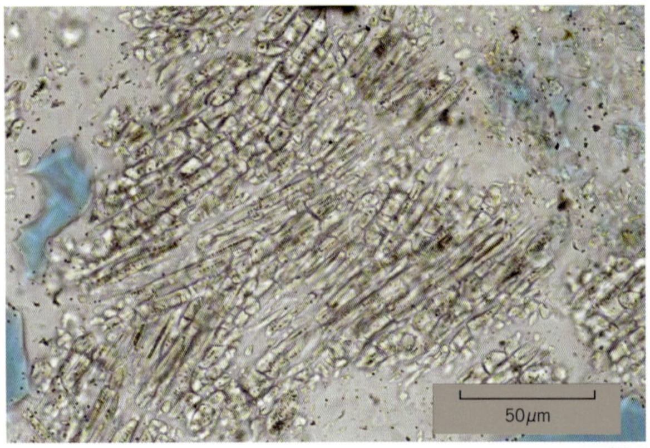

[8] Reste von noch nicht re-vergipstem primärem Anhydrit aus der Lagerstätte (rechts: bunt), welche auf der linken Abbildung teilweise kleine punktartige Zersetzungsspuren in Form von kleinen schwarzen Pünktchen zeigen. Detail von Probe Gerb_2006_400 in linearer und gekreuzter Polarisation

[9] Gefüge der grauen Mörtelschicht mit deutlicher Löseporosität. 1: Sandsteinfragment, 2: Sandkörner aus Quarz, 3: gebrannter, rhomboedrisch auskristallisierter Calcit, 4: Holzkohlefragment. Detail von Probe Gerb_2006_400 in linearer und gekreuzter Polarisation

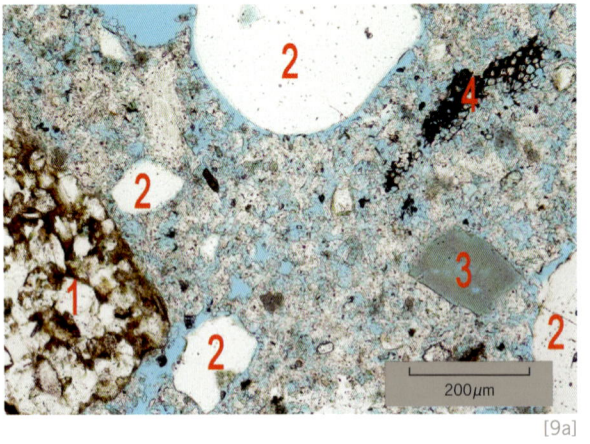

rung von Calcit zu CaO findet ab Temperaturen von 800–900 °C statt. Neben dem (Rest-)Thermoanhydrit sind aber auch geringe Mengen an primärem Anhydrit aus der Lagerstätte in den Bindemittelpartikeln auszumachen (Abb. 8), welche stellenweise runde Löseporen aufweisen, die auf die thermische Zerstörung des primären Anhydrits beim Brennvorgang hinweisen.

4.1.3.2 Zuschläge

Die in der Gipsmatrix eingebetteten Sandkörner sind als Zuschlag und Magerung des Gipsmörtels anzusprechen. Zuschläge sind eher untypisch für Hochbrand-Gipsmörtel. Die Menge ist jedoch so hoch, dass man nicht davon ausgehen kann, dass es sich um eine ungewollte Zugabe z. B. durch das Anmischen des Mörtels auf einem sandigen Boden handelt.

Bei den Zuschlägen handelt es sich überwiegend um gut gerundete Quarzkörner, welche z. T. polykristallin sind bzw. undulöse Auslöschung zeigen. Weiterhin sind wesentlich untergeordnet Feldspatkörner (Mikrokline und Plagioklase) zu finden, welche ebenfalls gut gerundet sind und sich zum Teil bereits zersetzt haben. Schwerminerale sind nur sehr vereinzelt vorhanden. Einige wenige, nicht aus der Gipslagerstätte stammende, feinkristalline wie auch grobspätige Karbonatgesteinsfragmente sind nachweisbar – teilweise zeigen diese auch ein bioklastisches Gefüge. Sehr vereinzelt sind gerundete Sandsteinfragmente (z. T. karbonatisch und tonig gebunden) zu identifizieren. Weitere Ge-

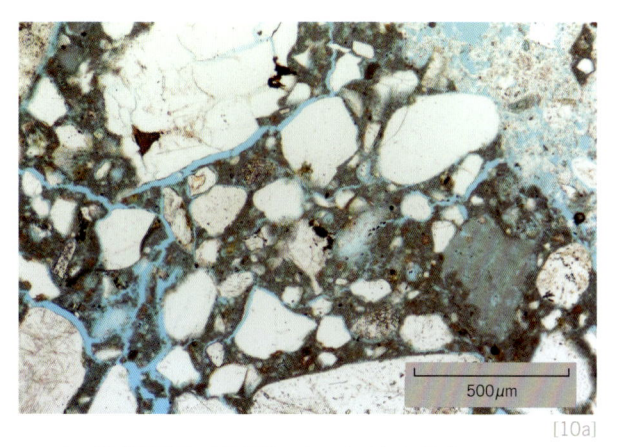

[10] Kalkmörtelfragment mit gut sichtbarem Sandzuschlag, eingebettet in der Matrix der grauen Mörtelschicht. Detail von Probe Gerb_2006_400 in linearer und gekreuzter Polarisation

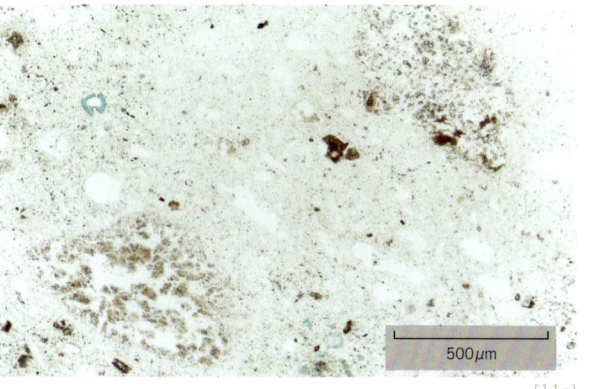

[10a]

[10b]

[11] Dichtes Mörtelgefüge der hellen Stuckschicht mit zwei größeren Hochbrandgipspartikeln und das nur gering durch das blaue Imprägnierungsharz durchdrungene Porensystem (links). Detail von Probe Gerb_2006_403 in linearer und gekreuzter Polarisation

[11a]

[11b]

steinsfragmente weisen ein plutonitisches Gefüge auf. Gleichfalls sind Lehmpartikel und Glaukonite in dem zugegebenen Sediment vorhanden (Abb. 9).[8]

4.1.4 Oberfläche des grauen Mörtels

An der Grenzfläche zwischen der grauen und der hellen Mörtelschicht von Probe Gerb_2006_403 ist eine Sinterhaut aus Calcit zu erkennen (siehe Abb. 15). Diese ist darauf zurückzuführen, dass Teile der in der Gipslagerstätte enthaltenen Calcite beim Hochbrand über 800–900 °C zu Calciumoxid gebrannt wurden und nach dem Anmachen des Hochbrandgipses mit dem Anmachwasser zu Calciumhydroxid übergegangen sind (Abb. 5 und 13). Das dadurch im Anmachwasser des Gipsmörtels gelöste Calciumhydroxid wandert bei der Aushärtung des Stucks an die Oberfläche – analog zu einem reinen Kalkmörtel – und bildet eine karbonatische Sinterhaut aus.[9] Die Entstehung von Calciumoxid durch die Zersetzung von Anhydrit beim Hochbrand ist gleichfalls als Quelle für diesen Prozess in Betracht zu ziehen.

4.2 HELLE STUCKMÖRTELSCHICHT

Die helle Stuckmörtelschicht konnte an den Proben Gerb_2006_340, Gerb_2006_403 und Gerb_2006_735 untersucht werden. An den Proben Gerb_2006_340 und Gerb_2006_403 konnten die Grenzflächen der übereinander aufgebrachten hellen Stuckschichten genauer betrachtet werden. Probe Gerb_2006_735 war die einzige Probe mit anzunehmender ursprünglicher Oberfläche, da sie eine zusätzliche feine dünne Schicht aufwies. Im Folgenden werden die Ergebnisse der drei Proben, wenn nicht dezidiert ausgewiesen, zusammengefasst dargestellt.

4.2.1 Gefüge

Die hellen Stuckschichten bestehen fast monomineralisch aus Gips. In das Gefüge sehr gut eingebettet, zeigen sich die typischen Hochbrand-Gipspartikel. Das Gefüge ist sehr dicht und zeigt neben geringer Lösungsporosität auch die ein oder andere rundliche Luft- bzw. Wasserpore (Abb. 11). Die sehr dichte Matrix zeigt sich besonders gut auf den Übersichtsfotos der Dünnschliffe, da die blau eingefärbte Harzimprägnierung überwiegend nur in die durch die Bodenlagerung etwas ausgelaugten Randbereiche eingedrungen ist und der Kern der Proben z. T. nicht durchdrungen wurde (Abb. 2).

4.2.2 Matrix

Durch die großen, gedrungenen, xenomorph[10] verwachsenen Gipskristalle liegt eine sehr dichte Matrix vor. In diese sind die Bindemittelpartikel sehr gut eingebunden. In der Matrix findet sich die typische Lö-

[12] Hochbrandgipspartikel (< 0,5 mm) in sehr dichter Matrix mit gedrungenen Gipskristallen. Detail von Probe Gerb_2006_340 in linearer und gekreuzter Polarisation

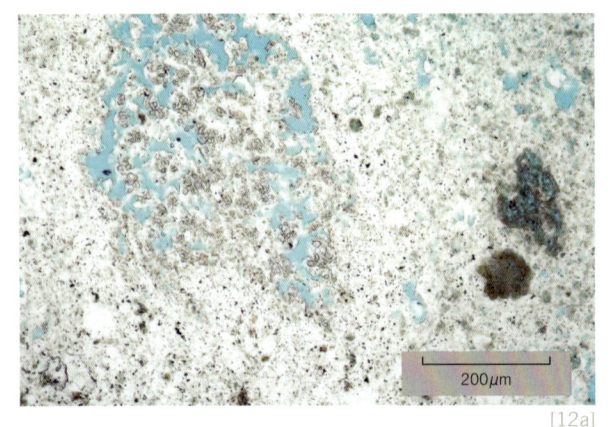

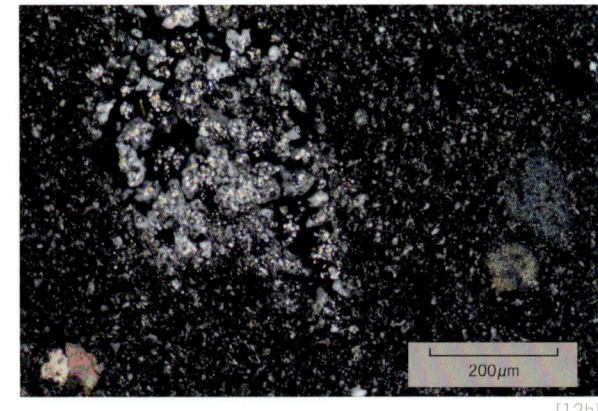

[12a] [12b]

[13] Gebranntes Calcit Aggregat aus der Lagerstätte (< 0,5 mm). Detail von Probe Gerb_2006_340 in linearer und gekreuzter Polarisation

[13a] [13b]

[14] Ungebranntes Gipsgesteinsfragment (< 0,5 mm). Detail von Probe Gerb_2006_340 in linearer und gekreuzter Polarisation

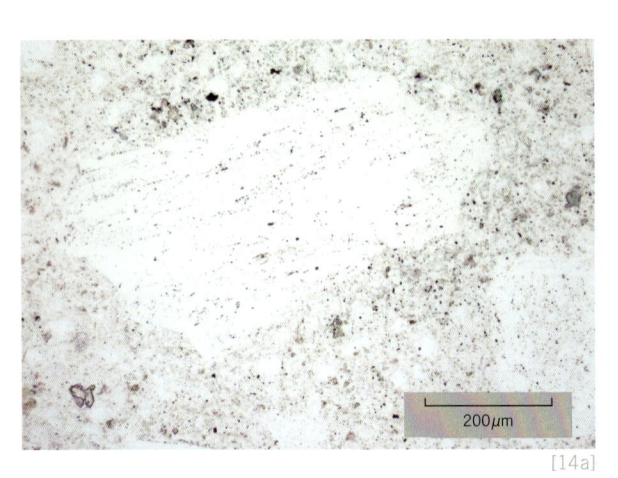

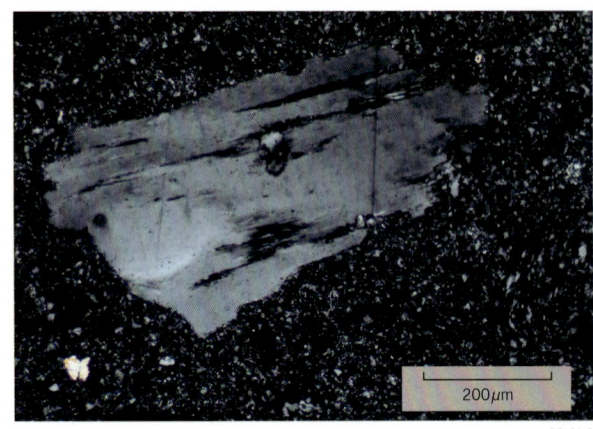

[14a] [14b]

[15] Übergang vom grauen Gipsmörtel (Fugenmörtel) zur hellen Stuckschicht mit einer deutlich ausgebildeten Sinterhaut (links: braune horizontale Linie). Detail von Probe Gerb_2006_403 in linearer und gekreuzter Polarisation

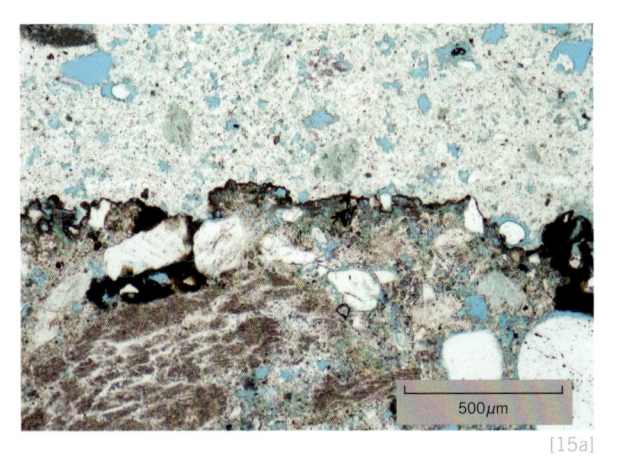

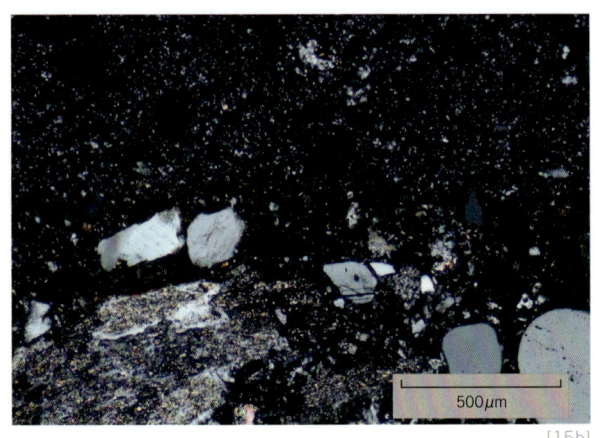

[15a] [15b]

sungsporosität (Abb. 12). Die Matrix ist nicht durch feine Zuschläge verunreinigt. Die Anteile an Holzkohlepartikeln sind sehr gering und führen dadurch nicht zu einer grauen Einfärbung der Matrix.

Ein Phänomen, welches auf die lange Bodenlagerung zurückzuführen sein dürfte, sind rosettenartige Sammelkristallisationen aus Gips, welche auch in der Probe Gerb_2006_340 und Gerb_2006_408 zu finden waren (Abb. 18).

4.2.3 Struktur

Die hellen Stuckschichten weisen sehr feine Gipsbindemittelpartikel auf, welche aber gleichermaßen wie bei der grauen Mörtelschicht für die Ableitung der Brenn- und Werktechnik essenziell sind. Hingegen weisen die hellen Stuckschichten keine Zuschläge auf.

4.2.3.1 Bindemittelpartikel

Die Bindemittelpartikel sind typische Hochbrand-Gipspartikel. Es spricht nichts dagegen, dass das Gipsbindemittel aus dem gleichen Herstellungsprozess wie für die untere graue Mörtelschicht stammt. Die nicht vollständig umgesetzten Bindemittelpartikel zeigen sowohl die gleichen Formen an nicht hydratisiertem Thermoanhydrit und primärem Anhydrit als auch die gleichen Veränderungen der gipslagerstättenseitigen Karbonate wie die Bindemittelpartikel der darunter liegenden grauen Mörtelschicht.

Die Bindemittelpartikel weisen eine maximale Größe von 0,5 mm auf. Auch alle anderen Partikel in den hellen Stuckschichten (Karbonate, Holzkohle, ungebrannte Gipspartikel) sind nicht größer (Abb. 11–14). Aus diesem Grund ist anzunehmen, dass alle die gleiche Zerkleinerung bzw. anschließende Korngrößenfraktionierung erfahren haben. Die Frage, ob zu dieser Zeit Siebe verwendet wurden, bleibt offen. Es ist eher anzunehmen, dass es sich um einen Mahlprozess handelt, der zu dieser gleichmäßigen, feinen Körnung geführt hat.[11] Für die Zerkleinerung mit einer Mühle ist sicher von Vorteil, dass zu Anhydrit gebrannter Gips sehr porös und spröde ist und sich dadurch sehr gut zermahlen lässt.[12]

Noch ein weiterer Aspekt gegenüber der grauen unteren Mörtelschicht ist anzusprechen und zwar der, dass die hellen Stuckschichten keinerlei Verunreinigungen haben. Dies ist durch eine händische Sortierung des gebrannten Gipses bei der Beräumung des Ofens möglich, sodass einerseits nur gut durchgebranntes Material und andererseits nur helles Material ohne Farbstich durch mitgebrannte Verunreinigungen aus der Lagerstätte wie z. B. Eisenoxidverbindungen ausgewählt wurde.

4.2.3.2 Zuschläge

Es lassen sich keine Zuschläge nachweisen. Lediglich vereinzelt sind Verunreinigungen nachweisbar, wie z. B. in Form eines Quarzkornes. Die Karbonate, welche sowohl in den Bindemittelpartikeln als auch in der Matrix vorhanden sind, stammen aus der Gipslagerstätte (Abb. 13). Vereinzelte Partikel von ungebranntem Gips (Abb. 14) sind auf eine inhomogene Temperaturverteilung im Brennofen oder als Verunreinigung bei der Gipsproduktion zurückzuführen. Es sind nur wenige Holzkohlepartikel in der Matrix verteilt, diese sind ebenfalls kleiner als 0,5 mm. Weitere färbende Feinanteile von Zuschlägen und Verunreinigungen fehlen (fast) vollständig.

4.2.4 Grenzflächen zwischen den Gipsschichten

An den Grenzflächen zwischen den aufgetragenen einzelnen hellen Stuckschichten zeigen sich ebenfalls Lösungserscheinungen. An diesen Schichtgrenzen finden sich auf den zuerst aufgebrachten Stuckschichten gleichfalls dünne karbonatische Sinterhäute, die belegen, dass die einzelnen Stuckschichten so lange offen standen, dass eine Karbonatisierung des durch den

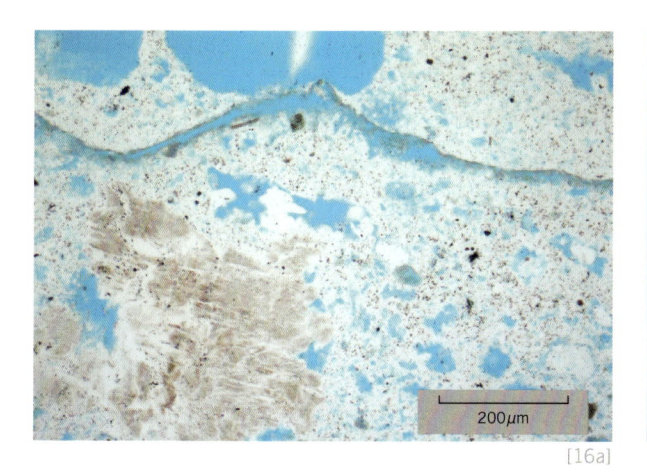

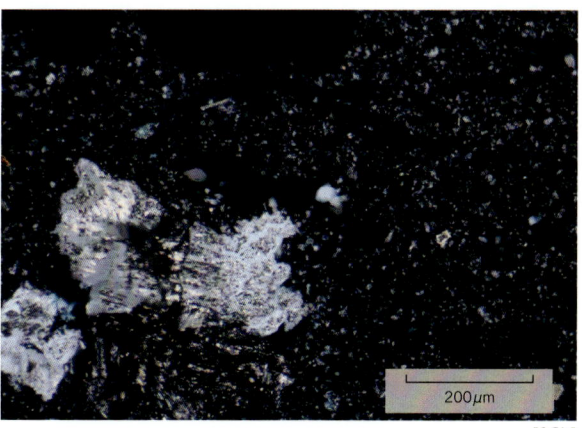

[16] Schichtgrenze zwischen zwei hellen Stuckschichten mit dünner Sinterhaut (links: helle braune Linie) über der herausgelösten Oberfläche (links: blauer Horizont) der unteren hellen Stuckschicht. Detail von Probe Gerb_2006_403 in linearer und gekreuzter Polarisation

[16a]

[16b]

Hochbrand entstandenen Calciumoxids, welches beim Anmachen zu Calciumhydroxid gelöscht wurde, stattgefunden hat. Im Gegensatz zu den Sinterhäuten auf der grauen Mörtelschicht sind die der hellen Stuckschichten wesentlich schwächer ausgeprägt (Abb. 16).

4.2.5 Dünne oberflächliche Schicht

Die Probe Gerb_2006_735 weist eine dünne oberflächliche 0,5 mm dicke Gipsschicht auf, welche als »primäre« Oberfläche am Fragment angesprochen wird (Abb. 17). Diese Schicht liegt auf einer gestörten (zerbrochenen) Sinterhaut auf und zeigt etwas mehr Lösungsporosität als die darunter liegende sehr ähnliche Gipsmatrix. Sie zieht sich über die ganze Breite von Probe Gerb_2006_735 (Abb. 2). Ein Auftrag mit dem Spachtel ist wohl bei dieser Dicke ebenso auszuschließen wie eine sekundäre Aufwachsung aus Gips. Die beim Werkstattgespräch in Halle erörterten Möglichkeiten einer mit dem Pinsel aufgetragenen Grundierung oder einer abschließenden dünnen Gipsschicht nach Beendigung des formgebenden Prozesses ist für mittelalterliche Stuckplastik durchaus denkbar.[13] Anhand der Dünnschliffmikroskopie spricht nichts dagegen, dass dazu das gleiche Stuckmaterial wie für die direkt darunter liegenden Stuckschichten Verwendung fand.

5 DISKUSSION DER UNTERSUCHUNGSERGEBNISSE

Zusammenfassend kann gesagt werden, dass die Gipsmörtel aus Gerbstedt typische Hochbrandgipsmörtel sind.

Beide zu unterscheidenden Gipsmörtel – die graue untere Schicht und die helleren oberen Schichten der reliefierten Stuckarbeit – bestehen aus dem gleichen Ausgangsmaterial. Es handelte sich hierbei um einen Gipsstein mit eingeregelten Karbonaten und Resten von primärem Anhydrit. Anhand der geringen Mengen an primärem Anhydrit ist zu vermuten, dass es sich eher um eine oberflächennahe, gut re-vergipste Lagerstätte gehandelt haben muss. Tonige oder mergelige Bestandteile sowie eingelagerte Eisenoxide aus der Lagerstätte sind in den Mörteln nicht nachweisbar. Dies spricht eher für eine Lagerstätte aus dem Zechstein als aus dem Keuper oder Muschelkalk. Das beim Arbeitsgespräch vorgestellte geologische Umfeld[14] entspricht dieser Annahme sehr, da Zechsteingips in unmittelbarer Nähe von Gerbstedt ansteht.

Beim Brand wurde mit Holz geheizt, was wiederum einen in das Erdreich eingetieften oder einen gebauten Feldofen vermuten lässt.[15] Ein Scheiterhaufenbrand ist ebenfalls vorstellbar. Beim Brand wurden Temperatu-

[17] Oberflächliche 0,5 mm dicke Gipsschicht über zerbrochener feiner Sinterhaut (links: bräunlich), welche etwas andere Gipskristallite als die darunter liegende Stuckschicht aufweist (rechts: gut zu erkennen). Detail von Probe Gerb_2006_340 in linearer und gekreuzter Polarisation.

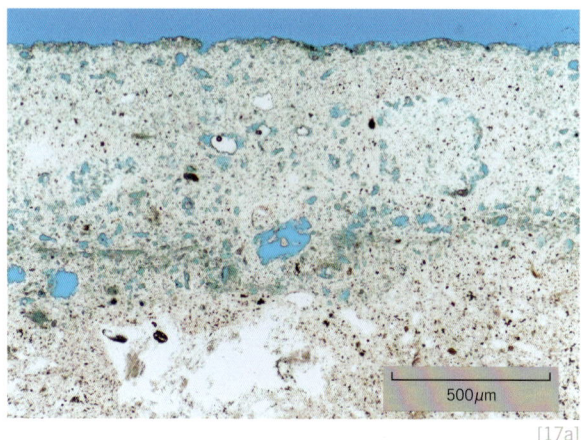

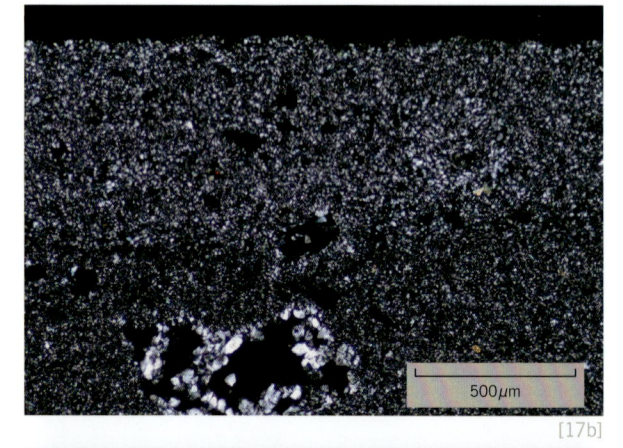

[18] Rosettenartige Sammelkristallisation von Gips, die sich vermutlich durch die lange feuchte Bodenlagerung ausbilden konnte. Detail von Probe Gerb_2006_340 in linearer und gekreuzter Polarisation.

ren z. T. bis über 900 °C erreicht. Dies kann sowohl an der Morphologie des Thermoanhydrits als auch an den teilweise entsäuerten Calciten abgeleitet werden. Dass es sich um einen inhomogenen Brand gehandelt hat, lässt sich auch an Gips-Phasen ableiten, die zwischen 300–500 °C entstanden sein müssen, sowie an einer großen Anzahl von nicht entsäuertem primärem Calcit aus der Lagerstätte innerhalb der Bindemittelpartikel. Vereinzelte ungebrannte Gipsgesteinspartikel runden dieses Bild ab.

Der entscheidende Unterschied in der Ausprägung der beiden Mörtel liegt darin, dass in den hellen Deckschichten nur sehr reines Gipsmaterial verwendet und dieses sehr gleichmäßig und für mittelalterliche Stuckmassen sehr fein zerkleinert wurde. Es ist anzunehmen, dass es sich bei der Zerkleinerung um eine Art Getreidemühle gehandelt haben könnte. Dieses Vorgehen zeigt eine sehr große Sorgfalt bei der Auswahl und Aufbereitung des Gipses für die später sichtbaren Stuckschichten. Die untere graue Schicht hingegen ist wesentlich gröber zerkleinert und mit Holzkohle bzw. Asche aus dem Ofen sowie Sandzuschlägen vermischt. Aufgrund der überkommenen Fundstücke und der vorliegenden Schichtung der Fragmente wird angenommen, dass es sich um Fugenmörtel handelt. Vereinzelte Fragmente von randlich anhaftenden Kalkmörteln an einer grauen Mörtelprobe lassen darauf schließen, dass in der Wand bzw. Umgebung der Stuckierung auch Kalkmörtel zum Einsatz kamen. Dies unterstreicht weiter die gezielte Auswahl von Gipsmörteln für die Ausführung des Stucks.

Neben den Rückschlüssen auf die Gipsbindemittelherstellung lassen sich auch werktechnische Abläufe weiter darstellen. Aus den unterschiedlich ausgeprägten Sinterhäuten zwischen den verschiedenen Mörtelschichten ergibt sich, dass der graue Mörtel der Fugen länger offen gestanden haben muss als die aufeinander folgenden Schichten der hellen Stuckierung, da auf den einzelnen Schichten der hellen Stuckierung nur sehr feine Sinterhäute nachweisbar sind.

Die Probe Gerb_2006_735 hat als einzige untersuchte Probe noch die ursprüngliche Oberfläche des Stuckreliefs. Sie zeigt eine etwa 0,5 mm dicke Schicht, welche man auch als Glättung oder Grundierung interpretieren kann.

6 SCHLUSSBETRACHTUNG UND AUSBLICK

Zusammenschauend muss die Herstellung und Aufbereitung des Hochbrandgipses für die mittelalterlichen Stuckarbeiten aus Gerbstedt als sehr ausdifferenziert und hochwertig angesprochen werden. Die aus nahezu weißem Gips hergestellten Stuckarbeiten sind ein Zeugnis von sehr gezielt ausgewähltem und verarbeitetem Gipsmaterial. Sowohl die geologische Situation als auch das verfügbare Wissen über den Umgang mit Gips als Bindemittel in dieser Region als auch das künstlerische Können sind die entscheidenden Parameter, die diese mittelalterliche Stuckarbeit hervorgebracht haben. Die vorliegenden Materialanalysen geben einen weiteren Mosaikstein in der Vervollständigung der Betrachtung zur mittelalterlichen Gipsproduktion und -verwendung. Es ist zu hoffen, dass diese an weiteren bedeutenden mittelalterlichen Objekten erfolgen können, um eine noch ausdifferenziertere werktechnische Betrachtung über mittelalterliche Stuck zu bekommen. Lagerstättenkundlich könnten diese Ergebnisse noch weiter durch Isotopenmessungen[16] spezifiziert werden sowie die Statistik zur Ableitung der Brenntemperatur durch spektroskopische Verfahren[17] auf Grundlage der vorliegenden Untersuchungen am Dünnschliff vorangetrieben werden.

ANMERKUNGEN

1 Der Artikel fasst die Ergebnisse des vorgelegten Untersuchungsberichts sowie die Diskussion des Werkstattgesprächs vom 22./23. April 2021 zusammen.

2 Siehe dazu Beitrag von Corinna Scherf in diesem Band.

3 Als Auswahl sind hierzu folgende Publikationen chronologisch zu nennen: Kulke u. a. 2003; Schmidt 2002; Lenz/Sobott 2008; Lucas 1992; Schlütter 2012; Dariz/Schmid 2019.

4 Die Röntgenbeugung und deren Auswertung an der MPA Stuttgart wurden von Herrn Dr. Friedrich Grüner durchgeführt.

5 Die Präparation wurde durch das Speziallabor von Dipl.-Ing. Thomas Beckmann (Schwülper-Lagesbüttel) durchgeführt.

6 Die Gipskristalle sind nicht in ihrer eigentlichen Kristallform ausgebildet, da sie zu wenig Platz hatten und ineinander mosaikähnlich verwachsen sind. Idiomorph gewachsene Kristalle würden dagegen z. B. vollkommen in ihrer kristallinen Gestalt ausgebildet sein.

7 Siehe dazu Lenz/Sobott 2008.

8 Inwieweit diese Sandzuschläge mit dem unter der Humusschicht

9 Siehe dazu Schmidt 2002.

10 Wie Anm. 6.

11 Erfahrungen des Autors aus der Herstellung von Marble Cement (ebenfalls hoch gebrannter Gips) im Technischen Denkmal Ziegelei Hundisburg. Zum Einsatz kam eine Getreidemühle mit Granitmahlsteinen, mit welcher ein Kornspektrum von 0 bis 0,5 mm realisiert wurde.

12 Erfahrungen des Autors aus der Produktion von Hochbrandgips.

13 Freundliche mündliche Mitteilung beim Werkstattgespräch am 22./23. April 2021 von Torsten Arnold in Bezug auf die Chorschranken in Halberstadt. Siehe dazu Arnold 2018.

in Gerbstedt anzutreffenden Löss einhergehen, wurde nicht weiter abgeklärt.

14 Das geologische Umfeld von Gerbstedt wurde dankenswerterweise durch Dipl.-Min. Matthias Zötzl beim Werkstattgespräch am 22./23. April 2021 vorgestellt.

15 Für die Königspfalz Tilleda ist ein in einen Erdwall eingetiefter Feldofen nachgewiesen. Siehe dazu: Grimm 1990, S. 185. Weitere aufschlussreiche renaissancezeitliche Quellen über verschiedene Gipsbrennöfen finden sich in Götz u. a. 2005/2006. Das in diesem Artikel transkribierte und interpretierte Originalmanuskript von Heinrich Schickhardt wurde von Martin Hoernes im Hauptstaatsarchiv Stuttgart ausfindig gemacht und durch die oben genannten Autoren bearbeitet.

16 Freundliche Mitteilung von Dr. Wolfram Kloppmann, Bureau de Recherches Géologiques et Minières (BRGM), Direction de l'Eau, de l'Environnement, des Procédés et Analyses, Orleans, am 27.11.2020. Hinsichtlich der Bestimmung an mittelalterlichen Mörteln, siehe auch Usdowki 2001.

17 Dariz/Schmid 2019.

LITERATUR

ARNOLD 2018
Arnold, Torsten: Die Chorschranken in der Liebfrauenkirche in Halberstadt. Neue Erkenntnisse zur Maltechnik, in: Romanische Stuckplastik aus der Dorfkirche in Eilenstedt (= Kleine Hefte zur Denkmalpflege 13), Halle 2018, S. 151–170

DARIZ/SCHMID 2019
Dariz, Petra/Schmid, Thomas: Phase composition and burning history of high-fired medieval gypsum mortars studied by Raman microspectroscopy, in: Materials Characterization Volume 151, 2019, S. 292–301

GÖTZ u. a. 2005/2006
Götz, Franz Jürgen/Lucas, Günter/Seng, Gabriel/Galland, Hervé: Erzeugung von Niedrig-, Misch- und Hochbrandgips in Burgund, Ferrara und Stuttgart etwa im Jahr 1600, in: Eine Brücke, hrsg. von Europäische Kulturstraße Heinrich Schickhardt e. V., Mitteilungen und Informationen 5 (2005/2006)

GRIMM 1990
Grimm, Paul: Tilleda – Eine Königspfalz am Kyffhäuser, Teil 2: Die Vorburg und Zusammenfassung, Berlin 1990, S. 185

KULKE u. a. 2003
Kulke, Holger/Binnewies, Werner/Hillebrecht, Herbert/Jeschar, Rudolf/Lenz, Roland/Rinne, Antje: Gips, ein bedeutender historischer Baustoff, nach alter Art neu gebrannt, in: Berichte zur Denkmalpflege in Niedersachsen, 23. Jg., Heft 2/2003, S. 61–66

LENZ/SOBOTT 2008
Lenz, Roland/Sobott, Robert: Beobachtungen zu Gefügen historischer Gipsmörtel, in: Auras, Michael/Zier, Hans-Werner (Hrsg.): Gipsmörtel im historischen Mauerwerk und an Fassaden (= WTA-Schriftenreihe 30), München 2008, S. 23–34

LUCAS 1992
Lucas, Hans Günter: Gips als historischer Außenbaustoff in der Windsheimer Bucht. Verbreitung, Gewinnung und Beständigkeit im Vergleich zu anderen örtlichen Naturwerksteinen, Diss. (masch.), RWTH Aachen 1992

SCHLÜTTER 2012
Schlütter, Frank: Mittelalterlicher Hochbrandgips, in: Brandenburgisches Landesamt für Denkmalpflege und Archäologisches Landesmuseum (Hrsg.): 800 Jahre Kunststein – vom Imitat zum Kunstgut, Worms 2012, S. 27–39

SCHMIDT 2002
Schmidt, Thomas: Untersuchung zu Abbindemechanismen mittelalterlicher Gips- und Stuckmassen und Analysen zur Einbindung der Bemalung auf diesen Materialoberflächen, in: Hoch- und spätmittelalterlicher Stuck. Material-Technik-Stil-Restaurierung, hrsg. v. Martin Hoernes, Regensburg 2002, S. 51–61

USDOWSKI 2001
Usdowski, E.: Stable sulfur isotopes as a possible tool for tracing the provenance of the raw material of gypsum mortars, in: Chemie der Erde – Geochemistry 61(2), 2001, S. 140–147

ABBILDUNGSNACHWEIS

Roland Lenz, Stuttgart: 1–18

Bestimmung stuckanhaftender Gesteinsfragmente an hochmittelalterlicher Stuckplastik aus der ehemaligen Klosterkirche Gerbstedt

Matthias Zötzl

An wenigen der in dieser Publikation behandelten Gipsstuck-Grabungsfunde hafteten zum Teil sehr kleine Gesteinsfragmente an, die bestimmt werden sollten, um beispielsweise einen Teil der Baumaterialien der Klosterkirche benennen zu können. Die zweite Fragestellung galt der regionalen Herkunft, möglicherweise der Gewinnstelle, des zur Herstellung der Stuckplastik verwendeten Gipsrohstoffs. Dazu wurden die anhaftenden Gesteinsfragmente der Gipsstuck-Grabungsfunde mit den Probennummern 2006_200, 2006_253, 2006_268, 2006_518 und 2006_551 im Landesamt für Denkmalpflege und Archäologie Sachsen-Anhalt (LDA) untersucht, zum Teil unterbeprobt und anschließend makroskopisch bestimmt. Die Zuordnung der bestimmten Gesteine zu regionalen Fundstellen bzw. geologischen Vorkommen erfolgte nach dem geologischen Messtischblatt Gerbstedt (Kayser 1876) und den Erläuterungen zur geologischen Spezialkarte von Preußen und den Thüringischen Staaten, Blatt Gerbstedt (Kayser 1884).

Die am Gipsstuckfragment 2006_200 (vgl. Kat.-Nr. 47) anhaftende Gesteinsprobe (Abb. 1, 2) zeigt einen dunkelgrauen Kalkstein, der als Zechsteinkalk angesprochen werden kann. Das feste, plattige Gestein ist im Bereich Gerbstedt anstehend und als historisch verwendetes Baumaterial bekannt. Der Volksmund bezeichnete das Kalkgestein oft nur als Zechstein, auch da man es zum Bau der Zechen, der Bergwerksgebäude, verwendete. Der Zechsteinkalk musste häufig erst durchteuft werden, um an den Kupferschiefer bzw. die abbauwürdigen erzreichen Schichten des Kupferschiefers zu gelangen. Die Abb. 3 zeigt einen oberhalb der Ortschaft Wiederstedt gefundenen Zechsteinkalk mit frisch angeschlagener Fläche. Der Kupferschiefer erwies sich als weniger stabil gegen Verwitterung und wurde daher seltener als Baumaterial verwendet.

Die Gipsstuckproben 253 und 268 (Abb. 4–6, Kat.-Nr. 96 und 103) zeigen Anhaftungen weniger Kornlagen eines hellen, graubeigen, hellglimmerreichen Sandsteins vermutlich aus der Zeit des mittleren Buntsandsteins. Der Sandstein steht ebenfalls regional an und wurde in Gerbstedt häufig als Baumaterial eingesetzt. Ein Beispiel für die Verwendung ist die Kirche St. Johannis in Gerbstedt selbst. Historische Abbauten hervorragender Werksteinqualitäten, die auch als Bild-

[1] Gipsstuckfragment 2006_200 mit einem dunkelgrauen Zechsteinkalk

[2] Gipsstuckfragment Kat.-Nr. 47, HK 2006:200 mit einem dunkelgrauen Zechsteinkalk, Detailaufnahme aus Abb. 1

[3] Zechsteinkalk mit frisch angeschlagener Fläche

[4] Gipsstuckprobe Kat.-Nr. 96, HK 2006:253 mit Spuren von anhaftendem Sandstein

[5] Gipsstuckprobe Kat.-Nr. 103, HK 2006:268 mit Anhaftungen weniger Kornlagen eines hellen, graubeigen, hellglimmerreichen Sandsteins

[6] Nahaufnahme des anhaftenden Sandsteins aus Abb. 5

[7] Gipsstuckfragmente Kat.-Nr. 173, HK 2006:518 und HK 2006:551 mit eisenoxihydroxidreichen Gesteinen

[8] Zabenstedt, verfüllter Steinbruch mit Aufschluss von holozänem Süßwasserkalk

[9] Gerbstedt, Mauer an der Kirche St. Johannis mit eisenoxihydroxidreichem holozänem Travertin als Vierungsmaterial im Zechsteinkalkmauerwerk

hauermaterial Verwendung fanden, liegen in der Umgebung im ca. 7 Kilometer entfernten Bösenburg.

Die Gipsstuckfragmente 518 und 551 (Abb. 7, Kat.-Nr. 173) zeigen jeweils eisenoxihydroxidreiche Gesteine. Bei Probe 518 liegt, im Gegensatz zu allen anderen Funden, ein deutlich größeres Gestein mit einer Kantenlänge von mehr als 10 cm vor, das im Querschnitt vollständig vom Gipsmaterial umhüllt ist.

In Probe 551 liegen die eisenreichen Komponenten als Bindemittel einer Brekzie vor, in Probe 518 als Hohlraumfüllungen. Das Gerüst des Gesteins ist ein Kalktuff, der nach Hinweis von Herrn Dipl.-Archäologe Olaf Kürbis (LDA) als holozäner Süßwasserkalk von Zabenstedt angesprochen werden kann. Der ca. 4 Kilometer von Gerbstedt entfernte, heute verfüllte Steinbruch wurde gemeinsam mit Herrn Kürbis besucht und ein Aufschluss anstehender Travertinkalkschichten vorgefunden, die sich hervorragend in dichte, feste Kalkbänke mit Eignung als Baustein und hohlraumreiche Kalksteinbänke untergliedern lassen (Abb. 8). Dazwischen liegt eine hohlraum- und eisenoxihydroxidreiche Bank. Das hier angetroffene Gestein ist vergleichbar mit den oben beschriebenen Proben. Die dichteren stabilen Kalksteinbänke fanden in Zabenstedt als Baumaterial Verwendung. Auch in Gerbstedt an der Kirche St. Johannis wurde der Kalkstein als Vierungsmaterial eingesetzt (Abb. 9). Das zum Teil sehr leichte, hohlraumreiche Material wurde hingegen im Gewölbe- oder Bogenbau eingesetzt (Abb. 10). Bei der Herstellung der Gipsstuckelemente diente es vermutlich ebenfalls als großzügig eingesetzter Grobzuschlag zur Gewichtsreduzierung der Plastiken. Damit kann auch die Umhüllung des Gesteins durch den Stuckgips erklärt werden.

Der Abbau der hervorragenden hellen Gipsrohstoffqualitäten (Anhydrit und sekundärer Gips) wird in der näheren Umgebung von Gerbstedt vermutet. Nach Aussage des geologischen Messtischblatts sind gipsführende Schichten des Zechsteins im Bereich Wiederstedt anstehend. Ausdrücklich erwähnt wird in den Erläuterungen zum geologischen Messtischblatt der Gipsofen von Wiederstedt in einer Entfernung von ca. 10 Kilometern.

[10] Gerbstedt, Torbogen neben der Kirche St. Johannis, gesetzt mit holozänem Travertin

LITERATUR

KAYSER, EMANUEL 1876
Geologische Spezialkarte von Preussen und den Thüringischen Staaten, Gerbstedt [Hettstedt]; Gradabteilung 57, Blatt 20, Berlin 1876

KAYSER, EMANUEL 1884
Erläuterungen zur geologischen Spezialkarte von Preussen und den Thüringischen Staaten, Blatt Gerbstedt, Gradabteilung 57, Blatt 20, Berlin 1884

BILDNACHWEIS

Matthias Zötzl, Institut für Diagnostik und Konservierung an Denkmalen in Sachsen und Sachsen-Anhalt e. V. (IDK), Halle: 1–10

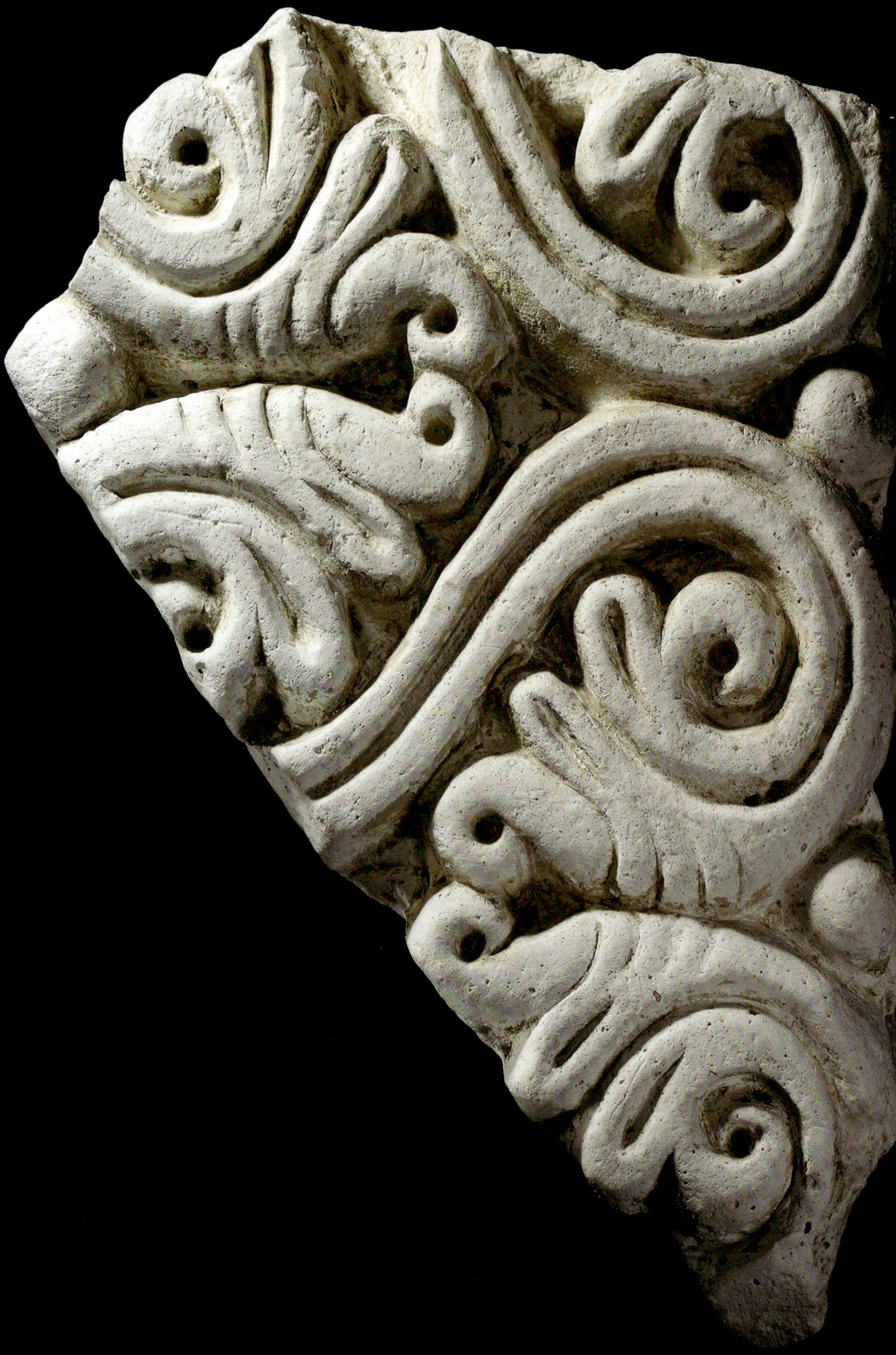

# Restauratorische Untersuchungen und Maßnahmen an Stuckfragmenten aus der untergegangenen Klosterkirche von Gerbstedt

Corinna Scherf

1 EINLEITUNG

Der Komplex der Gerbstedter Stuckplastik umfasst heute ca. 800 Fragmente, die bei unterschiedlichen Ausschachtungsarbeiten 1869, 1988 und 1996/97 auf dem Areal der 1650 eingestürzten Klosterkirche Gerbstedt geborgen wurden.[1] Bis auf zehn Stuckfragmente befinden sich alle Stücke im Bestand des Landesamtes für Denkmalpflege und Archäologie Sachsen-Anhalt (LDA).[2] Etwa 100 ausgewählte Fragmente sind seit November 2021 im Landesmuseum für Vorgeschichte in Halle in der neuen Dauerausstellung zu sehen. Die damit verbundenen Vorbereitungen boten die Möglichkeit, die Gerbstedter Stuckplastik im Rahmen eines interdisziplinären Projektes zu erforschen und zu publizieren. Die restauratorischen Tätigkeiten umfassten neben der Konservierung und ggf. Restaurierung der gestalteten Stuckfragmente auch die Mitwirkung bei der Auslage (»Puzzeln«) sowie die Untersuchung der Werktechnik auf Grundlage der 2006 erfolgten Erfassung der Stuckfragmente durch Roland Lenz. Der Fokus lag dabei auf ca. 500 gestalteten oder aufgrund besonderer Werkspuren interessanten Fragmenten. Darauf aufbauend sollten werktechnische Vergleiche insbesondere zu stilistisch sehr ähnlichen Stuckteilen aus der Quedlinburger Stiftskirche angestellt werden.

Die Untersuchung und Reinigung der Gerbstedter Stuckfragmente erfolgte mithilfe einer Lupenbrille mit 4,3-facher Vergrößerung. Ausgewählte Stücke wurden außerdem unter UV-Strahlung begutachtet. Farbreste wurden zunächst mikroskopisch und zum Teil mit mobiler Röntgenfluoreszenzanalyse untersucht.[3] Ergänzend kamen gezielte Materialanalysen von Fassungsproben, Mörtelproben und anhaftenden Gesteinsresten hinzu. Die Ergebnisse der restauratorischen Untersuchung wurden in der Stuckdatenbank des LDA erfasst, die im Rahmen des Projektes auf der Basis der 2006 von Roland Lenz angelegten Datenbank weiterentwickelt wurde. Angesichts der Größe des Fundkomplexes stellte sie ein unverzichtbares Instrument bei der Katalogisierung und Bearbeitung der Stuckfragmente sowie bei der Auswertung der Untersuchung dar. Neben allgemeinen Informationen enthält die Datenbank Angaben zu Darstellung, Werktechnik und Zustand der einzelnen Stuckfragmente sowie zu durchgeführten konservatorischen bzw. restauratorischen Maßnahmen.[4]

2 DIE GERBSTEDTER STUCKPLASTIK IM ÜBERBLICK

Die gestalteten Stuckfragmente (und ausgewählte weitere) sind im Katalog dieser Publikation im Einzelnen aufgeführt und abgebildet.[5] Die meisten dieser Fragmente lassen sich anhand formaler Aspekte einer der folgenden Gruppen zuordnen, die auch hinsichtlich ihrer Werktechnik gewisse Unterschiede aufweisen:

· figürliche und szenische Darstellungen in verschiedenen Maßstäben (Relieftiefe etwa 4 bis 13 cm), darunter Fragmente von Personen, Gegenständen, Architekturdarstellungen und Drachen, möglicherweise auch kleine Tierdarstellungen (Abb. 1; Kat.-Nr. 1–94)

[1] Fragmente einer szenischen Darstellung mit Architektur und einem Bein auf einem durch Erdschollen(?) symbolisierten Boden (Kat.-Nr. 47)

[2] Fragmente eines stark plastischen Frieses mit Ranken, Tieren und Perlstabprofil (Kat.-Nr. 109). Dieser Fries zeichnet sich durch dicke Ranken und wiederkehrende Vögel in Rauten aus. Links noch die Pfoten eines weiteren Tieres

[3] Fragmente einer Laibung mit Palmettenmotiv und Profilen mit Halbrundstab (Kat.-Nr. 103). Auffällig ist der unterschiedliche Erhaltungszustand der Fragmente.

[4] Kapitellfragment (Kat.-Nr. 173, HK 2006:518) mit glatten Seitenflächen und ausgezogener Kante

- wohl mindestens zwei gerade verlaufende, stark plastische Friese (Relieftiefe etwa 2,5 bis 4,5 cm) mit Ranken und kleinen Tierdarstellungen, gerahmt durch Profile mit Perlstab (Abb. 2; Kat.-Nr. 109–134)
- verschiedene ornamentale, eher flachplastische Dekorationen, überwiegend mit Akanthus- und Palmettenmotiven (Relieftiefe zwischen knapp 2 und 3 cm), darunter mindestens vier Friese, die (Arkaden-)Bögen einfassten sowie mindestens zwei Friese, die rundbogige Laibungen bedeckten, gerahmt durch Profile mit Halbrundstab (Abb. 3; Kat.-Nr. 95–108)
- Kapitellfragmente, vermutlich Viertelkapitelle von Wandvorlagen oder Pfeilern (Abb. 4; Kat.-Nr. 173)
- Fragmente von glatt stuckierten Flächen (Kat.-Nr. 174, 175).

3 DIE WERKTECHNIK DER GERBSTEDTER STUCKPLASTIK

Die Stuckplastik ist, wie an den zahlreichen Bruchstücken des Fundkomplexes unschwer nachvollziehbar, aus durchgängig mehreren Schichten aus feinkörniger weißer Stuckmasse aufgebaut (Abb. 5). Der rückseitig an den Fragmenten anhaftende graue, grobkörnige Mörtel war vermutlich als Haftbrücke Teil des Untergrundes, worauf unten noch näher eingegangen wird. Eine Ausnahme bilden dabei die Kapitellfragmente, die ebenfalls weiter unten gesondert beschrieben werden

[5] Fragmente der Darstellung eines Tuches (Kat.-Nr. 18–20). Hier ist der Aufbau der Stuckplastik ablesbar: 0: anhaftender grober Mörtel vom Untergrund, 1–4: Feinstuckschichten. Die Pfeile weisen auf rote und mögliche weitere Farbreste hin.

[6] Dritte Stuckschicht der Darstellung eines Tuches (Kat.-Nr. 19, vgl. Abb. 5) mit (positivem) Abdruck einer zungenförmigen Kelle

sollen. Sowohl bei dem feinen als auch bei dem groben Mörtel handelt es sich um Hochbrandgips.[6]

3.1 DER SCHICHTAUFBAU

Der feine weiße Mörtel zum Aufbau der Stuckplastik wurde meist in 0,5 bis 3 cm dicken Lagen mit einer Kelle auf den Untergrund aufgetragen und überwiegend gut verstrichen. Zahlreiche Flächen zeigen charakteristische striemige Glättspuren einer Kelle mit schadhafter Kante. An manchen Stellen haben sich zudem sowohl positive als auch negative Abdrücke einer zungenförmigen Kelle erhalten (Abb. 6, 7). Eher flachplastische Motive wie die Bogenfriese und die Verkleidungen der Laibungen wurden zwei- bis dreischichtig, die stark plastischen Friese mit Ranken und Tieren sowie die figürlichen und szenischen Darstellungen mindestens drei- bis vierschichtig aufgebaut, wobei bei Letzteren die Schichten teilweise bereits dem Motiv folgend ausgeformt werden konnten (Abb. 8).

Der Auftrag der Schichten muss relativ schnell hintereinander nach dem Anziehen der jeweils vorhergehenden Lage erfolgt sein. Darauf weist die Art der plastischen Bearbeitung hin, bei der die Formen aus dem gesamten Schichtpaket herausgeschnitten wurden; zum Zeitpunkt der Ausformung müssen also alle Schichten eine schnitzbare Konsistenz aufgewiesen haben (Abb. 9). Für einen zügigen Schichtaufbau sprechen auch die von Roland Lenz auf den Oberflächen der unteren Stuckschichten festgestellten, nur sehr fein ausgebildeten karbonatischen Sinterhäute. Dementsprechend sind an den Stuckschichten an keiner Stelle Hacklöcher zu finden.

Alle Schichten bestehen aus der gleichen Stuckmasse, die aufgrund ihrer sehr feinkörnigen, homogenen Beschaffenheit und der fast weißen Farbigkeit äußerst bemerkenswert ist.[7] Es lassen sich weder zwischen den Schichten – was hinsichtlich der Art der Formgebung einleuchtet – noch zwischen den Motiven, zum Beispiel zwischen Friesen und Figuren, Unterschiede im Material feststellen. Wenige Fragmente, fast alle von einem der stark plastischen Ranken- und Tierfriese mit Perlstab stammend, zeigen eine etwas gröbere und grauere Stuckmasse (Abb. 13).[8] Da die anderen Fragmente mit vergleichbarem Motiv aus der üblichen sehr feinen Stuckmasse bestehen, handelt es sich wohl eher um eine Verunreinigung als um eine differenzierte Materialwahl.

Soweit anhand der überkommenen Stuckfragmente zu beurteilen, kamen die Stuckateure ohne zusätzliche Dübel oder Verankerungen im Mauerwerk aus, um ein Abrutschen der wohl überwiegend vertikal und sogar über Kopf angetragenen Stuckschichten zu verhindern. Allerdings sind die Figuren mit dem größten Volumen und Gewicht, die wohl in den Arkadenzwickeln stehenden Figuren, bis auf einen Fuß (Kat.-Nr. 35) bzw. »Fußabdrücke« (»Schuhgröße« knapp 18 cm; Kat.-Nr. 62) sowie möglicherweise Teile von Händen (Kat.-Nr. 23, 24), nicht erhalten, sodass zu deren Anbringung keine Aussage gemacht werden kann. Auch eine Armierung konnte nicht festgestellt werden. Ein bei der Erfassung des Fundkomplexes 2006 noch do-

[7] Fragment (HK 2006:331) aus der Laibung mit Palmettenmotiv (vgl. Abb. 3), Rückseite. Zu erkennen sind Negativabdrücke von Glättspuren einer schartigen Kelle.

[8] Querschnitt durch einen Drachenkörper (Kat.-Nr. 83) mit schwach erkennbaren Grenzen von mindestens drei Stuckschichten. Ersichtlich ist die dreieckig-konvexe Ausformung der mittleren Stuckschicht

[9] Fragment (HK 14691:1:15) aus der Laibung mit Palmettenmotiv (vgl. Abb. 3), Rückseite. Negativabdrücke von Fingerabdrücken – vielleicht ein Test des Stuckateurs vor dem Auftrag der nächsten Stuckschicht?

[10] Fragment des kassettierten Frieses (Kat.-Nr. 97, HK 2006:637) mit gleichmäßigen konischen Bohrungen und Werkspuren in den Tiefen der Blätter vom Herausschneiden der Stuckmasse

kumentierter Eisennagel (HK 14691:1:212) ist derzeit nicht auffindbar, seine Zugehörigkeit zur Stuckausstattung unklar.

3.2 DIE FORMGEBUNG

Die eigentliche plastische Formgebung erfolgte hauptsächlich subtraktiv durch Herausschneiden der Formen aus dem gesamten Schichtpaket der langsam abbindenden Stuckmasse.[9] Schneidespuren sind in den Tiefen fast aller Fragmente erhalten, teilweise auch zurückgebliebene Mörtelreste. Vom eher flächigen Herausschaben der Stuckmasse mit einem löffelartigen Werkzeug, vielleicht einer Art schmalem Hohleisen, zeugen feine geriffelte Strukturen auf den Rücklagen mehrerer stark plastischer Stuckfragmente. Zur Herstellung der sehr gleichmäßigen konischen Pupillen von Personen, Drachen und Tieren sowie zur Bereicherung einiger Ornamente kamen vermutlich Bohrer zum Einsatz (Abb. 10–13). Auch die flachen Kerben an Ranken und Blättern zur Darstellung von Quetschfalten wurden hineingeschnitten (nicht geritzt), wie deren klare Formen belegen. Eine durchgängige abschließende Glättung der herausgeschnitzten Oberflächen ist angesichts der zahlreichen erhaltenen Werkspuren nicht anzunehmen. Offensichtlich geglättet wurden hingegen die äußeren Konturen der Friese. Glatte bzw. ebene Seitenflächen (modelliert oder als Abdruck) scheinen häufig ein Hin-

[11] Fragment eines Profils mit Perlstab (Kat.-Nr. 109, HK 2006:499). In den Tiefen vom Herausschnitzen der Stuckmasse zurückgebliebene Mörtelreste

[12] Fragment der Szene mit Architektur (vgl. Abb. 1). In der Tiefe zwischen Bein und Architektur geriffelte Oberfläche vom Herausschaben der Stuckmasse

[13] Fragment eines der Ranken- und Tierfriese (Kat.-Nr. 120, HK 2006:422). An der glatten Wand der Bohrung ein schmaler Grat von der Drehung des Bohrers. Die feine Stuckmasse dieses Fragments ist etwas grauer und gröber.

[14/15] Fragment des Herzpalmettenfrieses (Kat.-Nr. 95, HK 2006:546), Schrägansicht der Vorder- und Rückseite. Offenbar zu schmal geschnittenes, später überstuckiertes Blatt. Auf der Vorderseite zahlreiche Werkspuren in den Tiefen der Blätter

[16/17] Fragmente der Darstellungen eines Tuches (Kat.-Nr. 18–20). Die Vorritzungen auf der zweituntersten Stuckschicht zeigen gerade, scharfe Linien (Pfeile) und skizzenhafte figürliche Zeichnungen. Die plastische Ausformung entspricht den Vorritzungen nur ungefähr.

[16]

weis auf die äußere Begrenzung einer Darstellung zu sein. Die unteren Ansätze der Bogenfriese weisen glatte, abgefaste Seitenflächen auf (Abb. 24, 26).

Welche Vorteile das Material Hochbrandgips zusätzlich zu seinen im Vergleich zum Stein relativ schnellen und leichten Bearbeitungsmöglichkeiten bietet, zeigen sehr vereinzelt erkennbare nachträgliche Korrekturen, sozusagen »pentimenti«: Bei einem Fragment des Frieses mit herzförmigen Akanthusblättern wurde beispielsweise ein offenbar zu schmal geschnittenes Blatt mit einer Schicht Stuckmasse überdeckt und später erneut herausgeschnitzt (Abb. 14, 15).

3.3 KONSTRUKTIONSHILFEN UND VORRITZUNGEN

Das schichtweise Auseinanderbrechen der Stuckplastik erlaubt einen Einblick in die konstruktiven und gestalterischen Vorbereitungen der Stuckateure zur Umsetzung des Bildprogrammes auf der Wand. Dabei sind bei figürlichen Darstellungen und Friesen etwas unterschiedliche Vorgehensweisen festzustellen.

Die für die figürlichen bzw. szenischen Plastiken vorgesehenen Flächen wurden zunächst wohl mit einer ein- bis zweilagigen geschlossenen Stuckschicht versehen. Auf diese Grundfläche erfolgte eine Vorritzung der Darstellungen in die noch plastische Stuckoberfläche. Der weitere Schichtaufbau beschränkte sich wohl im Folgenden auf diese vorgeritzten Bereiche, was eine Zeit- und Materialersparnis darstellte, da weniger Stuckmasse weggeschnitten werden musste. Es lassen sich zwei verschiedene Arten von Ritzungen unterscheiden: zum einen gerade, sowohl horizontale als auch vertikale scharfe Linien, offenbar mit einem messerartigen Werkzeug mithilfe einer Art Lineal eingeschnitten, die zur Orientierung gedient haben könnten und wahrscheinlich zuerst angelegt wurden; zum anderen figürliche Vorritzungen mit unterschiedlich breitem, flachem Strich, die vielleicht mit einem Holzstäbchen gezeichnet wurden und deren skizzenhafter, teils suchender Charakter von einer recht freien Entwicklung der Motive auf der Wand spricht (Abb. 16–20). Diese Zeichnungen konnten naturgemäß nur als Vorgabe beim Auftrag der nächsten Stuckschicht dienen; zur Orientierung für den weiteren Volumenaufbau und die plastische Oberflächengestaltung wurden bei Bedarf zusätzliche Vorritzungen auf den folgenden Schichten angebracht, für die es hier und da Befunde gibt (Abb. 21, 22). Singulär und bisher ungeklärt ist der Befund von kurzen schwarzen Strichen innerhalb einer weichen Ritzung oder Werkspur auf einer der unteren Schichten der Bettdarstellung (Abb. 23, 24; Kat.-Nr. 16).

[17]

[19]

[18]

[20]

An den Friesfragmenten lassen sich dagegen kaum Vorritzungen nachweisen. Dies ist insofern nachvollziehbar, als dass die zwei bis drei Stucklagen für die eher flachplastischen Ornamente wahrscheinlich flächig aufgetragen wurden und die Konstruktion der Motive erst auf der obersten Schicht erfolgte. Diese Ritzungen gingen beim Herausschnitzen der Formen zwangsläufig fast vollständig verloren bzw. wurden verschlichtet. Vereinzelte Befunde zeigen scharfe Linien ähnlich den oben beschriebenen Orientierungslinien für die Konstruktion von gerade verlaufenden Rahmen und Motivelementen sowie weichere Ritzungen, mit denen möglicherweise vegetabile Formen angedeutet wurden (Abb. 25–28). Auch an den stark plastischen Ranken- und Tierfriesen waren bisher keine eindeutigen Befunde von Vorritzungen festzustellen. Ob sie ebenfalls vollständig aus einem flächig aufgetragenen Schichtpaket herausgeschnitten wurden, erscheint angesichts der Relieftiefe fraglich und muss offen bleiben.[10]

Bisher ungeklärt ist der gelegentliche Befund schwarzgrauer »Verschmutzungen« auf der Rückseite verschiedener Figuren- und Friesfragmente (Abb. 32).[11] Diese sind insofern erwähnenswert, da diese sehr dünne Schicht stellenweise zwischen dem grauen grobkörnigen und dem feinen Mörtel liegt, was bedeutet,

[18/19] Fragmente der Darstellung einer reich bekleideten, schreitenden Figur (Kat.-Nr. 13, 15). Vorritzungen auf der untersten Stuckschicht zeigen den Umriss und die Beinstellung der Figur sowie die Hauptlinien des Gewandverlaufs.

[20] Fragmente der Darstellung einer reich bekleideten, schreitenden Figur (Kat.-Nr. 13). Die Vorritzungen haben sich auf der Rückseite der folgenden Stuckschicht deutlich abgedrückt.

[21/22] Fragment einer Gewanddarstellung (Kat.-Nr. 26). Auf der vorletzten Stuckschicht ist der Verlauf der verzierten Bänder vorgeritzt. Im Ausschnitt ist die Entwicklung des Kreuzblumenmusters aus vorgeritzten Vierecken zu erkennen.

[23/24] Darstellung eines Bettes (Kat.-Nr. 16, HK 14691:1:303), Ansicht der unteren Seitenfläche. Auf einer der unteren Stuckschichten kurze schwarze Markierungen(?). Die Seitenflächen der meisten Stucklagen tragen relativ glatte Abdrücke, die Stuckschicht mit den schwarzen Markierungen dagegen ist abgebrochen.

[25] Fragment mit Band und anschließender glatter Fläche (Kat.-Nr. 178, HK 2006:474). Auf dem Band möglicherweise erhaltene Vorritzung für den Verlauf des Bandes

dass es sich um Material handelt, das vor Anbringung der Stuckdekoration auf dem Untergrund vorhanden war. Über die Frage, ob es sich dabei um erste Markierungen mit Holzkohle im Planungsstadium der Stuckdekoration handeln könnte, kann nur spekuliert werden. Weitere Untersuchungen unter Einbeziehung aller Fragmente des Fundkomplexes sowie, sofern möglich, eine chemische Analyse der schwarzen Anhaftungen könnten eventuell weiteren Aufschluss bringen.

4 DIE KAPITELLFRAGMENTE

Einzelne größere Fragmente, die ihrem Aussehen nach wohl Ecken von Kapitellen darstellen, fallen aufgrund ihres blockartigen Erscheinungsbildes bereits optisch aus dem Fundkomplex heraus. Ihre Herstellungstechnik weist im Vergleich zu der oben behandelten Stuckdekorationen deutliche Unterschiede auf (Abb. 29–31; Kat.-Nr. 173).

Die Kapitellfragmente besitzen einen Unterbau bzw. Kern aus großen unbehauenen Brocken eisenoxidreichen Süßwasserkalks, teilweise umgeben von grobem grauem Mörtel. Zwei überwiegend ebene Seiten dieses Unterbaus bilden eine Ecke und sind mit feinkörniger weißer Stuckmasse überstuckiert. Die Mörtel entsprechen den an den übrigen Stuckfragmenten festgestellten Mörteln. An den ebenen Seiten des Unterbaus sind an manchen Stellen relativ glatte Abdrücke sichtbar, die darauf hinweisen, dass für die Herstellung der Ecken eine Verschalung zum Einsatz kam. Nach hinten ragt der Unterbau heraus und weist neben undeutlichen Abdrücken von unbehauenen Steinen keine Bearbeitungsspuren auf, was darauf hindeutet, dass er hier in ein Mauerwerk eingebunden war. Eindeutig erkennbar ist der auf den Unterbau folgende mehrschichtige Auftrag feiner Stuckmasse, mit der auch die ausgezogenen Kanten der Kapitelle ausgeformt wurden. Auf beiden Seiten zeigt die Feinstuckschicht vertikale scharfe Vorritzungen sowie Werkspuren, teilweise ha-

[26/27] Arkadenzwickel mit Ansatz von zwei bogenförmigen Friesen (Kat.-Nr. 62). Die untere Seitenfläche mit dem Ansatz der Bögen ist geglättet und leicht abgefast. Der Ausschnitt vom rechten Friesmotiv zeigt vermutlich Reste von Vorritzungen für die Blätter (Pfeile), die beim Herausschnitzen aber nicht genau aufgegriffen wurden.

[28] Arkadenzwickel mit Ansatz von zwei bogenförmigen Friesen (vgl. Abb. 26). Auf die weitgehend ausgearbeiteten Friese wurde der kleine Bogen aufmodelliert, auf dem eine Figur stand. Die Vorritzungen an einem der Füße haben sich teilweise erhalten und zeigen einen etwas anderen Formverlauf als der plastische Fuß.

ben sich etwa im rechten Winkel anschließende Stuckreste erhalten. Die jenseits der Stuckreste liegenden Feinstuckschichten wurden nicht verstrichen, was ebenfalls dafür spricht, dass der hintere Teil der Eckfragmente nicht sichtbar war. Von unten zeigen die Feinstuckschichten teilweise ebene Abdrücke und/oder krümelige Anhaftungen von kleinen Gesteinsbruchstücken, unter anderem von Zechsteinkalk. Eindeutige Hinweise auf eine möglicherweise verlorene plastische Gestaltung der glatten Oberfläche der Kapitelle gibt es nicht.

Die Befunde sind bisher nicht vollständig zu deuten, lassen aber vermuten, dass es sich um Viertelkapitelle von Pfeilern oder Wandvorlagen handeln könnte. Das bedeutet, dass der Stuck – sei es als Bildprogramm oder dekorativ – die Architektur nicht nur verkleidete, sondern auch in einem größeren baulichen Eingriff (konstruktiv?) in die Architektur eingebunden wurde. In jedem Fall zeigen die Kapitellfragmente, dass die Stuckateure oder Bauleute (eine arbeitsteilige Vorgehensweise ist denkbar) je nach Verwendungszweck des Stucks unterschiedliche Herstellungstechniken einsetzten. Weiterhin belegt der Aufbau der Kapitelle, dass der grobkörnige graue Mörtel einen baueinheitlichen Teil der Stuckausstattung darstellt. Dies legt auch die Einschätzung von Roland Lenz nahe, nach der grober und feiner Gipsmörtel aus dem gleichen Herstellungsprozess stammen können.

5 BEOBACHTUNGEN ZUM UNTERGRUND

Auf der Rückseite der Stuckfragmente, besser gesagt auf der Rückseite der untersten Stuckschichten, haben sich die Raumschale (und möglicherweise die Oberfläche von Einbauten) der Gerbstedter Klosterkirche ab-

[29] Kapitellfragment (Kat.-Nr. 173, HK 2006:248), rechte Seite. Links die (fehlende) Ecke des Kapitells aus feiner Stuckmasse, rechts der Unterbau aus eisenoxidreichem Süßwasserkalk und grobem Gipsmörtel. Mittig vertikale Werkspuren und Vorritzungen in der feinen Stuckmasse

[30] Kapitellfragment (Kat.-Nr. 173, HK 2006:248), linke Seite. Erkennbar ist der schichtweise Auftrag der feinen Stuckmasse. Mittig vertikale Vorritzungen. Auf der Oberseite der Abdruck eines großen Steins

[31] Kapitellfragment (Kat.-Nr. 173, HK 2006:518), rechte Seite. Im groben Mörtel des Unterbaus erkennbare ebene Abdrücke einer Verschalung (rechter Pfeil). Mittig vertikale Werkspuren in der feinen Stuckmasse mit etwa rechtwinklig anschließenden Stuckresten (unterer Pfeil). Rechts davon wurde die feine Stuckmasse nicht verstrichen.

geformt. Die Stuckfragmente stellen somit eine wichtige materielle Informationsquelle zur aufgehenden Architektur des untergegangenen Kirchenbaus dar, wobei eine Interpretation meist nur anhand größerer oder zusammengesetzter Fragmente mit gut erhaltenen Rückseiten möglich ist. Diese zeigen Abdrücke von Steinoberflächen und häufig anhaftenden, meist grobkörnigen, grauen Hochbrandgipsmörteln, teilweise mit Fugenausbildung. Außerdem haben sich an einigen Fragmenten rückseitig kleine oder größere Gesteinsreste des Mauerwerks erhalten.

Von Ausnahmen abgesehen handelt es sich bei den anhaftenden Gesteinsresten um drei verschiedene Gesteine, die in der Reihenfolge ihrer Häufigkeit als hellgrau-beiger (manchmal auch hellbrauner oder grau grünlicher) Sandstein, dunkelgrauer Zechsteinkalk und eisenoxidreicher Süßwasserkalk angesprochen werden können (Abb. 29, 32, 33).[12] Diese dreierlei Gesteinsreste befinden sich alle sowohl an den figürlichen als auch den ornamentalen Stuckfragmenten, es lassen sich bisher keine Unterschiede zwischen den Dekorationselementen feststellen. An einem Fragment eines Profils mit Perlstab liegt außerdem ein offensichtlich oolithisches Gestein vor, das nicht näher bestimmt wurde (Abb. 34; Kat.-Nr. 109, HK 2006:652).

Teilweise war es möglich, die vorgefundenen Steinabdrücke den festgestellten Gesteinen zuzuordnen: so zeigen Abdrücke von sorgfältigeren Bearbeitungsspuren, darunter gelegentlich vorhandene fischgrätförmig(?) angeordnete Beilungen, manchmal Anhaftungen von Sandstein (Abb. 33). Außerdem sind Abdrücke eines offenbar sehr lagigen Gesteins anzutreffen, das aufgrund eines anhaftenden flachen, dunkelgrauen Gesteinsbruchstücks als Abdruck von Zechsteinkalk identifiziert werden konnte (Abb. 35). Auch der von Dirk Höhne in Gerbstedt im Keller eines Hauses besichtigte Mauerzug, der unter Vorbehalt als Rest der Klosterkirche angesprochen werden kann, zeigte im sondierten Bereich Zechsteinkalk mit einem ähnlichen Oberflächenbild.[13]

[32] Rückseite der Szene mit Architektur (vgl. Abb. 1) mit unebenen Abdrücken im grobem Gipsmörtel (hier heller als gewöhnlich) und anhaftenden Gesteinsresten von dunkelgrauem Zechsteinkalk. Der Ausschnitt zeigt graue feine Anhaftungen zwischen dem groben und dem feinen Gipsmörtel.

[33] Profil mit Halbrundstab (HK 2006:268), möglicherweise aus der Laibung mit Palmettenmotiv (vgl. Abb. 3), Rückseite. Abgedrückte grobe, fischgrätförmige(?) Bearbeitungsspuren und anhaftender graubeiger Sandstein (Pfeil)

[34] Fragment eines Profils mit Perlstab (Kat.-Nr. 109; HK 2006:652) mit rückseitig anhaftenden Resten eines oolithischen Gesteins

[35] Rückseite der Darstellung einer reich bekleideten, schreitenden Figur (vgl. Abb. 19). Abdruck eines Werksteins aus Zechsteinkalk

[36/37] Fragmente des Ranken- und Tierfrieses mit Vögeln (Kat.-Nr. 109a, vgl. Abb. 2), Rückseite. Abdruck eines sorgfältig gebeilten Werksteins (mittlerer Bereich) und vermutlich von geglättetem Fugenmörtel (unterer Bereich). Der Ausschnitt zeigt den Abdruck eines Randschlags und anhaftenden Mörtel einer schmalen Fuge. Der Fugenmörtel ist grauer als der sonstige grobe Mörtel. Der Abdruck dieser Fuge weist keinen Fugenstrich auf.

Insgesamt lassen sich bei den abgedrückten Stein- bzw. Mauerwerksoberflächen verschiedene Qualitäten unterscheiden: Selten handelt es sich um Abdrücke von Werksteinoberflächen, deren sorgfältige Beilung, Format oder abgedrückter Randschlag auf Quadermauerwerk hinweisen. Solche Abdrücke befinden sich an zwei Bogenansätzen (Abb. 70; Kat.-Nr. 62, auch bei Kat.-Nr. 97, HK 88:2649f1, HK 88:2649w) (jedoch nicht generell an Bogenfragmenten) und partiell an einem der Ranken- und Tierfriese (Abb. 36, 37; Kat.-Nr. 109a, HK 2006:615). Häufiger liegen jedoch Abdrücke von Steinen mit unregelmäßigem Format vor, die sowohl gebeilte als auch unebene Oberflächen zeigen können. Der im großen Umfang anhaftende Fugenmörtel zeugt von breiten Fugen und läuft oftmals erst weit auf dem Stein aus (Abb. 32, 38 und 39). Teilweise haftet der grobe Mörtel so unregelmäßig oder umfangreich an, dass es sich nicht um Fugenmörtel zu handeln scheint (Abb. 40).

Der rückseitig anhaftende graue, grobkörnige Fugenmörtel ist an den meisten Fragmenten sehr ähnlich. Teilweise sind jedoch Unterschiede im Farbton, in der Körnigkeit und im Anteil bestimmter Einschlüsse festzustellen. An einzelnen Fragmenten ist außerdem ein feinerer, grauer Mörtel zu finden, der über den groben

[38] Rückseiten von Fragmenten des Akanthusrosettenfrieses (Kat.-Nr. 96) während der Auslage 2020. Erkennbar der anhaftende grobkörnige Mörtel in Form von wulstigen Fugen mit einer Tiefe bis etwa 6,5 cm

[39] Rückseiten der Darstellung eines Bettes und des passenden Oberkörpers (Kat.-Nr. 16) während der Auslage 2020. Der grobe Mörtel haftet in teilweise sehr breiten Wülsten an. Dazwischen Abdrücke von eher unregelmäßigen Steinen

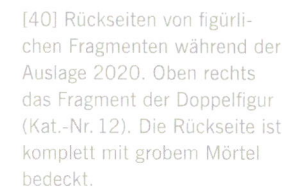

[40] Rückseiten von figürlichen Fragmenten während der Auslage 2020. Oben rechts das Fragment der Doppelfigur (Kat.-Nr. 12). Die Rückseite ist komplett mit grobem Mörtel bedeckt.

Mörtel aufgetragen wurde (Abb. 41). Zwei Varianten des groben Mörtels treten bei mehreren Motiven auf, bei einer scheint eine Konzentration auf bestimmte Ornamente (Laibungen?) vorzuliegen.[14] Vermutlich handelt es sich hier zum Teil um herstellungsbedingte Varianten, wie ein Fragment mit anhaftendem »zweifarbigem« grobem Mörtel zeigt (Abb. 42; Kat.-Nr. 180, HK 2006:613). Ob darüber hinaus andere, zum Beispiel in der Baugeschichte zu suchende Aspekte eine Rolle spielen, könnte eine Fragestellung für weiterführende Untersuchungen sein.

Rückseitige Anhaftungen von »stuckfremden« Materialien, die nicht eindeutig sekundäre Verschmutzung waren, konnten bisher äußerst selten (nur an zwei Fragmenten) erkannt werden. In beiden Fällen handelt es sich um einen weiß rötlichen Kalkmörtel bzw. eine -schlämme.

Was lässt sich aus den Beobachtungen in Bezug auf das aufgehende Mauerwerk und damit möglicherweise auf die Baugeschichte der Gerbstedter Klosterkirche schließen? Offenkundig ist zunächst, dass, mit Ausnahme einzelner Bereiche, die stuckierten Wandflächen nicht aus Quadermauerwerk bestanden, sondern mit verschiedenen, zum Teil besser, zum Teil weniger zugehauenen Bausteinen in Art einer pietra rasa errichtet waren. Das spricht dafür, dass hier eine wie auch immer geartete Überdeckung im Vorhinein geplant war. Darüber hinaus gibt es zwei Möglichkeiten, die auch bei den verschiedenen Arbeitsgesprächen teilweise kontrovers diskutiert wurden:

Die eine Möglichkeit ist, dass das Mauerwerk und die Stuckausstattung in einer Bauphase errichtet wurden. Ein Hinweis darauf ist, dass der Stuck und die an der Wand nachgewiesenen Gesteine auch für die Ausformung von Kapitellen zum Einsatz kamen. Andererseits wäre dies vermutlich auch im Rahmen eines Umbaus möglich gewesen. Die im Unterbau der Kapitellfragmente verbauten Gesteinsbrocken stammen von ortsüblichen Baugesteinen.[15]

Die andere Möglichkeit besteht darin, dass ein bestehendes Mauerwerk für die Stuckierung hergerichtet wurde, indem Fugen tief ausgekratzt und grober Gipsmörtel als Haftbrücke ein- bzw. aufgebracht wurden. Hierfür könnten die einzelnen kalkgebundenen Anhaftungen an den Rückseiten der Fragmente sprechen. Andererseits ist zu vermuten, dass eine frühere Verfugung, Putz oder Tünche umfangreichere Spuren hinterlassen hätten. Schließlich könnten auch bei einem Neubau zweitverwendete Steine zum Einsatz gekommen sein, von denen die Kalkmörtelreste stammen könnten.

Eine Auslage der Stuckfragmente mit Sortierung unter den Gesichtspunkten Material bzw. Abdrücke könnte die bisherigen Beobachtungen verfeinern und möglicherweise weitere Erkenntnisse zu räumlichen Zusammenhängen der Stuckfragmente ergeben.[16]

6 UNTERSUCHUNG DER OBERFLÄCHENGESTALTUNG

6.1 BESCHREIBUNG DER FARBBEFUNDE

Nur etwa fünfzig bis sechzig der Gerbstedter Stuckfragmente tragen meist eindeutige Farbbefunde, deren Dimensionen vom kleinen Farbrest bis hin zu größeren bemalten Flächen reichen. Größtenteils handelt es sich um Rot und Schwarz; sehr selten um Gelb und Braun (Abb. 1, 43–48, 74). Rote Bemalung befindet sich zum Beispiel am Gewand einer reich bekleideten Figur (Kat.-Nr. 7), an Fragmenten von Architekturdarstellungen (Kat.-Nr. 46–48, 50, 56), an einem Paar Füße (Kat.-Nr. 36), im Hintergrund einer figürlichen Darstellung (Kat.-Nr. 49, 54) sowie an dem zum Bett gehörenden Oberkörper (Kat.-Nr. 16; HK 2006:506). Spuren von Dunkelrot haben sich an einem Drachenkörper erhalten (Kat.-Nr. 84). Schwarz findet sich hauptsächlich in den zahlreichen gebohrten Pupillen bzw. Augen der Figuren und Tiere sowie ebenfalls an Füßen (Kat.-Nr. 40, 47) und Architekturteilen (Kat.-Nr. 47, 56). Gelbe Farbreste liegen am Gewand einer Figur (Kat.-Nr. 13;

[41] Fragment des kassettierten Frieses (Kat.-Nr. 97, HK 88:2649v), Rückseite. Über den groben, hier bräunlichen Mörtel wurde ein feinerer, grauer Mörtel aufgetragen.

[42] Figürliches, bisher ungedeutetes Fragment (Kat.-Nr. 180, HK 2006:613), Rückseite. Der anhaftende grobe Gipsmörtel zeigt unterschiedliche Farbigkeiten. Die dunklere Färbung kommt vermutlich durch einen höheren Anteil an Holzkohlepartikeln zustande.

HK 14691:1:249) und möglicherweise an einigen Ranken der Ranken- und Tierfriese vor (Kat.-Nr. 109, 122, 134). Dunkle, schwarz bräunliche Farbschollen haben sich an der Bettdarstellung in den Tiefen der Decke erhalten (Kat.-Nr. 16).

Von diesen Farbbefunden heben sich zwei auffällig polychrome Stuckfragmente deutlich ab (Abb. 49–54; Kat.-Nr. 135, 176). Sie zeigen möglicherweise ein vegetabil-geometrisches Motiv bzw. ein Stück einer Ranke, lassen sich den bisher identifizierten Darstellungen jedoch offenbar nicht zuordnen. Die Ähnlichkeit der Mörtel spricht dafür, dass sie Teil der übrigen Stuckausstattung sind. Das eine Fragment (Kat.-Nr. 135) zeigt blassgrüne Fassungsschollen unter anderem in dem eingerollten Blatt, gelbbraune Farbreste an der geraden Seitenfläche sowie in der Tiefe intensivrote Farbe. Das kleinere Fragment (Kat.-Nr. 176) war winzigen Farbspuren zufolge mittelblau gefasst; seitlich schlossen sich intensivrot und gelb bemalte Bereiche an.

Über diese Farbbefunde hinaus weist eine Reihe von Stuckfragmenten kleine (dunkel-)rote Anhaftungen auf, die sich in den meisten Fällen, zum Beispiel wenn sie auf Bruchkanten oder innerhalb von Schadstellen liegen, als sekundär identifizieren lassen. An manchen Fragmenten fallen leicht rötlich-gelbliche Tiefen auf, die wohl ebenfalls auf Verschmutzung zu-

[43] Fragment einer reich gekleideten Figur (Kat.-Nr. 7, HK 88:2649h). Rote Farbreste am Halsausschnitt rund um das Medaillon(?). Die runde Vertiefung könnte von einer in die weiche Stuckmasse gedrückten Applikation stammen.

[44] Oberkörper des im Bett liegenden Mannes (Kat.-Nr. 16, HK 2006:506). Im Brustbereich befinden sich rote Farbflecken. Außerdem erkennbar die Schmutzauflagerungen in Form schwarzer Pünktchen auf den nach oben weisenden Stuckflächen

[45] Fragment einer Architekturdarstellung (Kat.-Nr. 56). Im linken Fenster des Turmes befindet sich rote, im rechten Fenster schwarze Bemalung. Auch am Dach sind rote Farbschollen erhalten.

[46] Kopf und Schultern einer kleinen Figur (Kat.-Nr. 2). Der Blick der gebohrten Pupillen wurde durch schwarze Bemalung intensiviert.

[47] Fragment eines der Ranken- und Tierfriese (Kat.-Nr. 122). Die Stuckoberfläche in den Bohrungen erscheint leicht gelblich, möglicherweise Reste einer Bemalung?

[48] Darstellung eines Bettes (Kat.-Nr. 16). In den Falten der Bettdecke befinden sich schwarz-bräunliche Farbschollen.

rückzuführen sind, da auch die Oberflächen von Zwischenschichten dieses Phänomen zeigen können. Eine eindeutige Entscheidung ist nicht immer möglich. Außerdem sind in den Stuckmörteln gelegentlich rote Einschlüsse zu finden, die im Bereich der Oberfläche wie ein winziger Farbrest aussehen (Abb. 55). Bei der Dünnschliffuntersuchung der Mörtel durch Roland Lenz konnte allerdings kein Hinweis auf rote eisenoxidreiche Bestandteile gefunden werden.[17]

Einen singulären Befund stellt die flache runde Vertiefung am Halsausschnitt der reich bekleideten Figur dar (Abb. 43, Kat.-Nr. 7). Diese könnte durch eine heute verlorene Applikation, zum Beispiel einen Glasfluss, zustande gekommen sein, der in die noch weiche Stuckmasse hineingedrückt wurde. Reste einer Klebemasse sind nicht erkennbar.

6.2 PIGMENTANALYSEN

Zur Identifizierung der Pigmente erfolgte zunächst eine non-invasive Untersuchung der Bemalungsreste mit mobiler Röntgenfluoreszenzanalyse (RFA).[18] Im zweiten Schritt wurden Querschliffe ausgewählter, sehr kleiner Fassungsproben mit dem Rasterelektronenmikroskop (REM-EDX) analysiert.[19] Eine Übersicht der untersuchten Befunde, Methoden und ermittelten

[49] Polychromes Stuckfragment (Kat.-Nr. 135) mit blassgrünen Fassungsschollen am eingerollten Blatt und im Zwickel der stumpf anstoßenden geraden Formen, gelbbraunen Farbresten an der geraden Seitenfläche sowie intensivroter Farbe in der Tiefe

[50] Polychromes Stuckfragment (Kat.-Nr. 135), Mikroskopaufnahme der grünen Fassungsschollen am eingerollten Blatt. Blassgrüne Farbschicht ohne erkennbare grüne Pigmentkörner

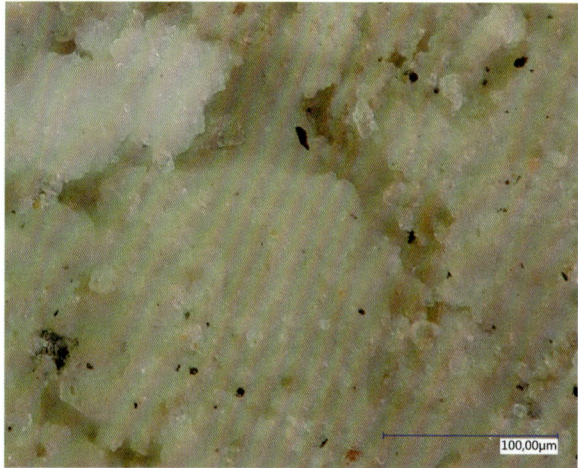

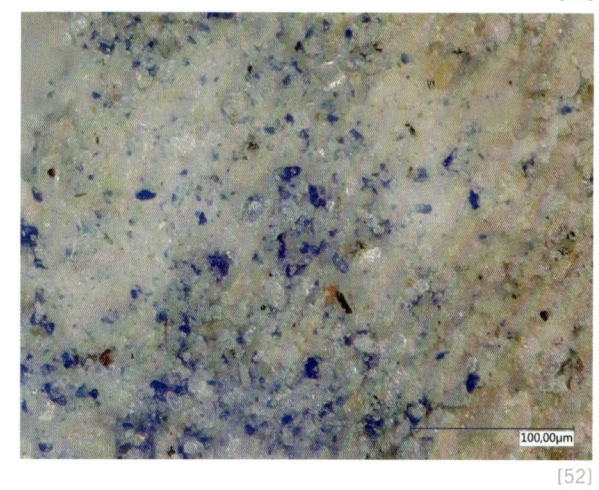

[51] Polychromes Stuckfragment (Kat.-Nr. 176). Winzige Farbreste zeigen, dass der Wulst blau und der anschließende Bereich gelb gefasst war.

[52] Polychromes Stuckfragment (Kat.-Nr. 176), Mikroskopaufnahme der blauen Farbschicht. Dünne Schicht aus deutlich erkennbaren leuchtendblauen Pigmentkörnern unterschiedlicher Größe. Der weiße Untergrund stellenweise hellgrau

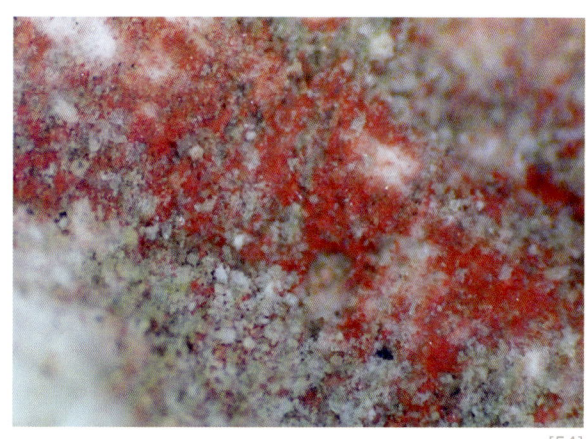

[53] Polychromes Stuckfragment (Kat.-Nr. 176). Auf der anderen Seite der wulstigen Form kleiner intensivroter Farbrest

[54] Polychromes Stuckfragment (Kat.-Nr. 176), Mikroskopaufnahme der roten Farbschicht, Bildbreite etwa 2,5 mm. Intensivrotes, feinkörniges Pigment. Kein Hinweis auf eine Untermalung

[55] Fragment eines Profils mit Halbrundstab (Kat.-Nr. 163). Die Tiefen des Profils und die Oberfläche der unteren Stuckschicht erscheinen leicht rötlich. Im groben Gipsmörtel ein roter Einschluss

[56] Querschliff einer braunen Probe von der Decke der Bettdarstellung (Kat.-Nr. 16, HK 14691:1:303). 0: weiße Schicht (Gips: vermutlich der Stuckträger), 1: rotbraune Schicht (Umbra), 2: dunkelbraune Schicht (Umbra)

[57] Querschliff der blauen Farbprobe (von Kat.-Nr. 176). 1: hellgraue Schicht mit schwarzen, blauen und braunen Partikeln (Pflanzenschwarz, Ultramarin, eisenhaltige Tonminerale u. a.), Pfeil: einzelne gelbe Partikel (Eisenphosphat, eisenhaltige Tonminerale: vermutlich gelber Ocker), 2: blaue kantige Partikel in hellgrauer Matrix (Ultramarin u. a.)

[58] Querschliff der grünen Farbprobe (von Kat.-Nr. 135). Grün gelbliche Schicht mit feinen roten, gelben, braunen und grünlichen Partikeln (kupferhaltiges Grünpigment, wenig eisenhaltige Tonminerale, wenig Neapelgelb u. a.)

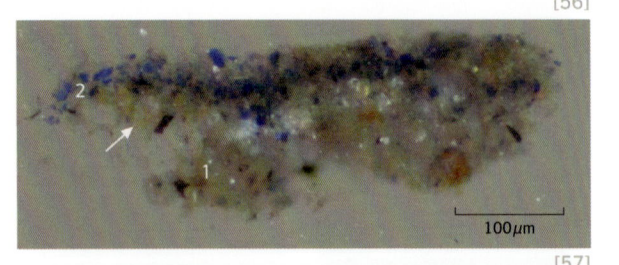

Pigmente ist der Tabelle zu entnehmen (Tab. 1). Demnach kamen für die Bemalung des größten Teils der Stuckplastik Erdpigmente wie Eisenoxidrot, gelber Ocker und Umbra (Abb. 56) sowie Rebschwarz[20] zum Einsatz. Eine reichere Pigmentpalette mit teilweise aufwendigerer Fasstechnik wurde dagegen an den beiden dreifarbigen Stuckfragmenten nachgewiesen: Die intensivrote Bemalung besteht aus Zinnober (weder die mikroskopische noch die RFA-Untersuchung erbrachten einen Hinweis auf eine Untermalung mit Bleimennige). Die blaue Fassung des kleinen Fragments setzt sich aus Ultramarin auf einer hellgrauen Unterlegung mit Pflanzenschwarz zusammen (Abb. 57). Im Querschliff sind zwischen der hellgrauen und der blauen Farbschicht einzelne gelbe Partikel zu erkennen, die laut REM-EDX-Analyse Eisenphosphat enthalten. Da sie außerdem für Ocker typische Tonminerale aufweisen, wird davon ausgegangen, dass es sich um gelben Ocker handelt und das Phosphat aus der Bodenlagerung stammt; (entfärbtes) Vivianit kann jedoch nicht vollständig ausgeschlossen werden.[21] Die gelben Partikel stammen wahrscheinlich von dem benachbarten gelben Bereich und zeigen, dass zunächst die hellgraue Untermalung, dann die gelbe und abschließend die Ultramarinfassung ausgeführt wurden. Ein sehr interessantes Ergebnis zeigte die Analyse der grünen Fassung am eingerollten Blatt des größeren Fragments (Abb. 58): hierbei handelt es sich um ein Kupfergrün, dessen hoher Siliziumgehalt auf ein Kupfersilikatmineral wie zum Beispiel Chrysokolla hinweisen könnte.[22] Besonders überraschend ist der Nachweis von einzelnen, im Grün enthaltenen Partikeln Neapelgelb.[23]

Da es innerhalb der ohnehin sehr überschaubaren Farbbefunde keinerlei Hinweise auf mehrere Bemalungsphasen gibt, ist davon auszugehen, dass es sich bei den oben beschriebenen Befunden um eine einheitliche, vermutlich entstehungszeitliche Gestaltungsphase handelt. Damit liegt für Gerbstedt ein überaus früher Nachweis von Neapelgelb vor.[24]

6.3 UNTERSUCHUNGEN ZU GRUNDIERUNG UND LÖSCHE

Der Nachweis von Resten eines Kalk-Kreide-Überzuges an zwei Stuckfragmenten des Berliner Bode-Museums spricht dafür, dass die Stuckplastik vor der Bemalung mit einem grundierenden oder egalisierenden Anstrich versehen wurde.[25] An den Querschliffen von zwei mit Träger eingebetteten Farbproben (Eisenoxidrot, Umbra) war allerdings keine Grundierungsschicht nachweisbar. Auch bei der visuellen Untersuchung der Stuckfragmente fand sich kein eindeutiger Hinweis auf

Farbe	untersuchte Befunde	Methodik	Pigment
Rot	Szene mit Architektur, Rahmen (Kat.-Nr. 47, HK 2006:200) Halsausschnitt einer reich bekleideten Person (Kat.-Nr. 7, HK 88:2649h) Nackter Oberkörper (Kat.-Nr. 16, HK 2006:506)	mobile RFA	Eisenoxidrot
	Hintergrund einer figürlichen Darstellung (Kat.-Nr. 49, 2006:201)	REM-EDX am Querschliff	
Gelbbraun	vegetabil-geometrisches Motiv (Kat.-Nr. 135)	mobile RFA	vermutlich gelber Ocker
Gelb	Teil einer Ranke? (Kat.-Nr. 176)	REM-EDX am Querschliff	vermutlich gelber Ocker
Braun	Bett, obere Decke (Kat.-Nr. 16, HK 14691:1:303)	REM-EDX am Querschliff	Umbra
Intensivrot	Teil einer Ranke? (Kat.-Nr. 176)	mobile RFA	Zinnober
Mittelblau	Teil einer Ranke? (Kat.-Nr. 176)	REM-EDX am Querschliff	Ultramarin auf einer Untermalung mit Pflanzenschwarz
Blassgrün	vegetabil-geometrisches Motiv (Kat.-Nr. 135)	REM-EDX am Querschliff	Kupfergrün, wenig Neapelgelb

[Tab. 1] Untersuchte Farbbefunde, Untersuchungsmethoden und ermittelte Pigmente (bei Pigment nur Angabe der farbgebenden Bestandteile; die bei der REM-EDX-Untersuchung in fast allen Proben analysierten Nebenbestandteile wie Gips, Calciumcarbonat, Tonminerale und Silikate werden nicht aufgeführt).

einen Anstrich; Pinselspuren oder Farbansammlungen in den Tiefen konnten an keiner Stelle beobachtet werden. Überwiegend an den Seitenflächen der Stuckplastik ist manchmal eine dünne weiße Schicht erkennbar, die sich heller vom Stuckgrund abzeichnet oder schollig anhaftet bzw. ablöst. Da ähnliche Beobachtungen allerdings auch an unteren Stuckschichten oder in großen Luftporen gemacht werden können, besteht die Vermutung, dass es sich weniger um einen Anstrich, als um Alterungs- oder Verwitterungsphänomene der Stuckoberfläche handelt (Abb. 59–61). Eine Probe dieser Schicht konnte mittels REM-EDX als Calciumcarbonat (und wenig Gips) identifiziert werden.[26] Hierzu besteht weiterer Untersuchungsbedarf.

Auch die Frage nach einer Lösche, die vor der Bemalung zur Isolierung des stark saugenden Stuckmörtels aufgetragen worden sein könnte, ist offen. In diesem Zusammenhang ist möglicherweise ein unter UV-Strahlung beobachtetes Phänomen relevant. Die Fluoreszenz der Stuckoberflächen, sowohl an den Vorder- als auch den Rückseiten der Fragmente, erscheint je nach Erhaltungszustand unter UV-Strahlung eher weißlich (meist intakte Oberflächen und solche mit Gipsaufwachsungen) bzw. dunkel (dort wo Schmutz in die Gipsaufwachsungen eingebunden ist) oder violett (meist beschädigte oder kreidende Oberflächen) (Abb. 65, 66). Daneben fällt eine rosa-orangefarbene Fluoreszenz auf, die häufig an gut erhaltenen Oberflächen der Gestaltung, also überwiegend in den Tiefen zu beobachten ist. Besonders ausgeprägt zeigt sich diese Fluoreszenz offenbar an den (soweit zu beurteilen) oberen Seitenflächen der Stuckplastik, während sie an den Unterseiten viel schwächer auftritt (Abb. 62, 63). Das könnte bedeuten, dass hinsichtlich der Entstehung bzw. Aufkonzentration des fluoreszierenden Materials ein Zusammenhang mit der Exposition der Stuckplastik in situ besteht. Mikrochemische Tests zum Nachweis von Bindemitteln an zwei Schabeproben von der Ober- bzw. Unterseite eines Fragments mit starker Fluoreszenz (Kat.-Nr. 109, HK 14691:1:250) fielen negativ aus. Nur bei der FTIR-Spektroskopie zeigt das IR-Spektrum der rosa-orangefarben fluoreszierenden Probe im Gegensatz zu der weißlich fluoreszierenden Probe einen Hinweis auf eventuell vorhandene Reste organischen Materials.[27] Auch hier besteht weiterer Forschungsbedarf.

6.4 INTERPRETATION DER FARBBEFUNDE

Wie können wir die Farbbefunde im Hinblick auf das Gesamterscheinungsbild der Stuckdekoration interpretieren? In Anbetracht der großen Anzahl geborgener Fragmente und zahlreicher gut erhaltener Oberflä-

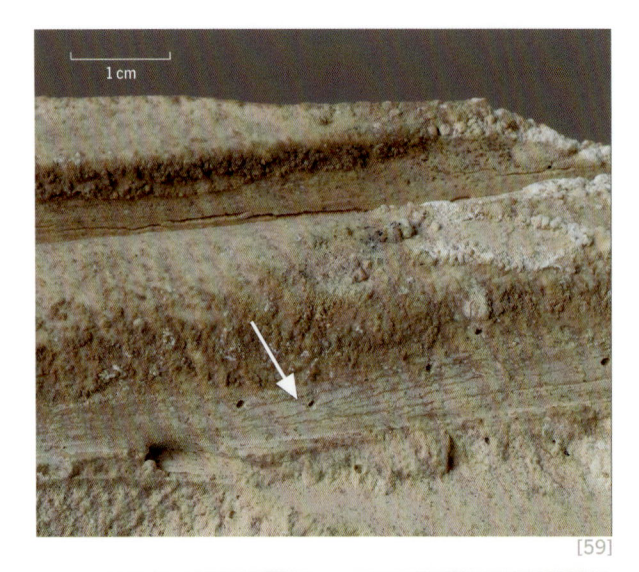

[59] Fragment eines Profils mit Halbrundstab (Kat.-Nr. 160). An der Seitenfläche zeichnet sich auf dem hier leicht bräunlichen Stuckgrund eine weiße Schicht mit leichtem Craquelé(?) ab.

[60] Fragment des wilden Bärtigen (Kat.-Nr. 5, HK 14691:1:289). Im Hintergrund auf der hier leicht bräunlichen Stuckoberfläche schollige Fragmente einer weißen Schicht

[61] Fragment des Frieses mit herzförmigen Akanthusblättern mit überlappendem Gewand der im Arkadenzwickel stehenden Figur (Kat.-Nr. 95, HK 2006:270). Auf der Oberfläche der unteren, ehemals überstuckierten Stuckschicht zeichnen sich schollige Fragmente einer weißen Schicht ab.

[62/63] Fragment des Ranken- und Tierfries mit Vögeln (Kat.-Nr. 109, vgl. Abb. 2), Schrägansicht auf die nach unten bzw. nach oben weisenden Seitenflächen der Stuckplastik. Die Oberseiten zeigen im Gegensatz zu den Unterseiten in den Tiefen eine ausgeprägte rosa-orangefarbene Fluoreszenz.

chen, insbesondere in den Vertiefungen des Reliefs, ist die geringe Anzahl der Farbbefunde irritierend. Es ist anzunehmen, dass eine umfangreiche Bemalung oder Fassung besonders in den Tiefen Spuren hinterlassen hätte. Gerade hier sind jedoch, abgesehen von den zahlreichen schwarzen Augen der Figuren und Tiere, nur relativ wenige Farbreste zu finden.[28] Stattdessen fallen einige recht gut erhaltene, großflächige Farbbefunde auf, darunter Fragmente wie der schwarze Fuß (Kat.-Nr. 40, HK 14691:1:287) oder die Szene mit Architektur (Kat.-Nr. 47) (Abb. 1, 74), wo abgegrenzte, farbige Bildelemente neben offensichtlich unbemalten Bereichen stehen. Diese Befunde sprechen dafür, dass die Stuckplastik tatsächlich nur eine Teilbemalung aufwies. Angesichts des feinen weißen Stuckmörtels ist es gut vorstellbar, dass die Stuckierungen darüber hinaus materialsichtig standen. Damit ließe sich ein direkter Zusammenhang zwischen der bemerkenswerten Sorgfalt bei der Auswahl und Aufbereitung des Stuckmaterials und der geplanten sparsamen Farbgestaltung herstellen. Auch der Verzicht auf eine flächige Grundierung zur Vereinheitlichung der Stuckoberfläche und als reflektierende Unterlage für eine Bemalung wäre plausibel. Bei den Stuckfiguren aus Clus könnte ebenfalls ein solcher Zusammenhang bestehen (siehe unten). Im Gegensatz dazu zeigen die beiden dreifarbigen Fragmente eindeutige Anzeichen einer vollständigen Fassung.

Betrachtet man die Verteilung der eindeutig als solche zu identifizierenden Farbbefunde, so fällt auf, dass nur überwiegend figürliche Bereiche Bemalungsreste tragen, die rein ornamentalen Dekorationen hingegen nicht, was für eine unterschiedliche farbliche Behandlung der verschiedenen Gestaltungselemente sprechen könnte. Daraus ergibt sich das Bild einer dreistufigen Hierarchie: 1. helle (stuckfarbige) Architekturbekleidung, also Arkadenbögen und -laibungen; 2. teilbemalte figürliche Szenen und Motive, zu denen auch die Drachen und möglicherweise die Ranken- und Tierfriese gerechnet werden können, innerhalb derer farbig betonte, mit Erdpigmenten und Schwarz bemalte Bildelemente mit materialsichtigen Bereichen kontrastieren; 3. ein durch starke Farbigkeit besonders hervorgehobener, bisher unbekannter Bereich, den eine vollständige und aufwendigere Fassung mit wertvoller Pigmentpalette (Kupfergrün, Zinnober, besonders Ultramarin) auszeichnet und der innerhalb des Kirchenraumes sicherlich von zentraler Bedeutung war.

Angesichts der unvollständigen Überlieferung der Stuckausstattung und gerade mal zwei(!) polychrom gefassten Fragmenten sowie bisher unbeantworteter Fragen zur Oberflächenbehandlung der Stuckierung kann diese Interpretation nicht mehr als eine Hypothese sein. Nicht weniger spekulativ ist ein anderer Erklärungsansatz und damit die Frage, ob es sich bei der sparsameren Bemalung um eine Erstgestaltung unmittelbar nach Herstellung der Stuckplastik handeln könnte. Vielleicht war eine aufwendigere Fassung nach dem vollständigen Abbinden und Abtrocknen des Hochbrandgipses geplant, kam aber aus unbekannten Gründen, vielleicht aufgrund wechselnder Interessen der Wettiner in Bezug auf Gerbstedt,[29] nicht (vollständig) zur Ausführung?

7 ZUM ZUSTAND DER STUCKFRAGMENTE

Die Gerbstedter Stuckfragmente weisen diverse Schäden und Oberflächenphänomene auf, die in verschiedenen Phasen ihrer Geschichte entstanden sind. Als Folge der jahrhundertelangen Bodenlagerung zeigen die Fragmente neben Verschmutzungen durch Erdanhaftungen etc. vor allem mehr oder weniger stark ausgeprägte verwitterungsbedingte Schadbilder, insbesondere Gipsaufwachsungen und kreidende Oberflächen. Diese haben sich, abhängig von den Feuchteverhältnissen während der Bodenlagerung und je nach Lage der Fragmente im Boden, an unterschiedlichen Seiten der Stuckplastik ausgebildet (Abb. 3, 64–66). Besonders charakteristisch sind Gipsaufwachsungen in Form von blumenkohlartigen Krusten. Diese können auch in situ entstehen und wären dann ein Hinweis auf langfristige Dachschäden oder Baufälligkeit der Kirche. Da dieses Verwitterungsbild im gesamten Fundkomplex allerdings nicht nur an den reliefierten Seiten der Stuckplastik, sondern auch an den in situ nicht exponierten Rückseiten sowie an Bruchflächen der Fragmente auftritt, ist es sehr wahrscheinlich, dass es sich hauptsächlich um Schäden infolge der Bodenlagerung handelt.

Dagegen sind Schmutzauflagerungen in Form schwarzer, unregelmäßiger Pünktchen vermutlich während der Existenz der Stuckausstattung in der Kirche entstanden. Diese treten offensichtlich meistens auf den nach oben weisenden Oberflächen der Stuckplastik auf, was es erlaubt, auch bei uneindeutigen Darstellungen die Orientierung des Fragments im Raum in etwa nachzuvollziehen (Abb. 44, 67).[30]

Besonders aufschlussreich sind nutzungsbedingte Schadbilder. Dazu gehört das Phänomen der Flammenspuren, also Veränderungen der Stuckoberfläche durch die Hitzeeinwirkung von Kerzen. Die an den Stuckplastiken in Gernrode oder Halberstadt umfangreich vorhandenen Flammenspuren lassen sich an den Gerbstedter Fragmenten nur an wenigen Stellen beobachten (Abb. 68), unter anderem an dem Taufries (Kat.-Nr. 101), der eine kleine Öffnung oder Nische einfasste, und an dem Laibungsfries mit Palmettenmotiv (Kat.-Nr. 103). Die Existenz von Flammenspuren zeigt, dass sich die entsprechenden Bereiche der Stuckdekoration für die Gläubigen in erreichbarer Höhe befanden. Dies traf auch auf den Ranken- und Tierfries mit Vögeln zu, jedenfalls zu dem Zeitpunkt, als jemand dort einen Schriftzug hereinritzte. Der Graffito ist vor allem ein eindrucksvolles Zeugnis für die lange Existenz der Stuckdekoration in der Gerbstedter Kirche.[31]

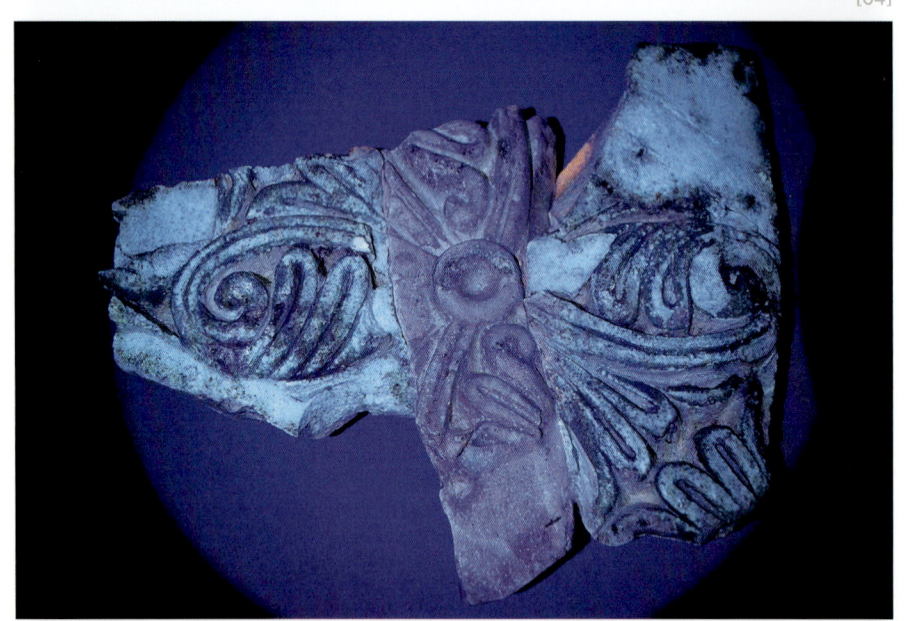

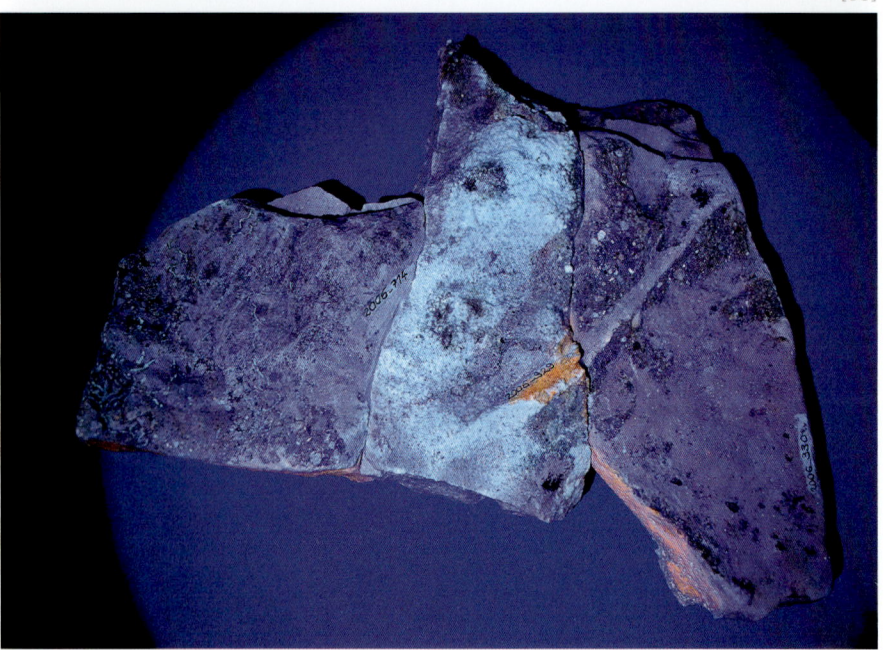

Abgesehen von dem insgesamt stark zerstörten Zustand des Fundkomplexes fielen bei der Untersuchung der Fragmente bisher keine mechanischen Schäden auf, die konkret auf einen gewaltsamen Abbruch der Stuckausstattung vor dem Einsturz der Kirche hinweisen könnten. Einzelne Fragmente (zum Beispiel Kat.-Nr. 109, HK 2006:505) zeigen allerdings Tropfen und Läufer einer dickflüssigen Tünche, die sich nicht nur auf der Vorderseite, sondern auch auf Bruchflächen und Rückseiten der Fragmente befinden. Dies deutet darauf hin, dass es Renovierungsarbeiten gab, während die Stuckplastik in Trümmern am Boden lag. Eine Nutzung der Kirche nach Abbruch der Stuckausstattung wird auch durch die Befunde der Ausgrabung von 1996/97 belegt.[32]

8 KONSERVIERUNG UND RESTAURIERUNG

Den Schwerpunkt der restauratorischen Tätigkeit im Projekt bildeten die Konservierungs- und Restaurierungsmaßnahmen an den gestalteten bzw. teilweise gestalteten Stuckfragmenten aus dem Bestand des LDA.[33]

[64] Fragmente des Frieses mit Akanthusrosetten (Kat.-Nr. 96). Die äußeren Fragmente zeigen Gipsaufwachsungen, das mittlere Fragment weist eine kreidende Oberfläche auf. Rückseitig zeigt sich das umgekehrte Bild (Abb. 65, 66).

[65/66] Fragmente des Frieses mit Akanthusrosetten (Kat.-Nr. 96) unter UV-Strahlung. Gipsaufwachsungen erscheinen hell bzw. mit eingebundener Erde dunkel, kreidende Oberflächen violett. Die Verwitterungsformen treten an den Fragmenten an jeweils unterschiedlichen Seiten auf. Rot fluoreszierend die Isolierung einer früheren Klebung (Restaurierung von 1998).

[67] Fragment eines kleinen Oberkörpers (Kat.-Nr. 8, HK 2006:537). Auf den Oberseiten der Stuckplastik Schmutzauflagerungen in Form kleiner dunkler Pünktchen

[68] Fragment einer glatten Fläche (Kat.-Nr. 174, HK 2006:444). Unter UV-Strahlung sichtbare ausgeprägte Flammenspur, eine Materialveränderung am Hochbrandgips durch Einwirkung einer Kerzenflamme

Die Reinigung der Stuckfragmente, in der Regel die vorsichtige Abnahme von erdigen und lehmigen Anhaftungen, erfolgte so weit wie möglich trocken mit Pinseln und Holzstäbchen. Stark verdichtete Verschmutzungen wurden zuvor, in Abhängigkeit vom Erhaltungszustand der Stuckoberfläche, mit feuchten Mikrofaserschwämmchen aufgeweicht.[34] Blumenkohlartige harte Gipskrusten wurden nicht abgenommen, da sie mit der Stuckoberfläche fest verbunden sind. Je nach Anteil der eingebundenen Erde sind die Blumenkohlkrusten weniger hart und lassen sich mit Wasser anweichen; die darunterliegende Stuckoberfläche ist in den meisten Fällen intakt. Diese Krusten wurden mechanisch reduziert, sofern ohne Gefährdung der Stuckoberfläche möglich und zur Wiedergewinnung verunklärter kleinteiliger Reliefformen, wie zum Beispiel am Taufries (Kat.-Nr. 101) oder am Akanthusrosettenfries (Kat.-Nr. 96) wünschenswert (Abb. 69–74). Zu den Reinigungsmaßnahmen gehörte auch die Entfernung von Kleberesten einer Restaurierung von 1998, bei der ausgewählte Stuckfragmente für eine Ausstellung zusammengefügt worden waren. Hierfür kamen Lösemittelkompressen zur Anwendung.[35]

Die Konsolidierung kreidender Stuckoberflächen erfolgte durch ggf. mehrmalig mit dem Pinsel aufgetragene Kieselsole.[36] Wischende Farbschichten und einzelne lockere Farbschollen wurden mit Celluloseether gefestigt.[37]

Die Restaurierungsmaßnahmen an den Stuckteilen standen im Zusammenhang mit der Präsentation von etwa 100 Fragmenten in der Dauerausstellung des Landesmuseums für Vorgeschichte Halle. Hierfür waren mehrere passende Fragmente in Form von Klebungen zusammenzufügen. Die Festlegung der erforderlichen Klebungen erfolgte in Absprache mit den zuständigen Fachleuten für Exponateinrichtung im Hinblick auf die Möglichkeiten zur Installation der Fragmente in der Vitrine und an der Wand. Für die Klebungen kam ein Acrylharz zur Anwendung.[38] In Einzelfällen, bei im Verhältnis zur Klebefläche großen Fragmenten, wurde die Klebung zusätzlich mit einer Kaschierung aus Glasfilamentgewebe verstärkt.[39]

9 EXKURS: VERGLEICH MIT QUEDLINBURG UND CLUS

Stuckfragmente aus der Quedlinburger Stiftskirche sowie zwei Stuckfiguren aus der Klosterkirche von Clus sind den Gerbstedter Stuckfragmenten motivisch und stilistisch so ähnlich, dass sich die Frage nach einem Werkstattzusammenhang stellt.[40] Eine restauratorische Untersuchung der Quedlinburger Stuckfragmente im Rahmen des Projektes sollte zeigen, ob sich die Ähnlichkeiten auch in werktechnischer Hinsicht bestätigen lassen. Der Vergleich mit den Cluser Skulpturen erfolgte hauptsächlich auf der Grundlage von einer restauratorischen Fach- bzw. einer Diplomarbeit, die sich unter anderem mit der Werktechnik der Figuren beschäftigten.[41]

[69] Fragment von einem Arkadenzwickel mit Ansatz von zwei bogenförmigen Friesen (Kat.-Nr. 62, HK 2006:217, vgl. Abb. 26), Rückseite. Während der Reduzierung der anhaftenden Erde von der kreidenden Oberfläche. Rechte Seite gereinigt, linke Seite im Vorzustand

[70] Arkadenzwickel mit Ansatz von zwei bogenförmigen Friesen (Kat.-Nr. 62, HK 2006:217, HK 2006:562), Rückseite. Nach Reduzierung der Verschmutzung sichtbare Abdrücke von Fugen (mit Fugenstrich?) und Steinoberflächen, unten links mit feiner Beilung. Der mittige, tiefe und glatte Abdruck einer längsrechteckigen Form bisher ungedeutet

RESTAURATORISCHE UNTERSUCHUNGEN UND MASSNAHMEN AN STUCKFRAGMENTEN

[71/72] Schwarzer Fuß mit Erdschollen (Kat.-Nr. 40) im Vorzustand und nach Reinigung. Die sekundären Anhaftungen von hellem Gipsmörtel am schwarzen Fuß wurden unter dem Mikroskop reduziert.

[73/74] Fragment eines kleinen Taufrieses (Kat.-Nr. 101, HK 2006:653), Ausschnitt im Vorzustand und nach Reinigung. Die blumenkohlartigen Gipsaufwachsungen weisen einen hohen Anteil eingebundener Erde auf und konnten mit Wasser erweicht und mechanisch reduziert werden.

[75] Stiftskirche Quedlinburg, großes Schrankenfragment mit ornamentalem Fries (Q/BZ-135). An das obere Profil schloss sich eine glatte Fläche mit Wandmalereien an. In Fehlstellen des Reliefs liegt die Glättschicht frei (hier ohne Hacklöcher).

9.1 STUCKFRAGMENTE AUS DER QUEDLINBURGER STIFTSKIRCHE

Die mit Gerbstedt vergleichbaren Stuckfragmente aus der Quedlinburger Stiftskirche stammen möglicherweise von Chor(?)schranken und zeigen sehr ähnliche, auch hinsichtlich ihrer Plastizität vergleichbare Friesmotive mit Akanthus und Palmetten, Ranken und Tieren sowie vermutlich jünger zu datierende Wandmalereien, die von den Stuckreliefs eingerahmt werden.[42] Ein großer Teil der Stücke ist in der Stiftskirche verbaut, die werktechnische Untersuchung konzentrierte sich daher auf ca. 40 im Depot des Schlossmuseums aufbewahrte, überwiegend ornamentale Fragmente. Hinzu kamen Teile eines vermutlichen Kapitells mit ähnlichen Drachenkörpern wie in Gerbstedt, die die Beine einer Person umschlingen.[43]

Die Schranke(?) bestand im Kern aus einer etwa 14 bis 17 cm dicken Stuckwand, die aus hellgrau bräunlichem, grobkörnigem Gipsmörtel und Sandsteinbruchstücken, möglicherweise mithilfe einer Verschalung errichtet wurde. Nach einer bei Bedarf aufgetragenen dünnen Ausgleichsschicht aus dem gleichen groben Mörtel wurde die Wand nahezu flächig mit einer wenige Millimeter starken Glättschicht aus feiner Stuckmasse überzogen, die auch weit unter die später aufstuckierten Ornamente zieht und hier auf null ausläuft. Diese stark geglättete Schicht bildet, vermutlich dünn getüncht, den Träger für die späteren Wandmalereien (Abb. 75–77). Vor dem Aufbringen der Stuckmasse für die Reliefs wurde die Glättschicht stellenweise mit kleinen Hacklöchern versehen, was darauf hinweist, dass der Abbindeprozess bereits weit fortgeschritten war. Dafür sprechen auch die dünnen, nur sehr wenig eingetieften Vorritzungen(?), die wohl als Markierung für die Breite der Friese dienten. Der Auftrag der Stuckmasse für die Reliefs erfolgte zweilagig in einer Gesamtdicke von ca. 3 cm. Für die Glättschicht und die Reliefs kam in der Regel die gleiche hellgrau bräunliche, sehr feine und homogene Stuckmasse zum Einsatz, die an manchen Stellen fast glasig wirkt. Manche Fragmente zeigen jedoch andere, in Feinheit und Farbton variierende Mörtel (Abb. 78).[44] Die Formgebung der Reliefs erfolgte durch Schneiden und Bohren, wobei

[76] Stiftskirche Quedlinburg, Schrankenfragment (ohne Inv.-Nr. 05), Querschnitt. 1: Kern aus grobem Gipsmörtel mit Abdruck eines Steins (rechts), 2: Ausgleichsschicht aus grobem Gipsmörtel, 3: Glättschicht aus sehr feiner, homogener Stuckmasse, auf null auslaufend, 4 und 5: zwei Schichten aus sehr feiner, homogener Stuckmasse für das Relief

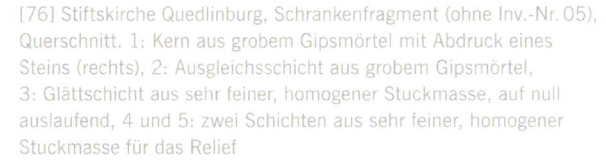

[77] Stiftskirche Quedlinburg, großes Schrankenfragment (Q/BZ-124), Detail. Unten das Profil des Stuckreliefs, oben die anschließende Wandmalerei. Entlang des Profils feine Ritzung (Pfeil); Vorritzung oder Werkspur vom Schneiden des Profils

[78] Stiftskirche Quedlinburg, Schrankenfragment (Q/BZ-127), Querschnitt. 1: Kern aus grobem Gipsmörtel, 2: Glättschicht aus feinem, auffallend grauem Gipsmörtel, Träger der Wandmalerei, 3: Relief, Stuckmasse hier gröber, Pfeil: Vorritzung oder Werkspur vom Schneiden des Profils

[79] Stiftskirche Quedlinburg, Schrankenfragment (Q/BZ-129), Detail. Angeschnittene Bohrung, darin stehengebliebener Grat von der Drehung des Bohrers

[80]

[82]

[81]

[83]

[80/81] Stiftskirche Quedlinburg, Kapitellfragment (Q/BZ-99). Auf der Rückseite Abdrücke von Vorritzungen und Hacklöchern sowie Spuren einer historischen Restaurierung

[82/83] Stiftskirche Quedlinburg, Kapitellfragment (Q/BZ-22). Vorderseitig sichtbar der geglättete Hintergrund mit Werkspuren. Der Querschnitt verdeutlicht die starke Plastizität (bis ca. 7 cm) und zeigt den Schichtaufbau der Stuckplastik: 1: Unterbau aus grobem Gipsmörtel, 2–4: drei Schichten aus feiner Stuckmasse mit variierender Farbigkeit, 5: Unterbau einer historischen Restaurierung

Werkzeugspuren aufgrund der Fassungsreste und aufliegender Verschmutzung zum großen Teil überdeckt sind (Abb. 79). Auch am Kapitell wurde vor der Herstellung der plastischen Stuckierung die Haftung zur untersten Feinstuckschicht mit Hacklöchern verbessert. Außerdem haben sich deutliche Negativabdrücke einer vor dem Abbinden in diese Schicht gezeichneten Vorritzung erhalten. Zu unterscheiden sind eine gerade Linie für den Verlauf des Halsrings(?) sowie teilweise suchende Ritzungen für die figürlichen Darstellungen. Auch die Kapitellfragmente zeigen verschiedene feine Stuckmörtel, darunter die oben erwähnte sehr feine Stuckmasse (Abb. 80–83). Aufgrund der werktechnischen Übereinstimmungen zwischen den Schranken- und den Kapitellfragmenten ist eine Entstehung in einer einheitlichen Bauphase anzunehmen. Die meisten Fragmente, insbesondere die Friesfragmente, zeigen umfangreiche Reste von mindestens zwei schichtstar-

[84] Stiftskirche Quedlinburg, Schrankenfragment (Q/BZ-130). Auffällig hier die flachen, nicht vollständig rund ausgearbeiteten Höhen des Reliefs

[85] Stiftskirche Quedlinburg, großes Schrankenfragment (Q/BZ-124), Detail. Entwicklung des eingerollten Blattes aus einer Bohrung. Hier am Rankenstiel bzw. Blattstengel stehengelassene, bei der Bohrung entstandene »Nase«

ken polychromen Fassungen sowie von mehreren jüngeren Tünchen. Für Aussagen über eine ggf. vorhandene bauzeitliche Bemalung müssten weitere Untersuchungen, auch im Vergleich zu den Wandmalereien sowie zu Befunden zur Raumfassung in der Stiftskirche erfolgen.

Insgesamt ist die Werktechnik der Stuckplastiken in Quedlinburg und Gerbstedt als sehr ähnlich zu bezeichnen. Das Aufspitzen der untersten Feinstuckschicht in Quedlinburg im Gegensatz zu Gerbstedt spricht nicht für eine unterschiedliche Vorgehensweise, sondern zeigt vor allem, dass die Stuckateure in Abhängigkeit vom Bauablauf ihre Methoden flexibel an die Situation anpassten. Festzustellen ist, dass für beide Gestaltungen, in Quedlinburg weniger konsequent als in Gerbstedt, Stuckmassen aus sehr fein aufgemahlenem Ausgangsmaterial Verwendung fanden. Ähnlichkeiten zeigt auch die teilweise skizzenhafte Vorzeichnung der figürlichen Darstellungen. Die Ausführung der subtraktiven Formgebung weist hinsichtlich der glattwandigen, sehr runden Bohrungen und der hineingeschnittenen kleinen Kerben deutliche Parallelen auf. Auffälliger als in Gerbstedt sind die an den ornamentalen Quedlinburger Fragmenten zum Teil vorhandenen unvollständig ausgearbeiteten Rundungen, die sich zum Beispiel in flach stehengelassenen Höhen äußern (Abb. 84). Da dieses Phänomen aber nur partiell zu beobachten ist, kann es wohl eher auf Pragmatismus oder Eile bei der Ausführung als auf ein bestimmtes Formempfinden der Kunstschaffenden zurückgeführt werden. Für einen gewissen Zeitdruck auf der Quedlinburger Baustelle spricht auch die stellenweise weniger vollendete Ausarbeitung der eingerollten Blätter, deren Entwicklung aus einer Bohrung heraus dadurch deutlich ablesbar ist (Abb. 85). Besser verständlich sind auch die kleinen Bohrungen an den Spitzen randständiger Blätter, die in Gerbstedt nur beim kassettierten Fries (Kat.-Nr. 97) an einzelnen Stellen vorkommen und dort eher wie eine Beschädigung aussehen. Ein solcher Vergleich führt jedoch schnell in die Irre, wenn der Einfluss der Verwitterung außer Acht bleibt. Wie sehr unterschiedliche Schadbilder die Wirkung motivgleicher, identisch ausgearbeiteter Formen verändern können, zeigen zum Beispiel die zusammengesetzten Laibungsfragmente mit Palmettenmotiv aus Gerbstedt (Kat.-Nr. 103). Das besser erhaltene Fragment weist auffallend flache Höhen und eckige Formen auf, die bei den anderen Fragmenten zu organischen Rundungen abgewittert sind (Abb. 3).

9.2 ZWEI STUCKFIGUREN AUS DER KLOSTERKIRCHE VON CLUS

Aus der Klosterkirche in Clus stammen zwei Figuren ohne Köpfe, die als Apostel oder Propheten gedeutet werden, deren Gewandgestaltung starke Parallelen zu den Gerbstedter Figuren aufweist. Die Cluser Skulpturen waren mit Kopf schätzungsweise 100 cm groß und sind etwa 20 cm tief. Sie bestehen aus sehr hellem, homogenem, wahrscheinlich hochgebranntem Gipsmörtel und wurden in mehreren Schichten mit Stärken zwischen wenigen Millimetern und 5 cm vermutlich vor Ort hergestellt; allerdings schließt Muhsil auch eine »Mischtechnik« mit einem in Schichten gegossenen Grundkörper, der vor dem Abbinden vor Ort mit weiteren Stucklagen überzogen wurde, nicht aus. Zur besseren Verbindung der Figuren mit der Wand wurden Holzdübel verwendet, die unterste Stuckschicht zeigt zudem Abdrücke großer Hacklöcher. Die Formgebung erfolgte durch Schnitzen; Werkspuren belegen den Einsatz eines großen Hohleisens mit V-förmiger Klinge sowie die Entwicklung des Kreuzblumenmusters der Borten aus quadratischen Ritzungen. Beide Figuren weisen Befunde von massiven Umarbeitungen im noch nicht vollständig abgebundenen Zustand auf. Spuren einer Bemalung oder Fassung ließen sich nicht feststellen. Der vorhandene wachsartige Überzug besteht laut zwei Materialanalysen aus synthetischem Paraffinwachs und Bienenwachs und ist damit zumindest teilweise modernen Ursprungs.[45]

Auch Clus und Gerbstedt zeigen werktechnische Parallelen. Hinsichtlich ihrer Anbringung an der Wand können die beiden Stuckausstattungen nur bedingt verglichen werden, da die figürlichen Darstellungen aus Gerbstedt mit maximal 13 cm Tiefe wesentlich flacher sind als die überaus plastischen Cluser Skulpturen, die zudem wohl noch während der Herstellung Planänderungen unterworfen waren. Ähnlichkeiten zeigen sich vor allem in der Vorritzung und Ausarbeitung des Kreuzblumenmusters an den Gewandsäumen. Auffällig ist zudem, dass bei der Auswahl und Aufbereitung der Stuckmasse in Clus offenbar die gleiche Sorgfalt waltete wie in Gerbstedt, was im Hinblick auf die fehlenden Farbbefunde an den Aposteln noch an Bedeutung gewinnt. Sowohl in Gerbstedt als auch in Clus scheint die Qualität des verwendeten Mörtels in einem direkten Zusammenhang mit einer geplanten (in Gerbstedt partiellen) Materialsichtigkeit der Stuckplastik gestanden zu haben.

9.3 VERGLEICH – FAZIT

So vielseitig einsetzbar das Material Hochbrandgips ist, so vielfältig waren auch die Bauaufgaben, die die Stuckateure vor Ort durch Einsatz von geeigneten Methoden zu lösen hatten. Diese unterschiedlichen Voraussetzungen müssen beim Vergleich von Stuckobjekten Berücksichtigung finden, was umso schwieriger ist, je weniger über Umstände und Ort der ursprünglichen Anbringung bekannt ist. Grundsätzlich eignen sich auch die jeweiligen Stuckmörtel nur bedingt als Vergleichsparameter, da sehr wahrscheinlich möglichst lokale Gipsvorkommen zum Einsatz kamen. Umso überraschender ist die (bisher nur rein äußerlich festgestellte und nicht näher untersuchte) Ähnlichkeit der in Gerbstedt und Clus verwendeten, sehr hellen und homogenen Stuckmassen, was zudem ein weiterer Hinweis darauf ist, dass die Aufbereitung des Ausgangsmaterials im Zusammenhang mit der Oberflächenbehandlung der Stuckplastik gesehen werden muss. Allerdings ist die Frage nach einer Bemalung oder Farbfassung anhand der Befunde nicht immer eindeutig zu beantworten und für Quedlinburg noch nicht ausreichend untersucht. Hinsichtlich der plastischen Ausformung kann der freihändige schichtweise Auftrag der Stuckmasse mit anschließender schnitzartiger Bearbeitung als eine gängige Methode bezeichnet werden, die auch an zahlreichen anderen Stuckobjekten zu finden ist. Für einen Vergleich können hier nur Details der Ausführung in Frage kommen, wobei die Beurteilung der Werkspuren und herausgeschnittenen Formen durch aufliegende Fassungen oder Verschmutzungen bzw. Verwitterung und Beschädigungen erschwert wird. Für Quedlinburg und Gerbstedt bzw. Gerbstedt und Clus lassen sich bei der Herstellung der Vorritzungen, Bohrungen und Kerben bzw. Kreuzblumenmuster die gleichen Vorgehensweisen und Methoden feststellen. Zusammenfassend lässt sich sagen, dass nach heutigem Kenntnisstand aus werktechnischer Sicht nichts gegen eine Zuschreibung dieser Stuckplastiken zu einer Werkstatt spricht.[46] Letztlich kann eine Bewertung nur im interdisziplinären Austausch mit allen beteiligten Fachgebieten stattfinden. In diesem Zusammenhang sollten auch nähere werktechnische Untersuchungen an den Äbtissinnengrabplatten der Quedlinburger Stiftskirche erfolgen, die aufgrund stilistischer Parallelen ebenfalls mit Gerbstedt und Clus in Verbindung gebracht werden.[47]

10 ZUSAMMENFASSUNG UND AUSBLICK

Im Rahmen der systematischen Auslage der Gerbstedter Stuckfragmente war es möglich, den großen Fundkomplex weiter zu strukturieren und hinsichtlich seiner unterschiedlichen motivischen und architektonischen Bestandteile greifbarer zu machen. Insbesondere das Zusammenfügen passender Fragmente zu mehreren (Arkaden-)Bögen, Laibungen und horizontalen Friesen bestätigte und erweiterte das bisherige Bild einer vielfältigen und komplexen Stuckausstattung in der Gerbstedter Klosterkirche.[48] Ein räumlicher Zusammenhang zwischen den verschiedenen Ausstattungselementen war bislang allerdings nicht herstellbar. Weitere Untersuchungen, zum Beispiel die Sortierung der Stuckfragmente (auch unter Einbeziehung der bisher weitgehend unbeachteten ungestalteten Stücke) nach feinen Unterschieden des groben und feinen Mörtelmaterials, Abdrücken, Werkspuren etc. könnten hier möglicherweise noch zusätzliche Erkenntnisse bringen, auch hinsichtlich des abgedrückten Mauerwerks. Die etwa 100 heute in der Dauerausstellung des Landesmuseums befindlichen Stuckfragmente stehen hierfür in Form von texturierten 3D-Scans zumindest virtuell weiterhin zur Verfügung. Wichtige Erkenntnisse könnte auch die Berechnung der Bogenweite des Frieses mit herzförmigen Akanthusblättern mithilfe digitaler 3D-Rekonstruktion bringen, um auf dieser Grundlage besser auf eine mögliche Verortung der Arkade im Kirchenraum schließen zu können.

Die Werktechnik der Gerbstedter Stuckplastik konnte anhand der Befunde zum großen Teil erschlossen werden. Es war ein Anliegen dieses Beitrages, nicht nur Erkenntnisse zu benennen, sondern auch Vermutungen zur Diskussion zu stellen und offene Fragen zu formulieren. Zur Herstellung der Stuckausstattung setzten die Stuckateure je nach Bauaufgabe und geplanter Plastizität der Stuckierungen – Architekturteile, figürliche Darstellungen oder Bauzier – differenzierte Vorgehensweisen ein. So weisen die Kapitellteile im Gegensatz zu den anderen Fragmenten einen blockartigen, ins Mauerwerk eingebundenen Unterbau aus einem groben Hochbrandgipsmörtel auf, der ansonsten als Haftbrücke zum Mauerwerk verwendet wurde. Die schichtweise aufgebaute Stuckplastik besteht aus bemerkenswert feinem weißem Hochbrandgipsmörtel; die Formgebung erfolgte weitgehend subtraktiv durch Schnitzen. Vorritzungen für die stärker plastischen (figürlichen) Motive wurden bereits auf der ersten flächigen Stuckschicht angebracht; die rein subtraktiv hergestellten, eher flachplastischen (ornamentalen) Reliefs wurden wohl nur auf der obersten Stuckschicht vorgeritzt. Die plastische Umsetzung der Vorritzungen erfolgte insgesamt recht frei, vielleicht ein Hinweis darauf, dass die Vorritzungen den souveränen Stuckateuren mehr als Information zum Motiv denn als verbindliche Festlegung der Einzelformen dienten.

Farbbefunde weisen auf eine Teilbemalung einzelner Elemente innerhalb der figürlichen Stuckplastik mit Erdpigmenten und Schwarz hin, während die Bögen und Laibungen vermutlich stuckfarbig standen. Ein egalisierender bzw. grundierender Anstrich ließ sich bisher nicht eindeutig nachweisen; hier besteht allerdings weiterer Untersuchungsbedarf. Damit wäre Gerbstedt ein Beispiel dafür, dass mittelalterliche Stuckplastik, wohl in Abhängigkeit von der Qualität der Stuckmasse, auch weitgehend materialsichtig denkbar ist. Zwei nicht zuzuordnende, polychrom mit wertvollen Pigmenten gefasste Fragmente werfen Fragen auf. Sie verdeutlichen vor allem unsere bruchstückhafte Kenntnis vom tatsächlichen Umfang und der Funktion der Stuckausstattung im Gerbstedter Kirchenraum. Fragen an die kunsttechnologische Forschung wirft auch der extrem frühe Neapelgelb-Befund auf, den es zukünftig einzuordnen gilt.

Die Gesamtschau der werktechnischen Befunde und natürlich nicht zuletzt die eindrucksvolle Qualität der Gerbstedter Stuckplastik sprechen dafür, dass die beteiligten Fachleute äußerst planvoll vorgingen und die Stuckateure über ein hohes Maß an technischem Können verfügten.

Der werktechnische Vergleich mit stilistisch eng verwandten Stuckplastiken aus Quedlinburg und Clus zeigte deutliche Parallelen bei der Ausarbeitung von Details und legt einen Werkstattzusammenhang nahe. Diese Einschätzung müsste durch weitere Untersuchungen (zum Beispiel den Vergleich der Stuckmassen hinsichtlich ihrer Aufbereitung sowie Untersuchungen zur ursprünglichen Farbigkeit der Quedlinburger Fragmente) unterfüttert werden. Der Vergleich hat außerdem gezeigt, wie wichtig bei der Beurteilung der Formgebung die Berücksichtigung des Erhaltungszustands der Fragmente ist.

Die Zustandsuntersuchung erbrachte, über die Beurteilung der verschiedenen Verwitterungsschäden infolge der Bodenlagerung hinaus, auch einzelne Hinweise auf nutzungsbedingte und in situ entstandene Schadbilder. Konservierungs- und Restaurierungsmaßnahmen bestanden hauptsächlich in der vorsichtigen Reinigung der Stuckfragmente, der Festigung kreidender Oberflächen sowie im Zusammenfügen verschiedener Fragmente zu Ausstellungszwecken.

ANMERKUNGEN

1 Zur Fundgeschichte siehe den Beitrag von Susanne Kimmig-Völkner in diesem Band.

2 Neun Fragmente sind im Bestand des Bode-Museums (Skulpturensammlung und Museum für Byzantinische Kunst, Berlin), eines im Bestand der Regionalgeschichtlichen Sammlungen der Lutherstadt Eisleben.

3 UV-Lampe: Reskolux UV 365, Frequenzspektrum 360 bis 370 nm, Peak bei 365 nm. Die UV-Aufnahmen entstanden mit einer Digitalkamera ohne Filter. Digitalmikroskope: DigiMicro 2.0 Scale von dnt (20 und 200fache Vergrößerung) sowie für ausgewählte Fassungsbefunde Keyence VHX-6000 Digital Microscope (bis 1000fache Vergrößerung).

4 Neben Gerbstedt sind bisher die Stuckfragmente aus der Dorfkirche von Eilenstedt, dem Dom in Zeitz und teilweise der Stiftskirche in Quedlinburg erfasst.

5 Die Maße der im vorliegenden Beitrag abgebildeten Fragmente sind dem Katalog zu entnehmen.

6 Zu den Mörtelanalysen siehe den Beitrag von Roland Lenz in diesem Band.

7 Ebd.

8 Es handelt sich um die Fragmente Kat.-Nr. 98 (HK 2006:419), Kat.-Nr. 110 (außer 2006:352), Kat.-Nr. 116, 119–121, 134 (HK 2006:463).

9 Zum Abbindeverhalten von Hochbrandgips siehe den Beitrag von Torsten Arnold in diesem Band.

10 Eines der wahrscheinlich diesen Friesen zuzuordnenden Tierfragmente (Kat.-Nr. 94) zeigt vermutlich eine Ritzung auf der mittleren von drei Schichten. Dieses Fragment könnte allerdings auch zu einer szenischen Darstellung gehören, worauf der etwas größere Maßstab

dieses Tieres sowie die angedeutete Landschaft (Grasbüschel?) hinweisen könnten.

11 Siehe auch Kat.-Nr. 37, Kat.-Nr. 57, Kat.-Nr. 109 (HK 2006:505), Kat.-Nr. 177, Kat-Nr. 181 (HK 2006:495).

12 Zu den Gesteinsbestimmungen siehe den Beitrag von Matthias Zötzl in diesem Band.

13 Siehe den Beitrag zur Bauforschung von Dirk Höhne in diesem Band.

14 Auf eine Beschreibung der Mörtelvarianten und ihrer Verteilung wird hier verzichtet. Diese Angaben können bei Bedarf der Datenbank entnommen werden.

15 Siehe den Beitrag von Matthias Zötzl in diesem Band.

16 Aufgrund des begrenzten Projektzeitraums konnten die Rückseiten der Fragmente nicht umfassend untersucht werden. So war es im Projektablauf nicht möglich, die Fragmente nach der Reinigung, nach der feine Mörtelunterschiede und Abdrücke oft besser zutage treten, erneut auszulegen.

17 Nicht eindeutige oder vermutlich sekundäre Farbphänomene wurden in der Datenbank gesondert erfasst.

18 Die Untersuchung erfolgte durch Herrn Dr. Christian-Heinrich Wunderlich, LDA, dem ich an dieser Stelle herzlich danken möchte.

19 Die Bearbeitung und Untersuchung der Proben erfolgte durch Frau Dr. Bernadett Freysoldt und Frau Dr. Sylvia Hoblyn vom Labor Kunstgutanalytik. Frau Dr. Freysoldt danke ich herzlich für die Mitwirkung bei der Probenahme und die ausführliche Diskussion der Ergebnisse.

20 Rebschwarz ist eines der Ergebnisse von Farbuntersuchungen an den Stuckfragmenten im Bestand des Berliner Bode-Museums. Kunz 2014, S. 24.

21 Hoblyn/Freysoldt 2021, S. 6.

22 Richter 2018, S. 137–139.

23 Obwohl Neapelgelb (Bleiantimonat) bereits in der Antike zum Färben von Glas oder Glasuren bekannt war, wurde es wahrscheinlich erst im 17. Jahrhundert als Pigment gebräuchlich und war vor allem in der Tafelmalerei verbreitet. Kühn 1984, S. 27.

24 Selbst wenn man von einer Übermalung ausgeht und als spätestes Datum für den Abbruch der Stuckplastik den Einsturz der Kirche 1650 annimmt, ist eine aufwendige Neufassung zumindest in den vorhergehenden 150 Jahren aufgrund von finanzieller Bedrängnis,

drohender Aufhebung des Klosters und Dreißigjährigem Krieg unwahrscheinlich, sodass sich in jedem Fall ein sehr frühes Datum für die Verwendung von Neapelgelb ergibt (zur Klostergeschichte der Neuzeit siehe den Beitrag von Andreas Stahl in diesem Band).

25 Kunz 2014, S. 24.

26 Hoblyn/Freysoldt 2021, S. 6. Die Probenahme erfolgte an Fragment Kat.-Nr. 160.

27 Ebd. Durchgeführt wurden der Stickstoff-Nachweis und der Test auf alkalische Verseifbarkeit nach Schramm/Hering 1988 sowie FTIR-Spektroskopie (Fourier Transform Infrarotspektrometrie).

28 Farbreste in den Tiefen befinden sich nur an der Bettdecke (Kat.-Nr. 16, HK 14691:1:303), am Gewand der reich bekleideten Figur (Kat.-Nr. 7), an einem Drachenkörper (Kat.-Nr. 84) und an zwei Architekturdarstellungen (Kat.-Nr. 46, Kat.-Nr. 56).

29 Zum Frauenkonvent zu Gerbstedt im hohen Mittelalter siehe den Beitrag von Friedrich W. Schütte in diesem Band.

30 Die Beobachtungen der oberseitigen punktförmigen Auflagerungen und der oberseitigen rosa-orangefarbenen Fluoreszenz bestätigen sich in der Regel gegenseitig, sind aber nicht deckungsgleich.

31 Siehe den Beitrag von Friedrich Röhrer-Ertl in diesem Band.

32 Siehe den Beitrag von Olaf Kürbis in diesem Band.

33 Etwa 500 Stuckfragmente des Fundkomplexes wurden bisher gereinigt, davon etwa 70 Fragmente bereits zu früheren Anlässen.

34 »Blitzfix«-Mikrofaserschwamm.

35 Klebereste von Archäocoll (Klebstoff auf der Basis von Cellulosenitrat); Lösemittelkompressen aus Arbocel BC200 und Aceton.

36 Je nach Stärke und Ausprägung des Schadbildes Einsatz von Syton X30 oder Ludox PW30 5–10%ig in entionisiertem Wasser.

37 Tylose MH300 1–1,5%ig in entionisiertem Wasser.

38 Aufgrund seiner guten Eigenschaften hinsichtlich Alterung und Reversibilität wurde hierfür Paraloid B72 ausgewählt. Je nach Größe der zu klebenden Bruchstücke kam eine 40–65%ige Lösung in Aceton zur Anwendung. Die Isolierung der Klebeflächen erfolgte ebenfalls mit Paraloid B72 (10–15%ig in Aceton, zweimaliger Auftrag).

39 Isolierung und Klebung mit Paraloid B72.

40 Zu den Darstellungen und dem stilistischen Vergleich siehe den Beitrag von Susanne Kimmig-Völkner in diesem Band.

41 Muhsil 1997/1998 und Muhsil 1998. Frau Dipl.-Rest. Christina H. Muhsil danke ich herzlich für die Digitalisierung und Bereitstellung ihrer Arbeiten.

42 Zur Datierung der Wandmalereien siehe Rüber-Schütte 2018, Anm. 18.

43 Diese und weitere aus der Quedlinburger Stiftskirche stammende Stuckfragmente wurden zwischen 2003 und 2005 von Roland Lenz erfasst. Diese Erfassung bildete die Grundlage für die jetzige Untersuchung. Lenz 2003/2005.

44 Die Stuckmassen konnten aufgrund der überwiegend starken Verschmutzung der Fragmente bisher nur eingeschränkt betrachtet werden.

45 Muhsil 1997/1998, S. 6, 25, 29, 169 sowie Muhsil 1998, S. 6 f., 80.

46 Einschränkend ist festzuhalten, dass die Stuckfiguren aus Clus nicht direkt untersucht werden konnten, sondern die Beurteilung auf Grundlage der Detailfotos und Beschreibungen in den oben genannten Arbeiten erfolgte.

47 Rüber-Schütte 2018, Anm. 24.

48 Rüber-Schütte im Druck.

LITERATUR UND QUELLEN

HOBLYN/FREYSOLDT 2021
Hoblyn, Sylvia/Freysoldt, Bernadett: Untersuchungsbericht Nr. 20210606, Projekt Stuckfragmente Gerbstedt, 22.07.2021

KÜHN 1984
Kühn, Hermann: Farbmaterialien. Pigmente und Bindemittel, in: Reclams Handbuch der künstlerischen Techniken 1: Farbmittel. Buchmalerei. Tafel- und Leinwandmalerei, Stuttgart 1984, S. 7–54

KUNZ 2014
Kunz, Tobias (Bearb.): Bildwerke nördlich der Alpen 1050 bis 1380. Kritischer Bestandskatalog der Berliner Skulpturensammlung, Petersberg 2014

LENZ 2003/2005
Lenz, Roland: Datenbank mittelalterliche Stuckobjekte im Schlossmuseum Quedlinburg, 2003/2005, LDA Archiv, ohne Sign.

MUHSIL 1997/98
Muhsil, Christina H.: Untersuchung und Beschreibung zweier mittelalterlicher Stucksulpturen. Mit kunsthistorischen Vergleichen und Quellenstudien zur Herstellung von Stucksulpturen, unveröffentlichte Facharbeit an der Fachhochschule Hildesheim 1997/98

MUHSIL 1998
Muhsil, Christina H.: Herstellungstechnologie und Problematik der Reinigung frühmittelalterlichen Stucks aus Estrichgips, unveröffentlichte Diplomarbeit an der Fachhochschule Hildesheim 1998

RICHTER 2018
Richter, Mark u. a.: Kunsttechnologische Untersuchung der ältesten erhaltenen romanischen Farbfassung, in: Romanische Stuckplastik aus der Dorfkirche in Eilenstedt (= Kleine Hefte zur Denkmalpflege 13), Halle (Saale) 2018, S. 133–150

RÜBER-SCHÜTTE 2018
Rüber-Schütte, Elisabeth: Die Eilenstedter Stuckfunde im Kontext mittelalterlicher Stuckplastik auf dem Gebiet des heutigen Sachsen-Anhalt, in: Romanische Stuckplastik aus der Dorfkirche in Eilenstedt (= Kleine Hefte zur Denkmalpflege 13), Halle 2018, S. 171–194

RÜBER-SCHÜTTE IM DRUCK
Rüber-Schütte, Elisabeth: Ein Sonderfall mittelalterlicher Plastik. Stuckfragmente aus der ehemaligen Klosterkirche von Gerbstedt, in: Meller, Harald/Geppert, Konstanze (Hrsg.): Schönheit, Macht und Tod II. 275 Funde aus 140 Jahren Landesmuseum für Vorgeschichte Halle, Halle (Saale) (im Druck)

SCHRAMM/HERING 1988
Schramm, Hans Peter/Hering, Bernd: Historische Malmaterialien und ihre Identifizierung, Berlin, 1988

ABBILDUNGSNACHWEIS

Corinna Scherf, Halle (Saale): 1–55, 59–85

Bernadett Freysoldt, Leipzig: 56–58

Hochmittelalterlicher Stuck – Kontexte oder Sonderwege?

Elisabeth Rüber-Schütte

Der Gerbstedter Stuckkomplex gehört über Sachsen-Anhalt hinaus zu den umfangreichsten, die aus dem hohen Mittelalter auf uns gekommen sind. Der Fundort ist im weiteren Sinne dem Harzraum zuzurechnen und liegt somit innerhalb einer der großen europäischen Stucklandschaften.[1] Obwohl auf den ersten Blick eine bessere Befundlage als an mancher anderer Stelle vorzuliegen scheint, werfen gerade diese wichtigen Fragmente erneut Fragen zur Stucklandschaft des Harzraumes auf. Dabei handelt es sich bei den beeindruckend zahlreichen Gerbstedter Bruchstücken letztlich um Zufallsfunde, deren ursprünglicher Anbringungsort mit dem Abbruch des Sakralbaus verlorenging. Über andere mittelalterliche Ausstattungen dieser Kirche ist so gut wie nichts bekannt.[2]

Im folgenden kurzen und überblicksartigen Abriss sollen einige mittelalterliche Stuckkomplexe zum Vergleich herangezogen werden, um Vorstellungen für eine ursprüngliche Kontextualisierung der Gerbstedter Fragmente zu gewinnen. In den Blick genommen werden zuerst einzelne Funde und Befunde im Halberstädter Bistum, im östlichen Mainzer Erzbistum und im östlichen Hildesheimer Bistum, womit eine Region umschrieben ist, in deren Mitte sich der Harz erhebt (Abb. 1). Anschließend wird der Blick auf wenige Beispiele stuckierter Raumfassungen in entfernteren Regionen gelenkt.

Der Versuch einer Einordnung wird allerdings durch zwei Faktoren erschwert. Erstens ist nur ein Bruchteil des ursprünglich Geschaffenen zumeist fragmentarisch erhalten. Zweitens fehlen nach wie vor Bestandskataloge und Überblickswerke. Trotz dieser Einschränkung soll folgenden Fragen nachgegangen werden: Können andere Stuckarbeiten darüber Aufschluss geben, in welcher Tradition die Gerbstedter Fragmente stehen, oder wurde in Gerbstedt ein Sonderweg eingeschlagen? Bieten stuckierte Raumfassungen andernorts Anhaltspunkte für die ursprüngliche Anbringung der unterschiedlichen Gerbstedter Stuckarbeiten? Geben sie vielleicht sogar einen Hinweis, wie diese in der Architekturfassung und im Bildprogramm gestanden haben könnten? Ist auch hier ein Zusammenspiel mit anderen Materialtechniken und mit anderen Bildwerken zu vermuten?

ZU HOCHMITTELALTERLICHEN STUCKARBEITEN IM BISTUM HALBERSTADT

Im Bistum Halberstadt verdeutlichen die bisher erhobenen Befunde zu Stuckarbeiten bekanntermaßen eine breite und vielfältige Anwendung von Hochbrandgips.[3] Dieses bemerkenswerte Kunstschaffen diente offensichtlich vom 10. bis zum 13. Jahrhundert in sehr unterschiedlicher Weise einer architektur- wie ausstattungsbezogenen Ausschmückung. So finden sich Hinweise für Stuckierungen an der gesamten Raumschale, vom Fußboden über die Wände bis ins Gewölbe hinein, als Bild- und Bauplastik oder als Schmuckestrich. Die Mehrzahl der erhaltenen mittelalterlichen Stuckarbeiten ist allerdings nicht in situ überliefert, sondern wurde erst bei bauarchäologischen Untersuchungen aufgedeckt. Überkommen sind sowohl einzelne Arbeiten als auch umfänglichere

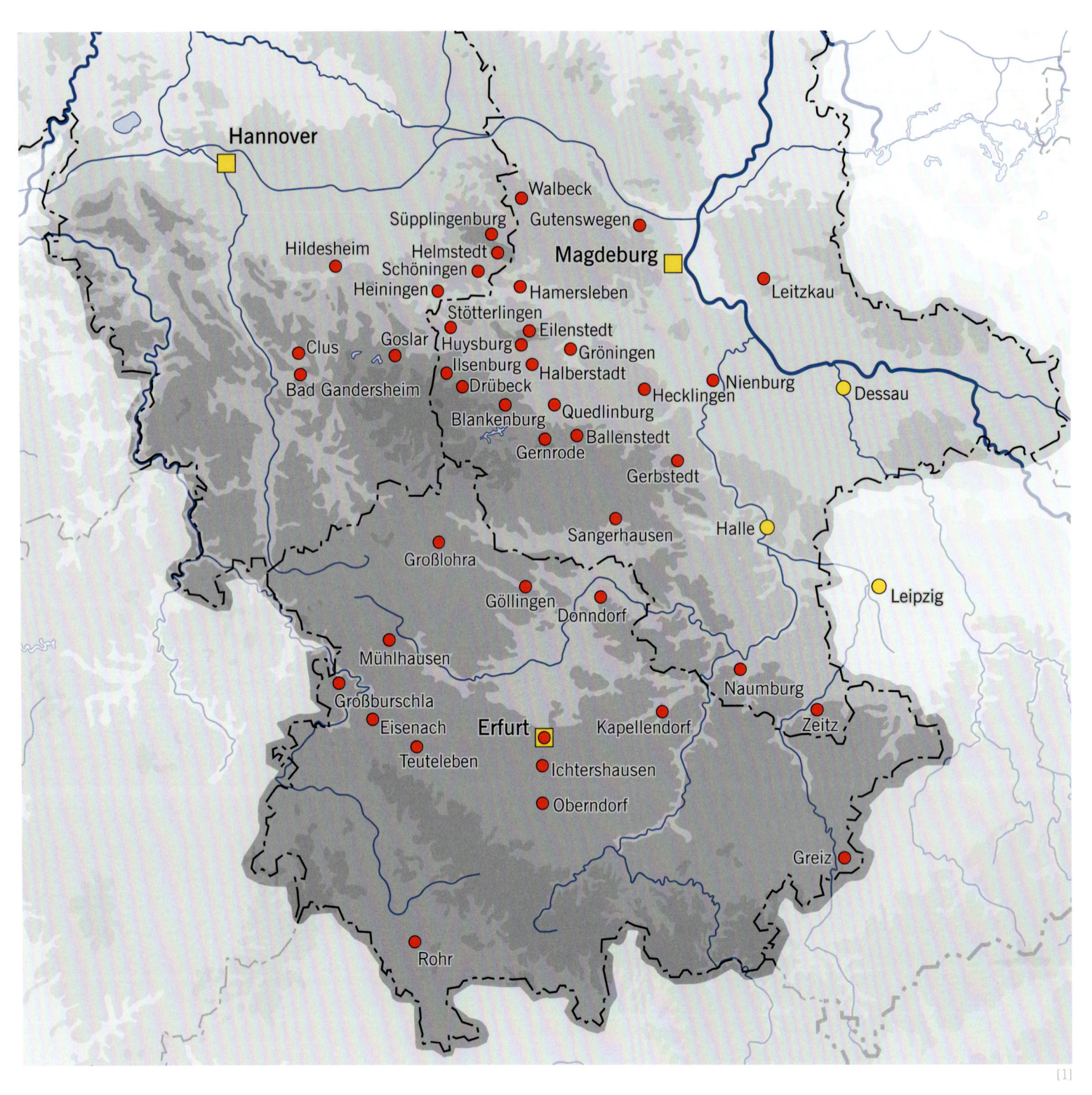

[1] Bistum Halberstadt, östlicher Teil des Bistums Mainz und östlicher Teil des Bistums Hildesheim. Mit roten Punkten werden die bisher bekannten Orte mit mittelalterlicher Stuckplastik angeführt, ausgenommen der Bauplastik in der Altmark.

Stuckierungen. Letztere zeugen eher von einer plastisch gestalteten Architekturpolychromie als von einer Stuckplastik im eigentlichen Sinne und interessieren besonders im Zusammenhang mit den Gerbstedter Stuckarbeiten.

Die Gerbstedter Funde lassen keine Bezüge zu den ältesten erhaltenen Stuckarbeiten im Bistum Halberstadt erkennen.[4] Die im 10. Jahrhundert errichtete sogenannte Confessio der Quedlinburger Stiftskirche lässt zwar in ihrem unteren, aus ottonischer Zeit noch erhaltenen Wandbereich (siehe den Beitrag von Torsten Arnold in diesem Band, Abb. 4, 5) auf eine ursprünglich farbig gefasste Architekturgliederung schließen, jedoch bleibt unklar, inwieweit dieser kleine, ehemals gewölbte Raum neben unterschiedlichen Ornamenten und einzelnen Tierdarstellungen (wohl in den Zwickelflächen der Stuckbögen) mit figürlichen Bildern ausgestattet war.[5]

Das älteste erhaltene Beispiel für eine Ausgestaltung einer »Kleinarchitektur« mit einem Bildpro-

[2] Gernrode, Stiftskirche St. Cyriakus, Heiliges Grab, Außenseite der Grabkammer-Westmauer. Schematische Darstellung der Farbigkeit nach der 1. und 2. Bauphase, Roland Möller

gramm aus Hochbrandgips ist das Heilige Grab in der Stiftskirche von Gernrode (Abb. 2). Die großformatigen bildplastischen Stuckarbeiten an der Vor- und Hauptkammer aus dem Ende des 11. und dem ersten Viertel des 12. Jahrhunderts sind Teil einer komplexen Architekturpolychromie, zu der noch figürliche Wandmalereien, ein Schmuckestrich und ornamentale Kalksteinfriese gehören.[6]

Ob der 1129 geweihte Neubau der Stiftskirche von Quedlinburg in seinem Inneren umfangreich mit Stuckarbeiten ausgestattet war, lässt sich bisher nur vermuten. Immerhin zeugen die Stuckgrabplatten der frühen Äbtissinnen, die vormals vor dem Kreuzaltar angeordnet waren (siehe den Beitrag von Susanne Kimmig-Völkner in diesem Band, Abb. 4a–c), die geborgenen Stuckfragmente, die wahrscheinlich in einen ursprünglichen Zusammenhang heute verlorener liturgischer Einbauten gehörten (siehe die Beiträge von Susanne Kimmig-Völkner Abb. 5, 7–10, 12 und Corinna Scherf Abb. 75–85 in diesem Band), und die wohl erst gegen Ende des 12. Jahrhunderts errichtete Schatzkammer im nördlichen Querhausarm mit einer in Stuck angetragenen Kassettierung (Abb. 3) von einer hochmittelalterlichen Ausschmückung des Kirchenraumes in Hochbrandgips.[7] Von der älteren Forschung wird überdies eine Verwendung von Stuck bei Wiederherstellungsarbeiten an Basen, für eine Kapitellverkleidung und als Gipsestrich erwähnt.[8] Das Fragment einer plastischen Wandmalerei am nördlichen Eingang zur Krypta[9] (siehe den Beitrag von Torsten Arnold in diesem Band, Abb. 11–13) bezeugt die lange und vielfältige Nutzung von Hochbrandgips in der Quedlinburger Stiftskirche bis ins 13. Jahrhundert hinein. Gleichwohl bleibt letztlich offen, wie umfangreich hier Stuckierungen vorgenommen wurden und wie diese in die nur mehr fragmentarisch erhaltene, jedoch erkennbar qualitätvolle Architekturpolychromie des hochromanischen Kirchenraumes einbezogen waren. Immerhin verdeutlichen Reste von Vorzeichnungen an den zuvor erwähnten Stuckfragmenten, dass wohl im zweiten Viertel des 13. Jahrhunderts stuckierte Wandflächen um ein nachträglich aufgemaltes Bildprogramm ergänzt wurden (Abb. 4). Inwieweit dies Teil einer größeren Ausstattungskam-

[3] Quedlinburg, Stiftskirche St. Servatii, romanische Schatzkammer mit einer anstuckierten Kassettierung im unteren Bereich der südlichen Außenwand

pagne war, zu der ebenso das Wandmalereifragment am nördlichen Eingang zur Krypta gehören könnte, kann nur vermutet werden, erscheint aber angesichts der stilistischen Nähe beider Malereien durchaus möglich.[10]

Umfangreichere Stuckierungsarbeiten in einer Kirche – für Profanräume kennen wir bislang aus dem frühen und hohen Mittelalter keine Beispiele – belegen danach in unserem Raum erst wieder Befunde, die teilweise deutlich später als diejenigen aus Gerbstedt einzuordnen sind:

An der Westempore der ehemaligen Benediktinerklosterkirche St. Vitus zu Gröningen wurde in der Zeit um 1150/60 eine monumentale Weltgerichtsdarstellung aufgemalt, die mit der fast vollplastischen und großformatigen Wiedergabe des Weltenrichters und der beisitzenden Apostel als farbig gefasstes Stuckrelief eindringlich das Richterkollegium hervorhebt (Abb. 5). Der hinlänglich bekannte und über Jahrhunderte tradierte Zusammenhang von Stuckierungen mit Architekturfassung und Wandmalerei wird an diesem Beispiel besonders deutlich. Für die Stuckfiguren des 1904 ins Berliner Bodemuseum überführten Brüstungsreliefs, das in der Kirche durch eine Kopie mit ergänzten Köpfen ersetzt wurde, konnte eine Fassung in der Art eines polychromen Bildwerkes nachgewiesen werden. Da die Wandmalerei der Westempore jedoch bis auf die freskal eingebundene Vorzeichnung verlorenging, kann das Zusammenwirken der beiden polychromen Bildbereiche heute kaum mehr nachvollzogen werden. Gleichwohl wird die in Größe und Plastizität herausgestellte Bedeutung des Richterkollegiums auch im fragmentarischen Zustand noch deutlich. Im Kirchenschiff, wo einzelne Wandbilder in Resten erhalten sind, fanden sich bisher keine Hinweise für Stuckierungen.[11]

In ähnlicher Weise ist ein Zusammenwirken von Architekturfassung und Stuckierung wohl auch für die Liebfrauenkirche in Halberstadt zu vermuten. Das Bauwerk wurde vom Ende des 12. bis weit in das 13. Jahrhundert hinein umfangreich mit bedeutenden Kunstwerken und Wandmalereien ausgestattet. Eine bereits vorhandene steinerne Chorschranke wurde um 1200 durch aufstuckierte, sehr plastische und mit einer qualitätvollen Farbfassung gestaltete Reliefs um ein Figurenprogramm erweitert (siehe den Beitrag von Torsten Arnold in diesem Band, Abb. 15–21).[12] An den Nord-

HOCHMITTELALTERLICHER STUCK – KONTEXTE ODER SONDERWEGE?

[4] Quedlinburg, Schlossmuseum. a: Stuckfragment mit nachträglich aufgemalter figürlicher Darstellung; b: sog. Steinkammer mit der Präsentation von Stuckfragmenten, 1936

[4a]

[4b]

BEITRÄGE ZUR DENKMALKUNDE · BAND 16

ELISABETH RÜBER-SCHÜTTE

[5] Gröningen, Klosterkirche St. Vitus, Innenansicht mit Westempore

[5]

und Südseiten sind inmitten der zwölf sitzenden Apostel die zentralen Sitzfiguren von Christus und der Muttergottes wiedergegeben. Die berühmten Stuckarbeiten wurden liturgisch verehrt, und vor den beiden zentralen Bildnissen waren Altäre aufgestellt. Über die ursprüngliche Gestaltung des verlorenen Westlettners ist jedoch nur wenig bekannt. In der Kirche befinden sich zudem Stuckierungen als plastische Gestaltung von Wandmalereien in einer Nische der südlichen Chorwand und im Bereich der Gewölbe sowie als Bauplastik.

In der Wandnische des Chores sind die Nimben einer mehrfigurigen Kreuzigungsdarstellung in Stuck plastisch hervorgehoben (Abb. 6).[13] In der Vierung und im Querhaus haben sich als einzige Reste der verlorenen figürlichen Gewölbe- und Wandmalereien stuckierte Nimben sowie die Darstellungen einer Sonne und dreier Sterne aus Stuck erhalten (siehe den Beitrag von Torsten Arnold in diesem Band, Abb. 23, 25–32).[14] Zwei vollplastische Stuckarbeiten, ein Löwenkopf und ein Reliefstein mit traubenartiger Gestaltung, werden als

Schlusssteine der im 19. Jahrhundert aus statischen Gründen abgebrochenen Gewölbe des Langhauses angesprochen. Sie wurden sekundär an den Ostwänden der beiden Seitenschiffe eingemauert (siehe den Beitrag von Torsten Arnold in diesem Band, Abb. 34–35 und 37).[15] Für die Wandbereiche des Kirchenschiffs finden sich hingegen keine Hinweise auf eine ursprüngliche Stuckierung. Die überstuckierten Profile der Kämpfer und Basen überzogen offensichtlich eine ältere brandgeschädigte steinerne Bauplastik.[16] Auch am Äußeren der Kirche wurden Stuckierungen vorgenommen. Im Bogenfeld über dem Südostportal sind Thron und Nimben einer Fassadenmalerei mit einer zentral thronenden Muttergottesfigur und zwei umstehenden bekrönten Heiligenfiguren, wahrscheinlich Katharina und Kunigunde, plastisch gehöht (siehe den Beitrag von Torsten Arnold in diesem Band, Abb. 14).[17] Als Auslöser für die umfangreiche neue Ausgestaltung der Kirche ist wohl die Zerstörung Halberstadts durch Heinrich den Löwen im Jahre 1179 zu vermuten. So wurden an verschiedenen Stellen des Kircheninneren und an den steinernen Chorschranken Spuren von Brandeinwirkungen festgestellt, die stratigraphisch in diese Zeit eingeordnet werden können. Der eigentliche Beweggrund scheint jedoch in einer sich im Laufe des 13. Jahrhunderts intensivierenden Marienfrömmigkeit zu liegen, die in bedeutenden Kunstwerken unterschiedlicher Gattungen und in einer komplexen Architekturpolychromie ihren Ausdruck fand.[18] Wohl in diesem inhaltlichen Kontext sind auch die Stuckierungen zu sehen. Mit ihnen konnten Darstellungen hinzugefügt, bestimmte Bildinhalte hervorgehoben und zentrale Bereiche, wie der Zugang in das Kircheninnere und das Querhaus mit Vierung, betont werden.

Ein eindrückliches Beispiel aus Sachsen-Anhalt – sowohl für die Anwendung von Hochbrandgips an der gesamten Raumschale als auch für dessen hervorragende Eignung für Ausbesserungen, Ergänzungen oder Überformungen – bieten die ungefähr 400 Fundstücke, die in der Benediktinerinnenklosterkirche St. Vitus in Drübeck geborgen wurden. Wie es scheint, wurde nach Abschluss umfangreicher älterer Baumaßnahmen der

[6] Halberstadt, Liebfrauenkirche, Kreuzigungsdarstellung in der Nische der südlichen Chorwand

[7] Drübeck, Kloster, Rest einer figürlichen Darstellung

[7]

Innenraum in der Zeit um 1200 neu gestaltet. So wurden Höhendifferenzen durch Einbringen eines neuen Gipsestrichs und Anstuckierungen von Basenprofilen überwunden sowie vorhandene steinerne Kapitelle und Kämpfer durch einen Überzug mit Hochbrandgips neu und zeitgemäß gestaltet. Hinzu kommen flächige ornamentale Stuckfragmente, die vom Ausgräber einer Chorabschrankung zugewiesen werden, sowie Stuckprofile und Bruchstücke von Ritzgrabsteinen aus Hochbrandgips aus dem Kirchenfußboden. Drei kleinere figürliche Fragmente konnten bisher nicht überzeugend eingeordnet werden. Vielleicht handelt es sich hierbei um geringe Überreste verlorener figürlicher Darstellungen (Abb. 7). Wenige Farbspuren weisen auf eine ursprüngliche Farbgestaltung der Stuckarbeiten, die jedoch nicht mehr in einen Zusammenhang mit einer hochmittelalterlichen Raumfassung gesetzt werden kann.[19]

An die Hochschiffwände der Benediktinerinnenklosterkirche St. Georg und St. Pancratius in Hecklingen wurden um die Mitte des 13. Jahrhunderts vierzehn Hochreliefs mit Engelfiguren in Hochbrandgips aufgetragen (Abb. 8). Der ursprüngliche Kontext der im letzten Viertel des 19. Jahrhunderts stark überarbeiteten und mit einer neuen Farbfassung überzogenen Figuren ging verloren. Typologisch stehen die Darstellungen in der Tradition mitteldeutscher großplastischer Figurenzyklen an den Hochschiffwänden.[20]

Anders als bei den zuvor genannten Beispielen und auch bei allen sonst bekannten sachsen-anhaltischen Stuckarbeiten ist der ursprüngliche Anbringungsort der Stuckfragmente von Gerbstedt gänzlich verlorengegangen. Die Stuckfragmente weisen ein nach bisherigem Kenntnisstand einzigartig breites Spektrum an figürlichen und ornamentalen Darstellungen in unterschiedlichen Maßstäben auf. Abgesehen von motivischen und wohl auch stilistischen Zusammenhängen, die mit den Stuckarbeiten der Quedlinburger Stiftskirche und zwei stuckierten Apostel- oder Prophetenfiguren aus der Benediktinerklosterkirche zu Clus aufgezeigt werden können, wollen sich die Fundstücke von Gerbstedt insgesamt jedoch nicht recht einordnen lassen.[21] Handelte es sich in Gerbstedt, ebenso wie vermutlich in Drübeck, um eine Neuausstattung eines vorhandenen Kirchenraumes im Anschluss an bauliche Veränderungen, die auch, wie in Halberstadt, mit einer Ausweitung eines Bildprogramms verbunden war? Sollten bestimmte Bilder oder Bildteile plastisch betont werden, oder haben wir es hier mit einer die Wände bedeckenden plastischen Gestaltung des Kircheninnenraumes zu tun, die an mit Wandmalereien ausgestattete Kirchenräume erinnert?

Auf der Suche nach einer möglichen Kontextualisierung im einstigen Kirchenraum erscheint nachfolgend ein weiter gefasster Blick sinnvoll. Dieser wird allerdings durch das weitgehende Fehlen von Bestandskatalogen getrübt.

ZU MITTELALTERLICHEN STUCKARBEITEN IM ÖSTLICHEN BISTUM HILDESHEIM

Das mit Abstand umfangreichste Ensemble einer hochmittelalterlichen Stuckausstattung im östlichen Bistum Hildesheim und weit über das heutige niedersächsische Gebiet hinaus kann für die bedeutende Michaeliskirche in Hildesheim ausgemacht werden. Von einer in zwei Phasen in der zweiten Hälfte des 12. Jahrhunderts entstandenen umfangreichen Stuckausstattung zeugen zunächst im südlichen Seitenschiff die älteren Darstellungen personifizierter Seligpreisungen, die in die Zeit vor der Kirchweihe 1186 datiert werden (Abb. 9). Sie waren Teil einer stuckierten Wandfläche, die ursprünglich oben mit einem Rankenband abschloss und unten in die heute noch erhaltenen ornamentierten Bogenlaibungen überging. Dass sich diese erste nachweisliche Stuckausstattung in St. Michael auch auf das Langhaus und das nördliche Seitenschiff erstreckte, legen Fundstücke von Ornamentbändern und Figuren nahe. Unter diesen Stuckfragmenten finden sich die Darstellungen des Apostels Petrus und einer klugen Jungfrau, die eine Apostelfolge im Mittelschiff und den Figurenzyklus der klugen und törichten Jungfrauen im nördlichen

[8] Hecklingen, Klosterkirche St. Georg und St. Pancratius, Stuckengel zwischen den Langhausarkaden im Mittelschiff

[9] Hildesheim, St. Michael, weibliche Person der Seligpreisungen, 3. Viertel 12. Jahrhundert/vor 1186, Altfoto 1943/45 mit darüberliegendem Rankenband

Seitenschiff vermuten lassen.²² Sodann kamen in der Zeit um 1190/1200 in einer zweiten Phase die berühmten Stuckierungen der nördlichen Westchorabschrankung hinzu (Abb. 10). Wiederum kann das Erhaltene durch zahlreiche Stuckfragmente ergänzt werden. Diese lassen für die verlorene Südschranke einen etwas anderen bildlichen Aufbau als auf der gegenüberliegenden Seite erkennen und machen für den im 16. Jahrhundert abgetragenen Lettner eine Rekonstruktion mit christologischen Szenen wahrscheinlich.²³ Über die Stuckarbeiten hinaus konnten bisher keine Hinweise auf die hochmittelalterliche Raumfassung, die sicherlich ebenso Wandmalereien umfasste, aufgedeckt werden. Auch ohne Kenntnis des ursprünglichen Gesamtzusammenhangs können die einzigartig umfangreichen Stuckarbeiten in der Michaeliskirche von Hildesheim »Prozesse der Anpassung an bzw. Fortschreibung von Bildprogrammen im Hochmittelalter«²⁴ veranschaulichen, wie es Harald Wolter-von dem Knesebeck zu Recht formuliert hat. Die Hildesheimer Kunstwerke, die Abschrankungen, Kirchenschiffwände und Arkadenbögen gestalteten, mögen überdies eine ungefähre Vorstellung von möglichen Anbringungsorten der Gerbstedter Fragmente mit ihren unterschiedlichen Motiven, Darstellungen und Maßstäben vermitteln.

ZU MITTELALTERLICHEN STUCKARBEITEN IM ÖSTLICHEN ERZBISTUM MAINZ

Unter den zahlreichen Stuckfunden im östlichen Erzbistum Mainz, also in Thüringen, sind nur für vier Orte figürliche bildplastische Darstellungen bezeugt.²⁵ Das bekannteste Beispiel ist ein Stuckretabel, das ursprünglich in der Kapelle des ersten Turmobergeschosses im Erfurter Dom errichtet wurde (Abb. 11).²⁶ Das Bildwerk wurde um 1160 an der Westwand in einer tiefen Nische und an einem diese überspannenden Bogenfeld angebracht. In der Nische war die thronende Muttergottes wiedergegeben. Oberhalb wurde im sternenbedeckten Bogenfeld an zentraler Stelle der segnende Christus als Halbfigur über einem Wolkenberg dargestellt. Nach unten versetzt schließen sich im Bogenfeld beidseits zuoberst zwei heilige Bischöfe und zuunterst kleinfigurige Märtyrerdarstellungen an. Zur ursprünglichen Gesamtanlage gehörten eine Wandmalerei, ein gestalteter Altarstipes mit vorgelagertem Schmuckestrich und eine stuckierte Schrankenanlage. Insgesamt handelte es sich offensichtlich um eine aufwendige künstlerische Raumgestaltung mit einem anspruchsvollen theologischen Bildprogramm.

Der weitaus umfangreichste Stuckkomplex, der bisher in Thüringen aufgedeckt wurde, stammt aus der ehemaligen Zisterzienserinnenklosterkirche St. Georg zu Ichtershausen. Das 1147 eingerichtete Kloster war reich mit Reliquien ausgestattet. 1539 wurde es aufge-

[10] Hildesheim, St. Michael, nördliche Westchorabschrankung, um 1190/1200

[11] Erfurt, Dom, Stuckretabel aus der Kapelle des Nordturms, Rekonstruktion der Farbfassung auf Befundgrundlage, Roland Möller

hoben. 1992 wurden bei Arbeiten im Dachbereich des von 1721 bis 1723 erheblich umgebauten Kirchengebäudes über 100 sekundär vermauerte Stuckfragmente aufgedeckt, die in die Zeit kurz nach der Mitte des 12. Jahrhunderts datiert werden (Abb. 12a–d).[27] Als ursprünglicher Anbringungsort der qualitätvollen und vielgestaltigen Stuckarbeiten wurden bisher eine Chorabschrankung oder ein Lettner vorgeschlagen. Aufgedeckt wurden Bruchstücke von Friesen, Bögen mit rekonstruierten Spannweiten von 1,20 bis 2,50 Metern, Bogenzwickeln, Kapitellen in zwei verschiedenen Größen, Basen, Säulen und aufwendig ornamentierten Verkleidungen von Säulenschäften sowie Fragmente flächig gerahmter Wandverkleidungen und figürlicher Darstellungen. Letztere wurden als Reste einer weiblichen Figur in repräsentativer Gewandung und als unbekleidete Unterschenkel einer Figur, in der vielleicht der gekreuzigte Christus gesehen werden könnte, gedeutet. Die Stuckarbeiten weisen verschiedene Maßstäbe und unterschiedliche Motive oder Gestaltungen auf. Negativabdrücke von Mauerwerk auf den Rückseiten einiger Fragmente lassen auf unterschiedliche Anbringungsorte schließen, worunter sich wohl auch liturgische Einbauten befunden haben. Wie es scheint, erstreckte sich die Stuckierung im Kircheninneren in einem größerräumigen Zusammenhang und beinhaltete figürliche und vielleicht sogar szenische Darstellungen. Die bedeutenden, bedauerlicherweise noch nicht ausreichend erforschten Ichtershausener Stuckarbeiten stehen den hochmittelalterlichen Zeugnissen aus Gerbstedt und Quedlinburg zwar zeitlich und in ihrer Komplexität recht nahe, nicht aber in ihrer konkreten Gestaltung. Bemerkenswert ist gleichwohl, dass sich die umfangreichen stuckierten Raumfassungen von Gerbstedt, Ichtershausen und St. Servatius zu Quedlinburg in Kirchen dreier bedeutender Frauenkonvente befunden haben.

Ebenso wichtig sind die Baubefunde, die in jüngerer Zeit im Oberen Schloss in Greiz erhoben wurden. Im Obergeschoss einer ehemaligen Doppelkapelle wurden Reste einer bauzeitlichen Ausgestaltung in Hochbrandgips aufgedeckt. Die wohl um 1188 entstandenen, heute stark fragmentierten Stuckarbeiten lassen eine ursprüngliche Maiestas-Domini-Darstellung an der südlichen Schildbogenwand des ehemals kreuzgratgewölbten Kapellenraumes vermuten (Abb. 13). An der gegenüberliegenden Wand hat sich ein Stuckfragment erhalten, in dem ein Flügel gesehen wird und zu der doch recht mutigen Deutung als Christus-Maiestas-Darstellung mit umgebenden Evangelistensymbolen oder Engelsfiguren Anlass gab. Hinzu kommen geborgene Bruchstücke eines Gewandes, einer

[12a] Ichtershausen, ehemalige Zisterzienserinnenklosterkirche, Bogen- und Friesfragmente, 2021, o. M.

[12b] Ichtershausen, ehemalige Zisterzienserinnenklosterkirche, Kapitellfragmente, 2021, o. M.

[12c] Ichtershausen, ehemalige Zisterzienserinnenklosterkirche, Säulenfragmente, 2021, o. M.

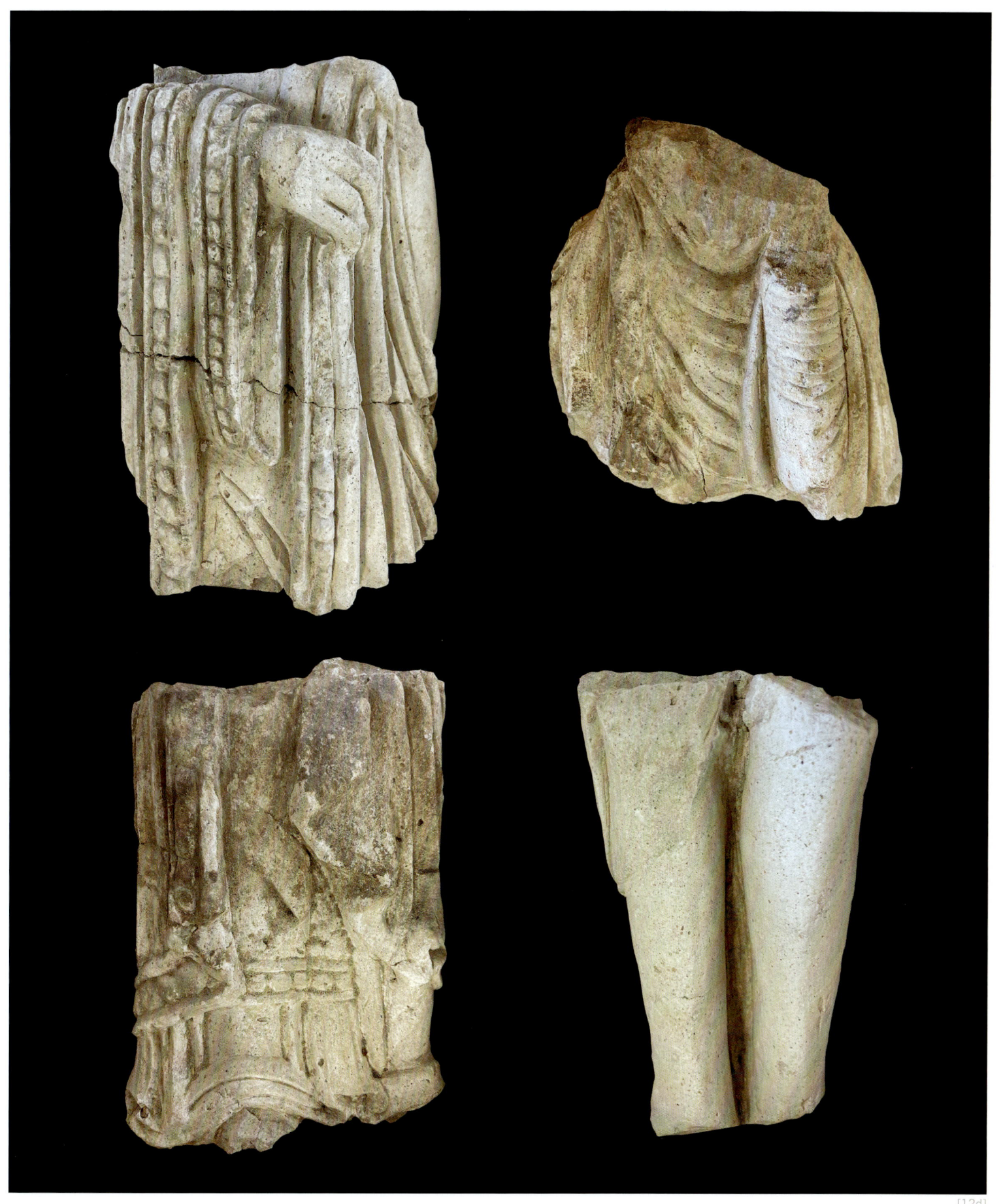

[12d] Ichtershausen, ehemalige Zisterzienserinnenklosterkirche, figürliche Fragmente, 2021, o. M.

[13] Greiz, Oberes Schloss, Stuckfragmente, o. M.

einen Gegenstand greifenden Hand, einer Kleinarchitektur, unterschiedlicher Profilstäbe und eines Palmettenfrieses. Wie es scheint, handelte es sich auch in Greiz um eine umfänglichere plastische Raumausstattung. Diese war wohl von einer einheitlichen Materialfarbigkeit geprägt, von der sich nur bedeutungsgeladene Bildelemente wie die Wundmale Christi farblich hervorhoben.[28] Sollte in diesem kleinen und nur von einem Fenster beleuchteten Raum eine plastische Wandmalerei vielleicht die Raumfassung lesbarer machen?

Die bisher aufgeführten Zeugnisse verdeutlichen zwar die Anwendungsbreite mittelalterlicher Stuckarbeiten für die Gestaltung von Kirchenräumen, helfen aber für unsere Fragestellung nicht recht weiter. Wie zumeist auch sonst haben sich nur Fragmente und nicht der Gesamtzusammenhang mit einer ursprünglichen Raumfassung und Raumgestaltung erhalten. Zusätzlich erschwert die Zufälligkeit von Überlieferung und Aufdeckung jede weiterführende Einordnung.

In einem letzten Teil soll deshalb noch einmal der Blick zeitlich und regional kurz geweitet werden, um erneut der Frage nachzugehen, inwieweit es andernorts gut erhaltene Zeugnisse gibt, die eine bessere Deutung der Gerbstedter Fragmente erlauben.

EINIGE ANMERKUNGEN ZU AUSGEWÄHLTEN ZEITLICH UND REGIONAL ÜBERGREIFENDEN VERGLEICHSBEISPIELEN

Es ist allgemein bekannt, dass Stuck für die Ausschmückung und Ausstattung von Bauten bereits seit der Spätantike weit verbreitet war. Für das frühe Mittelal-

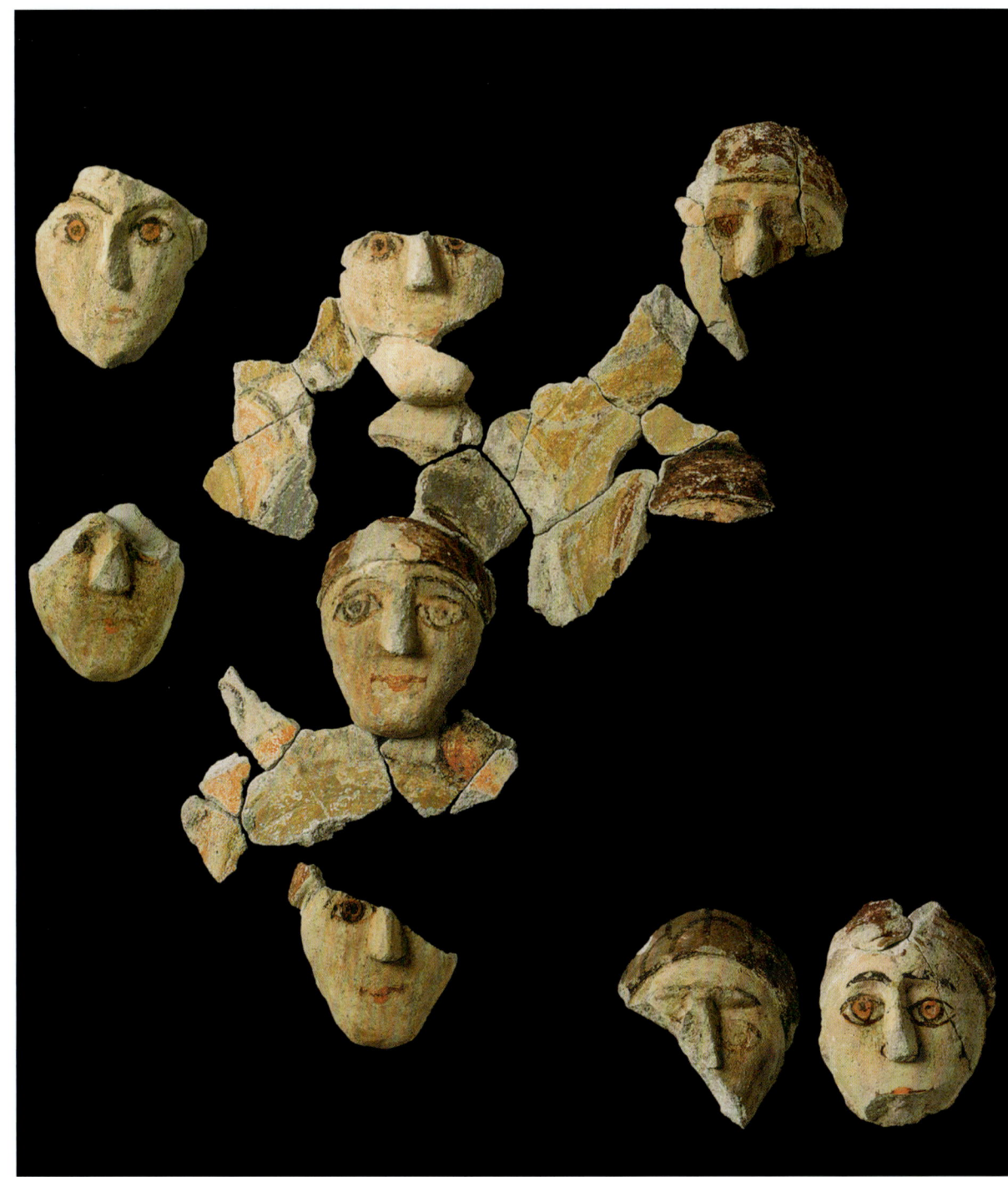

[14] Disentis, Kloster St. Martin, Fragmente einer Engelsglorie

ter ist das Zusammenspiel von Stuck, Wandmalerei und zuweilen auch Mosaik belegt.[29] Dies ist ebenso für das hohe Mittelalter zu vermuten. Allerdings steht eine Gesamtbetrachtung der zahlreichen überkommenen hochmittelalterlichen Stuckierungen noch weitgehend aus. Die Ergebnisse mehrerer wissenschaftlicher Veranstaltungen der letzten Jahre haben verdeutlichen können, dass Stuckarbeiten im Mittelalter für viele Regionen Europas bezeugt sind. Eine herausragende Befunddichte und eine lange Stucktradition wurden dabei für den Alpenraum und für Oberitalien deutlich. Ein prominentes Beispiel für die Ausstrahlung oberitalienischer Architektur und Plastik auf die nordalpine Kunst ist bekanntlich Quedlinburg.[30] Neben der Bildhauerkunst aus Stein könnte Oberitalien ebenso auf die Stuckplastik vorbildhaft gewirkt haben. Die folgenden sechs chronologisch geordneten Beispiele aus frühmittelalterlicher und hochmittelalterlicher Zeit stammen mit einer Ausnahme aus dem Alpenraum und aus Oberitalien.

In einem außerordentlichen Umfang verdeutlichen die noch vorkarolingischen Bruchstücke aus Disentis (Kanton Graubünden) plastische Gestaltungsoptionen von Dekorationssystemen in Innenräumen und von

ELISABETH RÜBER-SCHÜTTE

[15] Cividale, Tempietto Longobardo, Westwand

[15]

[16] Corvey, Abteikirche St. Vitus, Westwerk, Quadrum nach Nordwesten, Rekonstruktion der karolingischen Fassungsbefunde

[16]

[17] Mailand, Sant'Ambrogio, Blick in den Chor mit Ziborium

Wandmalerei. Aus der Mitte des 8. Jahrhunderts stammen die etwa 12 000 kleineren und größeren Wandmalerei- und Kalkstuckfragmente, die dem Um- oder Erweiterungsbau der ersten Disentiser Martinskirche zugewiesen wurden. Das Fundgut lässt eine den Innenraum ehemals weit umspannende und plastisch unterlegte, reiche Architekturpolychromie vermuten. Unter den Fragmenten befinden sich flächige ornamentale Wandverkleidungen, verschiedene Friesornamente und Architekturglieder, darunter Kapitelle, Eckstücke und Bogenornamente mit Durchmessern von 50 bis über 300 cm. Die Bögen scheinen ursprünglich Wände und Flächen gegliedert, Fenster- und Türöffnungen oder Apsiden umrahmt und Figuren überfangen zu haben. Hinzu kommen Inschriftenfragmente sowie Reste zahlreicher figürlicher Darstellungen. Diese wurden offensichtlich als Wandmalerei ausgeführt, bei der nur bestimmte Körperteile mit Kalkstuck plastisch hervorgehoben wurden. Die zahlreichen figürlichen Bruchstücke weisen unterschiedliche Maßstäbe, Haltungen und Ausrichtungen auf.[31] In jüngerer Zeit wurden von Walter Studer figürliche Zusammenhänge erschlossen und als plastisch unterlegte Monumentalmalereien eines mehrszenigen Weltgerichts (Abb. 14) und einer byzantinischen Koimesis gedeutet. Überdies vermutet er für den Chor der Kirche eine ursprüngliche Ausschmückung in der Form einer römischen Pergola mit Weinlaubrankenfries sowie möglicherweise auch Darstellungen eines Tugend-Laster-Kataloges und eine byzantinische Deesis.[32] Die vielgestaltigen ornamentalen Bruchstücke und Reste unterschiedlicher Architekturglieder in Disentis unterstreichen die Anwendungsbreite von Stuck für die Gestaltung von Innenräumen. Diesbezüglich sind sie auch für die Gerbstedter Funde

[18] Civate, San Pietro al Monte, Krypta, Stuckrelief mit den Darstellungen Marientod und Kreuzigungsgruppe

[18]

interessant. Die Ausführung der figürlichen Darstellungen ist jedoch bei den beiden Stuckkomplexen eine völlig verschiedene.

Ebenso in einem gemeinsamen Werkprozess wurden die Stuckarbeiten und die Wandmalereien im Tempietto longobardo von Cividale ausgeführt (Abb. 15). Wohl im Verlauf des 8. Jahrhunderts wurde der Kircheninnenraum in der Sockelzone mit großen Marmorplatten und in den darüberliegenden beiden Wandzonen zuunterst mit figürlichen Malereien und zuoberst mit zwölf großen Stuckfiguren ausgestattet. Im Gewölbebereich waren, vermutlich nicht nur im Presbyterium, Mosaiken auf Goldgrund angebracht. Die unteren beiden Wandzonen des Kirchenschiffes gliederten auf Halbsäulen ruhende reich ornamentierte Bögen aus Stuck. Die Wandmalereien mit zwei zentralen Christus- und Mariendarstellungen und einer Heiligenreihe wurden unten durch ein aufgemaltes Band und oben durch einen Stuckfries eingefasst. Die Stuckarbeiten haben sich nur an der Westseite des Kirchenschiffes erhalten.[33]

Nördlich der Alpen bezeugt das Westwerk der berühmten Abteikirche von Corvey am eindrücklichsten das Zusammenwirken von Architekturpolychromie und stuckierten Bildwerken in karolingischer Zeit. Im Quadrum konnten auf dem Mauerwerk der Arkadenzwickel aufgedeckte Synopien monumentaler Heiligenfiguren und in situ erhaltene Eichenholzkeile mit losgelösten Stuckfragmenten in einen direkten Zusammenhang gebracht werden. Die Bildplastik ist Teil eines aufwendigen Dekorationssystems, das anhand ineinandergreifender Werkspuren die enge konzeptionelle wie handwerkliche Synthese von Wandmalerei und Stuckplastik dokumentiert (Abb. 16).[34]

Die berühmten ottonischen Stuckreliefs des Ziboriums in Sant'Ambrogio in Mailand verdrängten eine ältere Ausstattung und sind mit ihren Krönungsdarstellungen ohnegleichen (Abb. 17). Innerhalb des Altarbereiches wurden mit Architekturprofilen und Kapitellen mit den vier Evangelistensymbolen weitere Stuckierungen vorgenommen. Zeitgleich mit den Stuckarbeiten wurde die Malerei im Inneren des Ciboriums ausgeführt. Im räumlichen und inhaltlichen Zusammenhang standen wohl ebenso die später durch ein Mosaik ersetzten Apsismalereien. Auch an diesem Beispiel zeigt sich wiederum ein Zusammenwirken unterschiedlicher Kunstgattungen innerhalb eines umfassenderen Bildprogramms.[35]

Aus dem ausgehenden 11. Jahrhundert stammt die einzigartig umfangreich erhaltene und sehr qualitätvolle Wandmalerei- und Stuckausstattung der Kirche San Pietro al Monte in Civate unweit des Comer Sees, die überdies eine Zusammenarbeit unterschiedlicher Künstler belegt. Die Stuckarbeiten wurden an zentralen Bereichen im Kirchenraum angebracht. Den Eingangsbereich fassen überstuckierte Steinplatten mit den Darstellungen eines Greifs und einer Chimäre ein. Vegetabile Bögen und ein Fries rahmen das monumentale Lünettenbild im Westen. Das liturgische Zentrum des Hauptaltares wird wiederum durch ein Ziborium mit figürlichen Stuckreliefs ausgezeichnet. Stuckplatten mit Tierreliefs befinden sich am Abgang zur Krypta. Dort hat sich aus Stuck neben Ornamenten und Kapitellen auch ein Bildprogramm erhalten, das die Darbringung im Tempel und an der Apsisscheitelwand den Marientod und die Kreuzigungsgruppe beinhaltet (Abb. 18). Die szenischen Darstellungen in Stuck werden um fragmentarisch erhaltene Wandmalereien von fünf Klugen Jungfrauen ergänzt.[36]

[19] Müstair, Kloster St. Johann, Ulrichskapelle. Blick vertikal in die Chorkuppel mit den Stuckaturen und den freskierten Hintergründen und Bogenuntersichten; Schalungsabdrücke der Kuppel in den Fehlstellen. Oben der westseitige Triumphbogen, Norden links, unten das Licht des Ostfensters, 2007

[19]

Eine weitere eindrückliche Stuckausstattung hat sich in der Klosteranlage von Müstair in Graubünden erhalten. Die Verwendung von Hochbrandgips ist hier bereits seit karolingischer Zeit bezeugt. Deutlich nach Abschluss eines komplexen Baugeschehens wurde wohl in zweiten Hälfte des 12. Jahrhunderts der Innenraum der Ulrichskapelle mit ehemals farblich akzentuierten Stuckierungen und mit Wandmalereien reich ausgestattet. In besonderer Weise prägen dabei die Stuckierungen das Erscheinungsbild des kleinen Rechteckchores (Abb. 19). Vier Evangelistensymbole überdecken in den Ecken die Gewölbeanfänge. Hinter ihnen wachsen Rippen mit vegetabiler Ornamentik bis zu einem Mittelmedaillon empor, in das ursprünglich vermutlich ein Christussymbol eingeschrieben war. Die Gewölbefelder der Hängekuppel füllen vier frontale halbfigurige Engel mit ausgebreiteten Flügeln aus. Unterschiedlich ornamentierte Stuckfriese umfahren den Triumphbogen und die Arkaden der rundbogigen Nischen im Rechteckchor. An den Chorwänden waren ursprünglich in Höhe der Fenster Heiligenbüsten über einem horizontalen Stuckgesims angebracht. Wahrscheinlich handelte es sich ehemals um ein apokalyptisches Bildprogramm.[37]

SCHLUSSBEMERKUNGEN

Der kurze Abriss mag verdeutlicht haben, dass stuckierte Innenräume über die Jahrhunderte weit verbreitet waren. Dennoch wird ihr hoher Anteil an Ausstattung und Ausschmückung von Bauten oftmals nur unzureichend gewürdigt. Dementsprechend groß ist die Überraschung, wenn an unerwarteter Stelle und in größerer Entfernung zu bekannten Gipsvorkommen Stuckarbeiten aufgedeckt werden, wie dies vor wenigen Jahren in der Johanniskirche von Mainz der Fall war. Dort dokumentierten umfangreiche archäologische und bauforscherische Untersuchungen den Einbau einer romanischen Abschrankung in einen bereits bestehenden Westbau, die offensichtlich mit lebensgroßen Stuckfiguren und Blendarchitekturen des 12. Jahrhunderts geschmückt war.[38] Allgemeiner bekannt sind die Stuckarbeiten des Harzraums, die mit anstehendem Gipsmaterial hergestellt wurden. Obwohl diese Arbeiten stets am Ort ausgeführt wurden, können bisher über die Herkunft der Kunstschaffenden und mögliche Werkstattzusammenhänge keine sicheren Aussagen getroffen werden. Eine Ausnahme stellen die Gerbstedter Fundstücke dar, die mit den Stuckarbeiten aus Quedlinburg und Clus in einen näheren Zusammenhang gebracht werden konnten, wie einige weitere Beiträge in diesem Band zeigen. Singulär sind jedoch nach derzeitigem Kenntnisstand die Drachenfiguren in ihrer Gestaltung und Vielzahl.

Ungewiss bleibt auch die Frage, welche Umstände im Einzelnen zu einer plastischen Architekturfassung geführt haben. Handelt es sich um gezielte Beauftragungen, bei denen Räume, Bauteile, Ausstattungen oder wichtige Bildinhalte hervorgehoben werden sollten? Fand das Material häufig Anwendung bei besonderen Raum- und Lichtverhältnissen oder bei Anpassungen, Einfügungen und Fortschreibungen von Wanddekorationen und Ausstattungsprogrammen? Wurde der vielseitige Werkstoff insbesondere für Gestaltungsmöglichkeiten genutzt, die für andere Materialien wie etwa kleinmaßstäbliche skulpturale Arbeiten schwer ausführbar waren?[39]

Für die Stuckarbeiten in Gerbstedt können wohl weder die ursprüngliche Anbringung der qualitätvollen Stuckarbeiten noch die dahinterstehende Intention näher ergründet werden. Gleichwohl mögen die aufgeführten Vergleichsbeispiele zumindest auf denkbare Anbringungsorte hinweisen. So ist zu vermuten, dass sich die Gerbstedter Fundstücke ursprünglich auf die liturgisch wichtigsten Bereiche wie Chor und Vierung oder auf die Krypta bezogen haben. Reste von Laibungen und Bögen mögen überdies einen Ort im Langhaus gefunden und die architektonische Raumgliederung betont haben. Zweifelsohne gehörten die Fragmente zu einem größeren Ganzen. Von einer ursprünglich polychromen Architekturfassung ist auszugehen, zu der wohl wahrscheinlich auch Wandmalereien gehörten. Teil dieser Architekturfassung waren die Stuckierungen, die allem Anschein nach abhängig von Motiven und Anbringungsorten materialsichtig, teilbemalt oder polychrom gefasst waren.[40] Eine gut organisierte Großbaustelle und das Ineinandergreifen unterschiedlicher Künstler und Handwerker kann wohl ebenso vermutet werden. Schließlich wird bezogen auf Umfang und Qualität der Stuckfunde ein hoher Anspruch eines Auftraggebers oder einer Auftraggeberin deutlich, den auch die Beiträge zur Architektur und zur Materialtechnik in diesem Band erkennen lassen. Diesen Anspruch scheinen zwei weitere Frauenklöster im Harzraum – nämlich St. Servatius zu Quedlinburg und Ichtershausen – im 12. Jahrhundert mit der geistlichen Gemeinschaft in Gerbstedt geteilt zu haben.

ANMERKUNGEN

1 Hier und im Folgenden werden zumeist nur jüngere Publikationen und Dokumentationen aufgeführt, die den gegenwärtigen Forschungsstand spiegeln. Hinsichtlich der hier vorgestellten Stuckarbeiten kann nur eine Auswahl getroffen werden, die sich auf ältere, annähernd zeitgleiche oder wenig spätere Stuckarbeiten bezieht, weshalb die spätmittelalterliche Stuckplastik der Altmark ausgeklammert wird. Vgl. zuletzt als Überblick zu den mittelalterlichen Stuckarbeiten in Sachsen-Anhalt Rüber-Schütte 2018. Vgl. zur allgemeinen Bedeutung der Stucklandschaft des Harzes Exner 2003, S. 668–671; Segagni 2000, S. 13–16.

2 Ein sekundär an anderer Stelle eingemauerter Kämpfer gehörte wohl zur Bauplastik des verlorenen Kirchengebäudes. Vgl. hierzu den Beitrag von Dirk Höhne in diesem Band.

3 Vgl. Rüber-Schütte 2006.

4 Vgl. zur ottonischen bzw. vorromanischen Stuckplastik in Sachsen-Anhalt Rüber-Schütte 2018, S. 171 und Rüber-Schütte 2013.

5 Vgl. Rüber-Schütte 2017; Romanowski 2013. Vgl. hierzu auch den Beitrag von Torsten Arnold in diesem Band. Bellmann 1967, S. 49 erwähnt »Bein und Klauen eines Vogels, der sich windende Leib einer Schlange, ein brezelförmig verschlungener Schwanz eines Fabelwesens, ein nur in Umrissen erhaltener liegender Vierfüßler, und [...] die Klauen eines Vogels mit langen Krallen.« Vgl. auch Möller, 2001, S. 48 f.; Voigtländer 1989, S. 111, Anm. 90, Abb. 107 und 109; Grzimek 1975, Abb. 11.

6 Vgl. Grimm-Remus 2008–2012; Schmidt 2007–2013; Krause/Voß 2007.

7 Zu den Grabplatten vgl. Fozi 2021, S. 119–139; Middeldorf Kosegarten 2004. Vgl. hierzu auch die Beiträge von Susanne Kimmig-Völkner und Corinna Scherf in diesem Band mit Abbildungen. Zu den Stuckfragmenten, die von der bisherigen Forschung zumeist als Reste einer ursprünglichen Chorschranke gedeutet werden, vgl. Lenz 2006; Lenz 2003/2005; Voigtländer 1989, S. 40 mit Anm. 25, S. 48 mit Anm. 95, S. 49 f., S. 85 f. mit Anm. 47, S. 139 und Abb. 118 und 147; Grzimek 1975, S. 57 f., Abb. 58 und 59; Wäscher 1959, S. 14, S. 43 und S. 47, Abb. 189–191. Zur Schatzkammer im nördlichen Querhausarm vgl. Krause 1992, S. 25 f.; Voigtländer 1989, S. 82–86 und Abb. 119; Wäscher 1959, S. 46 f. und Abb. 186 und 187. Wäscher 1959 erwähnt überdies auf S. 47, dass 1939 an der Ostwand der mittelalterlichen Schatzkammer »Spuren alter Malerei« entdeckt worden seien.

8 Vgl. Wäscher 1959, S. 46 mit Anm. 140 auf S. 98 und Abb. 194; Berndt 1932, S. 16 f. und Abb. 12, 13, 17 und 18. Wäscher 1959 erwähnt auf S. 47 »ein Stück eines romanischen Stuckestrichs mit Ritzornamenten, die schwarz und rot ausgegossen sind.«

9 Vgl. Unger 2006; Wäscher 1959, Abb. 184 und 185. Vgl. hierzu auch den Beitrag von Torsten Arnold in diesem Band.

10 Vgl. Voigtländer 1989, Abb. 147 (Teppichkammer 1961); Wäscher 1959, Abb. 190. Es drängt sich ein Vergleich mit den Chorschranken der Halberstädter Liebfrauenkirche und der Hamerslebener Stiftskirche auf, wo allerdings vorhandene steinerne Abschrankungen nachträglich durch Stuckanträge um Bildprogramme ergänzt wurden. Vgl. Rüber-Schütte 2018, S. 173 f. und Anm. 7 auf S. 189.

11 Vgl. Kunz 2014, Kat.-Nr. 2 (Westempore aus der Klosterkirche Gröningen), S. 28–35; Foerster 2011; Marx 2006. Vgl. zu ursprünglicher Materialtechnik und Farbgestaltung Kunze 1982, S. 20–22; Mühlbächer 1976, S. 7–32; Riemann, 1970, S. 18 f.

12 Vgl. Arnold u. a. 2008, S. 72–91; Rüber-Schütte 2005, S. 137–143; Hohmann 2000. Vgl. hierzu und im Folgenden auch den Beitrag von Torsten Arnold in diesem Band.

13 Vgl. Doering 1902, S. 335 und Fig. 132 auf S. 334.

14 Vgl. Danzl 2000; Müller 2000a, bes. S. 17–33.

15 Vgl. Rüber-Schütte 2018, S. 175; Findeisen 1996, S. 17; Doering 1902, S. 324; Lucanus 1871, S. 12.

16 Vgl. Leopold 1997, S. 32 f.; Doering 1902, S. 319; von Quast 1858, S. 177, Taf. 12, Fig. 2 und 3. Bei der letzten Gesamtsanierung des Kirchengebäudes wurde festgestellt, dass die Überstuckierung der Basen und Kämpfer offensichtlich auch eine Ausbesserungsmaßnahme war. Torsten Arnold ist für den Hinweis zu danken.

17 Vgl. Müller 2000b; Findeisen 1996, S. 17.

18 Vgl. Krause 1997.

19 Vgl. Seebach 1968. In den Jahren 2006 bis 2011 wurde der gesamte Fundkomplex an der Hochschule für Bildende Künste Dresden, Fachklasse für Konservierung und Restaurierung von Wandmalerei und Architekturfarbigkeit untersucht, katalogartig erfasst und teilweise konserviert. Die Stuckkapitelle wurden von Keller 2008 im Rahmen einer Diplomarbeit bearbeitet. Zur Kapitellplastik vgl. auch Rüber-Schütte 2008, S. 221–238 mit den Anmerkungen auf S. 234–238.

20 Vgl. Rüber-Schütte 2018, S. 174 f.; Limmer 2000–2001.

21 Vgl. die Beiträge von Susanne Kimmig-Völkner und Corinna Scherf in diesem Band.

22 Vgl. Brandt 2002; Brandt 2001, Kat.-Nr. 6.4a–j. Unter den Fragmenten befindet sich wahrscheinlich auch ein Bruchstück einer Arkatur (Kat.-Nr. 6.4.c), das möglicherweise auf eine Schrankenanlage im Ostchor hinweisen könnte. Vgl. Brandt 2002, S. 101 und Abb. 3. Michael Brandt ist für den Hinweis auf die Arkaturteile zu danken. Ein Gesamtüberblick zu den Stuckarbeiten im niedersächsischen Raum steht noch aus.

23 Vgl. Brandt 2008; Brandt 2001, Kat.-Nr. 6.5a–e; Brandt 1995 und Brandt 1995a.

24 Vgl. Wolter-von dem Knesebeck 2012, S. 239.

25 Eine Veröffentlichung aller Befunde auf thüringischem Gebiet steht noch aus. Vgl. zu den bisher erschienenen kurzen Überblicken Raabe 2008, S. 107 mit Anm. 24 und 25 auf S. 176; Sareik 1996, S. 107–110.

26 Vgl. Möller 1996, S. 84–88.

27 Vgl. Sareik 1996, S. 108–110; Sareik 1994, S. 34 f. und Abb. 9 auf S. 36. Überdies wurden offensichtlich einzelne kleine Wandmalereifragmente geborgen, die kaum mehr eine zeitliche und räumliche Zuordnung erlauben.

28 Vgl. Gröschner 2008; Raabe 2008.

29 Vgl. etwa länderübergreifende Ein- und Überblicke, die in publizierten Tagungen vorgelegt wurden, wie Sapin 2006, Hoernes 2002, Exner 1996 und Stucchi 1962.

30 Vgl. etwa Jahn 2019, S. 235–239; Labusiak 2019, S. 18; Middeldorf Kosegarten 2004, S. 34; Kluckhohn 1955, S. 38–55, S. 81–85 mit dem Nachwort von Walter Paatz auf S. 89–117.

31 Vgl. Studer 2011; Weyer 1990. Allgemein zu frühmittelalterlichen Stuckarbeiten in der Schweiz vgl. Goll u. a. 2013. Die vormals mit Disentis in Verbindung gebrachten annähernd 2 500 Stuckfragmente von Vouneuil-sous-Biard, unweit von Poitiers, werden in jüngster Zeit an das Ende des 5. bis Anfang des 6. Jahrhunderts datiert und als Beweis für das Fortbestehen spätantiker Traditionen, insbesondere zu den ravennatischen Stuckarbeiten, bewertet. Vgl. Sapin 2009.

32 Vgl. Studer 2011, S. 252–264.

33 Vgl. Quendolo u. a. 2017 (v. a. zur jüngeren Restaurierungsgeschichte und zur heutigen Befundlage); Torp 2011; L'Orange/Torp 1977/1979.

34 Vgl. grundlegend die zuletzt publizierten herausragenden Ergebnisse langjähriger Forschungen Claussen/Skriver 2007 und als jüngste zusammenfassende Bewertung Exner 2020.

35 Vgl. Peroni 2004, S. 203–216; Bertelli u. a. 1981.

36 Vgl. Müller 2009.

37 Vgl. Goll 2018, S. 89 f. Vgl. zur reichen Stucklandschaft der Schweiz Sennhauser 1997.

38 Vgl. Faccani 2021; Faccani 2020.

39 Jürg Goll ist für einen diesbezüglichen Gedankenaustausch zu danken.

40 Vgl. hierzu den Beitrag von Corinna Scherf in diesem Band.

LITERATUR

ARNOLD u. a. 2008
Arnold, Daniela/Arnold, Torsten/Fischer, Stefanie/Rüber-Schütte, Elisabeth: Die Restaurierung der romanischen Chorschranken in der Liebfrauenkirche zu Halberstadt. Ein Zwischenbericht, in: Denkmalpflege in Sachsen-Anhalt 1+2/2008, S. 72–91

BELLMANN 1967
Bellmann, Fritz: Die Krypta der Königin Mathilde in der Stiftskirche zu Quedlinburg, in: Hütter, Elisabeth/Läffler, Fritz/Magirius, Heinrich (Hrsg.): Kunst des Mittelalters in Sachsen (Festschrift Wolf Schubert), Weimar 1967, S. 44–59

BERNDT 1932
Berndt, Friedrich: Stuckplastik im frühmittelalterlichen Sachsen. Ihre Bedeutung und Technik, Hannover 1932

BERTELLI u. a. 1981
Bertelli, Carlo/Brambilla Barcilon, Pinin/Gallone, Antonietta (Hrsg.): Il Ciborio della Basilica di Sant'Ambrogio in Milano, Mailand 1981

BRANDT 1995
Brandt, Michael (Hrsg.): Der vergrabene Engel. Die Chorschranken der Hildesheimer Michaeliskirche – Funde und Befunde, Katalog zur Ausstellung des Dom- und Diözesanmuseums Hildesheim, Hildesheim 1995

BRANDT 1995a
Brandt, Michael: »Mit alten undt schönen Antiquitäten gezieret«. Die Chorschranken von St. Michael: Rekonstruktion und Kunstgeschichte, in: Brandt, Michael (Hrsg.): Der vergrabene Engel. Die Chorschranken der Hildesheimer Michaeliskirche – Funde und Befunde, Katalog zur Ausstellung des Dom- und Diözesanmuseums Hildesheim, Hildesheim 1995, S. 77–105

BRANDT 2001
Brandt, Michael (Hrsg.): Abglanz des Himmels. Romanik in Hildesheim, Katalog zur Ausstellung des Dom-Museums Hildesheim, Hildesheim 2001, Regensburg 2001

BRANDT 2002
Brandt, Michael: Zur Stuckdekoration der Hildesheimer Michaeliskirche – vor 1186, in: Hoernes, Martin (Hrsg.): Hoch- und spätmittelalterlicher Stuck. Material – Technik – Stil – Restaurierung. Kolloquium des Graduiertenkollegs »Kunstwissenschaft – Bauforschung – Denkmalpflege« der Otto-Friedrich-Universität Bamberg und der Technischen Universität Berlin, Bamberg 16.–18. März 2000, Regensburg 2002, S. 99–105

BRANDT 2008
Brandt, Michael: Stuck vom Westchor: Ein neuer Fund und alte Fragen, in: Segers-Glocke, Christiane (Hrsg.): St. Michaelis in Hildesheim. Forschungsergebnisse zur bauarchäologischen Untersuchung im Jahr 2006 (= Arbeitshefte zur Denkmalpflege in Niedersachsen 34), Hannover 2008, S. 161–169

CLAUSSEN/SKRIVER 2007
Claussen, Hilde/Skriver, Anna: Die Klosterkirche Corvey. Bd. 2: Wandmalerei und Stuck aus karolingischer Zeit (= Denkmalpflege und Forschung in Westfalen 43,2), Mainz 2007

DANZL 2000
Danzl, Thomas: Restaurierungsarbeiten in: der Halberstädter Liebfrauenkirche – ein Zwischenbericht, in: Denkmalpflege in Sachsen-Anhalt 1/2000, S. 84–86

DOERING 1902
Doering, Oskar: Beschreibende Darstellung der älteren Bau- und Kunstdenkmäler der Kreise Halberstadt Land und Stadt (= Beschreibende Darstellung der älteren Bau- und Kunstdenkmäler der Provinz Sachsen XXIII), Halle 1902, S. 305–356

EXNER 1996
Exner, Matthias (Hrsg.): Stuck des frühen und hohen Mittelalters. Geschichte, Technologie, Konservierung. Eine Tagung des deutschen Nationalkomitees von ICOMOS und des Dom- und Diözesanmuseums Hildesheim in Hildesheim 15.–17. Juni 1995 (= ICOMOS-Hefte des Deutschen Nationalkomitees XIX), München 1996

EXNER 2003
Exner, Matthias: Stucchi, in: Castelnuovo, Enrico/Sergi, Giuseppe (Hrsg.): Arti e storia nel Medioevo 2, Turin 2003, S. 655–673

EXNER 2020
Exner, Matthias: Von der Außenkrypta zum Westwerk. Der Beitrag der Wandmalerei zum »Outstanding Universal Value« von Corvey, in: Ruhmann, Christiane/Koch-Lütke Westhues, Petra (Hrsg.): Museum als Resonanzraum. Kunst – Wissenschaft – Inszenierung (Festschrift für Christoph Stiegemann), Petersberg 2020, S. 211–229

FACCANI 2020
Faccani, Guido: St. Johannis von Mainz: archäologische Präliminarien zur Baugeschichte einer evangelischen Gemeindekirche, in: Lomartire, Saverio (Hrsg.): Archeologia del territorio. Dalla conoscenza della cultura materiale del passato all'interpretazione del futuro, Pavia 2020, S. 63–92

FACCANI 2021
Faccani, Guido: St. Johannis. Der alte Dom von Mainz (= Kleine Kunstführer 2932), Regensburg 2021

FINDEISEN 1996
Findeisen, Peter: Halberstadt. Dom, Liebfrauenkirche, Domplatz, Königstein im Taunus ²1996

FOERSTER 2011
Foerster, Thomas: Bildprogramme hochmittelalterlicher Wandmalereien. Die bildlichen Argumentationsstrategien in Hildesheim, Quedlinburg und Kloster Gröningen, Bucha bei Jena 2011

FOZI 2021
Fozi, Shirin: Romanesque tomb effigies: Death and Redemption in Medieval Europe, 1000–1200, Pennsylvania 2021

GOLL 2018
Goll, Jürg: Müstair – Ulrichs- und Niklauskapelle. Baugeschichte – Bauweise – Baudekor, in: Börste, Norbert/Kopp, Stefan (Hrsg.): 1000 Jahre Bartholomäuskapelle in Paderborn. Geschichte – Liturgie – Denkmalpflege, Petersberg 2018, S. 84–91

GOLL u. a. 2013
Goll, Jürg/Plan, Isabelle/Schönbächler, Daniel: Stuck ist Schmuck, in: Riek, Markus/Goll, Jürg/Descœdres, Georges: Die Zeit Karls des Großen in der Schweiz, Sulgen 2013, S. 146–157

GRIMM-REMUS 2008–2012
Grimm-Remus, Corinna: Gernrode, St. Cyriakus, Heiliges Grab. Konservierung der Natursteinbereiche 2008–2012, Teil I: Bericht und Anhang (Technische Merkblätter, Aktennotizen), Teil II: Kartierungen, Teil III: Fotodokumentation (Fotos, Negative), LDA Archiv, ohne Sign.

GRÖSCHNER 2008
Gröschner, Veit: Die Farbigkeit hochmittelalterlicher Oberflächen am Beispiel des Palas und der Doppelkapelle der Burg Greiz, in: Das Obere Schloss in Greiz: Ein romanischer Backsteinbau in Ostthüringen und sein historisches Umfeld (= Arbeitshefte des Thüringischen Landesamtes für Denkmalpflege und Archäologie N.F. 30), Erfurt 2008, S. 93–101

GRZIMEK 1975
Grzimek, Waldemar: Deutsche Stuckplastik. 800 bis 1300, Berlin/Frankfurt a. M./Wien 1975

HOHMANN 2000
Hohmann, Susanne Beatrix: Die Halberstädter Chorschranken. Ein Hauptwerk der niedersächsischen Kunst um 1200 (= Neue Forschungen zur deutschen Kunst 3), Berlin 2000

HOERNES 2002
Hoernes, Martin (Hrsg.): Hoch- und spätmittelalterlicher Stuck. Material – Technik – Stil – Restaurierung. Kolloquium des Graduiertenkollegs »Kunstwissenschaft – Bauforschung – Denkmalpflege« der Otto-Friedrich-Universität Bamberg und der Technischen Universität Berlin. Bamberg 16.–18. März 2000, Regensburg 2002

JAHN 2019
Jahn, Philipp: Zur Baugeschichte der Stiftskirche St. Servatii zu Quedlinburg bis zum Jahr 1129 und ihrer architekturhistorischen Einordnung, in: Freund, Stephan/Köster, Gabriele (Hrsg.): 919 – Plötzlich König. Heinrich I. und Quedlinburg (= Schriftenreihe des Zentrums für Mittelalterausstellungen Magdeburg 5), Regensburg 2019, S. 225–241

KELLER 2008
Keller, Susanne: Die Stuckkapitelle der Klosterkirche in Drübeck am Harz. Untersuchung, Dokumentation und Erstellung eines Konservierungskonzeptes, Diplomarbeit an der Hochschule für Bildende Künste Dresden, Studiengang Restaurierung 2008

KLUCKHOHN 1955
Kluckhohn, Erwin: Die Bedeutung Italiens für die romanische Baukunst und Bauornamentik in Deutschland (Sonderdruck), in: Marburger Jahrbuch für Kunstwissenschaft 16, 1955, S. 1–120

KRAUSE 1992
Krause, Hans-Joachim: Zur Geschichte von Schatz und Schatzkammer der Stiftskirche St. Servatius in Quedlinburg, in: Kötzsche, Dietrich (Hrsg.): Der Quedlinburger Schatz wieder vereint. Katalog zur Ausstellung im Kunstgewerbemuseum, Staatliche Museen Berlin – Preußischer Kulturbesitz, Berlin 1992, S. 21–36

KRAUSE 1997
Krause, Hans-Joachim: Zur Geschichte und Funktion des spätromanischen Schranks im Halberstädter Domschatz; in: Sachsen und Anhalt 19, 1997, S. 455–494

KRAUSE/VOSS 2007
Krause, Hans- Joachim/Voß, Gotthard (Hrsg.): Das Heilige Grab in Gernrode. Bestandsdokumentation und Bestandsforschung (= Beiträge zur Denkmalkunde in Sachsen-Anhalt 3), Berlin 2007

KUNZ 2014
Kunz, Tobias (Bearb.): Bildwerke nördlich der Alpen 1015 bis 1380. Kritischer Bestandskatalog der Berliner Skulpturensammlung (Technologische Berichte von Marion Böhl u. a.), Petersberg 2014, Kat. Nr. 2 (Westempore aus der Klosterkirche Gröningen), S. 28–35

KUNZE 1982
Kunze, Wolf-Dieter: Farbuntersuchung an der Stuckempore zu Gröningen (Zusammenfassung des detaillierten Berichtes von 1965), in: Beiträge zur Erhaltung von Kunstwerken 1, 1982, S. 20–22

LABUSIAK 2019
Labusiak, Thomas: Die Stiftskirche St. Servatii in Quedlinburg, (= Steko-Kunstführer 43), Dößel ²2019

LENZ 2003/2005
Lenz, Roland: Datenbank Mittelalterliche Stuckobjekte im Schlossmuseum Quedlinburg, 2003/2005, LDA Archiv, ohne Sign.

LENZ 2006
Lenz, Roland: Stuck- und Steinfragmente. Planung der konservatorischen und restauratorischen Maßnahmen an den mittelalterlichen Stuck- und Steinfragmenten der Sammlung des Schlossmuseums Quedlinburg

auf der Grundlage der Erfassung von 2004/2005, 2006, LDA Archiv RE 8268

LEOPOLD 1997
Leopold, Gerhard: Dom und Liebfrauenkirche in Halberstadt nach der Brandkatastrophe von 1179, in: Ullmann, Ernst (Hrsg.): Halberstadt – Studien zu Dom und Liebfrauenkirche. Königtum und Kirche als Kulturträger im östlichen Harzvorland – Halberstadt. Symposium des Leipziger Lehrstuhls für Kunstgeschichte und der Kommission für Bau- u. Kunstgeschichte Niedersachsens der Braunschweigischen Wissenschaftlichen Gesellschaft. Halberstadt, 7. bis 10. Oktober 1991 (= Abhandlungen der Sächsischen Akademie der Wissenschaften zu Leipzig, Phil.-hist. Kl. 74,2), Berlin 1997, S. 30–42

LIMMER 2000–2001
Limmer, Cathrin: Hecklingen. Basilika St. Georg und Pancratius. 14 Stuckengel an der nördlichen und südlichen Langhauswand. Dokumentation der Untersuchung, Konservierung und Restaurierung 2000–2001, LDA Archiv RE 8926

L'ORANGE/TORP 1977–1979
L'Orange, Hans Peter/Torp, Hjalmar: Il Tempietto Longobardo di Cividale, (= Acta ad archaeologiam et artium historiam pertinentia 7), Bd. 1 Tavole e rilievi (1977), Bd. 2 L'architettura del tempietto di Cividale (1977) (Torp), Bd. 3 La scultura in stucco e in pietra del tempietto (1979) (L'Orange), Rom 1977–1979

LUCANUS 1871
Lucanus, Friedrich Gottfried Hermann: Die Liebfrauenkirche zu Halberstadt, Halberstadt 1871

MARX 2006
Marx, Petra: Die Stuck-Emporenbrüstung aus Kloster Gröningen. Ein sächsisches Bildwerk des 12. Jahrhunderts und sein Kontext, Berlin 2006

MIDDELDORF KOSEGARTEN 2004
Middeldorf Kosegarten, Antje: »Die häßlichen Äbtissinnen«. Versuch über die frühen Grabmäler in Quedlinburg, in: Zeitschrift des Deutschen Vereins für Kunstwissenschaft 56–57, 2004, S. 9–47

MÖLLER 1996
Möller, Roland, Zur Farbigkeit mittelalterlicher Stuckplastik, in: Exner, Matthias (Hrsg.): Stuck des frühen und hohen Mittelalters. Geschichte, Technologie, Konservierung. Eine Tagung des deutschen Nationalkomitees von ICOMOS und des Dom- und Diözesanmuseums Hildesheim in Hildesheim 15.–17. Juni 1995 (= ICOMOS-Hefte des Deutschen Nationalkomitees XIX), München 1996, S. 79–93

MÖLLER 2001
Möller, Roland: Die Confessio in der Stiftskirche St. Servatius zu Quedlinburg. Untersuchungen zur Technologie der Stuckdekoration und deren Farbigkeit, in: »Es thvn iher viel fragen …«. Kunstgeschichte in Mitteldeutschland. Hans-Joachim Krause gewidmet (= Beiträge zur Denkmalkunde in Sachsen-Anhalt 2), Petersberg 2001, S. 45–51

MÖWALD 2011
Möwald, Carola: Mittelalterliche Wandmalereifragmente aus Kloster Drübeck am Harz. Bestandsaufnahme und kunsttechnologische Untersuchung, Seminararbeit an der Hochschule für Bildende Künste Dresden, Studiengang Restaurierung 2011

MÜHLBÄCHER 1976
Mühlbächer, Eva: Studien zur Gröninger Empore, in: Staatliche Museen in Berlin. Forschungen und Berichte 17, 1976, S. 7–32

MÜLLER 2000a
Müller, Angelika: Wandmalerei mit plastischer Gestaltung. Stuckapplikationen in der Wandmalerei des Mittelalters. Materialien und Technologie von Putz- und Stuckauftrag am Beispiel der Stuckapplikationen im Querhaus der Liebfrauenkirche in Halberstadt und der Darstellung der thronenden Zentralfigur über dem Eingang zur Krypta der Stiftskirche Quedlinburg in Sachsen-Anhalt, Facharbeit an der Fachhochschule Potsdam, Fachbereich Architektur und Städtebau, Studiengang Restaurierung 2000

MÜLLER 2000b
Müller, Angelika: Das Bogenfeld an der Außenfassade über dem Südostportal der Liebfrauenkirche Halberstadt – eine mittelalterliche Wandmalerei mit Stuckapplikationen. Technologische Untersuchungen zu Putz- und Stuckapplikationen und zur Malschicht. Erarbeitung eines Konservierungs- und Restaurierungskonzeptes, Diplomarbeit an der Fachhochschule Potsdam, Fachbereich Architektur und Städtebau, Studiengang Restaurierung 2000

MÜLLER 2009
Müller, Monika E.: Omnia in mensura et numero et pondere disposita. Die Wandmalereien und Stuckarbeiten von San Pietro al Monte di Civate, Regensburg 2009

PERONI 2004
Peroni, Adriano: Die Kunst Mailands und Oberitaliens im 10. Jahrhundert. Elfenbein, Plastik, Goldschmiedekunst, in: Zeitschrift des deutschen Vereins für Kunstwissenschaft 58, Berlin 2004, S. 197–223

QUENDOLO u. a. 2017
Quendolo, Alessandra/Villa, Lucca/Badan, Nicola: Il Tempietto Longobardo a Cividale del Friuli, Venedig 2017

RAABE 2008
Raabe, Sandy: Die romanische Bauplastik – Baudetails und Befunde am Oberen Schloss Greiz, in: Das Obere Schloss in Greiz: Ein romanischer Backsteinbau in Ostthüringen und sein historisches Umfeld (= Arbeitshefte des Thüringischen Landesamtes für Denkmalpflege und Archäologie N.F. 30), Erfurt 2008, S. 102–107 und Anmerkungen auf S. 176

RIEMANN 1970
Riemann, Konrad: Polychromierte Bildwerke aus Stein und Stuck des 12. und 13. Jahrhunderts, in: Palette 36, 1970, S. 15–24

ROMANOWSKI 2013
Romanowski, Anja: Die Confessio in der Stiftskirche St. Servatius in Quedlinburg. Dokumentation der Bestands- und Zustandserfassung. Erarbeitung des Präsentationskonzeptes, Konservierung und Restaurierung. Dezember 2009/Februar 2010 & September 2012 bis Juni 2013, LDA Archiv RE 10714

RÜBER-SCHÜTTE 2005
Rüber-Schütte, Elisabeth: Überfachliches Arbeitsgespräch zu den Chorschranken der Liebfrauenkirche in Halberstadt. Halberstadt, Liebfrauenkirche, 9. August 2004, in: Kunstchronik 58, 2005, S. 137–143

RÜBER-SCHÜTTE 2006
Rüber-Schütte, Elisabeth: Das Bistum Halberstadt. Ein Zentrum mittelalterlicher Stuckarbeiten, in: Siebrecht, Adolf (Hrsg.): Geschichte und Kultur des Bistums Halberstadt 804–1648. Symposium anlässlich 1200 Jahre Bistumsgründung Halberstadt 24. bis 28. März 2004. Protokollband, Halberstadt 2006, S. 333–351

RÜBER-SCHÜTTE 2008
Rüber-Schütte, Elisabeth: Einige Anmerkungen zu zwei Bildwerken: Eine verlorene Wandmalerei aus der Liebfrauenkirche von Halberstadt und ein stuckiertes Figuralkapitell aus der Drübecker Klosterkirche, in: Kunst, Kultur und Geschichte im Harz und Harzvorland um 1200 (= Landes-

amt für Denkmalpflege und Archäologie Sachsen-Anhalt, Arbeitsberichte 8), Halle (Saale) 2008, S. 215–238

RÜBER-SCHÜTTE 2013
Rüber-Schütte, Elisabeth: Ottonische Stuckplastik in Sachsen-Anhalt, in: Ranft, Andreas/Schenkluhn, Wolfgang (Hrsg.): Kunst und Kultur in ottonischer Zeit. Forschungen zum Frühmittelalter (= More Romano. Schriften des europäischen Romanik Zentrums 3), Regensburg 2013, S. 151–172

RÜBER-SCHÜTTE 2017
Rüber-Schütte, Elisabeth: Anmerkungen zur Confessio der Quedlinburger Stiftskirche und ihren ottonischen Stuckarbeiten, in: Freund, Stephan/Labusiak, Thomas (Hrsg.): Das dritte Stift. Forschungen zum Quedlinburger Frauenstift (= Essener Forschungen zum Frauenstift 14), Essen 2017, S. 111–131

RÜBER-SCHÜTTE 2018
Rüber-Schütte, Elisabeth: Die Eilenstedter Stuckfunde im Kontext mittelalterlicher Stuckplastik auf dem Gebiet des heutigen Sachsen-Anhalt, in: Romanische Stuckplastik aus der Dorfkirche in Eilenstedt (= Kleine Hefte zur Denkmalpflege 13), Halle (Saale) 2018, S. 171–194

SAPIN 2006
Sapin, Christian (Hrsg.): Stucs et décors de la fin de l'antiquité au moyen âge (V^e–XIIe siècles). Actes du colloque international tenu à Poitiers du 16 au 19 septembre 2004, Turnhout 2006

SAPIN 2009
Sapin, Christian (Hrsg.): Les stucs de l'antiquité tardive de Vouneuil-sous-Biard (Vienne). Collection des musées de la ville de Poitiers (= CNRS Éditions, 60e supplément à Gallia), Paris 2009

SAREIK 1994
Sareik, Udo: Bauforschung an vorromanischen und romanischen Objekten in Thüringen. Ein erster Überblick, in: Für die Praxis (= Arbeitshefte des Thüringischen Landesamtes für Denkmalpflege 4), Bad Homburg 1994, S. 25–39

SAREIK 1996
Sareik, Udo: Beispiele romanischer Stuckarbeiten in Thüringen, in: Exner, Matthias (Hrsg.): Stuck des frühen und hohen Mittelalters. Geschichte, Technologie, Konservierung. Eine Tagung des deutschen Nationalkomitees von ICOMOS und des Dom- und Diözesanmuseums Hildesheim in Hildesheim 15.–17. Juni 1995 (= ICOMOS-Hefte des Deutschen Nationalkomitees XIX), München 1996, S. 107–110

SCHMIDT 2007–2013
Schmidt, Thomas: Das Heilige Grab in der Stiftskirche St. Cyriakus in Gernrode. Abschlussbericht zu den konservatorisch-restauratorischen Maßnahmen an den Architekturelementen, Mauerwerk, Putz, Wandmalerei und Stuck einschließlich der Zusammenfassung der Ergebnisse der restauratorisch-bauforscherischen Untersuchungen, 2007–2013, LDA Archiv RE 11169

SEEBACH 1968
Seebach, Carl-Heinrich: Kloster Drübeck, in: Niederdeutsche Beiträge zur Kunstgeschichte 7, 1968, S. 43–64

SENNHAUSER 1997
Sennhauser, Hans Rudolf: Früh- und hochmittelalterlicher Stuck in der Schweiz, in: Kunst und Architektur in der Schweiz 48, 1997, S. 13–23

SEGAGNI 2000
Segagni, Anna: Stucco, in: Enciclopedia dell'arte medievale 11, Rom 2000, S. 1–18

STUCCHI 1962
Stucchi e mosaici alto medioevali. Atti dell'ottavo Congresso di studi sull'arte dell'alto Medioevo. I. Lo stucco – Il mosaico. Studi vari, Mailand 1962

STUDER 2011
Studer, Walter: Byzanz in Disentis. Die Reste einer plastisch unterlegten Monumentalmalerei byzantinischer Provenienz des 8. Jahrhunderts aus dem Kloster Disentis. Schlüsselergebnisse der Forschung, Zürich 2011

TORP 2011
Torp, Hjalmar: Il tempietto longobardo. La cappella palatina di Cividale (a cura di Valentino Pace), Cividale del Friuli 2011

UNGER 2006
Unger, Gabriele: Eine thronende Maria mit Kind und Heiligen. Fragmente von Wandmalerei und Stuck in der ehemaligen Damenstiftskirche St. Servatii in Quedlinburg, in: Harz-Forschungen. Forschungen und Quellen zur Geschichte des Harzgebietes 22, 2006, S. 259–282

VOIGTLÄNDER 1989
Voigtländer, Klaus: Die Stiftskirche St. Servatii zu Quedlinburg. Geschichte ihrer Restaurierung und Ausstattung, Berlin 1989

VON QUAST 1858
Von Quast, Ferdinand: Archäologische Reiseberichte – Liebfrauenkirche in Halberstadt, in: Zeitschrift für Christliche Archäologie und Kunst 2, 1858, S. 176 f., Taf. 12, Fig. 2 und 3

WÄSCHER 1959
Wäscher, Hermann: Der Burgberg in Quedlinburg. Geschichte seiner Bauten bis zum ausgehenden 12. Jahrhundert nach den Ergebnissen der Grabungen von 1938 bis 1942, Berlin 1959

WEYER 1990
Weyer, Angela: Studien zu den unfigürlichen Stukkaturen des frühmittelalterlichen Klosters Disentis. Die Funde der Grabungen von 1891–1934, Magisterarbeit, Universität Freiburg i. Br. 1990, online veröffentlicht 2020: https://www.hornemann-institut.de/de/epubl_hochschularbeiten3524.php (09.11.2021)

WOLTER-VON DEM KNESEBECK 2012
Wolter-von dem Knesebeck, Harald: Der Lettner und die Chorschranken sowie das Deckenbild von St. Michael in Hildesheim – Kunst im Kontext, in: 1000 Jahre St. Michael in Hildesheim. Kirche – Kloster – Stifter (= Schriften des Hornemann-Instituts 14), Petersberg 2012, S. 226–241

ABBILDUNGSNACHWEIS

LDA Sachsen-Anhalt: 1 (Bettina Weber); 5, 6 (Torsten Arnold); 8 (Gunar Preuß); 12a–d (Elisabeth Rüber-Schütte)

Krause/Voß 2007, S. 176, Abb. 88: 2

Elmar Egner, Domschatz Quedlinburg: 3

Lenz 2003-2005, Datenblatt zur Inv.-Nr. Q/BZ-131 (März 2005): 4a

Voigtländer 1989, S. 86, Abb. 118: 4b

Carola Möwald: 7

Rudolf Leon, © Zentralinstitut für Kunstgeschichte, Farbdiaarchiv: 9

Ev. Kirchengemeinde St. Michaelis, Hildesheim, Andreas Lechtape: 10

Möller 1996, S. 88, Abb. 98: 11

Veit Gröschner, Ingenieurbüro für Denkmalpflege Rudolstadt: 13

Gröschner 2008, S. 99, Abb. 14, 16: 13

Le Stuc. Visage oublié de l'art médiéval, Poitiers 2004, Abb. auf S. 159 (Walter Studer): 14

© CC-BY-SA-3.0, Sailko, CC-BY-SA-3.0, https://commons.wikimedia.org/wiki/File:Cividale_Tempietto_Longobardo_-_Westwand.jpg: 15

Claussen/Skriver 2007, Farbtf. IV (Zeichnung Iris Buchholz): 16

© CC BY 3.0, Jean-Christophe Benoist, https://dewiki.de/b/287ab9: 17

Müller 2009, Taf. 47: 18

Stiftung Pro Kloster St. Johann in Müstair (Ralph Feiner, Malans): 19

Basilisk oder Drache?
»Fabelwesen« des Gerbstedter Figurenschmuckes

Susanne Kimmig-Völkner und Alfred Reichenberger

Zum Figuralschmuck der ehemaligen Gerbstedter Kirche gehören auch 19 Fragmente von Fabelwesen (Abb. 1). Davon befinden sich 18 im Besitz des Landesmuseums für Vorgeschichte in Halle und eines im Bodemuseum in Berlin (Kat.-Nr. 70–87). In der Diskussion um die Deutung dieser Figuren gab es im Zuge der Ausstellungsvorbereitung Ansprachen sowohl als Drachen als auch als Basilisken.[1] Hier soll der Frage nachgegangen werden, wie diese Stücke angesprochen werden sollten. Dies ist nicht leicht zu beantworten. Beide Arten von Fabeltieren sind bereits aus den antiken Schriftquellen bekannt, die im Folgenden in Auswahl[2] zusammengestellt sind. Im zweiten Teil soll eine kurze Vorstellung der wichtigsten mittelalterlichen Textquellen erfolgen und schließlich die bildkünstlerischen Modi der Basilisken- und Drachendarstellungen erörtert werden, um das in Gerbstedt gezeigte Thema eingrenzen zu können. Zunächst sollen die Gerbstedter Figuren kurz in ihren Grundzügen beschrieben werden: Die Leiber sind dreizonig aufgebaut, wobei der Bauch – bis auf Ausnahmen (Kat.-Nrn. 86, 87) – mit vertikalen Doppellinien in Abschnitte mit je einer Bohrung unterteilt wird. Über die Körpermitte zieht sich über die gesamte Länge ein perlstabverziertes Band, darüber verläuft ein glatt gestalteter Rücken. Die Zeichnung der Flügel lässt sie aussehen, als bestünden sie aus Federn. Manche Figuren zeigen Querbänder mit Perlstab auf den Flügeln. Die Hälse sind – soweit sie erhalten sind – oft lang ausgezogen und führen die Zeichnung des Körpers fort. Die mindestens teilweise langen, dünnen Schwänze können in mehrpassigen Blumenmotiven enden. Die im Profil dargestellten Köpfe haben eine etwa runde Grundform, wobei das Auge zentral angebracht wurde. Die Figuren besitzen lange, zahnbestandende Schnauzen und können sowohl spitze als auch runde Ohren haben. Pfoten oder Klauen haben sich nicht erhalten, aber die Beine sind kegelförmig und mit Querrillen charakterisiert. Zwei Fragmente (Kat.-Nr. 76, 87) zeigen, dass die Fabeltiere die Hälse und vielleicht auch ihre Schwänze ineinandergeschlungen hatten.

ANTIKE BELEGE FÜR BASILISKEN UND DRACHEN

Wie der Vogel Phönix[3] ist auch der Basilisk ein wundersames Tier der antiken Fabelwelt. Und wie Phönix lebt der Basilisk in den Vorstellungen des mittelalterlichen Menschen weiter, bis hinein in die Phantasiewelt der modernen Harry-Potter-Romane.[4]

Die erste Erwähnung eines Basilisken findet sich im Alten Testament, wo offensichtlich zwischen Basilisken und Drachen (jeweils im Akkusativ) unterschieden wird, was in Übersetzungen freilich nicht immer zur Geltung kommt:

ἐπ' ἀσπίδα καὶ βασιλίσκον ἐπιβήσῃ
καὶ καταπατήσεις λέοντα καὶ δράκοντα
bzw.
super aspidem et basiliscum calcabis
conculcabis leonem et draconem.

2 cm

»Über Löwen und Nattern (sic!) kannst du schreiten, auf Junglöwen und Drachen kannst du treten«.[5]

Neben dieser Stelle begegnet uns in der Vulgata der Basilisk noch mehrmals in seiner lateinischen Übersetzung *regulus*.[6]

Ohne einen Bezug zur Bibel zu haben, unterscheiden auch die heidnischen antiken Schriftsteller zwischen Basilisken und Drachen. Eine hervorragende Zusammenstellung der antiken und frühchristlichen Schrift- und auch einiger ikonographischer Quellen zu Drachen verdanken wir Daniel Ogden. Er behandelt dort allerdings nur die Wesen, die mit den griechischen Begriffen δράκων bzw. der femininen Form δράκαινα sowie κῆτος belegt werden. Daneben führt er aus den lateinischen Quellen diejenigen zum Begriff *draco* an. Bei den *drákontes/dracones* handelt es sich um schlangenartige Wesen, während *kete* Seeungeheuer meinen.[7]

Sie alle finden sich fast ausnahmslos in mythologischen Kontexten. Gezeigt sei hier nur ein Beispiel des Drachens (*drakon*) von Kolchis aus der Argonautensage, der das Goldene Vlies bewachte. Die Geschichte ist mehrfach überliefert, am ausführlichsten in dem auf Griechisch verfassten Epos *Argonautika* des Apollonios von Rhodos (3. Jahrhundert v. Chr.) und in der lateinischen Version des Caius Valerius Flaccus (gest. vor 90 n. Chr.; verfasst ca. 70 n. Chr.), ebenfalls unter dem Titel *Argonautica*.[8] Eine Episode mit dem Drachen, der den Helden Iason durch die Hilfe der Göttin Athene wieder ausspuckt, findet sich bildlich umgesetzt auf einer rotfigurigen attischen Schale des Douris aus Cerveteri aus der Zeit um 480/470 v. Chr.[9] (Abb. 2) in den Vatikanischen Museen.[10] Sie zeigt eine ausschließlich bildlich überlieferte und daraus erschlossene Variante des Epos dergestalt, dass Iason in den Rachen des Ungeheuers steigt, ihm auf Rat der Göttin Athene die Zunge abschneidet und deshalb nicht verschluckt werden kann, sondern wieder ausgespien werden muss, während hinter dem Helden das Goldene Vlies über einen Baum gehängt ist und Athene der ganzen Szene zusieht. Uns interessiert hier nur der Drache. Denn so oder so ähnlich mit schlangenförmigem Körper, Schuppen und spitzen Zähnen werden Drachen immer wieder abgebildet.[11]

Anders als die Drachen (allerdings mit Ausnahmen) behandeln die antiken Schriftsteller den Basilisken jedoch nicht als Fabeltier, sondern durchaus als naturkundliche Tatsache,[12] der in ihren Beschreibungen der Tierwelt irgendwo zwischen real existierenden Tieren wie Elefanten oder Nilpferden aufgeführt wird,[13] wenngleich gelegentlich einige Autoren eingestehen, sie hätten noch nie einen Basilisken zu Gesicht bekommen.[14] Zu nennen ist hier der Leibarzt des Kaisers Marc Aurel, Galenos (128/131–199/216 n. Chr.), dessen Quelle vermutlich Xenokrates von Aphrodisias (ca. 70 n. Chr.) ist.[15] Und auch bei Plinius d. Ä. klingt an einer Stelle an, dass er seine Kenntnisse zu Heilmitteln gegen dieses Untier nur vom Hörensagen bezieht (vgl. unten). Prinzipiell wird seine Existenz jedoch nirgends in Zweifel gezogen.

Die gewichtigste und in der Folge wohl am meisten rezipierte Autorität zum Thema ist der eben genannte Plinius d. Ä. (23/24–79 n. Chr.). Er beschreibt in seiner Naturkunde den Basilisken wie folgt:

»Die gleiche Kraft [i. e. mit Blicken zu töten wie der Katoblepas/catoblepas – der »Nach-unten-Blicker«, ein weiteres kurz vorher von ihm genanntes Fabeltier; Anm. Verf.] besitzt auch der Basilisk, eine Schlangenart (*Eadem et basilisci serpentis est vis*). Er ist heimisch in der Provinz Kyrenaika, ist nicht länger als zwölf Finger und hat am Kopf einen weißen Fleck, der ihn wie ein Diadem schmückt. Durch sein Zischen verjagt er alle Schlangen und bewegt nicht, wie die anderen, seinen Körper durch vielfache Windungen, sondern geht stolz und halb aufgerichtet einher. Er läßt die Sträucher ab-

[1 linke Seite] Drachenfiguren aus Gerbstedt

[2 oben] Rotfigurige Kylix des Douris mit der Darstellung der Rettung Iasons aus dem Maul des Drachens durch Athene, Cerveteri (Etrurien), 480–470 v. Chr., Musei Vaticani, Inv.-Nr. 16545

sterben, nicht nur durch die Berührung, sondern auch schon durch den Anhauch, versengt die Kräuter und sprengt Steine: eine solche Stärke hat dieses Untier. Man glaubte, daß jemand ihn einst zu Pferde mit einem Speer erlegt habe und daß das wirkende Gift an diesem emporstieg und nicht nur dem Reiter, sondern auch dem Pferd den Tod brachte.[16] Und dieses gewaltige Ungeheuer (*tali monstro*) – denn häufig haben Könige es tot zu sehen gewünscht – wird durch die Ausdünstung des Wiesels (*mustella*) umgebracht: so sehr gefiel es der Natur, nichts ohne etwas Gegenkraft zu lassen. Man wirft die Wiesel in die Höhlen der ›Basilisken‹, die man leicht an dem ausgedörrten Boden erkennt. Diese töten durch ihren Geruch, sterben aber zugleich selbst, und der Streit der Natur ist bereinigt«.[17]

Der Basilisk ist für Plinius demnach eine Schlangenart von maximal zwölf Fingern Länge und – abgesehen von seinen tödlichen Kräften – äußerlich eigentlich keine sonderlich erschreckende Erscheinung, wenngleich Plinius ihn als *tale monstrum*, als gewaltiges Monstrum, bezeichnet.

Auf Plinius beziehen sich in der Folge weitere Autoren. Die ausführlichste antike Beschreibung des Basilisken verdanken wir den *Collectanea rerum memorabilium* (»Sammlung von Denkwürdigkeiten«) des C. Iulius Solinus, einem in den Handschriften gelegentlich als *grammaticus* bezeichneten Autor, von dem wir sonst aber so gut wie nichts wissen. Er ist wohl in die Mitte des 3. Jahrhunderts n. Chr. zu setzen und bedient sich reichlich bei Plinius d. Ä., dem ca. drei Viertel des Stoffes entnommen sind (Plin. nat. hist. 3–12. 37).[18] Nach Klaus Sallmann sieht Solinus »in der Beschränkung auf das Sensationelle [...] das *fermentum cognitionis*, – womit er die Bildung seiner Z.[eit] charakterisiert«.[19] Vielleicht ist dies auch der Grund, dass sich Solinus gerade deswegen in der Spätantike und im Mittelalter sehr großer Beliebtheit erfreute.[20]

Zum Basilisken schreibt er: »Für Cyrenae ist auf der linken Seite Africa und auf der rechten Aegyptus, an der Vorderseite das grausame und hafenlose Meer, im Rücken sind verschiedene Völkerschaften von Barbaren und unzugängliche Einöde, die den *Basiliscus*, ein in allen Ländern einzigartiges Übel tragen. Er ist eine Schlange, fast 1/2 Fuß in der Länge; sein Kopf hat eine Linie wie mit einem kleinen weißen Stirnband. Er gibt sich der Zerstörung nicht nur von Menschen und anderen Lebewesen, sondern auch vom Land selbst hin. Wo auch immer er seinen giftigen Rückzugsort zu errichten beschließt, wird das Land beschmutzt und verbrannt. Er löscht die Pflanzen aus, tötet die Bäume und verseucht sogar den Windhauch. So kommt es, dass kein Vogel unversehrt durch die Lüfte fliegen kann, der von seinem ungesunden Atem angesteckt ist. Wenn er sich bewegt, kriecht er mit einer Hälfte seines Körpers voran und hebt die andere Hälfte hoch. Sogar Schlangen ziehen sich aus Schrecken vor seinem Zischen zurück; wenn sie es hören, fliehen sie eilig in jede nur mögliche Richtung. Alles, was durch seine Bisse stirbt, wird weder von wilden Tieren verschlungen noch von Vögeln berührt. Dennoch wird er von Wieseln überwunden, die von den Menschen dort in die Höhlen gestopft werden, in denen er Schutz sucht. Kraft fehlt ihm dennoch nicht einmal, wenn er tot ist. Tatsächlich erwarben die Pergameni für viel Geld die Überreste eines Basilisken, [und] damit die Spinnen keine Netze im Heiligtum spinnen, das wegen der Arbeit von Apelles berühmt ist, und auch keine Vögel in es hineinfliegen [wurde der Kadaver darin in einem goldenen Netz aufgehängt und so aufbewahrt]«.[21]

Auch Solinus zählt den Basilisken offensichtlich zu den Schlangen, macht aber wie Plinius wiederum einen Unterschied zwischen Basilisken und den »sonstigen« Schlangen.

Dagegen gehen die einzelnen Wesen bei Isidor von Sevilla (ca. 560–636) ineinander über. Drachen und Basilisken werden unter den Schlangen subsummiert, obwohl sie gesondert beschrieben werden. Unter der Kapitelüberschrift Serpentes/Von den Schlangen werden zunächst Nattern und Schlangen aufgeführt und beschrieben, dann der Drache und schließlich der Basilisk:[22] »Der Drache ist größer als alle Schlangen bzw. als alle Lebewesen auf der Erde. Diesen nennen die Griechen δράκων (Drache, Schlange); woher auch abgeleitet ist, dass man im Lateinischen *draco* sagt. Dieser soll sich oft von Höhlen in die Luft verziehen, und von ihm wird die Luft erregt. Er hat aber einen Kamm auf dem Kopf, ein kleines Gesicht und dünne Röhren, durch welche er den Atem einzieht und die Zunge bewegt. Seine Kraft aber hat er nicht in den Zähnen, sondern im Schwanz, und schlagen kann er besser, als mit dem Rachen schaden. Unschädlich ist er aber mit seinen Giften, aber es tut für ihn auch nicht nötig, jemanden mit Gift zu töten, weil er tötet, wen er einschnürt. Vor diesem ist wegen der Größe seines Körpers nicht einmal ein Elefant sicher.[23] Er verbirgt sich an den Wegen, über die die Elefanten gewöhnlich laufen, bindet ihre Beine mit Knoten und vernichtet die Erstickten. Er wird aber in Äthiopien und Indien geboren im Feuer ewiger Hitze selbst. Der Basilisk [ist] griechisch [und] wird lateinisch mit *regulus* (kleiner König) übersetzt, weil er der König der Schlangen ist, so dass die, die ihn sehen, fliehen, weil er sie mit seinem Geruch tötet, denn auch wenn er einen Menschen ansieht, tötet er ihn. So geht aber auch an seinem Blick kein fliegender Vogel unversehrt vorüber, sondern er wird, wie fern er auch ist, durch seinen Blick verbrannt, [ja] verzehrt. Von Wieseln wird er dennoch besiegt, welche die Menschen in die Höhlen werfen, in welchen er sich verbirgt. Daher flieht er vor ihrem Blick, da ihn jene verfolgen und töten. Nichts nämlich hat der Schöpfer der Dinge ohne Heilmittel eingerichtet. Es ist aber so lang wie ein halber Fuß, weiß und mit Flecken gezeichnet. Die Basilisken aber suchen wie die Skorpione trockene Plätze, und wenn sie zum Wasser kommen, machen [diese] sie wasserscheu (ὑδροφόβος) und wahnsinnig. *Sibilus* (Zischen) ist dasselbe wie der *regulus*. Mit einem Zischen nämlich tötet er, bevor er etwas isst oder verbrennt.«

Zur Einordnung des Basilisken in das Reich der Naturkunde passt, dass die antiken Autoren auch Heilmittel gegen das vermeintliche Tier kennen. So schreibt wiederum Plinius:

»Das Blut des Basilisken, vor dem sogar die Schlangen fliehen und der schon durch seinen Geruch tötet und dem Menschen, der ihn ansieht, Verderben bringen soll, feiern die Magier mit wunderbaren Lobsprüchen: Es soll wie Pech gerinnen und dessen Farbe haben, aufgelöst soll es heller als Zinnober werden. Sie schreiben ihm Erfolge von Bittschriften bei den Machthabern und auch von Gebeten bei den Göttern zu; es dient auch als Heilmittel gegen Krankheiten und als Talisman gegen Giftmischerei (*morborum remedia, veneficiorum amuleta*). Einige nennen es auch ›Saturnblut‹«.[24]

Plinius gibt zwar deutlich zu verstehen, dass er sich hier aufs Hörensagen verlässt, doch steht dies mehr zwischen als in den Zeilen.

Der unter dem Namen des Apuleius überlieferte Herbarius (Heilkräuterbuch) eines anonymen Autors,[25] im Kernbestand wohl aus dem 4. Jahrhundert n. Chr.,[26] kennt ein Heilkraut gleich gegen drei Arten von Basilisken und gibt dabei weitere beschreibende fantastische Details dieser »Tiere« preis: »130. *Basilisca* (CXXX. *herba basilisca*)

Dieses *Basilisca*-Kraut wächst an jenen Orten, wo der *Basiliscus*, eine Schlange, gewesen ist.

Es gibt freilich nicht nur eine Art von ihr, sondern es gibt drei Arten: Die erste ist der *olocrisus* (griech. holochrysos: ›ganzgolden‹), die zweite der *stellatus* (lat. ›gestirnt‹) mit goldenem Kopf, die dritte der *sanguineus* (lat. ›blutrot‹), wie Zinnober, auch dieser mit goldenem Kopf. Diese alle hält das *Basilisca*-Kraut leicht fern. Wenn jemand dieses bei sich hat, hält es alle diese fern, und sie können ihm nicht mit einem bösen Blick schaden.

Der *olocrisus*, der auch *criseus* (griech. *chryseos*: ›golden‹) genannt wird, facht an und entzündet, was er sieht. Der *stellatus*, der *crisocefalus asterites* (griech.: *chrysokephalis asterites*: ›goldköpfig gesternt‹) ist, verbrennt und tötet das, was er sieht. Der dritte, der *ematites* und *crisocefalus* (griech. *haimatites* und *chrysokephalos*: ›blutig‹ und ›goldköpfig‹) ist, verflüssigt, was er sieht oder durchsticht, und es bleiben die puren Knochen übrig.

Alle Gewalt von jenen (drei Arten des *Basiliscus*) hält dieses königliche Kraut fern. Wenn ein Mensch es bei sich hat, wird er vor jeder Art von Schlangen sicher sein.

Es ist aber dieses Kraut einer Weide ähnlich, mit recht länglichen und schmalen Blättern und mit recht dunklen Flecken übersät; seine Wurzel ähnelt einer Bärentatze, es hat goldene Milch, dem Schöllkraut ähnlich, und eine Blüte wie goldener Herbstseidelbast (griech. *chrysokokkos*).

Wer es sammeln will, umkreist es, wenn er sauber ist, mit Gold, Silber, Hirschhorn, Elfenbein, Eberzahn und Stierhorn und legt honigsüße Früchte in seine Spur.

Die Itali nennen es *regiam*«.[27]

Zwar hält Pseudo-Apuleius Basilisken für Schlangen, kennt aber auch noch andere Mittel gegen Schlangen, ohne dort weitere Unterscheidungen zu treffen.

Nochmals zurück zum Basilisken selbst. Als letzte Quelle sei der *Physiologus* angeführt, der dem Basilisken ein eigenes Kapitel widmet.

Der *Physiologus* ist ein Buch, das »aus dem Zusammenfließen zweier alter literarischer Richtungen, der hellenistischen zoologischen Paradoxographie und der spätjüdisch-christlichen Allegorese, entstanden war«.[28]

In der ältesten Fassung eines anonymen Autors ist der *Physiologus* (»Naturforscher«) in griechischer Sprache im 2. Jahrhundert n. Chr. in Alexandria entstanden und bringt die Beschreibung teils wirklicher, teils fabulöser Tiere, Steine und Pflanzen in christlicher Deutung. Als vielfach umgeformtes Volksbuch war es in vielen Sprachen verbreitet und hatte im Mittelalter eine enorme Wirkung und starken, meist indirekten Einfluss auf die bildende Kunst.[29]

»Vom Basilisken

Der Prophetenfürst David sagt im 90. Psalm über die Erscheinung unseres Herren Jesus Christus: ›Auf Viper und Basilisk wirst du steigen, und auf Löwe und Schlange wirst du treten.‹ Der *Physiologus* sagt vom

[3] Lindwurmbrunnen in Klagenfurt. Das Wahrzeichen der Stadt bezieht sich auf ihren Gründungsmythos, der auf einen 1353 gefundenen Wollnashornschädel zurückgeht.

Basilisken, daß oftmals zur Winterszeit in verschiedenen Gegenden die Schlangen sich an einem Ort sammeln und, weil sie wegen des Winters überhaupt nichts mehr zu fressen finden, sich gegenseitig beißen und anfressen und schließlich dort alle umkommen. Nachher aber, vom Gestank der verwesenden Beine und des Schlangengiftes hervorgebracht, wächst dort ein kleines Würmchen auf, und das heißt Basilisk. Es hat aber jenes Tier diese Eigenart, daß an jedem Ort, wo es ist, sein Hauch das Gebüsch verdorren läßt. Sein Anblick bringt Tod, so daß es auch ganze Städte veröden kann. Ferner berichtet man von diesem Tier, daß es niemals der Sonne entgegengeht, sondern rückwärtsgehend und rückwärtsblickend sich fortbewegt. Was tun nun kluge Männer? Sie nehmen einen klaren, neuen Spiegel, halten ihn der Sonne entgegen und lassen die Strahlen auf das Gesicht des Tieres fallen, und wenn es an seinen gewohnten Platz geht, trifft es plötzlich auf den ihm entgegengehaltenen Spiegel, und die Sonnenstrahlen fallen in seine Augen, und es sieht gar nicht mehr seinen Schatten, sondern stirbt sogleich.

Deutung: Der Basilisk deutet auf den menschentötenden Teufel hin. Denn es kam der Teufel, und weil er den Ort des Paradieses haßte, den Gott der Herr Adam und Eva gegeben hatte, sprach er in der Gestalt der giftbringenden Schlange und sagte in die Ohren der Eva: ›Was die Frucht des Baumes mitten im Paradies angeht, daß Gott der Herr gesagt hat, ihr sollt nicht davon essen, so eßt, und im Augenblick, wo ihr euch satt gegessen habt, werden Eure Augen aufgetan werden, und ihr werdet sein wie Götter und wissen, was gut und böse ist.‹ Und nachdem sie das ursprüngliche, von Gott gewebte Gewand des paradiesischen Leibes verdorben hatten, fiel das ganze Geschlecht der Menschen in Verderb und Verschwinden und schließlich in das Haus der Hölle. Aber die Weisheit Gottes, nämlich unser Herr Jesus Christus, kam aus dem Himmel, und wie in einem Spiegel leuchtet er durch das Fleisch hindurch in die Welt, das er empfangen hatte von dem heiligen Gotteskind, der Gottesgebärerin Maria. Und als er in die Hölle hinabstieg, konnte der Teufel nicht entgegentreten den Strahlen der wahrhaften Sonne, das ist der Gottheit, sondern wurde besiegt und ging zugrunde.

Schön spricht der *Physiologus* über den Basilisken«.[30]

Aus den genannten antiken Schriftquellen können einige Charakteristika herausgefiltert werden: Basilisken und Drachen sind schlangenartige Wesen. Während der Drache ein großes Tier ist – immerhin kann er wegen seiner Größe sogar einem Elefanten Schaden zufügen –, das meist nur in mythologischem Zusammenhang auftritt, ist der Basilisk äußerlich eher unscheinbar. Seine Gefährlichkeit liegt allein in seinen Kräften: tödlicher Geruch und Hauch, tödlicher Blick,[31] todbringendes Zischen, das Verbrennen seiner Umgebung, ja selbst die Berührung sogar noch mit dem toten Basilisken bringt den Tod. Im Gegensatz zum Basilisken kann der Drache anscheinend auch fliegen, auch wenn an keiner Stelle explizit von Flügeln die Rede ist. Und schließlich bescheinigt Isidor dem Drachen einen Kamm, während beim Basilisken von weißen Flecken oder Bändern am Kopf die Rede ist.

Wie die genannten Belege zeigen, sahen die mittelalterlichen Autoren keinerlei Veranlassung an den antiken Autoritäten, die – wie Plinius, Solinus, Isidor von Sevilla und der *Physiologus* – häufig gelesen wurden, zu zweifeln. Oder gar an der Bibel, in der – wie eingangs gesehen – ebenfalls schon von diesen Fabelwesen die Rede ist. Der *Physiologus* beruft sich sogar expressis verbis auf Psalm 90. Und die naturwissenschaftliche Literatur noch des 16. und 17. Jahrhunderts sah die Existenz von Drachen durch gelegentliche Fossilienfunde bestätigt.[32] Eines der bekanntesten Beispiele ist der geflügelte Lindwurm, dem die Stadt Klagenfurt ein Denkmal widmete (Abb. 3). Das heutige Wahrzeichen der kärntnerischen Landeshauptstadt geht auf einen im Jahr 1353 in der Nähe gefundenen Schädel eines ausgestorbenen Wollnashorns zurück.[33] Den Todesstoß versetzte diesen Vorstellungen erst Carl von Linné in seinem *Regnum Animale* in der *Systema Naturae*. Allerdings führte er in der ersten Auflage seines Werkes noch ein Taxon »Paradoxa«, in dem er »Lebewesen«, die er keiner Systematik zuordnen konnte, versammelte, wie das Einhorn, den Satyr, den Phönix und eben auch den Drachen (*draco*) (Abb. 4). Erst in der zweiten Auflage von 1740 verzichtete er auf diese Gruppierung.[34]

Gerade die Autoritätsgläubigkeit der mittelalterlichen Rezipienten scheint wichtig für die ikonographische Umsetzung im Mittelalter zu sein. Denn einerseits unterscheiden die antiken und ihnen folgend die mittelalterlichen Quellen sehr wohl zwischen Schlangen, Drachen und Basilisken, um sie andererseits dann doch wieder letzten Endes alle unter den *serpentes* zu subsummieren. Der *basiliskos* bzw. *regulus* ist ja schon durch seine Bezeichnung als »Kleiner König« (sc. der Schlangen) kenntlich gemacht. Eigentlich müsste man daher erwarten, dass der Basilisk in den Darstellungen, z. B. Plinius folgend, als kleine Schlange dargestellt wird. Das scheint aber nicht der Fall zu sein – oder es sind eben Drachen gemeint, denn nur der Drache ist ein großes Tier.

Schon in der Antike wurden Drachen auch dargestellt.[35] Nach Leander Petzoldt gehören Drachen (und Lindwurm) zu den ältesten Sagengestalten. Er vermutet, dass das Bild des Drachens ursprünglich über römische Feldzeichen in den Raum nördlich der Alpen gelangt sei.[36] Bekannt ist ein sehr gut erhaltenes Exemplar aus dem Vicus des Auxiliarkastells Niederbieber (Abb. 5, 6).[37]

Letzten Endes dürften drei Gründe für die Übertragung des Motivs von der Antike ins Mittelalter entscheidend gewesen sein:

1. Die Autorität der antiken Autoren und ihre relativ weite Verbreitung im Mittelalter,
2. vielleicht die Bildtradition über drachenköpfige römische Feldzeichen. In diesem Zusammenhang ist auf den Kamm des Exemplars von Niederbieber hinzuweisen, erwähnt doch auch Isidor explizit den Kamm auf dem Kopf. Und
3. v. a. die Kompatibilität dieser Quellen mit der Bibel, konkret mit Psalm 90. Daran zu zweifeln, verbot sich natürlich von selbst.

Diese drei Traditionen zu verbinden und in die christliche Vorstellungswelt zu übertragen, war wahrscheinlich nur ein kleiner Schritt, zumal schon früh der Bezug zwischen Drachen/Basilisk und dem Bösen schlechthin

[4] Carl von Linné, Regnum Animale aus der ersten Auflage seiner Systema Natura, in der Drachen noch unter den Paradoxa des Tierreichs geführt werden.

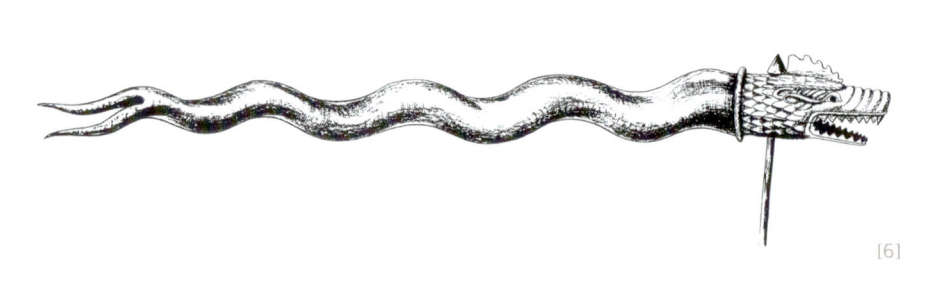

[5] Römische Drachenstandarte aus dem Kastell in Niederbieber, 3. Jh. n. Chr., Niederbieber, Stadt Neuwied (Rheinland-Pfalz)

[6] Rekonstruktion der Drachenstandarte aus dem Kastell Niedebieber

hergestellt wurde. Erinnert sei nochmals an die Passage im *Physiologus*: »Der Basilisk deutet auf den menschentötenden Teufel hin. Denn es kam der Teufel [...]« und er [sprach] »in der Gestalt der giftbringenden Schlange«.

Eine ähnliche Verbindung zwischen Basilisk und Schlangen einerseits[38] und dem Basilisken als Metapher für Böses selbst aus der Distanz stellt im Übrigen schon der römische Historiker Ammianus Marcellinus her (ca. 330–ca. 395/400), wenn er über den Höfling des Kaisers Valentinian I. (reg. 364–375 n. Chr.), Maximinus, schreibt, dass dieser gefährlich war selbst aus der Entfernung wie der Basilisk (*etiam longius nocens, ut basilisci serpentes*).[39]

Der Drache wiederum bringt nach Gregor von Tours im Jahr 590 die Pest, der als eines der ersten Opfer auch Papst Pelagius II. erliegt, nach Rom.[40]

Drache und Basilisk sind offensichtlich uralte Motive, die schon im alten Ägypten greifbar[41] und auch in der antiken Mythologie fassbar sind. Die Unterschiede zwischen bzw. die Übergänge zu verschiedenen ähnlichen tatsächlichen Tier- oder Fabelwesen sind dabei fließend. So sind Basilisken, Schlangen oder Drachen schon in der Antike nur schwer voneinander zu unterscheiden. Beide werden von den antiken Autoren als »Unterarten« von Schlangen aufgefasst. Unabhängig von der vorgestellten Erscheinungsform wurden Drachen und Basilisken – anders als etwa in China, wo es den Glücksdrachen gibt, wie überhaupt der Drache dort positiv konnotiert ist[42] – immer mit dem Bösen, dem Teuflischen in Verbindung gebracht.

DER BASILISK IN DER CHRISTLICHEN IKONOGRAFIE DES MITTELALTERS

Das Vorkommen des Basilisken in der christlichen Ikonografie scheint im engen Zusammenhang mit Psalm 90 [91],13 zu stehen. So wird die oben zitierte Stelle mit den vier Tieren Löwe, Drachen, Aspis und Basilisk christologisch gedeutet, wobei die Wesen als die Grundübel gelten, die Christus überwindet. Während in frühchristlichen Darstellungen dieses Themas Drache, Aspis und Basilisk noch schlangenartig aussehen,[43] werden sie im Frühmittelalter bereits differenzierter abgebildet. Die bekanntesten Darstellungen sind auf Buchdeckeln aus Elfenbein überliefert:[44] so auf einem der Buchdeckel des Lorscher *Evangeliars* aus dem beginnenden 9. Jahrhundert (Bibliotheca Apostolica Vaticana, Pal. lat. 50) und auf einem Buchdeckel aus Genoelselderen (Musée Royaux d'Arts et d'histoire, Brüssel) (Abb. 7).[45] Bei beiden steht Christus als Triumphator mit Kreuzesstab und/oder Buch auf dem Löwen und dem Drachen, die von einer Schlange, der Aspis, und einem zweiten Wesen, dem Basilisken, begleitet werden. Während das Relief im Vatikan noch eine drachenartige Bestie als Basilisken zeigt, beinhaltet das Brüsseler Stück ein hahnenähnliches Geschöpf.

Wie auch die antiken Quellen spezifizieren die des Mittelalters das Aussehen des Basilisken nicht. Seit dem 12. Jahrhundert lassen sich Textquellen nachweisen, die vom Basilisken als Mischwesen aus Hahn und Schlange sprechen.[46] Obwohl auf dem Buchdeckel von Genoelselderen bereits ein Hahnenwesen auftaucht, bleibt die Genese dieser Darstellungsvariante des Basilisken im Dunkeln.[47] Johannes Cassianus (um 360–430/435) sieht es in *De Incarnatione Christi* als unzweifelhaft,[48] »daß aus den Eiern der Vögel, welche man in Ägypten Ibis nennt, die Basiliskenschlangen entstehen« (7, Kap. 5).⁴⁹ Das greift nochmals Theophylactus Simocatta im siebten Jahrhundert in seinen *Quaestiones physicae* auf, dann lassen sich bisher für einen Zeitraum von 500 Jahren Texte, die sich auf die Geburt des Basilisken aus einem Vogelei beziehen, nicht mehr nachweisen.⁵⁰

Als frühester Beleg für die Abstammung des Basilisken vom Hahn gilt die Beschreibung des Theophilus Presbyter (um 1070–nach 1125). In seiner um 1110/1120 entstandenen *Schedula Diversis* (3, 48) beschreibt er die Zucht der Basilisken, deren zu Asche verbrannte Körper der gelehrte Mönch und Goldschmied zur Herstellung von *aurum hispanicum*/spanisch Gold benötigt.⁵¹ So soll man zwei alte Hähne von zwölf und 15 Jahren zur Paarung in eine Höhle sperren.

»Habent sub terra domum superius et inferius et ex omni parte lapideam, cum duabus fenestellis, tam brevibus, ut vix aliquid, appareat per eas; in quam ponunt duos gallos veteres duodecim aut quindecim annorum, et dant eis sufficienter cibum.«⁵²

Die beiden Hähne, so Theophilus, begatten sich gegenseitig und die Eier aus dieser Verbindung soll eine Kröte ausbrüten. Daraufhin schlüpfen männliche Küken, denen nach sieben Tagen Drachenschwänze wachsen.

Während Theophilus hier einen Anhaltspunkt zum Erscheinungsbild des Mischwesens gibt, beschränkt sich Hildegard von Bingen (1098–1179) wohl nur wenig später auf die Geburt und die Auswirkungen des Basilisken.⁵³ In der zwischen 1150 und 1160 entstandenen *Physica* schreibt sie im achten Buch über die Reptilien, dass eine Kröte das Ei einer Schlange oder eines Huhns ausbrütet:⁵⁴ »Der Basilisk entsteht aus gewissen Würmern, die etwas von teuflischem Gewerk haben, wie die Kröte. [...] Als die Kröte Leben im Ei sah, floh sie, das Junge aber zerbrach die Schale und schlüpfte aus, gab aber sogleich einen Hauch wie heftiges Feuer, ähnlich dem Donner und Blitz von sich. Bis zum völligen Auswachsen gräbt es sich fünf Zoll tief in den Boden, dann kommt es wieder hervor und tödtet Alles was ihm in den Weg kommt. Wo ein todter Basilisk verfault, [...], verbreitet er Verderben, Unfruchtbarkeit und Pestkrankheiten.«⁵⁵

Der Annahme, dass der Basilisk aus einem Hahnenei enstanden sei, folgen auch Alexander Neckam (1157–1217), Bartholomaeus Anglicus de Glanville (vor 1230–nach 1250) und Vincenz von Beauvais (um 1187–um 1264).⁵⁶ Kirchenlehrer Albertus Magnus (um 1200–1280) verwarf die Hahnentheorie zwar als »falsch und unmöglich«⁵⁷, dennoch etablierte sich die Vorstellung als tödliches Mischwesen aus Hahn und Schlange,⁵⁸ die sich auch in der Ikonografie des Fabelwesens durchsetzt und bis in die frühe Neuzeit fortlebt.⁵⁹

Die Mehrheit der Basiliskendarstellungen kommt in illuminierten Manuskripten (Abb. 8) – dort ab dem 13. Jahrhundert vor allem in Bestiarien – und in der Bauplastik vor. In der Romanik wird der Basilisk als Hahn mit Schlangenschwanz oder dem eines Kriechtieres dargestellt.⁶⁰ So reiht sich an einem ursprünglich

[7] Buchdeckel aus Genoelselderen (BEL), wohl 8. Jh. Elfenbein, Kgl. Museen für Kunst und Geschichte Brüssel. Der Basilisk erscheint hier in Hahnengestalt.

[7]

[8] Basilisk und Regulus. In: Bestiarius – Bestiarium von Ann Walsh, England 15. Jh., Kgl. Bibliothek Kopenhagen, GKS 1633 4°, Fol. 51r

[9] Knauf des Elisabethschreins (Detail) mit der Darstellung eines Basilisken, vor 1235, Elisabethkirche Marburg

aus dem Languedoc-Roussillon stammenden Portal ein Basilisk in verschiedene andere Fabelwesen ein. Erkennbar ist eine Art Hahn mit aufgestelltem Kamm und einem langen dünnen Schwanz, in den er sich selbst beißt.[61] Das Tier entspricht also dem Aussehen, wie wir es nach der Lektüre von Theophilus' Text annehmen dürfen. Auch die Darstellung eines Basilisken auf dem Elisabethschrein in der Elisabethkirche zu Marburg ist eindeutig (Abb. 9). Der Körper und der Kopf sind die eines Hahnes, der Schwanz besitzt jedoch die Form eines Reptilienschwanzes und die Füße scheinen mit Schwimmhäuten besetzt: das dargestellte Wesen spiegelt tatsächlich die Erzählungen aus den Textquellen bildhaft wider.

Immer wieder werden Darstellungen von Fabelwesen als Basilisken angsprochen, die wohl nicht eindeutig als solche identifizierbar sind.[62] So zeigt ein Kapitell in Hamersleben (Abb. 10) ein vogelähnliches Tier, dessen Schwanz ebenfalls lang ausgezogen ist. Auf ihm steht ein Raubtier, das es in den Nacken beißt und offensichtlich dabei ist, den Sieg über das Fabelwesen davon zu tragen. Die Darstellung wird sowohl als die des Basilisken[63] als auch als Drachendarstellung[64] angesprochen. Auch der romanische Taufstein aus Freudenstadt trägt auf der Wandung Figuren (Abb. 11). Ein Tier mit einem in einer Blüte endenden Schwanz wird sowohl als Basilisk[65] als auch als Drache[66] angesprochen. In beiden Fällen handelt es sich um geflügelte Wesen mit einem langen Schwanz und einem Paar Beinen. Sie sind gefiedert, die Köpfe aber gleichen nur bedingt einem Hahn. Besitzen sie doch eher runde Schnauzen und Ohren.

Hier stellt sich nun die Frage, ob und wie sich ein Basilisk im Erscheinungsbild vom Drachen unterscheidet. Im Mittelalter wurden Drachen auf die verschiedenste Art und Weise dargestellt und bieten so eine riesige Bandbreite an möglichen Erscheinungsformen. Das Bild des Drachen speist sich aus den verschiedensten Textvorlagen, für das Mittelalter grundlegend sind hierbei Isidor von Sevilla, der *Physiologus* und Bibelkommentare. Zugrunde liegen dem Prinzip des Drachens die Schlangen, unter die sie seit Isidor und dem *Physiologus* eingeordnet werden.[67] Wie auch die Basilisken kommen Drachendarstellungen ab dem 13. Jahrhundert in den Bestiarien vor, wo auch sie zu den Schlangen zählen (Abb. 12).[68] Ihre Körper setzen sich in den Bildern aus Körperteilen zusammen, die die Eigenschaften illustrieren, die dem Fabelwesen in den Texten zugesprochen werden. Dabei entstand jedoch kein »Prototyp«, sondern die Eigenschaften variieren.[69] Der Drache kann Beine, Flügel, Giftzähne, Haare oder Schuppen besitzen – oder eben nicht. Manche besitzen

[10] Kapitell mit Basilisk oder Drachen, um 1120/1140, Hamersleben, St. Pankratius

[11]

[12]

[11] Romanischer Taufstein mit Tierfries auf dem Kelch. Die Drachen werden auch als Basilisken angesprochen. Buntsandstein, um 1100, Alpirsbach oder Hirsau, heute: evangelische Stadtkirche Freudenstadt

[12] Drachen. Bestiarium, England, 1240–1250, The British Library London, Harley Ms. 3244, 59r

[13] Drachenfries an der Südwand der Stiftskirche zu Quedlinburg. Die hundsköpfigen Drachen werden von Schlangen in den Schwanz gebissen. 1060–1129.

[13]

ein starkes Gebiss, andere wiederum einen kräftigen Schwanz oder Hörner. In der Farbgebung scheint der Schwerpunkt auf gelb oder grün zu liegen, einige sollen rote Augen haben.[70] In der bildenden Kunst überwiegen seit dem 12. Jahrhundert zweibeinige, geflügelte Drachen, wobei die Flügel denen der Vögel ähneln.[71] Oft begegnen dem Betrachter Wesen mit hundeähnlichen Köpfen.[72]

Zurück zur eingangs gestellten Frage nach der Bezeichnung der Gerbstedter Figuren als Basilisken oder Drachen: die Wesen aus Stuck besitzen kaum visuelle Übereinstimmungen mit Merkmalen von Basilisken aus den Erläuterungen der Textquellen. Auch ähneln sie kaum den eindeutig identifizierbaren Darstellungen der Basilisken in der bildenden Kunst. Die gefiederten Flügel und die Zweibeinigkeit sind lediglich schwache

Hinweise auf ein vogel- oder hahnenähnliches Tier. Die Figuren in Gerbstedt besitzen eher hundeähnliche Köpfe. Solche begegnen z. B. in den Friesen der Stiftskirche St. Servatius zu Quedlinburg, die zwischen 1070 und 1129 entstanden sein müssen (Abb. 13). Auch die Drachen, die in Hamersleben an den Kapitellen ausgeführt wurden, haben raubtierähnliche Köpfe. Stilistisch lassen sich die in der ersten Hälfte des 12. Jahrhunderts entstandenen Skulpturen[73] zwar mit der Gerbstedter Stuckplastik nicht vergleichen, jedoch sind die Hamerslebener Drachen ein weiteres Beispiel für das gestalterische Grundprinzip, das z. B. bei Skulpturen aus der Zeit in Goslar (Abb. 14) angewandt wurde, sich aber gleichermaßen in der Buchmalerei wiederfindet (Abb. 15). Sie alle zeigen den mit Perlstab verzierten Leib, die zahnbestandenen Köpfe mit langen Schnauzen und gefiederte Flügel, die manchmal mit einem Band im oberen Bereich dekoriert sind. Sie können die langen Hälse ineinander verschlingen oder besitzen lange, reptilienartige Schwänze, die sich kunstvoll schlängeln, ineinander wickeln sowie von anderen Wesen gefressen oder ausgespien werden können.

In der christlichen Symbolik kommt Drachen zumeist eine negative Konnotation zu, d. h., er steht für das Böse und Gottlose.[74] Vor allem liegt dieser Interpretation der biblische Drachen der Apokalypse (Offb 12,9) zugrunde, der hier mit der Schlange aus der Genesis und wörtlich dem Teufel gleichgesetzt wird.[75] Während der Drache im *Physiologus* keinen eigenen Eintrag erhalten hat,[76] erfährt er später in den Bestiarien wieder mehr Beachtung. Auch hier kommt ihm die Symbolik des Bösen zu, das sich dem Christentum entgegenstellt. Am offensichtlichsten in der Bemerkung, dass der Drache so stark sei, dass er sogar Elefanten zu töten vermag. Im Gegenzug wird bei den Artikeln zum Elefanten vermerkt, dass der Drache das einzige Tier sei, das den Elefanten besiegen könne.[77] Darstellungen von Drachen an Sakralbauten können also zum einen die Funktion besessen haben, den Kirchenbesucher an das Böse, das Christus besiegt hat, zu erinnern. Der Gläubige hat zugleich eine Mahnung daran vor Augen, dass er im täglichen Leben dem Bösen und damit der Sünde gegenüber steht. Gleichzeitig wird Darstellungen von Drachen – wie auch von anderen Fabelwesen – apotropäische Wirkung zugeschrieben.[78] Die Skulpturen sollen böse Geister und Dämonen vom Gebäude fernhalten, ähnlich wie der tatsächliche Basilisk die Spinnen aus dem Tempel des Apelles fernhalten konnte. In Friese eingeschriebene Drachen erinnern auch an rein ornamentale, um den Bau führende Bän-

der.[79] Als Zeichen des Bindens böser Mächte verstärkt diese Form nochmals den unheilabwehrenden Charakter der Drachenfiguren.

Die Interpretation der Fabelwesen des Gerbstedter Bestands von Stuckplastik als Basilisken lässt sich wohl nicht halten. An dieser Stelle kann jedoch gezeigt werden, dass die Erzählung und Darstellung von Drachen und von Basilisken eine lange Tradition von der Antike bis heute besitzen. Der Basilisk, der – wie gezeigt werden kann – einst als eines der gefährlichsten Tiere anzusehen war, löst bis heute wahrscheinlich eine schaurige Faszination aus, die vielleicht auch dazu beiträgt, dass Drachenfiguren zuweilen als Basilisken bezeichnet werden. Der kurze typologische Vergleich zeigt zudem, dass die Gerbstedter Figuren sich in eine Gruppe von Drachendarstellungen des Hochmittelalters einfügen, die sowohl in der Bauplastik als auch in der Buchmalerei vorkommen.

[14] Maskenkapitell (sog. Hartmannus-Kapitell) mit Drachen, 1126/1150, Vorhalle Stiftskirche St. Simon und Judas, Goslar

etur michi p singulos dies · u est deus tuus · us ·

Kyrie leyson **A** e v i a **C**onfitemini do mino
quoniam bonus quo niam in seculum misericordia ei us ·

Laudate dominum **IN DIE SANCTO**

ESUR REX I

E t adhuc tecu
sum a e v i a
posuisti super
me manum tu
am a e v i a · mi
rabilis facta
est scientia tua
a e v i a a e v i a
Domine pbasti me
& cognouisti me ·
tu cognouisti sessi
one mea & resurre
ctionem meam · **GR**

Hec di es
quam fe
cit do minus exulte mus & lete mur in
e a · **C**onfitemini do mi no quo niam
bo nus quoniam insec culum misericor dia ei
us · **A**e v i a

Pascha nos

ANMERKUNGEN

1 Während in den Publikationen immer die Bezeichnung »Drachen« verwendet wurde, kam es in den mündlichen Debatten immer wieder zu der Ansprache als Basilisk.

2 Eine Zusammenstellung der Quellen zum Basilisk bei Wellmann 1897, S. 100f. s. v. Basilisk, zum Drachen (Drakon) Ogden 2013.

3 Walla 1969, bes. S. 197f. (Verzeichnis sämtlicher antiker Phönix-Zitate); Pernicka/Reichenberger 2016, S. 353–358, bes. S. 353–355.

4 Rowling 1999; Zu »Basilisken in der Literatur des 20. Jahrhunderts« s. Sammer 1998, S. 91–99.

5 Septuaginta, Psalm 90, 13; Rahlfs 2006, S. 100; Vulgata, Psalm 90, 13; Weber/Gryson 2007, S. 887. – Die hier gebotene Übersetzung nach Hamp/Stenzel 1966, S. 692.

6 Sammer 1998, S. 42 (mit Einzelbelegen); in der Septuaginta finden sich anstatt βασιλίσκος andere Bezeichnungen.

7 Ogden 2013, S. XVII.

8 Diese und weitere Quellen zusammengestellt bei Ogden 2013, S. 125–133.

9 Vielfach abgebildet, vgl. etwa Simon 1976, S. 119f. Nr. 163 Taf. 163; Ogden 2013, S. 125 Fig. 13.

10 Musei Vaticani, Museo Gregoriano Etrusco, Inv.-Nr. 16545; Simon 1976, S. 119.

11 So z. B. der Nemeische Drache: Abb. bei Ogden 2013, S. 119 Fig. 12 oder Herakles bei der Rettung der Hesione: ebd. S. 153 Fig. 17.

12 Ogden 2013; Sammer 1998, S. 10–14; vgl. auch den aufschlussreichen Artikel von Alexander 1963, S. 170–181, der neben der Angabe weiterer Quellen versucht, eine Reihe von dem Basilisken zugeschriebenen Eigenschaften auf missverstandene Beobachtungen und Interpretationen realer Tiere zurückzuführen, z. B. das Töten aus der Distanz auf Kenntnisse (wohl aus zweiter Hand) der Speikobra. Rakoczy 1996, bes. S. 176 Anm. 637 weist darauf hin, dass verschiedene Arten von Speikobras ihr Gift in zwei parallelen Strahlen auf ihre Opfer spritzen und dabei auf die Augen zielen. Er sieht darin eine der Erklärungen dafür, dass Schlangen und schlangenartigen Fabelwesen, wie dem Basilisken, die Macht des »Bösen Blickes« zugeschrieben wurde.

13 Plin. nat. hist. 8, 78 und 29, 66.

14 So der Arzt Galen (129–199 n. Chr.); Sammer 1998, S. 11 mit Anm. 16 (dort Beleg); weitere Belege bei Wellmann 1897.

15 Gal. XII, 250; Wellmann 1897, S. 100. – Zur Person des Xenokrates s. Touwaide 2003, S. 624 s. v. Xenokrates 6.

16 Vgl. hierzu auch Lucan. 9, 828–833: »Der beklagenswerte Murrus trieb seinen Speer durch einen Basilisken – doch was half's? Rasch lief das Gift am Spieß empor und drang in seine Hand. Er zückt sofort das Schwert und schlägt sich mit einem Hieb den Arm genau an der Schulter ab. Er ist gerettet und schaut zu, wie seine Hand zerstört wird – ein entsetzliches Abbild des eigenen Sterbens!« – Übersetzung Luck 1985, S. 460f. Ähnlich auch Ailianos (Claudius Aelianus; ca. 170–ca. 240 n. Chr.; Nickel 2006, S. 712) in seiner Schrift Περὶ ζῴων ἰδιότητος (De natura animalium): »Wenn ein Mensch einen Stock in seiner Hand hält und ein Basilisk darauf beißt, stirbt der Besitzer des Stockes.« Zitiert nach Sammer 1998, S. 11 mit Anm. 7.

17 Plin. nat. hist. 8, 78f.; Übersetzung König/Winkler 1976, S. 64–67.

18 Sallmann 1979, S. 260f. s. v. Solinus, hier bes. S. 260; s. zu Solinus' Werk und Quellen auch Brodersen 2014, S. 7–9. Er datiert das Werk »wohl ins spätere 3. Jahrhundert«.

19 Sallmann 1979, S. 260.

20 Nickel 2006, S. 162; Sallmann 1979, S. 261; Brodersen 2014, S. 8.

21 Solin. XXVII, 50–53; Brodersen 2014, S. 208–211.

22 Isid. orig. 12, 4, 1 (»Von den Schlangen«; Möller 2008, S. 462); bes. Isid. orig. 12, 4, 4 (Drache) und 12, 4, 6–9 (Basilisk) (=Möller 2008, S. 463f.).

23 Dieser Aspekt findet sich im Übrigen auch schon bei Lucan (39–65 n. Chr.) in seiner Pharsalia (De bello civili): »Auch den Drachen (dracones), die, golden schimmernd und glänzend, in allen andern Ländern als harmlose Gottheiten herumkriechen, gibt das heiße Afrika tödliche Wirkung. Sie atmen die Luft des Himmels mit seinen Vögeln ein, verfolgen ganze Rinderherden, winden sich um mächtige Stiere und bringen sie durch Schwanzhiebe zum Platzen, und selbst massige Elefanten sind vor ihnen nicht geschützt; alles liefern sie dem Tod aus, und um zu morden, brauchen sie kein Gift« (Lucan. 9, 728–733). – Ähnliches berichtet Diodorus Siculus (1. Hälfte 1. Jahrhundert v. Chr.) von großen Schlangen, allerdings als Gerücht: »Sie [i. e. die Aethiopier] versichern, in ihrem Lande könne man Schlangen sehen, die so groß seyen, daß sie nicht nur Kühe und Stiere und andere Thiere von derselben Größe aufzehren, sondern sogar den Kampf mit dem Elephanten wagen. Die Schlange, sagen sie, wickle dem Elephanten ihre Ringe um die Beine, so daß er sich nicht mehr damit bewegen könne, und halte, mit aufgerichtetem Halse, ihren Kopf gerade unter dem Rüssel dem Gesicht des Elephanten entgegen; durch ihre feurigen Augen, die wie Blitze Strahlen schießen, werde er geblendet, und falle zu Boden; so überwältige sie das Thier und fresse es auf« (Diod. 3, 37, 9); Übersetzung Wurm 2014, S. 199. – Lucan erwähnt – unter zahlreichen anderen »Schlangen«-Arten – auch den Basilisken als eigene »Art«: »der Basilisk (basiliscus), der mit seinem Zischen alle andern Giftschlangen erschreckt« (Lucan. 9, 726); Luck 1985, S. 454f.

24 Plin. nat. hist. 29, 66; Übersetzung König/Hopp 1991, S. 56–59.

25 Zu Pseudo-Apuleius oder Apuleius platonicus s. Brodersen 2015, bes. S. 11.

26 Brodersen 2015, S. 14.

27 Pseud.-Apul. 130; Brodersen 2015, S. 201.

28 Treu 1998, S. 111.

29 Hiltbrunner 1979 a, S. 840f. s. v. Physiologus; Nickel 2006, S. 732.

30 Physiologus 50; Treu 1998, S. 94–96.

[15 linke Seite] Initiale mit einem Drachen aus dem »Stammheimer Missale«, Hildesheim, wohl 1170er Jahre, Paul Getty Museum, Inv.-Nr. 97.MG.21 (Ms. 64, Fol. 36r)

31 Der böse Blick hat eine lange Geschichte bis in die Gegenwart. Vgl. Seligmann 1909, bes. S. 126–133 (zu Reptilien); S. 141–149 (zu Basilisk und Drachen). – In der Tat handeln einige der frühesten Nachrichten – aus Ägypten – über den bösen Blick von Schlangen: Rakoczy 1996, S. 174 Anm. 629 mit weiterführender Literatur. Das griechische δράκων hängt vermutlich etymologisch mit δέρκομαι ins Auge fassen, anblicken zusammen: Liddel/Scott/Jones 1989 [1843], S. 448. – Vgl. hierzu auch Hom. Il. 22, 93–95, wo Hektor wie ein Drache (δράκων), der vor seiner Höhle schrecklich umherblickend (μερδαλέον δὲ δέδορκεν) auf sein Opfer, Achilleus, zum Kampf erwartet. – Dass der böse Blick auch Fabelwesen wie dem Basilisken und Drachen zugeschrieben wird, kann nicht verwundern, sondern ist vielmehr einer der Gründe für die Beliebtheit in antiken und mittelalterlichen Geschichten wie Darstellungen. Zu den antiken Belegen s. Rakoczy 1996, bes. S. 174–179.

32 Petzoldt 2014, S. 48.

33 Gebhardt /Ludwig 2005, S. 42 f.; zur Sagenüberlieferung allgemein Sammer 1998, S. 104–133; zum Drachen in der schriftlichen Überlieferung des Mittelalters Lecouteux 1979, S. 13–22.

34 Honegger 2019, S. 17 und 18 f. Table 1.

35 Vgl. etwa Ogden 2013, passim.

36 Petzoldt 2002, S. 129 f., bes. S. 129; Petzoldt 2014, S. 48.

37 Vgl. etwa Wegner 1990, S. 501–503, bes. S. 503 mit Abb. 419; von Berg 2017, S. 180–183.

38 »Serpentes quoque Aegyptus alit innumeras, ultra omnem perniciem saevientes: basiliscos et amphibaenas et scytalas, et acontias et dipsadas et viperas, aliasque complures, quas omnes magnitudine et decore aspis facile supereminens, numquam sponte sua fluenta egreditur Nili« (Egypt also breeds innumerable serpents, surpassing all their destructive kind in fierceness: basilisks, amphisbaenae, scytalae, acontiae, dipsades, vipers and many others, all of which are easily surpassed in size and beauty by the asp, which never of its own accord leaves the bed of the Nile.). – Amm. XXII, 14, 27; zitiert nach Rolfe 1986, Vol. II, S. 292 f.

39 Amm. XXVIII, 1, 41; Rolfe 1986, Vol. III, S. 112/113; zu Maximinus etwa Hiltbrunner 1979, Sp. 1112 s.v. Maximinus 3.

40 Greg. Tur. X, 1; vgl. Little 2007, S. 11 f.

41 Erstmalig fassbar sind Drachen bereits im alten Ägypten, wo sie den Gott Seth symbolisieren, der als »böser« Gott gilt und als Personifikation des Todes angesehen werden kann: Metzger 2012, S. 14; Rakoczy 1996, S. 174. – Nach der wohl im 5. Jahrhundert n. Chr. entstandenen Schrift (Helck 1979, Sp. 1216 f., hier Sp. 1216 s.v. Horapollon. – Nickel 2006, S. 414) des Horapollon, Hieroglyphika (ΙΕΡΟΓΛΥΦΙΚΑ) I, 1 entspricht der ägyptischen Uräusschlange im Griechischen der Basilisk (Thissen 2001, S. 2 f.); Horapollon erklärt in seiner Schrift (oftmals allerdings falsch) die Bedeutung zahlreicher Hieroglyphen (Thissen 2001, XIV–XXII). Nach ebd. II, 61 werde durch den Basilisk angezeigt, wenn jemand durch falsche Anschuldigung krank wurde: »[Wie sie einen Menschen darstellen, der durch falsche Anschuldigung verunglimpft und (davon) krank wurde] Wenn sie einen Menschen bezeichnen wollen, der durch falsche Anschuldigung verunglimpft und davon krank wurde, malen sie einen Basilisken; denn jener tötet die, die ihm nahekommen, mit seinem Hauch.« – Thissen 2001, S. 60 f.

42 Dazu etwa Honegger 2019, S. 60 mit Hinweis auf Zhao 1992.

43 Köhn 1937, Sp. 1488–1492; in: RDK Labor, (https://www.rdklabor.de/w/?oldid=89197; [10.02.2021]).

44 Köhn, 1937; Wehrhahn-Stauch 2015 (Sonderausgabe), Sp. 251–253.

45 Goldschmidt 1914, S. 8–9, Kat.-Nr. 1, Taf. I und Kat.-Nr. 13, S. 13–14, Taf. VII.

46 Alexander 1963, S. 177.

47 Alexander stellt bereits fest, dass die Quelle dieser Darstellungstradition es verdient, ihr nachzugehen (»deserves investigation«): Alexander 1963, S. 175; Wehrhahn-Stauch 2015, Sp. 252. Bei Claudius Aelianus wird aber vom Hahn als tödlichem Feind des Basilisken gesprochen. Treu/Treu 1982, S. 50 (= Ail. nat. 3,31).

48 Sammer 1998, S. 15; Sammer 1999, S. 135–159, hier S. 143.

49 Kohlhund 1879.

50 Alexander 1963, S. 177; Van Duzer 2013, S. 369–378.

51 Alexander 1963, S. 175–176; Carmassi /Lesser 2013, S. 47–49.

52 Zitiert nach: Ilg 1874, S. 221.

53 Köhn 1937; Sammer 1999, S. 143 f.; Petzold 2014, S. 30.

54 Köhn 1937; Sammer 1998, S. 16; dies. 1999, S. 144.

55 Zitiert nach: Berendes 1898, S. 106.

56 Zu weiteren Texttraditionen weiterführend Alexander 1963, S. 177–180.

57 So bei Sammer 1998, S. 16; dies. 1999, S. 144.

58 Ebd.

59 Köhn 1937; Wehrhahn-Stauch 2015, Sp. 252.

60 Köhn 1937; Alexander 1963, S. 175; Wehrhahn-Stauch 2015, Sp. 252.

61 In der Literatur wird der Schwanz als der eines Skorpions gedeutet. Vgl. Cohen 2019, S. 177–183, hier: S. 178 f. Abb. 61; Catalogue Entry, in: (https://www.metmuseum.org/art/collection/search/473682?searchField=AccessionNum&sortBy=Relevance&when=A.D.+1000-1400&ft=22.58.1a&offset=0&rpp=20&pos=1; zuletzt; 11.05.2021]).

62 An dieser Stelle sollen zwei zufällig ausgewählte Beispiele das Problem der Unterscheidung von Drachen und Basilisk verdeutlichen.

63 Köhn 1937; Leibbrand 1989, S. 128.

64 Schmidt/Schmidt 2018, S. 264 Anm. 11.

65 Wischermann 1987, S. 264.

66 Oberamt Freudenstadt 1858, S. 141.

67 Keil 2018, S. 61; Lecouteux,1979, S. 18; Morrison 2019, S. 4.

68 Morrison 2019, S. 4.

69 Honegger 2019, S. 8 f. (mit weiterführender Literatur); Lecouteux 1979, S. 28; Riches 2015, S. 102 f.

70 Lecouteux 1979, S. 23–28 mit Textzitaten als Belege.

71 Ebd. S. 27 f.

72 Schmidt/Schmidt 2018, S. 42 f.

73 Zur Datierung vgl. Krause 2007; Schöne 1999.

74 Lucchesi Palli 2012, Sp. 516–524; Stauch 1955, Sp. 342–366.

75 Vgl. dazu mit weiterführender Literatur auch Honegger 2019, S. 37–39.

76 Er kommt im Zusammenhang mit anderen Tieren aber durchaus vor.

77 Morrison 2019, S. 4.

78 Vgl. dazu Keil 2018, S. 66 (mit grundlegender Literatur).

79 Schmidt/Schmidt 2018, S. 26.

LITERATUR

ALEXANDER 1963
Alexander, R. McN.: The Evolution of the Basilisk, in: Greece & Rome Vol. 10, No. 2, 1963, S. 170–181

BERENDES 1898
Berendes, Julius: Die Physica der heiligen Hildegard, Wien 1898, S. 106 (https://doi.org/10.24355/dbbs.084-201011170743-0; zuletzt: 11.05.2021)

VON BERG 2017
von Berg, Axel: Die Drachenstandarte aus dem Kastelldorf von Niederbieber, in: von Berg, Axel/Schwab, Michael (Hrsg.): vorZEITEN. 70 Jahre Landesarchäologie Rheinland-Pfalz, Regensburg 2017, S. 180–183

BRODERSEN 2014
Brodersen, Kai (Hrsg.): Gaius Iulius Solinus, Wunder der Welt. Lateinisch und deutsch. Eingeleitet, übersetzt und kommentiert von Kai Brodersen, Darmstadt 2014

BRODERSEN 2015
Brodersen, Kai: Apuleius, Heilkräuterbuch/Herbarius. Lateinisch und deutsch, Wiesbaden 2015

CARMASSI/LESSER 2013
Carmassi, Patrizia/Lesser, Bertram: Die Überlieferung des sogenannten »Theophilus« in der Herzog August Bibliothek am Beispiel von Cod. Guelf. 1127 Helmst, in: Speer, Andreas (Hrsg.): Zwischen Kunsthandwerk und Kunst – Die ›Schedula diversarum artium‹ (= Miscellanea Mediaevalia 37), Göttingen 2013, S. 22–51

COHEN 2019
Cohen, Meredith: The Bestiary beyond the Book, in: Morrison, Elizabeth/Grollemond, Larisa (Hrsg.): Book of beasts. The bestiary in the medieval world, Los Angeles 2019, S. 177–183

GEBHARDT/LUDWIG 2005
Gebhardt, Harald/Ludwig, Mario: Von Drachen, Yetis und Vampiren. Fabeltieren auf der Spur, München 2005

GOLDSCHMIDT 1914
Goldschmidt, Adolph: Die Elfenbeinskulpturen aus der Zeit der karolingischen und sächsischen Kaiser, VIII.–XI. Jahrhundert, Bd. 1, Berlin 1914

HAMP/STENZEL 1966
Hamp, Vinzent/Stenzel, Meinrad: Das Alte Testament nach den Grundtexten übersetzt und herausgegeben von Vinzenz Hamp und Meinrad Stenzel, Aschaffenburg [18]1966

HELCK 1979
Helck, Hans Wolfgang: Der Kleine Pauly 2, München [2]1979, Sp. 1216 f. s. v. Horapollon

HILTBRUNNER 1979
Hiltbrunner, Otto: Der Kleine Pauly 3, München [2]1979, Sp. 1112 s. v. Maximinus 3

HILTBRUNNER 1979a
Hiltbrunner, Otto: Der Kleine Pauly 4, München [2]1979, S. 840 f. s. v. Physiologus.

HONEGGER 2019
Honegger, Thomas: Introducing the Medieval Dragon (= Medieval Animals), Cardiff 2019

ILG 1874
Ilg, Albert (Hrsg.): Theophilus Presbyter: Schedula diversarum artium (= Quellenschriften für Kunstgeschichte und Kunsttechnik des Mittelalters und der Renaissance 7), Wien 1874

KEIL 2018
Keil, Wilfried E.: Romanische Bestiensäulen, Berlin 2018

KÖHN 1937
Köhn, Heinz: Basilisk, in: Reallexikon zur Deutschen Kunstgeschichte I (1937), Sp. 1488–1492; in: RDK Labor, URL: (https://www.rdklabor.de/w/?oldid=89197; zuletzt: 15.09.2021)

KÖNIG/HOPP 1991
König, Roderich/Hopp, Joachim (Hrsg.): C. Plinius Secundus d. Ä., Naturkunde. Lateinisch – deutsch. Bücher XXIX/XXX. Medizin und Pharmakologie: Heilmittel aus dem Tierreich, herausgegeben und übersetzt von Roderich König und Joachim Hopp, Darmstadt 1991

KÖNIG/WINKLER 1976
König, Roderich/Winkler, Gerhard (Hrsg.): C. Plinius Secundus d. Ä., Naturkunde. Lateinisch – deutsch. Buch VIII. Zoologie: Landtiere, herausgegeben und übersetzt von Roderich König in Zusammenarbeit mit Gerhard Winkler, Darmstadt 1976

KOHLHUND 1879
Kohlhund, Karl (Hrsg.): Sieben Bücher über die Menschwerdung Christi (De incarnatione Domini contra Nestorium), in: Sämtliche Schriften des ehrwürdigen Johannes Cassianus: zweiter Band, aus d. Urtexte übers. von Karl Kohlhund (= Bibliothek der Kirchenväter, 1 Serie, Band 68), Kempten 1879 (https://bkv.unifr.ch/works/277/versions/298/divisions/95597; zuletzt: 11.05.2021)

KRAUSE 2007
Krause, Hans-Joachim: Kath. Pfarr- und Stiftskirche St. Pankratius Hamersleben (= Kleine Kunstführer 1906), 5. veränd. Auflage, Regensburg 2007

LECOUTEUX 1979
Lecouteux, Claude: Der Drache, in: Zeitschrift für deutsches Altertum 108, 1979, S. 13–22

LEIBBRAND 1989
Leibbrand, Jürgen: Speculum bestialitatis: die Tiergestalten der Fastnacht und des Karnevals im Kontext christlicher Allegorese (= Kulturgeschichtliche Forschungen 11), München 1989

LIDDEL/SCOTT/JONES 1989
Liddel, Henry George/Scott, Robert/Jones, Henry Stuart: A Greek-English Lexicon. Compiled by Henry George Liddell and Robert Scott. Revised and augmented throughout by Sir Henry Stuart Jones with the assistence of Roderick McKenzie and with the co-operation of many scholars. With a Supplement 1968, Bristol 1989 [1843]

LITTLE 2007
Little, Lester K. (Hrsg.): Plague and the End of Antiquity. The Pandemic of 541–750, Cambridge 2007

LUCCHESI PALLI 2012 [1968]
Lucchesi Palli, Elisabetta: Drache, in: Lexikon der christlichen Ikonographie 1, Sp. 516–524

LUCK 1985
Luck, Georg (Hrsg.): Lukan, Der Bürgerkrieg. Lateinisch und deutsch, (= Schriften und Quellen der Alten Welt 34), Berlin 1985

METZGER 2012
Metzger, Paul: Der Teufel, Wiesbaden 2012

MÖLLER 2008
Möller, Lenelotte (Hrsg.): Die Enzyklopädie des Isidor von Sevilla, übersetzt und mit Anmerkungen versehen von Lenelotte Möller, Wiesbaden 2008

MORRISON 2019
Morrison, Elizabeth: The Medieaval Bestiary. Text and Illumination, in: Morrison, Elizabeth/Grollemond, Lisa (Hrsg.): Book of beasts. The bestiary in the medieval world, Los Angeles 2019

NICKEL 2006
Nickel, Rainer: Lexikon der antiken Literatur, Düsseldorf 2006

OBERAMT FREUDENSTADT 1858
Beschreibung des Oberamts Freudenstadt: mit drei Tabellen und einer Karte des Oberamts, einem Titelbild und einer Ansicht des wilden Sees, Stuttgart 1858

OGDEN 2013
Ogden, Daniel: Dragons, Serpents, and Slayers in the Classical and Early Christian Worlds. A Sourcebook, Oxford/New York 2013

PERNICKA/REICHENBERGER 2016
Pernicka, Ernst/Reichenberger, Alfred: Eine angebliche Alchemistenmünze von Plötzkau, in: Meller, Harald/Reichenberger, Alfred/Wunderlich, Christian-Heinrich (Hrsg.): Alchemie und Wissenschaft des 16. Jahrhunderts. Fallstudien aus Wittenberg und vergleichbare Befunde. Internationale Tagung vom 3. bis 4. Juli 2015 in Halle (Saale) (= Tagungen des Landesmuseums für Vorgeschichte Halle 15), Halle (Saale) 2016, S. 353–358

PETZOLDT 2002
Petzoldt, Leander: Einführung in die Sagenforschung, Konstanz ³2002

PETZOLDT 2014
Petzoldt, Leander: Kleines Lexikon der Dämonen und Elementargeister, München ⁵2014

RAHLFS 2006
Rahlfs, Alfred (Hrsg.): (O'). Septuaginta. Id est Vetus Testamentum graece iuxta LXX interpretes. Duo volumina in uno. Volumen II. Libri poetici et prophetici, Stuttgart ²2006

RAKOCZY 1996
Rakoczy, Thomas: Böser Blick, Macht des Auges und Neid der Götter. Eine Untersuchung zur Kraft des Blickes in der griechischen Literatur (= Classica Monacensia. Münchener Studien zur Klassischen Philologie 13), Tübingen 1996

RICHES 2015
Riches, Samantha: St. Georges. A saint for all, London 2015

ROLFE 1986
Rolfe, John C. (Hrsg.): Ammianus Marcellinus with an English Translation by John C. Rolfe in three volumes, Cambridge, Mass./London 1986

ROWLING 1999
Rowling, Joanne K.: Harry Potter und die Kammer des Schreckens, Hamburg 1999

SALLMANN 1979
Sallmann, Klaus: Der Kleine Pauly 5, München ²1979, Sp. 260 f. s. v. Solinus

SAMMER 1998
Sammer, Marianne: Der Basilisk. Zur Natur- und Bedeutungsgeschichte eines Fabeltieres im Abendland, München 1998

SAMMER 1999
Sammer, Marianne: Basilisk – regulus: eine bedeutungsgeschichtliche Skizze, in: Müller, Ullrich/ Wunderlich, Werner (Hrsg.): Dämonen, Monster, Fabelwesen (= Mittelalter-Mythen 2), St. Gallen 1999, S. 135–159

SCHMIDT/SCHMIDT 2018
Schmidt, Heinrich/Schmidt, Margarethe: Die vergessene Bildersprache christlicher Kunst. Ein Führer zum Verständnis der Tier-, Engel- und Mariensymbolik (= C. H. Beck Paperback 1741), München ²2018

SCHÖNE 1999
Schöne, Anne-Christin: Die romanische Kirche des ehemaligen Augustinerchorherrenstiftes in Hamersleben (= Veröffentlichung der Abteilung Architekturgeschichte des Kunsthistorischen Instituts der Universität zu Köln 68), Köln 1999

SELIGMANN 1909
Seligmann, Siegfried: Der böse Blick. Geschichte des Aberglaubens aller Zeiten und Völker, Wien 1909

SIMON 1976
Simon, Erika: Die griechischen Vasen. Aufnahmen von Max und Albert Hirmer, München 1976

STAUCH 1955
Stauch, Liselotte: Drache, in: Reallexikon zur Deutschen Kunstgeschichte IV (1955), Sp. 342–366; in: RDK Labor, (https://www.rdklabor.de/w/?oldid=93038; zuletzt:10.02.2021)

THISSEN 2001
Thissen, Heinz Josef: Des Niloten Horapollon Hieroglyphenbuch. Bd. I: Text und Übersetzung, herausgegeben und übersetzt von Heinz Josef Thissen (= Archiv für Papyrusforschung und verwandte Gebiete, Beiheft 6), Leipzig 2001

TOUWAIDE 2003
Touwaide, Alain: Der Neue Pauly 12/2, Stuttgart/Weimar 2003, S. 624 s. v. Xenokrates 6

TREU 1998
Treu, Ursula: Physiologus, Naturkunde in frühchristlicher Deutung aus dem Griechischen übersetzt und herausgegeben von Ursula Treu, Hanau ³1998

TREU/TREU 1982
Treu, Ursula/Treu, Kurt (Hrsg.): Aelianus, Claudius, Die tanzenden Pferde von Sybaris. Tiergeschichten. Aus dem Griechischen. Auswahl, Übersetzung, Nachwort und Register von Ursula und Kurt Treu, Leipzig 1982

VAN DUZER 2013
Van Duzer, Chet: An Arabic source for Theophilus's recipe for spanish gold, in: Speer, Andreas (Hrsg.): Zwischen Kunsthandwerk und Kunst – Die ›Schedula diversarum artium‹ (= Miscellanea Mediaevalia 37), Göttingen 2013, S. 369–378

WALLA 1969
Walla, Marialuise: Der Vogel Phoenix in der antiken Literatur und der Dichtung des Laktanz (= Dissertationen der Universität Wien 29), Wien 1969

WEBER/GRYSON 2007
Weber, Robert/Gryson, Roger (Hrsg.): Biblia sacra iuxta Vulgatam versionem, Stuttgart ⁵2007

WEGNER 1990
Wegner, Hans-Helmut: Neuwied-Niederbieber, in: Cüppers, Heinz (Hrsg.): Die Römer in Rheinland-Pfalz, Stuttgart 1990, S. 501–503

WEHRHAHN-STAUCH 2015 [1968]
Wehrhahn-Stauch, Liselotte: Basilisk, in: Kirschbaum, Engelbrecht (Hrsg.): Lexikon der christlichen Ikonographie 1, Freiburg i. Br. 2015 (Sonderausgabe), Sp. 251–253

WELLMANN 1897
Wellmann, Max: Basilisk, in: Wissowa, Georg (Hrsg.): Paulys Real-Enzyklopädie der classischen Altertumswissenschaft III 1, Stuttgart 1897, Sp. 100–101

WISCHERMANN 1987
Wischermann, Heinfried: Romanik in Baden-Württemberg, Stuttgart 1987

WURM 2014
Wurm, Julius Friedrich: Diodors Historische Bibliothek. In der Übersetzung von Julius Friedrich Wurm, Wiesbaden 2014

ZHAO 1992
Zhao, Qiguang: A Study of Dragons, East and West (= Asian Thought and Culture 11), New York 1992

ABBILDUNGSNACHWEIS

LDA Sachsen-Anhalt: 1 (Josep Soldevilla Gonzáles); 14 (Susanne Kimmig-Völkner)

© Shii, Public domain, via Wikimedia Commons: 2

© CC BY-SA 3.0, Zacke82, https://commons.wikimedia.org/wiki/File:Klagenfurt_Lindwurmbrunnen_2009.jpg: 3

© Carl Linnaeus, Public Domain via Wikimedia Commons: 4

GDKE, Direktion Landesarchäologie, Außenstelle Koblenz, Fotostudio Baumann: 5

GDKE, Direktion Landesarchäologie, Außenstelle Koblenz: 6

© Goodness Shamrock, Public domain, by Wikimedia Commons: 7

Königliche Bibliothek Kopenhagen, GKS 1633 4°, Fol. 51r: 8

Bildarchiv Foto Marburg: 9

Bildarchiv Foto Marburg/Foto: Gaasch, Uwe: 10, 13

Bildarchiv Foto Marburg/Foto: Hirmer, Albert/Ernstmeier-Hirmer, Irmgard: 11

British Library Board (Harley Ms. 3244, 59r): 12

Digital image courtesy of the Getty's Open Content Program: 15

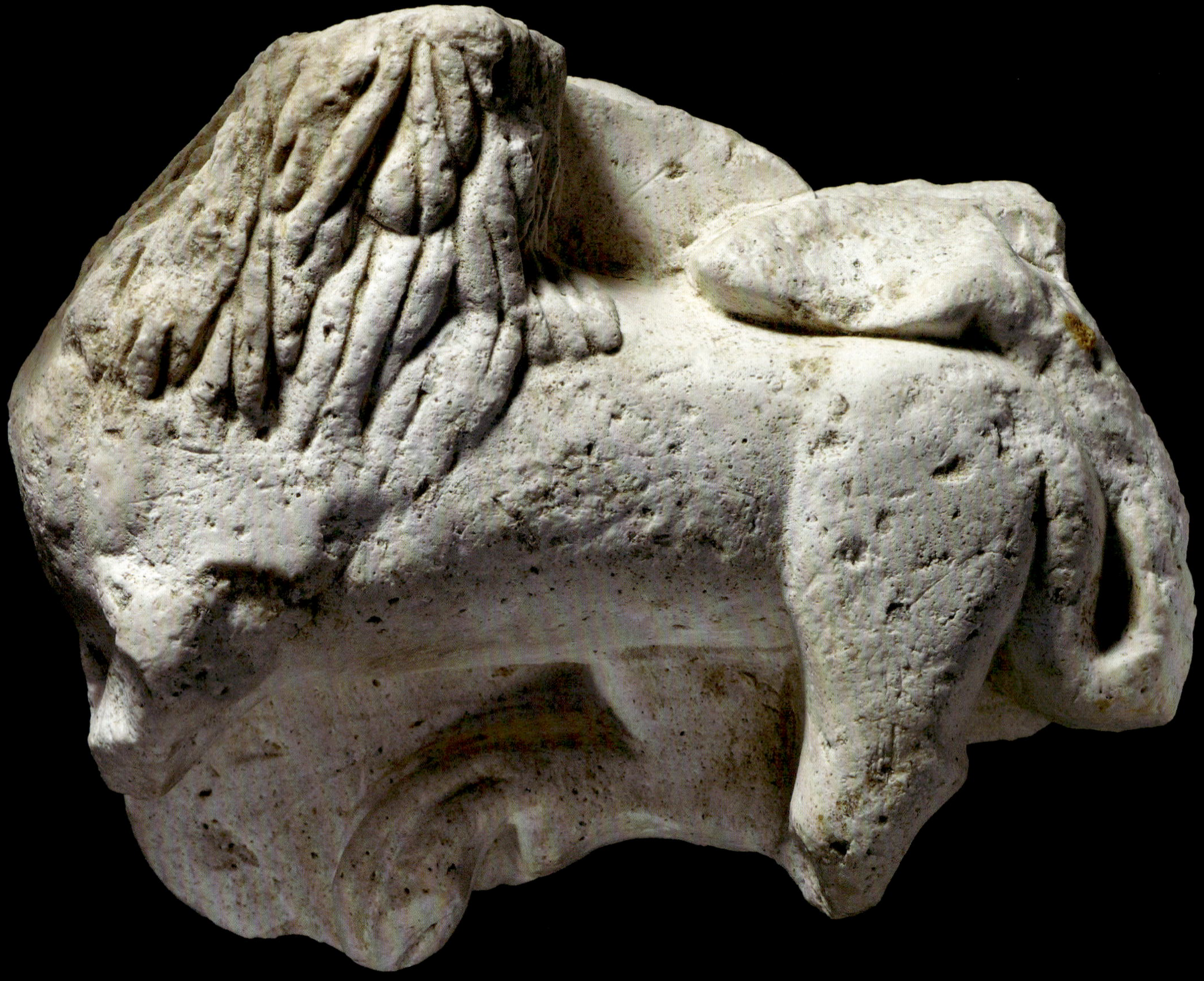

Datierung, Ikonographie und räumliche Verortung der Fragmente aus der Klosterkirche zu Gerbstedt

Susanne Kimmig-Völkner

Mit dem Fundkomplex aus der niedergegangenen Klosterkirche St. Johannes Baptist zu Gerbstedt ist ein umfangreicher Bestand von Fragmenten aus hochmittelalterlichem Hochbrandgips auf uns gekommen. Von den ca. 800 inventarisierten Stücken – die vom fingernagelgroßen Partikel bis zu Fragmenten von ca. 50 cm Kantenlänge variieren – können derzeit ca. 420 einem Motiv wie einem Fries, einer figürlichen oder szenischen Darstellung oder einer Kleinarchitektur zugeordnet werden. Im Folgenden soll versucht werden, den Bestand zu datieren und Vorschläge für ikonografische Deutungsmöglichkeiten zu unterbreiten. Als Anhaltspunkte für eine stilkritische Zuordnung dienen vor allem zwei Figuren aus dem Kloster Clus bei Bad Gandersheim und Fragmente aus der Quedlinburger Stiftskirche.

ZWEI APOSTELFIGUREN AUS DEM KLOSTER CLUS

Aus der Klosterkirche in Clus bei Bad Gandersheim stammen zwei Apostelfiguren, die sich heute in der Dauerausstellung des Portals zur Geschichte im nahegelegenen Kloster Brunshausen (Stadt Bad Gandersheim) befinden (Abb. 1).[1] Rüber-Schütte führt diese beiden Stücke vollkommen zu Recht als stilistische Parallele zu den Gerbstedter Fragmenten an,[2] weshalb ihnen an dieser Stelle nähere Betrachtung zukommen soll. Die beiden Figuren wurden in Antragstechnik über einem »gegossenen«[3] Kern gefertigt. Die Köpfe sind heute verloren.[4] Die Rückseiten der Figuren ohne bildhauerische Gestaltung weisen noch mehrere Ankerlöcher mit rechteckigem Querschnitt auf, die zur rückwärtigen Befestigung am Untergrund mit Hölzern dienten (Abb. 2).[5] Die beiden Figuren stellen in lange Tuniken gekleidete Männer dar, die in der Linken ein Buch vor der Brust halten. Über der Tunika tragen sie Obergewänder mit reich verzierten Borten, die um die Hüfte gegürtet sind. Ihre Mäntel mit breiten, kreuzblumenverzierten Borten haben sie lose über die Schultern gelegt. Während die Gewänder um die Oberkörper eng anliegen und flache Falten aufweisen, sind die Mäntel und die frei fallenden Partien der anderen Kleidungsstücke in tiefe vertikale Falten gelegt. Die Säume formen getreppte Falten und laufen in der Körpermitte jeweils zu Omegafalten zusammen. Stand- und Spielbeine der Figuren zeichnen sich deutlich unter der Kleidung ab. Die Falten, die nahe am Körper liegen, sind fast zeichnerisch durch ovale bzw. leicht trapezförmige eingeschnittene Linien gestaltet und die tiefen, vertikalen Falten der losen Kleidungsstücke besitzen spitzwinklig-dreieckige Querschnitte. Das Dekor der Borten und auch die Verzierung des Buches in Form von Kreuzblumen und Perlstäben sind ebenfalls tief eingeschnitten. Die Buchrücken zeigen zusätzlich florale Motive mit Bohrungen als Gestaltungselemente.

Die beiden Figuren[6] gelten als die einzigen Zeugnisse der ursprünglichen Ausstattung der Klosterkirche zu Clus. Ihr ursprünglicher Standort im Kirchenraum ist unbekannt, jedoch spricht gegen eine Aufstellung an den Konsolen des Gurtgesimses der Mittelschiffwand[7] – wie schon Middeldorf-Kosegarten richtig bemerkt –, dass diese für die Figuren wohl zu klein sind

[1] Zwei Figuren aus der Klosterkirche zu Clus bei Bad Gandersheim. Stuck, zwischen 1124 und 1158

(Abb. 3). Dass die Figuren einmal an einem Lettner in der Kirche angebracht waren,[8] ist durchaus denkbar, wenn auch nicht eindeutig belegbar.

Die Klosterkirche zu Clus wurde 1124 in Anwesenheit der Äbtissin des Reichsstifts Gandersheim, Agnes I. (um 1090–1125; zugleich Äbtissin in Quedlinburg) geweiht.[9] Das Kloster war als benediktinisches Reformkloster gegründet worden, wurde mit Mönchen aus Corvey besetzt und unterstand der Jurisdiktion der Äbtissin von Gandersheim. Für das Jahr 1134 wird berichtet, dass das Kloster nochmals reformiert und mit Cluniazenser-Mönchen besetzt wurde. 1155 erfolgte die Weihe dreier Altäre, darunter des Kreuzaltars und 1159 die der Georgskapelle im Westbau. Äbtissin in Gandersheim war zu der Zeit Adelheid von Sommerschenburg[10] (um 1130–1184).[11] Sie kommt zwei Mal in Urkunden im Zusammenhang mit dem Kloster zu Clus vor.¹²

Aufgrund der Weihedaten der Altäre und Kapellen während des 12. Jahrhunderts ist eine Datierung der Figuren in die Zeit um 1124 oder nach 1155 möglich. Die bisherigen stilkritischen Datierungen ergeben sich aus Vergleichen mit den Stuckgrabplatten der Quedlinburger Äbtissinnen Adelheid I., Beatrix I. und Adelheid II., denen bei den hier betrachteten Stücken aus Clus, Gerbstedt und Quedlinburg selbst immer wieder Aufmerksamkeit zuteilwird. So gehen Vorschläge zum Alter der Cluser Figuren mit der Früh- und Spätdatierung der Quedlinburger Grabplatten einher. Letztere stehen heute in der Krypta der Stiftskirche St. Servatius zu Quedlinburg (Abb. 4a–c). Die ganzfigurigen als Hochreliefs gearbeiteten Darstellungen der Äbtissinnen zeigen diese in ihrem Habit, mit jeweils stark stilisiertem, eher geometrischem Faltenwurf. Die Gewandsäume und die der weiten Ärmel des Obergewands tragen Borten mit Kugel- und Kreuzblumenmustern, die Schuhe sind mit Perlstäben verziert. Alle drei tragen ein Buch bei sich, Beatrix und Adelheid II. halten dieses in beiden Händen vor dem Leib, während Adelheid I. – deren Grabplatte ursprünglich vermutlich in der Mitte der Dreiergruppe positioniert war – die Rechte zum Gruß erhoben hat. Die Figuren befinden sich in nischenartigen Vertiefungen, diese umgeben Rahmen mit Memorialinschriften und umlaufenden ornamentalen Bändern. Ähnlichkeiten zu den Cluser Figuren sehen verschiedene Autoren vor allem im Faltenwurf und der Verzierung der Borten.¹³ Vor dem Hintergrund, dass Agnes I. Äbtissin von Gandersheim war, der Weihe der Klosterkirche in Clus persönlich beiwohnte und materielle Zuwendungen durch sie an Clus belegt sind,¹⁴ kann eine Frühdatierung der Cluser Figuren mit ihr in Verbindung gebracht werden. Der These folgend, dass Agnes in ihrer Eigenschaft als Quedlinburger Äbtissin die Memoria ihrer Vorgängerinnen mit den Stuckgrabplatten visualisierte, und die Figuren in Clus ebenfalls auf ihr Betreiben hergestellt wurden,¹⁵ ist es denkbar, dass Agnes in der Zeit um 1124 ebenfalls Stuckplastiken für Clus in Auftrag gegeben oder aber wenigstens die Werkstatt dorthin empfohlen hat.¹⁶

Grzimek neigt der Spätdatierung der Cluser Figuren durch Steinacker in die Mitte oder zweite Hälfte des 12. Jahrhunderts zu, da er von einer Weihe der Kirche im Jahr 1155 ausgeht und die mit ihnen in Verbindung gebrachten Quedlinburger Äbtissinnengrabplatten ebenfalls in die Zeit um 1160 datiert.¹⁷ Adelheid IV. von Sommerschenburg machte sich durch den Wiederaufbau der abgebrannten Stiftskirche in Gandersheim, die 1168 geweiht wurde, verdient.¹⁸ In Quedlinburg hat sie womöglich das Bildprogramm der Wandmalereien in der Krypta initiiert. In diesem Zusammenhang stellt Foerster fest, dass Adelheid dort in dem Bildprogramm gewisse Parallelen in ihrer und der Vita von Adelheid I. von Quedlinburg (999–1043) im Sinne einer Memoria visualisieren wollte. Gleichzeitig schließt er sich aber

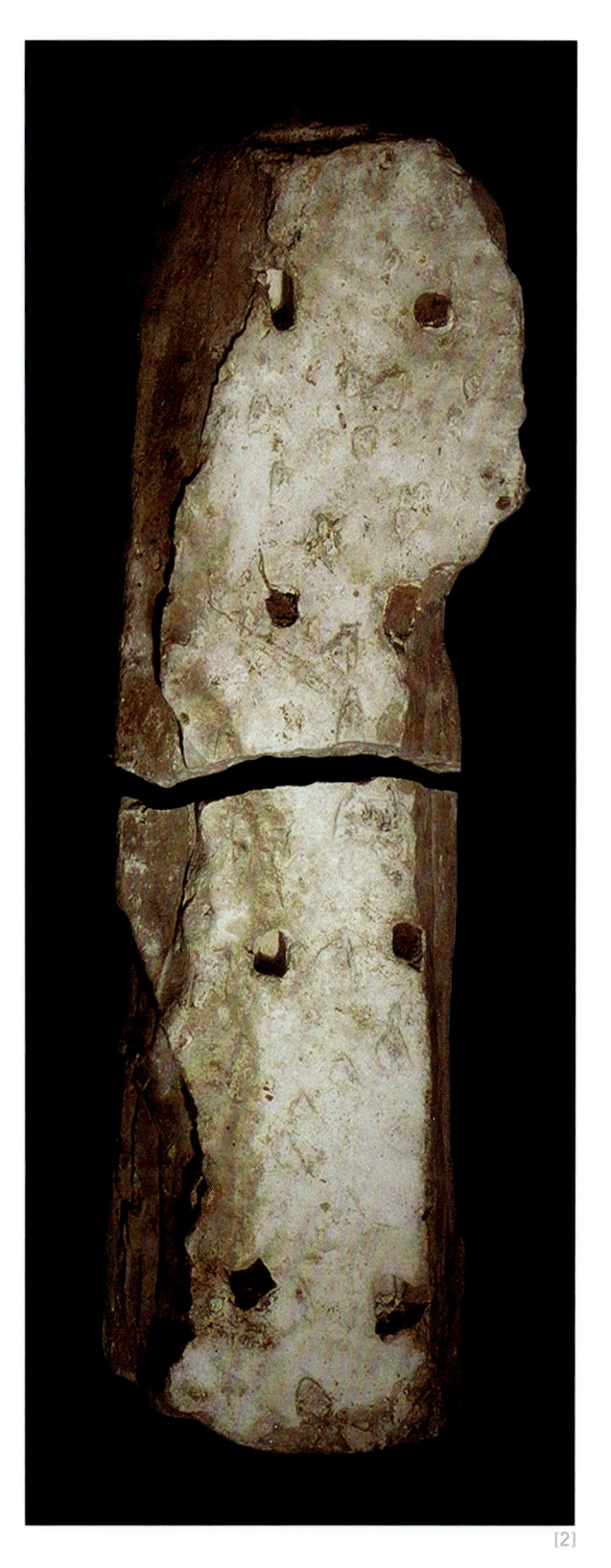

[2] Rückseite einer der beiden Stuckfiguren aus der Klosterkirche zu Clus. Die Ankerlöcher sind deutlich erkennbar.

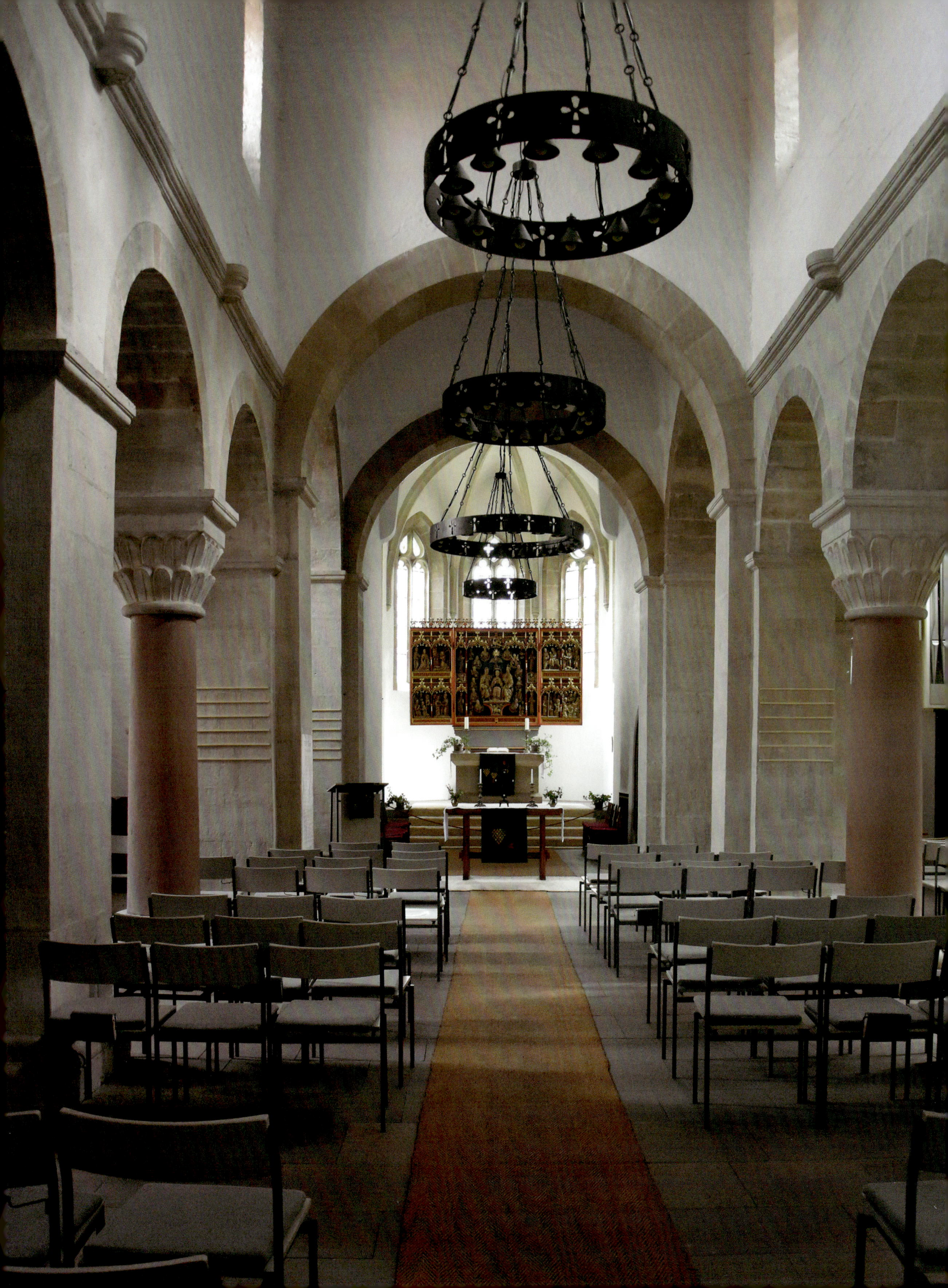

[4a]

[4b]

[3 linke Seite] Klosterkirche Clus, Blick nach Osten. An den Mittelschiffwänden befinden sich Gesimse mit kleinen Konsolen. Die Figuren sind jedoch zu groß, um sie dort aufstellen zu können.

[4a–b] Stuckgrabplatten der Quedlinburger Äbtissinnen Adelheid I. und Beatrix I. Stuck, nach 1119

wohl der Frühdatierung der Äbtissinnengrabplatten an, denn er geht davon aus, dass diese zur Amtszeit Adelheids von Sommerschenburg bereits existierten.[19] Lässt man sich auf diese Vorstellung ihrer Verbundenheit mit ihren namensgleichen Vorgängerinnen ein, könnte auch sie als Stifterin für die Grabplatten infrage kommen. Ebenso wie Agnes I. hätte sie, so Foerster, Grund, die Memoria ihrer Vorgängerinnen in Quedlinburg besonders zu fördern.

FRAGMENTE AUS DER STIFTSKIRCHE ST. SERVATIUS ZU QUEDLINBURG

Neben den Cluser Apostelfiguren können mehrere Stuckfragmente aus der Stiftskirche St. Servatius zu Quedlinburg als direkte stilistische Vergleiche zu den Gerbstedter Fragmenten genannt werden.[20] Bei den Stücken, die heute z. T. im Depot des Schlossmuseums Quedlinburg aufbewahrt werden und z. T. in der 1962 errichteten Wand zum südlichen Querhausarm der Stiftskirche eingebaut sind (Abb. 5), handelt es sich um ornamentale Fragmente. Sie gehörten ursprünglich zu vegetabilen Friesen mit Tierdarstellungen und Akanthus- und Palmettenfriesen. Auch existieren Fragmente, die einst wohl Kapitelle verzierten und an denen kleine Drachen stuckiert sind.

Wie auch die oben besprochenen Cluser Figuren werden diese Stuckfragmente häufig stilistisch mit den bereits erwähnten Stuckgrabplatten der Quedlinburger Äbtissinnen in der Stiftskirche verglichen[21] – vielleicht auch aufgrund dessen, dass sie aus demselben Werkstoff bestehen. Gemeinsam ist allen Stücken eine für die Zeit zwischen dem 10. und ausgehenden 12. Jahrhundert typische Ornamentik aus Palmetten-, Blatt- und Akanthusmotiven. Das zeigen zahlreiche Vergleichsmotive aus der Buchmalerei, der Elfenbeinkunst und auch der Bauplastik.[22] Diese belegen auch die bereits früher festgestellten Beziehungen zur italienischen Skulptur des Zeitraums.[23] Das Gestaltungsprin-

[4c] Stuckgrabplatte der Quedlinburger Äbtissinn Adelheid II. Stuck, nach 1119

[4c]

zip der Herzpalmetten auf der Grabplatte von Adelheid I. (Abb. 6) findet sich auch in einem Palmettenfries (Abb. 7) unter den Quedlinburger Bruchstücken. Diese formen sich aus gegenläufig gestellten Voluten, die bei den Fragmenten aber durch Blattbündel unterbrochen werden. Dadurch tritt die sich ergebende Herzform weniger hervor als auf der Grabplatte. Auch die Ornamente der beiden anderen Grabplatten erinnern zunächst an diejenigen auf den Fragmenten, aber die Art und Weise der Gestaltung ähneln sich nicht im selben Maße. Diese Übereinstimmungen von Motiven und Zeitstil zwischen Grabplatten und einzelnen Fragmenten lassen eine Entstehung zur selben Zeit oder relativ eng aufeinanderfolgend durchaus plausibel erscheinen. Ob es sich aber um ein und dieselbe Werkstatt handelt, kann nicht sicher beantwortet werden. Dazu weichen die Ausführung und die Linienführung augenscheinlich doch zu sehr voneinander ab.[24] Eine technologische Untersuchung der Stuckfragmente und ggf. auch weitere an den Äbtissinnengrabplatten könnten zukünftig jedoch zu genaueren Aussagen hierzu führen.

Aufgrund noch ausstehender restauratorischer und materialtechnischer Untersuchungen lassen sich Werkstattzusammenhänge zwischen Gerbstedt und Clus derzeit nicht sicher nachweisen. Daher bleiben stilistische Vergleiche, um Ähnlichkeiten zwischen den Stuckfragmenten aus Quedlinburg und Gerbstedt herauszuarbeiten. Für die vegetabilen Ornamente aus der Stiftskirche kann zunächst wie auch bei den Gerbstedter Fragmenten festgestellt werden, dass die Gestaltung der Rankenmotive eine Mischung aus Akanthus- und Palmettenformen ist. Ebenfalls motivgleich sind vorgefundene Rahmungen der ornamentalen Friese mit perlstabverzierten Rahmen, die den Stuckierungen eine ähnliche visuelle Anmutung geben. In Quedlinburg kommen hiervon mehrere Motive vor, auf die im Folgenden kurz eingegangen werden soll.

An dieser Stelle sei nochmals der oben angesprochene Fries aus Herzpalmetten mit dazwischen stehenden Blattbündeln genannt (vgl. Abb. 7). Die Palmetten laufen in eingerollte Akanthusblätter mit zentralen Bohrungen aus und die Blätter sind zusätzlich mit eingeschnittenen Rillen verziert. In den Palmettenzwickeln stehen einzelne Kugeln und die Ranken besitzen D-förmige Querschnitte. Das Ornament wird schließlich von Rahmen mit Perlstab eingefasst, wobei zum einen runde sowie zum anderen abwechselnd runde und spitz-ovale Perlen aneinandergereiht sind. Ein ähnliches Muster kann hinter Kat.-Nr. 106 vermutet werden, das zwar in Details wie der Bohrung anders gestaltet ist, aber vielleicht Teil eines ähnlichen Dekors war.

Ein weiterer Palmettenfries, dessen repräsentativste Teile heute in der Wand zum Querhaus fest eingefügt sind, lässt sich ebenfalls gut in Beziehung zu den Gerbstedter Fragmenten setzen (Abb. 8). Auch dieser Fries zeichnet sich durch wulstige Ranken und Blattschlaufen aus. Zwischen den Palmetten mit eingeschriebener Kugel stehen jeweils zwei gegenläufige Blattbündel, die Rahmung des Musters besteht aus glatten Vierkantleisten. Ein ganz ähnliches Muster gibt es auch unter den Gerbstedter Fragmenten (Kat.-Nr. 103). Die konkave Wölbung dieses Frieses belegt, dass er einmal eine Bogenlaibung bedeckte. Palmetten, die durchlaufende Ranken miteinander verbinden, werden von profilierten Rahmen flankiert. In den Zwickeln zwischen den Ranken und dem Rahmen liegen jeweils dreiteilige Blätter. Auch diese Palmetten besaßen eingeschriebene Kugeln. Zwar ist das Relief hier relativ flach, aber es besitzt ebenfalls die wulstigen Ranken und Blätter mit eingedrehten Enden.

[5] Die Stuckfragmente in der Wand zum südlichen Querhaus der Quedlinburger Stiftskirche St. Servatii. Die Fragmente wurden teilweise beim Einbau verändert.

[6] Palmettenmuster auf der Grabplatte der Quedlinburger Äbtissin Adelheid I., Stiftskirche St. Servatii, Quedlinburg nach 1119

Hier sei noch auf ein weiteres Friesmotiv in Quedlinburg hingewiesen, dessen Muster so in Gerbstedt zwar bisher nicht vorkommt, aber bei dem ebenfalls Übereinstimmungen in der bildhauerischen Ausführung vorhanden sind (Abb. 9). Wiederum finden sich hier Rahmungen mit Perlstabdekor, die ein Muster aus gegenläufig angeordneten Akanthusblättern einfassen, deren Zwickel mit Blattbündeln gefüllt sind. Das Gestaltungsprinzip dieser Blätter findet in Gerbstedt Entsprechungen in verschiedenen Akanthusmotiven: so z. B. beim Fries mit rosettenförmig angeordneten Akanthusblättern (Kat.-Nr. 96) oder beim bogenförmigen Fries mit Herzakanthusdekor (Kat.-Nr. 95). Auf beide wird unten noch zurückzukommen sein. Die leicht gebogenen Blattstiele dieser Ornamente besitzen Fugen, sodass sie ein wenig wie Doppelranken wirken. Nach innen fächern sie sich in schlaufenförmige Blätter auf, wobei das innenliegende Blatt eingerollt ist. Die Zwickel sind ebenfalls

[7] Palmettenfries aus der Stiftskirche St. Servatii, Quedlinburg. Das Stuckfragment befindet sich im Depot des Schlossmuseums Quedlinburg.

[8] Fragmente eines Palmettenfrieses, die heute in der Wand zum südlichen Querschiff der Quedlinburger Stiftkirche verbaut sind. Trotz der Verschmutzung ist deutlich eine rote Farbgebung zu erkennen.

[9] Das Muster dieses Frieses aus der Stiftskirche in Quedlinburg hat zwar keine direkte Entsprechung in Gerbstedt, deutlich wird hier aber die stilistische Verwandtschaft der Arbeiten.

[10] Fries aus bewohnten Kreisranken und Rauten, Stiftskirche St. Servatii, Quedlinburg. Links steht wohl ein Löwe in einer Kreisranke, daneben ein Laufvogel in einer gedrückten Raute.

[11] Fries mit Kreisranken und Rauten aus Gerbstedt. Die Rekonstruktionszeichnung basiert auf großen Fragmenten, die sowohl Teile der Kreisranken als auch der Rauten umfassten. Womöglich befanden sich wie in Quedlinburg Tiere in den Ranken.

[12] Detail des bewohnten Frieses aus der Stiftskirche zu Quedlinburg. Die Ranken und auch die Raute rechts besitzen Formen wie beim Fries mit Vögeln aus Gerbstedt.

[13 rechte Seite] Fragment des Frieses mit Kreisranken und Vögeln aus Gerbstedt. Die Formen der Ranken und Rauten gleichen denen im bewohnten Fries aus Quedlinburg. Links befinden sich noch die Pfoten eines Tieres in der Ranke.

[12]

mit den bereits mehrfach angesprochenen Blattbündeln gefüllt.

Eine weitere Parallele zu Gerbstedt besteht in einem Fries aus Kreisranken und Rauten mit Tierfüllungen in Quedlinburg (Abb. 10). Diese Teile befinden sich heute ebenfalls in der Wand zum Querhaus und beim Einbau dort wurden zahlreiche Ergänzungen an den Fragmenten vorgenommen, die das Gesamtbild zumindest teilweise idealisieren oder gar verfälschen. Die leicht gedrückten Rauten bestehen aus einem doppelten Vierkantstab mit sehr scharf ausgearbeiteten Kanten. Um die Seiten schlingen sich wulstige Ranken, die in dreipassigen eingerollten Blättern enden, sich in die andere Richtung verdicken und durch eine Fuge zweigeteilt werden, um schließlich einen Kreis zu formen. In diesen Kreisranken befinden sich wie in den Rauten verschiedene Tiere: zwei gegenläufig angeordnete Fische, ein laufender Vogel und ein Vierbeiner mit einem langen Schwanz (der auch als Löwe gedeutet wird). Ebenfalls in die heutige Wand eingepasst wurden Fragmente von zwei weiteren Tieren, von denen die Körper erhalten sind.[25] Der Rahmen ist hier ebenfalls mit Perlstäben verziert.

Im Gerbstedter Fundkomplex lässt sich ein gerade verlaufender Fries rekonstruieren, der dem Quedlinburger Tierfries vom Aufbau und der Ausführung der Rankenform gleicht (Kat.-Nr. 109) und der unten ausführlicher behandelt wird. In Gerbstedt wechseln sich nahezu quadratische Rauten mit Kreisranken ab (Abb. 11).[26] Die Ranken führen auf die gleiche Art und Weise um die Doppelrahmen der Rauten und enden in gleichartig ausgeführten Blättern wie in Quedlinburg (Abb. 12, 13). Auch die wulstartige Form der Kreisranken mit der eingeschnittenen Fuge entspricht der in Quedlinburg. In den Rauten befinden sich stark stilisierte Vögel mit geöffneten Flügeln. Reste von Tierpfoten auf den Ranken (hier v. a. HK 2006:505, HK 2006:615) zeigen, dass sich auch hier Tierfiguren darin befunden haben. Möglicherweise handelte es sich dabei um solche in kleinem Maßstab, wie sie ebenfalls als Einzelfiguren innerhalb des Gerbstedter Komplexes vorkommen. So ähneln eine Löwenfigur (Kat.-Nr. 92) und ein Fragment eines Tieres mit hohen Beinen (Kat.-Nr. 93), das sich heute in der Skulpturensammlung in Berlin befindet, den Figuren im Quedlinburger Fries. Beim Berliner Stück fallen Übereinstimmungen in der Gestaltung des Rückens auf. Die eingeschnittenen Linien, die auf eine Mähne bzw. ein längeres Fell auf dem Rücken des Tieres hindeuten, besitzt auch die Tierfigur, die heute im rechten oberen Fries der Wand in der Quedlinburger Stiftskirche eingebaut ist (Abb. 14).

Neben den hier vorgestellten Friesmotiven existieren unter den Fragmenten aus der Stiftskirche in Quedlinburg auch solche von Drachenfiguren, die ursprünglich wohl zur Stuckverzierung von Kapitellen gehört haben (Abb. 15).[27] Unter den Gerbstedter Fragmenten

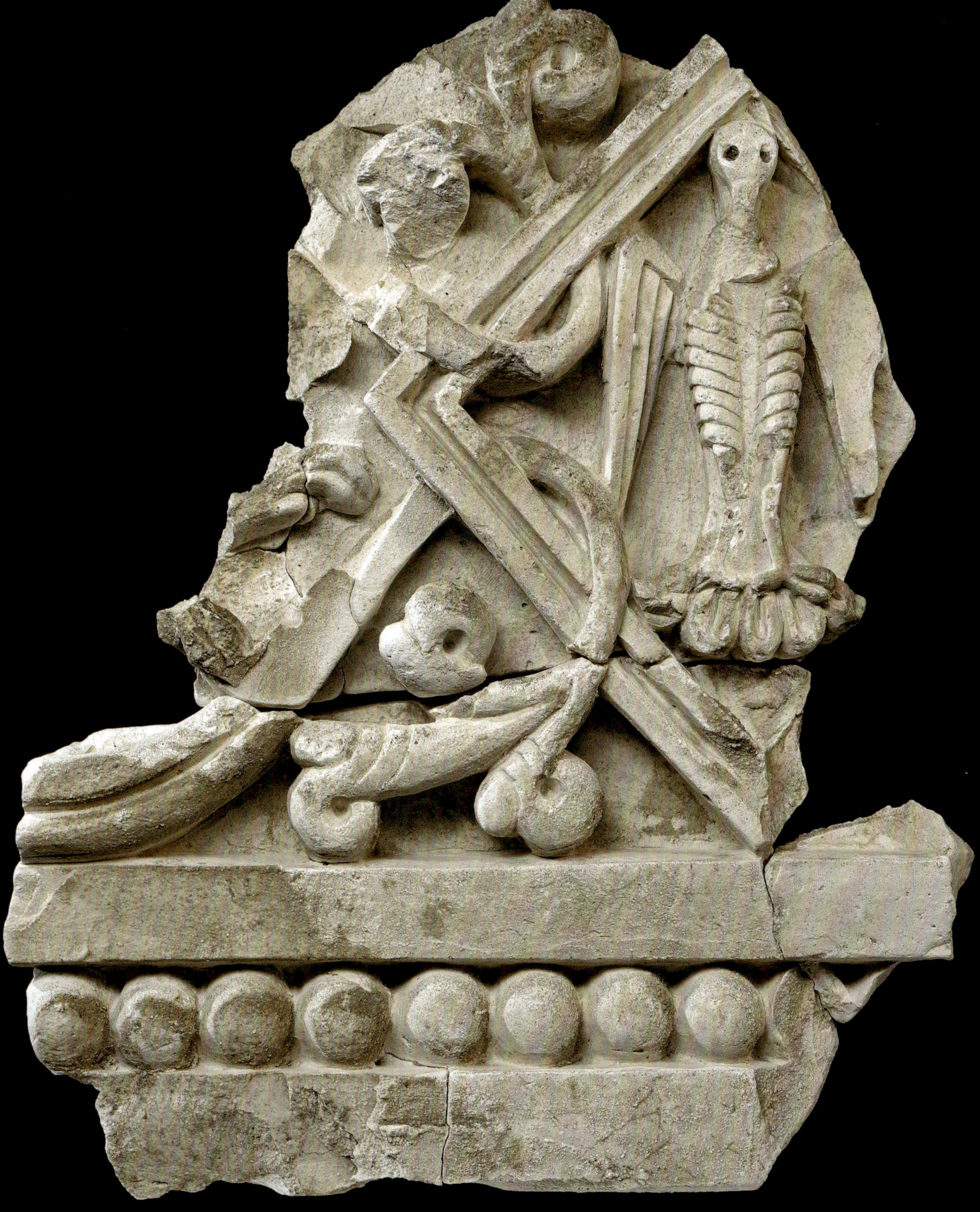
2 cm

befinden sich 19, die von Drachenfiguren stammen.[28] Sie folgen schematisch einem einheitlichen Aufbau, der in Größe und Körperhaltung variieren kann (vgl. Kat.-Nr. 70–87). Die Körper besitzen drei Zonen: Bauch, Leibesmitte und Rücken, wobei der Bauch meist durch vertikale Linien in Felder gegliedert ist, in deren Mitte je eine Bohrung sitzt. Die nur fragmentarisch erhaltenen Beine sind konisch geformt und mit Querrillen gemustert. Der Rückenbereich ist in der Regel glatt und in der Mitte durchzieht ein Perlstab den Körper bis hin zum Kopfansatz. Die im Profil angelegten Köpfe besitzen lang ausgezogene zahnbestandene Schnauzen, ein großes stilisiertes Auge und runde oder spitze Ohren. Die Gestaltung der Flügel erinnert an Vogelflügel, wobei die Schultern mit Bändern mit Perlstab verziert sein

DATIERUNG, IKONOGRAPHIE UND RÄUMLICHE VERORTUNG DER FRAGMENTE

können. Die Quedlinburger Stücke – von denen allerdings keine Köpfe überkommen sind – weisen nahezu dieselben Gestaltungsprinzipien auf, wenngleich sich keine lang gestreckten Leiber darunter befinden und der Maßstab kleiner ist. Die Leiber und Schwänze haben dieselbe Gliederung durch Streifen und Bohrungen, die Flügel sind gefiedert und teilweise perlstabdekoriert und die Beine besitzen dieselbe konische Form mit den starken Querrillen. Auch die technische Ausführung und der hohe Grad an Plastizität bildet eine Parallele zu den Gerbstedter Drachen.

Die stärkste Ähnlichkeit zwischen den Quedlinburger und den Gerbstedter Fragmenten zeigt sich abschließend betrachtet sicherlich in dem Fries mit bewohnten Ranken, da sich dort die Form der dreipassigen Ranken und die Ausformung der Rauten entsprechen. Zwar unterscheiden sich die Perlstäbe voneinander und die Rauten sind in Quedlinburg gedrückt, während sie in Gerbstedt nahezu quadratisch geformt sind, aber in der Gesamtschau zeigen diese beiden Friese – soweit rekonstruierbar – bis in Details höchste Übereinstimmung.

Die Ähnlichkeit der Palmettenmuster fällt zwar auf, jedoch muss konstatiert werden, dass diese auch dadurch bedingt sein kann, dass es sich um gängige, in den verschiedensten Kunstgattungen vorkommende Muster des Hochmittelalters handelt.[29] Maßgeblich für den Zusammenhang ist die Übereinstimmung in der Ausformung der einzelnen Teile der Dekore: Blätter, Blattbündel und Rahmen sind ähnlich oder gar gleich geformt, hier wie dort sind manche Teile mittels Bohrungen gearbeitet oder die Oberflächen der Ranken besitzen dünne Striche als Dekor. Ein auffälliges Detail befindet sich in Quedlinburg z. B. an den Blattbündeln des oben genannten Palmettenfrieses (vgl. Abb. 7). Die außen liegenden Blattschlaufen enden nicht immer spitz ausgezogen, einige besitzen eingedrehte Enden, die mit einer Bohrung verziert sind. Diese »Spezialität« findet sich auch in Gerbstedt bei einem kassettierten Fries mit Füllungen aus Blattbündeln (Kat.-Nr. 97 und Abb. 16). Auch diese enden in genau solchen eingerollten und gebohrten Spitzen.[30] Diese Beobachtungen zusammengenommen sind starke Indizien dafür, dass die Stuckarbeiten in Quedlinburg und Gerbstedt von Stuckateuren derselben Schule gefertigt wurden oder gar von derselben Werkstatt. Genauere Aussagen müssen zukünftig weitere Untersuchungen an den Quedlinburger Fragmenten bringen.

Die Quedlinburger Fragmente wurden zum Teil bereits im 19 Jahrhundert[31] und 1938 bei Grabungen »unter den Aufgängen vom Schiff zum Chor«[32] gefunden.[33] Zunächst wurden sie mit anderen Teilen von Bauplastik, die in der Krypta gefunden worden waren, eben dort aufbewahrt.[34] Später kamen diese Stücke in die sog. »Kirchkammer«, wo ein »Steinmuseum« eingerichtet und die fraglichen Stuckfragmente bereits zusammengesetzt worden waren (Abb. 17).[35] An welchem Teil der baulichen Ausstattung die Fragmente genau angebracht waren, lässt sich nicht sicher bestimmen.[36] Kugler beschreibt 1838, dass die Wände, die das Querschiff vom »mittleren Raum« trennen wahrscheinlich unter einer Kalk- oder Stuckschicht reich mit Reliefs verziert sind.[37] Dem folgend sehen Brinkmann und Wäscher die Wand, die den südlichen Querhausarm

[14 linke Seite oben] Fragment einer Tierfigur, das heute in der Wand zum südlichen Querhaus in der Stiftskirche Quedlinburg verbaut ist. Es besitzt große Ähnlichkeit mit einer der Figuren aus Gerbstedt (Kat.-Nr. 93).

[15 linke Seite unten] Fragment eines Drachens aus der Stiftskirche zu Quedlinburg. Vermutlich war er Teil des figürlichen Schmucks eines Kapitells. Inv.-Nr. Q/BZ-022

[16] Detail eines Blattfrieses aus Gerbstedt (Kat.-Nr. 97), das die werkstatttypische Ausführung der äußeren eingerollten Blattenden zeigt.

[16]

[17] Die Stuckfragmente in der Ausstellung in der sog. Steinkammer in der Stiftskirche St. Servatii zu Quedlinburg. Hier waren bereits erste Rekonstruktionsversuche einer Anordnung vorgenommen worden (Aufnahme 1943).

von der Vierung trennte, als ursprünglichen Anbringungsort der Fragmente.[38] Wohl als erster bringt Brinkmann auch eine Verwendung als Zierde einer Chorschranke, »wie sie in den lombardischen Kirchen so gewöhnlich sind«,[39] ins Spiel. Rüber-Schütte verweist darauf, dass es sich wohl um einen »Teil einer weiteren Ausschmückung des Kirchenraums« handelte.[40] Zuletzt vermutet auch Fozi, dass die Ornamente vielleicht in einem »größeren programmatischen Kontext« mit den Stuckgrabplatten der Quedlinburger Äbtissinnen zu sehen sind.[41] Bisher wird allgemein eine Entstehung für die Stuckfragmente in der Bauphase der Stiftskirche zwischen 1070 und 1129, d. h. Brand und Neu-/Wiederaufbau der Stiftskirche, angenommen.[42]

Den hier gemachten Ausführungen folgend kann also für eine Datierung der Stücke aus Clus und Quedlinburg ins 12. Jahrhundert plädiert werden, wobei Argumente für eine frühere oder spätere Datierung bedacht werden müssen. Die große stilistische und technische Ähnlichkeit der Gerbstedter Fragmente zu denen aus Clus und Quedlinburg spricht sehr für eine ähnliche Datierung der Stuckierungen aus allen drei Standorten.

DIE GERBSTEDTER FRAGMENTE IN ZUSAMMENSCHAU MIT DER BAUGESCHICHTE DER KLOSTERKIRCHE

Wie aus der Diskussion zu den Datierungen der Stuckplastik aus Quedlinburg und Clus deutlich geworden ist, sind Aussagen zur Präzisierung der Entstehungszeit der vorliegenden Stuckplastiken teilweise schwer zu treffen. Um den Zeitraum im 12. Jahrhundert nochmals näher einzugrenzen, ist es wichtig, sich an dieser Stelle den Ergebnissen der historischen und der Bauforschung zum Kloster Gerbstedt[43] zuzuwenden. Diese geben weitere Hinweise auf einen möglichen Entstehungszeitraum. Die historischen Quellen zum Kloster Gerbstedt aus dem Mittelalter beinhalten keine Angaben zu Ereignissen, die konkret auf Bautätigkeiten an der Klosterkirche hinweisen. Für Gerbstedt muss in diesem Zusammenhang für das späte 11. und das frühe 12. Jahrhundert auf zwei Reformen des Klosters hingewiesen werden. Um das Jahr 1072 fand eine Neuordnung des Konvents, der wenig zuvor an die Bischofskirche von Münster unter dem Wettinischen Bischof Friedrich (um 1020–1084) übergegangen war, statt.[44] Die Nachfolger Friedrichs sollen dazu beigetragen haben, dass der Konvent am Ende der Amtszeit Burchards von Münster im Jahr 1118 kaum mehr existierte. In diesem Jahr soll Konrad von Wettin die in der vorangegangenen Zeit weggegangenen Sanktimonialen wieder zurückgeführt und eine weitere Klosterreform durchgeführt haben. Auch später soll Konrad den Erhalt des Klosters befördert haben.[45] Drei seiner Töchter sind als Nonnen in Gerbstedt belegt: Oda (gest. um 1190) und Bertha waren Äbtissinen in Gerbstedt und Agnes (vor 1145–1203) war später Äbtissin in Quedlinburg.[46] Dies zeigt, dass, nachdem das Interesse der Wettiner an Gerbstedt einige Jahre zurückgegangen war, Konrad von Wettin wieder mehr Interesse an dem Kloster bewies.

In Gerbstedt stand wohl eine romanische Basilika des 12. Jahrhunderts, die vermutlich bis zum Einsturz der Kirche im Jahr 1650 existiert hat.[47] Das deutet darauf hin, dass in der Zeit der Klosterreform um 1118 tatsächlich auch größere Bautätigkeiten stattgefunden haben können. Im Zuge dessen könnte auch die Stuckausstattung der Kirche in Auftrag gegeben worden sein. Fritz Buttenberg berichtet auch vom Bau einer runden Kapelle, die 1177 eingeweiht worden sein soll. Er zitiert in diesem Zusammenhang eine Inschrift an der Kapelle, die heute aber nicht mehr im Original überliefert ist. Der Text soll besagt haben, dass die Basilika 1168 zu Ehren Johannes des Täufers errichtet worden sei.[48] Auf die Kapelle weist heute nichts mehr hin und dieses Jahr für den Bau der Basilika kann bisher durch Quellen nicht bestätigt werden.

DATIERUNGSHYPOTHESE

Ein weiterer Hinweis auf eine Datierung in die erste Hälfte des 12. Jahrhunderts besteht in einem Fragment eines kleinen Bogens mit Inschrift (Kat.-Nr. 102). Es ist das einzige heute überlieferte, das Buchstaben aus der Entstehungszeit trägt. Die Inschrift kann nach derzeitigem Kenntnisstand in die Zeit zwischen 1118 und 1124 datiert werden.[49] Damit liegen zahlreiche Hinweise für eine zeitliche Einordnung der Stuckausstattung der Klosterkirche in Gerbstedt vor. Diese muss aufgrund des fragmentarischen Charakters aller Befunde – seien es die Stuckfragmente selbst, die Relikte der Kirche oder die Schriftquellen – Hypothese bleiben. In der Zusammenschau der Prämissen scheint eine Datierung der Fragmente in die Zeit um 1120 aber plausibel. Daher kann hier aufgrund der großen Ähnlichkeit auch eine Datierung für den Stuck aus Clus und Quedlinburg in das erste Viertel des 12. Jahrhunderts vorgeschlagen werden.

FORM UND INHALTE DER STUCKAUSSTATTUNG DER GERBSTEDTER KLOSTERKIRCHE

Die Vielfalt der heute bekannten Stuckfragmente aus der Klosterkirche St. Johannis Baptist zu Gerbstedt offenbart heute noch, dass hier einst wohl verschiedene Teile des Innenraums der Kirche mit Stuck ausgestattet gewesen sein müssen und von denen hier einleitend nur einige Verwendungsmöglichkeiten aufgezählt werden sollen. Das betrifft sowohl größere Flächen und Bogenstellungen als auch Bereiche, in denen kleinteilige Stuckverzierungen – so z. B. die kleinen Bögen (Kat.-Nr. 101, 102) – angebracht worden waren. Die systematische Erfassung der Fragmente zeigte, dass sowohl Szenen als auch Einzelfiguren in Stuck vorlagen, aber auch Rahmungen und kleine Kapitelle aus dem Werkstoff vorhanden waren.[50] Im Folgenden sollen nun anhand einer komparativen Analyse besonders aussagekräftiger Fragmente versucht werden, ikonographische und funktionale Zusammenhänge aufzuzeigen.

SZENISCHE DARSTELLUNGEN

Welche Teile des Fundkomplexes können nun tatsächlich näher bestimmt werden? Vermutlich kann als Prämisse gelten, dass für die ikonografischen Zusammenhänge religiöse Bildthemen angenommen werden können.[51] Auf in Stuck ausgeführte szenische Darstellungen weisen Teile von Figuren und Architekturdarstellungen hin. Besonders eindeutig sind Fragmente von Mauerdarstellungen, die wohl in zwei Maßstäben vorkommen (Kat.-Nr. 55–61). Die Mauern bestehen aus rechteckigen Quadern, zwei Fragmente zeigen frontalansichtige Türme mit Kegeldächern und schmalen Rundbogenfenstern, die Mauerzüge verlaufen teils schräg im Bildraum. Diese als Hochreliefs[52] angelegten Architekturansichten gehörten aller Wahrscheinlichkeit nach zu szenischen Darstellungen. Obwohl die Fragmente relativ groß sind und die erhaltenen Motive eindeutig scheinen, können die Themen, zu denen die Mauern einmal gehörten, nicht bestimmt werden.

Als Hauptkennzeichen für die Darstellung von Städten haben sich bis zum 12./13. Jahrhundert die Türme entwickelt. Die Stadtmauer mit mehreren Türmen fungiert in den Bildformularen des Mittelalters dann als pars pro toto für die gesamte Stadt, die es darzustellen galt.[53] Diese stark stilisierte Darstellungskonvention führt dazu, dass die Bedeutung der Stadt im jeweiligen Bild nur aus dem Gesamtbild erschlossen werden kann.[54] Nicht nur das himmlische Jerusalem (Abb. 18) erscheint in dieser Manier in verschiedenen Medien der Malerei und Skulptur. Auch andere Städte erfahren diese Charakterisierung, wenn sie in der dargestellten Erzählung vorkommen. Exemplarisch ist z. B. der Mauerring in einer Geburt Christi, der Bethlehem symbolisiert, in einer Elfenbeinschnitzerei aus der sog. gestichelten Gruppe aus Köln[55] oder – in diesem Fall kopfstehend – das Bild der gefallenen Stadt Babylon in der sog. Bamberger Apokalypse (Abb. 19).[56]

In der Reihe der Gerbstedter Fragmente mit Mauerzügen fällt ein Stück besonders ins Auge: ein Mauerabschnitt, über den sich ein Mann beugt (Kat.-Nr. 55). Von der Mauer sind noch drei Quaderreihen erhalten. Darüber lehnt sich ein Mann, der in eine Tunika gekleidet ist, der Kopf der Figur fehlt. Der Mann neigt seinen Oberkörper weit nach vorne und reckt seine Arme nach unten, die Finger sind gestreckt und die Daumen leicht abgespreizt. So stehen bei der Darstellung des Einzugs Christi nach Jerusalem oft Figuren auf den Stadtmauern und den Toren Jerusalems. Auf der Bernwardssäule in Hildesheim begegnet die Szene der Einkerkerung Johannes des Täufers (Abb. 20).[57] Hier besitzt der Kerker die Form eines aus großen Quadern erbauten Rundturms, in den der Heilige von zwei Männern an einem Seil heruntergelassen wird. Seine Arme hält Johannes auf vergleichbare Art und Weise vor dem Körper wie die Figur in Gerbstedt. Zwei wichtige Unterschiede gibt es aber: die Hände verschwinden in Hildesheim hinter der Gefängnismauer und beim Gerbstedter Fragment ist kein Seil auszumachen. Die Darstellung der Flucht des Paulus aus Damaskus in Santa Maria Nuova in Monreale beinhaltet Figuren der beiden Helfer, die den Apostel in einem Korb entlang der Stadtmauer herunterlassen.[58] Beide sind ähnlich bekleidet wie der Gerbstedter, neigen ihre Körper weit über die Mauer und die Hände gehen relativ weit nach unten,[59] besitzen damit starke motivische Ähnlichkeiten mit der Gerbstedter Figur.[60] Trotz solcher Vergleiche konnte bisher keine überzeugende ikonografische Parallele oder ein direktes Vorgängermotiv identifiziert werden. Es sollte aber deutlich geworden sein, dass das Motiv zur Darstellung einer Erzählung gehört, in der die Handlung sich möglicherweise an der Stadtmauer oder an einer Festung abspielte. Eine eindeutige Zuweisung zu einem Bildthema ist bisher nicht möglich, aber gerade aufgrund der Besonderheit und der detaillierten Ausführung des Stücks bleibt es besonders erwähnenswert.

Ein weiterer Beleg, dass die Gerbstedter Stuckausstattung Szenen enthielt, besteht im Rest einer auf Erdschollen stehenden Architektur, neben der eine Figur stand (Kat.-Nr. 47). Erhalten sind der untere Teil eines

[18] Das Himmlische Jerusalem gekennzeichnet durch die Stadtmauern und -türme. Illumination der sog. Bamberger Apokalypse, Reichenau, um 1010. Staatsbibliothek Bamberg, Msc.Bibl. 140, fol. 55r

[19] Der Fall Babylons. Die Stadt Babylon, die nach ihrem Fall Kopf steht, ist nach mittelalterlicher Bildtradition durch die Stadtmauern gekennzeichnet. Staatsbibliothek Bamberg, Msc.Bibl. 140, fol. 45r

Fensters oder einer Tür und rechts das Bein einer Figur. Dargestellt war hier vermutlich ein Haus oder ein Stadttor. Da das Bein, dessen Fuß mit einem einfachen Schuh bekleidet ist, nicht von einem langen Gewand bedeckt wird, handelt es sich bei der Person wohl um einen Mann. Auch hier fehlen eindeutige Hinweise auf das Thema, das abgebildet wurde. Eine vergleichbare Darstellung existiert in den Wandmalereien in St. Maria und Clemens in Bonn-Schwarzrheindorf aus der Mitte des 12. Jahrhunderts.[61] Zwar fehlen hier die Figuren, aber die Tortürme der Stadt Jerusalem (Abb. 21) entsprechen dem, was in Gerbstedt wohl dargestellt war. Die stilisierten Türme sind mit spitzen Dächern bekrönt, das Tor selbst ist durch eine rechteckige Aussparung, die hier oben rundbogig abschließt, gekennzeichnet. Im Codex Aureus Escorialensis (dem Goldenen Codex Heinrichs III.), der um 1045/1046 entstanden ist,[62] werden z. B. sowohl Stadtmauern als auch Einzelgebäude mit solchen Torgebäuden dargestellt. Exemplarisch sei an dieser Stelle die Darstellung des Mahls des Reichen (fol. 117) erläutert (Abb. 22). Der Blick in den Innenraum zeigt eine Gruppe von Menschen um einen Tisch vor einem einfarbigen (vergoldeten) Hintergrund. Den Raum selbst beschreiben die Außenlinien. Das Gebäude kennzeichnen kleine Dächer über dem Speiseraum und zwei Türme mit eingezeichneten Öffnungen begrenzen das Gebäude auf den Seiten. Auf der linken Seite kniet der arme Lazarus, an dessen Aussatz die Hunde des Reichen lecken. Ein Blick durch den Codex eröffnet die Bandbreite an Themen, für die eine solche Gestaltung von Architekturen infrage kommt: Anbetung der hl. drei Könige (fol. 24), Kindermord von Betlehem (fol. 25), Enthauptung Johannes des Täufers (fol. 37), Heilung des Lahmen (fol. 65), Heilung des Blinden (fol. 72), drei Frauen am Grabe (fol. 84), Geburt Christi (fol. 96), Darstellung im Tempel (fol. 97), Hochzeit zu Kanaa (fol. 137) oder Auferweckung des Lazarus (fol. 150). Diese Auflistung zeigt, dass allein das Spektrum der biblischen Erzählungen, bei deren Visualisierung eine solche Architektur vorkommen kann, groß ist. Vor diesem Hinter-

[20] Die Einkerkerung Johannes' Evangelist auf der Bernwardsäule in der Hohen Domkirche St. Mariä Himmelfahrt, Hildesheim ist ein Beispiel für eine Figur, die sich über eine Mauer lehnt.

[21] Darstellung Jerusalems mit typischer Ausformung von Türmen für das 12. Jahrhundert. Wandmalerei in St. Maria und Clemens, um 1150, Bonn Schwarzrheindorf.

[22] Im oberen Register der Bildseite mit der Parabel vom Armen Lazarus und dem Reichen ist das Haus des Reichen dargestellt. Typisch sind die Türmchen mit den Toren zum Gebäude. Codex Aureus Escorialensis, um 1045/46, fol. 117

grund und der Tatsache, dass das Gerbstedter Fragment keine individuellen Details mehr zeigt, muss auch hier konstatiert werden, dass eine Zuordnung zu einem Bildthema derzeit nicht möglich ist.

Ebenfalls Teil einer Szene war das größte Einzelfragment des gesamten Fundkomplexes (Kat.-Nr. 16). Es handelt sich um die Darstellung eines Mannes, der mit unbekleidetem Oberkörper in einem Bett liegt. Die un-

[23] Der Traum der hl. drei Könige, Kapitell, Saint Lazare in Autun, um 1120–1145. Den im Bett liegenden Weisen erscheint im Traum ein Engel.

gewöhnlich massig geformten Arme könnten die Ärmel eines offenen Hemdes sein oder aber zeigen, dass der Liegende zumindest teilweise in ein weiteres Tuch gehüllt war. Hinter dem Bett befand sich einst mindestens eine weitere Person, von der heute noch der rechte Unterarm und die auf der Bettdecke ruhende Hand vorhanden sind. Das Bett steht auf dem Boden, den die für Gerbstedt charakteristischen Erdschollen (vgl. Kat.-Nr. 36–46) visualisieren. Von einem Bettgestell ist am Fragment nichts mehr zu sehen, jedoch sind das untere Laken und die Zudecke in reichen Faltenwürfen ausgeführt.

Im Hochmittelalter kommen Darstellungen unbekleideter Menschen in einem Bett in unterschiedlichsten Kontexten vor. Dazu gehören sowohl Szenen mit Schlafenden als auch Kranken, mit Liebes- oder Ehepaaren, mit Sterbenden oder Verstorbenen. Am häufigsten gehört das Bett wohl zur Darstellung der Geburt Christi.[63] Die Geburt Mariens und die des Johannes Baptist orientieren sich ikonographisch daran,[64] weshalb auch dort das Bett fester Bestandteil ist. Beim Gerbstedter Fragment der Darstellung eines Bettes wurde aber wohl ein anderes Thema umgesetzt, da es sich beim Insassen um die Figur eines unbekleideten Mannes handelt. Die auf der Bettdecke ruhende Hand belegt, dass es sich um eine mehrfigurige Szene handelte und der Anbringungsort in der Klosterkirche lässt auf ein religiöses Thema schließen.

[24] Traum der hl. drei Könige (2. Hälfte 12. Jahrhundert) mit Darstellung eines Bettes, die mit der zu Gerbstedt vergleichbar ist. Saint-Ours, Loches (Frankreich)

Um eine Vorstellung davon zu geben, welche Möglichkeiten für das Aussehen der Szene mit Bett existieren, eignet sich zunächst der Vergleich mit der Darstellung des »Traums der Heiligen Drei Könige« (Mt 2,12). In der Erzählung nach dem Matthäusevangelium erhalten die drei Weisen nach dem Besuch des Christkindes nachts im Traum die göttliche Botschaft, ihren Rückweg ohne den geplanten Besuch bei Herodes anzutreten.[65] Seit dem 9. Jahrhundert findet sich dieses eher selten anzutreffende Motiv des »Traums der Heiligen Drei Könige« in der Buchmalerei, später aber besonders in der Kathedralplastik.[66]

Ein Kapitell mit der Szene stammt aus S. Lazare in Autun (Frankreich) und entstand zwischen 1120 und 1145 (Abb. 23).[67] Stilistisch gibt es keinen Bezug zur Stuckplastik aus Gerbstedt, das Beispiel soll vor allem eine mögliche Komposition der mehrfigurigen »Bettszene« illustrieren. Das Kapitell zeigt die drei Magier – durch ihre Kronen als Könige charakterisiert – anscheinend unbekleidet nebeneinander in einem Bett liegend. Ein Engel als Bote Gottes tritt an die Schlafenden heran, legt seinen ausgestreckten Zeigefinger auf die auf der Bettdecke ruhende Hand eines der Könige und zeigt mit links auf einen Stern.

Ein weiteres Beispiel für die Darstellung eines Bettes im Kontext mit dem »Traum der Heiligen Drei Könige« befindet sich am Portal in der Torhalle der Kollegiatskirche Saint Ours in Loches (Frankreich) und kann die Umsetzung des Motivs in Skulptur gut veranschaulichen (Abb. 24). Das Relief aus der zweiten Hälfte des 12. Jahrhunderts im Tympanon des Innenportals in der Westvorhalle der Kirche zeigt – heute stark fragmentiert – links die Anbetung der hl. Drei Könige und rechts den Traum der drei Weisen. Deutlich zeichnet sich das Bett mit dem stilisierten Faltenwurf der Zudecke ab, die Leiber der drei Weisen sind nur noch schwer zu erkennen, über ihnen schwebt der Botenengel.[68]

Geht man aber davon aus, dass der Mann des Gerbstedter Fragments alleine im Bett liegt, kann es als die Szene vom Tod des Reichen aus der Geschichte vom armen Lazarus und dem Reichen gedeutet werden (Lk 16,19–31). Darin erzählt Christus von einem sehr begüterten Mann, vor dessen Haus der arme und von Krankheiten gebeutelte Lazarus auf Wohltaten von der Tafel des Reichen hoffte. Letzterer wies den Bettler zurück und später starben beide. Lazarus wurde von allem Leid erlöst in Abrahams Schoß aufgenommen, der Reiche fuhr zur Hölle und erlitt große Qualen. Die Darstellung des Reichen auf dem Totenbett lässt sich spätestens seit dem späten 9. Jahrhundert nachweisen.[69] Darstellungen aus dem Hochmittelalter existieren vor allem in Frankreich. So entstand die Szene in Moissac an der linken Portalwange des Südportals von St.-Pierre zwischen 1118 und 1140.[70] Die Erzählung vom armen Lazarus und dem Reichen erstreckt sich

[25] Das Relief in St. Lazare in Moissac (Frankreich) zeigt eine typische Darstellung eines Sterbenden. Entstanden zwischen 1120 und 1170

hier über mehrere Bildfelder in einem Fries und unter zwei Arkaden. Zusätzlich zur Parabel selbst werden die Personifikationen der Todsünden Luxuria (Wollust) und Avaritia (Geiz) abgebildet. In der Szene seines Ablebens (Abb. 25) liegt der Reiche mit bloßem Oberkörper in einem Bett, seine trauernde Frau kniet an seiner Seite, während von hinten die Dämonen der Hölle an das Sterbelager treten und dem Mann die Seele aus dem Mund ziehen. Vom Himmel schwebt ein Engel mit Richtschwert herab.

Auch am Kapitell eines südlichen Langhauspfeilers in Sainte-Madeleine in Vézelay kommt das Motiv vor. Das zwischen 1120 und 1140[71] entstandene Relief zeigt den Reichen in einem hohen Totenbett, den Kopf auf einem Kissen ruhend und mit einer Decke von reichem Faltenwurf zugedeckt. Am Kopf- und Fußende steht jeweils eine trauernde Person, während über dem Bett zwei Dämonen mit aufgerissenen Mündern die Seele des Sterbenden in Gestalt eines Kindes aus dessen Mund herausreißen.

In San Michele Maggiore in Pavia gibt es im südlichen Seitenschiff ein Kapitell aus dem ersten Drittel des 12. Jahrhunderts mit der Szene des Todes eines Mannes (Abb. 26).[72] Der Sterbende liegt in der Mitte auf einem Bett, der Oberkörper ist unbedeckt, die Bettdecke reicht ihm bis über die Hüften. Hinter dem Kopfende steht ein Engel mit einer Lanze, die er einem geflügelten Dämon oder Teufel mit Tierbeinen ins Maul stößt. Der Engel hält die Seele des Sterbenden in Gestalt eines Kleinkindes in den Armen, die er vor der Verdammnis zu erretten sucht. Dargestellt ist hier der Tod des Gerechten,[73] der ikonografisch und inhaltlich mit der Darstellung der Parabel von Lazarus und dem Reichen verwandt ist.

Obwohl die Darstellung des Bettes in Gerbstedt durch den Unbekleideten näher charakterisiert ist, bleibt auch bei diesem Fragment offen, um welches Bildthema es sich tatsächlich handelte. Das Gerbstedter Relief fügt sich in die Reihe der Darstellungen des Todes des Reichen oder des Sterbens des Gerechten ein. Der Kranke oder Sterbende, der bis über die Hüfte zugedeckt ist, kommt dort ebenso vor, wie Figuren, deren Hand auf der Bettdecke zu liegen kommt. Ob es sich bei der Gestalt um Angehörige des Sterbenden handelt oder vielmehr um jenseitige Gestalten, die um dessen Seele ringen, muss indes offen bleiben.

FIGURENFRAGMENTE

Die bisher vorgestellten Fragmente gehörten sicher zu szenischen Darstellungen innerhalb der Stuckausstattung der Gerbstedter Klosterkirche. Weitere Stücke sind Reste von Figuren, die sich zumeist nicht einem größeren Zusammenhang oder einem bestimmten ikonografischen Typus zuordnen lassen. Es kann sich hier sowohl um Einzelfiguren als auch um Personal von Szenen handeln. Unter den Fundstücken gibt es heute sechs einzelne Köpfe. Drei kleine Köpfe von männlichen Figuren mit kinnlangem Haar (Kat.-Nr. 2–4) sind ganz ähnlich ausgestaltet. Bei einem von ihnen (Kat.-Nr. 2) hat sich noch ein Teil des Oberkörpers erhalten, der offenlegt, dass diese Figur mit einer Tunika bekleidet war. Sie alle besitzen in dicken Strähnen nach hinten modelliertes Haar. Die Art und Weise, wie der Kopf jeweils auf dem Hals aufsitzt, verweist darauf, dass jede der Figuren ursprünglich in unterschiedlicher Position zum Betrachter modelliert war: so sind sie leicht frontalansichtig, aber auch leicht zur Seite gedreht dargestellt. Am vollständigsten erhalten ist ein Köpfchen, das sich heute in den regionalgeschichtlichen Sammlungen der Lutherstadt Eisleben befindet (Kat.-Nr. 3).[74] Die Figuren besaßen große stilisierte Augen, die unter der Braue tief eingeschnitten und deren gebohrte Pupillen schwarz gefasst waren. Die Nasen scheinen breit gewesen zu sein und durch das besonders tief eingeschnittene Philtrum und den breiten, schmalen Mund besitzen auch diese Partien stilisierte Züge. Die Wangen, die Nasolabialfalte und das Kinn hingegen sind nahezu naturalistisch ausgearbeitet und bilden darin einen auffälligen Gegensatz zur übrigen Gestaltung. Ein weiterer Kopf (Kat.-Nr. 1) ähnelt den genannten in Größe und Gestaltung, unterscheidet sich aber vor allem durch die Haartracht, die in einen Mittelscheitel geteilt nach hinten lang herabfällt. Auch die Ausführung der Augen differiert leicht: Sie sind unter der Braue tief eingeschnitten und die gebohrten Pupillen besitzen ebenfalls schwarze Fassungsreste, die Lider werden hier aber durch eine zusätzliche Linie gekennzeichnet. Das jugendlich anmutende Gesicht könnte zu einer Figur von Johannes Evangelist oder einem Engel gehört haben.[75] Die vier Köpfe sind in Relation zu anderen Figurenfragmenten klein und könnten daher zur Staffage größerer Szenen gehört haben.

Etwas größer war wahrscheinlich die Figur, zu der der bärtige Kopf mit üppigem Haar gehörte (Kat.-Nr. 5). Es handelt sich hier um einen vollkommen anderen Kopftypus. Bei der Ausführung der Gesichtszüge wurde auf den Naturalismus, der sich bei den erstgenannten Köpfen findet, weitgehend verzichtet. Die Gestalt wendet sich im Profil nach links und das sichtbare Auge ist klar auf wenige Linien reduziert, wobei auch hier die Pupille gebohrt und schwarz gefasst wurde. Die Lippen sind breite Wülste und rings herum wuchert ein langer Bart in breiten Strähnen, der nach unten spitz zuläuft. Das Haupthaar wirkt unordentlich, da es sich anstatt in einzelne Strähnen in kleine »gekräuselte« Gebilde aufteilt. Die Figur befand sich vor einem gestalteten Hintergrund, von dem noch Reste erhalten sind. Ob es sich dabei um Reste einer Szene handelt, muss aber offen bleiben. Solche behaarten Gesichter sind vor allem bei Darstellungen von sogenannte Wilden Männern bekannt, deren bildkünstlerische Darstellung sich im Hochmittelalter herausbildet[76] und die bereits in antiken Texten und in der mittelalterlichen Dichtung des 12. Jahrhunderts eine Rolle spielen.[77] Darstellungen der wilden Männer gehören zur Bauplastik sowohl sakraler als auch profaner Gebäude und können als Einzelfiguren sowie in Szenen vorkommen. Ihre

[26] Der Tod des Gerechten (1. Drittel 12. Jahrhundert) gehört zu den Bildtheme, bei denen die Sterbenden im Bett liegend gezeigt werden. San Michele Maggiore, Pavia (Italien)

[26]

[27] Der Kopf eines Bärtigen mit wilden Haaren formiert den Höllenschlund auf der Bernwardssäule. Um 1020, Hohe Domkirche St. Mariä Himmelfahrt, Hildesheim

nannten Parabel von Lazarus und dem Reichen, wie dies z. B. auf der Bernwardssäule der Fall ist (Abb. 27).[80] Nur der Kopf eines offensichtlich feuerspeienden Wesens ist sichtbar. Es besitzt eine große Nase und das Gesicht ist von dicken Haarsträhnen umstanden.

Die Versuchungen Christi durch den Teufel beinhalten ebenfalls vergleichbare Darstellungen. Sie kommen in Buchmalereien, Bauplastik und Wandmalereien vor.[81] Ein Mosaik mit dem Thema in der Kathedrale Santa Maria Nuova in Monreale zeigt den Teufel in Gestalt eines dunkelhäutigen und geflügelten Bärtigen.[82] Er hat spitze Ohren, kurzes, in dicken Strähnen wirr abstehendes Haar und der Vollbart bedeckt nahezu das ganze Gesicht. Auch der Teufel aus der dritten Versuchung Christi im sog. Albani-Psalter (um 1130) aus der Dombibliothek zu Hildesheim zeigt einen Teufel, dessen Gesichtszüge mit dem Gerbstedter Fragment vergleichbar sind (Abb. 28). Sein Körper ist der ikonografischen Tradition entsprechend blau, der Kopf ist hell ausgeführt mit abstehenden Haaren, einem Vollbart und einer langen spitzen Nase. Darstellungen des Teufels können also mit dem Bärtigen aus Gerbstedt Ähnlichkeiten aufweisen, der daher durchaus als Bild eines Dämons oder Teufels gedeutet werden kann. Aber auch bei diesem Motiv muss eine endgültige Interpretation aufgrund der fehlenden Hinweise zum Kontext der Figur weiter offenbleiben.

Das größte Fragment eines Kopfes gehörte ursprünglich ebenfalls zu einer Figur mit einem langen Vollbart (Kat.-Nr. 6), die jedoch nichts Wildes, Dämonisches oder Teuflisches in sich birgt. Leider gingen die Stuckschichten, aus denen das Gesicht geformt war, beinahe vollständig verloren. Nur noch die rechte Seite des Kopfes zeigt einen Teil des Augenwinkels. Darunter hebt sich der Bartansatz deutlich ab. In der Frontalansicht sind noch die Spitzen des Schnurrbartes erhalten, während der Kinnbart unten abgebrochen ist. Einen ähnlichen Bart, von dem heute noch die Spitzen erhalten sind, scheint die linke Figur mittelgroßen Maßstabs in einem großen Fragment besessen zu haben (Kat.-Nr. 12). Vielleicht gehörte der Kopf mit Vollbart einmal zu einer ähnlichen Figur. Die beiden erhaltenen, jedoch kopflosen Gestalten tragen Tuniken und standen oder liefen wohl nach rechts gewandt. Zwischen beiden Figuren war ein Gegenstand modelliert, der sich heute nicht identifizieren lässt. Zwar können einige Details sowohl des Bärtigen als auch der beiden Figurenfragmente beschrieben werden, thematisch lassen aber auch sie sich keinem Thema zuordnen.

Konnotationen sind vielfältig und führen vom Symbol des Abseitigen und des Sünders zu solchen des brutalen Kämpfers oder des Kannibalen.[78] Eine Figur des Wilden Mannes kann in einem bildkünstlerischen Programm einer Klosterkirche daher allegorische oder auch apotropäische Bedeutung zugekommen sein. Er erscheint als Mahnung der Gläubigen vor der Sünde und erinnert an die Hoffnung auf Erlösung. Als dämonisch aufgefasster Charakter hält er Unheil durch sein eigenes Abbild ab.[79]

Für die Kunst des Hochmittelalters gibt es Darstellungen von Teufeln und Dämonen, die als bärtige und kraushaarige Männer – teilweise mit Bocksbeinen o. Ä. – gezeigt werden. Sie kommen in verschiedenen Zusammenhängen vor, oft in Darstellungen des Höllenschlundes, wohinein diese Wesen die gefallenen Seelen zerren oder wo sie auf sie warten. Auch Sterbeszenen beinhalten teilweise solche Figuren. So in der oben ge-

Das gilt auch für die Fragmente von Figuren, an denen sich die Gestaltung von Kleidung ablesen lässt.

[28] Dritte Versuchung Christi aus dem sog. Albani-Psalter, um 1130, Dombibliothek Hildesheim. Wildes Haar umrahmt das vollbärtige Gesicht des Teufels.

Auch hier bleibt der Einblick fragmentarisch, eine Vorstellung können aber Vergleiche mit anderen Darstellungen bringen. Grundsätzlich kann zwischen Figuren mit einfacher und solchen in vielteiliger und reich verzierter Kleidung unterschieden werden. Als einfach gekleidet können die nur in Tuniken gekleideten Figuren bezeichnet werden, wie sie schon oben bei der sich über eine Mauer lehnenden Gestalt (Kat.-Nr. 55) oder dem Köpfchen mit Oberkörper (Kat.-Nr. 2) beschrieben wurden. Weitere Fragmente von Oberkörpern in kleineren Maßstäben (Kat.-Nr. 8–10) zeigen, dass so gekleidete Figuren im Gerbstedter Bildprogramm vorkamen. Die oben erwähnte Doppelfigur (Kat.-Nr. 12) zeigt zwei Männer, deren Tuniken mit einem kreuzblumenverzierten Gürtel zusammengehalten werden. Ob die kleineren Figuren Gürtel besaßen und ob diese ebenso verziert waren, kann nicht mehr rekonstruiert werden.

Andere Figuren aus Gerbstedt lassen komplexere Kleidung erkennen (Kat.-Nr. 7, 11, 13, 14, 17, 22, 25–27).

Hier gestalteten die Künstler Figuren, die zusätzlich zu engen Untergewändern weite Obergewänder und Mäntel trugen. Borten verzieren die Säume, in Gerbstedt zumeist glatte oder solche mit Kreuzblumenmuster. Dieselben Borten dienten zudem der Unterteilung weiter Ärmel, die unterhalb der Schulter und der Ellenbogen damit umwunden sein konnten (vgl. Kat.-Nr. 11, 25–27). Das Vorhandensein solcher Obergewänder deutet auf die Darstellung von Klerikern oder Adligen hin oder aber durch entsprechende Kleidung in ihrer Bedeutung hervorgehobenen Personen.[83] In der Mode des 11. bis 13. Jahrhunderts galt als grundsätzliche Leitlinie, dass je höher der Stand einer Person war, sich die Kleidung desto komplexer zusammensetzte. In der bildenden Kunst diente diese Differenzierung auch der Identifizierung der Dargestellten, sodass Bauern und Handwerker z. B. mit Tunika, Beinlingen und Schuhen dargestellt werden, Frauen entsprechend in einfachen langen Tuniken, sog. Cotten, darunter Hemden und

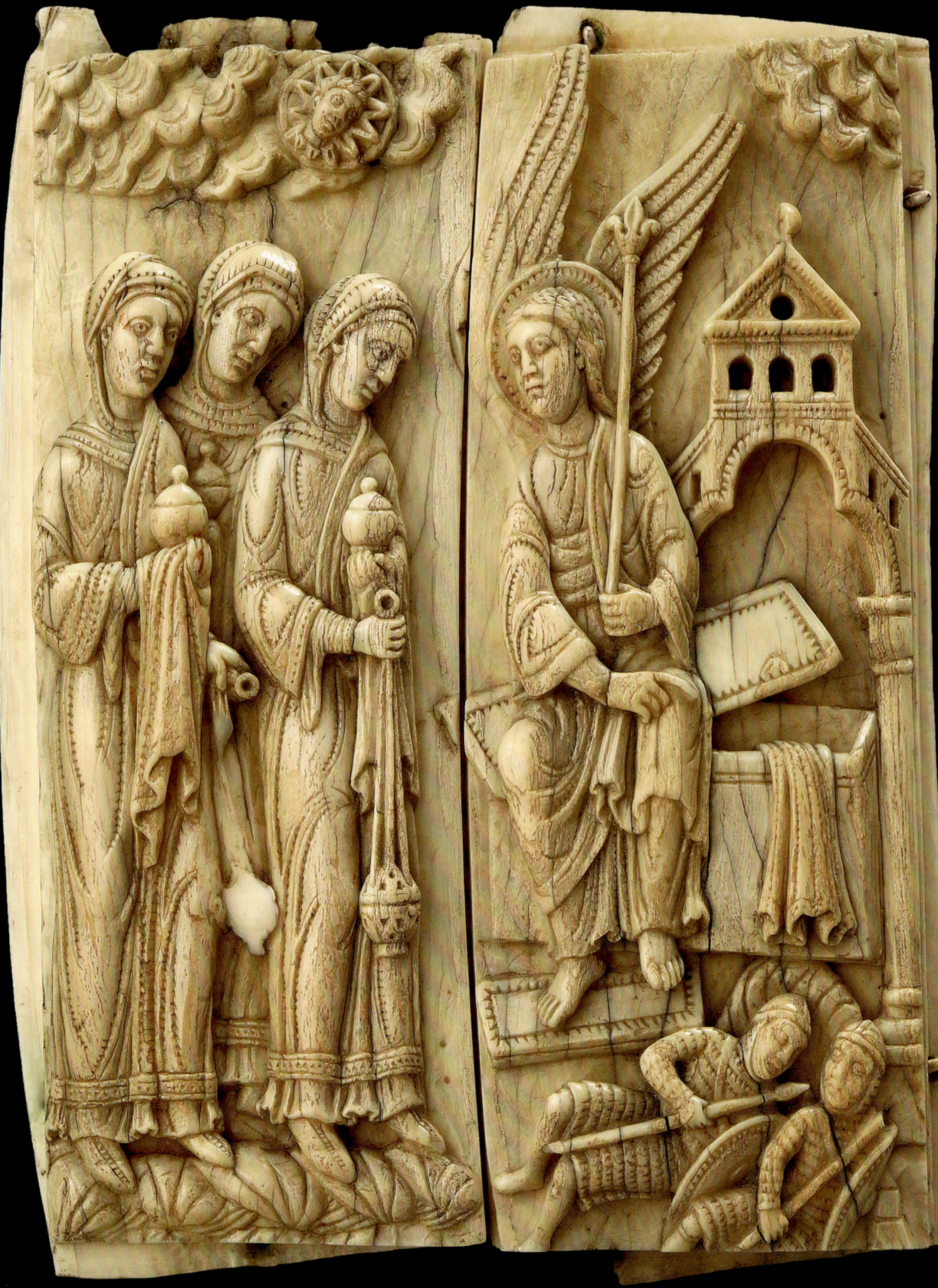

ebenfalls Schuhe. Entsprechend können die oben erwähnten Figuren in Tuniken (Kat.-Nr. 2, 8–10, 55) gedeutet werden. Ähnliche Kleidung tragen z. B. die Jäger aus dem Jagdfries des Kaiserdoms in Königslutter. Manche Figuren tragen Kopfbedeckungen. Herrscher und Adlige werden teils mit komplexen Garnituren gezeigt. Sie tragen bis zu knöchellange Hemden, Unter- und Obertunika, darüber weite Mäntel, die Beine stecken in Beinlingen und die Schuhe sind teils kostbar verziert. Die Kleider werden in der Buchmalerei oft farbenprächtig gestaltet, was die kostbaren Stoffe illustriert. Damen tragen ebenfalls Ober- und Untertuniken, die bis zum Boden fallen, kostbare Mäntel und Schleier sowie oft verzierte Schuhe. Die Kleidung der Mächtigen zeichnet außerdem aus, dass sie in der Regel mit Borten und Pelzen besetzt dargestellt werden.[84]

In Gerbstedt ist noch der weite Ärmel des Obergewands einer Figur (Kat.-Nr. 22) zu sehen, unter dem ein enger, geraffter Ärmel herausschaut. Bei einer anderen (Kat.-Nr. 11) ist noch der mit Borten verzierte Ärmel rechts erkennbar. Diese Figuren mit weiten Ärmeln können formal mit denen der drei oben beschriebenen Quedlinburger Äbtissinnen auf deren Grabsteinen verglichen werden (vgl. Abb. 4). Die Äbtissinnen sind im Habit dargestellt, der aus einer Tunika, einem langen Übergewand mit weiten Ärmeln und einem Schleier, der über Brust und Schultern verläuft, besteht.[85] Auf einer Elfenbeinschnitzerei mit den drei Frauen am Grabe im Museum Schnütgen in Köln (Abb. 29) aus dem dritten Viertel des 12. Jahrhunderts[86] ähnelt die Kleidung der Dargestellten jener der Quedlinburger Äbtissinnen und den in Gerbstedt nur rudimentär erfassbaren Stücken. Die drei Frauen stehen in der linken Bildhälfte vor dem geöffneten Grab Jesu. Auf dem offenen leeren Sarkophag sitzt ein Engel mit Lilienszepter und wendet sich an die Frauen. In der unteren Ecke des Bildes liegen zwei schlafende Soldaten. Auch bei der Kölner Schnitzerei sind die übereinander getragenen langen Kleider ausgearbeitet und der Betrachter erkennt deutlich die unter den weiten Ärmeln der Obergewänder hervortretenden engen Ärmel der Tuniken. Zahlreiche Darstellungen der Begebenheit z. B. in der Buchmalerei zeigen die Frauen in ähnlicher Bekleidung. Nicht zuletzt die Stuckfigurengruppe der drei Frauen am Grabe im Heiligen Grab in Gernrode trägt eine vergleichbare Gewandung (Abb. 30).[87] Die drei Figuren in der Grabkammer des Monuments sind einander zugewandt, die mittlere Figur tritt leicht zurück und die Frau rechts neigt ihr Haupt ihren Begleiterinnen zu. Auch hier fallen die Obergewänder in reichen Falten über den nahezu bodenlangen Unterkleidern herab, die weiten Ärmel geben den Blick auf das enge Untergewand mit gerafften Ärmelenden frei.

In der Reihe der Figuren aus Gerbstedt tritt besonders eine hervor, von der noch der Schulterbereich mit Halsansatz erhalten ist (Kat.-Nr. 7). Die Figur scheint mit reicher Kleidung versehen gewesen zu sein. Davon zeugen noch die Kreuzborten, die den V-förmigen Ausschnitt des Gewandes zieren, und ein Medaillon oder eine Scheibenfibel auf der Brust. Das Schmuckstück ist plastisch ausgearbeitet und die heute erhaltene runde Vertiefung könnte einst einen Glas- oder gar Edelstein aufgenommen haben. Auch ein über dem Gewand liegender Kragen oder Kragenschleier hat sich erhalten. Die Borten und vor allem der Schmuck weisen darauf hin, dass es sich um die Darstellung einer hohen Persönlichkeit handelte.[88] Aufgrund des Bruchs direkt unterhalb der Achseln kann anhand des Fragments nicht eindeutig entschieden werden, ob es sich um eine männliche oder weibliche Figur handelte. Ein Indiz für eine Deutung als Frau besteht aber in der Kombination von Kragen, V-Ausschnitt und Medaillon. Aus der Mitte und der zweiten Hälfte des 12. Jahrhunderts stammt eine Reihe französischer Gewändefiguren von Königinnen.[89] Vor allem die Figuren aus Notre Dame in Corbeil (heute im Louvre Paris, Inv.-Nr. RF 1617) und die aus Saint-Thibaut in Provins (heute im Glencairn Museum in Bryn Athyn, Pennsylvania) tragen Kleidung, die – obwohl ungleich reicher – im Aufbau an das Gerbstedter Stück erinnert (Abb. 31). Zwar werden die Schultern der Gewändefiguren von ihren Haaren und weiten Mänteln verdeckt, darunter fällt der Blick des Betrachters aber auf die V-förmigen Ausschnitte der Bliauts, eines für den Adel typischen Obergewandes, und auf opulente Broschen, die die Kragen der Tuniken zusammenhalten. Diese Übereinstimmungen verweisen darauf, dass es sich bei der Gerbstedter Figur vielleicht um die Darstellung einer Frau im Adelsgewand handelte – naheliegend wäre eine Darstellung Marias oder die einer uns unbekannten Heiligen.

Zu den größten erhaltenen Fragmenten zählen zwei Reste von Figuren, die einst reich bekleidete Herren zeigten (Kat.-Nr. 13, 14). Sie sind spiegelsymmetrisch gestaltet und unterscheiden sich in Details. Erhalten ist jeweils der Bereich zwischen Hüfte und Knien. Heute sind noch an den Säumen mit Borten verzierte Obergewänder identifizierbar, über denen die Dargestellten ebenso dekorierte Mäntel trugen. Das Gewand schließt kurz oberhalb der Knie ab und gab die wohl mit engen Beinlingen bedeckten Beine frei. Dieses Detail reicht aus, um darauf schließen zu können, dass hier ein Adliger dargestellt worden sein könnte. Vergleichbare

[29] Die Frauen am Grab, aus der sog. Kleineren Gestichelten Gruppe, Köln, 3. Viertel 12. Jahrhundert, Museum Schnütgen (B 103 a/b, Köln). Die Frauen halten Kugelgefäße und Rauchfässer, wie sie wohl auch in Gerbstedt dargestellt waren.

[30] Drei Frauen am Grab mit der typischen Gewandung. Sie halten Salbgefäße und ein Rauchfass. Um 1100, St. Cyriakus, Gernrode

einem Korb oder Gefäß in Berlin (Kat.-Nr. 23) und die mit einem unbekannten Gegenstand (Kat.-Nr. 24) messen etwa fünf bis sechs Zentimeter in der Breite, was auf die Zugehörigkeit zu leicht unterlebensgroßen Figuren hinweist. Die beiden anderen Fragmente (Kat.-Nr. 21, 22) sind wesentlich kleiner.

Die Gegenstände, die die Figuren einst in Händen hielten, lassen sich meist identifizieren und können Hinweise auf die Sujets der Gerbstedter Stuckausstattung geben. Eine Figur umfasste ein Kugelgefäß mit konischem Fuß und Deckel mit Kugelknauf (Kat.-Nr. 21). Solche Gefäße sind gebräuchlich in zahlreichen Darstellungen des Hochmittelalters. So hält z. B. der Mundschenk beim Gastmahl des Simon (Lk 7,36–50) im sog. Albani-Psalter (zwischen 1120 und 1130) ein ähnliches Gefäß.[91] Ein Kapitell aus Saint Lazare in Autun (Frankreich) zeigt die hl. Drei Könige bei der Anbetung des Kindes mit Kugelgefäßen (Abb. 33), die sie Jesus, der bereits einen Knauf zum Heben des Deckels in der Hand hält, darbieten.[92] Auch in Darstellungen der Drei Frauen am Grabe (Mt 28,1–8; Mk 16,1–7; Lk 24,1–12) finden solche Gefäße Verwendung. Auf der bereits erwähnten Elfenbeintafel aus dem Museum Schnütgen in Köln[93] halten alle drei Frauen in ihren mit Tüchern bedeckten Händen Kugelgefäße, die wohl Öle und Tinkturen zur Salbung des Leichnams Christi enthalten (vgl. Abb. 29).

Dieses Kölner Täfelchen enthält auch einen guten Hinweis auf einen weiteren Gerbstedter Gegenstand (Kat.-Nr. 22). Dieser endet in einem Ring und wird von der Faust einer Figur umschlossen. Auch zwei der Kölner Figuren umfassen etwas, das in einem Ring endet: es handelt sich um Rauchfässer, die sie zum Grab Christi mitgebracht haben. Eine weitere Parallele finden wir im Heiligen Grab der Stiftskirche St. Cyriakus in Gernrode in der oben erwähnten Gruppe 1130/1145 der Drei Frauen am Grabe (vgl. Abb. 30).[94] Sie tragen verschiedene Salbgefäße und die rechte Figur hält in ihrer Faust ein Rauchfass, dessen Ketten oben in einen Ring eingehängt sind.

Zu den Gerbstedter Fragmenten gehört eines, das noch die Hand einer Figur großen Maßstabs mit einem unbekannten Gegenstand zeigt (Kat.-Nr. 24). Zunächst erschließt sich nicht klar, worum es sich bei dem Kreissegment, dessen Binnenfläche eine glatte Oberfläche aufweist und von einem Rahmen mit Perlstab umgeben ist, handelt. Ein weiteres Mal sei hier der Blick auf das Elfenbeintäfelchen aus Köln gerichtet (Abb. 34). Die schlafenden Soldaten der Auferstehungsszene halten Schilde in ihren Hände, die so verziert sind. Auch bei anderen Darstellungen von Soldaten oder Rittern tau-

Kleidung tragen z. B. Harold von Wessex und sein Begleiter auf dem Teppich von Bayeux. Im sog. Ottobeurer Collectar aus dem letzten Viertel des 12. Jahrhunderts findet sich eine Szene der Anbetung der hl. Drei Könige (Abb. 32).[90] Die drei Männer treten von links an die Muttergottes mit dem Kind heran. Sie tragen ebenfalls bis zum Knie reichende Obertuniken und wohl mit Pelz gefütterte Mäntel. Die rechte Königsfigur wird von einem Mantel flächig hinterfangen, ähnlich könnte es bei den Gerbstedter Figuren gewesen sein. Darauf weist die mit Längsstreifen gemusterte Fläche bei Kat.-Nr. 13 unterhalb des Saums hin, die an den Mantel anschließt.

Im Fundkomplex befinden sich Fragmente mit der Darstellung von Händen, die verschiedene Gegenstände halten (Kat.-Nr. 21–24). In ihrer maßstäblichen Größe variieren diese Fragmente stark. Die Hand mit

DATIERUNG, IKONOGRAPHIE UND RÄUMLICHE VERORTUNG DER FRAGMENTE

[31] Eine opulente Fibel hält den Ausschnitt des Bliauts der »Königin von Saba« zusammen. Um 1180/1190, Notre-Dame, Corbeil (Frankreich)

[32] Anbetung der hl. drei Könige aus dem sog. Ottobeurer Collectar, letztes Viertel 12. Jahrhundert. British Library, London, Yates Thompson 2, fol. 62v

[33] Das Relief mit der Anbetung der hl. drei Könige zeigt Kugelgefäße, wie sie auch in Gerbstedt dargestellt wurden. Saint-Lazare, Autun (Frankreich)

[34] Detail aus die Frauen am Grab, aus der sog. Kleineren Gestichelten Gruppe, Köln, Museum Schnütgen (B 103 a/b, Köln). Die Schilde der Soldaten sind am Rand mit einem Perlstab dekoriert.

chen Schilde mit solchen Mustern auf, weshalb eine Deutung der Figur als Ritter oder Soldat vorstellbar ist. Aufgrund der Größe der Figur kann vielleicht an eine Stifterfigur gedacht werden oder an die eines Ritterheiligen, wie den hl. Georg oder auch an den Erzengel Michael.

Unter den Gerbstedter Fragmenten in Berlin befindet sich die Hand einer großen Figur, die ein offenes Gefäß – vielleicht einen flachen Korb oder eine Schale – hält (Kat.-Nr. 23). Die Darstellungen, in deren Zusammenhang solche Behältnisse gezeigt werden, schließen thematisch an die oben erläuterten Beispiele an. Im sog. Ottobeurer Collectar (vgl. Abb. 32) präsentieren die hl. drei Könige[95] ihre Gaben in offenen konisch zulaufenden oder kugeligen Gefäßen. Auch bei Darstellungen von Gastmählern oder dem letzten Abendmahl findet sich ähnliches Geschirr. Beim Fragment aus Gerbstedt könnte das schlaufenartige Muster der Wandung die stilisierte Darstellung der Kanneluren eines antikisierenden Gefäßes zeigen. Eine ähnliche Gestaltung hat auch die Ausformung eines nur schwer zu deutenden Gegenstands aus dem Gerbstedter Fundkomplex (Kat.-Nr. 65). Womöglich handelt es sich dabei ebenfalls um ein Gefäß. Im sog. Canterbury Psalter, der im letzten Viertel des 12. Jahrhunderts entstand,[96] zeigt die Illustration zu Psalm 25 der Vulgata einen Brunnen (Abb. 35).[97] Der Brunnen besitzt Kelchform mit einem kannelierten Becken und das Wasser fließt von weit oben aus einem Drachenkopf hinein. Vielleicht handelt es sich bei dem unbekannten Gegenstand (Kat.-Nr. 65), der nach unten eine Bruchstelle zeigt, an die ein vergleichbarer Fuß anschließen könnte, um die Darstellung eines Kelchs oder eines Brunnens.

Gefäße und Rauchfässer, wie sie unter den Darstellungen der Gerbstedter Fragmente nachweisbar sind, gehören regelhaft zu den Szenen der Anbetung der Könige und der Frauen am Grabe. Daneben begegnen sie in der bildlichen Umsetzung des Letzten Abendmahls und anderer Festmahle, die häufig in christlichen Erzählungen vorkommen. Welche Szenen genau dargestellt waren, kann bisher nicht rekonstruiert werden.

GROSSE EINZELFIGUREN

Vor allem zwei Befunde im Gerbstedter Fundkomplex belegen das Vorhandensein von vermutlich leicht unterlebensgroßen Figuren an Arkadenzwickeln. Auf einem bogenförmigen Fragment befinden sich heute die Abdrücke zweier Füße (Kat.-Nr. 62), an denen noch die Ansätze der Beine erkennbar sind. Die Abdrücke decken sich in der Größe mit einem einzelnen Fußfragment (Kat.-Nr. 34), das aber nicht an die Bruchstelle von Kat.-Nr. 62 passt. Die Länge der Füße von ca. 20 cm bestätigt zusätzlich den großen Figurenmaßstab. Der Bogen war auf die Anfänge zweier nebeneinanderliegender Friese aus floralen Ornamenten mit profilierten Rahmen stuckiert. Die Stuckateure führten die Friese zunächst vollständig aus, dann wurde die Figur darüber angetragen. Die Friese laufen deutlich erkennbar bogenförmig auseinander, d. h., sie fassten zwei Bögen einer Arkatur ein.

Einen ähnlichen Befund zeigt das Stück eines bogenförmigen Frieses mit einem Ornament aus herzför-

DATIERUNG, IKONOGRAPHIE UND RÄUMLICHE VERORTUNG DER FRAGMENTE

[35] Zwei Männer waschen sich die Hände in einem Brunnen. Die Wandung zeigt Kanneluren, wie sie auch in Gerbstedt dargestellt sind. Detail der Illustration zu Psalm 25 im sog. Canterbury Psalter (1176–1200). BnF Latin 8846, fol. 43v

migen Akanthusblättern (Kat.-Nr. 95). Er umfasste ursprünglich einen Bogen, dessen Laibung ebenfalls stuckiert war. Die Umzeichnung mit Rekonstruktionsvorschlag zeigt die tatsächlich vorhandenen Fragmente grau hinterlegt und die ergänzten Bereiche mit Strichelung (Abb. 36). Fragment HK 2006:524 schließt links direkt unten am Anfang des rekonstruierbaren Bogens ab und gehörte zur profilierten Rahmung eines weiteren Bogens. Über den Rahmen des Frieses war ursprünglich eine Figur in einem Gewand mit kreuzblumenverzierten Borten stuckiert (Abb. 37).[98] Das zeigen Reste des Gewandes, Vorritzungen auf drei Fragmenten (HK 2006:269, HK 2006:270, HK 2006:220) und ein Stuckrest der Figur links neben dem Rahmen (HK 2006:441). Die Figur wurde auf den Bogenfries aufstuckiert, nachdem dieser bereits vollständig ausgeführt worden war. Daher tritt an den Stellen, an denen die Stuckschichten der Figur abgeplatzt sind, die volle Gestaltung des Frieses heute wieder zutage. Die Höhe der Figur bleibt ungewiss, aufgrund der Breite der Borte und des Verlaufs der Außenkante kann aber gesagt werden, dass es sich wohl um eine Figur großen Maßstabs gehandelt hat, vergleichbar mit der bei Kat.-Nr. 62 zu vermutenden.

Diese Befunde zeigen, dass in der Gerbstedter Klosterkirche stuckierte Arkaturen vorhanden waren, in deren Zwickeln sich wohl leicht unterlebensgroße Standfiguren befanden. Solche Figuren gibt es bei erhaltenen romanischen Wandmalereien in Kirchen[99] und auch aus Stuck existieren vergleichbare Stücke. In der Klosterkirche St. Georg und St. Pankratius zu Hecklingen haben sich in den Arkadenzwickeln des Hochschiffs Engelfiguren aus der Zeit um 1220/1225 erhalten. Sie gehörten wohl in den Kontext eines größeren Bildprogramms mit eschatologischer Ausrichtung.[100] In St. Michael in Hildesheim befinden sich auch heute noch im südlichen Seitenschiff weibliche Figuren in den Arkadenzwickeln (Abb. 38). Es handelt sich um die Personifikationen der Seligpreisungen, die in der Zeit zwischen 1150 und 1186 in der Kirche angebracht worden sind.[101] Die Zwickelbereiche waren wohl flächig stuckiert und ursprünglich in allen Schiffen mit Figuren aus Stuck versehen.[102] Bisher kann für Gerbstedt nicht festgestellt werden, wo im Kirchenraum die Zwickelfiguren zu verorten sind, da eine Rekonstruktion der Spannweite der Bögen sich als schwierig erwies.[103] Ob sie also wie in den genannten Beispielen im Mittelschiff oder an kleineren Arkaden wie z. B. an einem Lettner, an Emporen vergleichbar zu denen im Querschiff der Stiftskirche St. Cyriakus zu Gernrode oder anderen architektonischen Strukturen angebracht waren, muss derzeit offen bleiben.

TIERE UND FABELWESEN

Unter den figürlichen Darstellungen der Gerbstedter Fragmente findet sich auch eine kleine Gruppe von Tierdarstellungen. Es handelt sich um Vogelkörper (Kat.-Nr. 89–91) und einen Vogelkopf (Kat.-Nr. 88), einen Löwen (Kat.-Nr. 92), zwei nicht genau zu bestimmende Tiere (Kat.-Nr. 93, 94), Drachenfiguren (Kat.-Nr. 70–87) und in Rauten eingeschriebene Vögel (Kat.-Nr. 109). Wohl gehörte ein einzelnes Fragment in Form eines Auges (Kat.-Nr. 69) zu einer Drachenfigur und die beiden einzelnen Flügel (Kat.-Nr. 67, 68) könnten Engelsfiguren[104] zugehörig sein.

[36] Der bogenförmige Fries (Kat.-Nr. 95) gehört zu einer Stuckierung von Arkaden. Die Umzeichnung mit Rekonstruktionsvorschlag zeigt auch den möglichen Umfang der Figur, die einst über den Rahmen stuckiert war und im Bogenzwickel stand.

[37] Reste und Vorritzungen einer Figur in einem Arkadenzwickel (HK 2006:269, HK 2006:270, HK 2006:220, HK 2006:441). Detail des zusammengesetzten Bogensegments (Kat.-Nr. 95)

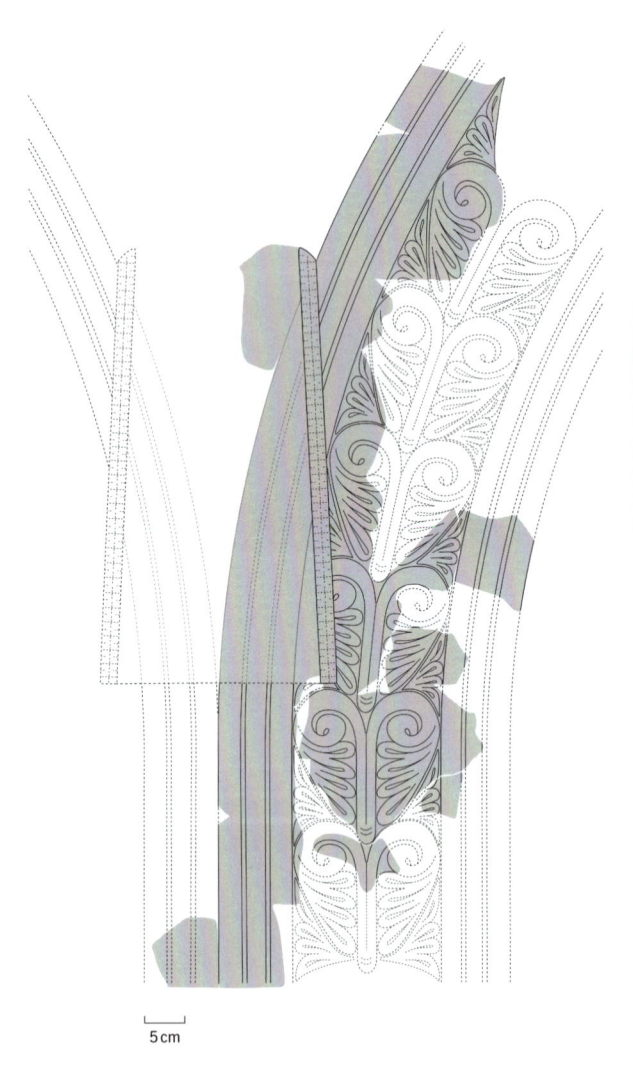

[38] Blick ins südliche Seitenschiff mit Figuren der Seligpreisungen in den Arkadenzwickeln. Zwischen 1150 und 1186 St. Michael, Hildesheim

Die Gerbstedter Drachenfiguren[105] haben hundeartige Köpfe mit lang ausgezogenen zahnbestandenen Schnauzen und ihre Körper sind entweder lang gestreckt oder zeigen eine angewinkelte Haltung. Durch die Leibesmitte verläuft den Körper horizontal gliedernd ein Band mit Perlstab. Der Rücken ist in der Regel glatt gestaltet, selten auch der Bauch, der zumeist aber vertikale Doppellinien und gebohrte Punkte aufweist. Kat.-Nr. 85 und 86 gehören zu Drachen, deren Schwänze in großen dreipassigen Blüten endeten. Die Drachen haben gefiederte Flügel, die im Verhältnis zum Körper verschieden lang ausfallen und sowohl anliegen als auch abgespreizt sein können. An den Schultern können die Flügel mit einem Band mit Perlstab verziert sein (Kat.-Nr. 77, 78, 80). Die Beine haben sich in keinem Fall komplett erhalten, waren oberhalb der Pfoten oder Krallen aber konisch geformt und mit Querrillen gezeichnet (Kat.-Nr. 77, 78, 80, 81). Einige der Drachen besitzen schlangenartige, ineinander verschlungene Körper oder Hälse (Kat.-Nr. 76, 87).

Stilistisch kann mit den Gerbstedter Drachen nur die oben erwähnte Stuckierung mit Drachen aus Quedlinburg verglichen werden, typologisch aber findet die Figurenkonzeption zahlreiche Entsprechungen. Einige um 1150 entstandene Kapitelle im Kreuzgang des sog. Kaiserdoms zu Königslutter sind mit ineinander verschlungenen Drachen verziert,[106] deren Aufbau ein ähnliches Prinzip aufweist (Abb. 39). Sie haben hundeähnliche Köpfe sowie Körper und Flügel mit Perlstäben. Ebenfalls um 1150 entstanden das bekannte Maskenkapitell der sog. Hartmannussäule an der Domvorhalle der Stiftskirche St. Simon und Judas in Goslar sowie das motivisch dazu verwandte in der Krypta der Klosterkirche in Riechenberg bei Goslar (Abb. 40).[107] Je zwei Drachenfiguren umrahmen darauf ein Gesicht, in dessen Maul ihre Schwanzenden laufen und zeigen auch hier ein ähnliches Gestaltungsprinzip, wie bereits beschrieben. Auch die Drachen in der um 1120/1140 entstandenen Bauplastik der Stiftskirche St. Pankratius in Hamersleben besitzen diese Merkmale wie den Hundekopf und die Perlstabverzierungen, und in der Buchmalerei des 12. Jahrhunderts finden sich immer wieder Drachendarstellungen dieses Gestaltungsprinzips.[108] Schließlich zeigt der Drachen im Kampf mit

[39] Kapitell mit ineinander verschlungenen Drachen, um 1150. Kreuzgang, Stiftskirche St. Peter und Paul, Königslutter

[39]

dem Erzengel Michael auf dem sog. Abraham-Engel-Teppich in Halberstadt vergleichbare Grundsätze.[109]

Die Gerbstedter Drachen sind gemeinsam mit den oben erwähnten Quedlinburger Stuckfragmenten in ihrer Stilistik bisher zwar nahezu einmalig, in ihrem Gestaltungsprinzip fügen sie sich aber in eine Reihe von Drachendarstellungen des 12. Jahrhunderts ein. Aufgrund ihrer gestreckten oder angewinkelten Haltung und der verschiedenen Maßstäbe waren sie in Gerbstedt wohl auf unterschiedliche Art in die Stuckausstattung eingebunden. Kleine Figuren wie Kat.-Nr. 71, 74 und 80 könnten vielleicht – vergleichbar zu den Drachenfiguren aus Quedlinburg – an Kapitellen angebracht gewesen sein.[110] Zum Teil befanden sich die als Hochreliefs gearbeiteten Drachen wohl vor einer glatt gestalteten Stuckfläche (vgl. Kat.-Nr. 71, 72, 76, 86). Für die als Hochrelief gestalteten Drachen ist auch eine Anbringung in Friesen vorstellbar, wie sie z. B. in Sockelzonen oder in der Stiftskirche zu Quedlinburg vorkommen (Abb. 41).[111] Ein Hinweis auf einen Drachenfries ist die Einfassung eines der Drachenschwänze mit Blüte (Kat.-Nr. 85) mit zwei bogenförmigen Vierkantstäben. Die Überlappung dieses Stücks mit den Rahmenbereichen steigert seine plastische Wirkung noch.

Drachen kommen in der Bauplastik des Mittelalters häufig vor und besitzen – neben sicherlich vorhandenen dekorativen Aspekten – verschiedene Deutungsebenen.[112] Als Symbole für den Teufel oder das Böse erinnern sie den Betrachter an den Kampf des christlichen Glaubens mit Satan und daran, dass das Böse durch den Glauben überwunden werden kann. Dieser Aspekt zeigt sich vor allem in Darstellungen von Drachenkämpfen. Am bekanntesten sind hier wohl Bilder des Erzengels Michael und des hl. Georg, die auf dem bezwungenen Ungeheuer stehen. Aber auch der Kampf zwischen Löwen und Drachen kann diese Idee visualisieren.[113] In der Forschung wird neben dem symbolischen immer wieder der apotropäische Aspekt von Drachen in der Bauplastik hervorgehoben. Die »in Stein gebannten Monster«[114] sollten wohl auch andere Dämonen fernhalten. Ineinander verschlungene Drachen können Symbole für das Binden oder den Bann des Bösen sein, entsprechend der Bedeutung von Seilen, Flechtwerk und Knoten.[115]

Von anderen Tieren gibt es einzelne kleinere Figuren mit einem ähnlichen Figurenmaßstab. Drei als Hochreliefs ausgearbeitete Stücke können als Vogelkörper identifiziert werden (Kat.-Nr. 89–91). Sie laufen auf einer Seite als Schwanz spitz zu und die gegenüberliegende Seite ist als Brust abgerundet. Unterhalb der Brust sind noch Ansätze von Beinen erhalten und ein Federkleid, das in der Ausgestaltung den Drachenflügeln ähnelt, bedeckt die Körper. Um welche Art von Vögeln es sich handelt, kann bisher aufgrund der Fragmentierung nicht bestimmt werden.

Ebenso kann der einzige Vogelkopf unter den Fragmenten (Kat.-Nr. 88) nicht in einen näheren Kontext eingeordnet werden. Der Kopf sitzt auf einem langen schlanken Hals, ist fast kreisrund und hatte einst wohl einen langen spitzen Schnabel. Das kreisförmige »Gesicht« schließt zum Hals mit einer eingeschnittenen Wellenlinie ab und das Auge mit gebohrter Pupille und einem mandelförmigen Umriss sitzt im Zentrum. Der Kopf gleicht denen der Drachen, lediglich der Schnabel weist ihn eher als Vogel aus.

Zwei Fragmente von Tierdarstellungen (Kat.-Nr. 93, 94) lassen sich nur bedingt bestimmen, da z. B. Hufe oder Pfoten nur sehr unspezifisch ausgearbeitet wurden und individuelle Kennzeichen für bestimmte Tiere fehlen. Eines der Tiere (Kat.-Nr. 93) hat seine Hinterläufe gestreckt, die Vorderbeine sind einschließlich der Knie erhalten und ein längeres Fell scheint den Rücken zu bedecken. Den Schwanz führt das Tier zwischen den Hinterläufen durch. Aufgrund der Bewegung, in der das Tier festgehalten wurde, lassen sich die Proportionen nur schwer bestimmen. Zwar später – nämlich erst um 1230 – entstanden, besitzt die Darstellung eines Einhorns im sog. Rochester-Bestiarium (British Library Ms. Royal 12, F.XIII, fol. 10v) gestalterische Übereinstimmungen mit dem Fragment (Abb. 42).[116] Die Mähne des Einhorns verläuft über den Rücken und die vier senkrechten Linien hinter der Schulter gehören vielleicht zur Mähne oder umreißen die Wölbung des Körpers. Der Schwanz des Paarhufers ist lang und unten mit langen Haaren dargestellt. Die üppige Mähne, die Linien und die Form der Hufe besitzen eine gewisse Ähnlichkeit mit der Figur aus Gerbstedt. Ob die Identifizierung als Einhorn richtig ist, kann aber nicht abschließend geklärt werden. Darstellungen von Einhörnern sind so verschieden, dass anhand eines Frag-

[40] Kapitell in der Krypta des Klosters Riechenberg bei Goslar, um 1150. Die Drachen, aber auch die Palmetten auf dem Kapitell basieren auf denselben Gestaltungsprinzipien wie der Gerbstedter Stuck.

[41] Drachenfries im Inneren der Stiftskirche zu Quedlinburg (1. Viertel 12. Jahrhundert). Vergleichbare Friese könnten auch in Gerbstedt die Wände umlaufen haben.

[42] Diese Darstellung eines Einhorns aus dem sog. Rochester-Bestiarium gibt Hinweise auf das Aussehen der Tierfigur aus Gerbstedt (Kat.-Nr. 93). British Library Ms. Royal 12, F.XIII, fol. 10v

mentes die Deutung als solches nicht verifiziert werden kann.[117] Auch das Bonnacon – ein Mischwesen aus Stier und Pferd – wird mit Paarhufen und über den Rücken gehender Mähne dargestellt (Abb. 43).[118] Folglich könnte es sich beim Gerbstedter Fragment auch um eine Rinderdarstellung handeln. Ähnlich verhält es sich mit der Deutung einer weiteren Tierfigur (Kat.-Nr. 94), bei der nur noch die Hinterläufe und ein langer Schwanz erhalten sind. Wahrscheinlich sind hier auch eher gespaltene Hufe als Pfoten dargestellt. Das und die Proportionen lassen vor allem an die Darstellung eines Rinds oder eines Einhorns denken.

Das Rind als Einzelfigur kann sowohl szenisch als auch ornamental – z. B. in verschiedenen Medien als Teil von Friesen – in Bildlösungen eingebunden sein. Es findet sich oft als Stier und hier als Attribut des Evangelisten Lukas. Szenisch ist der Ochse als Symbol des alten Glaubens zumeist in Darstellungen der Geburt Christi eingebunden.[119] Einhörner lassen sich sowohl als Zeichen des Sieges Christi über das Böse als auch als Symbol der Jungfräulichkeit Mariens deuten. Gleichzeitig kann es für die Verkündigung an Maria und die Menschwerdung des Erlösers stehen. Einhörner finden sich für die Romanik in Friesen und Kapitellgestaltungen.[120]

Eine Figur (Kat.-Nr. 92) lässt sich als Löwe identifizieren. Typisch in der Form sind die Mähne, die noch erhaltene Pfote und der nach oben gelegte und ursprünglich verdickt endende Schwanz. Einer der Löwen der Ornamentrahmen des Heiligen Grabs in Gernrode zeigt eine ähnliche Haltung (Abb. 44).[121] Auf der Grabplatte Friedrichs von Wettin im Dom zu Magdeburg befinden sich Löwendarstellungen,[122] die ähnliche Gestaltungsprinzipien aufweisen (Abb. 45). Sie entziehen sich aufgrund des vielfältigen Symbolcharakters oft einer ikonografischen Deutung. Ihre Interpretation bedarf der Kontextualisierung durch andere Symbole oder Szenen. Kommen Löwen mit anderen Evangelistensymbolen vor, handelt es sich i. d. R. um das Attribut des Evangelisten Markus. Zugleich ist der Löwe das Attribut des hl. Hieronymus. Er gilt auch als Sinnbild der Auferstehung Christi, da er – so der Physiologus – totgeborene Jungen nach drei Tagen wiederbelebt. Kämpfende Löwen versinnbildlichen mitunter den Kampf des Guten gegen das Böse, wobei sie – je nach Zusammenhang – Symbol für beide Seiten sein können. Da dem Löwen traditionell die Charaktereigenschaften Mut und Stärke zugewiesen werden, gelten Darstellungen in der Bauplastik als apotropäisch. Er übernimmt in diesem Kontext zum einen die Funktion des Mahnbildes vor der Sünde und dem Bösen und zum anderen dienen die Bilder der Abwehr des Teufels und der Dämonen. Wie erwähnt kann der Löwe christologisch gedeutet werden, in anderen Zusammenhängen steht er aber für den Teufel, was sich z. B. in Darstellungen von Christus als Sieger, der auf dem Löwen steht, ausdrücken kann.[123] Aufgrund der fehlenden Kontextualisierung der Löwenfigur aus Gerbstedt, kann ihre konkrete Konnotation nicht rekonstruiert werden.

Die auf uns gekommenen Tierfiguren besitzen ähnliche Maßstäbe, das legt nahe, sie in einem einheitlichen Bildraum zu verorten.

TIER- UND RANKENFRIESE

Wie oben beim Vergleich mit den Quedlinburger Stuckfragmenten bereits dargelegt, ist eine Möglichkeit der Verortung der Tierfiguren die Zugehörigkeit zu einem Fries mit Vögeln und Ranken (Kat.-Nr. 109; vgl. Abb. 11, 12). Ob jede der Kreisranken in dem Fries eine Tierfigur barg oder ob es auch vegetabile Füllungen mit eingerollten Blättern gab, muss offen bleiben. Schließlich weist unter den derzeit 30 dem Fries zugeordneten Fragmenten nur ein Befund auf die Konstellation mit belebten Ranken hin (Abb. 46; HK 2006:282, HK 2006:615). Einige andere Rankenfragmente (Kat.-Nr. 110) lassen es möglich scheinen, dass statt der Tiere auch eine Füllung mit Blättern für die Kreisranken infrage kommt. Diese Ranke entwickelte sich aus einem recht dicken Stengel mit Fuge, der denen im Fries mit den Vögeln ähnelt. Eine genaue Zuordnung muss aber aufgrund der starken Verwitterung und fehlender Passstellen im Dunkeln bleiben. Rankenfriese, in denen Rauten mit Ranken kombiniert werden, gehören zu den seltenen Ornamentformen des 12. Jahrhunderts, z. B. finden sie sich in der Buchmalerei (Abb. 47).[124] Nach derzeitigem Kenntnisstand ist der oben erwähnte Fries in der Stiftskirche zu Quedlinburg das einzige direkte Vergleichsbeispiel.

[43] Das Bonnacon ist ein Mischwesen aus Stier und Pferd. Es besitzt keine religiöse Konnotation. Der Vergleich zeigt, dass die Figur aus Gerbstedt (Kat.-Nr. 93) keine eindeutigen Merkmale einer bestimmten Art aufweist.

[44] Löwe in einem Rankenfries auf der Westwand des
Heiligen Grabes in der Stiftskirche von Gernrode (um 1100)

[45] Gravuren eines Drachen und eines Löwen auf der Grabplatte
des Bischofs Friedrich von Wettin im Magdeburger Dom (um 1152)

Die Ikonografie der Tierfiguren aus Gerbstedt kann kaum gedeutet werden, da nicht ganz klar ist, welche Tiere in demselben Kontext angesiedelt waren. Unklar bleibt die Bedeutung der auffällig gestalteten, in Rauten eingeschriebenen Vögel (Kat.-Nr. 109). Die markante Ausformung der Beine dominiert die Ansicht der Tiere. Ähnlich wie bei den Drachenfiguren besteht die Gestaltung aus breiten Querrillen, die den Bereich der Schenkel dominieren. Darunter verjüngen sich die Beine und enden in drei Zehen. Dahinter fächert sich der Schwanz der Vögel auf. Die kleine Brust ist kugelförmig. Besonders fallen auch die gebohrten Augen auf, die mit Rebschwarz gefasst wurden[125] und dadurch besondere optische Betonung erfahren.

Im Vergleich mit Tierdarstellungen in Skulptur und Buchmalerei konnten bisher keine eindeutigen Parallelen festgestellt werden. In Bestiarien des 13. Jahrhunderts gibt es Darstellungen verschiedener Vögel, die nach oben fliegen. Die Bilder des Phönix, einem Symbol für das ewige Leben und die Auferstehung Christi, im sog. Aberdeen Bestiary (Aberdeen University Library, Ms. 24, fol. 55v) und dem dazu verwandten Ashmole Bestiary (Bodleian Library Ms. Ashmole 1511, fol. 67v)[126] zeigen deutlich die Anlage der Beine und die Auffassung der ausgebreiteten Flügel (Abb. 48). In den Miniaturen dieser beiden Manuskripte gibt es außerdem Darstellungen von Falken und Tauben, deren Körper ähnlich gestaltet sind.

Tauben gelten grundsätzlich als Verkörperung des Heiligen Geistes, der in der Bibel in dieser Gestalt vorkommt.[127] Auf dem Albinusschrein in St. Pantaleon in Köln aus dem späten 12. Jahrhundert befinden sich Heiliggeisttauben in den Zwickeln der Arkaden auf einer der Längsseiten (Abb. 49).[128] Diejenigen in Frontalansicht haben kräftige Schenkel und die Flügel sind weit gespreizt. Zwar entsprechen diese Darstellungen nicht genau den Gerbstedter Vögeln, aber interessant ist die Aufreihung von mehreren, genauer gesagt sieben, nebeneinander. Die Tauben des Albinusschreins fungieren als Symbole für die sieben Gaben des Heiligen Geistes,[129] als die sie inschriftlich ausgewiesen werden. Obwohl sich die Siebenzahl für den Gerbstedter Fries nicht nachweisen lässt – heute sind vier der Vögel bekannt –, ist aufgrund der Wiederholung eine Deutung als Heiliggeisttauben vorstellbar.

[46] In der Rundung der Ranke dieser Fragmente aus Gebstedt (Kat.-Nr. 109) erkennt man noch Pfoten eines Tieres.

[47] Schmuckseite zu Beginn des Markusevangeliums, 1194, sog. Evangelarium Latinum. Herzog August Bibliothek Wolfenbüttel Cod. Guelf 65 Helmst., fol. 64v. Kreisranken und geometrische Rahmen umfassen Löwenfiguren.

[48 rechte Seite] Der Phönix, ein Symbol der Auferstehung, breitet seine Flügel beim Emporsteigen zur Sonne aus. Sog. Ashmole Bestiary, England 1201–1225. Bodleian Library MS. Ashmole 1511, fol. 67v

Innerhalb des Gerbstedter Fundkomplexes existieren weitere Stücke von Friesen mit Perlstab und Kreisranke, an denen ebenfalls noch die Pfoten eines auf der Ranke stehenden Tieres erhalten sind. Auch sie besaßen ursprünglich einen ähnlichen Maßstab wie die erwähnten Tierfiguren. Vermutlich gehörte Kat.-Nr. 114 nicht zum Fries mit Vögeln. Die Fuge der Ranke scheint wesentlich tiefer eingeschnitten und könnte daher zu einem anderen Rankentyp gehört haben. Ähnlich verhält es sich mit einem weiteren Fragment (Kat.-Nr. 116), bei dem die Ranke ebenfalls eine deutlichere Fuge besitzt und schmaler scheint. Schließlich steht auf einem weiteren Fragment (Kat.-Nr. 117) ein Tier auf einer Ranke mit D-förmigem Querschnitt. Obwohl sich hier ein gutes Stück eines Beins erhalten hat, kann das Tier nicht bestimmt werden. In diesem Fall unterscheidet sich die Anordnung der Ranken von den zuvor erwähnten.

Wahrscheinlich umfasste die Gerbstedter Stuckausstattung also einmal verschiedene Friese mit sog. belebten oder bewohnten Ranken. Dieser Ornamenttyp, dessen Tradition bis in die Antike zurückführt, kann sowohl mit Menschen- als auch Tierfiguren bestückt sein. Er findet sich in Buchmalereien, Goldschmiedearbeiten und natürlich in der Bauplastik. Die Figuren sind je nach Stil unterschiedlich stark mit den Ranken verschlungen. Seit dem 11. Jahrhundert lassen sich für den nordalpinen Raum vermehrt solche Ornamente nachweisen.[130] Bei den Gerbstedter Stücken scheint es solche gegeben zu haben, die gleichsam von Kreisranken eingerahmt vor einem glatten Hintergrund standen (Kat.-Nrn. 109, 114, 116), während das Tier von Kat.-Nr. 120 mit den Trieben eher verschlungen scheint.

UMLAUFENDES BAND ODER »BILDERRAHMEN«

Neben dem Rankenfries mit Vögeln ist mindestens ein weiteres Friesmotiv mit Ranken – bewohnt oder rein vegetabil – und Perlstabrahmen anhand der Fragmente nachweisbar. Das ergibt sich neben einigen Passstellen auch an dem Bild, das an den Abbruchkanten zwischen Rahmen und Ornament entstand. Die Blätter und Ranken hinterlassen hierbei spezifische Muster, sodass teilweise eine Zugehörigkeit angenommen werden kann. Gemeinsam haben diese Friese, dass sie gerade verliefen. Das heißt, sie besaßen eine wandgliedernde Funktion – ein räumlich nahes Beispiel ist auch hier in der Stiftskirche in Quedlinburg zu sehen – oder sie umfassten womöglich Bildfelder mit Stuckreliefs oder Wandmalereien.

BÖGEN UND LAIBUNGEN

Eine andere Kategorie der Stuckierungen in Gerbstedt besteht in der von Bögen und Laibungen. Außer der oben vorgestellten Rahmung von Arkaden mit einer großen Zwickelfigur (Kat.-Nr. 95) erbrachte die Untersuchung der verschiedenen Friesornamente des Gerbstedter Fundkomplexes, dass mindestens drei weitere Rahmungen für größere Bögen nachweisbar sind (Kat.-Nr. 96–98).[131] Die Krümmung ist bei ihnen relativ

absolutio servuum tam paucorum dierum sit. Tantam
autem gram minuscula auis diuinitus indultam habet.
ut hos. xiiii. dies nautati psumpte serenitatis obseruent.
quos Talciomdas uocant. quibz nullus motus pcellose tem-
pestatis horrescat. DE FVLICA

Est uolatile fulica satin-
telligibile 7 pruden-
tissimum animal. cadauer non
uescetur. n aliunde p uolat.
siue oberrat s3 in uno loco
commoratur 7 p manet usq3
in finem, ibi escam suam et
requiescit. Sic 5 innis fidelis
se conseruet 7 uiuat. n huc atq3 illuc p diuisa oberrans cir-
cumuolet sic faciunt heretici. n desideriis secularibz 7 uolup-
tatibz delectetur: s3 semp in uno loco se contineat 7 quiescat
in ecclia catholica. ii domus habitare facit unanimes in
domo ibiq3 habeat cotidianum uictum suum. i. panem in
mortalitatis potum ii preciosum sanguinem x. reficiens se sup
mel 7 fauum suauissimis eloquiis domini. De Fenice.

Fenix arabie auis dic-
ta quod colorem
feniceum habeat. uel
quod sit in toto orbe sin-
gularis 7 unica. hec qui
gentos ultra annos uiuit.
dum se uiderit senuisse:
collectis aromatum uir-
gultis. rogum sibi instituit. 7
conuersa ad radium solis

[49]

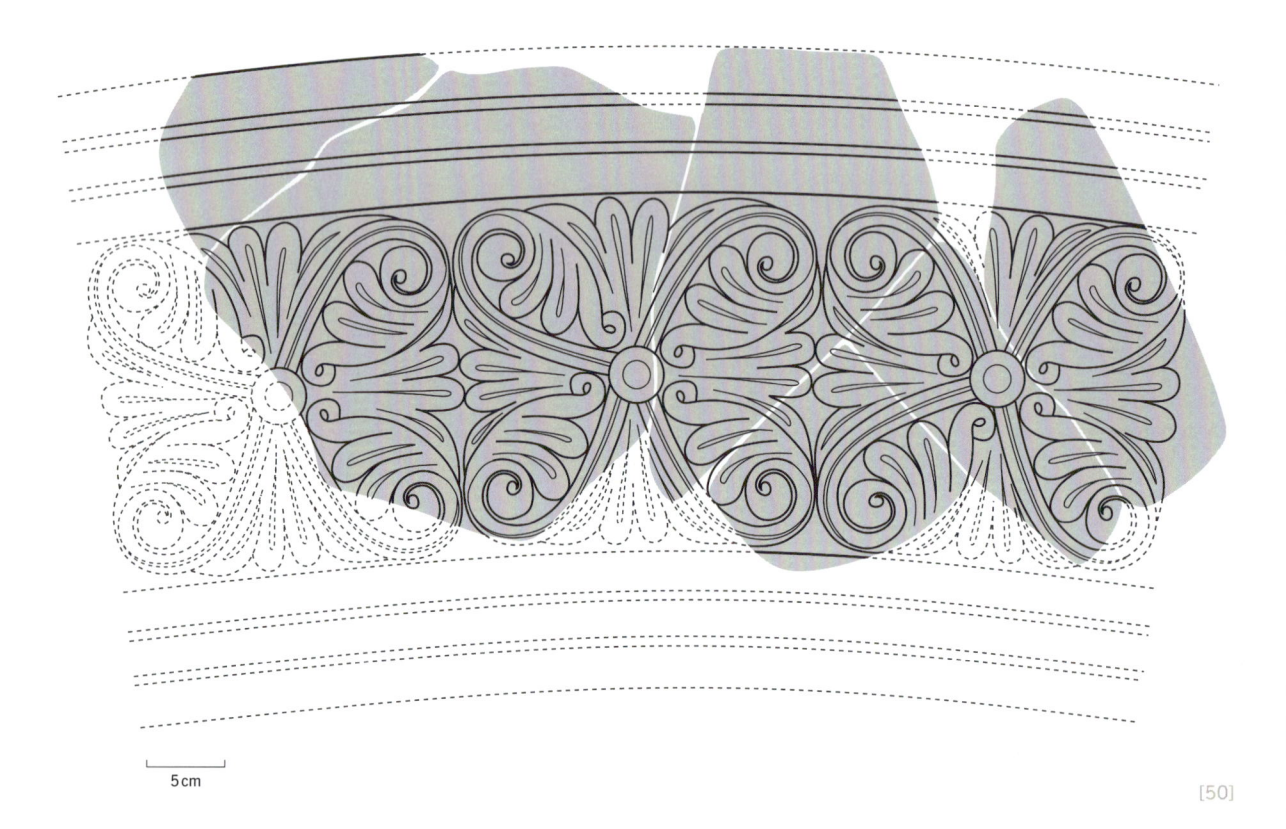

5 cm

[50]

[49] Die Tauben über den Arkaden visualisieren die sieben Gaben des hl. Geistes. Südliche Längsseite des sog. Albinusschreins, spätes 12. Jahrhundert, St. Pantaleon, Köln

[50] Der Fries mit Akanthusrosetten (Kat.-Nr. 96) rahmte einst einen Bogen. Die Zeichnung umfasst die vorhandenen Fragmente (grau unterlegt), die Ergänzungen sind gestrichelt.

schwach, sodass sie mitunter erst durch das Zusammensetzen mehrerer Fragmente deutlich wurde.

Sieben Fragmente konnten zu einem 59 cm breiten Bogensegment zusammengefügt werden (Kat.-Nr. 96). Eines der Fragmente (HK 2006:644) des Frieses mit Rosettenmuster und profiliertem Rahmen (Abb. 50) umfasst noch eine fast vollständige Rosette und den Rahmen auf einer Seite. Die Höhe des Frieses kann durch Hinzurechnen des zweiten Rahmens auf ca. 40 cm geschätzt werden. Auf der Rückseite hat sich viel grober Mörtel erhalten, der die Fugen des ehemals unter dem Fries befindlichen Mauerwerks abbildet. Auch die Werksteine sind gut erkennbar. Das zeigt, dass der Fries sich wohl an Mauerwerk aus grob gemauerten Steinen befand, woraus sich derzeit aber der Standort innerhalb des Kirchenraums nicht unbedingt ableiten lässt. Das Ornament ist ein typisches Rosettenmotiv des 12. Jahrhunderts, von dem verwandte Formen z. B. im Kloster Riechenberg an einer der Säulen der Krypta vorkommen (Abb. 51).[132] In der Buchmalerei finden sich vergleichbare Rosettenfriese z. B. im sog. Gnesener Evangeliar aus dem Helmarshausener Skriptorium aus dem dritten Viertel des 12. Jahrhunderts.[133]

Ein kassettierter Fries fasste einen weiteren großen Bogen ein (Kat.-Nr. 97). Die schwache Krümmung der Fragmente offenbart nicht unmittelbar die Zugehörigkeit zu einem Bogen, weist aber unter anderem darauf hin, dass das Ornament einen größeren Bogen in der Kirche einfasste (Abb. 52). Der Beginn des Bogens konnte aufgrund der noch vorhandenen Abschlusskante (HK 88:2649w, HK 88:2649f1) des ebenfalls einmal ca. 40 cm hohen Frieses bestimmt werden. Die Abdrücke des Mauerwerks auf der Rückseite zeigen zudem, dass in diesem Bereich relativ große und sorgfältig behauene Steine, wohl mit Randschlag, verwendet worden sind. Die Ausrichtung der Fugen bestätigt die Orientierung des Bogenanfangs. Auffällig ist die Massivität des Stuckpakets. Trotz dieser Hinweise kann bisher auch in diesem Fall keine nähere Bestimmung des ursprünglichen Standortes des Reliefs erfolgen. Der Fries, der aus mit Blattmotiven gefüllten Kassetten und einem profilierten Rahmen besteht, erinnert ein wenig an ähnliche Rahmungen mit Rosettenreihen aus der Buchmalerei des zwölften Jahrhunderts. In der Kirche des Klosters St. Johann in Müstair existiert ein vergleichbares Ornament unter den romanischen Wandmalereien aus der Zeit nach 1200.[134] Es bildet den unteren Abschluss des Bildfeldes mit Steinigung und Grablegung des hl. Stephanus in der südlichen Chorapsis (Abb. 53).

Ein drittes einer Bogeneinfassung zuordenbares Ornament gehört zu einem Palmettenfries mit profilierter Rahmung (Kat.-Nr. 98). Die Krümmung des Bogens lässt sich am Rahmen ablesen und auch dieser Fries dürfte den Maßen des Ornaments und des Rahmens nach zu urteilen ca. 40 cm Höhe gehabt haben.

[51] Der Säulenschaft aus der Krypta des Klosters Riechenberg bei Goslar (um 1150) zeigt ein Rosettenmuster, das nach demselben Prinzip aufgebaut ist, wie der Gerbstedter Fries (Kat.-Nr. 96).

[51]

[52] Der kassettierte Fries (Kat.-Nr. 97) besitzt eine kaum merkbare Krümmung. Die Umzeichnung versucht, diese nachzuvollziehen. Dabei wurden vorhandene Fragmente (grau unterlegt) zugrunde gelegt. Der Fries wurde zeichnerisch ergänzt (gestrichelt).

[53] Die nächste Entsprechung des Ornaments des kassettierten Frieses aus Gerbstedt findet sich in der Klosterkirche in Müstair in Graubünden.

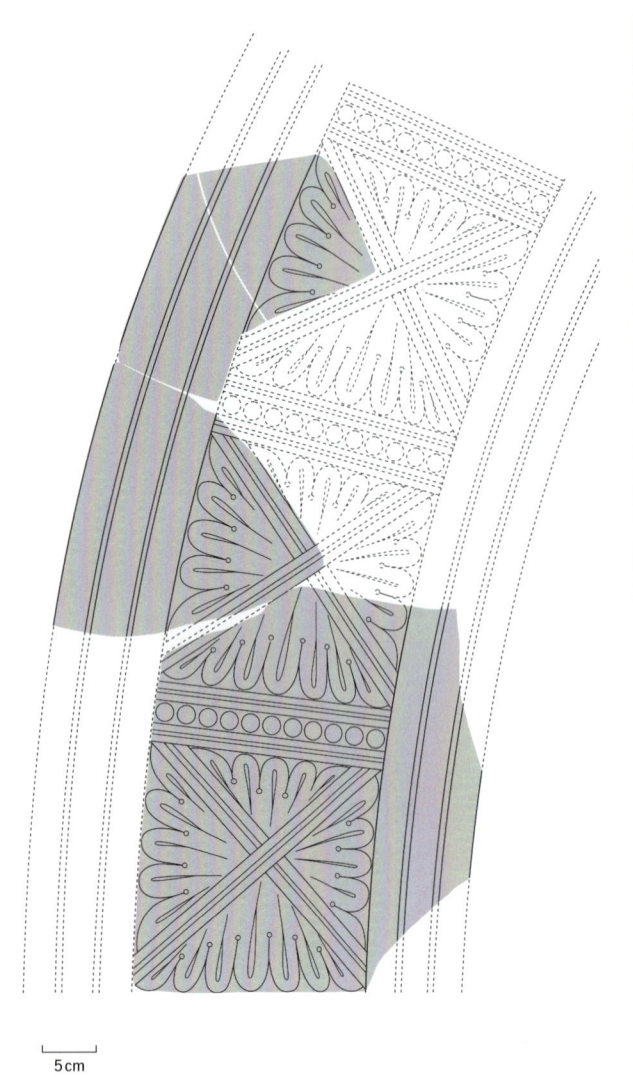

[52]

[53]

Mit dem kassettierten Fries (Kat.-Nr. 97) hat dieser Palmettenfries die Massivität der Stuckpakete gemein. Das alles verweist auch hier auf die Anbringung an einem großen Bogen. Solche Palmettenfriese finden sich seit dem 10. Jahrhundert in der romanischen Kunst.[135] Das mit Punkten verzierte Band, das die Blätter zusammenfasst, ist typisch für zahlreiche Palmettenmuster des 12. Jahrhunderts. So kommt dieses Band z. B. an den oben genannten Riechenberger Kapitellen vor (vgl. Abb. 40). Aus Hildesheim gibt es ein Kapitell des 12. Jahrhunderts mit einer gebundenen Palmette, deren seitliche Blätter sich genauso einrollen, wie beim Gerbstedter Fragment.[136]

Eine Rekonstruktion der Spannweite dieser Bögen erwies sich, wie auch beim Bogen mit der Figur (Kat.-Nr. 95), als schwierig. Dafür umfassten die Segmente zu wenig zusammenhängende Bereiche, wodurch der Anfang der Biegung und/oder ein Bogenscheitel hätte erfasst und ein Verlauf rekonstruiert werden können.[137] Dennoch ist aufgrund der schwachen Krümmung, dem Mauerwerk aus z. T. größeren Steinen und der großen Stuckvolumina der jeweiligen Segmente vorstellbar, dass sie größere Bögen im Gebäude umspannten. Denkbar sind Seitenschiffarkaden oder Arkaden unter Einbauten wie z. B. Emporen.

Neben diesen Stuckierungen an großen Bögen gab es auch kleinere Bögen, die eher zur bildkünstlerischen Ausstattung als zur Architektur gehören: so das oben erwähnte kleine Bogensegment mit Inschrift (Kat.-Nr. 102) und die Fragmente eines gebogenen Taufrieses (Kat.-Nr. 101). Die Höhe der Friese beträgt zwischen neun und elf Zentimetern, auch die Krümmung zeichnet sich deutlich ab. Der Inschriftenbogen überspannte einmal die Figur eines Heiligen, dessen Namen mit einem »B« beginnt.[138] Solche Anordnungen begegnen in der Kunst des Hochmittelalters immer wieder. Die Figuren können für sich stehen oder befinden sich unter Arkaden in Reihen, oft als Apostelkollegien. So gibt es im Kreuzgang des Klosters Moissac nahezu lebensgroße Reliefs der Apostel und des Abtes Durandus, die sich an den Pfeilern der Kreuzgangarkaden befinden. Die um 1100 entstandenen Figuren stehen zwischen schlanken Säulchen, die einen Bogen mit dem Namen des Dargestellten tragen (Abb. 54).[139] Heiligendarstellungen auf Wandmalereien im Benediktinerkloster Huysburg aus dem 13. Jahrhundert[140] und die Stuckplastik an den Chorschranken zu Halberstadt[141] belegen die Verbreitung und die Verwendung von Arkaden mit Namensinschriften über Heiligenfiguren über einen langen Zeitraum. Gleichzeitig existieren zahlreiche Heiligenreihen unter Arkaden, mit reich verzierten Bögen. Daher kann für den Bogen mit Taufries eine solche Verwendung infrage kommen, gleichzeitig

DATIERUNG, IKONOGRAPHIE UND RÄUMLICHE VERORTUNG DER FRAGMENTE

[54] Relief mit dem Apostel Bartholomäus aus dem Kreuzgang des Klosters Moissac (Frankreich), um 1100. Die Inschrift auf dem Bogen benennt den Dargestellten.

[55] Ob die Rauten mit achtpassigen Rosetten (Kat.-Nr. 172) bandartig als Fries oder flächig angeordnet waren, kann heute nicht sicher bestimmt werden. Die vorhandenen Fragmente (grau hinterlegt) liegen der Umzeichnung zugrunde. Das Ornament wurde zeichnerisch ergänzt (gestrichelt).

kann seine Einbindung z. B. in ein Relief mit szenischer Darstellung als Architekturdarstellung nicht ausgeschlossen werden.

Vielleicht in einen solchen Zusammenhang oder zu Rahmungen allgemein gehören verschiedene Rosetten. Zehn Fragmente können einem Rosettenmuster zugeordnet werden, das mehrere Möglichkeiten der Einbindung in einen Zusammenhang bietet (Kat.-Nr. 172). Die achtpassigen, von Rauten umfassten Blüten (Abb. 55) könnten zum einen als Band in einem Rahmen angeordnet gewesen sein und Bildflächen eingeschlossen haben. Ebenfalls bestünde die Möglichkeit, dass die Rosetten in mehreren Reihen angeordnet eine Fläche bedeckt haben und sich im Hintergrund einer Szene als Ehrentuch oder Musterung einer Architektur befanden, wie sie z. B. in Illustrationen des sog. Codex Aureus Gnesnensis vorkommen (Abb. 56).[142]

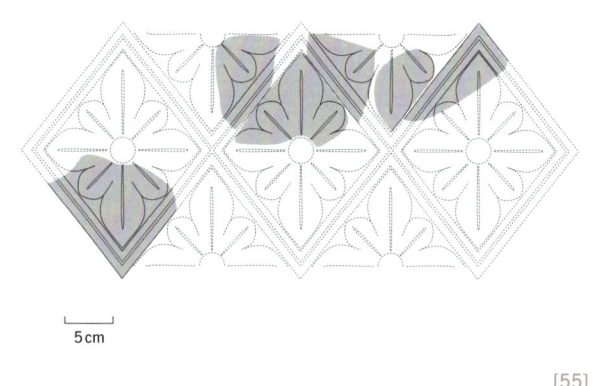

Sowohl unter Funden der 1980er Jahre als auch in der Berliner Skulpturensammlung befindet sich ein weiterer Typ von Rosetten (Kat.-Nr. 171). Diese zwölfpassigen Blüten schließt jeweils ein rautenförmiger Rahmen ein, die Mitte besetzt eine gebohrte Kugel (Abb. 57). Außen an die Rahmung setzten andere Ornamente an, die aber trotz der deutlich sichtbaren Bruchstellen bisher nicht zugeordnet werden konnten. An HK 88:2649x schließt an eine Seite des Rahmens noch ein Spitzblattbündel an, das z. B. als Füllung eines Zwickels zwischen einem weiteren Rahmen und dem Rosettenornament gedient haben kann. In welchem Kontext diese Rosetten einst standen, kann schwer bestimmt werden. Wahrscheinlich scheint aber die Zugehörigkeit zu einem Fries.

Schließlich gilt es, das Augenmerk auf eine besondere Kategorie unter den stuckierten Friesen aus dem Gerbstedter Fundkomplex zu richten. Mehrere Fragmente haben konkav gewölbte Oberflächen, die bei den zu einem größeren Verbund zusammengefügten Stücken besonders deutlich werden. Diese Friese waren ursprünglich in der Laibung von Bögen angebracht. Ein Palmettenfries mit gegenläufig angeordneten Palmetten mit einer Höhe von ca. 32 cm ist hier das deutlichste Beispiel (Kat.-Nr. 103). Fragmente des mit Vierkant- und einem Rundstab profilierten Rahmens belegen, dass die Stuckierung auf die Wandseite des Bogens weiterführte. Die Maße zeigen, dass dieses Ornament sich an einem kleineren Bogen befunden haben muss, da die Stärke der Laibung solcher von großen Bögen wie Mittelschiffarkaden oder auch Außenfenstern oder Türen nicht entspricht.

Wohl knapp unter 40 cm Tiefe maß ein Blattfries, der ebenfalls eine Laibung einfasste (Kat.-Nr. 104). Die Stuckierung führte auch hier weiter auf die Wandseite des Bogens, was sich hier in sehr breiten äußeren Vierkantstäben zeigt, die die typischen Abbrüche von Ecksituationen aufweisen. Die fächerförmigen Blätter in Kombination mit Spitzblattbündeln werden von einer doppelten Leiste gerahmt, die um den Fächer bogenför-

[56] Mit Rosetten gefüllte Rauten können sowohl als Friesornament oder als Gestaltung von Hintergründen und Gegenständen Verwendung finden. Codex Aureus Gnesnensis, fol. 15v

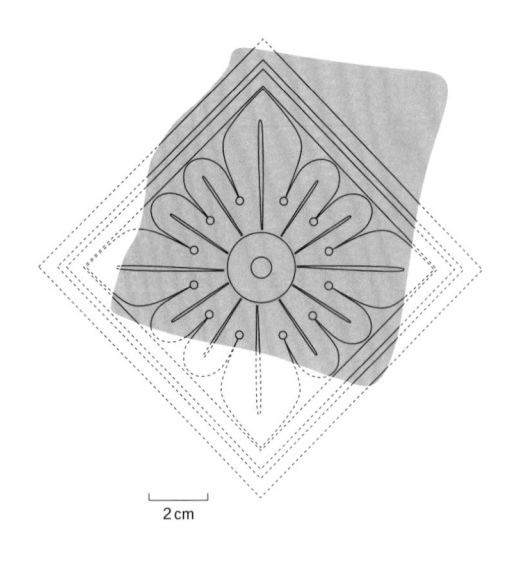

[57] Diese zwölfpassigen Rosetten (Kat.-Nr. 171) sind durch Bohrungen besonders akzentuiert. Seitlich schlossen z. B. Spitzblattbündel an. Die Umzeichnung basiert auf HK 88:2649x (grau unterlegt). Das Ornament wurde zeichnerisch ergänzt (gestrichelt).

mig herumführt (Abb. 58). Auch hier muss aufgrund der Maße davon ausgegangen werden, dass das Ornament einen kleinen Bogen einfasste, der eher zu einer Binnenarchitektur als zu großen Bögen des Kirchengebäudes gehörte.

EIN VIELTEILIGES UND GROSSFLÄCHIGES BILDPROGRAMM AUS STUCK

An dieser Stelle sollte an besonders markanten Teilen aus dem gesamten Fundkomplex aus Stuckfragmenten gezeigt werden, dass es sich in Gerbstedt um eine Stuckausstattung von großer Komplexität handelte.

Zum einen belegen verschiedene Figuren und Architekturdarstellungen das Vorhandensein von szenischen Reliefs, die aller Wahrscheinlichkeit nach biblische Begebenheiten visualisierten. Die möglicherweise vorhandenen Szenen scheinen solche gewesen zu sein, die vor allem christologische und heilsgeschichtliche Themen umfassten: so Szenen aus der Vita und der Passion Christi oder vielleicht Erzählungen von Gleichnissen. Ob solche Sujets wie die Viten der Apostel, der Muttergottes oder anderer Heiliger vorhanden waren, entzieht sich unserer Kenntnis, da die einzelnen Figuren und Stücke der Szenengestaltung keine eindeutige Zuordnung zulassen. Gleichzeitig kann nichts ausgeschlossen werden. Entsprechende Fragmente belegen das Vorhandensein leicht unterlebensgroßer Figuren. Die große Hand mit einem Gefäß oder Korb (Kat.-Nr. 23) bestätigt, dass solche Figuren auch Attribute besaßen, wenngleich unsicher bleiben muss, ob es sich um Teile von Szenen oder um Einzelfiguren handelte. Letztere existierten zweifelsohne an Arkadenzwickeln, vergleichbar mit den Seligpreisungen in St. Michael zu Hildesheim (vgl. Abb. 38). Ob auch solche Figuren wie die Karls des Großen in Müstair (Abb. 59) vorstellbar sind,[143] kann für Gerbstedt bisher nicht geklärt werden. Da unter den Figuren dort aber Männer in zeitgenössischer Adelskleidung vorkommen und es durch ein Fragment (Kat.-Nr. 24) Hinweise auf Darstellungen von Soldaten oder Rittern gibt, sind Stifterfiguren neben Heiligenfiguren durchaus vollstellbar.

Die verschiedenen Friesornamente – zahlreiche Fragmente können nur grob nach der Form bestimmt, aber keinem bestimmten Muster zugeordnet werden – zeigen, dass die Szenen in Gerbstedt wohl von üppigen Rahmungen eingefasst waren: dreidimensionale Pendants zu den gemalten Rahmungen der heute noch erhaltenen Szenen von Wandmalereien in Mitteleuropa

[58] Umzeichnung eines Frieses, der eine kleine Laibung einfasste (Kat.-Nr. 104). Grundlage für die Zeichnung mit Ergänzungen sind zahlreiche Fragmente (grau hinterlegt). Das Ornament und der Rahmen wurden zeichnerisch ergänzt (gestrichelt).

[59] Stuckfigur von Karl dem Großen in der Klosterkirche in Müstair in Graubünden (Schweiz), wohl 12. Jahrhundert

und dem Alpenraum. Verschiedene Rankenfriese gehörten dazu, die wie der Fries mit Vögeln (Kat.-Nr. 109) wohl um die 40 cm hoch waren.[144]

Sicher existierten in Gerbstedt Stuckeinfassungen von großen Bögen wie Mittelschiffarkaden und kleineren Arkadenstellungen sowie von Bögen von nicht sicher bestimmbaren Binnenarchitekturen, wie z. B. verschiedenen Emporen. Von einer Nonnenempore sprechen zumindest die Quellen des Spätmittelalters und der frühen Neuzeit.[145] Ein möglicher Standort für die Nonnenempore wäre außer dem erhöhten Bereich zwischen den Westtürmen das nördliche Querschiff. In dem Bereich, wo es zu verorten ist, wurden auch die Stuckfragmente gefunden.[146] Die Stuckierung von kleineren Bögen könnte auch einem Lettner oder Chorschranken zugewiesen werden. Die Überlegungen zur Binnenarchitektur – von der Nonnenempore einmal abgesehen – müssen aber immer vor der Folie gemacht werden, dass wir weder aus Schriftquellen noch aus archäologischen Befunden Belege dafür haben.

In der Zukunft könnten weitere Vergleiche mit noch bestehenden Kirchenbauten des 12. Jahrhunderts aus der Harzregion und angrenzenden Gegenden vermehrt Hinweise darauf bringen, wo potentielle Anbringungsorte für die Stuckplastik zu verorten sind. Das derzeit wichtigste Vergleichsbeispiel ist St. Michael in Hildesheim, dessen Stuckierungen der Seitenschiffarkaden in Form der Seligpreisungen und Ornamentik der Bogenlaibungen wohl aus der Zeit zwischen 1150 und 1186 stammen[147] und wo davon ausgegangen werden kann, dass die Stuckausstattung ursprünglich wesentlich umfangreicher war, als es heute sichtbar ist.[148] Auch in Müstair kann von einer umfangreichen Stuckausstattung des 12. Jahrhunderts ausgegangen werden. Für die Klosterkirche zu Gerbstedt muss sicherlich überlegt werden, ob sie so vielfältig gestaltet war, wie die der Ulrichskapelle in Müstair aus der zweiten Hälfte des 11. oder dem frühen 12. Jahrhundert.[149]

Stilistisch stellen die beiden Figuren aus der Klosterkirche in Clus und die Fragmente aus der Stiftskirche St. Servatii in Quedlinburg die einzigen, dafür aber sehr engen Parallelen. Ihre Datierung ins 12. Jahrhundert scheint sicher, beide Beispiele könnten aber nach derzeitigem Kenntnisstand sowohl ins frühe als auch in die zweite Hälfte des 12. Jahrhunderts eingeordnet werden. Die Frühdatierung der Inschrift des Fragments aus Gerbstedt (Kat.-Nr. 102)[150] und die Einordnung des Kirchenbaus mittels Bautypologie und jener der wenigen erhaltenen Spolien machen eine Frühdatierung der Gerbstedter Fragmente und damit derer aus Clus und Quedlinburg wahrscheinlich.

Auch motivgeschichtlich ordnen sich die wenigen benennbaren Bildthemen, aber auch die vorhandenen Ornamente in die Kunst der ersten Hälfte des 12. Jahrhunderts ein. Obwohl stilistisch nur die beiden eben genannten Parallelen existieren, fügen sich die Gerbstedter Stuckierungen in die Auffassung der Kunst des 12. Jahrhunderts ein. Das zeigen zum einen die angeführten Beispiele aus der Harzregion aus der Buchmalerei, der Textilkunst und vor allem der Bauplastik – an dieser Stelle seien vor allem Hamersleben, Goslar (Riechenberg), Königslutter, Helmarshausen und Hildesheim genannt. Vergleiche lassen sich aber auch in Italien und Frankreich finden, was nicht verwundert, da das bereits in der älteren Literatur überlegt worden war.

In einem nächsten Schritt muss der Vergleich mit Quedlinburg und Clus vertieft untersucht werden, wofür restauratorische und naturwissenschaftliche Analysen genauso unabdingbar sind, wie die Untersuchung des künstlerischen Austauschs nicht nur zwischen diesen Standorten sondern auch innerhalb Europas. Mit Vorlage des Katalogs der Gerbstedter Stuckfragmente und dieser ersten groben Einordnung soll eine Grundlage für die weitere wissenschaftliche Betrachtung des Fundkomplexes an die Hand gegeben werden. Trotz der vielen noch offenen Fragen gehört die Stuckplastik aus Gerbstedt aber sicher zu den bedeutendsten romanischen Stuckausstattungen in Mitteleuropa.

ANMERKUNGEN

1 Über die bekannten Quellen und die Literatur kann bisher nicht auf die Umstände der Auffindung der Figuren geschlossen werden.

2 Kunz/Böhl 2014, S. 27; Rüber-Schütte 2006b, S. 345, Anm. 22; Rüber-Schütte 2006a, S. 341, Anm. 16.

3 Zu sog. mittelalterlichem »Gußstuck« s. den Beitrag von Torsten Arnold in diesem Band und Limmer 2002.

4 Der Kopf der heute in zwei Teile zerbrochenen Figur scheint bereits zur Entstehungszeit abgebrochen und mit einem Dübel wieder befestigt gewesen zu sein. Die Figuren waren ohne sichtbare Füße gestaltet. Muhsil 1998, S. 171.

5 Zur Werktechnik v. a. Muhsil 1998, S. 169–173; diese Ergebnisse sehr verkürzt zusammengefasst bei Middeldorf Kosegarten 2004, S. 26.

6 Auf eine Deutung als Apostel weisen vor allem die Bücher als Attribute in Kombination mit den antikisierenden Gewändern hin. Bei Prophetenfiguren wären eher Schriftrollen zu erwarten.

7 So behauptet bei Steinacker 1910; Berndt 1932, S. 18; eher kritisch erwähnt bei Grzimek 1972, S. 51.

8 Middeldorf Kosegarten 2004, S. 28 f.

9 Gepp 2008, S. 60; Goetting 1974, S. 173, 191, 193 f., 203; Middeldorf Kosegarten 2004, S. 27 f. Agnes gilt nicht als Stifterin des Klosters, da sie damals dem Kirchenbann durch Papst Calixt II. unterlag, aber sicher eignete sie dem Kloster Schenkungen zu (Goetting 1974, S. 193).

10 Unter den Äbtissinnen zu Gandersheim wird sie als Adelheid IV. geführt, unter denen von Quedlinburg als Adelheid III.

11 Aufgrund dieser Weihe wird 1159 als Jahr der Vollendung des romanischen Baus gesehen. Gepp 2008, S. 60; Goetting 1974, S. 194–197; Middeldorf Kosegarten 2004, S. 26. Adelheid bekleidete seit 1152/1153 das Amt in Gandersheim und erst seit 1160/1161 in Quedlinburg: vgl. Goetting 1973, S. 304–306; v. a. Weiland 1875, S. 480.

12 Goetting 1974, S. 203 f. Es handelt sich bei einer Urkunde von 1159 um ein Dokument über eine Schenkung von zwei Mühlen, für die der Abt in Clus entschädigt werden sollte. 1167 fungiert Abt Winemarus von Clus als Zeuge in einer Urkunde in Quedlinburg.

13 Berndt 1932, S. 19; Grzimek 1972, S. 58; Middeldorf Kosegarten 2004, S. 32–34; Fozi 2021, S. 122 f.

14 Goetting 1974, S. 193.

15 Beenken vermutet sogar dieselbe Werkstatt als Urheber der Kunstwerke. Vgl. Beenken 1924, S. 74.

16 So auch Berndt 1932, S. 23 und vor allem Middeldorf Kosegarten 2004, S. 29.

17 Grzimek 1972, S. 51 f.; Steinacker 1910, S. 61. Diese Datierung würde wiederum in einem Zirkelschluss für eine Aufstellung an einem Lettner sprechen, da er im Zusammenhang mit dem 1155 geweihten Kreuzaltar zu stellen ist.

18 Gepp 2008, S. 15; Goetting 1973, S. 306.

19 Foerster 2011, S. 316.

20 Berndt 1932, S. 19, 26, Abb. 15–18; Grzimek 1972, S. 58.

21 Berndt 1932, S. 19; Middeldorf Kosegarten 2004, S. 32–34; Fozi 2021, S. 122 f.

22 Middeldorf Kosegarten 2004, S. 32–34.

23 Berndt 1932, S. 58, Anm. 40; Brinkmann drückt dies indirekt aus, indem er auf lombardische Chorschranken hinweist: Brinkmann 1922, S. 71; Grzimek interpretierte Goldschmidts Diskussion zur sächsischen Bauplastik dahingehend, dass sich die italienischen Formensprache in den Fragmenten abzeichnet: Grzimek 1972, S. 58.

24 Ein Vergleich vor Ort zeigt, trotz der Ähnlichkeit der Motive, die Unterschiede in der Ausführung. So sind die Formen der Grabplatten zierlicher und kantiger ausgeführt worden. Die Ranken der Fragmente besitzen dagegen oft runde oder D-Förmige Querschnitte – zum Teil auch auf einer Seite geglättet.

25 Zur Ikonografie s. u. Hier soll der Fokus unverstellt auf den stilistischen und gestalterischen Ähnlichkeiten liegen, um mögliche Werkstattbeziehungen deutlich machen zu können.

26 In der gezeigten Rekonstruktion wurde von einem Wechsel von Kreisranke und Raute ausgegangen. Tatsächlich kann aber nicht ausgeschlossen werden, dass auch andere Kombinationsmöglichkeiten existieren (z. B. Raute und zwei Kreisranken).

27 Berndt 1932, S. 26 Abb. 17 f. bezeichnet die Figuren als Adler.

28 Vgl. den Beitrag von Alfred Reichenberger und Susanne Kimmig-Völkner in diesem Band.

29 Middeldorf Kosegarten 2004, S. 32–34.

30 Für den Hinweis auf dieses kleine, aber wichtige Detail sei an dieser Stelle nochmals der Restauratorin Corinna Scherf gedankt.

31 Brinkmann 1922, S. 68–71, Tafel 5. Auch waren damals bereits Stuckfragmente aus der Confessio gefunden worden. Sie werden hier bewusst nicht besprochen, da sie zum Gegenstand dieser Untersuchung, dem Stuck aus Gerbstedt, nur begrenzten Erkenntniswert bieten.

32 Voigtländer 1989, S. 40, 49.

33 Die wissenschaftliche Bearbeitung dieser Fragmente steht derzeit noch aus. Zwar sind Fragmente, die vor 1938 gefunden wurden, bei Brinkmann abgebildet (Brinkmann 1922, Tafel 5), aber ob hier die Gesamtheit der damals vorhandenen Stücke gezeigt wird, ist unsicher. Neben der kunsthistorischen Einordnung sowie material- und werktechnischen Untersuchungen stehen eine genaue Auswertung der Grabungsdokumentation und der Akten zur Auffindung aller Stuckteile noch aus und müssen in der Zukunft geleistet werden.

34 Vgl. Brinkmann 1922, S. 68.

35 Rüber-Schütte 1996, S. 97; Voigtländer 1989, S. 40, 112; Wäscher 1959, S. 43, 47 und Abb. 189 f. Allgemein wird diese Einrichtung auch als »Steinkammer« bezeichnet.

36 Grzimek weist bereits in seiner Publikation zur deutschen Stuckplastik darauf hin, dass der ursprüngliche Anbringungsort umstritten ist. Grzimek 1972, S. 58; auch Middeldorf Kosegarten versieht die Nennung von Chorschranken und Brüstungswänden mit Fragezeichen: Middeldorf Kosegarten 2004, S. 32; s. dazu auch Voigtländer 1989, S. 40, 49; Wäscher 1959, S. 43, 47.

37 Kugler/Ranke 1838, S. 24 f. »Beide Flügel des Querschiffes werden von dem mittleren Raume desselben durch nicht hohe Wände abgetrennt. Die nördliche Wand besitzt einen, wie es scheint, reichen Schmuck von Reliefs, welcher gegenwärtig durch Kalk oder Stuck verschmiert ist, dessen Spuren man jedoch noch hinter einem, vor dieser Wand angebrachten hölzernen Gestühle bemerken kann. Wie sich aus diesen Spuren und aus dem verschiedenartigen Schall vermuthen läßt, den die Wand, wenn man über sie hinklopft, von sich giebt, so scheint diese Verzierung durch ein Rahmen=artiges Täfelwerk in verschiedene tiefere Felder gesondert zu sein. Auch die südliche Wand scheint einen ähnlichen Schmuck unter dem gegenwärtig vorhandenen Putz zu besitzen.«

38 Brinkmann 1922, S. 68; Wäscher 1959, S. 43.

39 Brinkmann 1922, S. 71.

40 Vgl. Rüber-Schütte 2018, S. 179.

41 Fozi 2021, S. 122 f.

42 So zuerst Berndt 1932, S. 19; vgl. auch Fozi 2021, S. 122 f.; Grzimek 1972, S. 58; Middeldorf Kosegarten 2004, S. 32-34; Rüber-Schütte 2018, S. 178; Voigtländer 1989, S. 40, 49; Wäscher 1959, S. 43, 47.

43 Zur historischen Überlieferung und den Quellen des fraglichen Zeitraums siehe den Beitrag von Friedrich W. Schütte in diesem Band. Zur Bauforschung erstmals Dirk Höhne in diesem Band.

44 Detailliert und mit zahlreicher Literatur siehe Friedrich W. Schütte in diesem Band.

45 Hierzu überblickshaft Pätzold 1997, S. 182–186.

46 Siehe den Beitrag von Friedrich W. Schütte in diesem Band. Goetting 1974, S. 193, 304–306; Pätzold 1997, S. 40, 220 bes. Anm. 253, 286 bes. Anm. 114.

47 Darauf weisen die Auswertungen der Quellen durch Andreas Stahl und Dirk Höhne in diesem Band und die Datierung eines Graffittos auf einem der Stuckfragmente durch Friedrich Röhrer-Ertl in diesem Band hin.

48 ANNO MCLXVIII CONSTRVCTA EST HAEC BASILICA IN HONOREM JOANNIS BAPTISTAE; Buttenberg 1920, S. 21.

49 S. den Beitrag von Friedrich Röhrer-Ertl in diesem Band.

50 Schließlich existieren noch Reste eines unverzierten Gipsestrichs (Kat.-Nr. 183), der im archäologischen Befund als mittelalterlicher Laufhorizont gedeutet werden kann. Der Gipsestrich besteht aus einer augenscheinlich gänzlich anderen Gipsmörtelmasse als der Stuck, der zur bildkünstlerischen Ausstattung verwendet wurde.

51 Dabei muss jedoch bedacht werden, dass vermeintlich profane Darstellungen immer wieder an und in Kirchen des Mittelalters vorkommen. Sie sind also nicht auszuschließen.

52 Die Relieftiefe misst teilweise bis zu fünf Zentimeter.

53 Bandmann 1998, S. 96–102.

54 Ehrensperger-Katz 2015, Sp. 201–204.

55 Miller 1997, S. 33.

56 Zu den verschiedenen Kontexten von Städtedarstellungen und deren ikonografischer Tradition siehe Klinkenberg 2010, v. a. S. 27–99 und 175–205.

57 Brandt 2009, S. 34–37.

58 Überblicksweise zu den Mosaiken in Monreale: Poeschke 2009, S. 128–152.

59 An dieser Stelle sei Harald Wolter-von dem Knesebeck für den Hinweis auf das Mosaik gedankt.

60 Hier ist aber zu beachten, dass die Mosaiken in Monreale um 1180–1190 datieren. Da sie später sind, trägt der Vergleich nur bedingt.

61 Die Wandmalereien zeigen sich heute mit Ergänzungen des 19. Jahrhunderts, jedoch können sie gut die Auffassung der Architekturdarstellung der Zeit wiedergeben. Zu Schwarzrheindorf siehe auch: Bauer/Hansmann 2005, S. 264–272.

62 Rathofer 1984, S. 333, 348–351. Allgemein zum Codex: ders. 1996–1999.

63 Mane 1999, S. 393.

64 Jászai 2015, Sp. 121; Weis 2015, Sp. 179 f.

65 »Weil ihnen aber im Traum geboten wurde, nicht zu Herodes zurückzukehren, zogen sie auf einem anderen Weg heim in ihr Land.« (Mt 2,12).

66 Weis 2015, Sp. 548.

67 Hommers 2015, S. 119 f., 130 f.; Serexhe 2005, S. 12–20.

68 Zur Deutung der Ikonografie und der einzelnen Figuren vgl. Vallery-Radot 1924, S. 34 f.

69 Vgl. Plotzek 2015, Sp. 33: der Artikel des LCI nennt das griechische Manuskript der Homilien des Gregor von Nazianz in der Bibliothèque nationale de France (Ms. gr. 510, fol. 149r) als frühesten Beleg für die Darstellung des Reichen auf dem Sterbebett.

70 Albrecht u. a. 2019, S. 14; Droste/Hirmer 1996, S. 89, 195.

71 Ambrose 2017; Diemer 1975; Salet 1995.

72 Schmidt-Asbach 2002, S. 56–66 mit einer ausführlichen Darstellung der bis dahin existierenden Datierungsansätze.

73 Schmidt-Asbach 2002, S. 135 f.; zur Ikonografie: Frauenfelder 1967.

74 Daniela Messerschmidt sei hier herzlich für die tatkräftige Unterstützung bei der Auffindung des Kopfes in der Sammlung und für das Zurverfügungstellen für die restauratorische Untersuchung gedankt.

75 Zu den Kopftypen in der Engel- und Johannesikonografie vgl.: Holl 2015, Sp. 627 f.; Lechner 2015, Sp. 111–112; Schmidt/Schmidt 2018, S. 130–132; Wirth 1960, Sp. 341–555.

76 Bartra 1994, S. 63 sieht eine Ausbildung der Ikonografie des Wilden Mannes bis zum 12. Jahrhundert; Mayr 2019 erkennt bildkünstlerische Darstellungen des Themas erst ab dem 13. Jahrhundert.

77 Hintz 1999, S. 618–621, 624.

78 Hintz 1999, S. 621–625; Mayr 2019.

79 Dinzelbacher 1999, S. 116–120; Keil 2018, S. 66.

80 Brandt 2009, S. 57.

81 Kupfer 1977, S. 23–29; Brenk 2015, Sp. 296–297.

82 Poeschke 2009, S. 128–152.

83 Zur Kleidung als Standeskennzeichen siehe Keupp 2018, S. 39–46.

84 Blöcher 2011 mit grundlegender Literatur.

85 Vgl. Hengevoss-Dürkopp 1998, S. 50–53.

86 Miller 1997, S. 33–36.

87 Kahsnitz 2007, S. 320–323.

88 Blöcher 2011, S. 23–25.

89 Blum 1990, S. 214–233.

90 British Library, Yates Thompson 2, fol. 62v; Backhouse 1997, S. 48, Nr. 34.

91 Die Handschrift befindet sich heute in der Dombibliothek in Hildesheim. Die Seite mit der Miniatur und weiterführende Informationen sind derzeit hier abrufbar: https://www.albani-psalter.de/stalbanspsalter/german/kommentar/page036.shtml (zuletzt: 11.10.2021).

92 Zu dem Kapitell in Saint Lazare: Hommers 2015, S. 137 f.

93 Vgl. dazu Miller 1997, S. 34.

94 Kahsnitz 2007, S. 320–323.

95 British Library, Yates Thompson 2, fol. 62v; Backhouse 1997, S. 48, Nr. 34.

96 Bibliothèque nationale de France, Latin 8846, fol. 43v. Zum Psalter und umfassenden Hinweisen zu Literatur und Forschungsstand s. Digitalisat der Bibliothèque nationale de France: https://gallica.bnf.fr/ark:/12148/btv1b10551125c (zuletzt: 13.10.2021).

97 *Lavabo inter innocentes manus meas, et circumdabo altare tuum, Domine* (Ich wasche meine Hände in Unschuld und halte mich, HERR, zu deinem Altar) (Ps 25,6).

98 Die Form der Figur ist fragmentarisch auf der Zeichnung umrissen (vgl. Abb. 37).

99 Z. B. in Sant'Angelo in Formis in Capua haben sich solche Darstellungen aus dem 11. Jahrhundert erhalten.

100 Zuletzt Rüber-Schütte 2018, S. 174 f.; zur Datierung Niehr 1992, S. 253–255 Kat.-Nr. 61.

101 Zur Datierung vgl. Turek/Schirlitz 2002, S. 191.

102 Brandt 2002, S. 101; Turek/Schirlitz 2002, S. 191; Wolter-von dem Knesebeck 2012, S. 232 f.

103 Hier gilt mein besonderer Dank Dipl.-Rest. Corinna Scherf und Bettina Weber (LDA), die mit verschiedenen Methoden versuchten, die Spannweiten zu rekonstruieren. Dabei zeigte es sich, dass die erhaltenen Bogensegmente nicht umfangreich genug waren, um sicher einen Scheitelpunkt und den Anfang der Biegung zu bestimmen. Vielmehr war ein Ergebnis der Versuche, dass die Spannweiten beliebig weit ausgedehnt werden können.

104 Kat.-Nr. 67 ist der Unterbau des Flügels (Kat.-Nr. 66) mit Vorritzungen dafür. Nach Beobachtungen der Restauratorin Corinna Scherf zeichnet sich ab, dass Vorritzungen nur bei figürlichen Darstellungen angebracht wurden, nicht jedoch bei ornamentalen. Daher liegt es nahe, dass die Flügel, auch wenn sie Ähnlichkeit mit den Flügeln der Vögel (Kat.-Nr. 109) besitzen, zu Engelfiguren gehörten.

105 Zur kulturhistorischen Entwicklung und der Ikonografie vgl. den Beitrag von Alfred Reichenberger und Susanne Kimmig-Völkner in diesem Band.

106 Gosebruch/Gädecke 1998, S. 15 f.

107 Lieb 1995, S. 246–248; dies. 1996. Herrn Jörg Richter sei gedankt für den Hinweis auf Riechenberg.

108 Vgl. dazu auch den Beitrag von Alfred Reichenberger und Susanne Kimmig-Völkner in diesem Band.

109 Preiss 2008, S. 304 f. Nr. 88.

110 Vgl. dazu auch die Kapitelle von Wandvorlagen oder Viertelsäulen Kat.-Nr. 173. Von der Größe der Kapitellflächen könnte ein kleiner Drache wie Kat.-Nr. 80 darauf passen.

111 Einen Ausblick zu neuen Forschungen zur Bauplastik in Quedlinburg gibt Torsten Arnold in seinem Beitrag in diesem Band.

112 Binding/Engemann 1986, Sp. 1343 f. und den Beitrag von Alfred Reichenberger und Susanne Kimmig-Völkner in diesem Band.

113 Dinzelbacher 1999, S. 112; Keil 2018, S. 304–319; Leibbrand 1989, S. 128; Schmidt/Schmidt 2018, S. 26, 43–45.

114 Dinzelbacher 1999, S 117.

115 Dinzelbacher 1996, S. 86 f.; ders. 1999, S. 117; Schmidt/Schmidt 2018, S. 26.

116 Morgan 2019a, S.113–115; Morrison 2019a, S. 16.

117 Vgl. dazu auch Schmidt/Schmidt 2018, S. 48: »Seine Gestalt variiert zwischen der eines Hirsches, eines Pferdes oder eines Böckleins.«

118 Das Bonnacon hat eingerollte Hörner und kann sich daher Feinden nur schlecht erwehren. Seine einzige Waffe besteht in einer ausgeprägten Verdauung, die es dem Tier ermöglicht, dem Angreifer auf der Flucht bestialisch stinkende Fürze entgegenzuschicken. Moralische oder religiöse Deutungen erfährt das Wesen in den Bestiarien nicht. Morrsion 2019a, S. 20; dies. 2019b, S. 5, 7.

119 Braunfels 2015, Sp. 551–553.

120 Schmidt/Schmidt 2018, S. 48–51; Vizkelety 2015, Sp. 590–593.

121 Kahsnitz 2007, S. 331–338.

122 Brandl/Forster 2011, S. 683–686; Fozi 2021, S. 56 f.; Päffgen 2009, S. 210.

123 Bloch 2015, Sp. 112–119; Cohen 2019, S. 178 f.; Morrison 2019a, S. 4; Rebold Benton 1992, S. 112–129; Schmidt/Schmidt 2018, S. 81–85.

124 Herzog August Bibliothek Braunschweig Cod. Guelf 65 Helmst., fol. 64v. Weiterführende Literatur zur Handschrift: https://diglib.hab.de/?db=mss&list=ms&id=65-helmst&hi=Cod.%20Guelf.%2065 (zuletzt: 08.11.2021). Hier sei Michael Brandt (Hildesheim) gedankt, der im Expertengespräch auf die Seltenheit vergleichbarer Gestaltungen hinwies. Er bereicherte die Diskussion um Beispiele aus der Buchmalerei.

125 Vgl. dazu den Beitrag von Corinna Scherf in diesem Band.

126 Geddes 2019; Morgan 2019b.

127 Poeschke 2015, Sp. 241–244.

128 Baumgarten/Buchen 1986, S. 48–57.

129 Seeliger 2015, Sp. 73 f.

130 Hohmann 2000, S. 83–97; Kahsnitz 2007, S. 360–368.

131 Unter den Fragmenten von profilierten Rahmungen mit Vierkant- und Rundstab sind zwei ebenfalls gebogen: Kat.-Nr. 159, 160.

132 Auch hier geht der Dank an Michael Brandt für den Hinweis.

133 Worm 2004, S. 50–52 (zur Datierung), Abb. 27 f.

134 Goll/Exner/Hirsch 2007, S. 257–260; Goll 2017, S. 91–94.

135 Vgl. Appuhn-Radtke/Kobler 2014.

136 Hier sei Michael Brandt für den freundlichen Hinweis gedankt.

137 Im zeichnerischen Versuch durch Dipl.-Rest Corinna Scherf und Bettina Weber war zunächst von einem Halbkreis ausgegangen worden, da dies der idealen Form in romanischen Basiliken entspricht. Das brachte aber das Ergebnis, dass unter Einbeziehung der vorhandenen Segmente beliebig weite oder enge Arkadenstellungen konstruiert werden konnten.

138 Vgl. dazu den Beitrag von Friedrich Röhrer-Ertl in diesem Band.

139 Droste/Hirmer 1996, S. 50, 52–64; Schapiro 1931, S. 257–276.

140 Rüber-Schütte 2009.

141 Hohmann 2000, S. 51–80.

142 Zum Codex und der Malerei aus dem Helmarshausener Skriptorium s. Worm 2004.

143 Goll/Plan/Schönbächler 2013, S. 155 f.

144 Die Proportionen der Ornamentfriese verhalten sich jeweils so zueinander, dass die Füllung etwa die doppelte Höhe eines Rahmens einnimmt. So sind die Füllungen beim Vogelfries und den Friesen der großen Bögen jeweils ca. 20 cm hoch, während die Rahmen jeweils ca. 10 cm messen. Bei den schmaleren Stuckierungen der Laibungen sind die Verhältnisse ähnlich.

145 Vgl. dazu die Beiträge von Andreas Stahl und Dirk Höhne in diesem Band.

146 Vgl. dazu die Beiträge von Olaf Kürbis und Dirk Höhne in diesem Band.

147 Wolter-von dem Knesebeck 2012, S. 232 f.

148 Brandt 2002, S. 101; Wolter-von dem Knesebeck 2012, S. 232; Turek 2002, S. 191.

149 Goll/Plan/Schönbächler 2013, S. 154; vgl. dazu auch den Beitrag von Elisabeth Rüber-Schütte in diesem Band, Abb. 19.

150 Vgl. den Beitrag von Friedrich Röhrer-Ertl in diesem Band.

LITERATUR

ALBRECHT u. a. 2019
Albrecht, Stephan u. a.: Da müssen wir durch! Bilder des Ein- und Ausgehens am Kirchenportal des 12. Jahrhunderts, in: Albrecht, Stephan/Breitling, Stefan/Drewello, Rainer (Hrsg.): Das Kirchenportal im Mittelalter, Petersberg 2019, S. 8–33

AMBROSE 2017
Ambrose, Kirk: Eyes dim with age at Vézelay, in: Studies in Iconography 38, 2017, S. 1–17

APPUHN-RADTKE/KOBLER 2014
Appuhn-Radtke, Friedrich/Kobler, Sibylle: Fries, in: Reallexikon zur Deutschen Kunstgeschichte, Bd. X (2012, 2014), Sp. 980–1077; in: RDK Labor, URL: https://www.rdklabor.de/w/?oldid=81628 (zuletzt 10.11.2021)

BACKHOUSE 1997
Backhouse, Janet: The Illuminated Page: Ten Centuries of Manuscript Painting in the British Library, London 1997

BANDMANN 1998
Bandmann, Günter: Mittelalterliche Architektur als Bedeutungsträger (Gebr.-Mann-Studio-Reihe), Berlin 1998

BARTRA 1994
Bartra, Roger: Wild Men in the Looking Glass, Ann Arbor 1994

BAUER/HANSMANN 2005
Bauer, Gerd/Hansmann, Wilfried: Die mittelalterlichen Wand- und Gewölbemalereien der Unterkirche von Schwarzrheindorf, in: Scheurmann, Ingrid (Hrsg.): Zeitschichten. Erkennen und Erhalten – Denkmalpflege in Deutschland. 100 Jahre Handbuch der deutschen Kunstdenkmäler von Georg Dehio. Katalogbuch zur gleichnamigen Ausstellung im Residenzschloss Dresden, 30.07.–13.11.2005, München 2005, S. 264–272

BAUMGARTEN/BUCHEN 1986
Baumgarten, Jörg-Holger/Buchen, Helmut: Kölner Reliquienschreine (= Köln entdecken 3), Köln 1986

BEENKEN 1924
Beenken, Hermann: Romanische Skulptur in Deutschland. 11. und 12. Jahrhundert, Leipzig 1924

BERNDT 1932
Berndt, Friedrich: Stuckplastik im frühmittelalterlichen Sachsen, Hannover 1932

BINDING/ENGEMANN 1986
Binding, Günther/Engemann, Josef: Drachen, in: Lexikon des Mittelalters 3, München/Zürich 1986, Sp. 1343 f.

BLOCH 2015
Bloch, Peter: Löwe, in: LCI 3, Darmstadt/Freiburg i. Br. 2015, Sp. 112–119

BLÖCHER 2011
Blöcher, Heidi: Kleidung und Mode vom 11. bis zum frühen 13. Jahrhundert, in: Herget, Melanie (Hrsg.): Des Kaisers letzte Kleider. Neue Forschungen zu den organischen Funden aus den Herrschergräbern im Dom zu Speyer, München 2011, S. 20–29

BLUM 1990
Blum, Pamela Z.: The Statue-Column of a Queen from Saint-Thibaut, Provins, in the Glencairn Museum. Gesta 29.2, 1990, S. 214–233; https://doi.org/10.2307/767035 (zuletzt 28.10.2021)

BRANDL/FORSTER 2011
Brandl, Heiko/Forster, Christian: Der Dom zu Magdeburg 2. Ausstattung (= Beiträge zur Denkmalkunde 6), Regensburg 2011

BRANDT 2002
Brandt, Michael: Zur Stuckdekoration der Hildesheimer Michaeliskirche – vor 1186, in: Hoernes, Martin (Hrsg.): Hoch- und spätmittelalterlicher Stuck. Material – Technik – Stil – Restaurierung. Kolloquium des Graduiertenkollegs »Kunstwissenschaft – Bauforschung – Denkmalpflege« der Otto-Friedrich-Universität Bamberg und der Technischen Universität Berlin, Bamberg 16.–18. März 2000, Regensburg 2002, S. 99–105

BRANDT 2009
Brandt, Michael: Bernwards Säule (= Schätze aus dem Dom zu Hildesheim 1), Regensburg 2009

BRAUNFELS 2015
Braunfels, Sigrid: Rind, Stier, in: LCI 3, Darmstadt/Freiburg i. Br. 2015, Sp. 551–553

BRENK 2015
Brenk, Beat: Teufel, in: LCI 4, Darmstadt/Freiburg i. Br. 2015, Sp. 295–300

BRINKMANN 1922
Brinkmann, Adolf: Beschreibende Darstellung der älteren Bau- und Kunstdenkmäler der Stadt Quedlinburg (= Beschreibende Darstellung der älteren Bau- und Kunstdenkmäler der Provinz Sachsen 33.1), Berlin 1922

BUTTENBERG 1920
Buttenberg, Fritz: Das Kloster zu Gerbstedt, Magdeburg 1920

COHEN 2019
Cohen, Meredith: The Bestiary beyond the Book, in: Morrison, Elizabeth/Grollemond, Larisa (Hrsg.): Book of beasts. The bestiary in the medieval world, Los Angeles 2019, S. 177–183

DIEMER 1975
Diemer, Peter: Stil und Ikonographie der Kapitelle von Ste.-Madeleine, Vézelay 1975

DINZELBACHER 1996
Dinzelbacher, Peter: Angst im Mittelalter. Teufels-, Todes- und Gotteserfahrung: Mentalitätsgeschichte und Ikonographie, Paderborn/München 1996

DINZELBACHER 1999
Dinzelbacher, Peter: Monster und Dämonen am Kirchenbau, in: Müller, Ulrich/Wunderlich, Werner (Hrsg.): Dämonen, Monster, Fabelwesen (= Mittelalter-Mythen 2), St. Gallen 1999, S. 103–126

DROSTE/HIRMER 1996
Droste, Thorsten/Hirmer, Albert: Die Skulpturen von Moissac. Gestalt und Funktion romanischer Bauplastik, München 1996

EHRENSPERGER-KATZ 2015
Ehrensperger-Katz, Ingrid: Städte, in: LCI 4, Darmstadt/Freiburg i. Br. 2015, Sp. 198–205

FOERSTER 2011
Foerster, Thomas: Bildprogramme hochmittelalterlicher Wandmalereien. Die bildlichen Argumentationsstrategien in Hildesheim, Quedlinburg und Kloster Gröningen (= Palmbaum Texte. Kulturgeschichte 30), Bucha bei Jena 2011

FOZI 2021
Fozi, Shirin: Romanesque tomb effigies. Death and redemption in medieval Europe, 1000–1200, Pennsylvania 2021

FRAUENFELDER 1967
Frauenfelder, Reinhard: Der Tod des Gerechten. Ikonographische Miszelle, in: Schaffhauser Beiträge zur vaterländischen Geschichte 4, 1967, S. 125–128

GEDDES 2019
Geddes, Jane: Kat.-Nr. 7 Bestiary (Aberdeen Bestiary), in: Morrison, Elizabeth/Grollemond, Larisa (Hrsg.): Book of beasts. The bestiary in the medieval world, Los Angeles 2019, S. 101–104

GEPP 2008
Gepp, Miriam: Die Stiftskirche in Bad Gandersheim. Gedächtnisort der Ottonen, München/Berlin 2008

GOETTING 1973
Goetting, Hans: Das reichsunmittelbare Kanonissenstift Gandersheim (= Die Bistümer der Kirchenprovinz Mainz 8), Göttingen/Berlin 1973

GOETTING 1974
Goetting, Hans: Das Benediktiner(innen)kloster Brunshausen, das Benediktinerinnenkloster S[ank]t Marien vor Gandersheim, das Benediktinerkloster Clus, das Franziskanerkloster Gandersheim (= Die Bistümer der Kirchenprovinz Mainz 8), Berlin/New York 1974

GOLL 2017
Goll, Jürg: Die romanischen Wandmalereien von Müstair, in: Zeitschrift für Schweizerische Archäologie und Kunstgeschichte 74.2, 2017, S. 81–98

GOLL/EXNER/HIRSCH 2007
Goll, Jürg/Exner, Matthias/Hirsch, Susanne: Müstair. Die mittelalterlichen Wandbilder der Klosterkirche, München 2007

GOLL/PLAN/SCHÖNBÄCHLER 2013
Goll, Jürg/Plan, Isabelle/Schönbächler, Daniel: Stuck ist Schmuck, in: Descœudres, Georges/Goll, Jürg/ Riek, Markus (Hrsg.): Die Zeit Karls des Großen in der Schweiz, Sulgen 2013, S. 146–156

GOSEBRUCH/GÄDEKE 1998
Gosebruch, Martin/Gädeke, Thomas: Königslutter. Die Abtei Kaiser Lothars, Königstein i. T. 1998

GRZIMEK 1972
Grzimek, Waldemar: Deutsche Stuckplastik. 800–1300, München 1972

HENGEVOSS-DÜRKOP 1998
Hengevoss-Dürkop, Kerstin: Äbtissinnengrabmäler als Repräsentationsbilder. Die romanischen Grabplatten in Quedlinburg, in: Oexle, Otto Gerhard/von Hülsen-Esch, Andrea (Hrsg.): Die Repräsentation der Gruppen Texte – Bilder – Objekte (= Veröffentlichungen des Max-Planck-Instituts für Geschichte 141), Göttingen 1998, S. 45–87

HINTZ 1999
Hintz, Ernst Ralf: Der Wilde Mann – ein Mythos vom Andersartigen, in: Müller, Ulrich/Wunderlich, Werner (Hrsg.): Dämonen, Monster, Fabelwesen (= Mittelalter-Mythen 2), St. Gallen 1999, S. 617–626

HOHMANN 2000
Hohmann, Susanne Beatrix: Die Halberstädter Chorschranken, Berlin 2000

HOLL 2015
Holl, Oskar: Engel, in: LCI 1, Darmstadt/Freiburg i. Br. 2015, Sp. 626–642

HOMMERS 2015
Hommers, Jeannet: Gehen und Sehen in Saint-Lazare in Autun. Bewegung – Betrachtung – Reliquienverehrung (= Sensus. Studien zur mittelalterlichen Kunst 6), Köln/Wien 2015

JÁSZAI 2015
Jászai, Géza: Geburt Mariens, in: LCI 2, Darmstadt/Freiburg i. Br. 2015, Sp. 120–125

KAHSNITZ 2007
Kahsnitz, Rainer: Die Plastik. Die Ornamentrahmen, in: Krause, Hans-Joachim/Kahsnitz, Rainer/Dülberg, Angelica (Hrsg.): Das Heilige Grab in Gernrode. Bestandsdokumentation und Bestandsforschung (= Beiträge…), Berlin 2007, S. 359–368

KEIL 2018
Keil, Wilfried Eberhard: Romanische Bestiensäulen, Berlin 2018

KEUPP 2018
Keupp, Jan: Die Wahl des Gewandes. Mode, Macht und Möglichkeitssinn in Gesellschaft und Politik des Mittelalters (= Mittelalter-Forschungen 33), Ostfildern/Heidelberg 2018

KLAMT 2011
Klamt, Johann-Christian: Verführerische Ansichten. Mittelalterliche Darstellungen der Dritten Versuchung Christi, Regensburg 2011

KLINKENBERG 2010
Klinkenberg, Emanuel S.: Architectuuruitbeelding in de Middeleeuwen. Oorsprong, verbreiding en betekenis van architectonische beeldtradities in de West-Europese kunst tot omstreeks 1300 (= Clavis 22), Utrecht 2010

KUGLER/RANKE 1838
Kugler, Franz/Ranke, Carl Ferdinand: Beschreibung und Geschichte der Schlosskirche zu Quedlinburg und der in ihr vorhandenen Alterthümer: nebst Nachrichten über die St. Wipertikirche bei Quedlinburg, die Kirche zu Kloster Gröningen, die Schlosskirche zu Gernrode, die Kirchen zu Frose, Drübeck, Huyseburg, Conradsburg etc., Berlin 1838

KUNZ/BÖHL 2014
Kunz, Tobias/Böhl, Marion: Bildwerke nördlich der Alpen 1050 bis 1380. Kritischer Bestandskatalog, Petersberg 2014

KUPFER 1977
Kupfer, Vasanti: The Iconography of the Tympanum of the Temptation of Christ at The Cloisters, in: Metropolitan Museum journal 12, 1977, S. 21–31

LECHNER 2015
Lechner, Gregor Martin: Johannes Evangelist, in: LCI 7, Darmstadt/Freiburg i. Br. 2015, Sp. 108–132

LEIBBRAND 1989
Leibbrand, Jürgen: Speculum bestialitatis. Die Tiergestalten der Fastnacht und des Karnevals im Kontext christlicher Allegorese (= Kulturgeschichtliche Forschungen 11), München 1989

LIEB 1995
Lieb, Stefanie: Die Adelog-Kapitelle in St. Michael zu Hildesheim und ihre Stellung innerhalb der sächsischen Bauornamentik des 12. Jhs. (= Veröffentlichung der Abteilung Architekturgeschichte des Kunsthistorischen Instituts der Universität zu Köln 51), Köln 1995

LIEB 1996
Lieb, Stefanie: Das Kapitellprogramm der Riechenberger Krypta, in: Niederdeutsche Beiträge zur Kunstgeschichte 35, 1996, S. 9–24

LIMMER 2002
Limmer, Catrin: Mittelalterlicher Gußstuck. Entwicklung und Technologie, in: Hoernes, Martin (Hrsg.): Hoch- und spätmittelalterlicher Stuck. Material – Technik – Stil – Restaurierung, Regensburg 2002, S. 62–72

MANE 1999
Mane, Perrine: Le Lit et ses tentures d'après l'iconographie du XIIIe au XVe siècle, in: Mélanges de l'École française de Rome. Moyen Âge 111.1, 1999, S. 393–418

MAYR 2019
Vincent Mayr: Wilde Leute, in: RDK Labor (2019), URL: https://www.rdklabor.de/w/?oldid=102154 (zuletzt:16.11.2021)

MIDDELDORF KOSEGARTEN 2004
Middeldorf Kosegarten, Antje: »Die häßlichen Äbtissinnen«. Versuch über die frühen Grabmäler in Quedlinburg, in: Zeitschrift des Deutschen Vereins für Kunstwissenschaft 56, 2004, S. 9–47

MILLER 1997
Miller, Markus: Kölner Schatzbaukasten. Die Große Kölner Beinschnitzwerkstatt des 12. Jahrhunderts, Ausst.-Kat. Darmstadt/Köln 1997/1998, teilw. zugl.: München, Univ., Diss., 1996 u. d. T.: Miller, Markus: Die »Große Kölner Beinschnitzwerkstatt« – Studium zur romanischen Bein- und Walrosszahnschnitzerei, Mainz 1997

MORGAN 2019a
Morgan, Nigel: Kat.-Nr. 9, Bestiary (Rochester Bestiary), in: Morrison, Elizabeth/Grollemond, Larisa (Hrsg.): Book of beasts. The bestiary in the medieval world, Los Angeles 2019, S. 113–115

MORGAN 2019b
Morgan, Nigel: Kat.-Nr. 8 Bestiary (Ashmole Bestiary, in: Morrison, Elizabeth/Grollemond, Larisa (Hrsg.): Book of beasts. The bestiary in the medieval world, Los Angeles 2019, S. 104–106

MORRISON 2019a
Morrison, Elizabeth: The Medieaval Bestiary. Text and Illumination, in: Morrison, Elizabeth/Grollemond, Larisa (Hrsg.): Book of beasts. The bestiary in the medieval world, Los Angeles 2019, S. 3–12

MORRISON 2019b
Morrison, Elizabeth: Accommodating Antlers, Making Room for Hedgehogs, and other Problems of Page Design in the Medieval Bestiary, in: Morrison, Elizabeth/Grollemond, Larisa (Hrsg.): Book of beasts. The bestiary in the medieval world, Los Angeles 2019, S. 51–65

MUHSIL 1998
Muhsil, Christina: Untersuchung und Beschreibung zweier mittelalterlicher Stucksculpturen. Mit kunsthistorischen Vergleichen und Quellenstudien zur Herstellung von Stucksculpturen, Diplomarbeit, Fachhochschule Hildesheim, Hildesheim 1998

NIEHR 1992
Niehr, Klaus: Die mitteldeutsche Skulptur der ersten Hälfte des 13. Jahrhunderts (= Artefact 3), Weinheim 1992

PÄFFGEN 2009
Päffgen, Bernd: Tradition im Wandel: Die Grablegen des Kaisers Otto, der Königin Egdith und der Erzbischöfe im Magdeburger Dom, in: Puhle, Matthias (Hrsg.): Aufbruch in die Gotik. Der Magdeburger Dom und die späte Stauferzeit 1, Essays, Mainz 2009, S. 202–218

PÄTZOLD 1997
Pätzold, Stefan: Die frühen Wettiner. Adelsfamilie und Hausüberlieferung bis 1221 (= Geschichte und Politik in Sachsen 6), Köln/Weimar/Wien 1997

PLOTZEK 2015
Plotzek, Joachim M.: Lazarus, armer, in: LCI 3, Darmstadt/Freiburg i. Br. 2015, Sp. 31–33

POESCHKE 2009
Poeschke, Joachim: Mosaiken in Italien. 300–1300, München 2009

POESCHKE 2015
Poeschke, Joachim: Taube, in: LCI 4, Darmstadt/Freiburg i. Br. 2015, Sp. 241–244

PREISS 2008
Preiss, Anja: Abraham-Engel-Teppich, in: Meller, Harald/Mundt, Ingo/Schmuhl, Boje F. (Hrsg.): Der heilige Schatz im Dom zu Halberstadt, Regensburg 2008, S. 304–307

RATHOFER 1984
Rathofer, Johannes: Structura Codicis – Ordo Salutis zum goldenen Evangelienbuch Heinrichs III., in: Zimmermann, Albert (Hrsg.): Mensura. Maß, Zahl, Zahlensymbolik im Mittelalter, 2. Halbband (= Miscellanea Mediaevalia 16), Berlin 1984, S. 333–355

RATHOFER 1996–1999
Rathofer, Johannes (Hrsg.): Das salische Kaiser-Evangeliar, 3 Bde., Madrid/Münster 1996–1999

REBOLD BENTON 1992
Rebold Benton, Janetta: The medieval menagerie. Animals in the art of the Middle Ages, New York u. a. 1992

RÜBER-SCHÜTTE 1996
Rüber-Schütte, Elisabeth: Zum mittelalterlichen Stuck in Sachsen-Anhalt: Fragen der Bestandserfassung, Erforschung und Erhaltung, in: Exner, Matthias (Hrsg.): Stuck des frühen und hohen Mittelalters. Geschichte, Technologie, Konservierung (= ICOMOS. Hefte des Deutschen Nationalkomitees 19), München 1996, S. 94–106

RÜBER-SCHÜTTE 2006a
Rüber-Schütte, Elisabeth: Das Bistum Halberstadt. Ein Zentrum mittelalterlicher Stuckarbeiten, in: Siebrecht, Adolf (Hrsg.): Geschichte und Kultur des Bistums Halberstadt 804–1648: Symposium anlässlich 1200 Jahre Bistumsgründung Halberstadt, 24. bis 28. März 2004; Protokollband, Halberstadt 2006, S. 333–351

RÜBER-SCHÜTTE 2006b
Rüber-Schütte, Elisabeth: Les stucs de Saxe-Anhalt, recherches nouvelles, in: Sapin, Christian (Hrsg.): Stucs et décors de la fin de l'antiquité au Moyen Âge (Ve–XIIe siècles). Actes du colloque international tenu à Poitiers du 16 au 19 septembre 2004 (= Bibliothèque de l'antiquité tardive 10), Turnhout 2006, S. 339–348

RÜBER-SCHÜTTE 2009
Rüber-Schütte, Elisabeth: Zur Wandmalerei des 13. Jahrhunderts im heutigen Sachsen-Anhalt, in: Puhle, Matthias (Hrsg.): Aufbruch in die Gotik 1. Essays, Mainz 2009, S. 248–263

RÜBER-SCHÜTTE 2018
Rüber-Schütte, Elisabeth: Die Eilenstedter Stuckfunde im Kontext mittelalterlicher Stuckplastik auf dem Gebiet des heutigen Sachsen-Anhalt, in: dies. (Hrsg.): Romanische Stuckplastik aus der Dorfkirche in Eilenstedt (= Kleine Hefte zur Denkmalpflege 13), Halle (Saale) 2018

SALET 1995
Salet, Francis: Cluny et Vézelay. L'œuvre des sculpteurs, Paris 1995

SCHMIDT-ASBACH 2002
Schmidt-Asbach, Bettina: Die Bauplastik von S. Michele Maggiore in Pavia. Zur Skulptur und Architektur in Pavia aus der 1. Hälfte des 12. Jahrhunderts, eine Untersuchung zur Stellung der Bauplastik von Pavia in der oberitalienischen Romanik sowie zur Werkstattorganisation, Diss. Ruhr-Universität Bochum 2002, urn:nbn:de:hbz:294-10303 (zuletzt: 19.11.2021)

SCHMIDT/SCHMIDT 2018
Schmidt, Heinrich/Schmidt, Margarethe: Die vergessene Bildersprache christlicher Kunst. Ein Führer zum Verständnis der Tier-, Engel- und Mariensymbolik (= C.H. Beck Paperback 1741), ²München 2018

SEELIGER 2015
Seeliger, Stephan: Gaben des Geistes, in: LCI 2, Darmstadt/Freiburg i. Br. 2015, Sp. 241–244

SEREXHE 2005
Serexhe, Franz-Bernhard: Studien zur Architektur und Baugeschichte der Kathedrale Saint-Lazare in Autun, Freiburg 2005

SCHAPIRO 1931
Schapiro, Meyer: The romanesque sculpture of Moissac. Part I, in: Art Bulletin 13.3, 1931, S. 249–351

STEINACKER 1910
Steinacker, Karl: Die Bau- und Kunstdenkmäler des Kreises Gandersheim (= Die Bau- und Kunstdenkmäler des Herzogtums Braunschweig 5), Wolfenbüttel 1910

TUREK/SCHIRLITZ 2002
Turek, Peter/Schirlitz, Carola: Die »Seligpreisungen« im südlichen Seitenschiff von St. Michael in Hildesheim. Restauratorische Befunde zur Technologie der mittelalterlichen Stuckreliefs und zu ihren historischen Polychromien, in: Exner, Matthias/Schädler-Saub, Ursula (Hrsg.): Die Restaurierung der Restaurierung? Zum Umgang mit Wandmalereien und Architekturfassungen des Mittelalters im 19. und 20. Jahrhundert. Eine Tagung des Deutschen Nationalkomitees von ICOMOS in Zusammenarbeit mit dem Hornemann-Institut und dem Fachbereich Konservierung und Restaurierung der Fachhochschule Hildesheim/Holzminden/Göttingen, 9. bis 12. Mai 2001, München 2002, S. 191–196

VALLERY-RADOT 1924
Vallery-Radot, Jean: L'église Saint-Ours de Loches, in: Bulletin Monumental 83, 1924, S. 5–40

VIZKELETY 2015
Vizkelety, András: Einhorn, in: LCI 1, Darmstadt/Freiburg i. Br. 2015, Sp. 590–593

VOIGTLAENDER 1989
Voigtlaender, Klaus: Die Stiftskirche St. Servatii zu Quedlinburg. Geschichte ihrer Restaurierung und Ausstattung, Berlin 1989

WÄSCHER 1959
Wäscher, Hermann: Der Burgberg in Quedlinburg. Geschichte seiner Bauten bis zum ausgehenden 12. Jahrh. nach d. Ergebnissen d. Grabungen von 1938–1942 (= Schriften des Instituts für Theorie und Geschichte der Baukunst), Berlin 1959

WEILAND 1875
Weiland, Ludwig: Chronologie der älteren Äbtissinnen von Quedlinburg und Gandersheim, in: Zeitschrift des Harzvereins für Geschichte und Altertumskunde 8, 1875, S. 474–489

WEIS 2015
Weis, Adolf: Drei Könige, in: LCI 1, Darmstadt/Freiburg i. Br. 2015, Sp. 539–549

WIRTH 1960
Wirth, Karl-August: Engel, in: Reallexikon zur Deutschen Kunstgeschichte 5, 1960, Sp. 341–555; in: RDK Labor, URL: https://www.rdklabor.de/w/?oldid=93198 (zuletzt: 11.10.2021)

WOLTER-VON DEM KNESEBECK 2012
Wolter-von dem Knesebeck, Harald: Der Lettner und die Chorschranken sowie das Deckenbild von St. Michael in Hildesheim – Kunst im Kontext, in: Lutz, Gerhard/Weyer, Angela (Hrsg.): 1000 Jahre St. Michael in Hildesheim. Kirche – Kloster – Stifter, Petersberg 2012, S. 226–241

WORM 2004
Worm, Andrea: Das Helmarshausener Evangeliar in Gnesen. Bildprogramm und Ikonographie, in: Zeitschrift des deutschen Vereins für Kunstwissenschaft 56/57, Berlin 2004, S. 49–114

ABBILDUNGSNACHWEIS

Portal zur Geschichte, Sammlung Frauenstift Gandersheim: 1, 2

LDA Sachsen-Anhalt: 3, 38, 39 (Susanne Kimmig-Völkner); 30, (Gunar Preuß); 6, 17, 45 (Bildarchiv); 11, 36, 50, 52, 55, 57, 58 (Bettina Weber); 13, 46 (Andrea Hörentrup); 16, 37 (Josep Soldevilla Gonzáles); 41 (Torsten Arnold); 44 (Reinhard Ulbrich)

Aus: Middeldorf Kosegarten 2004: 4a–c

Corinna Scherf, Halle (Saale): 5, 7–10, 12, 14, 15

Staatsbibliothek Bamberg Msc. Bidl. 140, fol. 45 und 55; Foto: Gerald Raab: 18, 19

Bildarchiv Foto Marburg: 20, 27 (Tomio, Frank); 21 (Thomas Scheidt); 22 (Max Hirmer/Albert Hirmer/Irmgard Ernstmeier-Hirmer); 33 (Albert Hirmer/Max Hirmer); 49 (Herbert Köllner)

© CC BY-SA 4.0, Cancre: 23

Bildarchiv Foto Marburg: 24, 31, 47, 51

Aus: Albrecht u. a. 2019: 25

Jürg Goll, Müstair: 26

Aus: Klamt 2011: 28

Rheinisches Bildarchiv Köln, 2012, rba _ d032914 _ 01, rba _ d032914 _ 04: 29, 34

©British Library Board: 32

Source gallica.bnf.fr/Bibliothèque nationale de France: 35

Klosterkammer Hannover, Corinna Lohse: 40

Aus: Morrison 2019b: 42, 43

©Bodleian Libraries, University of Oxford; CC-BY-NC 4.0. https://digital.bodleian.ox.ac.uk/objects/faeff7fb-f8a7-44b5-95ed-cff9a9ffd198/surfaces/9b6198ad-3a48-4da1-bac7-bb47dfcef66e/ (zuletzt 09.11.2021): 48

Aus: Goll/Exner/Hirsch 2007: 53, 59

Kunsthistorisches Institut in Florenz – Max-Planck-Institut: 54

Aus: Worm 2004: 56

Stuck in Gerbstedt – Ergebnisse und Ausblick

Susanne Kimmig-Völkner und Elisabeth Rüber-Schütte

Die im 19. und 20. Jahrhundert in Gerbstedt ergrabenen Stuckfragmente stammen aus einem seit dem 10. Jahrhundert in den Schriftquellen belegten Kirchenbau, der zu einem Frauenkonvent gehörte. Die Fragmente stellen im Rahmen der hochmittelalterlichen Stuckplastik einen herausragenden Fundkomplex dar, und die vorliegende Publikation widmet sich diesem Fund erstmals in seiner Gesamtheit. Die überfachliche Arbeitsgruppe, die sich des Themenkreises annahm, setzte sich aus Wissenschaftlerinnen und Wissenschaftlern aus den Bereichen Restaurierung, Materialforschung, Epigraphik, Geschichtswissenschaft, Bauforschung, Archäologie und Kunstgeschichte zusammen. Sie befragte nicht nur die Stuckfragmente selbst, sondern versuchte auch, Zusammenhänge und übergeordnete Fragen zu beantworten. Als besondere Schwierigkeit stellte sich indes heraus, dass der Gerbstedter Kirchenbau untergegangen ist und die Geschichte der Gerbstedter Frauengemeinschaft in den Schriftquellen nur einen geringen Niederschlag gefunden hat. Auf diesem Hintergrund sind manche der hier vorgelegten Ergebnisse hypothetischen Charakters, doch steht zu hoffen, dass sie weiteren einschlägigen Forschungen dienlich sein werden.

TECHNISCHE BEOBACHTUNGEN

Die in Antragtechnik aufgebrachten Plastiken besitzen eine herausragende künstlerische Qualität und zeichnen sich durch das Zusammenspiel von starken Stilisierungen und naturalistischen Partien vor allem bei den Gesichtern aus. Der Versuch, Fragmente einander zuzuordnen und damit wenigstens annäherungsweise einen gewissen Gesamteindruck zu gewinnen, führte zu mehreren Erkenntnissen. Es zeigt sich, dass sowohl Bögen als auch Bogenlaibungen ornamental stuckiert waren. Figuren und szenische Darstellungen sind teilweise als Hochreliefs ausgearbeitet. Wenige Befunde belegen Einzelfiguren an Arkadenzwickeln. Gerade verlaufende Friese könnten sowohl als Wandgliederungen als auch als Einfassungen größerer Bildfelder gedient haben. Letztere können ein Spektrum von gewissermaßen flachen Wandmalereien über plastisch gehöhte Bildbereiche bis hin zu stuckierten Hochreliefs beinhaltet haben, wie Torsten Arnold in seinem Beitrag verdeutlicht.

Die restauratorische Untersuchung durch Corinna Scherf und die materialtechnische Analyse von Roland Lenz ergaben, dass die figürlichen und szenischen Darstellungen durch Vorritzungen in eine untere Schicht aus feinem, weißem Hochbrandgips angelegt und die Stuckmassen aus demselben Material in verschiedener Stärke und an den Vorritzungen orientiert aufgebracht wurden. Die ornamentalen Reliefs sind subtraktiv aus der oberen Stuckschicht geschnitten worden. Lenz stellte fest, dass der für die Reliefs verwendete Hochbrandgips im Grunde ohne Beimengungen auskam und die Masse dadurch nahezu rein weiß erschien, was auf eine bewusste und wohl aufwendige Sortierung der Rohmaterialien und des gebrannten Gipses hindeutet. Völlig zu Recht weist Scherf in ihrem Beitrag daher auf den Zusammenhang zwischen der Aufbereitung des Materials und der Oberflächenbehandlung der Reliefs hin. So muss im Fall von Gerbstedt davon ausgegangen werden, dass ein Großteil der Stuckierungen nicht vollflächig gefasst war. Vielmehr ist mit einer Teilbemalung bestimmter Partien zu rechnen. Stuckierungen um Bögen und Laibungen, so ist zu vermuten, wurden materialsichtig ausgeführt. Architekturdarstellungen und Figuren trugen an besonders zu betonenden Stellen Farbfassungen, wie zum Beispiel in den Pupillen. Zwei dreifarbige Fragmente (Kat.-Nr. 135, 176) fügen sich jedoch nicht in das gewonnene Bild ein und belegen, dass der gesamte Befund eben nur einen Ausschnitt darstellt. So muss letztlich offen bleiben, in welchem Verhältnis rein weiße Oberflächen zu polychromen standen.

Hinsichtlich der Bearbeitung von Details konnten die Untersuchungen zur Werktechnik Parallelen mit den Stuckplastiken aus der Stiftskirche St. Servatius zu Quedlinburg und der Klosterkirche Clus bei Gandersheim aufzeigen. Damit werden die Ergebnisse des einschlägigen stilkritischen Vergleichs von Susanne Kimmig-Völkner bekräftigt. Formale Ausführung und Motive der Reliefs und Figuren aller drei Fundorte liegen eng beieinander und lassen an einen Werkstattzusammenhang denken. Eine vertiefende Einordnung ist allerdings erst möglich, wenn auch die Quedlinburger Fragmente gereinigt, konserviert und ausführlich nach Materialeigenschaften untersucht werden konnten.

DATIERUNGSVORSCHLÄGE

Die Quedlinburger und Cluser Stuckfragmente entstanden möglicherweise im ersten Drittel oder kurz nach der Mitte des 12. Jahrhunderts, wie kunsthistorische Überlegungen zeigen. Über Bautätigkeiten oder Altarweihen in Gerbstedt liegen in den Schriftquellen keine Aussagen vor. Als wichtiger Einschnitt begegnet uns das Jahr 1118, in dem die Gerbstedter Frauengemeinschaft reformiert worden sein soll, wie Friedrich W. Schütte gezeigt hat. Mit der Erneuerung des geistlichen Lebens können durchaus Bautätigkeiten verbunden gewesen sein, die zeitlich mit Arbeiten in Quedlinburg und Clus zusammengefallen sein können. Die Untersuchung des einzigen Inschriftenfragments durch Friedrich Röhrer-Ertl legt eine Datierung der Stuckfragmente in die Zeit um 1120 nahe.

Überdies konnte Dirk Höhne für das späte 11. oder die erste Hälfte des 12. Jahrhunderts zumindest Eingriffe in das Gebäude belegen. In seinen Vergleichen mit der Ornamentik anderer Sakralbauten des Harzgebietes zeigt er deutliche Parallelen auf, was zumindest für einzelne Bauteile Gerbstedts eine Datierung in das frühe 12. Jahrhundert wahrscheinlich macht.

GEBÄUDE UND STANDORT DER STUCKIERUNGEN

Anhand des archäologischen Befundes, der archivalischen Quellen und älterer Vorarbeiten gelang es Höhne, einen mutmaßlichen Grundriss der Gerbstedter Klosterkirche zu erstellen. Der Kirchenbau war möglicherweise eine besonders große Basilika, die über Querhaus, Krypta und eine massive Doppelturmfront im Westen verfügte. Dieser Bau würde sich typologisch in eine Reihe anderer Kirchen der Region einfügen und wäre ins späte 11. oder in die erste Hälfte des 12. Jahrhunderts zu datieren.

Abdrücke auf den Rückseiten der Stuckfragmente sowie Gesteinsanhaftungen, die Matthias Zötzl untersuchte, geben Hinweise auf das ursprüngliche Baumaterial. So lassen sich mehr oder weniger grob behauene Blöcke aus dunkelgrauem Zechsteinkalk nachweisen. Außerdem kommen Sandstein und ein eisenoxidreicher Kalktuff vor, die in Gerbstedt und Umgebung als Baumaterial auch sonst Verwendung fanden. Allerdings geben die wenigen Befunde keinen Aufschluss mehr darüber, ob es sich bei diesem mittelalterlichen Kirchenbau um einen Neubau oder um Umbauten an einem älteren, möglicherweise noch aus der Gründungszeit stammenden Gebäude handelte. Die Rückseiten der Gerbstedter Stuckfragmente lassen laut Scherf keine Rückschlüsse darauf zu, ob die Plastiken während des Bauvorganges oder erst nach dessen Abschluss angebracht wurden. Der von Olaf Kürbis erhobene archäologische Befund zeigt erwartungsgemäß, dass der Stuck im Kirchenraum angebracht war. Allerdings lassen sich Fragmente nur für einen begrenzten Bereich nachweisen, der sich ungefähr bei der Vierung oder dem Choranfang befand. Eine starke Streuung der Fragmente, wie sie beispielsweise für St. Michael in Hildesheim bekannt ist, scheint es in Gerbstedt nicht gegeben zu haben. Zwar ist die Schuttschicht, die den Stuck führte, durch mehrere spätere Grüfte gestört, aber ihre Lage in der Fläche macht wahrscheinlich, dass zumindest im Osten der Kirche gelegene Gebäudeteile stuckiert waren. Wenn auch die Binnenstruktur der Kirche im Dunkeln bleiben muss, können doch als mögliche Standorte unter anderem in Betracht gezogen werden: Obergadenwände, Langhausarkaden, Wandbereiche um Triumph- oder Vierungsbögen, eine Nonnenempore im Bereich der Vierung, Chorschranken und Lettner.

Ein Bildprogramm lässt sich, so Kimmig-Völkner, trotz der Vielzahl der Fragmente nicht bestimmen. Sicher existierten sowohl Einzelfiguren als auch Szenen, deren Themen sich wahrscheinlich in den Kontext der Heilsgeschichte einbetten lassen. Das größte Fragment stammt aus einer Szene mit einem kranken oder sterbenden Mann in einem Bett, die inhaltlich vielleicht mit dem Tod des Gerechten oder mit dem Gleichnis von Lazarus und dem Reichen in Verbindung gebracht werden kann. Gefäße und wohl ein Rauchfass könnten Hinweise auf Szenen mit den Heiligen Drei Königen oder den drei Frauen am Grabe sein. In Darstellungen dieser Themen finden sich oftmals Mauerzüge und verschiedene Gebäude, wie sie auch für Gerbstedt belegt sind.

Die Deutung von leicht unterlebensgroßen Figuren an Arkadenzwickeln bleibt unklar, weil hier nähere Anhaltspunkte fehlen. Die Bandbreite derartiger Bilder an anderen Orten reicht von Stifter- über Heiligenfiguren bis hin zu allegorischen Darstellungen wie den zum Beispiel aus St. Michael zu Hildesheim bekannten Seligpreisungen. Das einzige Fragment mit Inschrift ist zudem ein klarer Hinweis auf das Vorhandensein kleinerer Heiligenfiguren unter Bogenstellungen.

Die zahlreichen Drachenfiguren in Gerbstedt sind ornamentalen Charakters und reihen sich in ein für das 12. und frühe 13. Jahrhundert typisches Gestaltungsprinzip ein. Solche Drachenfiguren zumal in der Bauplastik besitzen verschiedenste Konnotationen. So können sie das gegen das Christentum kämpfende Böse symbolisieren, die Gläubigen bildhaft vor der Sünde warnen, oder aber als Apotropaia Dämonen, den Teufel und Unheil überhaupt abwehren. Andere in Gerbstedt dargestellte Tiere, von denen sich als einziges sicher ein Löwe identifizieren lässt, können sich einst sowohl in Rankenfriesen als auch in Szenen befunden haben. Ihre Deutung bleibt unklar. Vielleicht sind sie, wenn sie nicht Teil einer szenischen Darstellung waren, wie auch die Drachen symbolisch zu verstehen.

Für Gerbstedt kann man eine umfangreiche Ausstattung der Kirche mit Stuck aus Hochbrandgips vermuten. Im Vergleich mit anderen derart umfassenden Stuckierungen in nördlich der Alpen gelegenen Sakralbauten bietet Gerbstedt ein frühes Zeugnis, wie Elisabeth Rüber-Schütte in ihrem vergleichend angelegten Aufsatz zeigen konnte. Der Blick auf die im Verhältnis mit Gerbstedt etwas jüngeren Stuckplastiken aus Hildesheim, Gröningen und Halberstadt belegt die Vielfalt der oben genannten Anbringungsmöglichkeiten der Stuckreliefs. Erstmals legt sie eine über Sachsen-Anhalt hinausgreifende Kartierung der bisher bekannten Stuckfundorte im erweiterten Harzraum vor. Rüber-Schüttes Ausführungen zeigen zudem, wie notwendig es ist, über regionale Grenzen hinaus und in weitere Zeiträume zu blicken, um das einstige Erscheinungsbild der Gerbstedter Stuckplastik deuten zu können. Unabdingbar sind auch der Blick auf die Bauplastik sowie nach Frankreich und Italien.

HISTORISCHER RAHMEN

Die Geschichtsforschung bietet die Möglichkeit, die Geschicke der Gerbstedter Frauengemeinschaft unter verschiedenen Gesichtspunkten vergleichend einzuordnen. Schütte zeigte, dass der Damenkonvent im frühen 12. Jahrhundert im Zuge einer das Bistum Halberstadt erfassenden Reformbewegung erneuert worden war, nachdem das Gemeinschaftsleben und die wirtschaftlichen Verhältnisse unter Eingriffen der Bischöfe von Münster stark gelitten hatten. Die Vogtei lag zu dieser Zeit in den Händen der Wettiner und einige ihrer Töchter waren Gerbstedter Äbtissinnen. Welche Bedeutung die Wettiner Gerbstedt zumal angesichts der auf dem Petersberg von Markgraf Konrad vollzogenen Gründung eines Männerkonvents beimaßen, bleibt indes unklar. Gleichwohl deutet die beeindruckend große und wohl reich mit Ornamentik ausgestattete Gerbstedter Kirche darauf hin, dass für das Gebäude zumindest zum Zeitpunkt seiner Erbauung bedeutendere repräsentative Funktionen vorgesehen waren.

Gerrit Deutschländer legte dar, dass Gerbstedt innerhalb der in der Grafschaft Mansfeld gelegenen geistlichen Gemeinschaften am längsten bestand, aber vom 13. bis zum Beginn des 16. Jahrhunderts in den Schriftquellen kaum erwähnt wurde. Die Damen besaßen einen vergleichsweise großen Reliquienschatz und kommemorierten Stifter und Förderer. Andreas Stahl belegte das Fortleben der altgläubigen Frauengemeinschaft noch bis zum Ende des 16. Jahrhunderts. Nachdem das Klostergut 1585 an Otto von Plotho verpfändet worden war, begann wohl der Niedergang der Gebäude, da der neue Herr sich nicht um den Erhalt kümmerte. Die Ereignisse des Dreißigjährigen Krieges taten ihr Übriges, und die evangelische Gemeinde, der die Kirche mittlerweile überlassen worden war, konnte die Gebäude nicht erhalten. Die Klosterkirche stürzte trotz einiger Versuche, sie baulich zu stabilisieren, am 12. Februar 1650 ein.

Einen Hinweis darauf, dass die Stuckausstattung sich bis zum Einsturz zumindest teilweise noch an den Wänden der Kirche befand, bietet ein Graffito.

Röhrer-Ertl zeigte, dass es sich um eine für das ausgehende 15. bis späte 17. Jahrhundert typische Schrift handelt, sie also durchaus aus den letzten Tagen der Kirche stammen könnte. Ebenso wurden, wie auch Scherf in ihrem Beitrag herausarbeitet, keine Spuren einer vorsätzlichen Entfernung der Stuckplastik von den Wänden entdeckt. Vielmehr weisen typische Verwitterungsmerkmale der Oberflächen auf einen längeren Feuchteintrag hin. Allem Anschein nach lagen die Fragmente noch einige Zeit frei. Die Schuttschicht mit den Stuckfragmenten befand sich unmittelbar auf einem mittelalterlichen Gipsestrich und in einem gestörten späteren Kammergrab. Kürbis geht aufgrund der relativen Chronologie der Kammergräber und eines Bodens aus Sandsteinpflaster davon aus, dass die stuckführende Schuttschicht bereits vor dem Einsturz der Kirche im Jahr 1650 eingefüllt wurde. Die historischen Quellen und auch der Verwitterungsbefund am Stuckmaterial selbst lassen sich mit diesem Ergebnis nur bedingt in Einklang bringen. In welchem Verhältnis der Sandsteinfußboden und die Höhe der Kammergräber mit der wohl nach 1660 auf den Trümmern der Kirche errichteten Grablege der Familie von Plotho zusammenpassen, muss künftig noch diskutiert werden.

DESIDERATE

Innerhalb der 24 Monate währenden Laufzeit des Projekts konnten zahlreiche neue Erkenntnisse zur Johannes dem Täufer geweihten Klosterkirche zu Gerbstedt gewonnen und zusammengetragen werden. Zu den hier skizzierten Ergebnissen gesellen sich offene Fragen, denen in der Zukunft weiter nachgegangen werden kann. So fällt auf, dass es sich bei den Kirchen des Harzgebiets, in denen sich Kunstwerke aus Hochbrandgips finden, zumeist um Stifts- oder Klosterkirchen handelt. Es erscheint daher sinnvoll, die Erforschung mittelalterlicher Stuckplastik eng mit der Forschung zu Stiften und Klöstern zu verbinden.

Bisher wird davon ausgegangen, dass die Verwendung von Hochbrandgips für die plastische Ausstattung der Kirchenräume auf der regionalen Verfügbarkeit des Materials beruht. Arnold wirft zu Recht die Frage nach Gegenden auf, in denen sich zwar Stuckarbeiten aus dem Mittelalter finden, die aber selbst den Rohstoff nicht bieten. Isotopenanalysen, wie sie Wolfram Kloppmann (Bureau de Recherches Géologiques et Minières, Orléans) erstmals für Stuck aus Italien durchgeführt hat, könnten in Kombination mit Erkenntnissen aus der Lagerstättenkunde sowohl Handelswege aufzeigen als auch die bisherigen Annahmen zur Verwendung des regionalen Rohstoffes stützen. Weiter gefasste Vergleiche der verwendeten Materialien könnten zudem die vielen offenen Fragen nach Werkstattzusammenhängen erhellen.

In dieser Veröffentlichung werden grundlegende Forschungsfragen, die sich aus der Beschäftigung mit der Gerbstedter Stuckplastik ergeben, erstmals umfassend erörtert. Darauf aufbauend empfiehlt es sich, die Stuckfragmente aus Quedlinburg und Clus detaillierter zu untersuchen, um die Fragen nach Werkstätten, Netzwerken und der Datierung einer Beantwortung näher zu bringen.

Aber auch über diese Orte hinaus sind Befunderhebungen und Bewertungen von Stuckarbeiten sowie die Erstellung von Bestandskatalogen nach wie vor nötig, um das Material und seine Ausgestaltung in ihrer Besonderheit umfänglich erfassen zu können. Mehr noch als bisher sollte dabei die Bedeutung von Stuckarbeiten für die Raumfassung im Blickpunkt stehen. Der hier vorgelegte Sammelband versteht sich als ein Beitrag, der diesbezügliche Fragen möglicherweise einer weiteren Beantwortung zuführen kann.